高等学校法学案例百选系列教材

总 主 编 季卫东
执行总主编 蒋红珍

民法案例百选

主 编 彭诚信
副主编 其木提 陈吉栋

高等教育出版社·北京

内容简介

　　本书是"高等学校法学案例百选系列教材"之一，基本按照马工程《民法学》教材的体例，参照正在编纂的民法典各分编草案内容，分民法总论、人格权法、物权法、债与合同、婚姻家庭法、继承法、侵权责任法七章，精选了一百个案例。在案例的选取上，强调经典性、实务性和真实性，多为最高人民法院指导案例、公报案例或其他具有典型意义的案例；在案例的编排上，分事实概要、判决要旨、解析和参考文献四部分。本书希冀借助案例评析，培养学生提炼法律事实、归纳裁判要点、围绕核心问题找法和释法的能力；同时，弥补我国案例整理和研究的不足，增强我国民法理论研究与法典编纂的本土化、系统化。

　　本书适合研习民法的法学专业本科生、研究生选用，也可供感兴趣的社会读者阅读。

图书在版编目（CIP）数据

民法案例百选/彭诚信主编．--北京：高等教育出版社，2019.10（2020.11重印）
ISBN 978-7-04-052611-0

Ⅰ.①民… Ⅱ.①彭… Ⅲ.①民法-案例-中国-高等学校-教材 Ⅳ.①D923.05

中国版本图书馆 CIP 数据核字（2019）第 183796 号

策划编辑	姜　洁	责任编辑	姜　洁	封面设计	王　鹏	版式设计	杜微言
插图绘制	李沛蓉	责任校对	王　雨	责任印制	刁　毅		

出版发行	高等教育出版社	网　　址	http://www.hep.edu.cn
社　　址	北京市西城区德外大街4号		http://www.hep.com.cn
邮政编码	100120	网上订购	http://www.hepmall.com.cn
印　　刷	山东韵杰文化科技有限公司		http://www.hepmall.com
开　　本	787mm×1092mm　1/16		http://www.hepmall.cn
印　　张	24.75		
字　　数	600 千字	版　　次	2019年10月第1版
购书热线	010-58581118	印　　次	2020年11月第2次印刷
咨询电话	400-810-0598	定　　价	51.00 元

本书如有缺页、倒页、脱页等质量问题，请到所购图书销售部门联系调换
版权所有　侵权必究
物料号　52611-00

本书参与编写人员

(依照单位拼音字母顺序排序)

澳门大学法学院:税兵副教授
北京大学法学院:王成教授
华东政法大学:钱玉林教授
华南师范大学法学院:李斯特副教授
吉林大学法学院:孙良国教授
暨南大学法学院:汤文平教授
南京大学法学院:叶金强教授
上海大学法学院:陈吉栋讲师
上海市浦东新区人民法院:苏昊法官助理
四川省高级人民法院:王政义法官
武汉大学法学院:冉克平教授
西南政法大学:黄忠教授
厦门大学法学院:何丽新教授
中国民航大学法学院:刘海安副教授
中国社会科学院法学研究所:谢鸿飞研究员
中央财经大学法学院:阳平副教授
上海交通大学凯原法学院:彭诚信、其木提、付荣、张晓梅、尚立娜、
　　　　　　　　　　　　李贝、畅冰蕾、云晋升、纪闻、向秦、史晓宇、
　　　　　　　　　　　　王冉冉、赵诗文

总　　序

　　法律秩序运作的基本模式有两种：一种是规则本位的，即成文法体系；另一种是法官本位的，即判例法体系。无论采取哪种模式，从法律面前人人平等的原则出发，实际上都会把同案同判作为司法公正的主要标准。这就势必最终导致尊重既有判例的倾向。

　　当然，先例拘束力的强弱程度会因国度、文化传统的不同而有所不同。例如在英国，作为最高审判机构的贵族院以及上诉法院的先例曾经具有绝对的拘束力，较高审级的先例对下级的审判也具有绝对的拘束力。直到20世纪后半叶，英国法院才开始有权修正自己的先例，从而使得其对后续判决的拘束力有所缓和、削弱。同属判例法体系的美国虽然也奉行遵循先例原则，但在适用上更有弹性，更注重通过审判进行规范创造和制度改革。而在采取成文法体系的欧陆各国，制度并没有明确法院援用判例的义务，下级法院也享有打破先例进行审判的自由，一切以抽象的法律条文为准绳。尽管如此，出于司法统一的考虑，参照既有判例审理案件也成为欧陆各国审判机构的普遍现象。

　　一般而言，先例或者既有的判例是指在解决具体纠纷时就法律问题所做的具体判断，也就是由法庭给出的法律结论，或者由法院系统宣示的法律定理。为了确保判断的正当性，防止主观造成偏颇，判例除了陈述结论和定理外，还必须通过论证提供判决理由。为了确保判断的可问责性，防止心证过程黑箱化，在判决理由之外还往往会列举法官的补充意见、少数意见乃至反对意见。因而在研究判决时，我们应该区别判决理由与法官意见，但同时又有必要把这两个方面都纳入视野之中，以便更准确地理解判例的内容以及预测其后的判决。如果说同案同判是正义的主要诉求，那么通过判例的拘束力来预测判决进而促成司法统一就是题中应有之意。因此，判例也就自然而然在事实上获得了某种程度的法源性。

　　判例具有因地制宜、因时制宜的灵活性，有利于在具体语境中权衡不同情节和利害进行法律适用，所以尽管中国采取的是成文法体系，但自古以来也颇重视以事例补充法律、以条例辅助法律的机制。在清代甚至还一度出现过轻律重例的倒置现象。在现代中国，自20世纪末叶开始，通过典型案例、参考案例、指导性案例等形式和实践经验的累积，逐步形成了具有鲜明特色的以案例指导司法的制度。2010年11月26日最高人民法院发布《关于案例指导工作的规定》，2015年6月2日又公布了该规定的实施细则，标志着案例指导制度的正式确立和定型。现在推广的这种案例指导制度显然与法学界通常所说的先例或者判例不同，是最高人民法院从各地报送和推荐的实例中筛选出来并进行加工处理后，由审判委员会审定并发布的。

　　在中国，指导性案例不是裁判根据，而只能作为判决理由；可以参照适用，却没有规范的拘束力。的确，指导性案例也具有统一司法尺度的作用，但主要体现为精选样板、加工判文所发挥的示范意义。与之形成对照和互补的，是由最高人民法院审判委员会制定并发布的司法解释。按照规定，法官应该在判决中援引相关的司法解释作为裁判根据，并把司法解释的适用情况作为法官人事考勤的一项指标。如果说司法解释是作为裁判根据的法律的细则化,那么指导性案例就是判决理由的一般性参考框架,是在权衡不同事实、价值以及利害关系时适当增减调整的砝码。通过指导性案例,法律推理的话语空间可以保持适当规模,权利和规范的创造活动也被限定在一定范围之内,这就会增加司法的协调度和精确度。

无论先例、判例,还是指导性案例,都是值得进行研究和推敲的,因为它们都浓缩了事实与规范以及结论三者之间的互动关系。透过它们还可以观察办案法官或者最高人民法院怎样按照一定要件对事实进行选择和建构,也可以找到解释、议论、沟通与法理之间的对应关系及其各种不同的组合方式。在这里,存在着规范形成和续造的动态,不断推陈出新又环环相扣,促成法律体系的进化。在这里,书本上的法律与实践中的法律互相交错融合,呈现出多层多样的状况,法律解释也会在特定的语境里发生微妙变化。由此可见,如果不对具体案件中的事实进行细致的观察和分析,就很难理解现行制度的运作,也很难对法律的解释和判断进行适当的评价。如果不深入探讨判例、案例,就很难正确把握权利义务关系的实际构成,也很难对法学理论进行反思和创新。在这个意义上,也不妨把判例、案例理解为法律的一系列实验,是法学知识创新的重要渊源和取之不尽的素材。

由此可见,判例、案例的研究对于法学理论以及各种部门法的学习和知识创新具有非常重要的意义。无论是司法还是法学教育,进一步发展的关键均在于采取切实手段尽早形成和完善案例研究和评释的机制,因为日常化的案例研究和评释很容易让违法审判以及制裁畸轻畸重的问题显露,可以大幅度减少对审判人员和案件进行监督的制度成本,并形成司法者都各自审慎行事的良好氛围。为了不使案例指导流于肤浅甚至流于形式,必须使案例研究与大学等机构的学术活动和教育课程密切结合起来,把案例评释作为培养法科学生的基本内容,让他们的专业生涯从有深度的、规范化的案例研究起步。应该采取一些切实有效的措施鼓励研究生和青年学者发表案例的解说和批评,承认有关成果具备不逊于学术论文的价值,这样做下去对法学研究和司法实务的改观都会产生较深远的影响。

正是出于上述认识,上海交通大学凯原法学院高度重视和大力推动分学科或跨学科的判例研究会,在以"三三制"法科特班为抓手的课程设置改革和教学方法改革过程中也一直强调判例评释,并曾经策划编辑有关的课本和参考资料。很幸运的是,我们的努力以及从2015年年底开始酝酿的关于"高等学校法学案例百选系列教材"的构想获得了高等教育出版社的欣赏和支持。感谢陈建华副社长、于明副主任和姜洁编辑等的鼎力支持,在2017年启动了与法学类权威教科书配套但又具有一定学术独立性的16种"法学案例百选系列教材"的编写出版计划,由学科负责人担任各卷主编,从本院以及全国组织案例评释撰稿人。在执行总主编蒋红珍副院长的积极推动和精心协调下,该系列教材编辑委员会多次开会商讨,形成了基本统一的体例和模板,但又给各卷主编们留下了一些自由裁量的空间。

通过各位主编和来自全国不同法学院校的撰稿者们的共同努力,现在这套"高等学校法学案例百选系列教材"终于陆续付梓。借此机会,向参与这项工程的所有专家学者、提供行政支撑的凯原法学院教务办公室、我们的战略合作伙伴高等教育出版社及相关责任编辑、慷慨提供研究资助的文宣基金表示由衷的感谢！但愿这套教材对法学教育内容和形式的改进、法理研究的深入以及庭审指向的司法改革都有所裨益。

于 2019 年晚春上海

本书引用法律文件缩略语表

全称	简称
《中华人民共和国民法通则》	《民法通则》
《中华人民共和国民法总则》	《民法总则》
《中华人民共和国物权法》	《物权法》
《中华人民共和国合同法》	《合同法》
《中华人民共和国担保法》	《担保法》
《中华人民共和国公司法》	《公司法》
《中华人民共和国证券法》	《证券法》
《中华人民共和国保险法》	《保险法》
《中华人民共和国合伙企业法》	《合伙企业法》
《中华人民共和国劳动法》	《劳动法》
《中华人民共和国劳动合同法》	《劳动合同法》
《中华人民共和国环境保护法》	《环境保护法》
《中华人民共和国婚姻法》	《婚姻法》
《中华人民共和国继承法》	《继承法》
《中华人民共和国收养法》	《收养法》
《中华人民共和国侵权责任法》	《侵权责任法》
《中华人民共和国产品质量法》	《产品质量法》
《中华人民共和国消费者权益保护法》	《消费者权益保护法》
《中华人民共和国食品安全法》	《食品安全法》
《中华人民共和国电子签名法》	《电子签名法》
《中华人民共和国妇女权益保障法》	《妇女权益保障法》
《中华人民共和国人口与计划生育法》	《人口与计划生育法》
《中华人民共和国反家庭暴力法》	《反家庭暴力法》
《中华人民共和国老年人权益保障法》	《老年人权益保障法》
《中华人民共和国律师法》	《律师法》
《中华人民共和国注册会计师法》	《注册会计师法》
《中华人民共和国土地管理法》	《土地管理法》
《中华人民共和国农村土地承包法》	《农村土地承包法》

续表

全称	简称
《中华人民共和国固体废物污染环境防治法》	《固体废物污染环境防治法》
《中华人民共和国民用航空法》	《民用航空法》
《中华人民共和国邮政法》	《邮政法》
《中华人民共和国旅游法》	《旅游法》
《中华人民共和国经济合同法》(已失效)	《经济合同法》
《中华人民共和国民事诉讼法》	《民事诉讼法》
《中华人民共和国行政诉讼法》	《行政诉讼法》
《中华人民共和国行政复议法》	《行政复议法》
《中华人民共和国道路交通安全法实施条例》	《道路交通安全法实施条例》
《中国民用航空旅客、行李国内运输规则》	《运输规则》
《最高人民法院关于适用<中华人民共和国民法通则>若干问题的意见(试行)》	《民通意见》
《最高人民法院关于适用<中华人民共和国物权法>若干问题的解释(一)》	《物权法解释(一)》
《最高人民法院关于适用<中华人民共和国合同法>若干问题的解释(一)》	《合同法司法解释(一)》
《最高人民法院关于适用<中华人民共和国合同法>若干问题的解释(二)》	《合同法司法解释(二)》
《最高人民法院关于审理买卖合同纠纷案件适用法律问题的解释》	《买卖合同司法解释》
《最高人民法院关于审理民间借贷案件适用法律若干问题的规定》	《民间借贷司法解释》
《最高人民法院关于审理建设工程施工合同纠纷案件适用法律问题的解释》	《建设工程施工合同司法解释》
《最高人民法院关于当前形势下审理民商事合同纠纷案件若干问题的指导意见》	《民商事合同纠纷指导意见》
《最高人民法院关于审理旅游纠纷案件适用法律若干问题的规定》	《旅游纠纷若干规定》
《最高人民法院关于适用<中华人民共和国公司法>若干问题的规定(三)》	《公司法司法解释(三)》
《最高人民法院关于适用<中华人民共和国担保法>若干问题的解释》	《担保法解释》
《最高人民法院关于适用<中华人民共和国婚姻法>若干问题的解释(一)》	《婚姻法司法解释(一)》

续表

全称	简称
《最高人民法院关于适用<中华人民共和国婚姻法>若干问题的解释(二)》	《婚姻法司法解释(二)》
《最高人民法院关于适用<中华人民共和国婚姻法>若干问题的解释(三)》	《婚姻法司法解释(三)》
《最高人民法院关于人民法院审理离婚案件处理财产分割问题的若干具体意见》	《离婚财产分割意见》
《最高人民法院关于人民法院审理离婚案件处理子女抚养问题的若干具体意见》	《离婚子女抚养意见》
《最高人民法院关于贯彻执行<中华人民共和国继承法>若干问题的意见》	《继承法意见》
《最高人民法院关于审理道路交通事故损害赔偿案件适用法律若干问题的解释》	《交通事故损害赔偿司法解释》
《最高人民法院关于审理名誉权案件若干问题的解释》	《名誉权司法解释》
《最高人民法院关于审理人身损害赔偿案件适用法律若干问题的解释》	《人身损害赔偿司法解释》
《最高人民法院关于确定民事侵权精神损害赔偿责任若干问题的解释》	《精神损害赔偿司法解释》
《最高人民法院关于审理食品药品纠纷案件适用法律若干问题的规定》	《食品药品适用法律规定》
《最高人民法院关于审理触电人身损害赔偿案件若干问题的解释》	《触电人身损害赔偿司法解释》
《最高人民法院关于审理道路交通事故损害赔偿案件适用法律若干问题的解释》	《道路交通事故赔偿司法解释》
《最高人民法院关于审理涉及农村土地承包纠纷案件适用法律问题的解释》	《农村土地承包司法解释》
《最高人民法院关于审理非法集资刑事案件具体应用法律若干问题的解释》	《非法集资刑事案件司法解释》
《最高人民法院关于适用<中华人民共和国民事诉讼法>的解释》	《民事诉讼司法解释》
《最高人民法院关于审理民事案件适用诉讼时效制度若干问题的规定》	《诉讼时效规定》
《最高人民法院关于民事诉讼证据的若干规定》	《民事诉讼证据规定》
《最高人民法院关于适用<中华人民共和国行政诉讼法>若干问题的解释》	《行政诉讼法司法解释》

目 录

第一章 民法总论 … 1

1. 习惯法的判别
   ——石坊某与石忠某、石君某赠与合同纠纷案 … 1
2. 代孕子女监护人的确定
   ——罗荣耕等与陈莺监护权纠纷案 … 4
3. 公司法人人格否认的效力及限制
   ——侯卫国与郝夫印、刘艳玲等股东损害公司债权人利益责任纠纷案 … 8
4. 合伙企业的债务承担
   ——南通双盈贸易有限公司与镇江市丹徒区联达机械厂、魏恒聂等六人买卖合同纠纷案 … 12
5. 新型权利
   ——于康明等与于康林骨灰安置纠纷案 … 16
6. 意思表示的构成
   ——邢某与孙某悬赏广告纠纷案 … 18
7. 重大误解
   ——严某与赵某买卖合同纠纷案 … 21
8. 虚伪表示与隐藏行为
   ——覃某与吴某买卖合同纠纷案 … 24
9. 显失公平
   ——李某甲与北京A公司、李某乙房屋买卖合同纠纷案 … 27
10. 无权代理的法律后果
    ——王杰与周海霞买卖合同纠纷上诉案 … 29
11. 表见代理的认定
    ——石家庄一建公司与李罗玲租赁合同纠纷案 … 32
12. 代理权滥用
    ——张志喜等与曲文伟等确认合同无效纠纷案 … 36
13. 诚实信用原则的司法适用
    ——李某与刘某房屋买卖纠纷案 … 39
14. 犯罪所涉合同的效力
    ——吴国军与陈晓富、王克祥及德清县中建房地产开发有限公司民间借贷、担保合同纠纷案 … 42
15. 权利滥用
    ——顾某某与哈哈大酒店房屋租赁纠纷案 … 46

16. 公序良俗原则的司法适用
　　——张学英与蒋伦芳遗赠纠纷案 …………………………………… 53
17. 连带责任
　　——杜国卫与美力公司及黄业敬、源丰威达公司民间借贷及保证合同纠纷案 …… 56
18. 诉讼时效的客体与起算
　　——陈莹与田捷、唐育云不当得利纠纷案 …………………………… 59

第二章　人格权法 …………………………………………………………… 62

19. 身体权
　　——梁某、梁某某与某医院身体权纠纷案 …………………………… 62
20. 名誉权
　　——世奢会（北京）公司与新京报社名誉权侵权责任纠纷案 ……… 65
21. 生育权
　　——李某与启东市陈黄秀珍医院一般人格权纠纷案 ………………… 69
22. 个人信息、数据
　　——丁某与汪某隐私权纠纷案 ………………………………………… 71
23. 隐私权
　　——王某与张某某侵犯人格权纠纷案 ………………………………… 76
24. 人格利益的合理使用
　　——周某某与某电视台人格权纠纷案 ………………………………… 79
25. 人格权请求权
　　——李某与罗某人格权纠纷案 ………………………………………… 82
26. 烈士人格利益保护
　　——邱某与孙某和某企业人格权纠纷案 ……………………………… 85

第三章　物权法 ……………………………………………………………… 91

27. 物权客体的特定性
　　——中国农业发展银行安徽省分行与张大标、安徽长江融资担保集团有限公司
　　　　保证金质权确认之诉纠纷案 …………………………………… 91
28. 物权法定原则
　　——朱俊芳与山西嘉和泰房地产开发有限公司商品房买卖合同纠纷案 …… 95
29. 物权的行使
　　——刘某好与刘某勇、周某容共有房屋分割案 ……………………… 99
30. 网络虚拟财产的认定
　　——吴某与A网络公司网络侵权责任纠纷案 ………………………… 103
31. 不动产物权变动的公示方法
　　——唐某与李某某、唐某乙法定继承纠纷案 ………………………… 106
32. 动产物权变动的公示方法：占有改定
　　——青岛源宏祥纺织有限公司与港润（聊城）印染有限公司取回权确认纠
　　　　纷案 ……………………………………………………………… 109

33. 动产物权变动的公示方法:指示交付
　　——肯考帝亚农产品贸易有限公司与广东富虹油品有限公司、第三人中国
　　　建设银行股份湛江市分行所有权确认纠纷案 ………………………… 112
34. 特殊动产物权变动的公示方法
　　——李明国与王涛案外人执行异议之诉纠纷案 ………………………… 116
35. 动产所有权的取得
　　——吴高亮、吴高惠与四川省彭州市通济镇人民政府行政纠纷案 …… 119
36. 特殊动产的善意取得
　　——刘志兵与卢志成财产权属纠纷案 …………………………………… 122
37. 冒名处分不动产的私法效果
　　——王建伟与宁波市房产管理局房产登记纠纷案 ……………………… 126
38. 不可量物侵害
　　——陆耀东与永达公司环境污染损害赔偿纠纷案 ……………………… 129
39. 土地承包权经营权的流转
　　——李维祥与李格梅土地承包经营权继承纠纷案 ……………………… 132
40. 宅基地使用权的取得
　　——"画家村房屋买卖案" …………………………………………………… 136
41. 抵押财产的转让
　　——重庆索特盐化股份有限公司与重庆新万基房地产开发有限公司土地
　　　使用权转让合同纠纷案 ………………………………………………… 141
42. 应收账款质权
　　——福建海峡银行股份有限公司福州五一支行与长乐亚新污水处理有限
　　　公司、福州市政工程有限公司金融借款合同纠纷案 ………………… 145
43. 动产留置权
　　——长三角商品交易所公司与卢海云返还原物纠纷案 ………………… 148
44. 占有的效力
　　——连成贤与臧树林排除妨害纠纷案 …………………………………… 151

第四章　债与合同 ……………………………………………………………………… 155
45. 债权人代位权的构成要件和标的的范围
　　——中铁二十三局集团有限公司与苏州荣宝升城市建设有限公司、郑州市
　　　大方实业有限公司债权人代位权合同纠纷案 ………………………… 155
46. 债权人撤销权的构成及判断
　　——何家聪、宋焕兵与宋莉萍债权人撤销权纠纷案 …………………… 158
47. 定金罚则适用的前提条件
　　——毕德子与翁玉洁定金合同纠纷案 …………………………………… 162
48. 债权转让合同的判断
　　——贵州中耀矿业有限公司与胡亮琼及原审第三人曾顺国、李桥新债权转让
　　　合同纠纷案 ……………………………………………………………… 166

49. 夫妻间忠诚协议是否是合同
    ——陈某甲与李某离婚纠纷案 …………………………………………… 169
50. 混合合同的法律适用
    ——庄步云与南京美雅靓彩环保科技有限公司买卖合同纠纷案 ……… 172
51. 格式合同的基本立场与立法
    ——刘超捷与中国移动徐州分公司电信服务合同纠纷案 ……………… 175
52. 网上缔约合同的成立时间判断
    ——夏伟与亚马逊卓越有限公司买卖合同纠纷案 ……………………… 179
53. 违法合同的效力判断
    ——黄某某与刘某某确认合同无效纠纷案 ……………………………… 183
54. 缔约过失责任的成立与责任分担
    ——孟令英与张志强房屋买卖合同纠纷案 ……………………………… 188
55. 不安抗辩权的行使条件
    ——广东骏伟房地产开发有限公司与谭超明房屋拆迁安置补偿合同纠纷案 …… 191
56. 情事变更
    ——张革军与宋旭红房屋买卖合同纠纷案 ……………………………… 194
57. 分期付款股权转让合同的解除
    ——汤长龙与周士海股权转让纠纷案 …………………………………… 200
58. 基于解除权人解除权滥用的合同解除
    ——冯玉梅与新宇公司商铺买卖合同解除纠纷案 ……………………… 204
59. 任意合同解除权后的损害赔偿
    ——上海盘起贸易有限公司与盘起工业(大连)有限公司委托合同纠纷案 …… 208
60. 继续履行的条件
    ——葛晓红与王小云房屋买卖合同纠纷案 ……………………………… 211
61. 可预见规则的法定化
    ——刘舜金与厦门航空有限公司航空运输损害责任纠纷案 …………… 215
62. 约定违约金过高标准的调整界限
    ——长春市四通水泥有限公司与吉林省翔云混凝土有限公司买卖合同纠纷案 …… 218
63. 不利解释的适用
    ——中国人民财产保险股份有限公司榆林市分公司与榆林双利安顺汽车运输
    有限公司保险合同纠纷案 ……………………………………………… 221
64. 文义解释是合同解释的根本方法
    ——中国农业发展银行乾安县支行与江苏索普(集团)有限公司、上海儒仕
    实业有限公司保证合同纠纷案 ………………………………………… 224
65. 买卖合同中的风险负担规则适用的前提与内容
    ——贵州榕仕康电线电缆有限公司与肖困买卖合同纠纷案 …………… 228
66. 违反法律强制性规定的民事法律行为的效力
    ——信用社与罗某储蓄存款合同纠纷案 ………………………………… 231

67. 货物运输合同中的保价条款与损害赔偿
　　——杨伟与广州顺丰速运有限公司运输合同纠纷案 ……………………… 234
68. 居间合同违约
　　——上海某中介物业顾问有限公司与陶某某居间合同纠纷案 …………… 237
69. 旅游服务纠纷中的责任竞合
　　——焦建军与中山国旅、第三人康辉南京国际旅行社旅游侵权纠纷案 … 241

第五章　婚姻家庭法 ……………………………………………………………… 245

70. 可撤销婚姻
　　——郑某某、胡某飞与浙江省乐清市民政局婚姻登记撤销纠纷案 ……… 245
71. 无效婚姻的补正
　　——杨某与华某婚姻无效纠纷案 …………………………………………… 250
72. 夫妻财产约定的效力
　　——杨某与王某甲夫妻财产约定纠纷案 …………………………………… 253
73. 夫妻共同债务的责任财产范围
　　——吕国华与刘明桂夫妻共同债务清偿纠纷案 …………………………… 257
74. 夫妻共同债务的认定标准
　　——雷某某与宋某某离婚纠纷案 …………………………………………… 263
75. 抚养费支付与夫妻共同财产保护
　　——刘某某与徐某、尹某怡抚养费纠纷案 ………………………………… 267
76. 隔代探望权
　　——丁A、王B与白某某探望权纠纷案 …………………………………… 271
77. 收养关系的成立与解除
　　——冯某乙、张某某与冯某甲解除收养关系纠纷案 ……………………… 275

第六章　继承法 …………………………………………………………………… 278

78. 放弃继承与赡养协议
　　——李1等与李4继承纠纷案 ……………………………………………… 278
79. 夫妻一方放弃继承的效力
　　——叶某与林某、颜某1、颜某2、颜某3、颜某4、颜某5、颜某6继承纠纷案 …… 282
80. 继承权的丧失
　　——秦某2、黄某某与方某某、秦某1法定继承纠纷案 ………………… 285
81. 儿媳继承权与代位继承
　　——张某某、康与康某某继承纠纷案 ……………………………………… 288
82. 共同遗嘱与打印遗嘱
　　——马某1等与马某3等遗嘱继承纠纷案 ………………………………… 291
83. 附条件遗嘱的效力
　　——张超军与蔡丽珍遗赠纠纷案 …………………………………………… 298
84. 遗赠扶养协议
　　——卫某1与卫某2遗赠扶养协议纠纷案 ………………………………… 303

85. 胎儿继承份额的保护
　　——李某、郭某阳与郭某和、童某某继承纠纷案 …… 307

第七章　侵权责任法 …… 312

86. 过错责任与公平责任
　　——田九菊与杨帆生命权纠纷案 …… 312
87. 相当因果关系的适用
　　——张某与吴仲良中学人身损害赔偿纠纷案 …… 316
88. 有意思联络的数人侵权
　　——琼瑶与于正等侵害著作权纠纷案 …… 319
89. 共同危险行为
　　——林某某与多个道路施工单位财产损害赔偿案 …… 325
90. 无意思联络的数人侵权责任
　　——周某与卢某等机动车多次碰撞损害赔偿纠纷案 …… 330
91. 用人单位责任
　　——李明猛与中国邮政集团公司淮安市淮阴区分公司追偿权纠纷案 …… 335
92. 网络服务提供者的侵权责任
　　——张某与北京华网汇通技术服务有限公司名誉权纠纷案 …… 338
93. 公共场所经营者的安全保障义务
　　——高某与南京地铁集团有限公司人身损害赔偿纠纷案 …… 341
94. 产品责任
　　——陈金梅、林德鑫与日本三菱汽车工业株式会社产品责任纠纷案 …… 343
95. 医疗损害责任
　　——李继莲、牛彤等与蚌埠市第一人民医院医疗责任纠纷案 …… 347
96. 饲养动物责任
　　——吴兵与李睿等动物致害人身损害赔偿纠纷案 …… 350
97. 紧急避险
　　——黄某与徐某紧急避险损害责任纠纷案 …… 354
98. "赔礼道歉"的适用
　　——陈某某与莫某等名誉权纠纷案 …… 358
99. 惩罚性赔偿
　　——孙银山与南京欧尚超市有限公司江宁店买卖合同纠纷案 …… 361
100. 纯粹经济损失
　　——王保富与三信律所财产损害赔偿纠纷案 …… 366

附录：拓展案例 …… 370
后记 …… 373

第一章 民法总论

1. 习惯法的判别
——石坊某与石忠某、石君某赠与合同纠纷案①

【事实概要】

1997年12月1日,案外人石君某因病去世,由于其妻子儿女均已去世,无人为其料理后事。家族长辈只能按照当地"顶盆过继"的习俗,从其近亲属中挑选死者二哥之子,也就是死者的侄子石忠某为其顶盆送终。按此习俗,石忠某即过继给了死者,死者所有家产由其继承。石忠某在死者去世当晚即搬入其房屋居住。八年之后,死者的房屋因规划搬迁可以得到30余万元拆迁补偿款。死者的三哥,也是石忠某的三叔石坊某拿出一份经过公证的房屋赠与合同,宣称死者生前已经将涉案房屋赠与自己,要求石忠某迁出该房屋。石坊某与石忠某叔侄因此产生纠纷。石坊某认为,房屋一直被石忠某非法占有,侵犯其所有权,故向法院提起诉讼,要求法院确认其与死者石君某赠与合同有效,判令被告石忠某返还房屋。

【判决要旨】

1. 一审判决

一审法院认为,原告以赠与合同是否有效起诉石忠某于法无据,不予支持。另外,被告石忠某是因农村习俗,为死者石君某戴孝发丧而得以入住石君某留下的房屋,从戴孝发丧当晚入住至今已长达八年之久,被告并非非法侵占上述房屋,从而驳回了起诉。

2. 二审判决

二审法院维持原判。

【解析】

一、评析要点

由本家晚辈为绝户的长辈"顶盆送终",是我国各地普遍存在的习俗。本案中被告即依据该习俗为去世的叔叔顶盆,并入住其叔叔遗留的房屋。被告是否可以依据"顶盆过继"的习惯继承其叔叔的房屋,取决于法律如何评判本案中"顶盆过继"的习惯。2017年实施的《民法总则》第10条首次承认了"习惯"的法源地位,即当不存在制定法调整民事纠纷时,法院可以依据

---

① 青岛市李沧区人民法院(2005)李民初字3460号民事判决书;青岛市中级人民法院(2006)青民一终字206号民事判决书。

习惯审理案例。那么,如何理解第10条中的习惯?本案中的"顶盆过继"是该条意义上的习惯吗?当存在赠与合同或者法定继承的情况下,本案能否适用"顶盆过继"的习惯?

二、学理评析

生活中的"顶盆过继"习俗一般具有双层结构:一是"顶盆",即为死者料理后事;二是"过继",继承死者的宗祧、财产。在我国古代法上,"顶盆过继"一般属于"户律"的"户绝"条内容,古代法上更多地强调其身份法意义。但在现代社会,"顶盆过继"则主要发生财产继承的效果。本案发生时,我国法律并无习惯法法源的规定。《民法总则》第10条才明确规定"习惯"的法源地位,为说明习惯的识别和司法适用,以下分析主要在该条基础上进行。

1.《民法总则》第10条中的"习惯"是习惯法

《民法总则》第10条规定:处理民事纠纷,应当依照法律;法律没有规定的,可以适用习惯,但是不得违背公序良俗。立法者并未对该条习惯的含义进行说明。理论上发生了习惯法还是事实上习惯的争议。首先,在体系位置上,第10条属于基本规定,是《民法总则》对于民法渊源的规定。所谓民法渊源,即指可以作为法院裁判民事案件的依据,也即论证大前提的形式渊源。按这一理解,第10条中的习惯应该是一种可以调整民众权利义务的习惯法规范,而不仅仅是一种积久形成在事实上存在的行为模式。其次,就条文来源看,该条比较法来源为我国台湾地区"民法典"第1条与第2条与《瑞士民法典》第1条。依通说,我国台湾地区"民法典"第1条和《瑞士民法典》第1条所规定的习惯是指持续较长时间的、不间断的、立足在法的确信上的习惯,即作为法源的习惯法,其余条文所规定的习惯则为事实上习惯,并不具备法源的地位(贝蒂娜·许莉蔓-高朴、耶尔格·施密特,70页)。基于这两个理由,第10条中的习惯应理解为"习惯法"。除《民法总则》第10条之外,我国现行法律所规定的"交易习惯""风俗习惯""当地习惯""习惯"和"习惯做法"等,仅是制定法对于事实上习惯的规定,并非习惯法。

在比较法上,区分事实上习惯和习惯法的做法较为普通。按此区分,事实上习惯仅是人们的行为方式,习惯法则为人类以法意识或法感情遵行的事实上习惯。除事实上习惯这一客观行为模式要件外,习惯法还须具备法的确信这一主观要件。习惯法判别的难点即在于对"法的确信"的认识。一般认为,"法的确信"是指"认可此习惯具有法律约束力的确信"(贝蒂娜·许莉蔓-高朴、耶尔格·施密特,70页)。本质上,法的确信是一定区域内的人对于事实上习惯的法效意识。法的确信将习惯法的效力建立在特定区域内一般民众的共同意志之上,具有多数性特点,这样法官可以借助法的确信,识别、拣选习惯规范判决案件(王林敏,80页)。换句话说,一般民众对于特定习惯的法的确信,往往转化为法官对于该习惯的法的确信得以判断。

2."顶盆过继"是习惯法

即便理论上我们可以对习惯法做出较为细致明确的界定,但在实践中,如何判断哪些事实上习惯是习惯法仍是个难题,立法活动显然无力解决这一难题,只能委诸法院解决。根据《民法总则》第10条规定,习惯法须具备如下四个要件:第一,涉案纠纷没有法律法规规定;第二,存在习惯法(事实上习惯与法的确信);第三,不违反公序良俗原则;第四,习惯法经过国家(法院)明示或默示承认(梁慧星,28页)。

(1)"顶盆过继"可以提供习惯(法)规则。"顶盆过继"是案发当地的传统习俗,经法院确认,当地居民对此习惯具有主观上"法的确信"。"顶盆过继"的习惯法所提供的规则是:一种确立父母子女关系的规则。即,石君某的妻子、儿女皆已先其去世,在其过世后而其唯一在世的哥哥石坊某和其他侄子不愿"顶盆"的情况下,石忠某可以通过为其"顶盆发丧"、料理后事,即成为其"继子"。这一规则构成了确立父母子女关系习惯法规则,填补了《继承法》第10条对于父母子女关系的狭义理解。《继承法》第10条所说的"子女",包括婚生子女、非婚生子女、养子女和有抚养关系的继子女。在确立父母子女关系后,石忠某可以以死者继子的身份作为第一顺位的继承人继承死者财产,从而排除作为第二顺位继承人的死者之弟石坊某的继承权利。

(2)本案纠纷没有法律法规规定。我国现行法是否可以提供裁判本案的规则,是本案的争议焦点,也是适用习惯法的前提。首先,关于赠与合同问题。在本案中,原告石坊某发起赠与合同效力确认之诉,但由于该赠与合同的相对人为死者并非石忠某,换句话说,石忠某并非合同当事人,因此法院并未支持他的诉请。实际上,石坊某发起确认之诉的目的仍在于请求给付,只不过由于赠与合同签订已经过去8年,早已超过2年的一般时效。因此,才发起确认之诉,但由于该确认之诉并无确实的诉讼利益,法院一般应予以驳回。其次,关于法定继承问题。根据我国《继承法》第10条的规定,作为死者哥哥的石坊某是其唯一的法定继承人。所以,即便法院不确认赠与合同的效力,石坊某也可以死者唯一法定继承人的身份继承。且由于《继承法》第11条否认了兄弟姐妹的子女即侄子侄女的法定继承权,因此,即便石坊某放弃其继承权,石忠某也并不因此享有继承权。然而,在《民法总则》第10条承认习惯法法源地位的情况下,由于"顶盆过继"习惯法规则提供了确认父母子女关系的规则,弥补了《继承法》第10条子女认定的法律漏洞。依据该习惯法规则,作为继子的石君某属于《继承法》第10条第一顺位的法定继承人,从而排除了石坊某——死者哥哥——这一第二顺位继承人的继承权利。有学者认为,可以适用无因管理处理本案,但这一思路亦有不妥之处(彭诚信、陈吉栋,61页)。

(3)"顶盆过继"习惯法并不违背公序良俗原则。"顶盆过继"更深的文化内涵是"慎终追远"价值追求。由同宗晚辈"顶盆"过继而继承财产,一方面体现"慎终"的观念,被继承人身后有所托付,得享祭祀;另一方面又保证被继承人的财产不至失散,有助于继承人的生活改善。故"顶盆过继"既具有文化价值,又具有社会意义。本案的情形更为典型,死者仅有一所被视为"凶宅"房屋,其他侄辈皆因此拒绝"顶盆",唯有石忠某"眼看四叔的灵柩停放在家中已经多日,想起四叔一家平日里对自己的关照,再加上自己眼下还没有自己的房子",答应顶盆。"石君某终于入土为安,石忠某为四叔石君某顶盆发丧一时间也在村里被传为佳话。"可以说,"顶盆过继"非但不违背公序良俗原则,反而与之相符。

3. 习惯法的适用需要形成个案规范

需要指出,习惯法的适用仅是个案规范式的(Fikentscher,202页),这也是习惯法不同于制定法的特点。本案对"顶盆过继"习惯法的适用,是结合本案具体案情得出的仅适用于本案(个案)的个案规范,并不具有普遍意义。在此案得出的个案规范并不能当然地适用于彼案。申言之,具体案件中确认的"习惯法规则"在本质上仍是法院基于个案的判断,只对该案件发生效力,并不能当然对将来同类案件产生拘束力。不过,我国可以通过最高人民法院指导案例制度使这些具体个案中确定的"习惯法规则"具有普遍使用意义。

在现代社会,伴随着大规模的国家立法,习惯法遭遇了空洞化困境,以至于我们很少能说出具体存在的习惯法。但只要我们承认制定法的不周延性,只要我们尊重人民生活的自主性,我们即不应否认习惯法的存在对于整体法治的意义。我们应耐心发现在我们身边沉睡的习惯法,并注意习惯法所呈现的判例化倾向。今天的习惯法很少是由人民产生的,而是通过法院实践,尤其是通过各个最高法院的长期判例产生的(卡尔·拉伦茨,14页)。

参考文献

1. [瑞]贝蒂娜·许莉蔓-高朴、[瑞]耶尔格·施密特:《瑞士民法:基本原则与人法》,纪海龙译,中国政法大学出版社2015年版。
2. 梁慧星:《民法总论》(第五版),法律出版社2017年版。
3. 王林敏:《民间习惯的司法识别》,中国政法大学出版社2011年版。
4. 彭诚信、陈吉栋:《论〈民法总则〉第10条中的习惯——以"顶盆过继案"切入》,载《华东政法大学学报》2017年第5期。
5. Fikentscher, Methoden des Rechts IV, Tübingen 1997, S. 202 ff.
6. [德]卡尔·拉伦茨:《法学方法论》,陈爱娥译,商务印书馆2003年版。

作者:上海交通大学凯原法学院教授　彭诚信

上海大学法学院讲师　陈吉栋

2. 代孕子女监护人的确定

——罗荣耕等与陈莺监护权纠纷案[①]

【事实概要】

罗新与陈莺系夫妻,婚后因陈莺患不孕不育症,两人商定后采用购买他人卵子、由罗新提供精子、通过体外受精联合胚胎移植技术出资委托其他女性代孕的方式,于2011年2月13日生育了一对异卵双胞胎。两个孩子出生后随罗新、陈莺共同生活,且两个孩子的出生医学证明上记载父母为罗新、陈莺。2014年2月7日,罗新因病去世,嗣后,两个孩子由"抚养母亲"陈莺单独抚养。2014年12月29日,罗新之父母罗荣耕、谢娟如诉至法院,认为被告陈莺既非两个孩子的生物学母亲,与孩子之间亦非拟制血亲关系,且代孕行为违法,在两个孩子生父去世、生母不明的情况下,要求成为孩子的监护人并抚养两个孩子。审理中,罗荣耕、谢娟如提供了其在美国的女儿女婿出具的同意代为抚养孩子的承诺书。一审法院同意了原告的诉讼请求,判决两个孩子由罗荣耕、谢娟如监护。被告陈莺不服一审判决,提出上诉。

[①] 上海市闵行区人民法院(2015)闵少民初字第2号民事判决书;上海市第一中级人民法院(2015)沪一中少民终字第56号民事判决书。

【判决要旨】

1. 一审判决

一审法院认为,根据司法鉴定意见书,排除陈莺为两个孩子的生物学母亲,双方不存在自然血亲关系。原卫生部2001年发布的《人类辅助生殖技术管理办法》第3条明确规定禁止代孕,最高法院1991年函所指向的受孕方式为合法的人工授精,孕母为婚姻关系存续期间的妻子本人,本案中罗新与陈莺系在婚姻关系存续期间通过买卖卵子、委托第三方代孕方式生育子女,不符合上述司法解释的情形,故不适用。陈莺既非卵子提供者,又非分娩之孕母,故不支持两个子女为其婚生子女之主张。

婚姻法确认的拟制血亲包括养父母子女关系和继父母子女关系。本案中陈莺与两个孩子之间因欠缺法定的必备要件而不能成立合法的收养关系。拟制血亲关系必须依据法律规定加以认定,养育母亲是否构成拟制血亲法律并无规定,陈莺与两个孩子之间亦不符合拟制血亲条件。代孕行为本身不具合法性,难以认定因此种行为获得对孩子的抚养机会后双方可以形成拟制血亲关系,故认定陈莺与两个孩子之间不存在拟制血亲关系。

2. 二审判决

二审法院认为:

第一,关于代孕所生子女的法律地位之认定。我国婚姻法对亲子关系的认定未作出具体规定,司法实践中对生母的认定根据出生事实遵循分娩者为母原则,生父的认定则根据血缘关系。本案中,代孕所生的两个孩子的亲子关系,在法律上的生母应认定为代孕者,法律上的生父应认定为罗新。由于罗新与代孕者之间不具有合法的婚姻关系,故所生子女为非婚生子女。

第二,陈莺与两个孩子是否成立拟制血亲关系。关于是否形成事实收养关系,我国收养法明确规定收养必须向民政部门登记方可成立,经补办公证而确认的事实收养关系仅限于收养法实施之前已经收养的情形,故本案中欠缺收养成立的法定条件。如按事实收养关系认定,实际上是认可了代孕子女的亲权由代孕母亲转移至养育母亲,将产生对代孕行为予以默认的不良效果,故认定不成立事实收养关系。

关于是否形成有抚养关系的继父母子女关系,《婚姻法》第27条第2款关于有抚养关系的继父母子女关系的规定,系以是否存在抚养教育之事实作为拟制血亲形成与否的衡量标准。缔结婚姻之后一方的非婚生子女,如果作为非生父母的一方具备了"双方以父母子女身份相待的主观意愿"和"抚养教育之事实行为",亦可形成有抚养关系的继父母子女关系。本案中,陈莺存在抚养其丈夫罗新的非婚生子女的事实行为,且已完全将两个孩子视为自己的子女,故应认定双方之间已形成有抚养关系的继父母子女关系。

第三,关于代孕所生两个孩子的监护权归属。联合国《儿童权利公约》第3条确立了儿童最大利益原则,我国作为该公约的起草参与国和缔约国,亦应在立法及司法中体现这一原则。就本案而言,无论是从双方的年龄及监护能力,还是从孩子对生活环境及情感的需求,以及家庭结构完整性对孩子的影响等各方面考虑,将监护权判归给陈莺更符合儿童最大利益原则。

【解　析】

一、评析要点

面对没有具体规则直接适用的案件时,朴素的正义观能为我们提供大致的论证方向,但裁决案件关键在于如何确定并运用合适的法律适用方法。本案中,重点在于论证养育母亲获得代孕子女监护权的法律途径之选择。一审判决过多强调代孕对拟制血亲认定的影响,对监护权的取得方式理解过于狭窄;二审法院虽然纠正了一审法院判决不当的法律理解与适用,但在论证监护权的归属时,缺少法律解释方法的适用,在一定程度上带有法官造法的痕迹。

二、学理评析

1. 二审判决的论证思路及不足

二审法院最终判决"抚养母亲"陈莺享有对两个孩子的监护权,其论证思路是:两个孩子属于"非婚生子女",而"非婚生子女"也可适用继父母子女关系,然后证成"抚养母亲"陈莺与两个孩子之间形成有抚养关系的继父母子女关系成立,也即陈莺与两个孩子之间存在拟制血亲关系,再以儿童最大利益原则为论证根基,最终判决两个孩子的监护权归属于"抚养母亲"陈莺,而非两个孩子的祖父母。二审判决的结论从结果上看是符合法律思维与生活常情常理的,但从学说及论证的角度来看,二审判决也有诸多值得商榷的地方。

(1) 本案中两个孩子确属于罗新和陈莺的"非婚生子女"。罗新与两个孩子之间"具有血缘关系",且与卵子提供者或子宫提供者之间任何一方均没有"合法的婚姻关系",便足以得出该两个孩子为罗新的"非婚生子女"的结论。二审判决完全没有必要花费大量笔墨讨论代孕的合法性与否、有关代孕所生子女之亲子关系认定的四种学说等内容,何况这四种学说本身存在很大争议,至今并无定论(彭诚信,27页)。

(2) 本案中作为"抚养母亲"的陈莺与两个孩子确形成了有抚养关系的继父母子女关系,享有监护权。二审判决认为这种拟制血亲形成与否的衡量标准有二:一是双方以父母子女身份相待的主观意愿;二是抚养教育之事实行为。而缔结婚姻之后一方的非婚生子女,如果作为非生父母的一方具备了主观意愿和事实行为两个条件的,亦可形成有抚养关系的继父母子女关系。二审法院并没有说明这两个要件的法律根据或学理来源,也没有明确归纳这两个要件所使用的法律适用方法。其实,若法官能正确运用类推方法,完全可以得出同样的结论,而非通过造法的方式予以解决(彭诚信,27页)。

2. 法释义学下代孕子女监护权归属的解决思路

(1) 基于含有抚养关系的继父母与继子女关系判断被告是否有监护权

如何证成陈莺与两个孩子之间是否存在继父母子女的拟制血亲关系?我国现行婚姻家庭内部的父母子女关系主要通过自然血亲和拟制血亲两条途径形成,而拟制血亲构造的父母子女关系又包括通过法定收养程序形成的养父母子女关系以及男女通过再婚而与对方配偶的亲子所形成的继父母子女关系两种(王利明等,639页)。我国通行教科书中对于继父母子女关系往往是指因父母一方死亡或者父母离婚后再婚的,子女与父或母的再婚配偶之间所形成的亲属关系(陈苇,177页)的理解过于狭隘,没有涵盖复杂的生活实例,比如未婚的生父或生母与他方结婚以及未婚的养父或养母与他方结婚的情形。为适应社会现实,采用开放而非封闭的视角将继父母与继子女关系简要概括为"子女随父或母一方与他方结婚所形成的亲属关系"(彭诚信,30页)。无论是养子女还是非婚生子女在法律上都必须与婚生子女同等对待(《收养法》第23条、《婚姻法》第25条),那么养子女、非婚生子女与婚生子女一样,在其父或母与他方结婚时,同样能够成立继父母子女关系。因此,形成继父母与继子女关系的条件至少应该有:① 一方或双方已有子女,包括婚生子女、非婚生子女、养子女等;② 该子女须随父或母一方共同生活,既包括婚生父母、非婚生父母,也包括养父母等;③ 一起共同生活的父或母因特定事由(父母一方死亡、离婚等)发生后与他方再婚,或一起共同生活的未婚生父或养父或未婚生母或养母与他方结婚等(彭诚信,30页)。本案中,两名孩子虽然是在其生父与"抚养母亲"结婚之后出生,但是陈莺从两名孩子出生就与他们一起生活并抚养至今,陈莺实际上已经接纳其夫与他人所生的孩子,可类推适用继母与继子女关系。

但是,陈莺与两名孩子之间存在继父母子女关系并不当然等同于父母子女关系的存在,还须以"抚养教育"(或称"抚养关系")为条件(《婚姻法》第27条、《继承法》第10条),陈莺与两名继子女共同生活长达5年,始终以夫妻共同财产及个人财产抚养继子女,并且具有强烈的抚养继子女的主观愿望,存在事实性抚养教育关系,也就意味着继父母子女关系就会产生如同父母子女关系一样的法律效果,同样也会受《民法通则》《婚姻法》《继承法》《侵权责任法》等法律的调整和保护(杨大文,231页)。

(2) 基于监护能力判断监护权的赋予

陈莺基于其为两个孩子法律上的母亲的身份,当然为其第一顺位的监护人,并且陈莺对继子女的监护权并不会因罗新的死亡而当然发生变化。监护人要被赋予监护权,其还应当具有监护能力为前提(《民法通则》第16条、《民法总则》第27条)。由于本案涉及两名儿童的利益,在确定监护权的归属时,还应考虑到儿童最大利益原则这个"霸王条款"。在本案中,则从纠纷双方的年龄、收入、精力、监护人的身体健康状况、与被监护人在生活上的联系等多方面因素考量哪一方的监护能力更强,对未成年人的成长和生活利益最大。相对于已至耄耋、古稀之年的祖父母,正值盛年且有正当工作和稳定收入的"抚养母亲"陈莺更有足够的精力和能力抚养照顾好两个小孩;罗新去世后由陈莺抚养照顾,两个孩子已与陈莺形成了难以割舍的母子感情,而与祖父母并未共同生活过,能否适应环境的改变以及与老人共同生活的状态尚属未知。因此,两个孩子的监护权归属于"抚养母亲"陈莺。

(3) 基于法律原则判断监护权的赋予

儿童最大利益原则不仅是国际公约所认可的法律原则,也是各国国内法所遵循的法律原则,该原则不证自明,可认为是自然法则。虽然通过上述对既有规则的法律解释便能找到合适的解决路径,但儿童最大利益原则仍然渗透于案件论证的全过程。需要指出的是,由于原则不能直接作为裁判案件的依据,因此若要依据原则裁判案件的话,则需要复杂的法律论证理论以及原则规则(权利义务)化的论证程序(彭诚信,95页),因此在判决书中不能简单地直接援引某个原则作为裁判依据。

针对代孕子女的法律地位认定及其监护权归属这类案例,本判决确认了代孕子女的亲子关系以有血缘关系的委托父亲认领的认定为生父,以"分娩说"认定代孕母亲为生母,所生的代孕子女为非婚生子女。该判决还将"有抚养关系的继父母子女关系"中的子女范围扩大解释至包括夫妻一方婚前、婚后的非婚生子女,故,与代孕子女生父有合法婚姻关系的"抚养母亲"可以基于其抚养了丈夫之非婚生子女的事实行为及其以父母子女相待的主观意愿形成了"事实上的监护或抚养关系",与代孕子女存在有抚养关系的继父母子女关系。代孕行为的违法性并不影响对代孕子女在法律上给予同等保护,在确定其监护权归属问题上应秉承儿童最大利益原则。该判决包含了人类求真逐善、关心保护未成年人的普世价值。

参考文献

1. 彭诚信:《确定代孕子女监护人的现实法律路径——"全国首例代孕子女监护权案"评析》,载《法商研究》2017年第1期。
2. 彭诚信:《从法律原则到个案规范——阿列克西原则理论的民法应用》,载《法学研究》2014年第4期。
3. 王利明、杨立新、王轶、程啸:《民法学》(第四版),法律出版社2015年版。
4. 陈苇主编:《婚姻家庭继承法学》(第二版),中国政法大学出版社2014年版。
5. 杨大文:《亲属法》(第四版),法律出版社2007年版。

作者:上海交通大学凯原法学院教授　彭诚信
上海交通大学凯原法学院博士生　向　秦

3. 公司法人人格否认的效力及限制
——侯卫国与郝夫印、刘艳玲等股东损害公司债权人利益责任纠纷案①

【事实概要】

菏泽富典投资信息咨询有限公司(以下简称富典公司)成立于2010年11月11日,注册资本和实收资本均为100万元,股东名录显示:郝夫印和刘艳玲分别出资51万元和49万元,各持股51%和49%,法定代表人(负责人)为郝夫印。2011年4月9日,富典公司作为借款方和原告侯卫国作为贷款方签订借款合同,合同约定原告侯卫国借款510万元给富典公司,并约定了借款用途、借款利率、合同争议由菏泽市仲裁委员会仲裁等条款。原告侯卫国通过网上银行、现金存款的方式将510万元存入被告郝夫印的个人银行账户,被告郝夫印将此款以自己的名义高息贷给了李忠和肖培震等人。2011年4月10日至2011年7月8日,第三人富典公司向原告侯卫国出具收款收据9张,金额共计510万元。后因富典公司未能偿还上述借款,原告侯卫国向菏泽仲裁委员会提起仲裁,仲裁委裁决富典公司向侯卫国支付借款本金510万元及利息。

原告侯卫国以被告郝夫印和被告刘艳玲明显滥用了公司法人独立地位和股东有限责任,逃避债务,致使其510万元债权无处执行为由,诉请法院依法对第三人富典公司法人人格否

① 山东省菏泽市中级人民法院(2013)菏商初字第29号民事判决书。

认,判决被告郝夫印和被告刘艳玲对510万元债务及利息等承担无限连带责任。庭审过程中,原告侯卫国向法院申请调取富典公司的账簿、会计凭证,但至结案之前,富典公司法定代表人被告郝夫印没有向法院提交以上材料。法院依职权向有关税务局调取了富典公司的纳税情况,经查询,该公司仅在2011年9月2日向地税局缴纳营业账簿税(按资本)500元和营业账簿税(按件纳税)30元。被告刘艳玲辩称其实为代持,不实际出资,也不参与公司实际经营。一审法院支持了原告要求被告郝夫印对富典公司支付侯卫国510万元借款及相应利息承担连带清偿责任,驳回了原告其他诉讼请求。

【判决要旨】

法院认为,本案应当确认在案涉510万元的借款中,被告郝夫印和被告刘艳玲的财产和第三人富典公司财产是否存在人格上的混同。第一,原告侯卫国将510万元借款出借给第三人富典公司,将借款直接汇入被告郝夫印的个人账户,出现了公司账目和股东账目混同,使常人无法区分公司与股东存在着各自独立的账户,公司债权人无法区分是在与公司进行交易还是与公司股东进行交易的情形。第二,原告侯卫国主张根据被告郝夫印的要求,其将应当汇入第三人富典公司账户的510万元借款汇入了被告郝夫印的个人账户,而被告郝夫印又对该笔款项进行了支配,被告郝夫印作为第三人富典公司的法定代表人和股东,作为该公司的直接管理者,没有在法院指定期限内向法院提交第三人富典公司的账簿和会计凭证等财务资料,进一步反驳原告侯卫国所举的初步证据,故应当承担举证不能的不利后果。第三,自该公司设立后,该公司没有因经营而缴纳营业税,也间接说明该公司没有进行经营活动。第四,被告郝夫印未提交任何证据证明第三人富典公司在经营过程中受到监事、董事会等管理或者监督。以上事实可以证明,第三人富典公司的账目和股东被告郝夫印的个人账目存在混同,原告侯卫国应当就被告刘艳玲参与抽逃出资、滥用公司法人人格的事实进行举证。原告侯卫国没有提交证据证明被告刘艳玲直接参与第三人富典公司向原告侯卫国借款510万元的事实,无法证明被告刘艳玲从510万元借款中获取了不当利益。同时,原告侯卫国没有证据证明被告刘艳玲除了工商登记中第三人富典公司股东这一身份之外,在第三人富典公司中从事其他职务。原告侯卫国称第三人富典公司的注册资金100万元被抽逃,但是没有提供任何证据。故,本案不能认定被告刘艳玲滥用公司法人人格。

【解析】

一、评析要点

公司人格否认并非对公司独立人格全面、永久的否认,其效力限于提起否认公司人格的债权人所依存的特定法律关系中。就本案而言,要点在于被告郝夫印和被告刘艳玲是否事实上滥用公司法人独立地位和股东有限责任,严重损害原告侯卫国的利益。

二、学理评析

我国《民法总则》规定了三类民事主体(即采三主体说),除规定自然人、法人外,还规定了非法人组织。如此分类的重要原因在于,较之非法人组织而言,法人以其全部财产独立承担民事责任(《民法总则》第 60 条),亦即法人的成员只承担有限责任。但任何事物均有两面性,社会经济活动中股东滥用法人独立人格损害债权人利益的现象成为法人人格独立原则的弊端,法人人格否认制度(或称揭开公司面纱)作为法人人格独立原则的有益补充而出现,我国法律规定营利法人的出资人不得滥用法人独立地位和出资人有限责任损害法人的债权人利益,滥用法人独立地位和出资人有限责任,逃避债务,严重损害法人的债权人利益的,应当对法人债务承担连带责任(《民法总则》第 83 条第 2 款、《公司法》第 20 条第 3 款)。

法院认为,公司股东只有实施了滥用公司法人人格的行为,严重损害公司债权人利益,才能否认公司的法人人格,由公司股东直接承担公司债务,此时股东人格和公司人格是混同难以区分的。公司有独立的法人财产,享有法人财产权,故股东个人财产与公司财产是否混同是判断二者之间人格是否混同的重要标准之一。另外,公司人格否认的效力仅限于提起否认公司人格的债权人所依存的特定法律关系中,而不是对公司独立人格全面、永久的否认,仅是对特定具体法律关系中已经丧失独立人格特定的公司状态的一种确认。因此,一方面,法院根据富典公司与被告郝夫印存在公司账目和股东账目混同,且富典公司没有进行经营活动,被告郝夫印对这笔进入其个人账户的款项进行了支配为由,否认了富典公司独立人格,被告郝夫印对富典公司的 510 万元债务承担连带清偿责任。另一方面,审判法院以原告侯卫国提供证据不足为由,认为不能认定被告刘艳玲滥用公司法人人格。

从学理的角度来看,审理法院的说理部分是不够充分的,法人人格否认制度有其适用要件,司法实践中应当谨慎运用法人人格否认规则,严格把握其构成要件。通过文义解释,有学者认为构成要件包括三个基本部分:行为要件,滥用公司法人独立地位和股东有限责任的事实;主观要件,为了逃避债务的目的;结果要件,使公司债权人利益受到严重损害(朱慈蕴,123 页)。但有学者持不同观点,认为对于公司法人人格的否认不应以股东主观故意为要件,因为难以举证(石少侠,7 页)。也有学者归纳为四要件:主体要件、行为要件、主观要件及结果要件(赵旭东,108—110 页)。总的来说,至少主体要件、行为要件、结果要件在文义解释的射程范围内。

第一,主体要件包括公司法人人格的滥用者以及因法人人格被滥用受到损害有权提起诉讼的当事人。公司法人人格之滥用者应限定在公司法律关系的特定群体之中,即必须是该公司之握有实质控制能力的股东(朱慈蕴,74 页)。公司的股东可以有积极股东和消极股东之分,消极股东因没有参与公司经营管理权利,一般没有滥用法人人格的可能性和机会,因此消极股东的有限责任仍然得到法律的承认和认可。本案中,被告刘艳玲称其为名义股东,替被告郝夫印代持 49%的股权,不参与公司经营,那么被告郝夫印则是实际上持股 100%且实质控制公司的积极股东,属于法人人格滥用者的主体射程范围。

第二,行为要件强调法人人格的利用者必须实施了滥用之行为,但我国公司法并未列举确定股东滥用公司法人独立地位和有限责任的具体标准。在实际经济生活中,有的营利法人的出资人通过各种途径控制着营利法人,为赚取高额利润或者逃避债务,常常挪用营利法人的财产,或者与自己的财产混同、账目混同、业务混同。有的出资人为达到非法目的,设立一个空壳法人从事违法活动,实际控制该营利法人,但又以有限责任为掩护逃避责任。在这些情况下,营利法人实际上已经失去了独立地位,该独立营利法人地位被出资人滥用了。在学理上,一般认为,股东滥用公司人格的行为包括滥用公司人格规避法律义务和契约义务、公司法人人格形骸化(朱慈蕴,76—79页)。前者,如股东过度控制与支配公司、公司资本严重不足、为不法目的设立公司、利用公司法人格对债权人欺诈等,后者,如公司与股东在财产、业务、账目等上持续混同,以及完全无视《公司法》关于股东大会等组织机构的强制性规范等(王保树、崔勤之,48页),还有股东为赚取高额利润或逃避债务,常常擅自挪用公司的财产(安建,42—43页)。本案中,被告郝夫印作为股东以富典公司之名向原告侯卫国借款510万元,且全款进入其个人账户,而富典公司实则并未展开任何经营,被告郝夫印挪用这笔借款以自己的名义高息贷给了他人,事实上,富典公司法人人格只剩下"空壳",属于典型的公司法人人格形骸化情形。

第三,结果要件是指股东滥用法人独立地位和股东有限责任的行为导致公司财产不足以偿还债权人的债权。但何谓"严重"?法无明文。法院则需要在个案中根据公平正义的法理念去判断某一具体案情。本案中,富典公司注册资本共100万元,且资金已抽逃,而原告侯卫国的损失高达510万元本金加利息得不到富典公司赔偿,这一损害正是被告郝夫印滥用富典公司法人人格所造成,被告郝夫印则应按照法律规定对该510万元的债务承担连带责任。

法人人格否认制度向来是在个案中适用的,而且司法实践中必须慎重适用。公司人格否认的效力仅限于提起否认公司人格的债权人所依存的特定法律关系中,仅是对特定具体法律关系中已经丧失独立人格特定的公司状态的一种确认,而不是对公司独立人格全面、永久的否认。公司人格在个案中的否认,并不影响公司在其他法律关系中的独立人格。同时,其所追究的责任主体,也限于在事实上滥用公司法人人格、实际参加公司经营管理的股东,而不是涉及公司所有股东[①]。

参考文献

1. 朱慈蕴:《公司法人格否认:从法条跃入实践》,载《清华法学》2007年第2期。
2. 石少侠:《公司人格否认制度的司法适用》,载《当代法学》2006年第5期。
3. 赵旭东:《法人人格否认的构成要件分析》,载《人民司法》2011年第17期。
4. 朱慈蕴:《论公司法人格否认法理的适用要件》,载《中国法学》1998年第5期。
5. 王保树、崔勤之:《中国公司法原理》,中国社会科学文献出版社2006年版。
6. 安建主编:《中华人民共和国公司法释义》,法律出版社2005年版。

作者:上海大学法学院讲师　陈吉栋
上海交通大学凯原法学院博士生　向　秦

[①]《人民法院案例选》2015年第3辑。

4. 合伙企业的债务承担
——南通双盈贸易有限公司与镇江市丹徒区联达机械厂、魏恒聂等六人买卖合同纠纷案①

【事实概要】

魏恒聂于2005年9月8日登记注册成立个人独资企业联达厂,并领取营业执照。2005年12月18日,魏恒聂、蒋振伟、卞跃、祝永兵签订合伙合同,约定:因扩建、追加投资所需,联达厂变更为四人共同出资,合伙经营的合伙企业,但仍使用原联达厂营业执照,魏恒聂不得再单独使用;四人各占25%的比例分配;魏恒聂负责生产及工人的管理,蒋振伟负责对外销售和开展业务,卞跃负责财务,祝永兵负责采购。合伙合同签订后,联达厂购买了冶炼炉等设备进行技术改造。2006年12月31日,新增合伙人尹宏祥、洪彬,协议载明六人出资成立联达厂(以下称"六人协议"),并就解决该厂困境、理清该厂账目、偿还对外的债务和六人各自的投资利益等事项作出约定。

2006年10月,联达厂向双盈公司购买焦炭用于生产,但仅支付部分货款,并于2007年1月出具欠条确认欠款1 213 785.95元。双盈公司诉至法院,要求联达厂及六名合伙人共同给付货款及利息。一审法院支持了原告的诉求,联达厂偿还双盈公司货款,六名合伙人承担连带清偿责任。原审被告卞跃上诉辩称,合伙合同并未实际履行,联达厂为个人独资企业,联达厂所欠债务应由该厂及投资人魏恒聂负责偿还,双盈公司要求卞跃支付欠款没有事实和法律依据。联达厂及魏恒聂等其他五人未应诉答辩。

【判决要旨】

1. 一审判决

一审法院认为,双盈公司提供的合伙合同等证据已能证明魏恒聂等人之间系合伙关系,卞跃提供的本案另三位被告的书面陈述,因其不到庭,对其真实性难以认定。即使卞跃及其他三位被告所作的陈述是真实的,其也只是提出投资未到位,而投资未到位只能说明未诚信履约,并不能产生如同解除合同或退伙、散伙等法律行为所产生的法律效果。相反,在后来魏恒聂、蒋振伟等的六人协议书中,却进一步明确了联达厂系六人出资成立的事实,并且六人还同意以该厂对外承包的费用来偿还对外债务及六人各自的投资。联达厂按工商登记为个人独资企业,但事实上已转为合伙企业,只是尚未也不想在工商部门进行变更登记。联达厂欠双盈公司的货款未付,应承担还款责任。

2. 二审判决

二审法院认为,第一,联达厂是魏恒聂、蒋振伟、卞跃、祝永兵、尹宏祥、洪彬六人合伙经营

---

① 江苏省南通市中级人民法院(2007)通中民二初字第0062号民事判决书;江苏省高级人民法院(2009)苏民二终字第0130号民事判决书。

的企业。根据合伙协议及六人协议,卞跃等人有合伙经营联达厂的明确意思表示,且已实际出资并共同参与了联达厂的经营决策活动。卞跃在无法抗辩推翻这一事实的情况下,以原审法院未查清出资数额及比例为由认为合伙合同仅为意向性合同、未实际履行的观点不能成立。卞跃认为其在六人协议上签字仅是对魏恒聂与尹宏祥、洪彬之间的借款关系进行证明,但六人协议并未提及借款事实,亦不能从中得出卞跃是作为借款关系证明人参与协议签订的结论。相反,该协议书关于六人一致决定理清账目、对外发包、偿还债务的约定,可以证明魏恒聂与其他五人之间系共同投资而非借款关系。至于其承担责任后的相互追偿,不属于本案理涉范围。

第二,卞跃等人的出资数额、出资比例不明确以及联达厂名义上的个人独资企业性质,均不影响本案中各合伙人的民事责任。出资数额、出资比例是合伙协议的重要内容,但仅涉及合伙企业的内部关系,并不影响合伙企业及合伙人对外的责任承担。

第三,联达厂名义上的个人独资企业性质不影响各合伙人本应承担的民事责任。根据合伙合同的约定,合伙后的联达厂在工商行政管理部门仍登记为个人独资企业,但该名义上的性质不影响各合伙人本应承担的合同法上的民事责任。

第四,合伙企业债务的承担分为两个层次:第一顺序的债务承担人是合伙企业,第二顺序的债务承担人是全体合伙人。本案中,联达厂应先以其全部财产清偿欠双盈公司的货款,不足清偿该债务的,魏恒聂等合伙人对不能清偿的部分承担无限连带清偿责任。原审判决对联达厂与卞跃等合伙人的责任顺序未作区分,应予纠正。

【解　析】

一、评析要点

如何认定合伙企业,合伙人将合伙企业以个人独资企业名义登记或延用是否免除合伙责任,以及如何理解合伙人对合伙企业的对外债务负连带责任。

二、学理评析

1. 合伙企业性质的认定

合伙是指两个或两个以上的自然人或法人,根据合伙协议而共同出资、共同经营、共享收益、共担风险的营利性组织,合伙人对外一般承担无限连带责任(《民法通则》第35条),或者依法承担有限责任(《合伙企业法》第2条)。一般而言,合伙企业成立的实质要件包括两名以上的合伙人、书面合伙契约、必要的出资、企业名称与经营场所以及法律、行政法规规定的其他条件(《合伙企业法》第14条)。现代合伙不再是一种单纯的合同关系,一般来说,合伙基于合伙协议成立,就具有团体的属性,就能够以统一的身份对外进行民事活动,合伙积累的财产也可以用作对外民事责任的承担(马俊驹、余延满,149页)。因此,当对某企业的性质是否属于合伙企业产生争议时,工商登记或其名称并不能作为认定的唯一依据,应从当事人之间的真实意思表示及实际履行情况入手准确把握。

本案中,首先,魏恒聂等四人所签订的合伙协议明确约定了共同出资、合伙经营,将原由魏恒聂独资经营的联达厂变更为合伙企业,该合同还对合伙经营范围、合伙期限、出资方式、利润分配、合伙事务的执行、入伙与退伙等合伙企业设立中的主要内容作了明确约定,表明该四人合伙经营联达厂的意思表示是非常明确的。其次,魏恒聂等人已实际出资并共同参与了联达厂的经营决策活动。六人协议载明魏恒聂等六人已按约定出资成立了合伙企业联达厂,为解决联达厂的生产经营困境,六人一致同意将联达厂对外发包,承包费偿还联达厂的债务与六人的投资收益。根据该协议的内容可以认定,合伙合同履行后合伙人已由四人变更为签订六人协议的六人。而且,该六人以签订协议书的形式共同就企业是否继续生产经营等关乎企业的前途命运的重大经营决策事项作出决策,行使了合伙人才应享有的权利,进一步证明该六人已实际投资并共同参与了联达厂的经营活动。六名合伙人实际上就联达厂形成了事实上的合伙关系。

至于本案中,联达厂在工商登记上仍为个人独资企业,根据合伙协议的内容,"合伙后的企业名称仍为联达厂,使用原营业执照,该营业执照归合伙企业所有,魏恒聂不得再单独使用",实则是合伙人故意将合伙企业虚假登记为个人独资企业或仍沿用独资企业证照的行为,不应成为各合伙人不承担法律责任的理由,否则,交易安全得不到保护,相关法律规制合伙企业及合伙人的目的将会落空。故,企业工商登记不实情形并不能影响对外部债权人利益的保护。

2. 合伙人对合伙企业的对外债务负连带责任

联达厂的六名合伙人对联达厂的对外债务承担无限连带责任。第一,关于合伙财产和合伙人财产清偿债务的顺序。各国主要有两种不同的原则:并存主义和补充连带主义。采取并存主义的国家主要有瑞士和德国(史尚宽,703页),债权人可就合伙财产和合伙人个人财产选择请求清偿。补充连带主义则首先要求以合伙财产清偿,合伙财产不足清偿时,各合伙人就不足之额负连带清偿责任,采用这一原则的有巴西和我国台湾地区(郑玉波,161页)。我国立法也采取补充连带主义:合伙企业对其债务,应先以其全部财产进行清偿(《合伙企业法》第38条),合伙企业不能清偿到期债务的,合伙人承担无限连带责任(《合伙企业法》第39条)。因此,合伙企业的第一顺序债务承担人是合伙企业,其是与债权人有直接法律关系的主体,第二顺序的债务承担人是全体合伙人,因合伙企业不具备法人资格,普通合伙人不享受有限责任的保护,合伙企业的财产不足清偿债务的,全体普通合伙人应对合伙企业未能清偿的债务部分承担无限连带清偿责任。可见,合伙企业权利义务的最终承受者实为普通合伙人。

合伙企业既无自己独立的意思,亦无独立承担责任之能力,人格未与合伙人完全分离,独立性远不如法人,但与个人独资企业相比,合伙企业又明显有着更强的独立性。合伙的本质具有合伙协议与合伙组织体的双重属性(王利明,60页),前者是对合伙人有拘束力的内部合同关系,后者是由全体合伙人作为整体与第三人产生法律关系的外部形式,故,全体合伙人对于合伙企业的债务也承担无限连带责任,属于补充连带主义。

本案中,在界定联达厂为合伙企业的前提下,对其不能清偿的到期债务,应先由联达厂的全部财产进行清偿,当联达厂的全部财产不足以清偿所欠债务时,可以追究合伙人的无限连带责任。无限连带责任,实则是无限责任与连带责任的结合。所谓无限责任,即在企业财产不足以清偿债务时,合伙人要以自己的其他财产偿付自己承担的债务份额,直到清偿完毕为止;所谓连带责任,即指当债权人追究各合伙人的无限责任,某一合伙人无力承担这种责任时,其他合伙人有连带承担其偿付债务的义务。因此,本案中,当联达厂的财产不足以清偿债务时,双盈公司可向六名合伙人中任何一人主张权利,要求其偿付债务。

3. 工商登记不实情形下外部债权人利益的保护

企业工商登记制度不仅赋予相关主体经营资格,便于国家对企业进行监管,很重要的一点就是公示企业的相关信息,使社会公众及交易主体了解企业的基本情况,以维持交易安全。但是我国目前的企业登记制度缺乏企业不实登记的民事赔偿责任等配套法律规定,对失信当事人缺乏有效的规制和必要的威慑,导致登记的企业信息往往与实际情况大相径庭。工商登记不实的后果就是,当债权人要求实际投资人承担相关法律责任时,实际投资人以自己不是工商登记的投资责任主体为由拒绝;当债权人要求名义投资人承担相关法律责任时,有偿债能力的名义投资人亦以自己不是企业的实际投资人而加以拒绝。基于保护债权人利益以及维护社会诚实信用的价值取向,对于名义投资人与实际投资人进行虚假工商登记的,债权人有权选择单独追究名义投资人或实际投资人的相关法律责任,亦可要求名义投资人与实际投资人承担连带责任(戚庚生、史留芳,10页)。

《公司法司法解释(三)》第27条第1款已对此作出肯定性的规定:"公司债权人以登记于公司登记机关的股东未履行出资义务为由,请求其对公司债务不能清偿的部分在未出资本息范围内承担补充赔偿责任,股东以其仅为名义股东而非实际出资人为由进行抗辩的,人民法院不予支持。"即,基于商法外观主义,债权人有权要求名义投资人承担相应法律责任(戚庚生、史留芳,10页)。

针对因工商登记外观与实际企业情况不符就某企业性质是不是合伙企业产生争议的情况,本判决确认了依据合伙企业的实质要件来判断是否形成了事实上的合伙关系,不能唯工商登记或其名称去认定,而要从当事人的真实意思表示及实际履行情况入手,准确把握。除此之外,本判决还梳理清楚了合伙人对合伙企业的对外债务负连带责任的顺序,合伙企业债务的承担分为两个层次:第一顺序的债务承担人是合伙企业,第二顺序的债务承担人是全体合伙人。纠正了前审法院将责任承担顺序混淆的问题,且体现出了以保护债权人利益及社会诚信系统为宗旨的司法基本价值取向。

参考文献

1. 马俊驹、余延满:《民法原论》(第二版),法律出版社2005年版。
2. 史尚宽:《债法各论》,中国政法大学出版社2000年版。
3. 林纪东等编:《新编六法参照法令判解全书》,五南图书出版公司1986年版。
4. 王利明:《论合伙协议与合伙组织体的相互关系》,载《当代法学》2013年第4期。
5. 戚庚生、史留芳:《工商登记与合同约定导致企业性质不同时的司法认定及责任承担》,载《人民司法》2012年第22期。

作者:上海大学法学院讲师　陈吉栋
上海交通大学凯原法学院博士生　向　秦

5. 新型权利
——于康明等与于康林骨灰安置纠纷案①

【事 实 概 要】

孙学英和原配丈夫于连松婚后育有一子于康林,后孙学英在丈夫于连松去世后和于连分再婚,婚后育有于康明等六个子女。2007年3月6日,孙学英签署声明书,内容为:"声明书,声明人:孙学英,女,一九二七年六月二日出生,汉族,现住沭阳县茆圩乡厚邱村一组。我名叫孙学英,现年八十岁,因年老体弱,为了使家庭和睦,不产生纠纷,特发表声明如下:我的后事全部由于连分和我所生的六名子女料理,其他人不得干涉,声明人:孙学英(捺印)(右手食指),二○○七年三月六日"。该声明书经过当地公证处公证。2010年1月20日,孙学英病逝。同日,于康林和于康明等六个同母异父的姊妹因办理孙学英丧葬事宜产生纠纷,经当地派出所出面调解后达成相关协议,但双方对母亲骨灰安置始终没有达成一致意见。于康明等五原告遂起诉至江苏省沭阳县人民法院,要求法院确认孙学英遗嘱声明有效,孙学英的后事由五原告料理,被告不得妨碍。判令被告停止侵害、消除影响、赔礼道歉、赔偿原告精神抚慰金15 000元并支付骨灰存放费用。一审法院判决支持由五原告料理孙学英后事,被告于康林不得妨碍,但是驳回其他诉讼请求。被告对一审判决不服,遂上诉至江苏省宿迁市中级人民法院。

【判 决 要 旨】

1. 一审判决

一审法院判决被告于康林不得妨碍于康明等五原告料理孙学英的后事,判令被告停止侵害、消除影响、赔礼道歉、赔偿原告精神抚慰金15 000元并支付骨灰存放费用。

2. 二审判决

二审法院判决驳回上诉,维持原判。法院认为双方对已故母亲的骨灰如何安置产生争议,是平等民事主体之间关于人身关系的争议,应属人民法院民事案件受理的范围。同时,法院认为死者近亲属对骨灰的安置应首先尊重死者的遗愿,而孙学英在生前所作的"声明"从内容上看,是对自己的后事如何安排作出的意思表示,没有涉及处分其财产的意思,因此不属于遗嘱,也就不需要满足"公证机构办理遗嘱公证,应当由二人共同办理"的规则,其声明真实性应当予以认可。因此,骨灰安置应当尊重孙学英所作声明,由于康明等六子女料理,上诉人于康林不得妨碍。

---

① 江苏省沭阳县人民法院(2010)沭庙民初字第160号民事判决书;江苏省宿迁市中级人民法院(2011)宿中民终字第0161号民事判决书。

【解　析】

一、评析要点

本案的评析的关键要点包括:本案是否属于人民法院受理范围?讼争的骨灰应由谁安置?

对此二审法院在判决中作出了一定的分析。法院认为本案属于人民法院受理范围,讼争的骨灰应由于康明等人安置,于康林不得妨碍。理由如下:骨灰是具有人格象征意义的特定纪念物,应受民法保护,而骨灰的安置又属于祭奠权的内容之一,公民的祭奠权是基于亲属关系而产生的一种对已故亲人表示追思和敬仰的权利。因此,祭奠权属于身份权的范畴,由此引发的争议可通过民法中关于人身关系的法律规定予以调整。骨灰作为逝者延伸身体利益的载体,首先是公民死后身体的遗物,具有很强的人身性,在确定安葬方案时应尊重其生前明示或者可得而知的意思。因此,死者近亲属对骨灰的安置应首先尊重死者的遗愿,而孙学英生前的声明真实有效,故而讼争的骨灰应由于康明等人安置,于康林不得妨碍。

从学理上来看,解决要点问题的关键是明确案件中祭奠权的性质以及祭奠权的内容。

二、学理评析

1. 祭奠权的性质

在本判决中,将祭奠权归入身份权的范畴,认为公民的祭奠权是基于亲属关系而产生的一种对已故亲人表示追思和敬仰的权利。从我国目前的祭奠权纠纷案件司法裁判来看,对祭奠权的权利定性有不同观点,本案法院将其定性为身份权,而也有法院将其归为人格权[①]。虽然法律对祭奠权没有明确规定,但是有学者认为祭奠权这种在实体法上没有明确规定,但是借由诉讼获得保护的权利属于新型权利,其生成依托于客观存在的传统习惯(谢晖,46—47 页)。学理上,有学者认为,祭奠权在性质上是一般人格权。首先,祭奠权具有人格权的一般属性。一般人格权的价值基础为人格自由、人的尊严。祭奠权的目的在于保护权利人对死者表达哀思的行为自由,其所包含的道德评价和"认祖归宗"的身份认同是人格尊严的体现。由此,祭奠权是一般人格权的重要内容之一。祭奠权应不属于身份权范畴,身份权主体是具有特定亲属身份的人,身份关系中双方任何一方死亡,将导致这种内部关系的终结,进而导致双方权利义务的终止。可见祭奠开始时,以逝者为核心的身份关系已经消亡,身份权已无从行使(张红,83 页)。

2. 祭奠权的内容

本判决中法院认为骨灰的安置属于祭奠权的内容,指出骨灰是具有强烈社会伦理意义的特定纪念物,承载着死者近亲属的精神权益,死者亲属对骨灰当然享有相应的合法权益,其中具体包括葬礼由谁来办,骨灰如何安置等。但是对于骨灰安置为何属于祭奠权的内容缺乏足够充分的论证。对于祭奠权的内容,有观点认为祭奠权虽然彰显的更多的是精神利益,但是其权利内容与外在的仪式密不可分。具体可以分为三类:表明思念和敬爱情感的活动,如瞻仰遗容、参加悼念;表明思念和敬爱情感的相关物,如在墓碑上刻字;引起或寄托思念、敬爱情感的

[①] 湖南省新田县人民法院(2011)新法民一初字第356号民事判决书。

相关物,如遗体、遗骨或者死者的遗物等(孙维飞,166页)。

针对子女之间因家中逝世长辈的祭奠问题产生纠纷的这一案型,本判决确认了祭奠权是一项受法律保护的权利,属于身份权范畴,并且认为骨灰作为具有特殊意义的纪念物,其安置属于祭奠权的内容。法院通过确认祭奠权的方式将民间祭奠纠纷纳入法院受案范围并对子女的祭奠活动予以法律上的保护,值得肯定,为类似案件解决提供了先例。但是对于祭奠权的权利性质的判断存在诸多漏洞,不宜推广。

3. 案例启示

我国传统社会深受儒家文化浸染,孝悌思想深入人心,祭奠活动在人们精神层面具有很重要的意义,因此在现代司法裁判机制下解决相关争议具有重要的价值。对于祭奠权这种没有在实体法中明确规定,但又深切反映社会传统习惯、彰显公序良俗原则的权益,法律应当予以保护,司法裁判中应当明确祭奠权保护的具体范围以及具体的救济方式。

参考文献

1. 谢晖:《论新型权利生成的习惯基础》,载《法商研究》2015 年第 1 期。
2. 孙维飞:《祭奠纠纷的类案研究》,载《交大法学》2012 年第 1 期。
3. 张红:《侵害祭奠利益之侵权责任》,载《法学评论》2018 年第 2 期。

作者:上海大学法学院讲师　陈吉栋
上海交通大学凯原法学院博士生　史晓宇

6. 意思表示的构成
——邢某与孙某悬赏广告纠纷案[①]

【事 实 概 要】

2006 年 4 月 1 日,邢某在某电视节目中展示了他的五层吊球陶艺作品,称该作品为"世界之谜",同时宣称若有人将其仿造成功,"就将这个楼三层两千平米包括这里面的资产都给他"。孙某在看到被告的悬赏后,潜心研究,于 2007 年 1 月成功仿制了邢某的作品。随后,孙某多次与邢某联系,要求邢某兑现其悬赏承诺,但孙某始终没有得到被告的任何答复。最后,孙某诉至法院,要求法院确认双方之间的悬赏广告成立并生效。

【判 决 要 旨】

1. 一审判决

一审法院支持了原告的该项诉请,判定悬赏广告合同成立并生效。被告邢某不服该一审

---

① 河南省洛阳市涧西区人民法院(2007)涧民三初字第 286 号民事判决书;河南省洛阳市中级人民法院(2008)洛民终字第 198 号民事判决书。

判决,提出上诉。

2. 二审判决

二审撤销一审判决,驳回被上诉人孙某的诉讼请求。

悬赏广告是指悬赏人以广告形式声明对完成悬赏广告中规定的特定行为的任何人,给付广告中约定报酬的意思表示行为。上诉人邢某作为我国当代陶艺代表人物,于2006年4月1日参加某电视节目接受访谈,该节目不是广告节目,访谈行为也不是以营利为目的的广告行为,而邢某的谈话中虽然似有承诺的性质,但他的谈话并不是他要获得利益,他只是在该节目中谈话带有"陶艺狂人"的形象,认为他做的陶器前人没法达到,后人也不能超过的说大话性质,从民事法律上说,这是一种打赌承诺。从邢某在该访谈节目的整个谈话中看出,他的真实意思表示是"我是天下第一""任何人都不能做出我所做出的东西"。如果从悬赏的角度看,他的意思表示是不真实的,或者说是一种单方虚构的意思,而不是《合同法》第14条所规定的"要约是希望和他人订立合同的意思表示",所以不能构成要约。因此,上诉人邢某在某电视节目中有关五层吊球制作的言行,不符合《合同法》第14条、第16条规定的要约承诺,上诉人邢某与被上诉人孙某之间不形成悬赏广告合同的关系。

【解　析】

一、评析要点

孙某能否基于悬赏广告合同取得约定财产关键在于,邢某在电视节目上的吹牛行为是否构成法律视角下的有效意思表示。

二、学理评析

1. 合同成立的前提

原告孙某要求确认悬赏广告合同效力的诉请,其隐含的前提是悬赏广告合同业已成立生效,意味着双方的意思表示达成一致。既然原告孙某已经按照被告邢某所言成功仿制了作品并通知了邢某,那么依据逻辑上的倒推,问题的核心就是邢某在电视节目上的行为是否构成一个有效的意思表示,进一步说,邢某是否发出了订立合同的有效要约,这是全案的逻辑起点也是核心要点。

邢某是否作出了有效的订立悬赏合同要约的意思表示,是原、被告双方所争执不下的内容。孙某当然认为邢某在电视节目上的言行构成了一个有效的意思表示,否则孙某根本不会千辛万苦仿造邢某的作品,亦不会将此事诉至法院。在一审中法院支持了孙某的主张,认为邢某的言行构成有效要约,从而导致天平向孙某处倾斜。然而,邢某则始终主张,其电视上的言行并不是一个有效的意思表示,从而不构成有效要约,因为电视上仅是玩笑话。邢某的主张得到了二审法院的支持,因此案件得以改判。

2. 表示主义与意思主义之争

从案件事实来看,邢某的确说过将财产送与仿制成功之人。在邢某看来,这根本不是一个有效的意思表示,而在孙某看来,这就是一个有效的意思表示。那么究竟从何者角度去认知邢某的言行则是法院面临的重要抉择,这也是意思表示理论中表示主义与意思主义论证的焦点

（冉克平，16页）。一般认为意思表示的构成要素包括表示意思、效果意思和表示行为（梁慧星，176页）。一般情况下，意思与表示是相一致的。但在例外情况下，亦会发生二者不一致的情况，当事人所表示出来的效果意思并非其内心所想。此时就需要对意思表示进行解释。

尽管邢某一再声称电视上的言行只是吹牛行径，但并不能否认掉其言行构成意思表示的事实。因为不同于欠缺行为意思的无意识行为，邢某的言行仍是在其清醒的时刻发出，只是对其意思表示的效力存在争议。就邢某方而言，虽然他口出狂言，以此炫耀自己的实力，但内心深处认为广大的听众不会将其言行当真。然而，孙某并未如邢某期待的那样将其言行当作戏言，而是当作了真实的意思表示。那么，孙某的期待究竟应该得到何种程度的保护将是对邢某意思表示效力认定中所需考虑的十分重要的问题。一审法院完全采用了表示主义的视角，通过意思表示的有效认定保护了孙某的期待。虽然自19世纪末以来，对意思表示的解释逐渐由意思主义转向了表示主义，认为应以受领人的视角解释意思表示，侧重保护相对人的信赖利益（朱庆育，223页），但具体到本案中，一审法院强行适用表示主义认定邢某的意思表示效力仍不无疑问。

3. 意思主义视角的论证

在本案中，应采意思主义的视角对邢某的意思表示进行效力认定，而不能采表示主义。第一，比较法的借鉴。从意思表示的类型化来看，在单方的虚伪表示中，一般分为两种类型，分别为心中保留和戏谑行为。二者在表意人的主观心态上存在重大差别：在心中保留中，表意人是故意使得内心效果意思和外在表示行为不一致，往往系出于欺诈的目的。而在戏谑行为中，表意人通常都是善意的，并且认为相对人能够识破。因此在戏谑行为中，不应当采表示主义的视角让表意人承担过多的意思表示评价风险。在本案中，邢某的吹牛即可归纳为戏谑行为，而在比较法规范中，戏谑行为采用的是意思主义的视角，规定戏谑行为无效。第二，有偿性的考量。虽然在该起案件中，孙某付出了一定的劳动，但与价值高昂的受赠房产显然不成比例，因而该悬赏广告合同并非完全的有偿合同。而在该案中，一审法院基于保护相对人的信赖而赋予相对人如此之大的财产利益并无充足理由，相对人的信赖保护尚未达到足以认定邢某意思表示有效的程度。第三，理性人视角的评价。即使不采比较法中对单独虚伪表示的二分法，而将其统一为表示主义下的心中保留，借助于理性人模型的建构仍能够判定邢某的意思表示无效。在心中保留中，如果相对人得知表意人的真实意思，仍会导致该意思表示无效。然而，相对人是否得知表意人的心中保留实难以得知，需借助于理性第三人模型的建构，即通过设想一个具有特定知识结构和能力水准之人，在具体的场景下会形成什么样的认识，来完成对行为人的评价任务（叶金强，101—114页）。具体到该案中，作为一名电视观众应当可以认识到邢某的吹牛行径，特别是在结合对话的整体情景下，而非依孙某陈述就认定其没有认识到邢某的吹牛事实。在客观理性人的建构下，可以认定孙某认识到了邢某的吹牛事实，也应当认定邢某基于吹牛所为的意思表示无效。

综上，二审作出的判决十分正确，即从意思主义出发认定邢某的意思表示无效。既然邢某的意思表示无效，依据《民法总则》第143条，悬赏广告合同自不存在成立生效的可能。虽然合同无效，但并意味着孙某无法获得任何救济，孙某可基于《合同法》第42条第1款第3项请求邢某赔偿其因合理信赖所产生的损失，赔偿范围为孙某的消极信赖利益的损失。

4. 单方虚伪表示的认定

本判决正确处理了单方虚伪表示中意思表示效力的认定，判定邢某的意思表示无效，双方的悬赏广告合同不生效,其中采意思主义的视角正确认定了邢某的意思表示效力。二审改变了一审的表示主义视角,十分正确且合理。虽然我国立法中未对单方虚伪表示的效力作出规定,一定程度上导致一审采用了表示主义的视角认定了意思表示的效力。但是,比较法上的心中保留与戏谑行为为我们提供了值得借鉴的思考路径。在认定单方虚伪表示效力的过程中,需要结合表意人的主观状态、相对人信赖的合理性、合同有偿性等多种因素进行判定。尽管现代法逐渐强调交易安全的保护,日益转向了表示主义,但在此过程中,仍应注意到意思主义在保护表意人免遭评价风险侵害的重要性。本案为单方虚伪表示的效力认定提供了一个较为典型的样本。

在单方虚伪表示中,如果表意人处于非正式场合,意思表达时具有强烈的自夸修辞色彩且出于善意,通常情况下相对人不存在误信的可能,且在合同的对价明显不对等的情况下,可以认定表意人作出的意思表示无效。

参考文献

1. 梁慧星:《民法总论》(第五版),法律出版社2017年版。
2. 冉克平:《意思表示瑕疵:学说与规范》,法律出版社2018年版。
3. 朱庆育:《民法总论》(第二版),北京大学出版社2016年版。
4. 叶金强:《私法中理性人标准之构建》,载《法学研究》2015年第1期。

作者:上海交通大学凯原法学院教授　彭诚信
上海交通大学凯原法学院博士生　云晋升

7. 重大误解
——严某与赵某买卖合同纠纷案[①]

【事实概要】

严某在察看青瓷砚台盘后与赵某达成口头买卖协议,于2011年11月18日通过银行向赵某转账600 000元,后赵某于当日将青瓷砚台盘交付给原告严某。2012年2月24日,严某将该砚台盘拿到浙江省收藏协会古玩委员会进行鉴定,该机构作出了浙藏古鉴字(2012)第023号鉴定证书,鉴定结果为现代仿越窑青瓷作品。为此,严某多次与赵某进行沟通,均遭到拒绝。2012年11月16日,严某诉至法院,请求撤销原、被告之间的买卖合同,判令被告返还价金600 000元。

【判决要旨】

法院认为,基于案件事实,买卖合同中不存在重大误解的事实,因而驳回原告的起诉。

---

① 浙江省嵊州市人民法院(2012)绍嵊甘商初字第181号民事判决书。

本案中,原、被告订立的买卖青瓷砚台盘的合同,因该买卖合同标的系古玩收藏品,在签订合同前,原告已对青瓷砚台盘进行了察看,之后才决定向被告购买,故不存在原告是在违背真实意思情况下订立的,也不存在重大误解的事实。青瓷砚台盘的买卖价格系由原、被告双方协商后确定,属双方自愿买卖。原告主张被告虚构事实进行欺诈并使原告产生重大误解,但却未能提供相应有效证据证明其主张的事实,当事人对自己提出的诉讼请求所依据的事实有责任提供证据加以证明,没有证据或者证据不足以证明当事人的事实主张的,由负有举证责任的当事人承担不利后果。因此,本案中的买卖合同不符合《合同法》规定的可撤销的条件。原告要求撤销原、被告签订的买卖青瓷砚台盘合同的诉讼请求,法院不予支持,因撤销合同而返还货款的诉讼请求亦不予支持。

【解　　析】

一、评析要点

原告误将古董仿制品认为真品,是否构成重大误解,进而是否有权基于重大误解撤销买卖合同。

二、学理评析

1. 请求权基础的认定

在原告的请求权基础的选择上,究竟是基于欺诈还是重大误解撤销买卖行为较为模糊,因此本文将分为两个部分进行阐述。需要明确的是原告严某究竟是属于意思表示错误还是意思表示不自由。换言之,原告严某对于买受物年代的误认究竟因何而起,是原告自身判断能力不足所致,抑或受到被告赵某的欺诈所致。就欺诈而言,需要一方以欺诈手段,使对方在违背真实意思的情况下实施的民事法律行为(《民法总则》第148条)。欺诈的形式有两种:一种是一方当事人故意告知对方虚假情况,另一种是故意隐瞒真实情况(陈甦,1070页)。在判决的事实认定中,法院认为原告并无证据证明被告虚构了事实,即证明被告曾具体告知过原告标的物的具体年代,因而判定不存在被告虚构事实的行为。至于消极的不作为是否能够构成欺诈,目前还存在争议。一般而言,当事人并没有绝对的告知义务,将标的物所有的信息进行披露。从比较法上来看,除非法律、契约或者交易习惯上有告知义务的事项未告知,才会构成欺诈。而综合全案来看,一方面难以证实古玩买卖中存在卖方全面告知的习惯,另一方面原告也未证明被告早已知晓标的物是赝品的事实。因此,在本案中,原告难以基于欺诈的事实请求撤销买卖合同,下面将分析原告能否以重大误解作为撤销事由从而撤销买卖合同。

2. 重大误解的构成要件

我国立法中所采用的"重大误解"的术语,在传统民法上与之相关的概念是意思表示的错误。错误意味着表意人非故意地使表示与意思不一致(李适时,458页)。意思表示的错误不同于单独虚伪表示,因为单独虚伪表示中表示与意思的不一致是表意人故意造成。根据学说的整理,错误可类型化为:第一,关于当事人本身的错误;第二,关于标的物本身的错误;第三,关于当事人资格的错误;第四,关于标的物性质的错误;第五,关于法律行为性质的错误;第六,关于价格、数量、履行地、履行期的错误;第七,关于动机的错误(梁慧星,183页)。不过,并非只要发生了错误就构成重大误解,根据《民通意见》第71条规定,只有在行为与自己的意思相悖,并造成较大损失的情况下,才可以认定为重大误解。

根据规定,标的物的"品种、质量、规格和数量等的认识错误"属于误解的范畴,那么该案中对标的物年代的错误认知必然属于误解的内容,需要进一步分析的是该案中标的物年代的错误认知对于交易本身而言是否构成重大,并且给当事人造成了较大的损失。在普通买卖中,若当事人对标的物的性质发生了错误,如误认国产物件为进口物件,则很可能构成重大误解,因为通常情况下标的物的性质直接影响了价金,比如进口物件一般都会比国产物件价格高昂。

3. 古玩买卖中重大误解的适用

不过在较为特殊的古玩买卖中,表意人对标的物的年代产生了错误认知是否构成重大误解则存在继续讨论的空间。古玩买卖不同于普通买卖,具有特殊的交易行规,构成了与普通买卖的重大区别。首先,古玩买卖具有一定的投机性。古玩买卖中买卖双方的信息不对等情况是其重要特点,双方需基于多年以来积累的经验识别标的物的具体价金,从而获取利润。如果将重大误解贸然引至古玩交易之中,将会极大地破坏古玩交易秩序。其次,古玩不同于种类物,并不具有相对确定的价格。古玩本身实际上已经脱离了普通的价金确定规则,并无固定的市价,而会根据个人的意愿波动,对于一个人一文不值的古玩,对于另外一人或许就价值千金。因此,由于欠缺相应的参考价格,在古玩交易中认定较大损失是几乎不可能的事情。再者,古玩买卖中一直遵循的是"买者自慎"原则,指在合同订立过程中一方应当依赖自己掌握的知识作出判断,另一方对于有关合同或标的物的信息没有告知的义务。这种"买者自慎"原则一定程度上否定了重大误解作为撤销事由在古玩买卖中的适用,买方必须为自己的不审慎买单,只要出卖人未作出相应的误导和虚假陈述。最后,借助于传统的错误理论进行分析。与我国"重大误解"相对的是传统大陆法系所采取的错误的"二元论",其严格区分动机上的错误和表示上的错误。动机上的错误由于产生于意思形成阶段,因此原则上并不能构成撤销事由(朱庆育,270页)。就本案而言,买方对于标的物年代的错误认知明显属于动机错误,因为买方误信该物为古董而购买,而并非错将工艺品的A物当作古董B物而购买。不过,在二元论的错误理论中,其也承认在特定情形下,基于物的性质认识错误也可以撤销,前提是在交易上被视为重要的(汉斯,254页)。这又要回到古玩交易的习惯之中,即在古玩的实物买卖中,物的性质是否视为重要。正如上文所提到的,在古玩交易中,双方需借助于各自积累的经验对实物进行鉴定,而且原告不但亲自查看了实物,更是带领了相关专家进行鉴定,因而物的性质本身在本案中并不构成重要。综上,应该认定将赝品误认珍品在古玩交易中不构成重大误解,原告严某无权要求撤销买卖合同。

根据我国法律的规定,只有误解的内容对当事人造成较大损失的情况下,才会认定为重大误解,构成撤销的事由。然而,在古玩交易中,买受人对于标的物年代的错误认识难以被认定为重大误解。古玩交易中的投机性和价格模糊性决定了损失难以确定,同时买者自慎的原则也意味着买者需承担由于自身鉴别能力导致的赝品风险。因此,本案中的原告经过反复查看,同时也借鉴了诸多专家的意见,且无证据证明被告存在诱导欺骗的情况下,不能撤销该古玩买卖合同,该案的判决十分正确。

古玩交易有其特殊的交易习惯,在《民法总则》确立习惯法地位的情况下,应当谨慎认定古玩买卖的撤销事由。只要卖方未采用欺骗诱导手段,比如采用伪造鉴定证书、伪造出土痕迹等方式,而且买方属于自愿购买,即使事后发现标的物系赝品,也应当尊重古玩交易中的特殊行规。古玩交易始终遵循"买者自慎"的原则,买方需承担买卖中可能存在的赝品风险,而不得以重大误解要求撤销买卖合同,否则会对古玩业已形成的交易秩序造成破坏。

参考文献

1. 梁慧星:《民法总论》(第五版),法律出版社 2017 年版。
2. 陈甦主编,谢鸿飞、朱广新副主编:《民法总则评注》(下册),法律出版社 2017 年版。
3. [德]汉斯·布洛克斯、沃尔夫·迪特里希·瓦尔克:《德国民法总论》(第 33 版),张艳译,杨大可校,中国人民大学出版社 2014 年版。
4. 朱庆育:《民法总论》(第二版),北京大学出版社 2016 年版。
5. 李适时主编:《中华人民共和国民法总则释义》,法律出版社 2017 年版。

作者:上海大学法学院讲师　　陈吉栋

上海交通大学凯原法学院博士生　　云晋升

8. 虚伪表示与隐藏行为
——覃某与吴某买卖合同纠纷案①

【事实概要】

2002 年 10 月 17 日,覃某将其房屋以 3 万元的价格出卖给案外人韦某,当日覃某收到韦某支付的购房款,同时把该房屋及其房产证交付韦某居住和持有。韦某搬进该房屋居住直至 2011 年年初,但期间一直未与覃某办理该房屋的过户登记手续。2011 年 5 月 8 日,韦某为甲方与为乙方的吴某签订《房屋转让协议》,韦某将房屋卖与被告吴某。同年 6 月 9 日,吴某为了办理房屋过户手续而与覃某签订形式上的《房产转让协议书》,转让价为 4.8 万元整,同时约定支付价款后,双方再进行过户。同年 8 月 5 日,覃某在吴某未向其支付购房款 4.8 万元的情况下,仍协助吴某办理该房的过户登记手续。2015 年 4 月 24 日,覃某向法院起诉,请求吴某支付购房款 48 000 元及逾期付款损失 12 864 元。

【判决要旨】

1. 一审判决

一审法院驳回了覃某的诉讼请求。原告覃某不服一审判决,上诉至广西壮族自治区河池市中级人民法院。

---

① 广西壮族自治区环江毛南族自治县人民法院(2015)环民初字第 1303 号民事判决书;广西壮族自治区河池市中级人民法院(2015)河市民一终字第 456 号民事判决书。

2. 二审判决

二审法院驳回上诉，维持原判。二审法院认为，综合全案事实来看，《房产转让协议书》已经明确约定吴某一次性支付购房款后，覃某才将房屋权属等证件交给吴某，但在吴某并未支付购房款的情况下，覃某已经将涉案房屋变更登记至吴某名下，如果双方存在买卖房屋的合意，覃某将涉案房屋变更登记至吴某名下的行为不符合合同的约定，有违一般二手房交易习惯，亦不符合常理。同时，案外人韦某一审时作为证人证实，其出卖涉案房屋时，房屋仍登记在覃某名下，为了将涉案房屋从覃某变更登记至吴某名下，两人才签订《房产转让协议书》。综合上述两点，可以认定覃某和吴某签订《房产转让协议书》是为了使涉案房屋符合过户登记的相关条件，从而达到涉案房屋能够顺利从覃某变更登记至吴某名下的目的，双方并非就涉案房屋达成买卖的合意……本案中，覃某和吴某虽然存在外观的表示行为，即签订了《房产转让协议书》，但如前所述，覃某和吴某就涉案房屋并未达成买卖的合意，双方外观的表示行为不存在房屋买卖的具体内容，即不存在意思表示中目的意思要素，覃某出卖涉案房屋、吴某支付购房款的意思表示不存在，双方就涉案房屋进行买卖的民事法律行为不成立，故《房产转让协议书》中吴某向覃某支付购房款的约定对双方没有约束力，覃某请求吴某支付购房款48 000元以及相应利息的上诉理由不成立，法院不予支持。

【解　　析】

一、评析要点

案涉当事人以过户为目的所签订的买卖合同是否构成虚伪表示，其是否成立和生效？出卖人能否基于买卖合同请求给付价金？

二、学理评析

1. 意思表示的解释

虽然从原告覃某和被告吴某签订的《房产转让协议书》来看，双方试图创设的是买卖法律关系，但是结合案情，双方意思表示中的真实效果意思却根本不是房屋买卖。本案法官通过自由心证，根据经验法则、逻辑规则认定了相关事实，认为双方真实的意思表示并非合同所记载的条款。本案中的《房产转让协议书》只是不动产链式买卖中省略中间登记的一个环节，而并非一个真实的买卖合同。根据《房屋登记办法》第33条的规定，在申请房屋所有权移转登记中，必须要提交证明房屋所有权发生转移的材料，而买卖合同正是所需材料中的一种。在房屋链式交易中，房屋先由覃某卖与韦某，再由韦某卖给了吴某，但是由于第一次房屋买卖中覃某未将房屋过户给韦某，因而所有权人仍为覃某。所以，若想将房屋过户给吴某，可供选择的方案有两种，一是由覃某作为房屋所有权人将房屋过户给吴某；二是由覃某先过户给韦某，然后再由韦某过户给吴某。本案中的当事人出于种种考虑，最终选择的是由第一次买卖中的出卖人直接过户给第二次买卖中的买受人。然而，根据《房屋登记办法》第33条，覃某与吴某之间必须存在一个买卖合同，方才可能进行过户登记。所以，本案中才出现了原告覃某和被告吴某签订的《房产转让协议书》。作为意思表示重要构成要素的效果意思，合同文本仅能初步推断特定法律关系关系，若有可能的话，还需进一步探明当事人真实的效果意思（梁慧星，176—177

页)。综合案情,双方实则欠缺创设买卖法律关系的意图,因此原告覃某和被告吴某并不存在买卖法律关系。

2. 行为的定性

在本案中,存在两份"白"合同和一份"黑"合同,两份"白"合同分别是覃某与韦某签订的买卖合同、韦某与吴某签订的买卖合同,"黑"合同是覃某与吴某为过户所补签的买卖合同。此处的"黑"合同涉及了《民法总则》第 146 规定的通谋虚伪表示,即双方当事人一致同意仅仅造成订立某项法律行为的表面假象,而实际上并不想使有关法律行为的法律效果产生(卡尔·拉伦茨,497 页)。一般而言,在通谋虚伪表示行为下还会存在隐藏行为,也可称为非伪装行为(李适时,455 页)。具体到本案中,两份"白"合同即属于被隐藏行为。简单地说,就是当事人试图用一份买卖合同掩盖背后存在的两次交易。

此外,值得注意的是,本案不能与《民法总则》第 154 条所规定的恶意串通行为的规范价值相混淆,前者涉及的是法律行为的成立问题,而后者所涉及的是法律行为的效力问题,这也是二审判决重点强调的问题。虽然本案中的"阴合同"客观上造成了国家税费的损失,符合恶意串通的客观要件,即损害他人合法权益,但是在恶意串通中,尚且要求合同双方当事人的意思真实(韩世远,45 页)。而在本案中,合同签订的双方的当事人的意思与表示并不一致,所以该案无适用《民法总则》第 154 条的余地(李适时,485 页)。

3. 合同的效力

既然原告覃某和被告吴某的买卖合同属于通谋虚伪表示,那么根据《民法总则》第 146 条的规定,自然可以得出买卖合同无效的结论。有学者对通谋虚伪表示的应然效力进行了论证:首先,依据意思自治原理,采意思主义视角,当事人一致所想达成的内容优先于文本意义;其次,不同于心中保留情形,双方当事人对于意思表示的虚伪性是明知的,于此情形中并无任何信赖值得保护(冉克平,109—110 页)。所以,无论是从实然还是应然分析,通谋虚伪表示行为都是无效的。

针对不动产链式买卖中省略中间登记补签形式合同的做法,法院判决认为形式合同属于首次买卖中出卖人与末次买卖中买受人之间的通谋虚伪表示行为,因而该形式买卖合同无效。在我国,出于种种原因的考虑,一直否定不动产缩略登记的合法性,强调不动产登记必须如实反映真实的交易状态。因而,在类似案件中,一旦涉及缩略登记的疑点,法院应当综合全案案情,探求当事人的真实意思,不应当简单以合同文本作为最终依据,充分保护民事主体的合法权益。

在不动产链式买卖中,为了寻求税费规避,当事人多会选择在首次出卖人和末次买受人之间补签一份形式上的买卖合同,以满足所有权变动登记中的要件。然而,这种类型的买卖合同并非出于当事人的真意,而属于通谋虚伪表示,无论是从法律行为成立要件上分析,还是从效力要件上分析,该买卖合同并不会产生任何效力,形式上的"出卖人"更无权要求形式上的"买受人"支付任何价款。

参考文献

1. 梁慧星:《民法总论》(第五版),法律出版社 2017 年版。
2. 李适时主编:《中华人民共和国民法总则释义》,法律出版社 2017 年版。
3. 冉克平:《意思表示瑕疵:学说与规范》,法律出版社 2018 年版。

4. 韩世远:《虚假表示与恶意串通问题研究》,载《法律适用》2017 年第 17 期。

作者:上海大学法学院讲师　陈吉栋
上海交通大学凯原法学院博士生　云晋升

9. 显失公平
——李某甲与北京 A 公司、李某乙房屋买卖合同纠纷案[①]

【事实概要】

2016 年 8 月 8 日,李某甲与李某乙通过居间人北京 A 公司签订了房屋买卖合同,约定李某甲将其北京的一处房屋卖与李某乙,房屋面积为 88.03 平方米,价格为 395 万元。经评估公司评估:"经过测算,价值时点 2016 年 8 月 8 日的房地产价值:平均单价 61 330 元/平方米,总价 5 398 880 元",经计算,合同约定的出卖价仅为市场价格的 73%。长期在外地工作的李某甲事后发觉房屋的出售价格远低于市场价格。而且李某甲同时发现李某乙与居间人 A 公司的法定代表人曾系夫妻关系,二人于 2005 年结婚,于 2014 年离婚。故李某甲以居间方和买方存在恶意串通和合同签订显示公平为由,于 2016 年起诉至法院,要求撤销该房屋买卖合同。

【判决要旨】

1. 一审判决

一审法院认为,依法成立的合同受法律保护,当事人应当按照约定履行自己的义务。原告李某甲认为北京 A 公司与李某乙存在恶意串通,但北京 A 公司法定代表人与李某乙于 2014 年已经办理了离婚手续,远早于买卖合同签订的 2016 年,故不存在亲属关系下恶意串通的事实。而且,根据鉴定,虽然买卖合同的价格低于市场价格,但成交价仍超过第三方的评估价的 70%,尚不构成明显过低。因而,一审法院认为原告李某甲请求撤销合同的请求缺乏事实依据,判决驳回原告李某甲要求撤销买卖合同的诉讼请求。李某甲不服一审判决,向北京市第二中级人民法院提起上诉。

2. 二审判决

二审法院结合购房人李某乙与居间人北京 A 公司之间的关联关系以及从客观结果等多种因素,最终认为,尽管合同订立时涉案房屋成交价大幅低于市场价,北京 A 公司与买房人存在一定利害关系,北京 A 公司的居间行为存在不妥,但是李某甲作为完全民事行为能力人轻率交易亦有责任,故本案事实尚不足以认定居间人北京 A 公司、李某乙之间存在恶意串通、欺诈等行为,故对于李某甲的诉讼意见,法院不予采纳。然而,涉案《北京市存量房屋买卖合同》约定的涉案房屋成交价格显著低于市场价格,可以认定合同在订立时显失公平,应予撤销。故,北京市第二中级人民法院撤销一审判决,改判撤销案中的房屋买卖合同。

[①] 北京市西城区人民法院 (2016) 京 0102 民初 25928 号民事判决书;北京市第二中级人民法院 (2017) 京 02 民终字第 11096 号民事判决书。

【解　析】

一、评析要点

本案中的合同是否构成显失公平，李某甲能否以此撤销该合同。

二、学理评析

1. 显失公平的构成要件

《民法总则》关于显失公平法律行为的效力规定于第151条，即"一方利用对方处于危困状态、缺乏判断能力等情形，致使民事法律行为成立时显失公平的，受损害方有权请求人民法院或者仲裁机构予以撤销。"根据该条的规定，显失公平需具备两项要件：第一，主观要件，一方利用了对方处于危困状态、缺乏判断能力等情形，且主观上具有故意。危困状态一般是指，对方当事人因陷入某种暂时性的急迫困境而对于金钱、物的需求极为急迫等状态。缺乏判断能力，是指缺少基于理性考虑而实施民事法律行为或对民事法律行为的后果予以评估的能力（李适时，474页）。此外，行为人必须利用了对方的上述情形，如果行为人在不知情的情况下与对方签订了合同，也不构成利用（韩世远，293页）。第二，民事法律行为成立时显失公平。至于如何认定显失公平，《合同法司法解释（二）》第19条对于"明显不合理低价"的规定可供参照，一般是以市场价格的70%作为临界点，一审法院即根据该条判定买卖合同在成立时不属于显失公平。

具体到本案中，虽然无证据表明李某甲处于危困状态，但是根据案情，李某甲一直在外地工作，所以客观上难以了解住房当地的房产市场，缺乏相关的市场经验，可以认为其缺乏一定的判断能力。那么，紧接着需要分析的是，北京A公司与李某乙是否利用了李某甲缺乏判断能力的情形。事实上，作为专业中介机构的公司，北京A公司必然知道李某甲房产的正常市场价格，但是没有告知李某甲。同时，李某乙的前夫，即北京A公司的法定代表人全程参与了合同签订过程，甚至还替李某乙先行垫付了定金。从上述情况完全可以推断出李某乙与其前夫仍保持密切的联系，难以否认李某乙未参与利用李某甲缺乏判断能力的情形。所以，案情符合了显失公平的主观要件。

2. 客观要件的认定

本案是否符合显失公平的客观要件是一审、二审产生分歧的地方。根据第三方的评估，合同签订的价格仅为市场价格的73.2%。一审法院认为，73.2%已经超过了70%，参照《合同法司法解释（二）》第19条第2款的规定，认为尚不构成显失公平。但是，二审法院未简单遵循70%的数值标准，而是全面考虑评估报告指出的价值影响因素和交易具体情况，指出结合涉案房屋交易需补缴土地出让金或土地收益的减值因素、涉案房屋平台的增值影响，认为涉案房屋签约买卖价格无论从差价数额还是从差价比例上均显著低于市场价格，足以认定涉案合同在签订时存在显失公平情形。因此，在判断是否构成显失公平时，需要结合民事法律行为的具体情形，如市场风险、交易行情、通常做法等加以判断（李适时，474页）。

在起诉时，李某甲的撤销权仍在存续期间之内。根据《民法总则》第152条的规定，基于显失公平产生的撤销权应当在当事人知道或者应当知道撤销事由之日起一年内行使。在本案中,合同签订的时间是 2016 年,而李某甲起诉的时间也在 2016 年,仍在一年的期间之内,因而李某甲仍享有撤销权。因此,二审法院认为该案亦符合了显失公平的客观要件,最终认定合同在订立时显失公平,应予撤销。

3. 显失公平与乘人之危的区分

《民法通则》开创的"显失公平"与"乘人之危"二分的立法例造成了相互重叠的现象,而《民法总则》再度将二者进行整合,重新规定于第 151 条,符合比较法上相关制度的发展趋势。相较于《民法通则》创立的以客观要件为基础的显失公平规则,以及以主观要件为基础的乘人之危规则,《民法总则》的立法方式有较大的进步。首先,纯粹以客观着眼的考察尽管试图达到实质正义的目的,然而在自由市场竞争中却难以发挥应有的作用。其次,乘人之危也难以成为意思表示瑕疵的独立类型。因为在乘人之危中,乘危人可归责性较小,其只是对相对人不利状态的利用而已,而并未参与不利状态的形成。在欺诈中,欺诈人伪造了虚假事实,胁迫人则制造恐怖气氛(朱庆育,288 页)。这一点在本案中体现得特别明显,李某甲对于房屋价格的误判并非由二被告造成,而是因为其自身的原因造成,难以符合欺诈的构成要件。二审法院因此认为李某甲作为完全民事行为能力人轻率交易亦有责任,故本案事实尚不足以认定北京 A 公司、李某乙之间存在恶意串通、欺诈等行为,最终排除了欺诈规则的适用。该条为因自身原因作出瑕疵意思表示,并被他人利用,同时给付出现严重不均衡的当事人提供了一条有效的救济途径(陈甦,1084 页)。因此,《民法总则》将原有的显失公平与乘人之危合并规定,赋予显失公平新的内涵,在立法例上与国际接轨,而且也便于司法实践对于该条款的从严把握,避免这一制度被滥用(李适时,475 页)。

参考文献

1. 陈甦主编,谢鸿飞、朱广新副主编:《民法总则评注》(下册),法律出版社 2017 年版。
2. 韩世远:《合同法总论》(第四版),法律出版社 2018 年版。
3. 朱庆育:《民法总论》(第二版),北京大学出版社 2016 年版。
4. 李适时主编:《中华人民共和国民法总则释义》,法律出版社 2017 年版。

作者:上海大学法学院讲师　陈吉栋
上海交通大学凯原法学院博士生　云晋升

10. 无权代理的法律后果
——王杰与周海霞买卖合同纠纷上诉案①

【事 实 概 要】

2015 年 12 月 24 日,王杰作为买方,周金生作为卖方,周海霞作为周金生的代理人与王杰签

---

① 郑州高新技术产业开发区人民法院(2016)豫 0191 民初 6829 号民事判决书;河南省郑州市中级人民法院(2017)豫 01 民终 3637 号民事判决书。

订房屋买卖合同,约定王杰购买周金生所有的房屋一套,房屋总价款为1 267 000元。合同第16条约定,代理人受被代理人的委托签订本合同,代理人保证其本人享有代理权,并已向被代理人充分说明本合同约定的相关内容,代理人在签订房屋买卖合同后及时交与被代理人补签,若因被代理人不予补签,不予追认导致房屋买卖合同不发生效力,则由周海霞赔偿王杰损失5万元。2015年12月25日,王杰通过汇款的形式向周金生支付5万元。2016年3月26日,周金生将5万元退回。现王杰以周海霞的无权代理行为未被追认为由,请求周海霞按合同约定赔偿损失5万元。

【判决要旨】

1. 一审判决

一审法院将周海霞行为确认为无权处分行为,因而买卖合同无效,不予支持基于无效合同的赔偿损失请求。一审法院认为,当事人在订立合同过程中,违背诚实信用原则,给对方造成损失的,应当承担损害赔偿责任。当事人对于自己提出的诉讼请求所依据的事实或者反驳对方诉讼请求所依据的事实有责任提供证据加以证明。没有证据或者证据不足以证明当事人的事实主张的,由负有举证责任的当事人承担不利后果。本案中,被告在并无涉案房屋处分权的情况下与原告签订房屋买卖合同,其后亦未取得对该房屋的处分权,现房屋所有权人明确表示不认可被告处分其财产的行为,故导致该合同不能成为有效合同的责任在于被告,被告应负主要缔约过失责任。由于本案中原告未举证证明其未能入住该房而需另行购买或者租借其他房屋给其带来的额外损失数额,一审法院根据被告无权处分行为的性质、占用原告定金的数额和时间,酌定被告赔偿原告1万元。原告主张依据无效合同请求被告赔偿损失,因无效合同自始没有法律约束力,故与法律规定相悖,一审法院不予支持。王杰不服一审判决,提出上诉。

2. 二审判决

二审法院撤销原审判决,予以改判。涉案房屋的所有权人为周金生,作为周金生代理人的被上诉人周海霞在与上诉人王杰签订《房屋买卖合同》后,因未取得周金生对其代理权的追认,导致该合同无法实际履行,作为过错方的周海霞应按照合同约定对守约方王杰承担约定的赔偿责任,故上诉人王杰上诉主张被上诉人周海霞应按照《房屋买卖合同》第16条"代理人责任"承担赔偿责任,合理合法,法院予以支持。

【解析】

一、评析要点

本案的争议焦点在于周海霞无权代理行为的法律后果如何。二审法院最终判决周海霞应当对王杰承担赔偿责任,其主要理由是因周海霞实施的行为未被追认,王杰有权请求周海霞赔偿损失。

二、学理评析

1. 本案中周海霞的行为构成无权代理

无权代理有广义与狭义之分,广义上的无权代理是指行为人(无权代理人)没有代理权仍以被代理人名义实施民事法律行为。狭义上的无权代理,即指行为人没有代理权,也不具有使相对人有理由相信其有代理权的外部表象的代理。本文所指的无权代理皆为狭义上的无权代理。无权代理在现行法上的规范基础主要为《民法总则》第171条。依据该条,无权代理主要分为三种类型:(1)没有代理权的无权代理,即行为人根本没有得到被代理人的授权,就以被代理人名义从事的代理;(2)超越代理权的无权代理,即行为人与被代理人之间有代理关系存在,行为人有一定的代理权,但其实施的代理行为超出了代理范围的代理;(3)代理权终止后的无权代理,即行为人与被代理人之间原本有代理关系,由于法定情形的出现使得代理权终止,但是行为人仍然从事的代理。

本案中,依据法院查明的事实,周海霞没有得到周金生的代理授权,故其订立买卖合同的行为属于无权代理行为。值得一提的是,一审法院将周海霞的行为定性为无权处分行为,有失偏颇。无权处分是指行为人没有处分权,却以自己的名义实施的对他人财产的法律上的处分行为。其特点是以自己的名义实施行为,目的在于自己承受法律效果。而无权代理是指没有代理权,却以被代理人名义实施的旨在将效果归属于被代理人的行为。其要点在于以被代理人名义实施行为,目的在于使效果归属被代理人。本案中周海霞是以周金生的名义从事民事法律行为,其目的也在于使买卖房屋效果归属于周金生,因此一审法院关于无权处分的认定并不妥当,最终也被二审撤销并改判。

2. 周海霞无权代理的法律后果

依据《民法总则》第171条,若被代理人追认,由被代理人承担民事法律行为的效力;若被代理人未追认,则无权代理人实施的民事法律行为对被代理人不发生效力。因此,无权代理在民事法律行为的分类上属于效力待定的行为,是否对被代理人生效,在被追认前并不确定。此外,即使被代理人不予追认,该行为也只是不直接对其发生效力,而并不是一概不发生民事法律行为的效力(韩世远,302页)。

《民法总则》第171条主要从被代理人与相对人的法律关系、无权代理人与相对人的法律关系两个角度规定无权代理的法律后果。

第一,被代理人与相对人之间的法律关系。对于被代理人而言,其享有使无权代理合同发生与有权代理合同相同效力的权利,即追认权。追认权属于形成权,允许被代理人自主决定是否承受代理行为的效力。依据《合同法司法解释(二)》第11条,追认具有溯及力,经追认的代理行为自行为实施之时起生效,自始被代理人承受代理行为的法律后果。对于相对人而言,其享有催告权和撤销权。催告权是指相对人催促被代理人在一定期限内明确答复是否承认无权代理行为。为了防止被代理人怠于行使追认权而影响相对人的利益,《民法总则》第171条特别规定,相对人可以催告被代理人自收到通知之日起一个月内予以追认。被代理人未作表示的,视为拒绝追认。而撤销权是指相对人在被代理人未追认无权代理行为之前,可撤销其对行为人所作的意思表示。相对人撤销权的行使应当注意:一是行使时间,即必须在被代理人作出追认之前作出,如果被代理人已经对无权代理行为作出了追认,该民事法律行为就对被代理人产生了效力,相对人就不能再撤销其意思表示了;二是相对人的主观状态,即相对人在行为人实施民事法律行为时必须是善意的,并不知道对方属于无权代理。本案中,被代理人周金生不予追认无权代理人周海霞与相对人王杰之间订立的房屋买卖合同,因此该无权代理行为对被代理人周金生不发生效力。

第二,无权代理人与相对人之间的法律关系。无权代理人与相对人之间的法律关系只有在被代理人拒绝追认时才可能发生,这是因为被代理人若拒绝追认无权代理行为,则不必承受法律后果;但如果相对人善意信赖代理行为有效,应当值得保护,由于该善意信赖来源于无权代理人,故相对人可请求无权代理人承担相应责任(朱庆育,361页)。依据《民法总则》第171条,善意相对人可请求的责任为履行责任或赔偿责任。当善意相对人请求无权代理人履行债务时,无权代理人和善意相对人作为合同关系的当事人,履行合同项下的义务,享有该合同项下的权利,而被代理人自然不承受该合同项下的权利与义务(崔建远,102页)。当善意相对人请求无权代理人赔偿损失时,涉及赔偿范围的认定。《民法总则》第171条中仅表述为"其受到的损害",未明确是信赖利益的损害还是履行利益的损害。结合该条文中"不得超过被代理人追认时相对人所能获得的利益",那么原则上善意相对人可请求赔偿的范围不得超过合同的履行利益(韩世远,307页)。

具体到本案,周海霞向王杰保证自己有代理权,并在合同中作了相关约定,王杰有理由信赖周海霞,构成善意相对人。王杰请求周海霞承担的损害赔偿责任,其数额为合同中约定的5万元责任额度。值得注意的是,如果善意相对人选择损害赔偿,并不意味着无权代理行为不发生效力,该行为仅是对被代理人不发生效力,其法律后果仍然应由无权代理人和相对人承受。在此场合相对人的损害赔偿请求是合同有效时因债务不履行而产生的损害赔偿,而非合同无效时的损害赔偿(朱庆育,362页)。因此,合同中的责任条款依然有效,且未超过合同的履行利益,可以作为善意相对人王杰的赔偿依据。

无权代理行为没有被代理人追认的,对被代理人不发生效力,但若该行为符合民事法律行为的有效要件,则在无权代理人和相对人之间生效。此时善意相对人有权请求无权代理人履行债务或者就其受到的损害请求行为人赔偿,但是赔偿的范围不得超过合同的履行利益。

参考文献

1. 崔建远:《合同法》(第二版),北京大学出版社2013年版。
2. 韩世远:《合同法总论》(第四版),法律出版社2018年版。
3. 朱庆育:《民法总论》(第二版),北京大学出版社2016年版。

作者:上海大学法学院讲师　陈吉栋
上海交通大学凯原法学院博士生　纪　闻

11. 表见代理的认定
——石家庄一建公司与李罗玲租赁合同纠纷案[①]

【事　实　概　要】

谢某与罗某以石家庄一建公司代理人的身份与李某为业主的北京某建筑设备租赁站订立

[①] 北京市海淀区人民法院(2014)海民初字第14380号民事判决书;北京市第一中级人民法院(2014)一中民终字第07906号民事判决书。

租赁合同,约定石家庄一建公司向其租用建筑设备物资,李某按照合同约定提供了租赁设备,但石家庄一建公司以罗某伪造公司印章、其行为与公司无关为由,未按约定结算剩余租金,后李某诉请石家庄一建公司支付租金、解除合同。一审中,石家庄一建公司出具证据证明罗某伪造石家庄一建公司的印章,否认公司与李某存在合同关系。李某出具证据证明合同签订地是石家庄一建公司挂牌的施工现场,且罗某、谢某持有石家庄一建公司项目部章,收据也载明是石家庄一建公司交纳的费用。石家庄一建公司不服,提出上诉。

【判决要旨】

1. 一审判决

一审法院认定罗某与谢某的行为构成表见代理,石家庄一建公司承担合同责任。石家庄一建公司不服,提出上诉。

2. 二审判决

二审法院驳回上诉,维持原判。二审法院认为,石家庄一建公司中标工程后,罗某与谢某在该公司中标工程的施工现场,自称系石家庄一建公司的职工,并持有石家庄一建公司的项目部章,故罗某、谢某的行为让李某有理由相信与其签订合同的相对方为石家庄一建公司,且谢某给付租金款也称系代石家庄一建公司付款。对此,一审法院认定罗某与谢某的无权代理行为已构成表见代理。李某个体经营的北京某建筑设备租赁站已按约定提供了租赁物,石家庄一建公司中标后,称其将工程转包,但在一审及二审审理中,均未提供相应证据予以佐证。对此,应视为石家庄一建公司使用了租赁物并受益,其应支付相应租金。现石家庄一建公司迟延支付租金,应属违约。对此,一审法院依本案事实所作处理并无不妥,二审法院予以维持。

【解 析】

一、评析要点

本案的争论点在于罗某、谢某以公司名义实施的行为后果是否由公司承担,也即罗某、谢某的行为是否构成表见代理。

二、学理评析

1. 如何认定"相对人有理由相信行为人有代理权"?

表见代理是指,行为人虽无代理权而实施代理行为,如果相对人有理由相信其有代理权,则该代理行为有效。《合同法》第 49 条、《民法总则》第 172 条两个实质相同的规定构成了表见代理的规范基础。表见代理是法律行为责任的一种扩充。一般而言,依据私法自治原则,法律行为的名义主体(被代理人)仅就其意思表示承担责任,但在表见代理中,被代理人要承担非基于自己意思的法律行为的后果(卡尔·拉伦茨,886—887 页)。因此,表见代理在制度价值上更强调保护合同相对人的利益,维护交易安全。具体而言,只要相对人对行为人有代理权形成了合理信赖,即使实际情况相反,也应保护这种信赖利益,在一定程度上牺牲被代理人的利益,而将无权代理的效果归属于被代理人,以保护交易安全(李适时,537 页;胡康生,96 页)。

以本案为典型的众多表见代理纠纷中,法官对表见代理的认定往往围绕着"相对人有理由相信行为人有代理权"这一要件展开。《合同法》第49条、《民法总则》第172条对此没有更多的细化规定,具有案例、学说和司法解释性质的《关于当前形势下审理民商事合同纠纷案件若干问题的指导意见》对这一有相当弹性的立法表述,进行了一定程度的类型化作业,基本形成了以下两个具体的标准来判断"相对人有理由相信行为人有代理权"。

第一,无权代理人在客观上须具备代理权的外观。虽然代理人是无权代理,但应当在客观上形成具有代理权的表象。这种法律外观的形成,可能是代理人"自始没有代理权",也可能是代理人"超越代理权"或"代理权终止"。前者可被称为"授权表见"型的法律外观,强调被代理人从未得到代理人的授权;后者可被称为"代理存续"型的法律外观,强调被代理人曾经拥有代理权,但代理权已经被撤回或限制(朱庆育,368页)。"代理存续"型的法律外观更具迷惑性,在司法实践中也更为常见。

第二,相对人在主观上必须是善意且无过失。表见代理在利益衡量的偏向是建立在对相对人的信赖保护上,因此如果相对人明知对方为无权代理人或因过失而不知对方为无权代理人,则不构成表见代理。值得注意的是,《合同法》和《民法总则》立法释义书、最高人民法院《关于当前形势下审理民商事合同纠纷案件若干问题的指导意见》对相对人主观的要求都是"善意且无过失",其中蕴含的价值导向值得推敲。因为民法理论中的善意一般是指非基于故意或重大过失的不知,一般旨在维护交易安全的制度中对第三人的主观心态也是允许出现一般轻过失的"善意"。而对于表见代理,具有官方性质的文件都还特别要求相对人连一般轻过失都不可有,反映了我国在认定表见代理上对相对人主观心态更严格的限制(陈甦,1231页)。

本案中,两级法院对于"相对人有理由相信行为人有代理权"的认定,也基本从无权代理人的客观法律外观和相对人的主观心态两个层面进行考量。在司法适用过程中,客观外观和主观心态并非完全割裂判断,很多时候呈现一体两面的状态,这是因为客观外观和主观心态本质上都会辅助判断相对人的合理信赖,这种判断不是全有或全无的问题,而是程度问题,需要裁判者结合各方要素进行个案权衡(叶金强,41页)。具体而言,本案中法院查明李某和罗某等人订立租赁合同的地点是在石家庄一建公司的施工现场,罗某、谢某一直持有石家庄一建公司项目部章,租赁合同履行过程中出具的收据抬头也是石家庄一建公司。法院结合合同缔结和履行过程中的地点、印章、票据等要素,综合判断罗某、谢某的行为表象和李某的主观情况,从而认定李某"有理由相信行为人有代理权",罗某、谢某的行为构成表见代理。

2. 被代理人的可归责性是否应纳入表见代理的构成要件?

本案中的一个细节值得关注:一审法院在事实查明部分认定了石家庄一建公司出具了证据证明公司与李某不存在合同关系,罗某伪造了石家庄一建公司的印章。但是在两级法院的说理论证部分并没有将这个因素纳入表见代理的构成认定。这一现象实际上涉及一个在学理、司法和立法都颇具争议的问题,也即判断"相对人有理由相信行为人有代理权"时是否考虑被代理人的可归责性。

德国学说认为,表见代理实际上是被代理人对自己违反注意义务的行为承担的责任。换而言之,被代理人具有可归责性是表见代理的构成要件。被代理人的可归责性也有利于解释为什么在一般无权代理中被代理人最多赔偿相对人信赖利益损失而在表见代理人中被代理人要直接负担履行利益(迪特尔·梅迪库斯,732—733页)。是否要求被代理人可归责性的争论在我国《合同法》的表见代理立法过程中就已经出现,也即表见代理是否要求被代理人对无权代理人的权利外观具有过错,但最终《合同法》起草小组以被代理人过失难以证明为由,没有采纳这一要件(胡康生,97页)。这一讨论延伸到《民法总则》的立法过程中。一直到《民法总则(草案)》(三审稿)时,都有一条因为被代理人不具有可归责性而不构成表见代理的但书条款:"(一)行为人伪造他人的公章、合同书或者授权委托书等,假冒他人的名义实施民事法律行为的;(二)被代理人的公章、合同书或者授权委托书等遗失、被盗,或者与行为人特定的职务关系已经终止,并且已经以合理方式公告或者通知,相对人应当知悉的;(三)法律规定的其他情形。"但到最后,起草小组又以被代理人过失难以证明为由删除了该但书条款(李适时,538页)。

这一争议并非仅是理论建构上的问题,在司法实务中对于被代理人可归责性的认识也不一致,草案中的但书条款实际上也是司法实践中法官对于被代理人可归责性在认定表见代理时具体情景的总结。最高人民法院《关于当前形势下审理民商事合同纠纷案件若干问题的指导意见》在认定表见代理中的考虑因素中也列举了涉及被代理人可归责性的情况,如建筑单位是否知道项目经理的行为、是否参与合同履行等。随着学界讨论的深入,完全不考虑被代理人的因素被认为是不符合民法的公平原则和私法自治原则。学界也尝试借鉴比较法经验,将被代理人的可归责性内置于"相对人有理由相信行为人有代理权"的判断中(陈甦,1228—1229页)。在解释论的立场上,将被代理人的可归责性纳入判断"相对人有理由相信行为人有代理权"的考量要素中并无不当。要素并非封闭的构成要件,某一要素在司法适用并非缺一不可,只是个案综合判断的因素之一(瓦尔特·维尔伯格,112—115页)。结合被代理人的可归责性这一要素,不仅有利于整合运用既有的表见代理认定司法经验,也能在一定程度上有助于交易安全与意思自治的价值衡平,实现法律效果与社会效果的统一。

表见代理纠纷中需要着重把握无权代理人在客观上是否须具备代理权的外观、相对人在主观上是否为善意且无过失,结合无权代理人和相对人之间的合同缔结和合同履行过程中的要素,认定"相对人是否有理由相信行为人有代理权",被代理人的可归责性在个案中也可视为考量要素之一。

参考文献

1. 李适时主编:《中华人民共和国民法总则释义》,法律出版社2017年版。
2. 胡康生主编:《中华人民共和国合同法释义》,法律出版社2009年版。
3. 朱庆育:《民法总论》(第二版),北京大学出版社2016年版。
4. 陈甦主编:《民法总则评注》,法律出版社2017年版。
5. [德]卡尔·拉伦茨:《德国民法通论》,王晓晔等译,法律出版社2013年版。
6. [德]迪特尔·梅迪库斯:《德国民法总论》,邵建东译,法律出版社2013年版。
7. [奥地利]瓦尔特·维尔伯格、李昊:《私法领域内动态体系的发展》,载《苏州大学学报(法学版)》2015年第4期。
8. 叶金强:《表见代理构成中的本人归责性要件——方法论角度的再思考》,载《法律科学(西北政法大学学报)》2010年第5期。

作者:上海大学法学院讲师　陈吉栋
上海交通大学凯原法学院博士生　纪　闻

12. 代理权滥用
——张志喜等与曲文伟等确认合同无效纠纷案①

【事 实 概 要】

2011年10月20日,张志喜、袁爱青与曲文伟订立委托书,约定曲文伟作为代理人办理张志喜名下的北京通州某房产的提前还贷、解除抵押的注销和出售事宜。2012年1月16日,曲文伟完成了房屋贷款的清偿,办理了按揭贷款的注销手续。而后曲文伟以94万元的价格将房产卖给李建辉。2012年3月27日,房屋的买受人李建辉在房屋买卖合同上签字,但是出卖人曲文伟在合同上注明的签订时间为2011年1月18日,且合同中没有约定房屋交付条款、违约责任条款和权属转移登记条款。2012年3月27日,房屋登记在李建辉名下,李建辉在买房过户前没有到房屋进行实地勘察。张志喜以曲文伟和李建辉的行为侵害其合法权益为由,请求判决曲文伟和李建辉之间签订的房屋买卖合同无效。一审法院支持张志喜的诉请,曲文伟和李建辉不服,提出上诉。

【判 决 要 旨】

1. 一审判决

一审法院认为,恶意串通,损害国家、集体或者第三人利益的合同无效。张志喜、袁爱青委托曲文伟出售争议房屋,作为受托人,曲文伟应当本着诚信原则,尽力、勤勉地履行义务。但是,曲文伟将争议房屋出售给李建辉的整个过程存在重大疑点,严重违背日常生活经验法则。一审法院支持张志喜的诉请,曲文伟和李建辉不服,提出上诉。

2. 二审判决

二审法院驳回上诉,维持原判。本案中,曲文伟与李建辉所陈述的交易过程具有以下特点:第一,根据曲文伟代张志喜与李建辉签订的存量房屋买卖合同,其中有关房屋交付、产权过户等主要合同义务的履行时间未予明确;第二,本案存量房屋买卖合同所载买卖双方的签字日期相隔时间已逾一年,且两日期的年、月、日均不相同,与一般的书写笔误存在明显区别;第三,根据李建辉与曲文伟的陈述,李建辉于领取产权证当日以现金方式一次性向曲文伟支付了94万元房款,但对于支付此数额较大款项的事实,仅有其二人的陈述予以证明,其二人亦未提供上述款项来源或走向的相关记录;第四,李建辉与曲文伟均称双方并无任何亲友关系,但曲文伟在未收到任何房款且李建辉未按双方合同约定支付定金的情况下,仍协助李建辉将涉案房屋过户至其名下;第五,李建辉在交易过程中始终未实地勘察涉案房屋。按一般常理,如房屋交易过程中出现上述现象的某一点,尚可解释为个案的特殊性,但诸如本案一并出现在同一交易过程中,难以偶然性自圆其说,实属不符合交易习惯并有悖常理。一审法院综合考虑本案案

---

① 北京市通州区人民法院(2012)通民初字第8662号民事判决书;北京市第二中级人民法院(2012)二中民终字第14892号民事判决书。

情,并结合双方交易价格,认定李建辉与曲文伟之间的交易过程严重违背生活经验法则,并据此认定双方之间存在恶意串通、损害张志喜与袁爱青合法权益的情形,处理并无不当,法院予以确认。

曲文伟受张志喜、袁爱青之委托,代其二人出售涉案房屋,受托人曲文伟在处理委托人事务时,应以维护委托人利益为原则,并在遵循诚实信用原则的基础上,尽力、勤勉地履行义务。曲文伟虽以其与张志喜、袁爱青另有债务纠纷,以及委托合同约定了其有权代为确定价格为由予以辩解,但代理人为代理行为,始终应善意、诚信地以为被代理人处理事务为目的。若曲文伟认为其与张志喜、袁爱青另有纠纷,可通过包括诉讼在内的合法途径解决,而不能借代理之名解决双方纠纷或为自身谋取利益,此行为与法律创设代理制度的立法本意相悖,亦属滥用代理权之行为。

【解　析】

一、评析要点

本案的争议焦点在于曲文伟是否构成代理权的滥用？代理权滥用的法律后果为何？

二、学理评析

1. 恶意串通的代理权滥用

代理权滥用是指在代理权限范围内,代理人违背本人利益而行使代理权的行为。代理权滥用的首要特征是代理人未超越代理权限;其次是代理人为了得到代理意思表示的认可;再次代理人不是为本人的利益,而是为自己或第三者的利益,是代理人内心具有背信意图的行为（刘斌斌,175页）。代理权滥用的行为在实践中的常见情形即代理人与第三人通谋滥用代理权的行为,也是代理权滥用中最为严重的行为。此外还有法定代理人违反法律规定的义务而滥用代理权的行为,主要发生于监护人不当处分被监护人财产的场合（汪渊智、赵搏,50—51页）。《民法总则》第164条可作为代理权滥用的规范基础,第1款规定了代理人不当履职的民事责任,第2款特别规定了代理人和相对人恶意串通的民事责任。

恶意串通的代理权滥用情形中,要求双方在主观上有共同的意思联络,共同实施某种行为来损害被代理人的合法权益。现行规范并无规定如何认定恶意串通,如何判断双方的恶意,尤其是相对人的恶意是实践中的难点。根据代理权理论,为了保护相对人和交易秩序的稳定,授权行为具有无因性,与基础关系相分离。只要代理人没有超越代理权的范围,即使他违反自己与被代理人之间的内部约定行使代理权,仍然会产生代理的法律后果,被代理人只能在承受代理行为的法律效果之后依内部关系向代理人要求赔偿,对相对人没有影响。授权行为无因性原则恰恰免除了相对人审核代理人是否违反基础法律关系的义务。由于恶意的相对人不值得保护,但在授权行为无因性原则下如果仍然坚持以"明知"作为唯一的判断标准,则相对人可以自己不知道作为免责抗辩,对被代理人则十分不利。对此,学理上采用"显见性"标准来判定相对人的主观心态,也即如果基于客观事实,代理人不利于被代理人的情形显而易见,以至于一般理性人不可能不知道,则相对人不值得保护（迟颖,32—33页）。

本案中法院通过对交易客观事实的细致考察,发现代理人曲文伟和相对人李建辉的房屋交易行为存在重大疑点,严重违背日常生活经验法则,从而认定曲文伟和李建辉恶意串通,构成代理权滥用。首先,买卖合同的两个签订日期严重不符(李建辉的为2012年3月27日,曲文伟的为2011年1月18日),且买卖合同的重要条款未予明确(履行时间、房屋所有权变动等);其次,曲文伟在未收到任何款项的情况下,仍协助李建辉将涉案房屋过户,且李建辉在过户前未到房屋进行过实地勘察;再次,房屋交易价格明显低于当时的市场价格。曲文伟和李建辉的行为严重违背一般理性人的房屋交易认识和习惯。李建辉在庭审中也以自己为善意相对人进行抗辩,但基于客观事实,李建辉应对于曲文伟的行为是否损害他人利益形成合理怀疑。在此情况下,李建辉反而与曲文伟继续交易,放任可能导致的损害发生。曲文伟作为代理人与相对人的行为明显不利于被代理人张志喜和袁爱青,因此法院综合全案案情,认定曲文伟和李建辉恶意串通,损害被代理人张志喜和袁爱青的利益,构成代理权滥用。

2. 代理权滥用的法律后果

代理权滥用,尤其是恶意串通类型的法律后果首要解决的问题是代理行为的效力评价。对此现行法没有明确规定,实践中多依据《合同法》第52条"恶意串通,损害国家、集体或者第三人利益的合同无效"这一规定,确认代理人和相对人之间的民事法律行为无效。确认无效的思路与德国民法的立场颇为相似,德国通说认为恶意串通的代理行为违背善良风俗,应当无效。但如今无效立场也遭到了质疑,有观点认为代理行为若为效力待定,令被代理人从容决定是否接受代理行为,更有助于保护其利益(朱庆育,352页)。对于代理权滥用的具体法律后果,理论上认为应以相对人的主观因素为主要标准确定其不同效力。相对人对代理权滥用为善意时,第三人和被代理人之间产生有权代理的效果;被代理人与代理人之间的赔偿关系取决于内部约定。相对人为恶意时,无特殊保护的必要,可准用逾越代理权的无权代理规则(谢鸿飞,69—70页)。由于在本案中,张志喜、袁爱青请求确认房屋买卖合同无效,但表示对于合同无效的后果其保留权利另行解决,因此法院只对代理行为的效力进行评价,即依据《合同法》第52条"恶意串通,损害国家、集体或者第三人利益的合同无效"确认相对人李建辉和代理人曲文伟作为被代理人张志喜、袁爱青签订的房屋买卖合同无效。

代理权滥用存在于代理人有代理权的情形中。代理人和相对人恶意串通,损害代理人的代理行为,依据现行法属于无效的民事法律行为。代理权滥用的认定应考察该代理行为的客观事实是否明显地足以令正常人对代理权的行使产生合理怀疑。

参考文献

1. 朱庆育:《民法总论》(第二版),北京大学出版社2016年版。
2. 刘斌斌:《论代理权滥用和表见代理——以中日民法的基础理论通过设例的分析探讨其内在关系》,载《甘肃社会科学》2007年第2期。
3. 迟颖:《意定代理授权行为无因性解析》,载《法学》2017年第1期。
4. 谢鸿飞:《代理部分立法的基本理念和重要制度》,载《华东政法大学学报》2016年第5期。
5. 汪渊智、赵搏:《论代理权行使的法定限制》,载《南海法学》2017年第1期。

作者:上海大学法学院讲师　陈吉栋
上海交通大学凯原法学院博士生　纪　闻

13. 诚实信用原则的司法适用
——李某与刘某房屋买卖纠纷案①

【事实概要】

原告李某与被告刘某通过房屋买卖中介公司于2007年9月19日签订了房屋买卖合同,随后原告对该房进行装修。但在装修的过程中,原告偶然得知其所买的房屋内曾经发生过一起故意杀人碎尸的案件,对此原告感到极其恐惧和震惊,遂以被告在卖房之时未告知此事件,存在欺诈行为为由要求被告撤销该房屋买卖合同、退还其房款并承担本次诉讼费用。而被告则认为,在房屋买卖过程中,有关法律法规并未规定何为"凶宅",也没有规定出卖人在卖房的时候必须要向买受人告知房屋是"凶宅"的义务,原告的请求是因其封建迷信观念所致,不能作为撤销合同的依据,因此请求法院驳回原告请求。

【判决要旨】

法院认为,根据现实生活中人们的观念和风俗习惯,对在住宅内发生的凶杀碎尸肢解事件感到恐惧和忌讳,是一种客观存在的普遍现象。虽然发生过凶杀碎尸肢解事件的住宅在实物形态上没有受损,但是房屋会因购买者避讳而贬值。因此,这已经构成了合同标的物的重大瑕疵。根据《合同法》中"当事人行使权利、履行义务应当遵循诚实信用原则"的规定,刘某在出售其房屋时应当遵守诚实信用原则,向李某告知该房内曾发生过凶杀碎尸肢解事件。因被告没有履行告知义务,其行为即构成了欺诈。因此,法院支持原告的诉讼请求。

【解 析】

一、评析要点

本案的评析要点在于:房屋买卖合同的出卖人明知房屋中曾发生非正常死亡的事件,在订立合同的过程中是否负有向买受人如实告知的义务?如何在法律上证成该项义务?违反该义务是否构成欺诈?

二、学理评析

法院判决撤销双方订立的房屋买卖合同,并判令各自返还因合同取得的财产。理由主要如下:首先,凶宅系属买卖合同标的物的重大瑕疵。凶宅在实物形态上没有受损,但因购买者避讳凶杀案件,房屋的价值将发生贬损,这构成了合同标的物的重大瑕疵。其次,依据诚实信用原则,被告有义务将房屋中曾发生过凶杀案的事实告知原告。最后,被告应告知原告凶宅的事实而未告知,构成欺诈行为,原告有权撤销买卖合同。

---

① 成都市金牛区人民法院(2008)金民一初字第315号民事判决书。

从学说角度来看,关于诚实信用原则有以下几点需要说明:

(1)诚信原则是民法基本原则。我国《民法通则》第 4 条及《民法总则》第 7 条明确规定,民事活动应当遵循诚实信用的原则。诚信原则是适用于一切法律关系的基本原则,是法律伦理价值的表现,是近代民法甚至是全部公私法领域的最高指导原则,学者常称之为"帝王条款"(施启扬,375 页)。诚信原则要求民事主体在从事民事活动过程中诚实守信,合理地行使权利并履行义务。其具体内容主要包括:在设立或变更民事法律关系时,不隐瞒真相、不作假、不欺诈;在法律关系成立后,依据善意的方式行使权利,在追求利益的同时充分尊重他人的利益和社会的整体利益;在民事法律关系终止后,为维护交易相对方的利益,应当实施一定行为或者不实施一定行为;在法律和合同规定不明或未作规定时,应依据诚实信用的方式行使权利、履行义务(王利明等,14 页;魏振瀛,27 页)。本案涉及的是法律关系的订立阶段,被告正是因为对房屋中曾经发生非正常死亡事件予以隐瞒,违反了订立合同的诚信原则。

(2)诚信原则的功能。诚信原则的功能是多样的。其一,作为解释或补充意思表示的准则。即以诚信原则为准则,衡量并评价当事人间的法律行为,提高法律行为的伦理价值(施启扬,376 页)。其二,作为解释或补充法律规定的准则。法律规定有欠缺或不完备时,必须进一步以补充的方式发现法律、填补法律缺陷,成为公平裁判的基础,补充法律应以诚信原则为最高准则(施启扬,377 页)。其三,法律修正功能。制定法往往滞后于现实社会的发展,需要依据诚信原则,修正制定法的部分内容,使制定法符合社会的发展和时代的要求。其四,法律创设功能。与前述法律修正功能类似,诚信原则的法律创设功能是指,为了适应时代需要,创设与制定法相反的规则,使之符合实质正义的要求。其五,正义衡平功能。所谓正义衡平功能,是指将诚信原则作为制定法之外的伦理依据,使行使权利能符合实质的正义要求(林诚二,577—581 页)。

本案中,诚信原则发挥了填补法律漏洞的功能。本案中,被告抗辩认为:"有关法律和法规并未规定何为'凶宅',也没有规定出卖人在卖房的时候必须要向买房人告知房屋的历史,告知房屋是'凶宅'。虽然法律上规定了卖房人有告知的义务,但关于此方面法律并无强制规定。发生过命案的房屋在法律上并不影响房屋的正常使用,因此不属于法定告知的范畴。"在法律没有对凶宅买卖作出明文规定的情形下,只有通过适用诚信原则,才能确立出卖人的告知义务,并进而认定被告的行为构成欺诈。

(3)适用诚信原则以穷尽规则为前提。虽然诚信原则是民法的"帝王条款",但该原则的司法适用需具备一定的前提条件,其适用的逻辑前提主要有两种情形:一是有规则,但既有规则因与原则相冲突而被排除适用;二是没有具体的规则可以直接适用。对于具体个案而言,如果存在可以直接适用的具体法律规则,就排除了诚信原则的适用,这是法律安定性的内在要求,以避免"向一般条款逃逸"。本案中,法律没有对凶宅买卖作出明文规定,更没有对凶宅买卖的出卖人课以告知义务,系属没有具体的规则可以直接适用,只有通过诚信原则,才能确立被告的告知义务,并进而证成其欺诈行为。

(4)从诚信原则到个案规范。诚信原则不同于具体的法律规则,没有具体的构成要件与法律后果,诚信原则的个案适用应当以原则的规则化为前提。正如王泽鉴教授所言,"诚信原则系属概括条款,应就其个别的案件予以具体化,使法院能够合理处理立法者所未预见或难以预见的社会发展或伦理价值变迁所产生的利益冲突,俾法律的适用得具必要的弹性,适应新的社会生活事实、价值理念"(王泽鉴,8页)。

在个案裁判中,能够作为案件裁判依据的只能是规则而非原则,因此要适用原则裁判案件,还须结合具体案情将原则具体化,即规则化为具体权利、义务(彭诚信,113页)。就本案而言,首先,从标的物价格的角度看,价格是买卖合同的必备条款,决定着意思表示的具体效果,体现着意思表示中的效果意思。如果房屋内发生碎尸案在原、被告所生活的区域内会影响房屋的价格,一个"诚信"的当事人就有告知相对人的义务。本案被告因而有义务披露该信息,否则便有违诚信原则。其次,从标的物使用目的的角度看,曾经发生碎尸案的事实会影响买受人的使用目的(居住及居住效果)。使用目的是当事人表示意思的内容,在一定程度上也决定着意思表示的构成及其效力。判决书也确认了此点,"根据现实生活中人们的观念和风俗习惯,对在住宅内发生的凶杀碎尸肢解事件感到恐惧和忌讳,是一种客观存在的普遍现象"。被告因而也应该披露该信息,否则便有违诚信原则。由此,根据诚信原则并结合具体案件事实,便形成了一条规则:在作为买卖合同标的之房屋内发生过凶杀等非正常死亡事件影响到买受人的使用、居住等目的或房屋价格的,出卖人对此应予以告知(彭诚信,108页)。

针对凶宅买卖案,法院通过适用诚信原则,确立了出卖人对买受人的告知义务。法院以出卖人违反告知义务为基础,证成了出卖人的欺诈行为,并最终依据《合同法》第54条撤销了买卖合同。针对具体个案而言,诚信原则并不能直接作为裁判的依据,而需要将诚信原则具体化为个案规则。原则的规则化,实质就是实现原则之具体权利化或义务化的过程(彭诚信,111页)。

参考文献

1. 施启扬:《民法总则》(修订第八版),中国法制出版社2010年版。
2. 王利明、杨立新、王轶、程啸:《民法学》(第二版),法律出版社2008年版。
3. 魏振瀛主编:《民法》(第三版),北京大学出版社、高等教育出版社2007年版。
4. 林诚二:《民法总则》(下册),法律出版社2008年版。
5. 王泽鉴:《诚实信用与权利滥用——我国台湾地区"最高法院"九一年台上字第七五四号判决评析》,载《北方法学》2013年第6期。
6. 彭诚信:《从法律原则到个案规范——阿列克西原则理论的民法应用》,载《法学研究》2014年第4期。

作者:上海交通大学凯原法学院教授　彭诚信
上海交通大学凯原法学院博士生　向　秦

14. 犯罪所涉合同的效力
——吴国军与陈晓富、王克祥及德清县中建房地产开发有限公司民间借贷、担保合同纠纷案①

【事实概要】

2008年11月4日,原、被告签订一份借款协议,被告陈晓富共向原告吴国军借款人民币200万元,借款期限为2008年11月4日至2009年2月3日,并由被告王克祥和被告中建公司提供连带责任担保,当日原告履行了出借的义务,陈晓富于当日收到原告200万元的借款。2008年12月22日,陈晓富因涉嫌合同诈骗和非法吸收公众存款罪被公安机关立案侦查,原告认为陈晓富拖欠其他债权人款项数额巨大,已无能力偿还,遂要求陈晓富提前归还,王克祥、中建公司承担连带责任。直至开庭时,三被告均未履行还款义务。

【判决要旨】

1. 涉案民间借贷合同是否有效?

法院判决认为,本案原、被告之间的借贷关系成立且合法有效,应受法律保护。单个的借款行为仅仅是引起民间借贷这一民事法律关系的民事法律事实,并不构成非法吸收公众存款的刑事法律事实,因为非法吸收公众存款的刑事法律事实是数个"向不特定人借款"行为的总和,从而从量变到质变。非法吸收公众存款的犯罪行为与单个民间借贷行为并不等价,民间借贷合同并不必然损害国家利益和社会公共利益,两者之间的行为极有可能呈现为一种正当的民间借贷关系,即贷款人出借自己合法所有的货币资产,借款人自愿借入货币,双方自主决定交易对象与内容,既没有主观上要去损害其他合法利益的故意和过错,客观上也没有对其他合法利益造成侵害的现实性和可能性。根据《合同法》第12章规定,建立在真实意思基础上的民间借款合同受法律保护。

2. 涉案担保合同是否有效?

当事人诉争利益的核心是担保合同的效力。法院判决认为,在主合同(借款合同)有效、从合同(担保合同)本身无瑕疵的情况下,民间借贷中的担保合同也属有效。从维护诚信原则和公平原则的法理上分析,将与非法吸收公众存款罪交叉的民间借贷合同认定为无效会造成实质意义上的不公,造成担保人以无效为由抗辩其担保责任,即把自己的担保错误作为自己不承担责任的抗辩理由,这更不利于保护不知情的债权人,维护诚信、公平也无从体现。涉嫌非法吸收公众存款的犯罪嫌疑人(或被告人、罪犯)进行民间借贷时,往往由第三者提供担保,且多为连带保证担保。债权人要求债务人提供担保人,这是降低贷款风险的一种办法。保证人同意提供担保,应当推定为充分了解行为的后果。若因债务人涉嫌非法吸收公众存款而认定借贷合同无效,根据《担保法》的规定,主合同无效前提下的担保合同也应当无效,保证人可以免

---

① 浙江省湖州市中级人民法院(2009)浙湖商终字第276号民事判决书;《最高人民法院公报》2011年第11期。

除担保责任。债权人旨在降低贷款风险的努力没有产生任何效果,造成事实上的不公。因此,对于王克祥和中建公司的抗辩理由,法院不予支持。

【解　析】

1. 量变论:"吴国军案"的裁判逻辑

(1)"吴国军案"的推理过程

考察本案的裁判文本,在涉案民间借贷合同和担保合同的效力问题上,判决书包含了两个逻辑推理的三段论结构,分别得出"非法吸收公众存款的犯罪行为不是民事法律事实"以及"民间借贷行为不是刑事法律事实"的结论。

如果仔细观察,就会发现此三段论推理过程存在两个逻辑瑕疵。其一,大前提的不周延导致推理结论不具有完全的有效性。"刑事法律事实≠民事法律事实"并非一个全称判断,因为同时被刑法与民法调整的法律事实比比皆是。其二,该推理具有"四概念"错误,大小前提是两个没有逻辑关联的命题,不仅谈不上推理形式的有效性,也无所谓推理的合理性。具体而言,"刑事法律事实不等于民事法律事实"是从法律效果的角度来陈述的,"非法吸收公众存款的犯罪行为是刑事法律事实"与"民间借贷行为是民事法律事实"是从行为定性的角度来陈述的,概念内涵不一致,在逻辑上就站不住脚。

(2)裁判逻辑的论证漏洞

形式逻辑的推理不能替代法律论证。事实上,"吴国军案"判决有意识地进行了法律论证。关于大前提,判决书并没有展开论述,只是有意识做了区分,或许法官觉得这原本就是一个无须论证的法律常识。裁判文书最为"出彩"的部分是在小前提的说理部分,法官用了"量变到质变"的哲学原理来阐释本案。按照这种逻辑,民间借贷合同区分为"向单个特定主体借款"与"向不特定主体借款"两种范畴,前者是民法评价对象,后者是刑法评价对象,当前者累积到法定程度时即产生质变,成为发动刑罚的法律事实。

笔者认为不能简单套用"量变到质变"的哲学原理来证立民事违法性与刑事违法性的关联。理由如下:

其一,哲学原理与法学原理之间存在着方法论上的"不可通约性",用抽象的哲学原理来诠释具体的法律规则,原本就缺乏足够的说服力。尤为重要的是,量变质变规律揭示了同一事物的发展变化过程,从量变开始,以质变终结,这属于事实描述;而违法性效力的转换过程蕴含着价值判断,二者之间不具有类推解释的适用空间。

其二,量变质变规律以同一事物为描述对象,而民事违法性与刑事违法性并不具有同一性。"向单个特定主体借款"与"向不特定主体借款"的量变积累关系只在刑法范畴内有意义,在民法范畴内是毫无意义的。

其三,量变质变规律体现的是事物发展的单向度过程,而合同效力的违法性牵连是一个双向度的动态过程。一方面,刑事违法性的判断依赖于民事违法性的判断。在民法上判断为违法的行为,通常不能认为具有刑事违法性,不能作为犯罪来处理。另一方面,刑事违法性判断又反向作用于民事违法性判断。

总之,简单套用量变质变规律来区辨民事违法性与刑事违法性,不仅在方法论上存在错误,而且无法揭示出犯罪所涉合同效力认定的复杂性。

2. 涉罪合同效力:"吴国军案"的学理展开
(1) 犯罪所涉合同是否当然无效

一切犯罪行为都具有社会危害性,该犯罪行为所涉及的合同是否属于《合同法》第52条的无效情形,存在"当然无效说"与"部门法自洽说"两种截然相反的观点。"当然无效说"认为,犯罪行为被法律所禁止,实施犯罪的合同是一种违反公共秩序的合同,当然无效。"部门法自洽说"认为,根据公私法区分理论,民事规制与刑事规制为并存关系;且基于法律部门自洽性原理,民事争议只能根据民法自身规则加以裁断,不应将犯罪行为的社会危害性与合同行为的社会危害性混为一谈。

"当然无效说"固然清晰明白,却失之偏颇。依照刑法的谦抑性原理,刑罚权的发动,是国家维护社会秩序的最后一道防线。在此意义上,凡是涉及犯罪的行为,均具有社会危害性,自不待言。刑法是具有最高强制力的法律,但刑事责任与民事责任只存在强弱之差,不存在高下之别。换言之,刑事责任的成立,并非"自动对应"最严厉的民事责任——以无效制度来彻底否定当事人的意思表示。理由在于两个方面:

一方面,就私法效果而言,"当然无效说"会导致私益上的不公正。"当然无效说"的硬伤在于,姑且不论公法与私法在法益位阶上的高低,至少可以明确的是,无条件、无例外地否定犯罪所涉合同效力,未必能够保护公共利益,反倒可能造成私益保护的不公正。另一方面,就刑罚功能而言,"当然无效说"悖于刑法的规范意义。民法立足于平均的正义,民事责任以发生"损害"为基础;刑法立足于分配的正义,刑事责任以发生"违法行为"为基础。刑事责任是加害人对国家承担的责任,民事责任是加害人对受害人承担的责任,二者之间,不是择一关系,而是叠加关系。不管是把刑罚功能理解为报应还是预防,如果完全漠视受害人利益,刑罚功能的实现都是大打折扣的。

"当然无效说"的根本错误在于,用刑法评价完全替代民法评价。从规范性的视角考察,民法评价的进路是民法行为规范→民法制裁规范→民事责任,刑法评价的进路是刑法行为规范→刑法制裁规范→刑事责任。由于民法、刑法的功能分工不同,就有可能存在民法评价与刑法评价在结果上的疏离,从逻辑上包括四种情形:① 民法与刑法同时肯定评价。② 民法与刑法同时否定评价。③ 民法否定评价,刑法肯定评价。④ 民法肯定评价,刑法否定评价。前述第③、④种情形表明,"民法上违法却能成为刑法所保护的法益"或者是"受到民法的保护却在刑法上成立犯罪"的现象看似荒谬,却有内在的机理,它源于民法评价与刑法评价在结果上的不一致。这亦说明,犯罪所涉合同的民法效力评价与犯罪构成要件存在疏离,"合同缔结中即便有刑事犯罪的介入,也并非意味着该合同在体系上必然要承受绝对无效的后果"。简言之,犯罪所涉合同当然无效的观点,不能证成。

(2) 犯罪所涉合同在何种情形下有效

民法评价与刑法评价的不一致,终究不是常态,只是少见的例外而已。前述"受到民法的保护却在刑法上成立犯罪"现象,仅仅是法秩序内的例外情形,不可以夸大为一般情形。换言之,涉及犯罪的法律行为只能在严格情形下,方能受到民法的肯定评价。那么,在司法实践中,如何在个案裁判时尽量避免刑法与民法的冲突呢?本文主张,法律行为的实施满足犯罪构成要件时,其欲生效力,除须具备一般法律行为的生效要件外,还应从以下几步逐次测试:

第一步测试:犯罪主体。具体而言,观察犯罪主体是否为双方当事人。涉罪合同的犯罪主体是一方当事人还是双方当事人,这应该是效力考量的首要因素。在合同当事人一方构成犯罪时,相对方当事人通过法律行为所追求的私法效果,不应因合同无效而被彻底剥夺,合同效力需结合后述因素予以考量。

第二步测试:合同时点。具体而言,如果是单方犯罪,应审查犯罪时点为缔约阶段还是履约阶段。如果合同的缔结并不犯罪,犯罪行为发生在合同履行阶段,犯罪所涉合同通常应认定为有效。

第三步测试:合同目的。具体而言,如果犯罪时点是在缔约阶段,应探究是否以追求犯罪结果为合同目的。阻断涉罪合同的私法效力,应符合刑法的规范意旨。倘若缔约目的并非是以犯罪为目的,就应当尽量维护合同效力。在三步测试过程中,合同目的的评价是最难审查的环节,只能综合诸多因素加以判断。

综上所述,涉罪合同的效力评价须综合如下情形:仅为合同一方当事人实施犯罪行为,该犯罪行为如发生在合同履行阶段,应为有效;犯罪行为如发生在合同订立阶段,则须探究合同是否以追求犯罪结果为目的。

(3)民间借贷案件涉嫌非法吸收公众存款犯罪时如何认定借贷合同的效力

犯罪行为必然导致合同无效的观点不能成立,但不能反过来说,犯罪行为与合同效力无逻辑关联。对于民法规范与刑法规范的牵连关系,简单重叠或彻底割裂的两种极端做法,都是不可取的。涉嫌非法吸收公众存款罪案件(以下简称"非吸罪")中,出借人与借款人、担保人签订的主从合同的效力认定,同样可以适用前述"三步法"来做判断。

就犯罪主体而言,"非吸罪"的犯罪主体限于一方当事人即借贷人,即使出借人存在主观过错(例如明知违反国家金融政策而以高息出借),并不构成犯罪。因此,涉嫌"非吸罪"的民间借贷合同符合有效情形的第一项要件。

就合同时点而言,涉嫌"非吸罪"借贷合同的犯罪时点是在缔约阶段而非履约阶段,因此需要进入第三步测试,探求是否以追求犯罪结果为合同目的。

就合同目的评价而言,有如下问题需要厘清:

第一,涉嫌"非吸罪"借贷合同是否属于"以合法形式掩盖非法目的"?在各地法院审判实践中,曾有一种较为普遍的倾向,即认定涉罪的借贷合同是《合同法》第52条第3项所规定的"以合法形式掩盖非法目的"的无效合同。笔者认为,这种裁判立场不正确。根据《非法集资刑事案件司法解释》,民间借贷纠纷案件涉嫌非法吸收公众存款犯罪的,一般分为两种类型:其一,是以投资为名行诈骗之实的群体性敛财活动;二是以生产经营为目的,但因缺少其他融资途径而向社会公众集资,只要具备了非法性、公开性、利诱性、社会性四个构成要件,即可构成犯罪。这两种情形,都不构成伪装行为的法律特征。伪装行为又可称作虚伪行为,是指合同双方串谋缔约所指向的不法目的,例如以联营合同来非法拆借,或者以借贷合同来清偿赌债。涉嫌"非吸罪"的借贷合同不存在串谋意思表示,故不构成伪装行为,不属于《合同法》第52条第3项所规定的无效情形。

第二,涉嫌"非吸罪"借贷合同是否"违反法律、法规的强制性规定"?本文认为,涉嫌"非吸罪"借贷合同所违反的不是效力性强制性规定,而是管理性强制性规定。就民间借贷涉嫌非法吸收公众存款犯罪而言,侵害的是国家对金融业的特许经营,应当属于市场准入资格。"非吸罪"的犯罪客体与诈骗罪不同,后者侵害的是国家和公民的财产权,而前者侵害的是金融管理秩序。

第三,出借人明知借贷人涉嫌犯罪时,合同效力如何认定?出借人明知借贷人涉嫌犯罪,纵然不由此承担刑事责任,但因其纵容犯罪,其民事利益不应当受到保护。这与因赌博、吸毒等违法犯罪活动形成的借贷关系一样,属于不法原因给付,不具有诉请执行力。如果出借人与借款人、担保人之间存在恶意串通行为,可以依据《合同法》第52条第2项,当然认定为无效。

随着欠薪入罪、醉驾入罪、集资入罪等持续的入罪化立法,刑罚管制不断进入传统的私法领域,滋生出众多刑民交织案件,而当前尤以民间借贷纠纷为甚。"吴国军案"被遴选为公报案例,是最高人民法院对近年骤增的民间借贷纠纷的回应,对司法实践具有重要的指导意义。"吴国军案"的裁判摘要特别强调,涉嫌犯罪的合同未必当然无效,这秉持了最高人民法院"稳妥认定民商事合同效力"、尽可能维护交易安全的一贯立场,是对当事人意思自治的充分尊重。不过,该案的裁判思路并非无可指摘,简单套用量变质变规律来区辨民事违法性与刑事违法性,隐含着逻辑瑕疵和论证漏洞。本文主张应采结合犯罪主体、合同时点、合同目的之"三步测试法",纠正民法评价与刑法评价的过度背离,实现私益与公益的平衡。在此意义上,"吴国军案"的价值已经远远超过案例分析本身,它为刑法与民法的对话提供了难得的契机。

参考文献

1. 税兵:《超越民法的民法解释学》,北京大学出版社2018年。
2. 杨立新主编:《民法总则重大疑难问题研究》,中国法制出版社2011年版。
3. 雍琦:《法律逻辑学》,法律出版社2004年版。
4. [荷]伊芙琳·菲特丽丝:《法律论证原理——司法裁决之证立理论概览》,张其山等译,商务印书馆2005年版。
5. [英]P.S.阿狄亚:《合同法导论》(第五版),赵旭东等译,法律出版社2002年版。
6. 叶名怡:《涉合同诈骗的民法规制》,载《中国法学》2012年第1期。
7. 程宏:《刑民交叉案件中合同效力的认定》,载《学术探索》2010年第2期。

作者:澳门大学法学院副教授　税　兵

15. 权 利 滥 用

——顾某某与哈哈大酒店房屋租赁纠纷案[①]

【事 实 概 要】

原告顾某某于1994年向第三人珠宝城公司购买珠宝城商厦五楼九单元房产,并领取了房屋所有权证。珠宝城商厦系由第三人珠宝城公司开发,该商厦五楼共有40个业主,且五楼所有空间没有进行隔断,是一个整体,无法分割使用,原告购买房产后至今未获得任何收益。2000年1月,第三人珠宝城公司向顾某某邮寄挂号信一份,信中载明:珠宝城商厦五楼只能作

---

① 江苏省无锡市中级人民法院(2003)锡民终字第422号民事判决书。

为一个整体使用,已经长期空置,经其公司多方招商,现有投资人拟在此开办餐饮项目,初步洽谈租期为 5~8 年,首年租金每平方米约 150~180 元,每年递增 2.5%~4%,请你在半个月内予以回复,否则本公司将视作你已同意并授权本公司统一出租你的九单元房产。该挂号信因逾期无人领取被退回。2000 年 3 月,第三人珠宝城公司召开五楼业主会议,原告顾某某没有参加,大部分业主同意委托第三人珠宝城公司将五楼的自有房产出租并收取租金。后第三人珠宝城公司与被告哈哈大酒店签订了一份《商业用房租赁合同》,约定珠宝城公司将珠宝城商厦的第五层整体出租给被告经营酒店。2002 年 4 月,被告进入珠宝城商厦五楼进行装修并营业,原告所有的九单元位于酒店总台吧台位置。原告顾某某认为被告哈哈大酒店无权占有自己的房产,请求法院判令被告迁出九单元并赔偿原告 2002 年 4 月至 2003 年 3 月的租金人民币 1 万元。一审法院驳回了原告要求被告迁出商厦第五层九单元房屋的诉讼请求,同时判令被告支付原告 2002 年 4 月至 2003 年 3 月的租金 3 540 元。原告顾某某不服,提起上诉。

【判决要旨】

1. 一审判决

一审法院认为,珠宝城商厦系商铺,五楼各业主所有的单元房产没有进行隔断,系一个整体,无法分割使用,只有整体使用,才能发挥其最大效用。现大部分业主同意委托第三人珠宝城公司将五楼自有房产出租给哈哈大酒店,珠宝城公司的出租行为符合大多数业主的利益,同时也给原告带来了收益。故对原告要求被告哈哈大酒店迁出九单元的请求不予支持。因哈哈大酒店实际使用了顾某某所有的九单元房产,故对顾某某主张租金的请求予以支持。但顾某某未提供租金的计算依据,故九单元房产租金应参照珠宝城商厦五楼其他单元业主所得租金予以确定。因此,一审法院驳回顾某某要求哈哈大酒店迁出珠宝城商厦第五层九单元房屋的诉讼请求,同时判令哈哈大酒店支付顾某某租金 3 540 元。

2. 二审判决

二审法院认为,公民的合法民事权益受法律保护,但我国法律规定,公民行使个人权利不得损害国家、集体及其他公民的合法权益。珠宝城商厦五楼作为一个整体商铺,各业主所有的单元房产间没有进行隔断,无法分割使用。要发挥该商铺的最大效用,必须整体使用。现大部分业主同意委托珠宝城公司将五楼自有房产出租给被告哈哈大酒店经营使用,且顾某某购得九单元房产后未获得经济收益,如果顾某某不同意哈哈大酒店使用九单元房产,不仅损害了自有利益,而且将使珠宝城公司与哈哈大酒店间的租赁合同不可能履行,并影响到五楼其他所有业主的公众利益。从兼顾个人权益和公众利益出发,二审法院对顾某某要求哈哈大酒店迁出九单元房产的诉讼请求,不予支持。顾某某在一审起诉时要求哈哈大酒店赔偿 2002 年 4 月至 2003 年 3 月的租金,原审法院根据顾某某的诉请判令哈哈大酒店支付 3 540 元年租金并无不妥。

【解析】

一、评析要点

原告构成权利滥用的判断标准是什么?能否通过侵权责任解决权利滥用?在具体个案中如何正确适用禁止权利滥用原则?

二、学理评析

1. 权利滥用鉴别标准的确立

依《民法总则》第132条,权利滥用是指民事主体滥用民事权利损害他人合法权益的行为。由此可知,构成权利滥用的必要条件应当包括行为具备权利外观以及存在两项相互对立的利益主张,这两项条件是适用《民法总则》第132条的前提,必要条件的缺乏将从根本上排除禁止权利滥用原则的适用。此外,权利滥用的判断并非封闭的构成要件,除必要条件外,认定权利的行使是否构成滥用,还需衡量权利人的意思、滥用权利的行为、权利人的获益与相对人的损失、行为是否符合权利目的四项要素。鉴别要素与权利滥用之间并非全有全无的关系,一项要素的不满足未必影响权利滥用的构成。

(1) 认定权利滥用的必要条件

首先,权利滥用在外观上体现为权利的行使,否则无法构成权利滥用。具有权利外观是权利滥用的基本要求,这也是《民法总则》第132条"不得滥用民事权利"的应有之意。行为人应具备权利基础,并基于该权利而主张特定利益。本案中,原告在外观上系基于其所有权请求被告排除妨害。

其次,权利滥用案件中必然存在两项相互对立的利益主张。理论上讲,假设行使权利不涉及其他主体的利益保护,便谈不上权利滥用;但该假设不符合社会实际,因为它依据的是把个人在社会中孤立起来的不现实设想(路易·若斯兰,6页)。本案中,原告行使所有权的利益将与被告基于租赁权的利益相互排斥。由于利益主张相互对立,因此一种较为合适的判断标准是,将权利人行使权利所得利益与被损害利益进行衡量比较后,再对应保护的那方利益作出"比较衡量(利益衡量)"的判断(近江幸治,21页)。

(2) 权利滥用的具体鉴别要素

首先,是意思的鉴别要素,包括害意和过失两方面。害意体现了权利人的主观恶性,具有强烈的道德可非难性。如果行使权利的目的不在于获取正当利益,而纯粹是加害他人或通过对他人的损害(包含潜在损害)以谋取不正当利益,则对行为的法律评价将因权利人的主观害意而发生改变,该行为应为法律所禁止。权利人的害意是证成权利滥用的最直接因素,如果能够证明行为人主观上存有损害他人的意图,其责任豁免将不起作用。此外,权利人的过失同样属于主观要素。若将权利滥用的害意标准绝对化,或特别强调行为人损害他人的目的,则难免限制了权利滥用的制度功能。与《德国民法典》第226条及我国台湾地区"民法典"第148条不同,《民法总则》第132条放宽了对权利人主观要件的限制,即使权利行使不以加害他人为目的,也可构成权利滥用。本案中,一方面,由于"商铺之间无永久分割围护结构",原告无法单独对诉争商铺进行使用、收益;另一方面,原告权利的行使不仅损害承租人利益,而且也会造成其他众多商铺所有权人经济损失。原告本可通过收取租金等其他合理手段实现其利益,却采取了造成他人巨大损失的侵害行为。在有其他选择的可能时,原告选择利益失衡最为严重的行为方式,便可判断其有主观过错。

其次,是行为的鉴别要素。权利滥用不是纯粹的主观过错问题,主观意思瑕疵在客观上表现为权利人滥用民事权利的行为。《民法通则》第7条、《物权法》第7条、《合同法》第7条虽被学者解读为有关权利滥用的规定,但仅是从受保护利益的角度对滥用权利行为予以规制。

《民法总则》第132条则对该制度的客观要件予以明确,也即法律所禁止的是"滥用民事权利"的行为。具体而言,滥用行为本身拥有权利基础,具备客观法上的行为依据,在外观上是一个合法行为;并且权利滥用损害他人利益,或至少具有造成他人潜在损害的可能。本案中,原告行使所有权具有法律依据,但该行为实际损害了被告及其他商户的利益,权利人的获益远高于受害人的损失,原告行使权利符合行为的鉴别要素。

再次,是利益的鉴别要素。利益的鉴别是对当事人客观利益状况的考量,利益衡量是鉴别权利滥用最直观、最易行的要素。当事人间的利益失衡,不仅是权利人主观过错的客观表现,更是滥用权利行为最为显著的后果。过错与权利滥用行为交织在一起的结点往往便是利益失衡状态的衡量,而打开这个结点能使得过错与权利滥用行为的判断一目了然。利益的鉴别一般可通过两种途径进行:其一,从权利人为自己谋利或致他人受损的主观意图予以鉴别。权利人行使权利是否意图使自己增益——对其考察应采客观标准、兼顾主观标准;相反,权利人行使权利是否意图给他人造成损害——对其考察则应强调主观、同时兼顾客观。其二,从权利人造成自己得利或他人受损的结果比较予以鉴别。包括损人不利己以及本人获利远小于对他人损害两种情形。损人不利己是最为典型、严重的情形,且往往伴有权利人故意刁难的主观恶意。本人获利远小于对他人损害同样是权利滥用重要的利益鉴别要素。权利人基于行使权利获得的利益,跟造成他人或社会的损失严重不成比例时,其权利行使便应该受到限制(施启扬,373页)。在本案中,原告作为商铺所有权人行使排除妨害请求权要求承租人搬离,所有权的行使不仅损害承租人利益,而且也会造成其他众多商铺所有权人经济损失。即使原告行使所有权确有利益,但与承租人及其他商铺所有权人的损失相比显然过分的不成比例,本案即属于本人获益远小于他人受损的权利滥用。

最后,是权利目的的鉴别要素。权利的目的是权利创制的目的和精神(路易·若斯兰,247页),权利的客观目的之所以能够作为权利滥用的鉴别要素,是因为作为法律制度的权利,无论是意志抑或利益,从来都不是某具体个人的判断,而是所有参与制度创设之人的判断。只有经过评价程序过滤后的多数人的意志或利益,才具有法律上的正当性。权利基于此被赋予了客观目的或客观价值,即:权利不仅是对权利人本人意志或利益的肯认,也是对他人意志或利益的尊重。客观目的由此蕴含于权利的内核——正义之中,因为正义是评价利益正当性与否的程序,也是正当性评价的结果(即正当利益)(彭诚信,《现代权利理论研究》,177、256—259页)。在此意义上,权利的客观目的可谓是判断权利滥用的最重要识别要素。本案中,原告对自有产权商铺拥有所有权,但涉案标的物虽在法律上具有独立性,却与相邻商铺无法在物理上隔离,且经济上亦密不可分,原告在客观上无法独立行使所有权的使用权能。一方面,原告已经通过收取租金的方式,实现了对标的物的正当利益;更为重要的是,其并未提出证据证明回收商铺的正当用途,原告即使取得实际占有亦无从实现对标的物的使用收益,其行使排除妨害请求权的目的仅在于获得不正当的高额补偿。原告行使权利主要不是为了本人的正当利益,而是害及他人,这一行为与正义原则相悖,超越了权利的客观目的,显然构成权利滥用。

2. 解决权利滥用侵权路径的制度性局限

有观点认为,滥用权利者应承担侵权责任,然而,权利滥用若能通过侵权路径得以解决,它便成为侵权行为的一个类型,其后果无非是承担侵权责任。实际上,权利滥用与侵权行为的法律性质并不一致,它是一项具有独立规范意义的法律制度,其认定标准与侵权行为的构成要件大相径庭,两者在不法性层面更是大异其趣。

(1) 侵权行为与权利滥用的不法性区别

首先,侵权行为与权利滥用形成不法的原因各异。侵权行为因违反行为的外在限制而不法,权利滥用则是因逾越权利的内在限制而受到法律的否定性评价。侵权法正是通过确立不法性要件,以实现权益保护和行为自由这两种对立价值间的微妙平衡。与此相对,滥用权利行为则具有权利外观,只是因行为逾越了权利内在边界而具有不法属性,即权利行使应当遵循权利的内在目的,不得逾越权利的社会性义务。

其次,两者不法性的判断标准不同。侵权行为不法性以受害人的权益受损为判断标准;权利滥用的不法性则以行使权利的内在要求为依据。权利滥用的不法性不能仅仅通过相对人所受的权益侵害进行判断;相对人的利益很可能由于权利的正当行使而受到侵害,但若相对人的利益受损为法律所允许,则不构成权利滥用。因此,权利滥用不法性的判断标准主要源于权利本身的内在限制,原则上没有不受限制的权利(卡尔·拉伦茨,304页)。

最后,侵权行为与权利滥用的不法性程度不同,权利滥用的不法性程度强于侵权行为。就侵权行为而言,行为人缺乏正当权利作为基础,侵权行为因提升了受害人合法权益遭受侵害的不合理风险而具备不法属性。就权利滥用而言,一方面,权利滥用行为给他人造成了现实的或潜在的损害,此点类似于侵权行为;另一方面,权利滥用的不法性如此之强,以至于与权利的内在要求不符,背离了权利的客观目的。

(2) 以侵权责任解决权利滥用的不足

第一,侵权责任与禁止权利滥用原则的规范意旨不同。侵权责任的首要目标不在于规范权利的行使、限制权利人的自由,而在于填补受害人的损害。不同的是,禁止权利滥用是对权利的内在限制,其规范意旨是基于权利本质或客观目的的自我约束,从内在促使人们切实遵守权利的精神(路易·若斯兰,255—257页)。

第二,损害或损失是侵权责任的必要构成要件,而权利滥用则不必然造成相对人现实损害。权利滥用只需具备权益侵害的可能事实即可,损害是否实际发生并不重要。滥用权利造成的法律上不利后果,不仅囊括了具备确定性与现实性的损害,亦涵盖构成现实威胁的不利后果,两者同属于权益侵害范畴。

第三,两者法律后果不同。侵权责任以全部赔偿为原则,赔偿责任人应当完全填补受害人的损害。但对权利滥用来说,补偿并非主要目的,其更重要的规范目的在于停止权利人滥用权利的行为。即使权利滥用人需赔偿相对人所受损害,也并不必然完全赔偿。

3. 禁止权利滥用原则的具体适用

由于法律原则并无具体的规范构成要件,裁判中无法将案件事实直接涵摄于禁止权利滥用原则以确定个案法律后果,适用禁止权利滥用原则的前提是将其转变为能够作为裁判基准的规则,并在个案中确定具体的法律效果。

(1) 禁止权利滥用原则的规则化

针对具体个案的原则适用最终都表现为原则之间的冲突(彭诚信,《从法律原则到个案规范》,98页)。适用禁止权利滥用原则,实质上是解决权利滥用主体行使权利所依据的原则与受害人主张的滥用者行使权利违反禁止权利滥用原则之间的冲突。要在相冲突的原则中确定何者优先适用,只有通过权衡的方法才能确定哪一项原则具有更加重要的分量,即"一个原则的不满足程度或受损害程度越高,另一个原则被满足的重要性就必须越大"(罗伯特·阿列克西,149页)。原则间权衡的结果首先是确定一个原则优先于另一个原则的条件,其次是这些优先条件在事实上构成一项规则,且该规则赋予优先原则以具体的法律效果。权利滥用的各项鉴别要素为确定个案的特定优先条件提供了基础与指引:意思的鉴别要素证成了行为人行使权利的主观过错;行为的鉴别要素证成了行使权利客观上产生了损害或不便等;利益的鉴别要素是权利滥用行为在经济上失衡结果的反映;权利目的的鉴别要素则是基于创设权利的客观目的检视权利行使是否符合正当性的内在要求。

本案中,原、被告间的法律纠纷最终表现为支持原告行使商铺所有权的"物权自由行使原则"与支持被告抗辩的"禁止权利滥用原则"之间的冲突。本案的核心问题是,如何确定禁止权利滥用原则优先于物权自由行使原则的具体优先条件。具体而言,原告要求承租人搬离的权利行使行为不仅损害承租人的利益,而且会造成其他众多商铺所有权人的经济损失。即使原告行使所有权确有利益,其获利与承租人及其他商铺所有权人的损失相比也严重不成比例,这符合利益的鉴别要素。原告本可通过收取租金等其他合理手段实现其利益,却选择利益失衡最为严重的行为方式,可判断其具有主观过错(林诚二,583页)。在行为的鉴别要素方面,原告并未通过参加业主会议的方式表达意见,而是在大部分业主做出同意出租商铺的决定后通过诉讼的方式行使权利,构成了滥用权利的行为。此外,原告的商铺无法与相邻商铺隔离,收取租金是实现商铺利益的理想方式。而原告行使排除妨害请求权的目的仅在于获得不正当的高额补偿,权利的行使超越了权利的客观目的。因此,本案原告行使权利具有主观过错,存在客观上滥用权利的行为,原告获利与承租人及其他商铺所有权人的损失相比严重不成比例,并且逾越了权利的客观目的,该权利的行使应为法律所禁止。

(2)权利滥用的具体法律后果

个案裁判中一旦明确了具体优先条件,便意味着确立了禁止权利滥用原则的个案规范。在个案意义上,原则适用仍会产生确定的法律后果;在抽象意义上,由于原则规则化形成的个案规范内容各异,禁止权利滥用原则亦会产生多元的法律后果。

第一,停止侵害或防止侵害(禁令)。停止侵害是相对人要求权利滥用人停止正在进行的滥用行为。首先,停止侵害的适用范围非常广泛,只要滥用权利侵害他人的状态继续,被害人便可以主张排除侵害。滥用行为虽有权利基础,但行为本身并不正当,若任凭权利滥用状态持续将严重侵害他人权益,有违法秩序的要求。其次,无论权利滥用是否已经给相对方造成实际损害,但只要侵害相对人权益的滥用行为持续存在,相对人便可要求停止侵害。停止侵害是阻止权利滥用最直接、最有效的方式,甚至在部分案件中可足以消除权利滥用造成的不利影响。

第二,剥夺权利。剥夺权利是权利滥用最为严重的法律后果。由于权利滥用行为并不排除权利本身的正当性,法律多数情形下只需限制权利行使而非消灭权利本身,只有在极为严重的情形下才会因权利滥用而剥夺权利。剥夺权利亦需具备手段上的必要性,即唯有剥夺权利方能充分保护相对人权益。由于剥夺权利将使得行为人从权利人变为无权利人,除非重新赋予,否则权利将永久丧失。因此,需要防止对权利滥用原则的滥用,以减少剥夺权利对权利人造成的不利影响,必须于法律有明文规定时,始得为之(施启扬,374页)。如我国台湾地区"民法典"规定:"父母之一方滥用其对于子女之权利时,法院得依他方、未成年子女、主管机关、社会福利机构或其他利害关系人之请求或依职权,为子女之利益,宣告停止其权利之全部或一部。"

第三，回复原状。权利滥用致相对人损害，相对人得请求权利人回复原状。首先，回复原状的目的在于使受害人回复损害发生前的状态。回复原状通过直接填补损害，对滥用权利的不利后果予以直接回复，与禁止权利滥用原则的立法意旨更为相符。其次，对于回复原状与金钱赔偿的关系，由《民法总则》第179条、《侵权责任法》第15条的规定可知，我国实际上采纳自由裁量的立法例，由法官根据个案确定具体法律后果。对损害不能回复原状或回复显有重大困难者，应予以金钱赔偿。再次，回复原状表现形式多样。受害人遭受的损害类型不同，决定了回复原状的丰富内容。受害人亦可请求权利滥用人支付回复原状的必要费用，使其能自行规划回复原状的进程，不必仰仗债务人的意愿。回复原状虽有利于实现对权利滥用受害人的充分保护，但也有不易执行且拖延时日的弊端，作为权利滥用法律后果的金钱赔偿仍不可缺少。

第四，金钱赔偿。权利滥用造成对方损害的，相对人得请求滥用者承担金钱赔偿责任。因权利滥用者拥有权利基础，其金钱赔偿责任并不以完全赔偿为原则，具体可依据滥用行为的不法性程度、过错程度等来确定赔偿范围。需要注意的是，即便权利滥用人已经承担了金钱赔偿责任，也不意味着其无须承担其他法律后果，金钱赔偿可与权利滥用的其他法律后果一并适用。否则，无异于肯定滥用权利人得通过支付金钱的方式，"买断"受害人的合法权利。

第五，权利滥用行为不生法律效果。权利不许滥用的实质意义在于，"不让该项权利的行使发生原本应有的私法上的法律效果"（近江幸治，18页）。权利滥用不生法律效果，意味着即使行为人的权利主张具有法律依据，因其构成权利滥用，权利相对人亦不受法律约束。本案中，原告以房屋所有权为据向被告主张排除妨害请求权要求被告迁出九单元，但因原告的行为构成权利滥用，其排除妨害请求权无法对被告产生拘束力。两审法院也均以此为由，驳回原告排除妨害的诉讼请求。

4. 判决的不足之处

首先，二审法院指出，原告行使权利"不仅损害了自有利益，而且将使珠宝城公司与哈哈大酒店间的租赁合同不可能履行，并影响到五楼其他所有业主的公众利益"，这正是运用了利益的识别要素认定原告构成权利滥用。但可惜的是，一、二审法院并没有综合考量原告行使所有权是否具有主观过错、是否具有滥用权利的行为、是否逾越了所有权的规范目的，在法律论证上仍有完善的空间。

其次，一、二审法院均支持了原告要求被告赔偿租金的请求，但并未明确判决的请求权基础。原、被告之间并未缔结租赁合同，原告无权基于租赁合同法律关系请求被告支付租金。法院径直判令被告依租赁合同支付租金，并不妥适。本案中，原告行使所有权构成权利滥用，否定其排除妨害请求权并不意味着原告丧失了房产的所有权。被告未经原告同意使用其房产，系属侵犯原告所有权的行为，被告因侵犯他人权利而受有利益，这一利益的取得并无法律上的原因，被告构成不当得利。原告得以被告构成不当得利为由，请求被告返还相当于租金的不当得利。

参考文献

1. 彭诚信：《论禁止权利滥用原则的法律适用》，载《中国法学》2018年第3期。

2. 彭诚信:《从法律原则到个案规范——阿列克西原则理论的民法应用》,载《法学研究》2014年第4期。

3. 彭诚信:《现代权利理论研究》,法律出版社2017年版。

4. [法]路易·若斯兰:《权利相对论》,王伯琦译,中国法制出版社2006年版。

5. [日]近江幸治:《民法讲义Ⅰ·民法总则》(第6版补订),渠涛等译,北京大学出版社2015年版。

6. [德]卡尔·拉伦茨:《德国民法通论》(上册),王晓晔等译,法律出版社2013年版。

7. [德]罗伯特·阿列克西:《法:作为理性的制度化》,雷磊编译,中国法制出版社2012年版。

8. 施启扬:《民法总则》(修订第八版),中国法制出版社2010年版。

9. 林诚二:《民法总则》(下册),法律出版社2008年版。

作者:上海交通大学凯原法学院教授　彭诚信

上海市浦东新区人民法院法官助理　苏　昊

16. 公序良俗原则的司法适用
——张学英与蒋伦芳遗赠纠纷案[①]

【事实概要】

被告蒋伦芳与黄永彬1963年结婚,双方未生育,有一养子。1996年黄永彬与原告张学英相识后,便在外租房公开以夫妻关系同居生活。2001年年初,黄永彬因患肝癌住院,在此期间黄永彬立下书面遗嘱,将其所得的住房公积金、住房补贴金、抚恤金和出售夫妻共同房产的一半价款4万元及所用的手机一部赠与原告张学英,泸州市纳溪区公证处对该遗嘱出具了公证书,形式完全合法。黄永彬去世后,原告张学英持遗嘱要求被告蒋伦芳交付遗赠财产,双方发生纠纷。原告张学英向法院提起诉讼,请求法院判令被告蒋伦芳履行遗嘱。一审、二审法院均驳回原告张学英的诉讼请求。

【判决要旨】

1. 一审判决

一审法院认为,黄永彬所立的将财产赠与原告的遗嘱,虽是其真实意思表示且形式合法,但其对财产的处分违反了《继承法》和《婚姻法》的有关规定。根据《民法通则》第7条的规定,民事行为不得违反公共秩序和社会公德,违反者其行为无效。根据《婚姻法》第3条禁止有配偶者与他人同居,第4条夫妻应当互相忠实、互相尊重的法律规定,遗赠人黄永彬基于与原告

[①] 四川省泸州市纳溪区人民法院(2001)纳西民初字第561号民事判决书;四川省泸州市中级人民法院(2001)泸民终字第621号民事判决书。

张学英的非法同居关系而立下有悖于公共秩序、社会公德和违反法律的遗嘱,损害了被告蒋伦芳依法享有的财产继承权。该遗嘱属无效民事行为,原告张学英要求被告蒋伦芳给付受遗赠财产的主张不予支持。

2. 二审判决

二审法院认为,遗赠人黄永彬的遗赠行为虽系其真实意思表示,但其内容和目的违反了法律规定和公序良俗,损害了社会公德,破坏了公共秩序,应属无效民事行为。上诉人张学英要求被上诉人蒋伦芳给付受遗赠财产的主张,不予支持,被上诉人蒋伦芳要求确认该遗嘱无效的理由成立,予以支持。原审判决认定事实清楚,适用法律正确,依法应予维持。

【解　析】

一、评析要点

一是公序良俗原则能否成为案件判决依据;二是本案遗嘱人黄永彬对遗嘱的处分行为是否有效。

二、学理评析

公序良俗是法律本身的价值体系(公共秩序)和法律外的伦理秩序(善良风俗)的简称,是大陆法系各国民法普遍认可的基本原则。本案被称为"公序良俗第一案",引起了我国法学界的广泛关注和激烈争论,原因是法院在有具体法律规则时而直接援引法律原则作出了判决。学者争论主要集中在:有关法律原则与法律规则适用的争论,如彭诚信、尹志强等;对法官运用司法技术与法官道德立场的关系进行探究,如黄伟文、郑永流等;规范和利益两种分析路径以及运用利益衡量方法分析,如余净值、石毕凡等。本案提出了法官应如何裁判有道德争议的案件,触动着法治的神经。

1. 公序良俗原则能否成为案件判决依据

首先,明确本案基本案件事实(存在)有"黄永彬处分其财产的遗赠行为"和"原告张学英与黄永彬婚外同居关系",也即"赠与情人特定财产"。通常此类案件的裁判所适用的法律原则是公序良俗原则。这两个案件事实的背后隐含着遗赠规则与公序良俗原则可能存在的冲突。法律原则往往具有不确定性和兜底性,公序良俗原则内含"公共秩序"和"善良风俗"几乎是无所不包容的"无底洞"。法律规则具有确定性和具体性,应优先适用法律规则(王利明,74页)。因此,本案法官用于裁判案件的依据首先应是遗赠规则。

但当"某具体个案确有规则依据,只不过严格适用规则可能导致不公正的结果而与原则相冲突,法官最终选择了原则作为论证理由"。原则的适用与选择需要通过严密的论证程序得出"优先原则",与该优先原则相冲突的规则则被排除适用(彭诚信,96页)。因此,本案法官如果认为通过遗赠规则会产生有违客观公正的后果,若能论证黄永彬的遗赠行为有违公序良俗,那么遗赠规则便失去效力。

2. 遗嘱人黄永彬的遗赠行为是否有效,即"是否违反公序良俗"

二审法院之所以作出遗嘱行为无效的判决,漠视婚外同居者的权利,隐含了维护婚姻和对遗嘱人与受遗赠人婚外同居关系的惩罚的考虑。但是否所有与婚外同居行为有关的赠与或遗赠都违反公序良俗呢？法院的判决推理过程比较简洁，直接基于黄永彬与原告张学英之间的婚外同居关系，就否定了公证遗嘱的效力。

无疑，婚外同居行为是违反性道德的，但并不是所有婚外同居行为都违反公序良俗。对于判断某项行为是否违反公序良俗，法律行为本身基于当事人的意志，该法律行为人的行为方式具有重要意义。德国联邦最高法院对于此类案件的观点是，如果被继承人立其情妇为继承人"旨在酬谢其满足自己的性欲或旨在决定或加强这种两性关系的继续"，那么这种行为通常被认为是违反善良风俗的。相反，如果被继承人具有其他动机，即如旨在给其情妇提供生活保障，则这种行为通常就是有效的（迪特尔·梅迪库斯，516页）。因此，理想的做法应以公序良俗为依托，区分动机分别对待（金锦萍，296页），例如，"黄永彬遗赠给原告张学英财产是为了保持婚外同居关系"与"黄永彬遗赠张学英财产是为了对张学英表达多年悉心照顾的感激"的动机会影响"是否违反公序良俗"的判断，公序良俗不可避免地带有价值和道德判断的意味。若立足现实生活常情的考量，可以根据保持婚外同居关系是否"以性换取财产或以财产换取性"（或称"性交易"）作为判定是否违反公序良俗的依据。通常，若做他人情人纯粹是为了金钱，便可判定此行为违反了公序良俗（彭诚信，106页）。一审及二审法院均缺乏从动机角度考察黄永彬与原告张学英的婚外同居关系来论证遗赠行为是否违反公序良俗。本案中，被告蒋伦芳并没有证成原告张学英是"以性换取财产"，法院难以证成张学英与黄永彬做情人的行为构成对公序良俗原则的违反。

"法不禁止即自由"，民事主体在法律不禁止的范围内得以自由处分其财产，遗赠行为属于处分财产的方式，黄永彬可以将其自己的财产自由地赠送或遗赠给亲朋好友、街坊邻居、公益组织，甚至是陌生人。法律对于遗嘱会有一些限制性规定，如要求遗嘱应当对缺乏劳动能力又没有生活来源的继承人保留必要的遗产份额（《继承法》第19条）。黄永彬在自己患癌症晚期之际，将自己的财产遗赠给与自己具有多年婚外同居关系的张学英，难以认定是为了"以财产换取性"，即其遗赠行为并未违反公序良俗原则，也未违反法律强制性规定，而应予以"有效"认定。

本判决是我国第一例以法律原则指导案件审判的遗嘱继承纠纷案件，牵涉法官究竟应如何裁判有道德争议的案件。虽然判决本身难以作为今后类似案件的参考，但是由此产生的对于裁判思路的反思具有重要指引作用。法官判决要适用法律原则一般是因为"有规则，但既有规则因与原则相冲突而被排除适用"和"没有具体规则可以直接适用"。对于规则可能与原则相冲突而被排除适用的具体个案而言，应首先明确"基本的案件事实"（存在）和"拟适用的法律原则"（当为）。其次，应确立解决具体个案的论证目标和法律要点，如本案目标在于通过认定黄永彬遗赠行为违反公序良俗而无效，为达到该目标，法律要点就是通过怎样的标准来证明"是否违反公序良俗"。再次，应找到攻克前述法律要点的"核心要素"，如本案中"是否以性换取财产或以财产换取性"的标准就是判断"是否违反公序良俗"的核心要素（彭诚信，105—106页）。

参考文献

1. 王利明：《判解研究》，人民法院出版社2002年版。
2. 彭诚信：《从法律原则到个案规范——阿列克西原则理论的民法应用》，载《法学研究》

2014年第4期。

3. [德]迪特尔·梅迪库斯:《德国民法总论》,邵建东译,法律出版社2000年版。

4. 金锦萍:《当赠与(遗赠)遭遇婚外同居的时候:公序良俗与制度协调》,载《北大法律评论》第6卷第1辑,法律出版社2005年版。

作者:上海交通大学凯原法学院教授　鼓诚信
上海交通大学凯原法学院博士生　向　秦

17. 连带责任
——杜国卫与美力公司及黄业敬、源丰威达公司民间借贷及保证合同纠纷案①

【事实概要】

2014年6月6日,黄业敬作为欠款人出具《欠款确认书》,确认至2014年5月30日止欠美力公司840万元,保证单位处盖有源丰威达公司的公章,担保人处有杜国卫的签名。《欠款确认书》中没有约定还款日期、保证方式、担保范围和保证期间。2014年7月8日,美力公司依据《欠款确认书》就840万元债权债务提出诉请,并要求杜国卫承担保证责任。一审法院支持美力公司的诉请,杜国卫不服,提起上诉。

【判决要旨】

1. 一审判决

一审法院支持了美力公司的诉请。

2. 二审判决

二审法院驳回上诉,维持原判。

因各方当事人在《欠款确认书》中没有约定保证方式、担保范围和保证期间,故杜国卫、源丰威达公司应对黄业敬的全部债务承担连带保证责任。因美力公司于2014年7月8日提起诉讼,其要求杜国卫、源丰威达公司承担连带清偿责任没有超过在主债务履行期届满之日起6个月的保证期间,杜国卫、源丰威达公司应对黄业敬的欠款向美力公司承担保证责任。杜国卫、源丰威达公司承担保证责任后,有权向债务人黄业敬追偿。

【解　析】

一、评析要点

本案的争议焦点在于杜国卫和源丰威达公司应当承担何种类型的保证责任,两级法院都

---

① 广东省广州市中级人民法院(2014)穗中法民四初字第61号民事判决书;广东省高级人民法院(2016)粤民终974号民事判决书。

判决杜国卫和源丰威达公司应对黄业敬承担连带保证责任,其主要理由是当事人没有约定保证方式,故应当适用连带责任。

二、学理评析

1. 杜国卫和源丰威达公司构成连带共同保证

连带责任是指依照法律规定或者当事人的约定,两个或者两个以上当事人对共同产生的不履行民事义务的民事责任承担全部责任,并因此引起内部债务关系的一种民事责任。连带责任制度的主要价值在于在法律许可的范围内使债权获得最大限度的确保及满足,实质上以全体债务人责任财产的总和作为债权实现的总担保(戴孟勇,43页)。从另一方面解读,连带责任制度的保护机制,实际是建立在主体为他人行为承担责任的基础上的,违反了近代以来建立起来的"责任自负"原则,因此应当将连带责任的适用限制在主体自愿排除"责任自负"或适用"责任自负"会导致更严重的不公平的情形下(郭晓霞,104页)。由于连带责任给债务人施加的法律负担更重,故连带责任的成立要么出于当事人意思自治,要么依据法律特别规定。

连带责任在实践中典型的应用即是在保证领域。本案涉及的保证人人数在二人以上,也即共同保证。根据各保证人对所担保的债务有无约定的份额划分,共同保证分为按份共同保证与连带共同保证两种类型。按份共同保证中,各保证人得以保证份额之约定对抗债权人要求其清偿全部债务的请求;连带共同保证中,各保证人与债权人事先未约定其保证份额的,所有保证人即须对全部债务承担连带保证责任,保证人内部之间纵然约定有各自承担的份额,也仅限于解决其内部的责任分担问题,不得以此对抗债权人(刘保玉,57页)。可以看出,连带共同保证中的保证人的地位不太有利,因此承担何种方式的保证责任宜在合同中约定明确,这也符合连带责任的成立一般需要当事人自愿排除"责任自负"的理念。但是《担保法》第12条规定,没有约定保证份额的,保证人承担连带责任。从连带责任的原理出发,没有约定保证人承担何种保证责任,或者约定不明确的,视为保证人承担份额平均的保证责任更为合理。《担保法》的规定对债权人较为有利,对于保证人来讲,则是责任的加重,体现了担保法强调保证人的责任、保护债权人利益的立法倾向(卞昌久,99—100页)。考虑到《担保法》制定于20世纪90年代初,对资金融通和债权实现的看法还较为保守,因此对保证人也更加严苛。

本案中,债务人为黄业敬,债权人为美力公司,债务额度为840万元。根据《欠款确认书》的公章和签名,保证人为源丰威达公司和杜国卫。由于合同中没有约定保证方式,因此在源丰威达公司和杜国卫之间构成共同连带保证,两位保证人都负有担保全部债权实现的义务。已经承担保证责任的保证人,有权向债务人黄业敬追偿,或者要求承担连带责任的其他保证人清偿其应当承担的份额。对于担保范围,依据《担保法》第21条,当事人对保证担保的范围没有约定或者约定不明确的,保证人应当对全部债务承担责任,因此,杜国卫、源丰威达公司应对黄业敬的全部债务承担连带责任,这里的全部债务指主债权及利息、违约金、损害赔偿金和实现债权的费用。至于保证期间,依据《担保法》第26条,连带责任保证的保证人与债权人未约定保证期间的,债权人有权自主债务履行期届满之日起6个月内要求保证人承担保证责任。又由于案涉合同没有约定主债务履行期,依据《合同法》第62条,履行期限不明确的,债权人可以随时要求履行,因此美力公司提起诉请时没有超过保证期间,杜国卫、源丰威达公司应对黄业敬的欠款向美力公司承担保证责任。

2. 连带共同保证与连带责任保证

值得注意的是,本案中法院在保证人杜国卫、源丰威达公司、债务人黄业敬对债权人美力公司责任承担的问题上,适用的条款没有包括前述的《担保法》第12条,而是《担保法》第19条,即"当事人对保证方式没有约定的或者约定不明确的,按照连带责任保证承担保证责任"。依据《担保法》第18条,连带责任保证是指当事人在保证合同中约定保证人与债务人对债务承担连带责任的保证方式。与连带责任保证相对应的保证是一般保证。两者本质区别在于保证人是否享有先诉抗辩权。在一般保证中,保证人享有先诉抗辩权,意味着保证人在主合同纠纷未经审判或者仲裁,并就债务人财产依法强制执行仍不能履行债务前,对债权人可以拒绝承担保证责任;而连带责任保证中,保证人就没有先诉抗辩权,因此债务人在主合同规定的债务履行期届满没有履行债务的,债权人可以要求债务人履行债务,也可以要求保证人在其保证范围内承担保证责任。

从现行法的角度来看,连带共同保证与连带责任保证是有一定区别的。连带共同保证强调的是各保证人之间有连带关系,而连带责任保证强调的是保证人与债务人之间的连带关系。在连带共同保证成立后,可能发生双重连带关系,一是共同保证人之间的连带关系,二是连带共同保证人与债务人之间又存在连带关系,但并不必然发生双重连带关系,因为连带共同保证中各保证人与债务人之间是否也存在连带关系,仍应各依其约定及法律的规定来确定(刘保玉,58页)。在本案中,由于案涉合同无论对于各保证人之间的关系,还是对于保证人和债务人的关系,都没有作出约定,因此,杜国卫、源丰威达公司之间成立连带共同保证,这两个保证人和债务人黄业敬之间成立连带责任保证。从法律适用的角度,宜同时援引《担保法》第12条和第19条,以前者作为保证人杜国卫、源丰威达公司之间法律关系的规范基础,以后者作为两个保证人和债务人黄业敬之间法律关系的规范基础。

连带责任广泛应用于保证领域中,在保证人为二人以上时,如果未作约定,则各保证人之间构成连带共同保证,对债权人承担连带责任。连带共同保证与连带保证责任不同,前者强调各保证人之间的关系,后者强调保证人和债务人之间的关系。如果未作约定,则保证人和债务人之间构成连带责任保证,保证人不享有先诉抗辩权,债权人可以在债务履行期届满后直接要求保证人承担保证责任。

参考文献

1. 刘保玉:《共同保证的结构形态与保证责任的承担》,载《中国法学》2003年第2期。
2. 戴孟勇:《连带责任制度论纲》,载《法制与社会发展》2000年第4期。
3. 郭晓霞:《连带责任制度探微》,载《法学杂志》2008年第5期。
4. 卞昌久:《关于审理担保纠纷案件如何适用法律的调查报告》,载《中国法学》1997年第4期。

作者:上海大学法学院讲师　陈吉栋
上海交通大学凯原法学院博士生　纪　闻

18. 诉讼时效的客体与起算
——陈莹与田捷、唐育云不当得利纠纷案①

【事 实 概 要】

2009年4月7日,田某在未经唐某同意的情况下,以唐某的名义与陈某签订了一份《股权转让协议》,协议以1 102.46万元的价格将唐某在某公司66.6%的股份转让给陈某。同年8月18日,陈某支付田某股份转让款50万元,田某出具收条确认代唐某收到该款。2010年3月25日,唐某向桂林市中级人民法院提起诉讼,请求确认上述《股权转让协议》无效,桂林市中级人民法院于2010年12月8日作出(2010)桂市民初字第29号民事判决,确认该《股权转让协议》无效,同时该判决书载明:"由于各方当事人在本案中,未就《股权转让协议》确认无效后,因股份转让所取得的财产提出返还的诉讼请求。对此,当事人可另行主张权利。"陈某不服该判决,遂向广西壮族自治区高级人民法院上诉。广西壮族自治区高级人民法院于2011年5月13日作出(2011)桂民二终字第23号终审民事判决,维持了桂林市中级人民法院的一审判决结果。陈某于2011年6月3日领取了该终审判决书。陈某对该终审判决仍不服,遂向广西壮族自治区高级人民法院申请再审,广西高院于2013年7月18日作出(2013)桂民申字第617号民事裁定,驳回了再审申请。2014年11月26日,陈某诉至一审法院,要求判令田某、唐某返还股权转让款50万元,同时支付自2009年8月18日起至实际还清之日止的利息。一审法院支持了陈某的诉请。田某不服,提出上诉。

【判 决 要 旨】

1. 一审判决

一审法院支持了陈某的诉请。

2. 二审判决

二审法院驳回上诉,维持原判。理由为:(1)返还财产是指合同当事人在合同被确认无效或者被撤销以后,对已交付给对方的财产享有返还请求权,返还财产请求权是否适用诉讼时效的规定,应取决于该请求权究竟是不当得利请求权还是物权请求权。因本案被上诉人请求返还的财产是货币,故属于不当得利请求权。当返还财产请求权为不当得利请求权的,应适用诉讼时效的规定,因此本案应适用诉讼时效的规定。(2)《民法通则》第140条规定:"诉讼时效因提起诉讼、当事人一方提出要求或者同意履行义务而中断。从中断时起,诉讼时效期间重新计算。"《诉讼时效规定》第13条规定:"下列事项之一,人民法院应当认定与提起诉讼具有同等诉讼时效中断的效力:(一)申请仲裁;(二)申请支付令;(三)申请破产、申报破产债权;(四)为主张权利而申请宣告义务人失踪或死亡;(五)申请诉前财产保全、诉前临时禁令等诉

---

① 广西壮族自治区桂林市中级人民法院(2010)桂市民初字第29号民事判决书;广西壮族自治区桂林市中级人民法院(2015)桂市民一终字第528号民事判决书。

前措施;(六)申请强制执行;(七)申请追加当事人或者被通知参加诉讼;(八)在诉讼中主张抵销;(九)其他与提起诉讼具有同等诉讼时效中断效力的事项"。被上诉人在股权转让合同效力纠纷二审结束后,向广西高院提出了再审申请,属于《诉讼时效规定》第13条第9项"其他与提起诉讼具有同等诉讼时效中断效力的事项",因此本案并未超过诉讼时效。

【解 析】

一、评析要点

返还财产请求权是否适用诉讼时效?如何适用?本案的请求权是否超过诉讼时效?

二、学理评析

1. 不当得利返还请求权性质的返还财产请求权属于诉讼时效的客体

《民法总则》第188条规定"向人民法院请求保护民事权利的诉讼时效期间为三年",《民法通则》的表述也类似,即"向人民法院请求保护民事权利的诉讼时效期间为二年"。从条文字面意义上看,似乎只要是民事权利就适用诉讼时效,但学理通说认为,只有请求权适用诉讼时效。这是因为请求权的实现有赖于权利人对相对人提出作为或不作为的要求,因此,为了防止请求权和相对人长期处于久悬不决的状态,故应当对请求权的强制执行进行时间上的限制。请求权中最常见的即债权请求权,债权请求权也是诉讼时效最为典型的适用对象(朱庆育,536—537页)。该学理观点也在实证法中得以贯彻,《诉讼时效规定》第1条即规定"当事人可以对债权请求权提出诉讼时效抗辩",相当于从反面肯定了债权请求权为诉讼时效客体。

返还财产是指合同当事人在合同被确认无效或者被撤销以后发生的法律后果,当事人对已交付给对方的财产享有返还请求权。合同无效属于当然、自始的无效,当事人请求法院确认无效不受诉讼时效限制(韩世远,168—169页)。合同的撤销属于当事人行使撤销权的情形,而撤销权属于形成权,也不受诉讼时效限制。而对于合同被确认无效或者被撤销以后产生的返还财产请求权,需要确定其为所有权返还请求权还是不当得利请求权,从而考虑其是否适用诉讼时效。

对于返还财产请求权的性质,理论上颇有争议,形成了所有权返还请求权说和不当得利请求权说。所有权返还请求权说以不承认物权行为独立性为前提,认为合同无效或被撤销后,基于合同发生的物权变动丧失法律基础,从而发生物权变动的回转,因此此时的返还财产请求权是物权请求权。不当得利请求权说以承认物权行为独立性和无因性为前提,认为合同无效或被撤销后,合同产生的债权消灭,但独立于债权行为的物权行为不受影响,原权利人只能依据不当得利之债请求返还(韩世远,227—228页)。所有权返还请求权说是否适用诉讼时效也存在争议。学说认为在没有确立取得时效制度的情况下,若一概承认物权请求权适用诉讼时效,虽然名义上所有权不因超过诉讼时效而消灭,但权利人实际上无法回复占有,形成了所有人有权无实,占有人有实无名的不妥当局面(崔建远,113页)。基于理论上的争议,《诉讼时效规定》第7条虽然规定了"合同被撤销,返还财产、赔偿损失请求权的诉讼时效期间从合同被撤销之日起计算",但没有明确该返还财产请求权的性质。《民法总则》也考虑到该种性质请求权在实践中的复杂情况,规定了不动产物权和登记的动产物权的所有权返还请求权不适用诉讼时效(李适时,624—625页)。

不当得利请求权性质的返还财产请求权属于债权请求权,自然应当适用诉讼时效。本案中请求返还的内容是股权转让价款,并非一般有体物的返还,因此陈某就价款享有的是不当得利请求权性质的返还财产请求权。

2. 不当得利返还请求权的诉讼时效起算与中断

《诉讼时效规定》第8条规定:"返还不当得利请求权的诉讼时效期间,从当事人一方知道或者应当知道不当得利事实及对方当事人之日起计算。"然而如何认定"当事人一方知道或者应当知道"仍然模糊。在涉及合同无效的场合,只有合同被确认无效,不当得利返还请求权才实际成立,当事人才能清晰地计算诉讼时效日期(崔建远,115页)。在本案中,广西高院于2011年5月13日作出(2011)桂民二终字第23号终审民事判决,确认了股权转让合同无效,陈某于2011年6月3日领取了该终审判决书。因此,陈某知道其享有不当得利返还请求权的起算时间为2011年6月3日。

诉讼时效的制度目的在于促使请求权人及时请求权利,若在时效期间内出现请求权人积极行使权利的情形,时效目的即已经达到,此时应当重新计算时效期间(朱庆育,556页)。向法院提起诉讼自然构成权利行使行为,引发时效中断。申请再审是当事人对已经发生法律效力的判决、裁定、调解书认为确有错误,请求人民法院再次审理并加以改判的诉讼行为(张卫平,369页)。值得注意的是,申请再审行为是引发审判监督程序的行为,属于典型的诉讼行为。判决中将申请再审行为认为是"其他与提起诉讼具有同等诉讼时效中断效力的事项",值得商榷。

本案中,陈某在二审结束后,就不当得利请求权成立的基础——股权转让合同的效力,向广西高院提出了再审申请,构成了不当得利请求权的诉讼时效中断。诉讼时效中断,从中断有关程序终结时起,诉讼时效期间重新计算。广西高院于2013年7月18日作出(2013)桂民申字第617号民事裁定,驳回了再审申请,因此诉讼时效至此重新计算,而陈某于2014年11月26日诉至一审法院,并未超过当时《民法通则》规定的两年诉讼时效期间。因此,本案中陈某的返还财产请求权尚未超过诉讼时效。

不当得利返还请求权性质的返还财产请求权应当适用诉讼时效,其诉讼时效期间从当事人一方知道或者应当知道不当得利事实及对方当事人之日起计算。合同被确认无效的日期,可作为判断当事人知道不当得利返还请求权实际成立的考量因素。申请再审是引发诉讼时效中断的事由。

参考文献

1. 崔建远:《合同法》(第二版),北京大学出版社2013年版。
2. 朱庆育:《民法总论》(第二版),北京大学出版社2016年版。
3. 张卫平:《民事诉讼法》(第四版),法律出版社2016年版。
4. 韩世远:《合同法总论》,法律出版社2004年版。
5. 李适时主编:《中华人民共和国民法总则释义》,法律出版社2017年版。

作者:上海大学法学院讲师　陈吉栋
上海交通大学凯原法学院博士生　纪　闻

第二章　人格权法

19. 身 体 权
——梁某、梁某某与某医院身体权纠纷案①

【事实概要】

原告梁某某是张文的丈夫,原告梁某是原告梁某某与张文的女儿。2007年7月份张文之兄张武因患慢性肾炎、慢性肾功能不全,在某医院住院治疗。2007年8月1日,张文以"活体肾移植供者"身份入住某医院,张文本人及委托人其兄张武签署相关肾移植手续后,某医院于2007年8月3日对张文行"左肾切除术",张文术后于2007年8月15日出院。对于张文这一手术,原告梁某某和梁某父女二人事先均不知情。梁某某到被告单位了解情况并质询此事,被告一直未予明确解释和答复。回家后,梁某某因此事与张文发生矛盾进而致使夫妻感情破裂,家庭关系不和。张文手术后体质明显下降,不能正常工作,另需增加营养。亲朋因此事对张文产生误解,张文承担了巨大的心理压力,精神上受到极大的刺激,手术同时对其生活质量和正常工作产生重大影响。梁某某、梁某诉称:2007年8月7日其得知某医院摘取张文左肾脏为张武施行活体肾移植手术,但未经其同意签字,其认为,张文与被告形成医疗服务合同关系,被告在实施手术前应依据《医疗机构管理条例》第33条规定,医疗机构施行手术、特殊检查或者特殊治疗时应征得患者同意并取得家属或者关系人同意并签字。被告对张文实施的肾切除手术是对身体有重大损害且对其有重大影响的手术,该手术并不具有急迫性,被告有义务、有时间取得其同意和签字确认。在其提出质询后,被告未出具相关病案资料、人体器官移植诊疗科目登记许可及院主管机构批准的同意决定书、知情同意书等有关文件证书,其有理由质疑被告诊疗行为的合法性。为维护其知情权和同意权,确认被告医疗行为违法,现要求被告赔偿精神抚慰金各100 000元,合计200 000元。

【判决要旨】

1. 一审判决

一审法院认为,医院应张文的自愿献肾申请,为其胞兄张武行肾脏移植手术。术前,张文本人与医院签署了相应的文件,医院并无过错。《医疗机构管理条例》的规定仅适用于对生理上或者心理上发生不正常状态需要治疗的患者,而张文系自愿申请献肾救兄的健康人,具有完全的民事行为能力。按照2007年5月1日起实施的《人体器官移植条例》的规定,医院也无须

---
① 陕西省西安市中级人民法院(2009)西民二终字第46号民事判决书。

通知或者取得供肾人张文家属的同意签字。故梁某某、梁某以医院侵犯其知情同意权为由,要求赔偿其精神抚慰金共计 200 000 元的诉讼请求,法院不予支持。

2. 二审判决

二审法院认为,本案争议的焦点是医院为张文做左肾脏切除手术是否必须履行告知其家属义务并经其家属同意才能施行手术。《医疗机构管理条例》第 33 条虽规定了医疗机构施行手术必须征得患者同意,并应当取得其家属或者关系人同意并签字,但张文系正常的健康人,不属患者之列,故该条规定对本案并不适用。卫生部颁布的《人体器官移植技术临床应用管理暂行规定》第 30 条虽规定医疗机构在摘取活体器官捐赠者所捐赠的器官前,应充分告知捐赠者及其家属手术风险、手术注意事项等并签署知情同意书,但该规定属卫生部颁布的部门规章,《人体器官移植条例》属国务院颁布的行政法规,效力高于部门规章,该条例第 19 条规定:从事人体器官移植的医疗机构及其医务人员摘取活体器官前,应当履行下列义务:向活体器官捐献人说明器官摘除手术的风险、术后注意事项、可能发生的并发症及其预防措施等,并与活体器官捐献人签署知情同意书,该条例并未规定医疗机构需告知捐献者家属并经其同意。另张文属具有完全民事行为能力人,其自愿捐肾救兄,术前签署了捐献同意书,医院按《人体器官移植条例》的相关规定,做肾脏移植手术并无过错,梁某某、梁某上诉理由不能成立。

【解　析】

一、评析要点

身体权的行使方式和医院手术告知义务的对象。

二、学理评析

1. 器官捐献的性质:身体权的行使

身体权是自然人维护其身体完全并支配其肢体、器官和其他组织的具体人格权(杨立新,168—169 页)。在民法理论上,身体权的权能包括保持身体完整、支配身体要素和请求保护身体利益三方面权能(霍原,123 页)。器官捐献自己决定权的法律属性应当是自然人身体权下的权能性权利——身体支配权在器官移植活动中的体现,是自然人对于其身体要素的支配权能在器官移植活动中的表现形态。该权利的设立并不意在强调其是一项独立于身体权的权利,而是意在强调自然人在器官移植活动中的自我决定自由,强调对于自然人人格尊严之尊重和人格利益之维护,仅是强调其在特殊领域内的相对独立性和重要性而已(霍原,124 页)。

2. 器官捐献之身体权的行使

权利的行使是一种自我决定的体现,作为身体权行使方式的器官捐献,也是一种自我决定的体现。器官捐献行为是一种法律行为,需要当事人的意思表示才能发生相应效力。有学者认为:"捐献身体组成部分是一种单方民事法律行为。所谓单方民事法律行为,是指根据当事人一方的意思表示就可以成立的民事法律行为。就是说,只要捐献人为捐献身体组成部分的意思表示,无需受赠人同意,该行为就可成立。"(陈朝辉,70 页)这种认识值得商榷。器官捐献行为是有捐献对象的,或者是捐献给医疗机构,或者是捐献给病患。如果捐献对象没有同意的意思表示,法律行为是不能成立的,不会产生法律行为意义上的效力,只会产生一个等待对方回应的效力,不会产生一个完整独立的实现捐献的法律基础。没有捐献对象的同意,器官是捐献不出去的,将器官安置于无人接收处是不负责任的,此时的捐献行为甚至可能给对方造成负担。器官捐献行为应被认为是一种双方法律行为。当然,捐献行为的实现依赖于捐献一方的意思表示,这一意思表示正是身体权人行使身体权的行为。

既然器官捐献行为是一种行使身体权的法律行为,那么权利的行使者只能是身体权人自己。当然,如果器官捐献是家属在死者死亡后决定的,已经脱离了行使身体权的范畴,而是特殊的物(尸体)的处置。诚如学者指出的:"公民基于身体权,可以捐献器官。亲属基于尸体所有权,可以捐献死者器官。"(宋豫,44—45页)当然,器官捐献者是自然人,不限于公民。自然人"是否让与自己的身体组织器官,完全由本人决定,任何组织、个人不得强迫或者变相强迫公民捐献其身体组织器官。"(张静,134页)本案中,张文的家属梁某、梁某某要求医院告知他们张文捐献器官的决定及手术决定,显然他们并不同意张文的这一手术。假设医院告知了二原告,二原告也反对这一手术,医院是否有权利依照器官捐献者张文的要求继续手术? 在法律上,医院是有这个权利的,因为捐献器官的真正决定者是张文本人,而非其家属,是张文在行使自己的身体权,而非其亲属在行使。任何人无权针对他人的身体(而非尸体)以其自己的意志处置,身体权是无法转让的。

当然,现实中有些医院在决定手术前一般要家属签署同意手术的书面文件,甚至仅有被手术者本人同意手术,医院都不愿意进行手术,主要是考虑到医患纠纷的风险,将医患纠纷杜绝在萌芽状态。这已经成为一种惯例。但在法律上既然有身体权人的同意和医院(或者受捐献者)的同意,医院就有权利实施手术。

3. 手术告知义务的对象

本案涉及的另一个核心问题是,医院是否有义务告知家属器官捐献者手术情况。原告梁某某和梁某认为医院有义务提前告知他们器官捐献手术的情况。针对这一问题,法律有两种不同的规定。行政法规《人体器官移植条例》第19条规定医疗机构与活体器官捐献人签署知情同意书,但并未要求医疗机构需告知捐献者家属并经其同意。而卫生部颁布的《人体器官移植技术临床应用管理暂行规定》第30条则明确规定医疗机构在摘取活体器官捐赠者所捐赠的器官前,应充分告知捐赠者及其家属手术风险、术手注意事项等并签署知情同意书。正如法院指出的,后一规定属于部门规章,效力不如《人体器官移植条例》。而在理论上判断哪种要求妥当,需要基于诚实信用原则考虑告知家属的必要性、告知的成本等内容。告知家属的必要性,涉及器官捐献是否需要经过家属的同意、家属对器官捐献是否具有法律认可的重要利益、告知家属的范围、不告知家属会造成多大程度的损害、不告知相比告知会给捐献者和被捐献者带来多大的利益等方面的判断。如果捐献的器官来自身体权人,捐献需要经过身体权人的同意,而不必经过身体权人家属的同意。这是身体权的必然要求。如果捐献的器官来自死者,死者并非权利能力人,谈不上具有身体权,除非死者生前行使身体权同意捐献,否则捐献需要经过死者家属的同意,这是死者家属行使处理尸体的特殊权利。显然,死者尸体或者器官的捐献不是告知这么简单,必须是家属知情而且自愿捐献。但身体权人的器官捐献是否要告知家属,还需要考虑其他因素。家属对器官捐献具有重要的精神利益,这是法律认可的利益,如果不告知会对家属造成一定的精神痛苦。然而,医院是否有义务告知家属手术情况而避免家属的这些精神痛苦? 如果家属询问到医院相关情况,医院或许是有义务回答真实情况的,这既是家属的重要精神利益所在,更是人之常情。如果家属没有询问医院,医院似乎没有义务通知家属相关情况。因为,医院经过身体权人同意即满足了行使身体权的基本条件,如果身体权人都选择不告知家属相关情况,医院尊重身体权人的意志比较妥当。在这种意义上讲,选择不顾及家属的这些利益的是身体权人,而不是医院。

当然,身体权人是患者还是器官捐献人,对于医院的告知义务有一定的影响。对于患者而言,手术是否做、如何做在很大程度上依赖于家属的决定,尤其是患者因病或者事故没有意志或者相关能力的时候。《医疗机构管理条例》第33条就规定了医疗机构施行手术必须征得患者同意,并应当取得其家属或者关系人同意并签字。这一规定有实践基础,也符合惯例。但对于非患者的器官捐献人医院是否具有告知义务,法律法规并无规定,只是卫生部的一个规章要求医院履行告知义务。这个告知义务是行政法上的义务,而非民法上的必然要求。根据本书上述论述,医院没有这个义务。

参考文献

1. 杨立新:《人格权法》,法律出版社2015年版。
2. 霍原:《论〈民法典〉对器官捐献自己决定权的规范回应》,载《学术交流》2017年第6期。
3. 陈朝辉:《关于捐献身体组成部分之法律制度研究》,载《学术探索》2005年第6期。
4. 宋豫、包茹华:《关于人体器官捐献的法律思考》,载《河北法学》2000年第5期。
5. 张静:《论人体组织器官支配的法律问题》,载《河北法学》2000年第2期。

作者:中国民航大学法学院副教授　刘海安

20. 名　誉　权
——世奢会(北京)公司与新京报社名誉权侵权责任纠纷案①

【事 实 概 要】

新京报社于2012年6月15日出版的《新京报》A14、A15版刊登了题为《"世奢会"被指皮包公司》的文章,文中声称,网友发现世奢会美国总部官网域名的注册地是中国,注册人也是中国人,怀疑国际组织世奢会是只存在于中国的一个"山寨组织"。而后记者调查后认为"世奢会"是一个由中国人注册的、顶着"世界"名头,打着"协会"旗号的"皮包公司"。其中,新京报社采访了公司离职员工(化名"唐路")关于其在世奢会中国代表处工作期间参与展会、奢侈品官方发布会等事件的经历,报道了世奢会在参会展品、出席嘉宾等方面的虚假情况。世奢会(北京)公司认为上述新闻报道使用世奢会的企业字号直指其名,以"皮包公司"为标题,引用不实信息,对世奢会相关业务进行大肆损害,直接导致世奢会(北京)公司业务及商业信誉严重受损,不仅使世奢会

---

① 北京市朝阳区人民法院(2013)朝民初字第21929号民事判决书;北京市第三中级人民法院(2014)三中民终字第6013号民事判决书。

(北京)公司业务的社会评价彻底降低,更使世奢会(北京)公司经济受到极大伤害,导致业务停滞、客户流失、项目流产,经济损失严重,侵犯了世奢会(北京)公司的权益,因而新京报社发布不实的负面文章构成严重的侵权行为。故世奢会(北京)公司起诉新京报社,请求法院判决新京报社承担停止侵害、赔礼道歉、消除影响、恢复名誉和赔偿损失等侵权责任。

【判决要旨】

1. 一审判决

一审法院认为,新京报社虽然提交了相关采访对象的录音资料,但录音对象的身份情况并未向法庭提供,被采访人也未出庭作证,故法院难以采信其言论的真实性。新京报作为传统媒体,对媒体从业人员撰写、发表报道或文章,负有较高的真实性审核义务,而涉案文章存在多处未经核实的言论,违背了其作为传统媒体的审核义务。新京报社在刊登涉案文章时,引用了一些未经核实的网友曝料信息,采访了不能提供消息来源的"世奢会前员工",其内容足以导致社会公众对世奢会(北京)公司的社会评价降低。新京报社作为传统媒体,应当预见到这篇报道的内容会导致世奢会(北京)公司经济能力和公众信赖降低的不良后果,属于未尽到其应尽的注意义务,主观上存在过错。综上,法院认为新京报社因对于撰写、发表涉案文章未尽到相应的真实性审核义务和注意义务,致使涉案文章报道失实、评论不当,造成了世奢会(北京)公司在受众中的名誉降低、信用受损,构成对世奢会(北京)公司名誉权的侵害,应承担相应的侵权责任。新京报社不服一审判决,提起上诉。

2. 二审判决

二审法院认为现有证据不能证明争议文章构成侵权:(1)新京报社提交的采访录音、身份证信息、公证视频等证据已形成证据链条,使法院有理由相信对化名"唐路"的采访是真实的。(2)对于新闻报道中所引用的单一曝料的负面信息是否属于虚假信息,应当结合名誉权侵权责任的构成要件,正确适用举证责任分配规则进行判断。新闻媒体只有违背了真实性审核义务,故意歪曲事实进行不实报道,或者因过失未尽合理审查义务导致不实报道的,才构成侵权。反之,新闻媒体没有歪曲事实、没有不实报道的主观故意或过失,且有合理可信赖的消息来源为依据,则不应承担侵权责任。在行为意义的举证责任方面,报道失实是提出名誉权侵权主张的一方所需举证证明的,有合理可信赖的消息来源是提出不侵权抗辩的新闻媒体所需举证证明的。从举证责任分配的角度,法院难以认定报道确系虚假信息。(3)争议文章主要内容及评论具备事实依据,不构成诋毁、侮辱。(4)争议文章具备正当的写作目的。综上,二审法院认为涉案文章虽指向该公司,但从举证责任分配的角度看,难以认定涉案文章所依据的消息来源系虚假信息,涉案文章系行使媒体舆论监督权的表现,涉案文章具备正当的写作目的,主要内容及评论具备事实依据,不构成对世奢会(北京)公司的诋毁和侮辱,不构成对其名誉权的侵犯。二审法院撤销一审判决,驳回了世奢会(北京)公司的诉讼请求。

【解析】

一、评析要点

本案涉及的争议焦点主要有二:一是举证责任如何分配;二是新闻报道者特权与名誉权之

间的利益如何平衡。

二、学理评析

1. 新闻报道名誉权侵权纠纷中的举证责任

在民事诉讼实务中,举证责任的分配至关重要,它不仅决定了当事人的举证行为,影响法官对证据的法律评价和心证,而且还决定了案件事实真伪不明时由哪一方当事人承担实体法上的不利法律后果,因此它必须受制度的刚性约束和程序的严格规制。本案一审判决和二审判决之所以结果迥异,主要是因为法院重新分配了举证责任。因此,对本案判决的核心法律评价是举证责任的配置。

举证责任分为结果责任(结果意义上的举证责任,亦称客观证明责任)和行为责任(行为意义上的举证责任,亦称主观证明责任)两种。结果举证责任,是指在当事人举证和质证等民事诉讼手段使用穷竭后,争议事实依然处于真伪不明状态时,法院依据实体法有关请求权构成要件的规范,将不利法律效果分配于当事人。《民事诉讼司法解释》第90条第2款规定,在作出判决前,当事人未能提供证据或者证据不足以证明其事实主张的,由负有举证责任的当事人承担不利的法律后果。这是我国民事诉讼结果举证责任的一般规范。行为举证责任即民事诉讼当事人提供证据证明自己的事实主张和权利主张成立的责任。《民事诉讼法》第64条第1款及《民事诉讼司法解释》第90条第1款确立的"谁主张,谁举证",就是这种意义上的举证责任(肖建国、包建华,11页)。与结果举证责任相比,行为举证责任并非由法律预先确定,而取决于当事人是否提出证据证明自己的主张。

对新闻报道侵权案件中的举证责任,我国学界多不区分结果举证责任和行为举证责任,而是对两者做一体观察,并衍生出两种对立观点:一是"谁主张,谁举证",即原告应承担证明报道失实的责任,新闻媒体只有要减免其责任时,才需举证存在合法的抗辩事由(魏永征,72页)。二是"谁报道,谁举证",即被告新闻媒体有义务证明其刊载或传播的消息为真。我国司法实践多采纳第二种观点(张鸿霞,27页)。

上述两种观点虽然结论明确,但表述都存在问题。一方面,从结果举证责任上看,既然结果举证责任的依据是实体法,那么实体法上有关新闻报道侵权请求权的构成要件应为唯一的认定依据。在案件事实真伪不能确定时,实体法已经分配了不利后果应由谁承担。另一方面,从行为举证责任上看,无论是主张报道内容失实的原告,还是主张报道内容真实的被告,都可能会举证证明自己的事实主张。若将以上表述理解为结果举证责任,它要表达的是新闻报道侵权的实体构成要件,焦点在于是否适用过错推定责任。我国学界多认为新闻侵权并不具备特殊的构成要件,侵权损害赔偿请求权要成立,应由原告证明侵权行为、具体损害、损害与行为之间的因果关系和过错(张新宝,189页;杨立新,187页)。据此,在新闻报道侵权中,唯一成问题的是如何理解侵权行为构成要件中的过错与抗辩事由中真实报道免责之间的关系:若将过错解释为新闻媒体违反了审查报道内容真实性的审慎义务,原告自然应证明新闻报道失实,其请求权才能成立;若将真实报道免责解释为新闻媒体报道的免责要件(权利妨害规范),则媒体应证明报道内容真实才能免责,不能证明的,原告的侵权请求权就依法成立。这就产生了无法破解的解释论上的矛盾,可谓我国新闻报道侵权的现行立法和司法实践最模糊之处:原告要证明请求权成立,应证明媒体报道内容失实;媒体要免责,就必须证明其报道内容真实。可见,新闻报道侵权到底是否适用过错推定责任,解释上亦有两种观点。

在本案中,一审法院认为,新京报社因未能举证其报道内容真实,其行为构成名誉权侵权,并未考虑原告应证明被告具有过错这一侵权行为的通常构成要件,显然是将新闻侵权处理为过错推定责任,契合我国新闻报道侵权司法实践的主流做法。二审法院实际上也采纳同一观点。在现行立法中新闻媒体承担过错责任与过错推定责任均有解释结论支持时,法院的选择难谓不当,利益平衡也堪称精当:一方面,新闻的生命在于真实,媒体获取报道内容时熟知其内容来源,其举证相对容易,且新闻媒体已享有了内容真实的免责抗辩特权,无需更多保护;另一方面,名誉属于人格尊严的重要组成部分,在民事主体名誉受损时,要求其自证清白未免过苛,加之涉嫌侵害名誉权的新闻媒体报道内容多为积极事实,原告要反驳就必须主张消极事实的存在(如本案中世奢会并没有在唐山展会上出售假红酒),委实困难。因而,新闻媒体承担过错推定责任,要免责就必须证明自己报道内容真实,妥当地平衡了公众知情权、言论自由和名誉权保护,值得肯定。

从行为举证责任的视角观察本案,关键在于如何使证明程度足以让法官形成心证。当事人是否有效完成了行为举证责任取决于证明标准,即法官依据民事证据的高度盖然性标准,是否形成了关于证据真实或虚假的心证。所以,无论原告还是被告,其承担行为举证责任都是为了影响法官心证,使其依据证明标准形成或巩固对己方有利的心证,防止法官作出对他方有利的心证,或动摇其已形成的对他方有利的心证。在本案一审中,新京报社仅提供了匿名信息提供者的书证和视频,尚未达到其报道内容真实的证明标准,法院因此认定新京报社败诉;在二审中,法院在比较了双方举证情况后,认为难以认定涉案文章引用的唐路的曝料内容系虚假信息,依据民事诉讼的高度盖然性标准,形成了新京报报道真实的心证。

2. 匿名信息来源使用中的报道者特权与被报道人的名誉权

使用匿名消息来源中的报道者特权作为一个法律问题,滥觞于19世纪六七十年代的美国。彼时,新闻媒体呼求保护信息来源者的身份,以获得具有新闻价值的信息,而且这种特权已为美国宪法第一修正案所蕴含。同时,美国宪法第六修正案规定法院有权独立审判,因此,媒体自由与司法公正之间形成了一定的张力。

报道者特权是争议最激烈的新闻媒体侵权问题,其存在的主要正当性是信息的自由流动,因为媒体取证的手段和能力都相当有限,如果没有这一权利,新闻消息来源将会锐减,最终会影响社会公众的知情权,架空媒体对公共事务的监督等价值。反对理由主要是这一权利容易被滥用,催生虚假消息,不仅将危及媒体的公信力,还有损被报道人的人格利益。

我国现行立法并未涉及报道者特权,基于民商法的平等理念,媒体在民事诉讼中自然不享有这一特权。在媒体使用匿名消息的报道引发名誉权纠纷时,媒体可以选择不披露信息来源,不过可能将因此无法完成举证,承担不利的法律后果。当然,若媒体不披露信息来源,也能成功证明其报道内容真实的,就无须承担不利的法律后果。可见,媒体不披露消息来源并不意味着它未尽真实性审查义务,更不能直接推定其报道失实,亦不能判定其行为构成诉讼证明妨碍。正确的做法是,法官通过审查采访记录,结合社会经验、世道人心、报道内容等因素,权衡双方举证情况,形成媒体报道内容是否基本属实的心证。

本案二审法官正确地揭示了这一点,认为即使爆料人不能出庭作证,也不能仅以媒体拒绝披露消息来源的真实身份为由,就对媒体作出不利的证据推定,否则"将使媒体陷入采访容易、举证难的局面,不利于新闻传播和新闻监督的开展,最终也会损害公民知情权"。此外,本案针对的是法人名誉权的侵害。在利益衡量上，法人尤其是非营利法人的活动多关涉公益，其从事的活动可界定为公共事务，尤其是在我国社会转型时期，利用非营利组织的外壳牟求商业利益的情形相当猖獗。本案二审法院在衡平利益时，强调新闻媒体对法人活动的监督，堪称对中国社会和经济深刻洞察的结果。

使用匿名信息来源的新闻报道侵权最鲜明地体现了我国新闻报道侵权的特征。在法技术层面，我国新闻报道侵权纠纷最模糊不明的法律问题是结果举证责任的承担。我国司法实践采取了规范说确定结果举证责任，据此，权利成立规范必须有清晰的构成要件。在法感情层面，新闻媒体报道侵权关涉新闻正义与人格保护两种基本价值。新闻报道侵权案要处理的绝不仅是民事侵权领域行动自由与权利保护的冲突，而是社会权力与国家权力、民法权利，公共领域与私人领域之间的平衡。在现代社会中，新闻是"公共善"的重要组成部分，同时又必须受"公共善"的约束。实体法如何设置新闻报道侵权的构成要件，司法中如何实现个案的情境正义，都需要对我国社会作出全面的省思和敏锐的观察。

参考文献

1. 谢鸿飞：《使用匿名信息源新闻报道侵权案中的举证责任、报道者特权和利益平衡——评世奢会（北京）国际商业管理有限公司诉〈新京报〉等名誉权侵权责任纠纷案》，载《人民司法（案例）》2016年第29期。
2. 魏永征：《新闻侵权的归责原则和举证责任——〈新闻传播法教程（第四版）〉修订札记之十一》，载《青年记者》2014年第7期。
3. 张鸿霞：《新闻侵犯名誉权案实行过错责任原则质疑》，载《国际新闻界》2010年第10期。
4. 张新宝：《"新闻（媒体）侵权"否认说》，载《中国法学》2008年第6期。
5. 杨立新：《我国的媒体侵权责任与媒体权利保护——兼与张新宝教授"新闻（媒体）侵权否认说"商榷》，载《中国法学》2011年第6期。
6. 肖建国、包建华：《证明责任：事实判断的辅助方法》，北京大学出版社2012年版。

作者：中国社科院法学所研究员　谢鸿飞
整理人：上海交通大学凯原法学院博士生　纪　闻

21. 生 育 权
——李某与启东市陈黄秀珍医院一般人格权纠纷案①

【事实概要】

原告李某与第三人王某某系夫妻。2006年3月12日，第三人王某某在首胎怀孕7个月的情况下到被告启东市陈黄秀珍医院处要求进行终止妊娠手术，并书面声明"因夫妻关系破裂准

---

① 江苏省启东市人民法院（2006）启民一初字第0558号民事判决书。

备离婚……因引产所致纠纷与医院无关"。启东市陈黄秀珍医院于2006年3月12日下午为王某某进行了终止妊娠手术。术后王某某与原告分居,居住于娘家。

李某认为其享有合法的生育权,且其权利的行使不能由妻子即本案第三人王某某来替代。被告陈黄秀珍医院的恶劣行径,残害了原告将要出生子女的生命权,严重侵害了原告的生育权,不仅导致原告夫妻间感情的彻底破裂,更严重的是造成了原告巨大的精神创伤。故起诉至启东市人民法院,要求陈黄秀珍医院公开赔礼道歉,赔偿精神损害抚慰金3万元。

【判决要旨】

法院认为,第三人王某某在婚姻出现危机的情形下决定终止妊娠的行为,不违背法律的规定,也符合常理。由于第三人王某某终止妊娠具有正当、合理的权利基础,被告为第三人王某某施行终止妊娠术,既是对其意愿的尊重,更是被告为保障女性公民不生育权利而必须履行的义务,故被告的手术未侵犯原告的合法权益,不应受到法律上的责难。原告李某所享有的生育权不能对抗第三人王某某不生育的权利,对第三人最终作出的不生育决定,原告即便情感上难于接受,也应予以容忍。被告的手术行为,是为第三人王某某正当行使权利而提供的业务上的协助,不构成对原告生育权的侵害,无须承担民事责任。故判决驳回李某的诉讼请求。

【解 析】

一、评析要点

夫妻生育权冲突的解决。

二、学理评析

本案的争议焦点在于:妻子单方终止妊娠,是否侵犯丈夫的生育权?

虽然原告起诉的对象是实施终止妊娠手术的医院,但问题的本质是,妻子是否有权单方决定终止妊娠?妻子单方终止妊娠是否侵犯丈夫的生育权?如果妻子的行为不构成侵权,则实施手术的医院自然不构成对丈夫生育权的侵害。

生育权是男女两性均享有的权利,只是因生理构造的不同,男性的生育权需要借助女性的支持来实现。当夫妻之间因生育问题发生冲突时,法律应如何平衡夫妻双方的生育权?在2011年《婚姻法司法解释(三)》出台之前,理论界争议很大,司法实践中,各地法院的判决也不尽一致。本案发生在2006年,当时对此问题没有明确规定。江苏省启东市人民法院根据《妇女权益保障法》第51条、《人口与计划生育法》第17条及《民法通则》第106条第2款规定之精神,认为原告李某所享有的生育权不能对抗第三人王某某不生育的权利,对第三人最终作出的不生育决定,原告应予以容忍。被告的手术行为,是为第三人王某某正当行使权利而提供的业务上的协助,不构成对原告生育权的侵害,无须承担民事责任,故判决驳回原告李某的诉讼请求。

在我国,夫妻双方虽然都享有生育权,但《妇女权益保障法》第51条第1款规定:"妇女有按照国家有关规定生育子女的权利,也有不生育的自由。"在夫妻因是否生育问题发生冲突时,法律赋予了女性不生育的自由。《妇女权益保障法》赋予已婚妇女不生育的自由,是强调妇女享有独立的生育权。为否定将生育视为已婚妇女负担的主要义务的传统生育观,基于生育是与妇女人身不可分割的事实,法律保护妇女的生育意志不受丈夫意志左右。这一立法价值观与当代域外法对生育决定权的评判是一致的(蒋月,356页)。虽然生育权是公民享有的基本权利,但不宜赋予丈夫对妻子堕胎的同意权。当夫妻双方生育权的行使发生冲突时,由于丈夫的强势,其对妻子生育权行使自由的侵犯可能是无形的,且具有非常强的隐蔽性,并往往可能涉及家庭暴力和"婚内强奸"。如果法律再赋予丈夫对妻子堕胎的同意权或要求妻子堕胎前履行告知义务,无异于给男方的隐性强势再披上合法的外衣,女性的生育自由将彻底成为空想(夏吟兰、薛宁兰,182—183页)。

生活中,妻子单方终止妊娠,通常是此前与丈夫发生了感情危机。若夫妻因生育问题产生纠纷,丈夫主张妻子侵犯其生育权,目前《婚姻法司法解释(三)》第9条已明确规定了处理方式,即夫以妻擅自中止妊娠侵犯其生育权为由请求损害赔偿的,人民法院不予支持;夫妻双方因是否生育发生纠纷,致使感情确已破裂,一方请求离婚的,人民法院经调解无效,应依照《婚姻法》第32条第3款第(5)项的规定处理。无论丈夫是对妻子主张损害赔偿,还是对实施终止妊娠手术的医院主张损害赔偿,因其请求权基础不存在,法院都不会支持。如果丈夫因此而请求离婚,法院可认定属于"其他导致夫妻感情破裂的情形",经调解无效,应准予离婚。也就是说,妻子单方终止妊娠不属于侵犯丈夫生育权的行为,而离婚是解决夫妻生育权冲突的最后办法,对男性生育权的救济只能通过离婚的途径进行。本案涉诉之时,我国对夫妻生育权纠纷的处理尚无明确规定,但法院的判决结果无疑是正确的。本案若发生在2011年8月13日《婚姻法司法解释(三)》施行之后,法院则可直接依据《婚姻法司法解释(三)》第9条的规定,驳回原告李某的诉讼请求。

参考文献

1. 蒋月:《婚姻家庭法前沿导论》(第二版),法律出版社2016年版。
2. 夏吟兰、薛宁兰主编:《民法典之婚姻家庭编立法研究》,北京大学出版社2016年版。

作者:上海交通大学凯原法学院副教授　张晓梅

22. 个人信息、数据
——丁某与汪某隐私权纠纷案[①]

【事 实 概 要】

原告丁某与被告汪某于2016年8月16日因名誉权纠纷通过旌阳区人民法院、德阳市中级人民法院开庭审理,做出(2016)川0603民初3830号一审判决:判决丁某在小区和微信群中对汪某发表道歉文章。原告不服提起上诉,经德阳市中级人民法院审理,作出(2017)川06民终

---

① 四川省德阳市旌阳区人民法院(2017)川0603民初4743号民事判决书。

289号判决,驳回上诉,维持原判。判决书送达后,被告汪某在不隐去判决书原告个人信息的情况下,擅自将判决书张贴在小区内,并在多家网络平台上公布。知晓不妥后,被告对判决书进行了撤除、添加技术处理等措施。原告丁某遂向法院提起诉讼,要求被告汪某停止侵犯隐私权,公开道歉,赔偿精神损害以及调查费用11 000元。

【判决要旨】

法院认为,被告汪某行为不构成对隐私权的侵犯,不予支持。但构成对个人信息的侵犯,判决被告赔礼道歉。

第一,关于自然人个人信息及自然人信息权。自然人个人信息主要是指据以识别特定自然人身份的任何生物性、物理性的数据、文件、档案等资料,其范围不仅包括自然人的身份证信息、户籍信息、家庭构成、职业情况、社会交往、电子数据等物理性数据,任何与特定自然人相关的、可以据此将该自然人特定化的信息均属个人信息。自然人的个人信息涉及自然人的身份和地址,具有人身属性,属于人格权范畴。公民个人享有的自然人信息权,依法受法律保护。

第二,关于公民个人隐私权。公民个人即自然人享有其生活中不愿被他人知晓的信息的权利,未经本人同意任何对该类信息的获取都是非法的,都是对自然人隐私权的侵犯。公民个人的隐私信息是公民个人的自然人信息的一部分,但并不完全是公民个人的自然人信息。自然人隐私信息是自然人独有的、不愿意公之于众的资料。而一般性的个人基本信息(如居民身份证、护照上载明的信息),一般情况下属于自然人个人身份信息,不属于严格法律意义上的个人隐私。其界限和区别是:(1)不超过一个"一般人"的"社会容忍度";(2)不涉及敏感的信息;(3)已经公开的个人信息。只要具备这三个特征之一即不再具有隐私的特点,不属于个人隐私。但若未经本人同意而利用其个人身份信息进行非法活动,则构成对公民个人信息权的侵犯。

【解　析】

一、评析要点

个人信息与隐私的区别。

二、学理评析

1. 什么是个人隐私?

隐私权是指自然人享有的私人生活安宁与私人信息秘密依法受到保护,不被他人非法侵扰、知悉、搜集、利用和公开的一种人格权。波斯纳认为,隐私权可以分为两部分,一部分是独处的权利,另一部分是保有秘密的权利(Richard A. Posner,272—273页)。隐私权又称个人秘密,指个人生活中不愿为他人知悉的秘密,包括私生活、日记、照相簿、生活习惯、储蓄、财产状况、通信秘密等。2009年《侵权责任法》首次将隐私权列为一项独立的权利(《侵权责任法》第2条第2款)。《民法总则》第110条也规定了隐私权,但并没有说明隐私权的具体内涵。

2. 什么是个人信息①?

根据《欧盟一般数据保护条例》(GDPR)第 4 条第 1 款的规定,个人数据包括一般类型和特殊类型两类。一般类型的个人数据,是指与被识别(identified)或可识别(identifiable)的自然人相关的任何信息。判断自然人是否可识别,应考虑数据控制者或者另外第三人可能合理使用到的所有方式(all the means reasonable likely to be used),而判断何种方式"可能合理使用到",应考虑所有的客观因素。特定类型的个人数据(敏感数据),包括可揭露其种族、民族、政治观点、宗教、哲学信仰或工会成员身份的,以识别出特定个人为目的的基因数据、生物识别数据,健康数据,与自然人性取向或性经历有关的数据。根据欧盟 1995 年《个人信息保护指令》(Directive 95/46/EC)第 2 条的规定,所谓个人信息,是指与一个身份已被识别或可识别之自然人(或称信息主体)的任何信息。身份可识别的人是指其身份可以被直接或间接识别之个人,特别是经由身份证号码或体格、生理、心理、经济、文化或社会身份之一或若干指标之查考而可识别之人。法国《数据处理、数据文件及个人自由法》(Data Processing, Data Files and Individual Liberties)规定,个人信息是指可通过身份证号码、一项或多项个人特有因素被直接或间接识别的自然人相关的任何信息。德国《联邦数据保护法》(Federal Data Protection Act)规定,个人数据,是指任何关于一个已识别的或可识别的个人(数据主体)的私人或者具体状况的信息,并且,该信息应是数据处理系统收集、使用或处理的对象。英国《1998 年数据保护法》(Data Protection Act 1998)规定,个人信息,是指与在世个人相关的数据,这些个人可以通过此类数据或者数据控制者持有或可能持有的上述数据和其他信息被识别出来,包括关于此人看法的任何表述和数据控制者或其他任何人对此人意图的任何表述。美国对于个人信息的保护和界定,主要是通过判例和部门立法模式进行的,尚没有一部综合性的"个人信息保护法"。所谓个人识别信息,是指被某个人或机构所存储的关于个人的任何信息,包括:(1)可以用于区别或追踪个人的任何信息,如姓名、社会保险号、出生日期和出生地,或生物信息记录等;(2)与个人直接相关或具有相关性的任何信息,如医疗、教育、金融和雇佣信息等(梅夏英、刘明,27 页)。国际标准化组织对信息的定义是:"关于在特定语境下具有特定含义之客体——例如事实、事件、东西、过程或思想包括理念——的知识"(纪海龙,73 页)。

我国《民法总则》第 111 条对于个人信息没有明确的定义,《网络安全法》第 76 条第 5 款对个人信息的概念进行了界定:"个人信息,是指以电子或者其他方式记录的能够单独或者与其他信息结合识别自然人个人身份的各种信息,包括但不限于自然人的姓名、出生日期、身份证件号码、个人生物识别信息、住址、电话号码等。"周汉华起草的《个人信息保护法(专家建议稿)》中对个人信息的定义为:"个人信息是指个人姓名、住址、出生日期、身份证号码等单独或与其他信息对照可以识别特定的个人的信息"。个人信息概念强调"识别性",凡是能够识别特定个人的信息,无论是直接识别还是间接识别特定个人的信息,均为个人信息(高富平,94 页)。目前对个人信息的定义有诸多争议,但基本共识是:个人信息是指能够单一或者组合之后识别特定个人的一切信息,包括姓名、年龄、体重、档案、医疗记录、收入、家庭住址、电话号码、汽车发动机号、电脑序列号,甚至是行走路线、消费习惯、上网浏览记录等。个人信息最基本的特征是具有识别性,不论是直接的还是间接的、单一信息抑或组合信息,只要能够判断出特定个人

---

① 下文"信息"等同于"数据"。

的信息即认为属于个人信息;个人信息的主体为个人,即为自然人,社会组织、法人的数据信息不属于个人信息范畴;个人信息包含个人隐私,兼有人格权与财产权属性。

3. 个人信息与隐私的区别

对于个人信息与个人隐私的定义及两者的关系,主要有如下观点:凡与社会或公众利益直接相关的重要事项,不属于隐私权的范围(彭诚信、陈吉栋,155页);个人隐私是个人信息的下位概念,个人信息包含个人隐私,个人隐私是个人信息的一部分,个人信息保护法所保护的个人信息具有"识别性",而不论是否公开(齐爱民,78页);隐私是不希望或不便别人知道、不希望或不便别人干涉或介入的、与公共利益无关的私人领域。个人信息是可以识别自然人个体的所有数据资料。个人信息包含个人隐私,个人信息是否涉及个人隐私,可以作为识别个人信息类别的一种方式,即可界定此种个人信息为敏感信息。信息社会个人隐私权的主要内容为个人信息。个人信息与个人隐私最大的区别在于,隐私应该在性质上属于私人的,属于未向社会公众公开的范畴。个人已经公布于众的消息,不管怎么被使用,都很难援引隐私权加以保护。法国《数据处理、数据文件与个人自由法》第2条规定,"个人数据是可被识别的自然人相关的任何信息";英国《1998年数据保护法》第1条规定,"个人数据是可以识别一个活着的人的数据";奥地利《数据保护法》第3条规定,"个人数据为与可识别的自然人、法人、其他商事组织有关的信息";意大利《个人数据保护法》规定,"个人数据是与能够识别或可以识别的自然人、法人、组织或团体有关的信息"。

个人数据和隐私具有不同的内涵和外延,但两者在部分敏感信息范围内存在交叉。个人数据是指以电子或者其他方式记录的能够单独或者与其他信息结合识别特定自然人身份或者反映特定自然人活动情况的各种信息,一般可区分为个人信息和非个人信息。前者是指任何已识别或者可识别的身份相关信息和敏感信息,其通过识别直接或间接指向特定主体,或者反映特定主体个人隐私等敏感内容。后者是指不具备能够单独或者与其他信息结合识别特定自然人个人身份的可能性的数据信息,包括网上浏览情况、购买记录、消费习惯等非敏感内容的痕迹信息和标签信息。个人数据和隐私的交叉部分可称为隐私性信息。隐私性信息,实际上就是隐私与纯粹的个人信息交叉的部分。但其与纯粹的个人信息不同的是,它们对于个人的人格尊严"离得较近",每个个人对于这一部分信息的敏感程度,更接近于个人隐私。隐私性信息主要包括医疗信息(如艾滋病史资料、重大疾病的病历信息等)、银行存款信息及其他财产性信息(如理财信息、投资信息等)。这些信息因与个人尊严离得较近,与隐私的关联度较高,对其保护更接近于隐私权保护。

综上,个人信息注重"识别性",而个人隐私信息注重"个人领域"。个人信息可分为敏感信息和一般信息、公开信息和未公开信息。敏感信息是指关涉个人隐私核心领域、具有高度私密性、对其公开或利用将会对个人造成重大影响的个人信息。我国《个人信息保护指南》中将"敏感信息"界定为"一旦遭到泄露或修改会对标识的个人信息主体造成不良影响的个人信息"。敏感信息是极具有本土化色彩的概念,需要综合考虑我国的文化传统、社会普遍价值观、法律传统、风俗习惯等因素来认定。个人信息中敏感信息和个人隐私存在交叉,但敏感信息和个人隐私并不能画等号,个人隐私是判断敏感信息的一种,除此之外,仍有其他类别的敏感信息。已经公开的隐私都不再受隐私权保护,而仍受个人信息权益保护。因此,本案中,法院对于丁某的个人信息的定性是准确的,其已经公开便脱离个人隐私保护的范畴,但仍然属于个人信息,受到法律保护。

4. 案例启示

个人信息保护亟须加强。随着社会发展,信息呈现大爆炸的状态,信息的数量在激增,信息的价值也急剧增长。信息的人格权属性和财产权属性日益明显,信息侵权案件增加,信息保护日益重要。2011年,中国软件开发联盟(CSDN)遭到黑客攻击,600余万条用户信息被泄露。另据《2013年中国网民信息安全状况研究报告》,仅半年内,有4亿余网民遭遇信息安全事件,占网民总数的74.1%,经济损失达196.3亿元。在以往的信息侵权案件中,法院经常采用隐私权的保护方法对个人信息的权利人提供救济①。在信息传输日益迅速便捷的今天,人格权保护的方式和内容也不同于传统规定,以往认为的隐私权内容已经不再属于隐私权范畴。由于侵入他人隐私领域的技术手段日益强大,因此保护个人隐私具有特别的紧迫性(迪特尔·梅迪库斯,809页)。为了维持体系上的平衡以及不与一般人格权与具体人格权发生矛盾冲突,我们不能通过扩张隐私权的内容达到对个人信息权利的保护目的。

但司法实践中,通常将个人信息侵权类案件按照隐私保护进行处理,这是不当的。以扩张隐私权外延的方式保护个人信息不但是我国《民法总则》施行前的权宜之计,甚至在我国《民法总则》施行后仍继续广泛地运用于个人信息的司法保护中(李怡,151页)。另外,出现将个人信息案件依据隐私保护来判决的司法实践也表明,我国司法实践中对于个人隐私的内涵和外延没有厘清。虽然我国自2009年《侵权责任法》将隐私权单独列为一项人格权,但从实践来看,隐私权的内涵、侵害认定标准、损害赔偿架构都非常模糊。其实在2009年之前,我国就有法院在判决书中使用了"隐私权"一词。但对于隐私的范畴法官的判断不统一②。可见,隐私权案件的判定一直以来都是没有具体标准的。即便是被列为一项单独的人格权之后,并没有改变这种司法现状。加上社会发展带来的新挑战,互联网在扩张了信息传播的物理空间的同时,也扩展了信息传播的社会空间。社会空间及公共领域的无限扩张,必然压缩个人的私人空间、领域,产生二者在争夺空间和切割利益上的激烈冲突,使得隐私权保护成为信息社会各方瞩目的焦点,也是现代民法中的人格权法和侵权责任法必须有所作为的领域(张新宝,16页)。因此,尽快通过立法确定隐私权的内涵、侵害认定标准、损害赔偿架构体系既是司法审判所需,也是指引行为所需。

综上,个人信息和隐私不能混为一谈,应当尽快完善隐私权的内容,出台《个人信息保护法》,只有统一传统隐私权的内容和明确新型个人信息权的范畴,方能厘清两者界限,让"上帝的归上帝,恺撒的归恺撒"。

参考文献

1. 彭诚信、陈吉栋:《生活中的民法——〈民法总则〉的生活解读》,上海人民出版社2017年版。

---

① 参见最高人民法院中国应用法学研究所:《人民法院案例选》2018年第4辑。
② 参见福建省厦门市思明区人民法院(2000)思民初字第281号民事判决书、江苏省南通市中级人民法院(2002)通中民一终字第1470号民事判决书、上海市浦东新区法院(2009)浦民一(民)初字第9737号)民事判决书。《侵权责任法》确定隐私权之后,司法案例中关于隐私权的判决也各有不同,参见吉林省吉林市昌邑区法院(2018)吉0202民初562号民事判决书、北京市第二中级人民法院(2018)京02民初7160号民事判决书、江苏省徐州市中级人民法院(2017)苏03民终8245号民事判决书。

2. 齐爱民:《拯救信息社会中的人格——个人信息保护法总论》,北京大学出版社 2009 年版。

3. 高富平:《论个人信息保护的目的——以个人信息保护法益区分为核心》,载《法商研究》2019 年第 1 期。

4. 纪海龙:《数据的私法定位与保护》,载《法学研究》2018 年第 6 期。

5. 李怡:《个人一般信息侵权裁判规则研究——基于 68 个案例样本的类型化分析》,载《政治与法律》2019 年第 6 期。

6. 张新宝:《从隐私到个人信息——利益再衡量的理论与制度安排》,载《中国法学》2015 年第 3 期。

7. 京东法律研究院:《欧盟数据宪章——〈一般数据保护条例(GDPR)〉评述及实务指引》,法律出版社 2018 年版。

8. See Daniel J. Solove, Paul M. Schwartz, *Information Privacy Law*, 3rd ed., Wolters Kluwer, 2009.

9.《2013 年中国网民信息安全状况研究报告》,数据来源:http://www.docin.com/p-758270162.html,2018 年 9 月 1 日访问。

10. [德]迪特尔·梅迪库斯:《德国民法总论》(第二版),邵建东译,法律出版社 2001 年版。

11. Richard A. Posner, *The Economics of Justice*, Harvard Uaiversity Press, 1981.

作者:上海大学法学院讲师　陈吉栋
上海交通大学凯原法学院博士生　王冉冉

23. 隐　私　权
——王某与张某某侵犯人格权纠纷案①

【事　实　概　要】

2007 年 12 月 29 日晚,姜某从住所跳下自杀身亡。姜某生前在网上注册了名为"北飞的候鸟"的个人博客。在自杀前一个月,姜某关闭了该博客,但一直以博客日记形式记录自杀前一个月的心路历程,将丈夫王某与第三者东某的合影照片贴在博客中并称自己婚姻失败。姜某的日记中显示出王某的姓名、工作单位、地址等信息。姜某死后,姜某的朋友张某某注册了个人网站"北飞的候鸟",名称与姜某博客名称相同并在网站上刊登了一系列关于王某与姜某生前婚姻生活的《哀莫大于心死》《静静的》《心上的月光》《青春透明如醇酒,可饮可尽可别离》等文章,还披露了王某的个人信息。如在《哀莫大于心死》一文中,张某某将姜某博客中王某与东某的合影照片在该文中再次进行粘贴,将王某与姜某的住所地址、王某的工作单位名称及地址

---

① 北京市朝阳区人民法院(2008)朝民初字第 10930 号民事判决书。

进行了披露,描述了姜某的姐姐姜红亲历的姜某两次自杀行为及死亡的全部细节和过程,表达了对王某及其家人极度不满的态度。

后上述文章又不断被其他网民转发至不同网站上,姜某的死亡原因、王某的"婚外情"行为等情节引发众多网民的长时间、持续性关注和评论。许多网民认为王某的"婚外情"行为是促使姜某自杀的原因之一;一些网民在参与评论的同时,在天涯网等网站上发起对王某的"人肉搜索",使王某的姓名、工作单位、家庭住址等详细个人信息逐渐被披露;一些网民在网络上对王某进行指名道姓的谩骂;更有部分网民到王某和其父母住处进行骚扰,在王家门口墙壁上刷写、张贴"无良王家""逼死贤妻""血债血偿"等标语。直至本案审理期间,许多互联网网站上仍有大量网民的评论文章。

王某对张某某提起诉讼,认为张某某的行为侵犯了其隐私权和名誉权,给其及家人的生活、工作、名誉造成极为恶劣而严重的影响,要求张某某承担侵权责任。

【判决要旨】

法院认为,隐私一般是指仅与特定人的利益或者人身发生联系,且权利人不愿为他人所知晓的私人生活、私人信息、私人空间及个人生活安宁。隐私权一般指自然人享有的对自己的个人秘密和个人私生活进行支配并排除他人干涉的一种人格权。采取披露、宣扬等方式,侵入他人隐私领域、侵害私人活动的行为,就是侵害隐私权的行为。公民的个人感情生活,包括婚外男女关系问题,均属个人隐私范畴。在正常的社会生活中,此类情况一般仅为范围较小的相对特定人所知晓,正常情况下,当事人一般不愿也不会向不特定的社会公众广为散布。本案中,张某某基于与姜某的同学关系,知晓了王某存在"婚外情"的事实,张某某在姜某死亡后,不仅将此事实在"北飞的候鸟"网站上进行披露,还将该网站与其他网站相链接,扩大了该事实在互联网上的传播范围,使不特定的社会公众得以知晓,张某某的行为构成对王某隐私权的侵害。个人信息的披露、使用等行为是否构成侵犯隐私权,应当视行为人对这些信息的取得方式、披露方式、披露范围、披露目的及披露后果等因素综合认定。本案中,张某某对王某的婚姻不忠行为持否定、批判的态度。其在网站上主动披露此事实和王某的个人信息之前,明知披露对象已超出了相对特定人的范围,而且应当能够预知这种披露行为在网络中可能产生的后果。因此,张某某在网络中披露王某"婚外情"和个人信息的行为,应属预知后果的有意为之。王某的"婚外情"、姓名、工作单位等信息被披露,成为网民知晓其真实身份的依据之一,引发了众多网民的批评性言论及不满情绪,乃至形成爆发和蔓延之势。因此,张某某在披露王某婚姻不忠行为的同时,披露王某的姓名、工作单位名称、家庭住址等个人信息,亦构成了对王某隐私权的侵害。

【解 析】

一、评析要点

隐私的伦理基础与隐私权的限度。

二、学理评析

1. 本案法官视野中隐私的伦理基础

本案判决书对隐私的定义是:"隐私一般是指仅与特定人的利益或者人身发生联系且权利人不愿为他人所知晓的私人生活、私人信息、私人空间及个人生活安宁。"定义本身没有问题。但是,何谓"仅与特定人的利益或者人身发生联系"? 何谓"私人"? 这是立法上难以列举穷尽,而有待司法裁量的问题。而当"不愿为他人所知晓"的"权利人"化作一个个活生生的、利益立场鲜明的社会个体时,正如本案展示的,信息的公私性质就随道德伦理立场的变化而变化。

法院认为王某的婚外情行为不仅违背了我国婚姻法规定的夫妻忠诚义务,也背离了社会道德标准,要予以批评,但法律不能因此不保护王某的隐私权和名誉权。一审主审法官在本案审结后另外撰文指出:"公民的权利,特别是人身权不得因法定理由之外的原因(如受害人先行行为在道德上的瑕疵)而被剥夺或者受侵犯。"理由之一是"道德判断与权利享有应严格区分","道德与法律的两分是现代社会的一个重要标志"(徐娟、胡昌明,24 页)。不难发现,在法官的视野中,个人自由主义构成了隐私权利的伦理基础。比如,法院认为:"公民个人感情生活问题,包括男女关系问题,均属于其个人隐私范畴的一部分。"

2. 阶层视角下隐私的伦理基础

隐私权利的个人自由主义伦理基础失之偏颇。如果只强调个体自由的话,许多社会现象无法得到完满解释:为什么很多场合下我们为了从事所欲的社会活动在不同程度上自愿放弃隐私或甘冒更大的隐私被侵犯的风险? 原因就在于人天生不是离群索居的动物。鱼与熊掌不可兼得也。因此,片面地强调隐私的个人自由主义的伦理基础,容易遮蔽了一个重要的问题——人是社会性的动物。

本案中的冲突根源可以从阶层的进路来分析。围绕死亡博客展开的激烈争论,包含着不同阶层在性与婚姻市场上的自觉与不自觉的较量。可以说,死亡博客事件是以互联网为技术手段的、不同阶层之间的一场道德较量,本案是这场较量在司法场上的蔓延。本案之所以难以处理是在于社会利益分化重组带来的道德伦理立场的分歧。在这种道德多元的格局下,法治和权利话语要提供"无法妥协的利益避免直接政治交锋、两败俱伤的一个'安全'而体面的出路"(冯象,44 页)。

传统的社会控制机制在强调隐私保护的同时,也强调在与当事人关系密切的社区之中展开批评教育。可这些社会矛盾排解机制的作用在今天的大城市里大大减弱了,而今日的司法所强调的法律与道德严格区分以及基于个体自由主义的隐私保护,也使谴责王某同情姜某的一方无法通过法律实现救济,于是才有了本案中借助互联网注册网站和展开人肉搜索的行为。这深刻地反映了互联网时代社会空间的变迁。

网络行为把人的社会性问题重新拉回到我们的视野中。博客日志是互联网时代的一种个人写作方式,它不完全相同于个人日记,传统的个人日记一般都不公开或只对极亲密的人透露,相当多的作者把博客日志当作一种交流的方式而选择公开。姜某在自杀前一个月关闭了"北飞的候鸟"博客但又委托网友重新打开,表明博客已经长期成为她的交流手段。张某某注册个人网站则是为了缅怀亡友谴责王某,在笔者看来,更主要是为了报复,利用互联网使一起私生活事件转变成公共事件,从而使王某遭受尽可能严重的后果(这一点基本实现了)。网络社区在很大程度上取代了传统社区而且两者正处于不断的融合之中。"人肉搜索"就实现了线上线下的链接。网络社区的出现,便利了相近立场的人的聚合从而令王某遭受了实质性的不利后果,它其实是衰落中的传统社区的替代物。

本案中法院认为公民个人感情生活问题属于其个人隐私范畴的一部分。这个绝对的说法遮蔽了历史上和现实中的复杂情况。网络舆论与人肉搜索行为迫使王某所在公司作出道德表态,表明了企业作为一种社会组织仍然在发挥道德控制的作用;同时还表明,隐私的重要意义不是要成为私生活领域的天然屏障,而是要理顺个体与群体、社会之间的关系。

3. 阶层视角下隐私权的保护限度

主审法院对隐私的片面理解,偷偷地隐去了隐私定义中"仅与特定人的利益或者人身发生联系"中的"仅"字。本案中涉及的个人信息,笔者认为,有利于引导姜某的亲友、王某的同事、与王某交往的女性和其他社会成员对王某进行正确的评价。由于王某未能证明存在诽谤的事实,那我们就要问:"为什么未经扭曲的、非侮辱性的、对于社会的个人评价有参考价值的信息传播要受到隐私权的严格限制?"要求隐私保护,实质是要求隐瞒真实信息。本案的主审法院,没有对于隐私保护的两种目的——不受干扰和隐瞒不利信息——作出细致区分。前一种目的即隐私保护不同于名誉保护之处,后一种目的即隐私权被纳入名誉权保护中的现实依据。基于后者的行为并没有充足理由受到法律保护。

法院要求网站对死亡博客事件中的个人信息做技术处理这一做法的问题之一在于:如果必须在新闻报道中隐去一切个人信息时,真实事件将无从区别于故事,大大失去了新闻的特性(波斯纳,269页),而且抹杀了这些信息的社会意义即评判某人的参考作用。更重要的问题是,如同波斯纳法官指出的,没有什么道理把"声誉"作为一种权利,因为声誉是他人对自己的看法,我们无权控制他人的看法,也无权通过控制已知的信息来操纵他人的看法(波斯纳,260页)。

参考文献

1. 徐娟、胡昌明:《道德瑕疵不能成为侵犯隐私权、名誉权的抗辩理由》,载《人民司法》2009年第14期。
2. 冯象:《政法笔记》,江苏人民出版社2004年版。
3. [美]理查德·A. 波斯纳:《正义司法的经济学》,苏力译,中国政法大学出版社2002年版。

作者:华南师范大学法学院副教授　李斯特
整理人:中国民航大学法学院副教授　刘海安

24. 人格利益的合理使用
——周某某与某电视台人格权纠纷案①

【事实概要】

周某某与某公路管理站签订房屋租赁合同。某公路管理站因周某某违约不交纳租金向法

---

① 江苏省南京市中级人民法院(2016)苏01民终598号民事判决书。

院提起诉讼。经过两审,法院判令周某某于判决生效之日起15日内给付某公路管理站自2013年9月13日起至2013年12月13日止的房屋租金3 000元,2013年12月13日后周某某以每月1 000元的标准向某公路管理站支付房屋租金直至合同约定的履行期限2015年12月31日止。2014年11月25日,因周某某未履行生效判决确定的法律义务,法院执行人员通知周某某到法院谈话,告知其若拒不履行法律义务,将依法对其采取强制执行措施。后周某某表示愿意履行判决,并向法院交纳了执行费14 500元。当日,某电视台对执行现场进行了跟踪采访。2014年11月26日,某电视台开办的法治集结号栏目播出《帮别人打官司自己却是"老赖"》这一节目,对法院关于周某某的执行过程进行了报道,该节目时长6分钟。2014年12月4日,江苏省高级人民法院告诉周某某本案的再审申请已立案受理。2015年2月5日,周某某与某公路管理站达成和解协议。后再审法院裁定提审并中止原判决的执行,并出具民事调解书,纠纷得以解决。2015年6月12日,周某某将某电视台诉至法院,请求某电视台停止侵害周某某名誉权、肖像权、姓名权、隐私权等人格权,删除播出的周某某视频和网络转载视频录像,赔偿周某某精神损害抚慰金及经济损失共计20万元,支付周某某为制止侵权行为支出的调查取证、维权等一切费用,包括公证费,但不限于上述及其他经济损失。

【判 决 要 旨】

1. 一审判决

一审法院认为,原生效判决在未被撤销或改判的情形下,对当事人具有拘束力,周某某应履行生效判决确定的法律义务,拒不履行的,法院可以采取强制执行措施。法院要求周某某履行生效的法律文书确定的义务并无不当。《名誉权司法解释》第6条规定:"新闻单位根据国家机关依职权制作的公开的文书和实施的公开的职权行为所作的报道,其报道客观准确的,不应当认定为侵害他人名誉权;其报道失实,或者前述文书和职权行为已公开纠正而拒绝更正报道,致使他人名誉受到损害的,应当认定为侵害他人名誉权。"本案中,某电视台于2014年11月26日播出的节目系针对法院公开的强制执行行为所作的如实报道,其报道的内容是客观准确的。即使省高级人民法院对周某某与某公路管理站达成的和解协议出具调解书予以确认,但未发生执行回转,法院已经采取的强制执行行为仍然合法有效,执行行为并未被纠正。此外,某电视台的节目亦不存在对周某某有侮辱或是诽谤性质的内容,且某电视台在得知再审法院调解结案后已经删除了涉案节目视频在其网站上的链接,周某某主张某电视台侵害其名誉权的理由不能成立。

某电视台为了节目的准确性,在节目报道及视频中使用了周某某的肖像,属于对其肖像的合理使用,是新闻媒体行使舆论监督职能的需要,即使事先未征得周某某的同意,亦不构成侵权。某电视台播放的节目及视频中未对周某某指名道姓,仅是用周某指代,未披露周某某亲属的个人信息,亦未宣扬周某某的个人隐私信息,未侵害周某某的姓名权和隐私权。故周某某主张某电视台侵害其姓名权、名誉权、肖像权及隐私权的理由均不能成立,法院不予采信。周某某要求某电视台赔偿其精神损害抚慰金及经济损失20万元,并支付其为制止侵权行为支出的调查取证、维权等费用的诉讼请求无事实及法律依据,法院不予支持。

2. 二审判决

二审法院认可一审法院的观点,并认为,某电视台对当天的强制执行经过进行了报道,报道的内容客观真实,虽冠以《帮别人打官司自己却是"老赖"》这一标题,将不执行生效判决的被执行人称为"老赖",也是当前社会通常称呼,新闻报道中也经常出现,故不能以此认定被上诉人构成侵权。

【解　析】

一、评析要点

标表性人格利益的合理使用及其阻却违法性的作用。

二、学理评析

本案涉及的人格权类型多样,包括隐私权、名誉权、姓名权、肖像权等。我们将评析的重点放在人格利益的合理使用上。人格利益的合理使用,主要出现在标表性人格利益的使用上,即行为人对他人人格利益的合理使用,如合理使用他人肖像、声音、姓名等。

1. 人格利益的合理使用是违法阻却事由

一些人格利益是可以被他人使用的,但行为人未经权利人同意而使用权利人的人格利益,可能构成侵权。但行为人对他人人格利益的合理使用则会阻却侵权责任的成立,因为合理使用属于行为违法性和过错的阻却事由。也就是说,如果行为人使用他人人格利益是合理使用,那么便不具有违法性,更不具有过错。合理使用本质上是无偿使用,其立法目的在于通过平衡不同主体之间的利益,减少任何使用他人肖像都要本人同意之烦琐而对肖像权为一定限制(吴汉东,215页)。其他人格利益的合理使用也是这个道理。

2. 人格利益的合理使用的判断

人格利益的合理使用实际上是对人格利益的限制,比如就肖像权而言,这实质上是突破了肖像权的专有性,因而这种未经同意的制作、公开肖像的行为也要满足"合理性"要求,也要权衡这种行为可以容许到何种程度(黄本莲,202页)。显然,这本身就是一个衡量的问题。本案中,电视台在节目中为了报道的准确使用了周某某的肖像,被法院认为是行使新闻舆论监督的职能,属于合理使用,从而否认了侵犯肖像权。其核心的判断模式是公共利益和私人利益的比较。如果使用肖像是为了公共利益,该种使用很容易被认为是合理使用。在司法实践中,判断合理使用,需要看使用者是否从使用中获得"实质性利益"。所谓"实质性利益"是使用人在无须支付对价的情况下,以合理使用的手段取得必须通过授权使用或法定许可使用才能取得的收益(陈立风,101页)。"如果原告与被告报道的内容完全没有关联,使用原告的肖像是为了增加报道内容的丰富性、美化报纸的版面甚至很难说这种报道与公共利益相关,就应当征得原告的同意"(黄本莲,202页)。日本判例确定了侵害肖像权的采访和报道行为阻却违法的三个要件:第一,该采访报道行为与公共利益相关(事实的公共性);第二,完全以公益为目的(目的的公共性);第三,依照其目的该采访报道的手段方法具有相当性。(五十岚清,第138页)直到2005年日本最高法院在平成十七年的一个判决中创造了更加细致精确的新标准,学者称之为"六要素":被拍摄者的社会地位、被拍摄者活动的内容、摄影的场所、摄影的目的、摄影的方式以及摄影的必要性。综合考虑这六要素之后,倘若对被摄影者不受任意拍摄的人格利益所造成的损害,远远超过社会生活上能够容忍的限度,就可以认为肖像权受到了侵害(骆正言,90页)。

在公共场所拍摄他人形象,是否必然属于公共利益的范围?并非如此。法国法院认为:"即使被拍摄形象的人当时是在公共场所,但由于拍摄者采用的取景技术,使被拍摄对象的形象被独立出来这种行为也构成对私生活的侵犯。"(罗结珍,49页)这为现在很多自媒体制作者在街上拍摄小视频提供了一定的警示。

针对肖像权合理使用的情形,有学者认为可以类比《著作权法》的如下规定:(1)为个人学习或艺术欣赏,以临摹、绘画、摄影等方式复制他人已经公开之肖像;(2)为介绍、评论某一作品或者说明某一问题,善意使用他人之肖像;(3)为报道时事新闻,在报纸、期刊、网络、电视台等媒体中不可避免的使用他人肖像;(4)为课堂教学或科学研究,善意使用他人已公开之肖像;(5)国家机关为执行公务、保障公共安全等使用当事人之肖像;(6)纪念馆、档案馆、博物馆、美术馆等为陈列或保存版本之需要,复制本馆收藏的肖像作品;(7)为实施九年义务教育和国家教育规划而编写教科书,除肖像权人有特殊说明外,可使用他人已经公开之肖像,但应按照规定支付相应报酬,且该使用不得带有侮辱、贬低性(张红,282—283页)。这一做法值得赞同,而且同样适用于声音权等其他标表性人格权。另外,单位使用员工为履行职务而制作的肖像、声音、姓名等人格利益的,也应被认为属于合理使用。

参考文献

1. 吴汉东:《著作权合理使用制度研究》,中国政法大学出版社 2005 年版。
2. 黄本莲:《普通公众肖像权侵害判定中的利益衡平——以典型的判决书为基础》,载《南京大学法律评论》2013 年第 2 期。
3. 陈立风:《著作权合理使用制度解析》,载《当代法学》2007 年第 3 期。
4. [日]五十岚清:《人格权法》,[日]铃木贤、葛敏译,北京大学出版社 2009 年版。
5. 骆正言:《论日本法中的肖像权保护》,载《日本研究》2010 年第 3 期。
6. 《法国民法典》,罗结珍译,法律出版社 2005 年版。
7. 张红:《肖像权保护中的利益平衡》,载《中国法学》2014 年第 1 期。

作者:中国民航大学法学院副教授 刘海安

25. 人格权请求权
——李某与罗某人格权纠纷案[①]

【事 实 概 要】

李某与罗某系母子关系。2017 年 7 月 7 日罗某与李某发生纠纷,罗某将李某胸部打伤,致李某受轻微伤。当日,李某因头昏痛十余年、胸痛三小时到重庆市第一人民医院进行住院治疗,住院病历记载:"三小时前患者在家不慎导致胸部受撞击后出现胸痛,以左胸前下壁疼痛为

[①] 重庆市渝中区人民法院(2017)渝 0103 民保令 7 号民事裁定书。

主"。为维护自身合法权益,也防止罗某骚扰行为升级,造成更大的伤害和更严重的后果,申请人李某依法向人民法院申请人身安全保护令,请求人民法院依法签发人身安全保护令:禁止被申请人罗某恐吓、威胁、殴打申请人李某;禁止被申请人罗某威胁、骚扰申请人李某的亲属。

【裁定要旨】

法院认为,《反家庭暴力法》第2条规定,家庭暴力是指家庭成员之间以殴打、捆绑、残害、限制人身自由以及经常性谩骂、恐吓等方式实施的身体、精神等侵害行为。第23条规定,当事人因遭受家庭暴力或者面临家庭暴力的现实危险,向人民法院申请人身安全保护令的,人民法院应当受理。第27条规定,作出人身安全保护令,应当具备下列条件:"(一)有明确的被申请人;(二)有具体的请求;(三)有遭受家庭暴力或者面临家庭暴力现实危险的情形。"第29条规定,人身安全保护令可以包括下列措施:"(一)禁止被申请人实施家庭暴力;(二)禁止被申请人骚扰、跟踪、接触申请人及其相关近亲属;(三)责令被申请人迁出申请人住所;(四)保护申请人人身安全的其他措施。"李某与罗某系母子关系,罗某对李某有殴打、恐吓等情形,李某的申请符合人身安全保护令的法定条件。因此,依照《反家庭暴力法》第2条、第23条、26条、第27条、第29条规定,法院裁定,禁止被申请人罗某殴打、恐吓、威胁申请人李某及其近亲属。

【解　　析】

一、评析要点

人格权请求权的法律地位、类型与行使。

二、学理评析

《反家庭暴力法》规定的禁令是保护人身安全的重要手段,其合理性来源于保护人格权益的必要性和急迫性,是人格权请求权的重要体现。人格权请求权,是权利人在其人格权受到侵害或者有侵害之虞时,请求加害人停止侵害、排除妨害的权利。人格权请求权的功能和目的,就是通过人格权行使过程中的排除妨害和停止妨害,预防和保全权利人的人格利益,使一个针对某人的、与一个绝对权相应的状态得以实现(卡尔·拉伦茨,326页)。

1. 人格权请求权的法律地位

人格权请求权基于人格权而生,其价值在于更好地保护人格权,因而属于非独立的请求权。这种请求权越来越得到法学理论界和实务界的认可。在理论上,保护人格权益的预防需求是人格权请求权产生的基本前提。人格利益是难以事后救济的。与财产利益的侵害不同,人格利益一旦遭受侵害就覆水难收,事实上无法再通过金钱对损害予以填补。生命、身体、名誉、隐私等人格利益被侵害后的治愈是极端困难甚至不可能的。正因为如此,针对盖然性较高的侵害事先采取措施防患于未然就显得极为必要。在实践中,一些国家的立法已经明确认可了人格权请求权。比如《瑞士民法典》第28条a规定:"(1)原告可以向法官申请:① 禁止即将面临的侵害行为,② 除去已发生的侵害行为,③ 如果侵害仍然存在的话,确认其不法性。(2)原告尤其可以请求消除影响或将判决通知第三人或公开。(3)赔偿金和慰抚金之诉以及依照无因管理规定返还利得之诉,不受此限。"

人格权请求权与侵权请求权虽然有一定的相似性,但本质上是不同的。首先,作为权利来源的源权利不尽相同。人格权请求权的存在,是基于人格权的独立性和支配性,保护人格权免受不当侵害或者妨碍。人格权的支配性是人格权请求权的必要前提。并非所有的人格权都具有支配性,像生命权、身体权等具有支配性,也有一些人格权能否完全依照权利人的意志行使则取决于综合衡量,在后面这类人格权上通常难以形成人格权请求权,一般是通过侵权请求权来保护。其次,权利行使要件不尽相同。人格权请求权不以加害人的过错为必要,而侵权请求权在大多数情形下将加害人过错作为行使要件。是否要求加害人具有过错,是区分两种请求权的一个重要标准(杨立新、袁雪石,67页)。最后,人格权请求权不受诉讼时效限制,而侵权请求权受到诉讼时效的限制。

2. 人格权请求权的类型

人格权请求权包含停止妨害请求权和排除妨害请求权。停止妨害请求权,又称停止侵害请求权,是指妨害行为正在发生,损害不必然已经形成,权利人有权要求加害人停止妨害行为。排除妨害请求权,是在妨害行为有发生之虞的情形下,权利人有权要求加害人排除妨害行为的发生。杨立新教授认为,停止妨害请求权和排除妨害请求权都是预防损害发生的重要手段,损害后果一经发生,便不是人格权请求权所能解决的,因此,损害赔偿不应当是人格权请求权的表现形式(杨立新,68页)。这一认识似乎过于绝对。从逻辑上讲,既然法律规则已经通过人格权请求权认定应当防止损害的发生,那么损害的发生就是悖于法律要求的,受害人要求妨害人赔偿损害并无不妥。如此,损害赔偿既可以是侵权责任的承担方式,也可以是人格权请求权的行使方式。损害赔偿只是法律效力的表现形式,产生这种法律效力的基础是侵权责任的成立还是人格权请求权的行使,则是另一回事。

恢复名誉、消除影响、赔礼道歉是否可以纳入人格权请求权的范围?杨立新教授认为不可以,因为三者的前提都是损害已经形成,本质上属于恢复原状的责任方式。然而,在案件中认可了人格权请求权,就意味着否定了妨害人格权形成损害的合理性,妨害人的责任已经形成,这也意味着,权利人要求侵害人恢复原状具有合理性。否则,既通过人格权请求权承认妨害人格权的不当性,又使人格权请求权对其欲防止的损害之恢复原状无能为力,不能一以贯之,会影响人格权请求权的效力,也会背离认可人格权请求权的初衷。因此,我们不妨认可恢复名誉、消除影响、赔礼道歉作为人格权请求权的范围,前提是,民事主体对名誉或其他支配性人格权享有人格权请求权。

3. 人格权请求权的行使

人格权请求权的行使虽然不要求妨害人有过错,但是其他的要件还是要求的。比如,对于停止妨害请求权而言,要求存在持续的或者重复发生的妨害行为,妨害行为是违法的,受害人已经受到了妨害的影响,妨害人没有抗辩事由。在李某与罗某人格权纠纷案中,罗某存在重复发生的违法侵害行为,李某有权依法行使人格权请求权,申请法院的禁令。妨害行为的违法性如何判断?这要根据案件的情况具体判断。在一些案件中,人格权本身具有较为明显的支配性,对该人格权的妨害比较容易认定为违法;在另一些案件中,人格权没有明显的支配性,违法性的认定需要综合衡量妨害人与受害人之间的利益关系。

对于排除妨害请求权而言,要求权利人的人格权有妨害之虞,妨害行为是违法的,而妨害人没有抗辩事由。由于排除妨害请求权得到法院支持的后果是被告的行为受到拘束,因此法律应该在授予原告排除妨害请求权的同时作出一定的限制。"个体对幸福的追求要求法律承认他关于人格要素的自决权。当然,个体主张关于人格要素的自决权并不意味着其可任意行为,这必然因社会的发展而被限制在一定的范围内"(朱晓峰,133页)。首先,原告向法院提起人格权请求权之诉必须提供一定的证据,必须有初步的证据证明有正当理由认为自己的人格权可能受到不法妨害。其次,如果排除妨害措施会给被告造成一定的损害,那么原告应该提供一定的担保。再次,排除妨害请求得到法院的支持以后,原告必须在一定期间内主动通过和解、调解、仲裁或者起诉等方式解决纠纷。如果原告没有在该期间内主动解决纠纷,排除妨害措施因时间期满而自动失效。最后,如果原告过错行使人格权请求权,应该赔偿因其过错所造成的损害,无过错或者轻微过错的可以不赔或者少赔(杨立新、袁雪石,68页)。

行使人格权请求权是否以法院裁判为必要?如果妨害行为的违法性容易判断,而且受害人自行采取措施行使权利能够实现预期效果,则不必经过法院裁判。比如,如果妨害的是重要的人格权且损害后果具有不可逆性,不及时采取必要措施不足以防止损害发生,而且采取的措施是适度的,可以不必经过法院裁判即采取相应措施。当然,如果妨害人不予配合,受害人依然需要经法院裁判行使人格权请求权。如果违法性不容易判断,受害人采取了一定的措施,若措施采取不当,很可能引发侵权责任,甚至被对方告到法院。相较而言,通过法院裁判行使人格权请求权较为妥当。

参考文献

1. [德]卡尔·拉伦茨:《德国民法通论》(上册),王晓晔等译,法律出版社2003年版。
2. 杨立新:《人格权法》,法律出版社2015年版。
3. 杨立新、袁雪石:《论人格权请求权》,载《法学研究》2003年第6期。
4. 朱晓峰:《人格立法之时代性与人格权的权利内质》,载《河北法学》2012年第3期。

作者:中国民航大学法学院副教授 刘海安

26. 烈士人格利益保护
——邱某与孙某和某企业人格权纠纷案①

【事实概要】

2013年5月22日,被告孙某在新浪微博通过用户名为"作业本"的账号发文称:"由于邱少云趴在火堆里一动不动最终食客们拒绝为半面熟买单,他们纷纷表示还是赖宁的烤肉较好"。作为新浪微博知名博主,孙某当时已有6 032 905个"粉丝"。该文发布后不久就被转发662次,点赞78次,评论884次。2013年5月23日凌晨,该篇微博博文被删除。2015年4月,

---

① 北京市大兴区人民法院(2015)大民初字第10012号民事判决书。

某凉茶公司在其举办的"凉茶2014年再次销量夺金"的"多谢"活动中,通过微博发布了近300条"多谢"海报,感谢对象包括新闻媒体、合作伙伴、消费者及部分知名人士。被告孙某作为新浪微博知名博主也是该公司感谢对象之一。该公司于2015年4月16日以该公司新浪微博账号发博文称:"多谢@作业本,恭喜你与烧烤齐名。作为凉茶,我们力挺你成为烧烤摊CEO,开店十万罐,说到做到^_^#多谢行动#",并配了一张与文字内容一致的图片。被告孙某用"作业本"账号于2015年4月16日转发并公开回应:"多谢你这十万罐,我一定会开烧烤店,只是没定哪天,反正在此留言者,进店就是免费喝!!!"。该互动微博在短时间内被大量转发并受到广大网友的批评,在网络上引起了较大反响。2015年4月17日,凉茶公司通过媒体对此事件予以回应:2015年是公司成立20周年,公司始终深爱着这片土地,将慈善上升为企业发展战略的高度,努力做好企业公民的本分,于是,我们发起了"多谢行动",多谢公司成长历程中的里程碑城市、合作伙伴和所有消费者。昨天,我们发布了近300条微博,用最诚恳的姿态感谢众多消费者(作业本只是其中之一,此前,我们对作业本发生在2013年的微博事件毫不知情)。在不断致谢消费者的过程中,我们发现背后的竞争对手恶意拿作业本2013年的微博截图(在发布之后旋即删除)与多谢行动海报刻意嫁接到一起,刻意混淆视听,误导不明真相的网友。我们对这种以烈士为幌子、达到不可告人的目的的行为,表示极大的愤慨。由于已造成网友不安与困惑,我们已经删除了对于作业本的多谢海报,同时,向广大网友致歉。我们希望通过自身的努力,最大程度去消除事件带来的负面和消极影响。我们将积极配合媒体,作出正面引导。同时,也希望通过媒体的公允报道,还原事实真相,还公司清白,还烈士安宁。原告邱某作为邱少云的弟弟,将被告孙某和凉茶公司告到法庭,要求二被告对侵犯死者人格利益并给原告精神损害的行为承担责任。

【判决要旨】

法院认为,死者的近亲属有权就侵害死者名誉、荣誉等行为提起民事诉讼,死者的近亲属是正当当事人。原告邱某系邱少云的弟弟,作为邱少云的近亲属有权就侵害邱少云烈士名誉、荣誉的行为提起民事诉讼。"被告孙某发表的言论'由于邱少云趴在火堆里一动不动最终食客们拒绝为半面熟买单',将'邱少云烈士在烈火中英勇献身'比作'半边熟的烤肉',是对邱少云烈士的人格贬损和侮辱,属于故意的侵权行为,且该言论通过公众网络平台快速传播,已经造成了严重的社会影响,伤害了社会公众的民族和历史感情,同时损害了公共利益,也给邱少云烈士的亲属带来了精神伤害。因此,原告邱某要求被告孙某对其侵权行为进行消除影响、赔礼道歉的诉讼请求,本院予以支持。"就凉茶公司而言,从其发布的言论及其后果等客观方面来看,凉茶公司在"多谢活动"中,恭喜作业本(被告孙某)与"烧烤"齐名,表示若孙某开烧烤店就送10万罐凉茶,并与孙某进行网上互动。该言论及互动在网络平台上迅速传播,遭到了广大网友的谴责,产生了较大负面影响。此次活动从空间范围和答谢对象的数量上来看,社会影响较大,凉茶公司应当对所感谢的对象尽到审慎的注意义务。但凉茶公司未尽到合理审慎的注意义务,存在主观上的过错。因此,凉茶公司应当对其言论产生的负面影响和侵权事实,承担相应的法律责任。

【解　　析】

一、评析要点

死者人格利益保护的依据，尤其是英烈人格利益受损时近亲属私人利益保护与公共利益保护对法律依据不同选择的影响。

二、学理评析

死者已经不具有权利能力，还具有人格利益吗？从法律逻辑上讲，死者不是法律上的主体，没有人格，更谈不上有人格利益。然而，死者在世时存在的名誉、荣誉、隐私等人格利益，在死者逝世后并未消亡，依然是一种客观存在。对它们的侵犯影响着死者近亲属的精神利益，甚至影响着社会公共利益。因此，法律对这些利益依然有保护的必要。传统的保护路径是通过死者近亲属的救济路径。《民法总则》实行后，增加了一个公益保护的路径。

1. 死者人格利益保护的近亲属救济路径

在构成要件上，死者人格利益的近亲属保护规则与民事主体人格利益的保护规则并无本质不同，依据的核心实体条款是相同的。《侵权责任法》第6条规定："行为人因过错侵害他人民事权益，应当承担侵权责任。"据此，一般侵权责任的构成要件有：过错、不当行为、损害和因果关系。每一个要件都要满足，死者人格利益才会受到保护。本案涉及死者名誉侵权，我们便将主要关注点集中于名誉侵权的案件中。这类案件中不当行为的认定标准较难把握。在很多被起诉名誉侵权的案件中，被告通过书面或者口头的形式描述死者的事迹、影响死者的形象，这种描述与宣扬的行为是否属于不当行为至为关键。如果认定被告行为并无不当，自然谈不上侵权责任。如在一起案件中，法院认定被告的描述无法被认定为将死者描述为特务，因而不属于不当行为[①]。

确定描述与宣扬行为是否不当，一方面要保障新闻事实或者历史事实的报道研究，允许适当的艺术创作，另一方面要照顾包括死者在内的受害人的名誉形象等人格利益，其中的尺度需要慎重把握。北京市第二中级人民法院在一起案件中指出："学术讨论内容应当客观，不应当有推测和夸大之嫌，遣词造句应当审慎，不应当掺杂过多个人感情色彩。"在该案中，法院认为，被告文章中对李延禄个人的评价的用词，如"最不能打仗的将军都活下来了""歪曲历史的制造者，东北抗联第四军军长李延禄就是典型的一位""神仙仗""民族大救星"等，联系上下文，有明显的情感倾向，该倾向所带有的对李延禄个人的否定、贬损，会引导读者对李延禄作为东北抗日联军著名将领的声望、名誉产生质疑和否定[②]。可见，该案法院就研究性文章的案件中不当行为的认定而总结的核心要素是，描述行为是否体现了感情倾向和引导目的。这一点值得赞同。

在艺术创作的案件中，描述行为免不了改变事实和部分夸大，也会体现一定的感情倾向和引导目的，不能据此直接认定不当行为，关键还要进一步看感情倾向和引导目的在结果上是否

---

① 江苏省南通市中级人民法院（2017）苏06民终3666号民事判决书。
② 北京市第二中级人民法院（2017）京02民终12768号民事判决书。

引发了死者名誉和形象的负面变化。北京市高级人民法院在一个判决中认为,艺术的创作遵循"源于生活而高于生活"的规律,故对于历史人物的艺术塑造应容许在一定的程度上和范围内进行虚构与夸张。历史人物的后代对此应持有一定的容忍态度,不应以自己对已被艺术化了的历史人物的内心感受作为衡量真实历史人物的名誉是否受到了侵害的标准。法院指出,影片《霍元甲》中的某些细节描写虽与历史不尽相符,但基调情节仍为褒扬霍元甲的爱国精神及表现中华武术的深刻内涵,对霍元甲的刻画基本符合其历史经历,对其历史定位亦未歪曲。影片《霍元甲》虽有夸张与虚构之处,但片中并未对这一特定历史人物有侮辱、诽谤之描写,其夸张与虚构内容仍在可容忍的范围之内,故该片并未对霍元甲的名誉构成侵犯①。

新闻报道讲究客观和有来源依据。描述内容如果不属于凭空捏造,过于夸张,描述行为很难被认定为不当行为。在另一个案件中,《三峡都市报》根据刑事附带民事判决书中提到的内容做了新闻报道,文章称熊某"吸毒,向'粉友'(屈江波)借了300元钱没有还",但是判决书对此既未肯定也未否定,因而缺乏确实充分的证据。法院认为这么做是欠妥的,但并非凭空捏造事实,虽然表述不当,但尚未达到严重失实的程度,且报道中将熊某作了化名处理,故没有损害熊某的名誉②。

总之,判断描述行为是否属于不当行为,要看描述的目的是什么。目的是新闻报道,描述行为应客观并有依据,且不应严重失实;目的是学术研究,描述行为应客观,且不应体现负面的感情倾向和引导性;目的是艺术创作,描述行为可以脱离事实,但不应对死者人格利益造成负面影响。

另外,哪些亲属有权利就死者人格利益的侵犯提起诉讼需要专门规定。为此,《精神损害赔偿司法解释》第7条规定:"自然人因侵权行为致死,或者自然人死亡后其人格或者遗体遭受侵害,死者的配偶、父母和子女向人民法院起诉请求赔偿精神损害的,列其配偶、父母和子女为原告;没有配偶、父母和子女的,可以由其他近亲属提起诉讼,列其他近亲属为原告。"

2. 英烈人格利益保护的公益保护路径

《民法总则》第185条为英烈人格利益的保护提供了新的依据。该条规定:"侵害英雄烈士等的姓名、肖像、名誉、荣誉,损害社会公共利益的,应当承担民事责任。"学者对该条的合理性争议很大。如胡雪梅认为,该规定将英雄烈士与普通人的姓名、肖像、名誉、荣誉权益保护从立法上划了等级,直接违反了民法的平等原则。反而如果删除该条,无论是否损害社会公共利益,侵犯英雄烈士以及其他民众生前或死后的姓名、肖像、名誉、隐私之权益,在无法定免责事由的情形下,均应当承担民事责任(胡雪梅,104页)。相反观点支持第185条的存在合理性,认为该条"并不是专门的死者人格利益保护条款,其规范目的也不仅仅是为了保护英雄烈士等的人格利益,而在于保护社会公共利益"(王叶刚,32页)。而且,"国家有义务维护英雄烈士的人格利益,在其受到侵害并损害公共利益时,国家也有责任追究侵权人的侵权责任。可见,《民法总则》第185条中的'损害社会公共利益'只是为国家有关机关通过特定方式追究侵权人的侵权责任提供法律依据,并非将其作为责任的构成要件"(房绍坤文)。虽然否认"损害社会公共利益"的构成要件地位是不妥当的,但该条为国家有关机关提起公益诉讼提供了法律依据是无疑

---

① 北京市高级人民法院(2007)高民终字第309号民事判决书。
② 重庆市第二中级人民法院(2013)渝二中法民终字第01728号民事判决书。

的。梁慧星教授指出,由近亲属充当原告的"私诉",须有致其近亲属"遭受精神痛苦"要件,且无"损害社会公共利益"要件。本条规定的侵害英雄烈士人格的侵权案件,不属于"私诉"而属于"公诉",在当下应由各级人民检察院行使诉权,他甚至认为,将来开放纳税人公益诉讼之后,凡不属于英雄烈士近亲属的普通公民均有权以纳税人身份依据本条提起公益诉讼(梁慧星,65页)。根据2016年3月1日起施行的《人民法院审理人民检察院提起公益诉讼案件试点工作实施办法》等规定,目前在我国有权提起公益诉讼的机构为检察院,设区的市级以上人民政府民政部门,专门从事环境保护公益活动社会组织,中国消费者协会以及在省、自治区、直辖市设立的消费者协会。

本案如果发生在2017年《民法总则》施行之后,便符合该法第185条的要件。近亲属也可以依照该条的规定追究侵权人的责任。该条并未限定提起诉讼的主体,检察院或其他公益组织依法可以是适格原告,牺牲的英烈的近亲属也可以是适格原告。也就是说,同一个案件符合两种救济路径。这两种保护路径的区别在于,英雄烈士条款的构成要件中包含"损害社会公共利益",此时请求权人可以是英雄烈士的近亲属,也可以是提起公益诉讼的检察院等部门(刘颖,105页)。对于英烈的近亲属而言,这里有一个选择权。

适用《民法总则》第185条,对其中一些要件内容有必要厘清。首先是关于英雄烈士的理解。有两方面的疑问:英雄与烈士是并列的还是修饰烈士的?英雄烈士必须是逝世的还是可以是在世的?学者指出,本条中的"英雄"应当属于名词,而且其不限于已经去世的英雄人物。将该条中的"英雄"解释为修饰"烈士"的形容词并不妥当(王叶刚,34页)。这一认识是正确的。烈士虽然是英雄,但烈士的评定是根据专门的规定、经过专门的程序并由专门的机构确定的。这必然意味着有部分英雄不属于烈士,但是他们代表社会公共利益,代表着我们推崇的价值观,为了保护该些公共利益,有必要将英雄与烈士同等对待。另外,就使用本条是否以英雄逝世为必要,房绍坤老师认为,基于《民法总则》第185条将英雄和烈士并列规定,可以认为这里的英雄并非指在世的英雄,而应当限定为牺牲的英雄;因为未牺牲的英雄,其当然享有人格权,与普通自然人的人格权保护没有特别之处,无须法律作出特殊规定(房绍坤文)。然而,本条保护的核心是公共利益,英雄烈士自愿选择不保护其人格利益,但有关机关可能认为有必要保护公共利益,从而依据这条提起诉讼。因此,以英雄不限于逝世为宜。

3. 路径的选择

关于如何协调人民检察院提起公益诉讼和近亲属提起私益诉讼的关系,需要注意以下几点:首先,法律允许英雄烈士的近亲属提起诉讼保护个人权益,与允许人民检察院提起诉讼维护公共利益并不矛盾,两者可以起到互相补充的作用。其次,如果英雄烈士的近亲属已经提起诉讼,直接发挥了保护个人利益的作用,同时间接制止了第三人侵害行为对社会造成的不良影响,则人民检察院无须再提起诉讼,以节约诉讼成本(刘颖,110页)。最后,人民检察院不应率先提起诉讼,仅应在公众人物(英雄烈士)没有后人或者其后人怠于行使权利时,为维护公共利益和公共秩序方可提起诉讼(齐晓丹,99—100页)。

参考文献

1. 胡雪梅:《关于〈民法总则〉的修改意见——以助益我国未来〈民法典〉之完善为视角》,载《法治研究》2017年第4期。

2. 王叶刚:《论侵害英雄烈士等人格权益的民事责任——以〈民法总则〉第185条为中心》,载《中国人民大学学报》2017年第4期。

3. 房绍坤:《英雄烈士人格利益不容侵害》,载《检察日报》2017年4月25日第003版。

4. 梁慧星:《〈民法总则〉重要条文的理解与适用》,载《四川大学学报(哲学社会科学版)》2007年第4期。

5. 刘颖:《〈民法总则〉中英雄烈士条款的解释论研究》,载《法律科学》2018年第2期。

6. 齐晓丹:《权利的边界——公众人物人格权的限制与保护》,法律出版社2015年版。

作者:中国民航大学法学院副教授 刘海安

第三章 物 权 法

27. 物权客体的特定性
——中国农业发展银行安徽省分行与张大标、安徽长江融资担保集团有限公司保证金质权确认之诉纠纷案[①]

【事实概要】

2009年4月7日,中国农业发展银行安徽省分行(以下简称安徽分行)与第三人安徽长江融资担保集团有限公司签订一份《贷款担保业务合作协议》(以下简称本案协议)。该协议第三条"担保方式及担保责任"约定:甲方(即第三人)为借款企业借款向乙方(安徽分行)提供的保证为连带责任保证。第四条"担保保证金"约定:"甲方在乙方开立担保保证金专户,担保保证金专户银行为安徽分行,账号为2033××××××××9511(以下简称本案账户);甲方需将约定的保证金在保证合同签订前存入本案账户,甲方需缴存的保证金不低于贷款额度的10%;未经乙方同意,甲方不得动用本案账户内的资金。第六条"担保责任的承担"约定:"借款人逾期未能足额还款的,甲方在接到乙方书面通知后五日内按照第三条约定向乙方承担担保责任,并将相应款项划入乙方指定账户。"第八条"违约责任"约定:甲方违反本协议第六条约定,没有按时履行保证责任的,乙方有权从甲方在其开立的担保基金专户中扣划相应的款项;甲方担保专户的余额无论因何原因而小于约定的额度时,甲方应在接到乙方通知后三个工作日内补足,补足前乙方可以中止本协议项下业务。"

本案协议签订后,第三人依约在安徽分行开立本案账户,缴存规定比例的保证金,据此为相应额度的贷款提供了连带保证。此后,自2009年7月至2012年12月,本案账户发生一百余笔业务,有的为贷方业务,有的为借方业务。

2011年12月19日,安徽省合肥市中级人民法院在审理"张大标与安徽省六本食品有限责任公司、第三人等民间借贷纠纷案"的过程中,根据张大标的申请,对本案账户内的资金1 495.785 2万元进行保全。该案判决生效后,合肥市中级人民法院将本案账户内的资金1 338.313 257万元划至该院账户。为此,安徽分行作为案外人提出执行异议,但该院于2012年11月2日裁定驳回异议,并告知安徽分行有权自裁定书送达之日起15日内向法院提起诉讼。2012年11月,原告安徽分行以本案账户内的资金系长江担保公司向其提供的质押担保为由,提起诉讼,请求判令:原告对本案账户内的资金享有质权,法院对该账户内资金停止强制执行。被告张大标则辩称:本案协议并无质押的意思表示;本案账户资金是浮动的,不符合物权客体

[①] 安徽省合肥市中级人民法院(2012)合民一初字第00505号民事判决书;安徽省高级人民法院(2013)皖民二终字第00261号民事判决书。

特定化的要求,故请求驳回原告的诉讼请求。

【判 决 要 旨】

1. 一审判决

原告的诉讼请求不能成立,驳回其诉讼请求。根据《担保法》第63条、第64条及《担保法解释》第85条的规定,质押合同成立并生效须符合两个条件,一是签订书面的质押合同,二是完成质押物的交付。金钱作为特殊的动产质押须具备以下要件:一是双方当事人要签订质押合同,将金钱作为质押的意思表示;二是对质押物的金钱进行特定化,并移交债权人占有。(1)本案合作协议并非质押合同,且约定的保证方式为连带责任保证,整个合同中没有质押条款,由此表明双方并无将金钱作为质押的意思表示。(2)本案协议虽然约定由第三人向约定账户存入一定数额的保证金,但没有约定原告就保证金在债务人不清偿到期债务时享有优先受偿权的相关内容。(3)本案账户是第三人开立,在形式上不符合法定的"移交债权人占有"。(4)本案账户多次存有进出账的情形,账户内的资金的数额不断浮动,不符合法律规定的特定化的要件。

2. 二审判决

根据本案协议第4条、第8条的约定,安徽分行与长江担保公司之间协商一致,达成对长江担保公司为担保业务所缴存的保证金设立担保保证金专户,长江担保公司按照贷款额度的一定比例缴存保证金;安徽分行作为开户行对长江担保公司存入该账户的保证金取得控制权,长江担保公司不能自由使用该账户内的资金;长江担保公司未履行保证责任,安徽分行有权从该账户中扣划相应的款项优先受偿。该合意具备质押合同的一般要件,符合《担保法解释》第85条关于金钱质押的规定。

依照《物权法》第212条规定,交付质物为设立动产质权的生效要件。金钱质押作为特殊的动产质押,不同于不动产抵押和权利质押,依照《担保法解释》第85条规定,金钱质押生效的条件包括金钱以特户形式特定化和移交债权人占有两个方面。(1)长江担保公司依约开立本案保证金专用账户后,按照每次担保贷款额度的一定比例向该账户缴存保证金,该账户亦未作日常结算使用,故符合《担保法解释》第85条规定的金钱以特户形式特定化的要求。(2)占有是指对物进行控制和管理的事实状态,因本案账户开立在安徽分行,安徽分行作为质权人,取得对该账户的控制权,实际控制和管理该账户,符合出质金钱移交债权人占有的要求。故本案质权依法设立。(3)保证金以专户形式特定化并不等于固定化。本案账户在使用过程中,账户内的资金根据业务发生情况虽处于浮动状态,但均与保证金业务相对应,除缴存的保证金外,支出的款项均用于保证金的退还和扣划,未用于非保证金业务的日常结算,即安徽分行可以控制该账户,长江担保公司对账户内的资金使用受到限制,故该账户资金的浮动仍符合金钱作为质权的特定化和移交占有的要求。

综上,一审判决认定事实清楚,但适用法律不当。撤销一审判决,安徽分行对本案账户内的资金享有质权。

【解　　析】

一、评析要点

账户是会计学上的用语,是记载资金流动的载体。账户本身并无交换价值,真正具有实际价值并产生法律意义的是账户中的资金。因此,所谓账户质押实际上就是对进入账户的资金进行质押(王利明,8页)。我国《物权法》未规定账户质押制度,最高人民法院则肯定了这一担保方式。《担保法解释》第85条规定:"债务人或者第三人将其金钱以特户、封金、保证金等形式特定化后,移交债权人占有作为债权的担保,债务人不履行债务时,债权人可以以该金钱优先受偿。"

账户质押分为固定账户质押和浮动账户质押。固定账户质押是指出质人以其账户出质后,由作为质权人的开户行监管该账户,账户内的资金被"冻结",出质人不能自由使用账户内的款项,当债务人到期不履行债务时,开户行就账户内的资金优先受偿的担保方式。浮动账户质押则是指出质人以其账户出质后,在发生约定事由以前,质权人允许出质人在一定额度内使用账户内的款项,当债务人到期不履行债务时,质权人就账户中的资金优先受偿的担保方式。

一般认为,《担保法解释》第85条规定适用于固定账户质押(曹士兵,311页),至于浮动账户质押是否属于《担保法解释》第85条规定的金钱质押,意见分歧。如本案一审判决认为,浮动账户质押不符合《担保法解释》第85条规定的"特定化"要求,也不符合该条规定的"移交债权人占有"要件;二审判决则认为,浮动账户质押属于《担保法解释》第85条规定的金钱质押。可见,如何理解适用《担保法解释》第85条规定的"特定化"和"移交债权人占有"这两个要件是解决本案账户质押效力问题之关键所在。

二、学理评析

1. 账户资金的特定性

《物权法》第2条第3款规定:"本法所称物权,是指权利人依法对特定的物享有直接支配和排他的权利……"物权是权利人支配特定物的权利,其客体如不能特定,权利人则无从支配。因此,物权的客体必须是特定物,这是物权法上的一个基本原则,即物权客体特定原则。担保权属于物权范畴,系以支配担保物之交换价值为内容的限制物权,故担保物权只能及于特定物之上,否则担保权人无从确定和支配标的物的交换价值。动产质权属于占有担保,其成立以出质人交付质物给债权人占有为要件。因此,质物必须是特定的动产。《担保法解释》第85条规定,账户质押为特殊的动产质押即金钱质押,金钱以特户形式被特定化后,可以作为质押的标的物。因此,账户资金是否符合特定化要求,是金钱质权成立的要件之一。那么,如何理解《担保法解释》第85条规定的"特定化"要件?有观点认为,"符合特定化要求的账户,必须有特户的性质,该账户一般不再供债务人自由使用,资金在账户出质后应当'冻结',不能浮动"(曹士兵,312页)。也就是说,浮动账户质押不符合《担保法解释》第85条规定的特定化的要求(董翠香,310页)。本书认为,质押账户资金的浮动性并不能作为否定其特定性的理由(其木提,162页)。根据《物权法》第181条规定的浮动抵押权制度,浮动抵押权设定后,抵押财产具有不特定性,其形态变动不居,价值飘浮不定。抵押人在其正常经营活动中处分抵押财产的,抵押财产即逸出抵押权的效力范围;抵押人新增加的同类财产则自动归入抵押权的效力范围。可见,抵押物的浮动性并不影响其特定性(高圣平,244页)。同理,账户质押担保之客体具有浮动性,并不影响其特定性。

退一步而言,即使不直接套用动产浮动抵押制度,浮动账户质押客体亦可满足特定性的要求。详言之,在存款法律关系中,存款人将其货币存入银行账户时,开户行会按具体业务笔数分别反映存款的收支情况。理论上,存款人每笔存款系因金融机构的记账行为而成立。事实上,每笔存入款项并非因银行记账行为而分别成立数笔存款债权,开户行记账行为会使每笔存款瞬间丧失其特定性,使存入款项与既存余额合计成为一个存款债权。也就是说,开户行所为记账行为会使既存存款债权消灭,同时成立一个新的存款余额债权。同理,在浮动账户质押中,质物表现为账户中的资金,账户资金虽然会因质押人的存取款而增减,但开户行所为记账行为,会使浮动后的资金瞬间丧失其原有的特定性,同时就其余额范围内,转化为固定账户质押。事实上,《担保法》第89条也规定:"质押合同中对质押的财产约定不明的,或者约定的出质财产与实际移交的财产不一致的,以实际交付占有的财产为准。"同理,在账户质押这一特殊的动产质押中,质权人允许出质人使用账户内的资金的,出质资金应以质权人实际占有的账户资金余额为准。换言之,账户质押在该余额范围内具有固定账户质押之性质。

2. 账户质权的公示性

《物权法》第2条第3款规定,物权是对特定的物享有直接支配和排他的权利(王利明、尹飞、程啸,3页)。物权的支配性决定了物权具有对世性。物权的对世性涉及第三人的利益,由此决定物权必须公示。物权公示方法包括登记和交付。担保物权是对物的交换价值的支配权。质权系担保物权,包括动产质权与权利质权。《物权法》第212条规定:"质权自出质人交付质物时设立。"即动产质权的成立以出质人交付质物给债权人占有为要件。因此,质物的占有不仅是动产质权的成立要件,亦为动产质权的公示方法。《担保法解释》第85条规定,账户质押属于金钱质押,故其成立须满足质物"特定化"要件以外,还须具备将质物"移交债权人占有"这一动产质权的成立要件和公示要件。

那么,如何理解《担保法解释》第85条规定的"移交债权人占有"这一成立要件?有观点认为,"出质账户一般不再供债务人自由使用,资金在账户出质后应当'冻结',不能浮动,作为债权人的银行取得对账户的控制权,并因其实际占有和控制质押账户……"(曹士兵,312页)。因此浮动账户质押不符合《担保法解释》第85条规定的"特定化"要求(董翠香,309页)。也就是说,在浮动账户质押中,由于账户中的资金处于浮动状态,所设质权无支配性可言,也就无法满足《担保法解释》第85条规定的"移交债权人占有"这一成立要件。

本书认为,质押账户资金的浮动性也不能作为否定浮动账户质权支配性的理由(其木提,170页)。如前文所述,浮动账户质权的支配性,与动产浮动抵押权的效力并无二致。依据《物权法》第189条规定,浮动抵押权在抵押财产"确定"之前,抵押权人没有支配具体抵押财产的权利。换言之,浮动抵押权只是笼罩和悬浮在浮动的集合抵押财产之上或者说与其一起浮动,直到浮动抵押权"确定"之前,对抵押财产之集合体及构成集合体之个体并无支配力(高圣平,251页)。当出现抵押财产"确定"事由时,抵押物形态及价值特定,抵押人丧失对抵押财产的自由处分权,抵押权人获得对抵押财产的控制权。同理,账户质押担保虽具有浮动性,当出现实现质权的约定事由时,质权人获得对质物的控制权,从而具备《担保法解释》第85条规定的"移交债权人占有"这一质权成立要件。

而且,如前文所述,《担保法》第89条规定,约定的出质财产与实际移交的财产不一致的,以实际交付占有的财产为准。在账户质押中,质权人依其独立意志将质物返还给出质人,不论其返还的原因如何,质权对该财产并无追及效力。但在浮动账户质押中,出质人对其出质账户资金的处分权并非完全不受限制。当事人在设定账户质权时,对出质人处分质物多设有限制。作为质权人的金融机构往往会与出质人约定,由质权人监管出质账户的现金流,未经质权人同意,出质人不得擅自处分账户内的资金,从而约束出质人对账户资金的处分权,显示质权人对质押财产的控制和支配力。在本案中,当事人也约定,"甲方未经乙方同意,不得动用本案账户内的资金"。正如本案判决所述,出质人对账户内的资金使用受到限制,质权人可以控制该账户,故该账户资金的浮动仍符合金钱作为质权的特定化和移交债权人占有的要求。

综上,本案判决作为公报案例①,其裁判规范对于明确账户质押之适用范围,增加法律的可预见性,丰富和发展法学理论具有积极的作用。

参考文献

1. 王利明:《收费权质押的若干问题探讨》,载《法学杂志》2007年第2期。
2. 曹士兵:《中国担保诸问题的解决与展望》,中国法制出版社2001年版。
3. 董翠香:《账户质押理论与实务问题探析》,载刘宝玉主编:《担保法疑难问题研究与立法完善》,法律出版社2006年版。
4. 其木提:《论浮动账户质押的法律效力——"中国农业发展银行安徽省分行诉张大标、安徽长江融资担保集团有限公司保证金质权确认之诉纠纷案"评释》,载《交大法学》2015年第4期。
5. 高圣平:《物权法与担保法:对比分析与适用》,人民法院出版社2010年版。
6. 王利明、尹飞、程啸:《中国物权法教程》,人民法院出版社2007年版。

作者:上海交通大学凯原法学院副教授　其木提

28. 物权法定原则
——朱俊芳与山西嘉和泰房地产开发有限公司商品房买卖合同纠纷案②

【事实概要】

2007年1月25日,朱俊芳与山西嘉和泰房地产开发有限公司(以下简称嘉和泰公司)签订

---

① 《最高人民法院公报》2015年第1期。
② 山西省太原市小店区人民法院(2007)民初字第1083号民事判决书;山西省太原市中级人民法院(2007)民终字第1179号民事判决书;山西省高级人民法院(2010)民再终字第103号民事判决书;最高人民法院(2011)民提字第344号民事判决书。

了14份《商品房买卖合同》,约定朱俊芳以每平方米4 600元的价格向嘉和泰公司购买14套商铺。同日办理了相关销售备案登记手续,嘉和泰公司向朱俊芳出具了销售发票。翌日,双方签订一份《借款协议》,约定嘉和泰公司向朱俊芳借款1 100万元,借款期限自借款到账之日起3个月即2007年1月26日至2007年4月26日止;嘉和泰公司自愿将其商铺(与前述买卖合同为同一标的)以每平方米4 600元的价格抵押给朱俊芳,抵押方式为和朱俊芳签订商品房买卖合同,并办理备案手续;借款到期,嘉和泰公司一次性还清借款,朱俊芳将合同、收据等抵押手续退回嘉和泰公司;如到期不能偿还,嘉和泰公司将以抵押物抵顶借款,双方互不支付对方任何款项等。合同签订后,朱俊芳向嘉和泰公司发放借款,嘉和泰公司出具了收据。至2007年4月26日,嘉和泰公司未能偿还借款。

朱俊芳提起诉讼,请求法院确认其与嘉和泰公司签订的《商品房买卖合同》有效,同时以《借款协议》是对买卖合同履行设定的解除条件,解除条件不成就时,应继续履行《商品房买卖合同》为由,请求判令嘉和泰公司履行商品房买卖合同。嘉和泰公司辩称,双方系借贷关系而非商品房买卖合同关系,《商品房买卖合同》实际上是为借款提供担保;《借款协议》中"到期不能还款用抵押物抵顶借款,双方之间互不再支付对方任何款项"的约定,违反法律的强制性规定,应属无效。

【判 决 要 旨】

1. 一审判决

双方签订的《商品房买卖合同》合法有效。《借款协议》实际上是为《商品房买卖合同》附加了解除条件。现嘉和泰公司到期未能还款,《商品房买卖合同》所附解除条件未成就,应当继续履行。

2. 二审判决

双方签订的《商品房买卖合同》合法有效,双方在合同履行过程中签订的借款合同仅是买卖合同的补充,故驳回上诉,维持原判。

3. 再审判决

双方是民间借贷合同关系而非商品房买卖合同关系,商品房买卖合同实际是借款合同的抵押担保内容。借款协议中"到期不能还款用抵押物抵顶借款,双方之间互不支付对方任何款项"的约定,违反法律的强制性规定,应属无效。撤销一审和二审判决,驳回朱俊芳的诉讼请求。

4. 最高人民法院再审判决

本案争议的焦点是:当事人之间基于同一款项同时成立了商品房买卖合同和民间借贷合同,约定借款人未按期偿还借款,对方通过履行商品房买卖合同取得房屋所有权,该约定是否有效?

(1) 双方当事人基于同一笔款项先后签订的《商品房买卖合同》和《借款协议》并不违反法律、行政法规的强制性规定,均为依法成立并生效的合同。案涉《商品房买卖合同》与《借款协议》属并立而又联系的两个合同。其联系表现在以下两个方面:一是案涉《商品房买卖合同》与《借款协议》涉及的款项为同一笔款项;二是《借款协议》约定以签订商品房买卖合同的方式为《借款协议》所借款项提供担保。同时《借款协议》为案涉《商品房买卖合同》的履行附设了解除条件。

（2）《借款协议》约定，借款到期，借款人不能按期偿还借款，对方当事人要求并通过履行《商品房买卖合同》取得房屋所有权，不违反《担保法》第 40 条、《物权法》第 186 条有关"禁止流押"的规定。撤销再审判决，维持二审判决。

【解　　析】

一、评析要点

在实践中，当事人针对同一笔款项先后签订房屋买卖和借款两份协议，并在借款协议中约定，将房屋抵押，但却未办理抵押登记，而办理了房屋预售备案登记；到期不能偿还借款的，以房屋抵顶借款债务，或者约定协助办理过户登记。对于此种交易模式中"以房抵债"协议的效力如何，我国现行法并无规定，实务界存有分歧。对此，本案最高人民法院判决（以下简称"本案判决"）创造性地提出"并立而又联系的两个合同"的法律概念，为司法实务审理类似"以房抵债"协议纠纷提供一个可供参考的审判思路①。在解释"并立而又联系"的关系时，本案判决的一个重要的理由在于《商品房买卖合同》实际上是为《借款协议》"提供担保"。但如何理解此处所谓的"担保"？是否意味着本案判决已突破我国《物权法》第 5 条规定的物权法定原则，承认理论上争议的"后让与担保"？遗憾的是，本案判决并未对此表态。本文就此展开论述。

二、学理评析

1. 物权法定

物权法定原则又称物权法定主义，是指物权的种类和内容由法律统一规定，当事人不得任意创设物权。《物权法》第 5 条规定："物权的种类和内容，由法律规定。"就担保物权而言，依《物权法》和《担保法》的规定，担保物权有三类，即抵押权、质权和留置权。因此，当事人在设定担保物权时，不得超出这三种法定担保物权的种类及其内容，否则不具有物权效力。从本案《借款协议》的内容上看，当事人虽然使用了"抵押"的表述方式，但其真正想要达成的效果，在于实现"到期不能还款用抵押物抵顶借款，双方之间互不再支付对方任何款项"的约定内容。这显然与抵押权的设定目的不吻合(陆青，66 页)。那么，此类约定是否属于理论上争议的让与担保或"后让与担保"？欲了解何为"后让与担保"须先知晓何为"让与担保"。

2. 让与担保

让与担保是由大陆法系学说和判例发展起来的非典型担保制度，即债务人或第三人为担保债权人的债权，将担保标的物的权利移转给担保权人，在债务人清偿债务后，标的物所有权再返还给债务人或第三人，当债务人不履行债务时，担保权人可就标的物优先受偿的非典型担保(谢在全，1106 页)。在我国《物权法》立法过程中，对于是否应规定让与担保制度，争议较大，但最终通过的《物权法》并未明确规定让与担保。对此，有不少学者和法官试图通过缓和物权法定原则来承认让与担保的物权属性，即主张让与担保具有习惯法上赋予的物权地位(王闯，15 页)。不过，无论是否承认让与担保，本案《借款协议》的相关约定显然无法构成让与担保关系。因为，依传统让与担保的构成要件，让与担保需进行所有权移转的登记，而在本案中双方并未

---

① 参见《最高人民法院公报》2014 年第 12 期。

完成案涉房屋产权变动登记,只是约定被担保债权未能到期履行时,担保权人享有要求债务人移转所有权的请求权。由于案涉房屋所有权并未移转而导致让与担保并未成立,让与担保所欲实现的优先受偿的担保效力也就无从谈起。可见,本案判决所谓"担保"显然不属于理论上争议的让与担保。

3. 后让与担保

所谓"后让与担保"是学者参照让与担保的发生背景和发展过程而提出的概念,意指"债务人或者第三人为担保债权人的债权,与债权人签订不动产买卖合同,约定将不动产买卖合同的标的物作为担保标的物,但权利转让并不实际履行,于债务人不能清偿债务时,将担保标的物的所有权转让给债权人,债权人据此享有以担保标的物优先受偿的非典型担保物权。"同时认为,"后让与担保"在权利移转时间、权利状态、担保效果等方面都不同于让与担保,是一种正在形成的习惯法上的非典型担保物权(杨立新,74 页)。若按照这一思路,那么本案《借款协议》约定的"如到期不能偿还,嘉和泰公司将以抵押物抵顶借款",就似乎与"后让与担保"的法律构造颇为接近。也就是说,本案判决所谓"担保",即意味着突破物权法定原则,承认了"后让与担保"这一非典型担保的物权效力。

但本书认为,"后让与担保"并不具有担保物权的效力。首先,与让与担保不同,在"后让与担保"中,标的物所有权并未发生移转,当事人之间仅仅存在买卖合同之债的关系,因此债权人仅享有要求债务人移转担保标的物所有权的请求权,就买卖合同标的物并不享有任何物权。其次,在"后让与担保"中并不存在形成物权关系的公示方法。正如主张后让与担保者所言,"后让与担保是一个秘密的抵押权"(杨立新,77 页)。由于不存在形成物权关系的公示方式,债法上的义务基于当事人内部约定而发生,第三人难以知悉。倘使债务人陷入强制执行程序与破产程序时,房屋买卖合同作为担保仅具有债权效力,不能对抗第三人,所谓的后让与担保也就难以发挥其优先受偿的功能,恐有名不副实之嫌(崔建远,109 页)。综上,本案判决所谓"担保"既不属于担保法上的典型担保,也不属于理论上争议的让与担保或"后让与担保"。本案判决以"担保"来描述两份合同之间的关系,在规范层面并无实际意义(陆青,69 页)。

参考文献

1. 陆青:《以房抵债协议的法理分析——〈最高人民法院公报〉载"朱俊芳案"评释》,载《法学研究》2015 年第 3 期。

2. 谢在全:《民法物权论》(修订五版)(下册),中国政法大学出版社 2011 年版。

3. 王闯:《关于让与担保的司法态度及实务问题之解决》,载《人民司法》2014 年第 16 期。

4. 杨立新:《后让与担保:一个正在形成的习惯法担保物权》,载《中国法学》2013 年第 3 期。

5. 崔建远:《"担保"辨——基于担保泛化弊端严重的思考》,载《政治与法律》2015 年第 12 期。

作者:上海交通大学凯原法学院副教授 其木提

29. 物权的行使
——刘某妤与刘某勇、周某容共有房屋分割案①

【事实概要】

被告刘某勇(61岁)与周某容(60岁)系夫妻关系,原告刘某妤系二被告的独生女(36岁)。2012年11月,被告夫妻购买重庆万盛经开区某小区建筑面积72.79平方米的房屋一套,价款为27.3万余元,其中21万余元系被告夫妻出资,但合同约定:原告占90%的份额,被告夫妻各占5%的份额。2014年5月办理了房屋产权证,登记权利人为被告夫妻与原告,但未明确各自份额。

此后,双方因房屋装修发生争议,原告书面通知被告停止装修该房屋未果。为此,原告于2014年5月5日,以被告未经原告同意,擅自装修房屋,损害其合法权利为由提起诉讼,请求依法分割该房屋,判决被告10%的产权部分分割归原告所有,由原告补偿被告2.8万元;被告赔偿其擅自装修给原告造成的损失5 000元。被告辩称,由于原告担心被告在死前将房屋送与他人,遂要求享有90%的产权份额,被告才同意此种产权分配比例。因此,该房屋实际应属被告夫妻所有,不同意原告的诉讼请求。另,原告在苏州另有住房一套,二被告仅有讼争房屋可供居住。

【判决要旨】

1. 一审判决

诉争房屋系成套住宅,是一个整体,具有不可分性。双方作为按份共有人有权转让自己享有的份额,但不能未经其他按份共有人同意而强行购买他人享有的份额,被告不同意将自己享有的份额转让,符合法律规定,原告应当尊重被告的意见。现被告无其他房屋居住,诉争房屋是其唯一居住场所,被告为安度晚年生活,有权居住。被告与原告系父母子女关系,从赡养关系上原告应支持被告居住诉争房屋,且被告装修房屋并未造成原告损失。因此,原告的诉讼请求从法律上、道义上均不能成立,依照《民法通则》第78条和《物权法》第93条、第94条、第99条之规定驳回原告的诉讼请求。

2. 二审判决

诉争房屋产权证载明该房屋的权利人为被上诉人刘某勇、周某容及上诉人刘某妤,但未载明权利人是共同共有还是按份共有,故诉争房屋应为各权利人共同共有。虽然当事人双方在房屋买卖合同中约定了各自的权利份额,但该约定只能视为权利人的内部约定,不具有公示效力。《物权法》第99条规定,"……共同共有人在共有础丧失或者有重大理由需要分割时可以请求分割"。本案中,上诉人未举证证明其请求分割涉案房屋符合法律规定,故其上诉理由不

---

① 重庆市綦江区人民法院(2014)綦法民初字第04573号民事判决书;重庆市第五中级人民法院(2014)渝五中法民终字第06040号民事判决书;重庆市第五中级人民法院(2015)渝五中法民再终字第00043号民事判决书。

成立,驳回上诉,维持原判。

3. 再审判决

现有新证据证明,本案讼争房屋系被申请人刘某勇、周某容及再审申请人刘某好按份共有。单从《物权法》第 97 条规定来看,申请人占 90%的份额,有权决定本案讼争房屋的处分,但当事人双方系父母子女关系,双方以居住为目的购房,且大部分房款由被申请人出资,其将大部分财产份额登记在申请人名下,具有赠与性质,系父母疼爱子女的具体表现。"百善孝为先"一直是中国社会各阶层所尊崇的基本伦理道德。孝敬父母乃"天之经、地之义、人之行、德之本",是中国传统伦理道德的基石,是千百年来中国社会维系家庭关系的重要道德准则,是中华民族优秀的传统美德。亲子之爱是人世间最真诚、最深厚、最持久的爱,为人子女,不仅应在物质上赡养父母,满足父母日常生活的物质需要,也应在精神上慰藉父母,善待父母,努力让父母安宁、愉快地生活。目前双方之间存在较深的误解与隔阂,双方生活习惯差距较大,被申请人多年在本土生活,不愿去苏州与申请人共同居住生活,对其居住地和居住方式的选择应予尊重,他人不应强求。申请人虽然承诺财产份额转让后,可由被申请人居住使用诉争房屋至去世时止,但双方目前缺乏基本的信任,被申请人担心申请人取得完全产权后变卖房屋而导致其无房居住,具有一定的合理性。被申请人承诺有生之年不转让其所享有的份额,去世之后其份额归申请人所有,被申请人持有的财产份额价值较小,单独转让的可能性不大,申请人担心父母将其财产份额转让他人,无事实根据,且申请人承诺该房由其父母继续居住,目前要求其父母转让财产份额并无实际意义,徒增其父母的担忧,不符合精神上慰藉父母的伦理道德要求,并导致父母与子女之间的亲情关系继续恶化。《物权法》第 7 条明确规定:"物权的取得和行使,应当遵守法律,尊重社会公德,不得损害公共利益和他人合法权益。"因此,申请人要求其父母转让财产份额的诉求与善良风俗、传统美德的要求不符,法院不予支持。二审判决认定为共同共有不当,导致适用法律有瑕疵,应予纠正,但判决结果正确,应予维持。

【解　析】

一、评析要点

本案的争议焦点是,父母出资大部分购房款,并给予子女 90%份额的情形下,子女是否享有《物权法》第 99 条规定的共有物的随时分割请求权? 若享有该请求权,那么其行使该权利是否违背《物权法》第 7 条行使物权不得违背善良风俗之规定? 对此,本案再审判决依据《物权法》第 7 条规定驳回了原告的再审申请。

本案作为《最高人民法院公报》弘扬社会主义核心价值观典型案例之一[①],对于今后类似案件的审判具有重要的示范意义。遗憾的是,本案两审法院虽然在判决结论上一致,但其裁判理由却各执一词,尤其是再审判决,未能充分把握本案在法律适用上的核心问题,且其裁判理由过于强调道德说教,并无充分的说服力(杨旭,146 页)。因此,本书拟以我国现有法律规范与学说为基础,分析本案所涉问题,以期充分发挥公报案例所应有的示范作用。

---

① 参见《最高人民法院公报》2016 年第 7 期。

二、学理评析

1. 共有的类型

所有权可以由一人单独享有,也可以由数人共同分享。《物权法》第9条规定,共有包括按份共有和共同共有。在本案中,当事人之间的共有关系究竟是按份共有还是共同共有?对此,一审判决与再审判决的看法一致,均将本案当事人之间的共有关系认定为按份共有;但二审判决却以房屋产权证"未载明权利人是共同共有还是按份共有"为由将本案共有关系认定为共同共有,同时将当事人之间对份额的约定理解为"权利人的内部约定,不具有公示效力"。

但本案事实表明,当事人系按份共有关系,原告占90%的份额,被告占10%的份额,故二审法院的看法难以成立。因为,不动产登记簿有关份额的记载并非认定共有类型的有效标准。至于当事人有关份额的约定"只能视为权利人的内部约定,不具有公示效力"的说法更是离题太远。即使涉及第三人利益,也只能在处理外部关系时承认不动产登记簿的公信力,并不涉及共有人的内部关系。因此,正如本案再审判决所述,二审判决认定为共同共有不当,导致法律适用上存在严重错误。

2. 共有物分割请求权

在本案中,原告请求的核心就是分割共有房屋并取得全部所有权,其所追求的法律效果既非一审判决所述共有份额的让与,也不是再审法院认为的共有物的处分行为。

首先,共有物分割不同于共有份额的让与。共有物分割是指将共有物从共有状态通过分割的方式转化为各共有人单独所有。共有份额的让与是指共有人依法将自己在共有财产中的份额转让给他人,其法律效果是原共有人的退出,也可能是新共有人的加入,共有关系并不因此而当然消灭。在本案中,如原告上诉理由所述,其取得房屋的全部所有权是基于共有物分割,并非直接向两被告"购买"份额;相应地,其所要支付的金钱也只是对两被告因分割共有房屋而失去份额的补偿,而不是"购买"份额的价金。可见,一审法院严重曲解了原告的真实意图,将原告的请求理解为"强行购买他人享有的份额"明显不当。

其次,虽然共有物分割也是广义的处分行为(王利明,276页),但其与通常意义的共有物处分还是存在重大的区别。处分共有物并不必然意味着共有物归属的改变,也不必然导致共有人间共有关系的消灭。例如,在共有物上设定抵押权等限制物权,共有物仍由共有人按原来的份额共同所有,共有人间也将继续保持按份共有关系。在本案中,原告请求分割共有物,其法律效果是直接消灭共有人间的按份共有关系。因此再审法院以《物权法》第97条作为审理本案的依据,属于法律适用错误(杨旭,148页)。

由上可知,审理本案的法律依据应当是《物权法》第99条关于共有物分割的规定。《物权法》第99条规定,"共有人约定不得分割共有的不动产或者动产,以维持共有关系的,应当按照规定……没有约定或者约定不明确的,按份共有人可以随时请求分割。"在具体的分割方式上,《物权法》第100条第1款规定:"共有的不动产或者动产可以分割并且不会因分割减损价值的,应当对实物予以分割;难以分割或者因分割会减损价值的,应当对折价或者拍卖、变卖取得的价款予以分割。"在本案中,当事人之间并未就共有物的分割进行任何约定,同时本案共有房屋为"成套住宅",显然不能实物分割,而将房屋通过拍卖或变卖的方式让与第三人也会从根本上违背当事人的意愿。所以,依据《物权法》第99条、第100条规定,本案原告享有随时分割请求权。但如下文所述,按份共有人虽享有分割请求权,但该请求权的行使应受到一定的限制。

3. 共有物分割请求权的限制

在比较法上,各国民法均规定,分割共有物,应遵守当事人的约定,若无约定或者约定不明确,原则上采取自由分割主义。之所以采自由分割原则,目的在于促进物的使用效率及减少纠纷(王泽鉴,525页)。因为,按份共有是一种相对低效率的财产形式,采自由分割原则,可以促使共有转化为单独所有,从而提高物的利用效率。但纵观各国立法,分割自由原则并非绝对的自由,除了当事人约定不得分割之外,主要有如下两项限制。其一,共有物用于持续性目的或为他物的利用所不可或缺的(如界墙、共有的道路),不得请求分割;其二,共有人不得在不合时宜时请求分割(梁慧星,429页)。

我国《物权法》第99条仅规定"共有人约定不得分割"一项例外,显然难以完全适应按份共有的全部样态。尤其是在本案中,共有人之间未作出不得分割之约定,只能适用"按份共有人可以随时请求分割"规则。其结果,两被告便完全丧失其份额,其居住该房屋的物权保障将不复存在。更何况,两被告为购买共有房屋已变卖原有住房,该共有房屋是其唯一的居所,这种不稳定的居住状况将从根本上影响两被告的生活安宁,对二人造成财产与精神的双重不利。所以,两被告的利益应优先受到法律的保护。因而,法院说理的重点应是充分论证《物权法》第99条存在的法律漏洞,在此基础上,进一步限制该条的适用范围。

如上所述,按份共有关系的持续性亦为限制分割共有物的正当化理由。在本案中,原告之所以能够享有诉争房屋的大部分份额,是因为其担心两被告在去世前将该房屋赠与他人,而主动要求在购房当时便取得权利。两被告出于对独生女的疼爱与信任,在已经变卖原有住房的情况下依然应允,但同时又希望自己老有所居、安享晚年。就此而言,双方共同购房的目的是供两被告生活居住,共有关系显然应在两被告的有生之年持续存在。因此,法院应对《物权法》第99条规定进行目的论限缩,将本案排除在该条的适用范围之外,从而否定原告的分割请求权(杨旭,155页)。但遗憾的是,本案两审法院均未能把握这一法律适用上的核心问题。

当然,即使不对《物权法》第99条规定进行目的论限缩,并不意味着法律必然支持本案原告的诉讼请求。法秩序具有价值开放性,允许通过一般条款对法律漏洞进行填补。或许我们可以认为,《物权法》第7条与《民法通则》第7条规定的公序良俗原则并无二致,只是强调了该原则在物权法中的重要性(李岩,54页)。因此,如本案再审判决所述,"百善孝为先"是中国社会各阶层所尊崇的基本伦理道德。父母为购房支付了大部分房款,并从子女利益考虑,让女儿占有房屋产权90%的份额,但女儿却借其享有2/3以上的份额,要求分割诉争房屋的诉求,不仅损害其父母的切身利益,也与善良风俗、传统美德和伦理道德的要求不符,显然有悖《物权法》第7条之规定。

但公序良俗原则的适用范围是有限的,是针对非交易性质的民事行为确定的准则(于飞,153页)。诚实信用原则则是针对具有交易性质的民事行为确定的规则(杨立新,59页)。本案当事人间的按份共有关系无疑属于具有交易性质的民事行为,应依据《民法通则》第4条规定的诚实信用原则,否定原告的分割请求。由此观之,再审法院援引《物权法》第7条作为裁判依据的做法,值得商榷(杨旭,157页)。

参考文献

1. 杨旭:《论共有物分割请求权的限制——"刘柯妤诉刘茂勇、周忠容共有房屋分割案"评释》,载《政治与法律》2017年第4期。
2. 王利明、尹飞、程啸:《中国物权法教程》,人民法院出版社2007年。
3. 王泽鉴:《民法概要》,中国政法大学出版社2003年版。
4. 梁慧星:《中国物权法草案建议稿:条文、说明、理由与参考立法例》,社会科学文献出版社2000年版。
5. 李岩:《公序良俗原则的司法乱象与本相——兼论公序良俗原则适用的类型化》,载《法学》2015年第11期。
6. 于飞:《公序良俗原则与诚实信用原则的区分》,载《中国社会科学》2015年第11期。
7. 杨立新主编:《〈中华人民共和国民法总则〉要义与案例解读》,中国法制出版社2017年版。

作者:上海交通大学凯原法学院副教授　其木提

30. 网络虚拟财产的认定

——吴某与A网络公司网络侵权责任纠纷案[①]

【事实概要】

吴某是A网络公司《热血传奇》海纳百川(百区电信专区)的用户,游戏通行证账号为*,角色名"*"。2013年10月7日,吴某发现上述账户中的游戏装备被盗。于是便向公安局派出所报案,接到报案后网络安全保卫支队向A网络公司发函,要求A网络公司予以协助查询。2014年12月,吴某向法院提起诉讼,要求判令A网络公司继续履行网络服务合同,恢复"幸运5裁决之杖"一把、"幸运4白色虎齿项链"一根、"准确4夏普尔手镯"一只。一审法院判决驳回吴某全部的诉讼请求,吴某不服一审法院判决,遂向上海市第一中级人民法院提起上诉,要求撤销原判,改判A网络公司继续履行网络服务合同,恢复"幸运5裁决之杖"一把、"幸运4白色虎齿项链"一根、"准确4夏普尔手镯"一只。

【判决要旨】

1. 一审判决

一审法院判决驳回吴某的全部诉讼请求。

2. 二审判决

二审法院判决撤销原判决,改判被上诉人A网络公司为吴某恢复游戏装备"幸运5裁决之

[①] 上海市浦东新区人民法院(2014)浦民一(民)初字第44026号民事判决书;上海市第一中级人民法院(2015)沪一中民一(民)终字第932号民事判决书。

杖"一把、"幸运 4 白色虎齿项链"一根、"准确 4 夏普尔手镯"一只。

法院认为网络游戏用户通过合法途径购买游戏装备,其对该虚拟财产享有使用权,而在用户的游戏装备发生异常时,经营网络游戏业务的网络公司应当采取冻结装备、恢复装备等处置措施。且吴某与 A 网络公司之间存在事实上的网络服务合同关系,A 网络公司负有为用户妥善保管系争游戏装备及保障用户正常使用该游戏装备的义务。因此,A 网络公司应对吴某因异常原因遗失的游戏装备进行冻结,并在查明情况后予以恢复,而 A 网络公司对吴某的三项游戏装备始终没有进行恢复,其提出的"其余三项游戏装备因价值大,且流转次数多,不能予以恢复",显然缺乏事实及相关法律依据。因此,二审法院根据《民法通则》第 5 条、《合同法》第 6 条及《民事诉讼法》第 170 条第 1 款第 2 项的规定,判决撤销原判,改判支持上诉人诉讼请求,要求被上诉人 A 网络公司为吴某恢复游戏装备"幸运 5 裁决之杖"一把、"幸运 4 白色虎齿项链"一根、"准确 4 夏普尔手镯"一只。

【解　　析】

一、评析要点

本案的评析要点是:吴某对被盗的网络游戏装备所享有的权益是否受法律保护?如果属于权利,其性质如何?

对此,二审法院认为,吴某对网络游戏装备有使用权,A 网络公司负有妥善保管游戏装备并保障用户正常使用游戏装备的义务。理由如下:吴某与 A 网络公司之间有事实上的网络服务合同关系,吴某基于双方的合同对网络游戏装备拥有使用权,A 网络公司未尽到保障吴某正常使用游戏装备的义务,因此,根据《民法通则》第 5 条、《合同法》第 6 条的规定,被上诉人应当继续履行网络服务合同,恢复"幸运 5 裁决之杖"一把、"幸运 4 白色虎齿项链"一根、"准确 4 夏普尔手镯"一只。

二、学理评析

1. 网络虚拟财产权利性质的法律规范

关于网络虚拟财产权利的属性,《民法总则》第 127 条对网络虚拟财产的保护规定十分简略,仅仅通过引致性规范将对虚拟财产权的保护转移于"有规定的法律",而实际上其他相关法律同样对虚拟财产权保护缺乏规定,因此导致虚拟财产权利性质的认定在法律上处于悬而未决的状态(李岩,145 页)。有学者认为我国现有的法律规定并没有界定虚拟财产权属于何种权利,而且"虚拟财产"本身也不属于物(梁慧星,155 页)。在该案中,法院最终引用的法律规范也是《民法通则》中的一般规定以及《合同法》中关于诚实信用原则的规定,足见实践中关于虚拟财产权的保护也缺乏具体的法律规定可供遵循。

2. 网络虚拟财产权利性质的学说

学理上对虚拟财产权利的性质主要有四种观点:物权说、债权说、知识产权说和新型权利说。由于知识产权的客体是人类知识思维活动的智力成果或精神产品,而虚拟财产权的客体是客观存在的数字等数据信息,因此,主流学说都已不再坚持知识产权说(林旭霞,90 页)。新型权利说因未能论证虚拟财产权与既有权利体系间的区别和新颖性,而且从《民法总则》第 127

条的规定来看,对虚拟财产权的保护仍然根据既有的法律规定,因此该学说也缺乏说服力。因此,目前学理上关于虚拟财产权性质的争议主要集中在物权说与债权说的争论。

物权说与债权说都具有一定的合理性,并且坚持了传统的物债二分的权利体系,但是在实践中都存在一定的瑕疵。一方面,物权说不利于解释网络运营商基于服务系统维护对虚拟财产数据进行的必要修改、基于合理经营理由关闭虚拟财产所在服务器等行为。同时,虚拟财产本身是网络中的虚拟货币、宝物、装备以及电脑或其他设备之电磁记录(数据),是虚拟、假设的,不是客观存在,不符合作为物权客体的条件。另外,虚拟财产仅仅在承诺遵守网络游戏协议的参加者的关系圈子中间才被视为财产并允许交易,而无法超越这种关系存在,因此显然通过合同法或侵权法追究加害人的违约责任或侵权责任更加合理(梁慧星,155页)。另一方面,债权说对第三人窃取虚拟财产损害权益的行为不能像物权说那样提供全面的保护,而只能打破债权的相对性进而借助第三人侵害债权的侵权法机制(申晨,86页)。同时,虚拟财产权与一般的债权存在的区别在于其具有更显著的支配权特征,虽然借助于网络用户与服务经营商之间特定的协议实现,但是不限于对服务行为的请求权,还包括对各项网络数据信息的支配权,具体表现为网络用户对存储在网络空间或平台中的特定信息通过一定的方式占有,并通过账号、密码等方式进行排他性的控制,即使在下线后其储存的信息也能继续在网络服务器中保留(李国强,18页)。在本案判决中,法院指出被上诉人"其余三项游戏装备因价值大,且流转次数多,不能予以恢复"的抗辩缺乏法律依据,即是这种支配权的体现,网络用户的虚拟财产权具有物权的追及效力。

3. 网络游戏中虚拟财产性质的认定

关于网络游戏中存在的虚拟财产,相关的司法案例很多,有一些与本案中的案情十分接近,表现为网络游戏道具装备失窃等情节①。针对这一类案例,本案判决中,法官最终采取的是基于合同的债权保护进路,将游戏用户对装备享有的权利定性为网络服务合同项下的使用权,网络游戏公司作为合同的另一方主体负有相应的保障义务。但是在判决主文中进行具体论证时,认为被上诉人提到的"其余三项游戏装备因价值大,且流转次数多,不能予以恢复"缺乏法律依据,似乎从物权说的角度进行理解,反映虚拟财产权作为物权的支配权属性更为顺畅。因此,该判决究竟采用的是物权说还是债权说并不明确,虽然明确了玩家对网络游戏装备的权益应受法律保护的实践观点,但是在具体论证方式上有必要完善,不宜推广。

有学者认为,网络虚拟财产是不可能成为债权客体的。其最重要的依据是《民法总则》第118条第2款的规定,即:"债权是因合同、侵权行为、无因管理、不当得利以及法律的其他规定,权利人请求特定义务人为或者、不为一定行为的权利。"这一规定非常明确地说明,债权的客体是民事主体的"行为",而不是其他任何形式的客观存在。而网络虚拟财产是独立于人主观之外的客观存在,独立于人的意志之外,不是民事主体的行为,因而不可能成为债权的客体(杨立新,68页)。

4. 案例启示

网络虚拟财产是信息科技时代发展对既有法律体系冲击所形成的新事物,在网络信息领域中,虚拟财产对当事人同样具有重大的意义,其作为法律权利的客体被保护应当不存在争议,但是在具体的权利定性上,由于目前缺乏具体的法律规定,学术观点莫衷一是,物权说与债

---

① 北京市第二中级人民法院(2004)二中民终字第02877号民事判决书,北京市第二中级人民法院(2009)二中民终字第18570号民事判决书。

权说各有千秋,但从《民法总则》规定的立法精神,到网络虚拟财产获得法律保护的强度和效果,特别是当网络虚拟数据发生权属变动来看,物权说解释选择路径更为有力。

参考文献

1. 梁慧星:《民法总论》(第五版),法律出版社 2017 年版。
2. 李岩:《"虚拟财产权"的证立与体系安排——兼评〈民法总则〉第 127 条》,载《法学》2017 年第 9 期。
3. 林旭霞:《虚拟财产权性质论》,载《中国法学》2009 年第 1 期。
4. 申晨:《虚拟财产规则的路径重构》,载《法学家》2016 年第 1 期。
5. 李国强:《网络虚拟财产权利在民事权利体系中的定位》,载《政法论丛》2016 年第 5 期。
6. 杨立新:《民法总则规定网络虚拟财产的含义及重要价值》,载《东方法学》2017 年第 3 期。

作者:上海交通大学凯原法学院博士生　史晓宇

31. 不动产物权变动的公示方法
——唐某与李某某、唐某乙法定继承纠纷案[①]

【事实概要】

唐某甲与李某某系夫妻关系,二人生育一子唐某乙。唐某甲与前妻曾生育一女唐某,离婚后由其前妻抚养。唐某甲父母均早已去世。2010 年 10 月 2 日,唐某甲与李某某签订《分居协议书》(以下简称本案协议),双方约定:"财富中心和慧谷根园的房子归李某某拥有。李某某可以任何方式处置这些房产,唐某甲不得阻挠和反对,并有义务协办相关事务。"唐某甲于 2011 年 9 月 16 日在外地出差期间突发疾病死亡,未留下遗嘱。唐某甲去世时,财富中心房屋仍登记在唐某甲名下,尚欠银行贷款 87 万余元。

唐某将李某某及唐某乙诉至法院,认为不动产物权的权属变更未经登记不发生法律效力,故财富中心房屋属于唐某甲个人财产,唐某依法享有继承权。被告李某某、唐某乙则认为,本案协议属于婚内财产分割协议,应以该约定确定本案房屋的归属,无须以公示作为物权变动要件,故财富中心房屋属于李某某个人财产,唐某无权继承。

【判决要旨】

1. 一审判决

唐某甲与李某某虽然在本案协议中约定了系争房屋归李某某所有,但直至唐某甲去世,该

[①] 北京市朝阳区人民法院(2013)朝民初字第 30975 号民事判决书;北京市第三中级人民法院(2014)三中民终字第 09467 号民事判决书。

房屋仍登记在唐某甲名下,房屋所有权并未发生转移。根据物权登记主义原则,该房屋依然属于唐某甲与李某某的共有财产,故应由李某某、唐某乙和唐某三个继承人继承。

2. 二审判决

本案的争议焦点是系争房屋的归属问题。(1)本案协议属于婚内财产分割协议,而非离婚财产分割协议。(2)在夫妻财产领域,存在大量夫妻婚后由一方签订买房合同,并将房屋产权登记在该方名下的情形,但实际上只要夫妻之间没有另行约定,双方对婚后所得的财产即享有共同所有权,这是基于婚姻法规定的法定财产制而非当事人之间的法律行为。因为,结婚作为客观事实,已经具备了公示特征,无须另外再为公示。故就法理而言,亦应纳入《物权法》第28条至第30条关于非依法律行为即可发生物权变动效力的范畴。因此,在婚内财产分割协议不涉及婚姻家庭以外第三人利益的情况下,应当优先适用《婚姻法》的相关规定,按照双方达成的婚内财产分割协议履行,不宜以产权登记作为确认不动产权属的唯一依据。因此本案系争房屋归李某某所有,并由李某某偿还剩余贷款。(3)婚内财产分割协议涉及第三人利益时,如夫妻财产涉及向家庭以外的第三人处分物权,则应适用《物权法》的相关规定。本案诉争房屋并未进入市场交易流转,其所有权归属的确定亦不涉及交易秩序与流转安全,故本案唐某作为唐某甲的子女并非《物权法》意义上的第三人。因此,应当将本案系争房屋认定为李某某的个人财产,而非唐某甲之遗产予以法定继承。

【解　　析】

一、评析要点

正如本案判决所言,本案协议并非离婚财产分割协议,而是在不解除婚姻关系的情况下分割共同财产。因此,本案协议属于婚内财产分割协议(程啸,52页)。本案中,虽然唐某甲与李某某约定系争房屋归李某某单独所有,但并未办理房屋所有权转移登记。那么,李某某是否享有系争房屋的单独所有权?诚如二审判决所言,解决该争议焦点的关键在于厘清以下三个问题:(1)就本案协议的对内效力而言,是否无须公示即可在夫妻之间发生物权变动的效力?(2)若答案是肯定的,那么该物权变动是否具有对抗第三人的效力?(3)若不具有对抗第三人的效力,那么就有必要进一步探讨本案原告是否为第三人的问题。

二、学理评析

1. 对内效力

根据《物权法》第9条、第14条的规定,不动产物权以登记作为公示手段,其物权变动以办理登记手续为生效要件。但我国《婚姻法》没有建立夫妻财产制登记制度,因此夫妻关于财产制的约定无法登记。

那么,婚内财产分割协议所涉及的不动产物权变动是否需要公示?我国学术界和实务界意见分歧,主要有如下两种观点:一种观点认为,约定财产制下夫妻间的物权变动亦应适用物权变动的一般规则。如本案一审法院认为,"由于当事人没有办理房屋所有权转移登记,故房屋的所有权并未发生转移。"另一种观点则认为,约定财产制下夫妻间的物权变动无须公示。但该说对于婚内财产分割协议所引发的物权变动原因及其公示问题,意见又有分歧。例如,有学者认为,婚内财产分割协议引起的物权变动原因系非基于法律行为的物权变动,即结婚作为客观事实,其已经具备了公示特征,故应优先适用婚姻法(裴桦,93页)。但也有学者认为,婚内财产分割协议属于典型的双方法律行为。本案二审判决一方面认为本案协议"充分体现了夫妻真实意愿,系意思自治的结果",同时又将由此产生的物权变动原因纳入非基于法律行为的物权变动,显然自相矛盾。婚内财产分割协议之所以能够引起物权变动,是因为相对于《物权法》而言,《婚姻法》对夫妻财产的规定是特别规定,具有优先适用的地位"(程啸,54页)。

本书认为,婚内财产分割协议虽含有法律行为要素,但决定物权变动的本质性原因并非法律行为,而是婚姻关系的成立和存续。正如本案判决所述,基于法律行为之物权变动,其本质是与交易密切相关的。夫妻财产关系则以夫妻身份为前提,依附于人身关系而产生,不体现直接的经济目的,反映的是婚姻共同生活和家庭职能的要求。夫妻财产关系的非交易性,决定无须严格按照交易规则履行公示程序。而且,登记的公示意义在夫妻间的财产权属变动方面并不彰显(王忠、朱伟,6页)。

2. 对外效力

本案判决在认定婚内财产分割协议属于非基于法律行为的物权变动的基础上,区分了其对内效力与对外效力。在不涉及第三人利益的情形下,应按照双方达成的婚内财产分割协议履行,优先保护事实物权人;在涉及第三人利益时,则应适用《物权法》的相关规定。

对此,有学者认为,本案协议属于基于法律行为的物权变动。基于法律行为的物权变动以登记生效要件主义为原则(《物权法》第6、9、23条),以登记对抗要件主义为例外(《物权法》第129、155、158条)。但由于我国《婚姻法》没有建立夫妻财产制登记簿,因此《婚姻法》第19条明确将夫妻约定财产制的效力限制在内部,原则上不对外发生效力,除非第三人知道夫妻财产制契约。所以,婚内财产协议引发的物权变动应适用登记对抗主义,只要双方达成意思合致,即可以发生物权变动,但非经登记不得对抗第三人(姚辉,14页)。

本书认为,即使将夫妻约定财产制归入非基于法律行为的物权变动,其效力也不能对抗善意第三人(裴桦,93页)。"在夫妻之间,财产契约一生效即应当发生不动产物权的变动效果,而不需要进行权属变更登记。在对外关系方面,不动产物权变动应当服从《物权法》的规制。对夫妻之外的第三人而言,要重点考察其对夫妻财产约定是否知晓。如果不是明知,则夫妻之间的财产契约对第三人不具有对抗效力。"(王忠、朱伟,8页)。

3. 对抗效力

那么,本案唐某是否属于上述第三人? 本案二审法院认为,"唐某作为唐某甲的子女并非《物权法》意义上的第三人"。本书也认为,本案唐某并非是第三人,但原因不在于唐某是唐某甲的子女。无论是《婚姻法》第19条第3款规定夫妻财产制契约不得对抗的第三人,还是婚内财产分割协议不能对抗的第三人,都是指夫妻之外的与夫妻双方或一方从事交易行为的人(王泽鉴,255页)。因为,区分夫妻财产制契约和婚内财产分割协议的对内与对外效力的主要目的是维护交易安全。若夫妻关系之外的第三人,并未与夫妻双方或一方从事买卖、抵押、质押、信托等具有财产性的法律行为,夫妻财产制契约或婚内财产分割协议均可以对抗之。本案中,唐某并没有与唐某甲、李某某从事以系争房屋为标的物的交易行为,而只是主张其对系争房屋的继承权。继承是非基于法律行为的物权变动,不存在为了维护交易安全,而将继承人唐某作为第三人的必要性。

综上，本案作为公报案例①，虽有说理不足之嫌，但其借由案件具体情势优先适用《婚姻法》调整家庭财产关系之规定，具有创设性，可资赞同。

参考文献

1. 程啸：《婚内财产分割协议、夫妻财产制契约的效力与不动产物权变动——"唐某诉李某某、唐某乙法定继承纠纷案"评释》，载《暨南学报（哲学社会科学版）》2015年第3期。
2. 裴桦：《也谈约定财产制下夫妻间的物权变动》，载《海南大学学报（人文社会科学版）》2016年第5期。
3. 王忠、朱伟：《夫妻约定财产制下的不动产物权变动》，载《人民司法》2015年第4期。
4. 姚辉：《夫妻财产契约中的物权变动论》，载《人民司法》2015年第4期。
5. 王泽鉴：《民法学说与判例研究》（第一册）（修订版），中国政法大学出版社2005年版。

作者：上海交通大学凯原法学院副教授　其木提

32. 动产物权变动的公示方法：占有改定
——青岛源宏祥纺织有限公司与港润（聊城）印染有限公司取回权确认纠纷案②

【事实概要】

原告青岛源宏祥纺织公司与第三人青岛程泉布业公司为被告港润（聊城）印染公司供应布匹，截止到2009年11月4日，被告欠原告货款1 195 139.17元，欠第三人货款1 075 952.31元。2009年11月20日，三方达成如下协议：（1）第三人将被告所欠货款全部转让给原告，被告和第三人均同意由被告直接将欠款支付给原告。（2）原告同意被告以其所有的7台机械设备折抵所欠货款，此7台机械设备所有权自本协议生效之日起转移为原告所有。（3）被告应在2010年3月31日前将所折抵的设备交付原告，若逾期交付，应按照所欠货款金额的每日千分之一向原告支付滞纳金。协议签订后，至三方协议中约定的2010年3月31日，被告未向原告交付7台设备。

2010年3月17日，山东省聊城市中级人民法院受理了恒润热力公司对被告的破产申请。2010年5月6日，原告向被告管理人申报了债权。2010年7月27日，山东省聊城市中级人民法院做出民事裁定，宣告被告破产。2010年8月12日，原告向山东省聊城市中级人民法院提起诉讼，请求确认被告7台设备的所有权归原告所有，判令被告交付给原告7台设备。被告辩称，被告虽然与原告约定本案所涉设备的所有权转移给原告，但由于没有实际交付，设备所有权并未发生转移，既然设备所有权没有发生转移，该设备仍然属于破产财产，所以原告的诉讼请求不应得到法院的支持。

---

① 参见《最高人民法院公报》2014年第12期。
② 参见《最高人民法院公报》2012年第4期。

【判决要旨】

1. 一审判决

原告与被告、第三人签订的三方协议合法有效,但协议有效并不表示本案所涉7台设备的物权发生转移。《物权法》第23条规定:"动产物权的设立和转让,自交付时发生效力,但法律另有规定的除外。"本案中,虽然当事人约定7台设备的所有权自本协议生效之日起转移为原告所有,但并未向原告交付,且不属于《物权法》规定的占有改定、指示交付、简易交付三种例外情形,所以7台设备的物权因未交付并未发生转移。原告并不是本案所涉7台设备的所有权人,而是被告的债权人。被告被宣告破产,本案所涉7台设备属于其破产财产。驳回原告的诉讼请求。

2. 二审判决

《物权法》第23条规定:"动产物权的设立和转让,自交付时发生效力,但法律另有规定的除外。"《物权法》第27条规定:"动产物权转让时,双方又约定由出让人继续占有该动产的,物权自该约定生效时发生效力。"根据上述规定,动产物权的转让,以交付为公示要件,无论交付的方式是现实交付还是以占有改定方式交付。占有改定构成要件有二:其一,当事人之间达成动产物权变动协议;其二,就该动产达成出让人继续占有该动产的协议。本案中,虽然当事人约定7台设备的所有权自本协议生效之日起转移为原告所有,但并未向原告交付。而且,并未就被上诉人港润印染公司继续占有使用该7台设备另外达成协议,因此上诉人港润印染公司与被上诉人源宏祥纺织公司之间的协议不能构成《物权法》第27条规定的占有改定。驳回上诉,维持原判。

【解 析】

一、评析要点

本案争议的焦点是双方当事人协议中的约定是否成立占有改定的问题,同时涉及观念交付的内涵及公示公信力等有关问题。本案判决作为公报案例①,对于理解和适用占有改定制度具有重要的参考意义。

二、学理评析

1. 动产交付的种类

根据《物权法》第23条的规定,除了法律有特别规定以外,动产物权变动的公示方法是交付。交付是指权利人将自己占有的物移转给受让人占有的行为(王利明、尹飞、程啸,126页)。

交付分为现实交付和观念交付。现实交付是指动产物权的让与人将其对于动产的直接管领力现实地移转于买受人,即动产占有的现实移转。关于动产的事实支配(管领)力是否移转,一般依交易观念而定。例如将自行车卖给某人而交付钥匙,即可认为已为现实交付。由于现实交付是物理意义上对物现实、直接地控制,可以为第三人所感知,所以现实交付具有较强的公示公信作用。所谓观念交付,是指占有观念的转移,即在特殊情况下,法律允许当事人通过

---

① 参见《最高人民法院公报》2012年第4期。

特别的约定,采用一种变通的交付方法,来代替现实交付。由于观念交付在外观上并不发生物的实际控制的转移,起不到相应的公示作用,因而缺乏足够的公信力(欧阳明程,9页)。但观念交付可以减少因实际交付所付出的交易费用,使交易更为便捷,因此各国民法均规定有观念交付。我国《物权法》第23条所谓"法律另有规定"即包括《物权法》第25条规定的简易交付、第26条规定的指示交付、第27条规定的占有改定这三种观念交付方式。

2. 占有改定的界定

占有改定又称为继续占有,是指动产物权的让与人使受让人取得对标的物的间接占有,以代替该动产现实移转的交付。例如,甲出售某台电脑于乙,如果甲还需要使用该台电脑,可以与乙订立使用或租赁合同,由乙取得间接占有,以代替现实交付,此种交付就属于占有改定。

作为观念交付,由于占有改定并未实质上移转占有,受让人对动产的间接占有是通过动产物权的转让人与受让人的合意达成的,在外观上,标的物仍然控制在转让人手中,第三人对该转让事实无从知晓。所以,占有改定的公示作用和公信力相对较弱。故此,在《物权法》起草过程中对于占有改定能否作为公示方法曾存在争议。但占有改定的出现与现实经济生活的需要密切相关。转让人在有些情况下转让某项动产时,基于生产、工作或者生活需要,仍需要继续占有该动产,如果转让人将动产交付给受让人后再由受让人交回,则需要完成两次物的移转行为,无形中会增加经济成本。为了简化交付程序、降低交易费用、鼓励交易、充分尊重当事人的意志,《物权法》借鉴国外立法规定了占有改定制度。《物权法》第27条规定:"动产物权转让时,双方又约定由出让人继续占有该动产的,物权自该约定生效时发生效力。"

3. 占有改定的要件

如前文所述,占有改定的公示作用和公信力相对较最弱,因此在把握占有改定的构成要件时,必须坚持严格的标准。一般认为,占有改定须符合下列三项要件:

其一,让与人与受让人达成移转动产物权的合意。双方在通过协议设置占有改定之前,双方必须要有设定和移转物权的合意,这样才能够通过占有改定而导致物权的变动。没有合法有效的移转协议,就不可能发生占有的改定。如果双方没有达成移转所有权的约定,但达成了租赁合同或借用合同,并依据这些合同的规定,由原所有权人继续占有该财产,可以认为双方形成了债的关系,但不能认为双方已经通过占有改定发生物权变动。

其二,让与人已经对物进行了直接占有或者间接占有,否则不能发生占有改定的适用。当让与人间接占有标的物时,让与人可以使受让人取得间接占有,从而形成多层次的占有关系。举例来说,甲将其寄放在乙处的某物出售给丙,同时又与丙签订借用合同以代替交付,则乙为直接占有人,甲、丙都为间接占有人(高圣平,41页)。

其三,让与人与受让人之间必须约定由转让人继续占有标的物。以占有改定方式代替现实交付而使受让人取得物权时,让与人与受让人之间须订立足以使受让人取得间接占有的有效合同(马骏驹、余延满,309页),但当事人仅约定由转让人继续占有标的物,未就受让人间接占有标的物达成明确协议的,并不构成占有改定(麻锦亮,56页)。让与人与受让人约定占有改定,可以采取多种方式,例如可以单独设立占有改定的合同条款,也可以通过单独订立买卖、租赁等合同使转让人继续占有标的物(王利明、尹飞、程啸,132页)。

4. 本案约定不构成占有改定

本案中,原告与被告达成协议,被告以其所有的7台设备折抵所欠原告货款,同时约定设备所有权自协议生效之日起转移为原告,被告应在2010年3月31日前将所折抵的设备交付原告,但未现实交付。那么,本案约定是否构成占有改定?如上所述,以占有改定代替现实交付,使受让人取得物权,双方当事人必须订立足以使受让人取得占有的合同。但在本案中,原、被告并未就被告以何种方式继续占有上述机器设备达成明确一致的意思表示,不符合占有改定成立的构成要件,因此不发生物权变动的效力,原告称涉案7台设备物权通过三方协议已经转移给其所有并享有该设备的取回权理由不能成立。

或许有人会认为,在当事人签订合同的情况下,即便未特别约定占有改定,也可以认定当事人已经进行了"默示的占有改定",从而发生物权变动效果。这个观点有一定的解释力,但也存在局限性。占有改定是对现实交付的一种变通,它是基于当事人的某种特殊需要而发生的,比如让与人在转让所有权后需要反过来借用或租用标的物。为此,双方当事人需要达成一项特别约定以变更占有的性质,使让与人以新的名义继续占有标的物。但由于占有改定缺乏"外部识别性",所以对交易安全有一定的危害性,承认其具备交付的效力,就意味着它可以对抗不特定的第三人。为了防止对交易安全造成太大的危害,占有改定之约定不应当包括默示的合意,否则将导致"交付生效要件主义"形同虚设。

参考文献

1. 王利明、尹飞、程啸:《中国物权法教程》,人民法院出版社2007年版。
2. 欧阳明程:《仅达成物权变动协议并不成立占有改定》,载《人民司法》2012年第20期。
3. 高圣平:《物权法:原理·规则·案例》,清华大学出版社2007年版。
4. 马骏驹、余延满:《民法原论》(第三版),法律出版社2007年版。
5. 麻锦亮等:《占有改定若干法律问题探析》,载《吉林财税高等专科学校学报》2003年第3期。

作者:上海交通大学凯原法学院副教授 其木提

33. 动产物权变动的公示方法:指示交付
——肯考帝亚农产品贸易有限公司与广东富虹油品有限公司、第三人中国建设银行股份湛江市分行所有权确认纠纷案[①]

【事实概要】

2008年4月18日,肯考帝亚农产品贸易有限公司(以下简称肯考帝亚公司)、广东富虹油品有限公司(以下简称富虹公司)签订《货物代理进口协议》,约定肯考帝亚公司为富虹公司代理进口大豆,肯考帝亚公司代理进口的马卡轮项下64 000吨大豆到港后,富虹公司持马卡轮正本提单换取了提货单。9月10日,肯考帝亚公司、富虹公司签订《质押合同》,约定富虹公司以

---

① 上海市高级人民法院(2009)沪高民二(商)初字第4号民事判决书;最高人民法院(2010)民四终字第20号民事判决书。

康劲轮全套海运提货单及其项下的 52 231 吨大豆向肯考帝亚公司出质,保证在两个月内与肯考帝亚公司以现货置换或向肯考帝亚公司付清货款。9 月 15 日,肯考帝亚公司、富虹公司签订《确认书》,富虹公司将康劲轮项下 52 231 吨大豆的所有权转让给肯考帝亚公司,肯考帝亚公司将其所有的 52 231 吨大豆的所有权转让给富虹公司;康劲轮项下 52 231 吨大豆所有权转移给肯考帝亚公司后,前述《质押合同》自动失效。10 月 8 日,由于富虹公司未能如约提取马卡轮项下货物,货物质量将会发生变化,肯考帝亚公司、富虹公司签订货物置换协议,约定双方互易马卡轮、爱华轮和康劲轮项下货物,即康劲轮项下 52 231 吨大豆所有权归属肯考帝亚公司,马卡轮项下 17 231 吨大豆、爱华轮项下 35 000 吨大豆归属富虹公司。

第三人中国建设银行股份有限公司湛江市分行作为信用证开证行,因代富虹公司向境外议付行垫款支付了信用证款项 29 322 013.95 美元,富虹公司偿还了该笔垫款的利息共 141 515.37 美元,余款未付。第三人催讨未果,遂向湛江中院提起诉讼。2008 年 11 月 28 日,湛江中院依第三人提起的诉前财产保全申请做出民事裁定,并于同年 11 月 30 日查封了康劲轮卸下存放于湛江港(集团)股份有限公司(以下简称湛江港公司)仓库的共约 52 231 吨大豆,并居于查封的第一顺位。2009 年 3 月 17 日,湛江中院通知肯考帝亚公司,其对于康劲轮 52 231 吨大豆的权属异议需经实体审理确定,故不予解封。湛江中院考虑到长期存放影响大豆的品质,于 2009 年 3 月 23 日裁定对该批大豆进行变卖,获价款 136 896 988.80 元存入湛江中院账户。同年 4 月 7 日,肯考帝亚公司提起诉讼,要求确认置换协议下康劲轮卸下的 52 231 吨大豆的所有权归属。

【判 决 要 旨】

1. 一审判决

根据我国《物权法》的规定,动产所有权自标的物交付时起转移,但法律另有规定或者当事人另有约定的除外。首先,本案系争货物在进入仓库后,被湛江中院依法查封。肯考帝亚公司持相关凭证要求提货时,湛江港公司告知其在法院解除查封后方可持提货单及所有权转让的正本文件办理提货手续。此后,系争货物被湛江中院裁定变卖。可见,肯考帝亚公司从未实际占有系争货物。其次,正本海运提单是一种物权凭证,持有人拥有提单项下货物的占有权,而以正本海运提单向船方换取的提货单并不具有物权凭证的性质,仅能证明提货单上记载的货主或提货单位享有提货的权利,本质上属于债权凭证。本案中,肯考帝亚公司所持有的是提货单而非正本海运提单,故肯考帝亚公司所称富虹公司向其交付系争货物的行为并未完成。综上,系争货物未交付给肯考帝亚公司,亦不存在法律规定的其他情形,其所有权未发生变动。因此,肯考帝亚公司的诉讼请求缺乏事实和法律依据,本院依法不予支持。

2. 二审判决

根据《物权法》第 23 条的规定,交付是否完成是动产所有权转移与否的标准。本案系争货物存放于湛江港,属于第三人占有情形,在本案不存在直接交付的情况下,只能采用指示交付的方式。因此,富虹公司是否完成了指示交付是认定争议货物所有权是否已经完成转移的关键。首先,肯考帝亚公司与富虹公司并没有证据证明提货单何时交付,肯考帝亚公司持有提货单向湛江港公司请求提取货物时,涉案大豆已经处于查封状态。其次,《担保法解释》第 88 条规定,出质人以间接占有的财产出质的,以质押合同书面通知占有人时视为移交。根据该条规定精神,本案提货单的交付,仅意味着富虹公司的提货请求权转移给了肯考帝亚公司,在富虹公司未将提货请求转移事实通知实际占有人时,提货单的交付并不构成我国《物权法》第26条所规定的指示交付。因此,富虹公司未完成向肯考帝亚公司交付涉案大豆的行为,涉案大豆的所有权未发生变动。肯考帝亚公司关于其为涉案大豆所有权人以及涉案大豆提存款归其所有的上诉请求缺乏事实和法律依据,本院不予支持。驳回上诉,维持原判。

【解　析】

一、评析要点

本案涉及诸多争议焦点①,其中最主要的焦点问题是系争货物的归属,即肯考帝亚公司是否以指示交付方式取得了系争货物的所有权问题。对此,本案判决认为基于指示交付移转所有权亦须以通知直接占有人为要件,本案当事人并未将货物移转的事实通知实际占有人,故不构成指示交付,驳回了肯考迪亚公司其为系争货物所有权人的诉讼请求。但学界对于指示交付是否应以通知第三人为要件,意见分歧。

二、学理评析

1. 基于指示交付设立质权

《物权法》第23条规定:"动产物权的设立和转让,自交付时发生效力。但法律另有规定的除外。"此谓"法律另有规定",包括《物权法》第26条规定的指示交付。《物权法》第26条规定:"动产物权设立和转让前,第三人依法占有改动产的,负有交付义务的人可以通过转让请求第三人返还原物的权利代替交付。"亦即,动产由第三人占有时,出让人将其对于第三人的返还请求权让与受让人,以代替现实交付,学理上又称之为让与返还请求权或返还请求权代位。根据该条规定,指示交付的构成要件有二:其一,动产物权的设立和转让前,第三人依法占有动产;其二,让与人转让请求第三人返还原物的权利于受让人。

《物权法》第212条规定:"质权自出质人交付质押财产时设立。"即动产质权的成立以出质人交付质物给质权人占有为要件。但该条并未规定交付的具体形态。学界一般认为,出质人向质权人移转质物的占有即质物的交付不限于现实交付,也包括指示交付(王利明、尹飞、程啸,508页)。那么,基于指示交付设定动产质权,除了上述两个要件之外是否还需以通知第三人即质物占有人为要件? 对此,学界多持肯定意见(马俊驹、余延满,445页)。最高人民法院也认为,基于指示交付设立质权,不仅需要让与返还请求权,而且必须通知质物占有人。《担保法解释》第88条规定:"出质人以间接占有的财产出质,质押合同自书面通知送达占有人时视为移交。"即以质权当事人通知质物占有人为成立要件,由此构成质物的"移交"(马俊驹、余延满,445页)。

基于指示交付的质权设立之所以需要通知质物占有人,是出于指示交付缺少公示性的考虑(高圣平,40页)。因为动产质权作为担保物权,其实现直接牵涉第三人的利益,尤其在出质人破产时,质权人有权就质物优先受偿,由此减少了普通破产债权人可分配的余额。正因为在指示交付中,缺少直接占有的变动,而仅发生让与返还请求权与间接占有的移转,因而缺少外部

---

① 详细案情参见《最高人民法院公报》2012年第1期。

可辨认的变动,导致物权变动缺乏公示性,法律才以通知质物占有人为质权设立的公示要件。更为重要的是,正如《担保法解释》第 88 条第二句所言:"占有人收到出质通知后,仍接受出质人的指示处分出质财产的,该行为无效。"亦即,质物占有人自收到设立质权的通知后负有向质权人返还质物的义务,从而保证质权人对质物形成有效控制。

2. 基于指示交付移转所有权

如上所述,《物权法》第 26 条规定的交付,不仅包括现实交付,也包括《物权法》第 26 条规定的指示交付。那么,指示交付是否应通知第三人为要件？学说意见分歧有肯定说与否定说两种观点。

肯定说认为,指示交付应以通知动产直接占有人为物权变动发生效力的构成要件。《物权法草案》(第二次审议稿)第 32 条曾规定:"动产物权设立、转让前,第三人占有该动产的,可以通过转让向第三人返还原物的请求权代替交付。转让向第三人返还原物请求权的,出让人应当通知第三人。物权自出让人通知第三人时发生效力。"也就是说,基于指示交付所有权移转,不仅需要让与返还请求权,而且必须通知占有媒介人。这一观点事实上也为本案判决所采纳。"《担保法解释》第 88 条规定,出质人以间接占有的财产出质的,以质押合同书面通知占有人时视为移交。根据该条规定精神,本案提货单的交付,仅意味着富虹公司的提货请求权转移给了肯考帝亚公司,在富虹公司未将提货请求转移事实通知实际占有人时,提货单的交付并不构成我国《物权法》第 26 条所规定的指示交付。"

通说采否定说。《担保法解释》第 88 条是出于指示交付缺少公示性的考虑,但在转让动产所有权时,交易便捷的需求远胜过公示性的要求,这正是由指示交付制度的立法目的所决定(孙宪忠,160 页)。只有这样,指示交付才能发挥其便利动产物权变动的作用,免去出让人从占有媒介人取回该物,再移转直接占有于受让人的劳烦,以达到省却无效率占有移转的目的(杨震,73 页)。因此,通知第三人并非动产物权变动的生效要件,只是保护债务人利益的对抗要件。但由于《物权法》第 26 条对此未作规定,宜类推适用《合同法》第 80 条第 1 款的规定(崔建远,62 页)。根据《合同法》第 80 条第 1 款,出让人将对第三人的返还原物请求权转让给受让人时,应通知作为债务人的占有媒介人,否则债权让与对作为债务人的占有媒介人不发生效力。占有媒介人可以向出让人(债权让与人)返还转让物,以实现免责地清偿债务。为保护受让人的利益,让与原物返还请求权时应向占有物的第三人通知该让与事实(庄加园,166 页)。

综上,依通说,《担保法解释》第 88 条不应适用于移转动产所有权的场合,本案判决以《担保法解释》第 88 条作为依据,显然是不妥当的。事实上,受通说影响,《物权法解释(一)》已改变其在本案中所持立场。该解释第 18 条第 2 款规定,当事人以《物权法》第 26 条规定的方式交付动产的,转让人与受让人之间有关转让返还原物请求权的协议生效时为动产交付之时。就此而言,本案判决已丧失其指导意义。

参考文献

1. 王利明、尹飞、程啸:《中国物权法教程》,人民法院出版社 2007 年版。
2. 马俊驹、余延满:《民法原论》(第三版),法律出版社 2007 年版。
3. 高圣平:《物权法:原理·规则·案例》,清华大学出版社 2007 年版。
4. 孙宪忠主编:《中国物权法:原理释义和立法解读》,经济管理出版社 2008 年版。

5. 杨震:《观念交付制度基础理论问题研究》,载《中国法学》2008 年第 6 期。
6. 崔建远:《再论指示交付及其后果》,载《河南财经政法大学学报》2014 年第 4 期。
7. 庄加园:《间接占有与动产物权变动——肯考帝亚公司诉富虹公司案二审判决评释》,载《交大法学》2014 年第 3 期。

作者:上海交通大学凯原法学院副教授　其木提

34. 特殊动产物权变动的公示方法
——李明国与王涛案外人执行异议之诉纠纷案[①]

【事实概要】

本案诉争车辆(吉 H×××××号半挂牵引车和吉 H××××号挂车)登记在祥安运输中心名下。诉争车辆原系关某某于 2011 年 11 月 24 日以首付加按揭贷款方式购买,购买车辆时祥安运输中心作为保证人,为关某某提供了担保。关某某购得该车后,直接将诉争车辆挂靠登记在祥安运输中心名下,关某某按月偿还银行贷款至 2013 年 8 月 26 日结清。此后,关某某以诉争车辆抵偿了杜某某所在东宁县逸诚煤矿的 68 万元煤款。杜某某营运诉争车辆一段时间后,于 2013 年 8 月 3 日与王涛签订买卖协议,约定杜某某将诉争车辆以 45 万元价格卖给王涛,车款首付 15 万元,剩余车款每月还 2 万元,15 个月还清,杜某某将车辆手续随车证一起交付给王涛。王涛向杜某某支付了 15 万元现金,杜某某随即向王涛交付了车辆。

2014 年 1 月 6 日,吉林省延边朝鲜族自治州中级人民法院受理"李明国诉祥安运输中心等合同纠纷案",李明国以诉争车辆登记在祥安运输公司名下,应归其所有为由,申请保全包括本案诉争车辆在内的财产。法院裁定,对包括本案诉争车辆在内的祥安运输中心的名下财产予以保全,并拟强制执行。为此,王涛提出执行异议,要求立即停止强制执行,并确认诉争车辆所有权归其所有。法院裁定驳回了王涛的异议。王涛不服该裁定,以诉争车辆归其所有为由,提起诉讼。

【判决要旨】

1. 一审判决

王涛庭审中提供的证据足以证明诉争车辆原为关某某出资购买,虽登记在祥安运输公司名下,但公安机关交通管理局部门办理的机动车登记,应为准予或者不准予上道行驶的登记,不能仅以登记来确认车辆的所有权归属。诉争车辆的原所有权人应为关某某,关某某与杜某某之间的合同系双方真实意思表示,不违反法律、行政法规的强制性规定,应为有效,诉争车辆所有权已转移给了某某军。后杜某某又与王涛签订了买卖合同,且双方已实际履行,故王涛最

[①] 吉林省延边朝鲜族自治州中级人民法院(2014)延中民一初字第 29 号民事判决书;吉林省高级人民法院(2016)吉民终第 170 号民事判决书;最高人民法院(2016)民申第 2587 号民事裁定书。

终取得了诉争车辆的所有权。祥安运输中心既未实际出资购买诉争车辆,也未实际对诉争车辆占有、使用,故诉争车辆不属于祥安运输中心的财产,李明国申请对诉争车辆予以强制执行不当,王涛的诉讼请求,予以支持。

2. 二审判决

诉争车辆原为关某某出资购买,后用其与杜某某置换了煤炭,现杜某某将其卖给了王涛,虽诉争车辆登记在祥安运输公司名下,但并没有买卖车辆的行为或意思表示。依据公安部《关于确定机动车所有权人问题的复函》中"公安机关办理机动车登记,是准予或者不准予上道路行驶的登记,不是机动车所有权登记"的规定,虽然诉争车辆登记在祥安运输中心名下,但李明国未提供充分证据证明祥安运输中心是诉争车辆的实际权利人。据此,一审判决认定王涛享有足以对抗执行的实体权利并无不当。驳回上诉,维持原判。

3. 再审裁定

本案双方争议的主要问题是,王涛对执行标的即案涉车辆是否享有足以排除强制执行的民事权益。《物权法》第23条规定:"动产物权的设立和转让,自交付时发生效力,但法律另有规定的除外。"第24条规定:"船舶、航空器和机动车等物权的设立、变更、转让和消灭,未经登记,不得对抗善意第三人。"根据上述法律规定,交付为机动车物权变动的生效要件,登记仅为对抗善意第三人的要件,未办理所有权变更登记,并不影响所有权的转移。根据原审查明的事实,案涉车辆原所有权人为关某某,关某某将车辆所有权挂靠登记在祥安运输中心。其后,关某某将案涉车辆抵偿给了杜某某,2013年8月3日,杜某某与王涛签订案涉车辆的买卖协议,并将车辆及相关手续交付给王涛,王涛取得了案涉车辆所有权并占有、使用、运营至今。因此,虽然案涉车辆并未办理转移登记手续,但并不影响所有权的转移,原审判决停止对案涉车辆的执行并确认案涉车辆归王涛所有,有事实和法律依据,并无不当。驳回再审申请。

【解 析】

一、评析要点

本案虽为执行异议之诉,但同多重买卖情形,涉及《物权法》第24条规定的物权变动生效要件问题。原告之所以提起执行异议,是因为其作为买受人已受领系争车辆交付而享有所有权,被告则以尚未办理移转登记为由否定原告享有所有权。对此,本案判决认为,根据《物权法》第24条规定,交付为特殊动产物权变动的公示要件,登记仅为对抗善意第三人的要件,故本案原告享有诉争车辆的所有权,享有排除非债权人强制执行的民事权利。但学界就《物权法》第24条的物权变动是否应以交付为生效要件,意见不一。

二、学理评析

1. 相关学说

学界就《物权法》第24条的物权变动模式主要有以下两种观点:

其一是合意说。该说认为,物权依合意发生变动,采用"合意生效+登记对抗"的规范模式(龙俊,136页)。物权在以变动物权为内容的合同(如买卖合同、抵押合同)有效成立时便发生物权变动,并不以交付或者登记为生效要件,但物权变动未经登记者,仅在当事人之间具有意义,不得对抗当事人以外的善意第三人(刘智慧,78页)。以汽车买卖为例,所有权于买卖合同有效成立时即移转于买受人,无须交付,也无须登记,但未经登记不得对抗当事人以外的第三人(戴永盛,42页)。

其二是交付说。该说认为,合意说难以契合我国以交付为原则的立法体例。我国特殊动产物权变动,一方面以交付为生效要件,另一方面以登记为对抗要件,采"交付生效+登记对抗"的规范模式。但该说就对抗要件的理解存有分歧。

第一种观点认为,买受人受领交付后虽取得了特殊动产物权,但在没有办理登记过户手续以前,该物权仍然是一种效力受限的物权,并非完整的所有权。因此,在多重买卖中,交付与登记发生冲突时,特殊动产的交付不能对抗所有权移转登记,完成登记的权利人的物权效力强于仅受领交付的权利人的物权(程啸,61页)。

第二种观点则认为,《物权法》第23条的规定具有普遍适用性,因此交付是一切动产物权变动的生效要件,仅有极个别的例外情形(如《物权法》第212条的规定)。《物权法》第24条规定,并非是对《物权法》第23条规定的否定,而是对其效力和范围的补充,即特殊动产物权变动仍以交付为生效要件,而非以登记作为生效要件。出卖人没有交付特殊动产,即使办理了登记,受让人也不能取得物权;反之,出卖人向买受人交付特殊动产,即使没有登记,物权也发生变动,只是不能对抗善意第三人(崔建远,49页)。

2. 立法实务采交付说

立法机关事实上采交付说。根据立法机关对《物权法》第23条"法律另有规定的除外"的解释,特殊动产的物权变动并不属于"法律另有规定"之情形。特殊动产仍为动产,应适用动产的物权变动模式。立法机关对《物权法》第24条采登记对抗主义的立法理由解释为:"船舶、航空器和汽车因价值超过动产,在法律上被视为一种准不动产,其物权变动应当以登记为公示方法。但在登记的效力上不采用登记生效主义,这是考虑到船舶、航空器和汽车等本身具有动产的属性,其物权变动并不是在登记时发生效力,依照本法规定,其所有权移转一般在交付时发生效力。但是,法律对船舶、航空器和汽车等动产规定有登记制度,其物权的变动如果未在登记部门进行登记,就不产生公信力,不能对抗善意第三人。"(全国人大常委会法制工作委员会民法室,24页)。

交付说也得到了最高审判机关的支持。最高人民法院《买卖合同司法解释》起草小组的意见认为,"除非法律另有规定,交付是特殊动产物权变动的生效要件,登记是其物权变动的对抗要件。在交付与登记发生冲突时,交付优先于登记。"。

3. 本案判决采交付说

首先,《最高人民法院关于执行案件中车辆登记单位与实际出资购买人不一致应如何处理问题的复函》(最高人民法院〔2000〕执他字第25号)规定:"本案被执行人即登记名义人上海福久快餐有限公司对其名下的三辆机动车并不主张所有权;其与第三人上海人工半岛建设发展有限公司签订的协议书与承诺书意思表示真实,并无转移财产之嫌;且第三人出具的购买该三辆车的财务凭证、银行账册明细表、缴纳养路费和税费的凭证,证明第三人为实际出资人,独自对该三辆机动车享有占有、使用、收益和处分权。因此,对本案的三辆机动车不应确定登记名义人为车主,而应当依据公平、等价有偿原则,确定归第三人所有。故请你院监督执行法院对该三辆机动车予以解封。"也就是说,车辆登记单位与实际出资购买人不一致的,以实际出资购买人为所有权人。在本案中,祥安运输中心既未实际出资购买诉争车辆,也未实际对诉争车辆占有、使用,故诉争车辆不属于祥安运输中心的财产,应归实际出资购买人原告王涛所有。

其次,根据《物权法》第23条和第24条规定,"交付为机动车物权变动的生效要件,登记仅为对抗善意第三人的要件",故本案原告经受领系争车辆交付而享有所有权,李明国申请对诉争车辆予以强制执行不当。

参考文献

1. 龙俊:《中国物权法上的登记对抗主义》,载《法学研究》2012年第5期。
2. 刘智慧主编:《中国物权法释解与应用》,人民法院出版社2007年版。
3. 戴永盛:《论特殊动产的物权变动与对抗(上)——兼析〈最高人民法院关于审理买卖合同纠纷案件适用法律问题的解释〉第十条》,载《东方法学》2014年第5期。
4. 程啸:《论动产多重买卖中标的物所有权归属的确定标准——评最高法院买卖合同司法解释第9、10条》,载《清华法学》2012年第6期。
5. 崔建远:《再论动产物权变动的生效要件》,载《法学家》2010第5期。
6. 王泽鉴:《民法学说与判例研究》(第一册)(修订版),中国政法大学出版社2005年版。
7. 全国人大常委会法制工作委员会民法室编著:《中华人民共和国物权法:条文说明、立法理由及相关规定》,北京大学出版社2007年版。
8. 汪志刚:《准不动产物权变动与对抗》,载《中外法学》2011年第5期。

作者:上海交通大学凯原法学院副教授 其木提

35. 动产所有权的取得
——吴高亮、吴高惠与四川省彭州市通济镇人民政府行政纠纷案[①]

【事实概要】

2012年2月8日,四川省彭州市通济镇麻柳村村民吴高亮,在家门口承包地的河道边发现并开始挖掘乌木,在挖掘过程中,一根长34米、直径1.5米、重60吨的乌木渐渐露头,据有关专家估算,这根乌木价值高达数百万元人民币。2月9日,通济镇政府接到举报,当夜派出警力对现场进行保护,并在成都考古队专家指导下,镇政府挖掘出7根乌木,运到当地客运站暂存。之后,彭州市国资办正式答复:乌木归国家,奖发现者吴高亮7万元;吴高亮则坚持认为挖出来的乌木属于自己所有,双方最终未能达成一致协议。

2012年7月26日,吴高亮向成都市中级人民法院提起行政附带民事诉讼,请求认定被告通济镇人民政府的非法行政行为违法,确认乌木归原告所有,追究被告因保管不善致乌木

[①] 俸奎:《"乌木案"二审高院昨日审判,驳回上诉维持原裁定》,载《成都日报》2013年6月16日,第3版。

价值受损的损害赔偿责任。被告通济镇政府辩称,乌木属于埋藏物,依据《民法通则》第 79 条"所有人不明的埋藏物、隐藏物,归国家所有"之规定应归国家所有,请求法院驳回原告的诉讼请求。

【裁 定 要 旨】

1. 一审裁定

原告请求确认乌木归其所有的事项系确认权属纠纷,不属于行政审判的权限范围,裁定驳回原告的诉讼请求。

2. 二审裁定

本案中不存在平等主体之间的民事争议问题,被诉行政行为也非行政裁决行为。一审裁定认定事实清楚,适用法律正确、程序合法。驳回上诉,维持原裁定。

【解 析】

一、评析要点

乌木,学名又称阴沉木,是楠木、红椿、麻柳等树木因自然灾害埋入淤泥中,在缺氧、高压以及细菌等微生物的作用下,经过数千年甚至上万年的碳化过程形成,因其稀少而格外贵重的特殊木料。乌木多用于收藏、展览,未见有用于科学研究者,其观赏、商业价值似远大于其研究价值。

从民法角度而言,本案本质上是一起乌木所有权归属纠纷。关于乌木所有权的归属,学界意见分歧,争议不断。

二、学理评析

1. 天然孳息说

该说认为,乌木属于天然孳息,应依《物权法》第 116 条"天然孳息,由所有权人取得;既有所有权人又有用益物权人的,由用益物权人取得"的规定,确定其所有权归属(徐霄桐、李丽文)。因此,若发现之乌木位于河道中,因河道属于国有,由国家取得其所有权;若乌木位于村民承包地中,即应由用益物权人取得其所有权(龙卫球文)。

对于天然孳息说的批评意见有四:一是无原物说。乌木因无相应原物存在,故不属于孳息(徐霄桐、李丽文)。二是劳动产物说。人们占有使用原物并对其进行生产劳动,目的就是获得出产物,所以只有劳动所得之出产物,才属于天然孳息;乌木之形成纯因自然之作用、时间之积累,并无人类劳动之参与,因此并非土地之天然孳息(王永霞,114 页)。三是自然属性说。土地虽可以成为原物,但其并无孕育或出产乌木之自然属性(王建平,91 页),"天然孳息是原物依自然规律产生之物,乌木的形成虽部分归结于土地的自然造化,但土地并不能持续不断地出产乌木,不能视为土地的天然孳息"(曾娜,42 页)。四是独立物说(王永霞,114 页)。乌木当属独立物,而非土地之天然孳息。土地通常由土壤、岩石、水文、大气和植被等要素构成,乌木无法归入其中任何一种要素,故依交易观念,其并非土地之成分,当属独立物(金可可,91 页)。

独立物说可资赞同,其他批评意见不足采。因为,无原物说之不当,至为显然。以土地为原物的孳息比比皆是，如煤、矿砂、沙等。劳动产物说难谓妥当。孳息之界定与孳息之归属，不可混为一谈，如土地上野生植物自落之野果，虽非劳动所得之出产物，但仍属于孳息。自然属性说亦不足采。原物本身具备产生孳息之自然属性，但其"天然性"之构成，却非以此为必要；改造或借助于原物之自然属性而产生者，也属于孳息，如人力种植之树木。

2. 埋藏物说

该说认为，乌木属于埋藏物，因此根据《民法通则》第79条规定，其所有权归国家所有（雍兴中文）。

对此说之批评意见有三：一是非人力埋藏说。埋藏物之构成，须以人力埋藏为要件，乌木不合于此，所以不属于埋藏物（周斌辉，17页）。二是非独立物说。埋藏物之构成须以独立动产为要件，而乌木系土地的出产物，出产前系土地之部分，故非埋藏物（龙卫球文）。三是非曾有主说。埋藏物是有主物，只是所有权人不明而已，乌木难谓曾为人所有，故非埋藏物（王建平，91页）。

非曾有主说可资赞同，其他批评意见不足采（金可可，91页）。非人力埋藏说，系望文生义。埋藏物之规定，其立法目的之一，在于所有权人难以查明时，确定其权归属，清理权利关系，埋藏究系人为或出于自然原因，并无不同，当非所问（王泽鉴，196页）。非独立物说也难谓妥当，如上所述，乌木在交易观念上难谓土地的组成部分。

3. 无主物说

此说认为，乌木属于无主物，但就其所有权之归属，又有不同，主要有如下三种观点：其一，现行法上无解说。乌木属于无主物，但我国现行法并未规定先占制度，只能通过将来立法方能提供答案（王永霞，114页）。其二，无主物类推适用埋藏物说。乌木属于无主物，但因我国无先占制度，故应类推适用埋藏物之规定，由国家取得所有权，并给予发现人一定报酬（陈方强，126页）。其三，先占说。此说又可细分为如下三种观点：（1）国家先占说，国家依主权而享有对无主物的先占权（王建平，91页）。（2）个人自由先占说，个人可以自由先占而取得无主物的所有权（周斌辉，17页）。（3）个人自由先占结合用益物权人排他先占说（金可可，92页）。我国现行法虽未规定先占制度，但其已是习惯法规则（全国人大常委会法制工作委员会民法室，459页）。就未设定用益物权之国有土地，国家负有容忍先占之义务；就未设定用益物权之集体土地，集体成员具有排他先占权；若土地上存在用益物权，用益物权人享有排他先占权。

个人自由先占结合用益物权人排他先占说，可资赞同，其他意见不足采。因为，现行法上无解说之不当，至为显然。即使法无明文规定，可以通过法教义学填补漏洞，法官不得以法无明文为由拒绝审判。个人自由先占说并未说明其现行法上依据何在。无主物类推适用埋藏物说难谓妥当，因为类推应以存在法律漏洞为前提。国家先占说也不足采，乌木之科研价值不大，将之收归国有，难谓为必要、合理之手段（金可可，93页）。

参考文献

1. 徐霄桐、李丽：《民法专家激辩天价乌木归国家还是归发现者》，载《中国青年报》2012年7月7日。

2. 龙卫球：《乌木权属纷争折射中国法理变迁》，载《河南法制报》2012年08月03日。

3. 王永霞：《彭州乌木事件的法解释学思考》，载《政法论丛》2013年第4期。

4. 王建平：《乌木所有权的归属规则与物权立法的制度缺失——以媒体恶炒发现乌木归个人所有为视角》，载《当代法学》2013 年第 1 期。

5. 曾娜：《埋藏物的权属纷争与宪法解答——以"天价乌木案"为例》，载《昆明理工大学学报（社会科学版）》2013 年第 4 期。

6. 金可可：《论乌木之所有权归属——兼论国家所有权之种类及其限度》，载《东方法学》2015 年第 3 期。

7. 雍兴中：《身价暴涨，地下乌木变国有？》，载《南方周末》2012 年 5 月 31 日。

8. 周辉斌：《"天价乌木案"凸显〈物权法〉适用之惑》，载《时代法学》2013 年第 2 期。

9. 王泽鉴：《民法物权》（第二版），北京大学出版社 2010 年版。

10. 陈方强：《法解释学视野下的乌木权属探析》，载《西部法学评论》2014 年第 4 期。

11. 全国人大常委会法制工作委员会民法室编：《中华人民共和国物权法：条文说明、立法理由及相关规定》，北京大学出版社 2007 年版。

12. 全国人大常委会法制工作委员会民法室编著：《物权法立法背景与观点全集》，法律出版社 2007 年版。

作者：上海交通大学凯原法学院副教授　其木提

36. 特殊动产的善意取得
——刘志兵与卢志成财产权属纠纷案[①]

【事实概要】

2004 年，原告刘志兵通过绍兴二手车交易市场以 33 000 元的价格购得金杯面包车一辆（以下简称"系争车辆"）。2005 年 8 月，原告以月租金 3 000 元的价格将系争车辆出租给案外人樊静波使用。樊静波没有向原告交付押金，且支付两个月租金后，再未向原告支付租金。2006 年 9 月后，原告无法再与樊静波本人取得联系。2005 年 10 月 18 日，被告卢志成从案外人陈小波处以 28 000 元的价格购得系争车辆，陈小波承诺办好车辆过户手续。后被告对该车辆进行投保，并交纳了保险费。2007 年，被告在陈小波的陪同下对系争车辆进行了车辆年检，但始终没有办理车辆过户手续。2006 年 11 月 23 日，原告发现系争车辆已由被告占有、使用，于是向派出所报案，派出所依法扣押了系争车辆。经派出所干警核查，认为不属于盗、抢机动车辆案件，故未予受理。系争车辆于 2006 年 11 月 28 日由被告之子领走。

为此，原告诉至法院，请求判令被告返还原告所有的系争车辆，并赔偿原告从 2006 年 10 月份起因不能使用该车而遭受的损失。被告则辩称，系争车辆是被告从案外人陈小波处买来的，已货款两清，与原告没有关系。系争车辆所有权转移合法，应受法律保护，请求驳回原告的

---

① 浙江省绍兴市嵊州市人民法院(2007)嵊民一初字第 533 号民事判决书；浙江省绍兴市中级人民法院(2007)绍中民一终字第 463 号民事判决书。

诉讼请求。

【判 决 要 旨】

1. 一审判决

系争车辆系原告所有,被告系从案外人陈小波处购买涉案车辆。陈小波出售系争车辆事先没有征得原告的同意,且没有办理车辆过户手续,属于无权处分。但被告作为系争车辆的买受人支付了合理的价格,事后办理了系争车辆的保险及年检,说明被告是善意取得系争车辆。机动车辆属于动产,我国现行法律并未明确规定机动车辆所有权的转移必须办理机动车过户登记手续。机动车所有权的转移与一般动产所有权的转移并无不同,都是交付即转移。因此,被告通过支付合理的价格购得系争车辆的行为,可以认定为善意取得。驳回原告的诉讼请求。

2. 二审判决

本案的争议焦点是,被上诉人卢志成从案外人陈小波处购得系争车辆,是否构成善意取得。根据本案事实,应认定被上诉人取得涉案车辆的行为不属于善意取得。首先,善意取得以受让人善意为要件。《二手车流通管理办法》第6条规定:"二手车直接交易应当在二手车交易市场进行。"第15条第1款规定:"二手车卖方应当拥有车辆的所有权或者处置权。二手车交易市场经营者和二手车经营主体应当确认卖方的身份证明,车辆的号牌、《机动车登记证书》、《机动车行驶证》,有效的机动车安全技术检验合格标志、车辆保险单、交纳税费凭证等。"本案中,被上诉人没有按照上述规定进行二手车交易,且在车辆转让时明知车辆行驶登记证所登记的车主并非让与人,显然不属于善意取得。其次,善意取得以有偿取得为前提,而且应支付合理的价格。本案中被上诉人虽提供了其与案外人陈小波签订的协议书,但让与人并未出庭作证。在此情况下,被上诉人应举证证明自己已经为涉案车辆交易支付了合理的价款。但被上诉人并未完成这一举证义务,故不能认定其在受让涉案车辆时支付了合理的价款。再次,机动车虽然属于动产,但具有一定的特殊性,需办理机动车登记证、车辆行驶证,这些严格的管理措施使车辆不同于其他无须登记的动产,也利于受让人审核车辆转让时的合法正当性。本案被上诉人无法办理系争车辆过户手续的事实,也说明他明知让与人未取得涉案车辆处分权,进一步说明被上诉人取得系争车辆不属于善意取得。故撤销一审判决,被上诉人应于本判决生效之日起10日内返还给上诉人涉案车辆。

【解 析】

一、评析要点

《物权法》第24条规定的是有权处分特殊动产情形下的物权变动问题。在无权处分特殊动产的情形下,其物权变动要件涉及《物权法》第106条第1款动产所有权善意取得的规定。依据该款规定,善意取得须符合如下要件:(1)受让人在受让不动产或动产时是善意的;(2)受让人以合理的价格受让;(3)转让的不动产或动产依照法律规定应当登记的已经登记,不需要登记的已经交付给受让人。

就特殊动产善意取得而言,特别是对于第一和第三个构成要件存在一定的疑点。其一,以何基准判断受让人是否善意,特殊动产善意取得究竟是要求让与人在处分时占有特殊动产还是要求其被登记为所有权人?换言之,特殊动产善意取得究竟是基于占有的公信力还是基于登记的公信力?其二,特殊动产物权的受让人是否必须已被登记为物权人?抑或只需占有特殊动产即可?

在判断受让人是否为善意第三人时,本案一审判决基于占有的公信力,二审判决则基于登记的公信力;其次,在受让人是否必须已被登记为物权人的问题上,一审判决认为只需占有特殊动产即可①,二审判决似乎认为尚需办理过户登记手续。究竟是否如此,值得研究。

二、学理评析

1. 善意之认定标准

一般认为,我国特殊动产所有权登记仅具有行政管理目的,与私法上的权利变动并无直接关联性。我国 2004 年实行的《道路交通安全法》第 8 条规定:"国家对机动车实行登记制度。"该法第 12 条对机动车所有权移转和机动车设立抵押等具体情形要求办理登记。公安部曾在给最高人民法院的两个复函(公交管〔2000〕98 号《公安部关于确定机动车所有权人问题的复函》、公交管〔2000〕11 号《公安部关于确定机动车财产所有权移转时间问题的复函》)中明确表示,公安机关办理的机动车登记只是实施行政管理的措施,它涉牵涉机动车能否上道行驶,与机动车的所有权变动无关。可见,特殊动产登记并非所有权的公示要件,也与所有权移转没有直接关联。

虽然特殊动产的登记只具有行政管理的性质,并无私法上的效力,但事实上发挥着所有权变动的宣示效力。特殊动产登记的价值和意义,主要表现在以下几个方面:一是便于管理与查询,降低获取信息的成本;二是登记比占有更能准确、真实地反映物权,减少物权关系在外观与真实方面的不一致的情况;三是由于交付与登记均为特殊动产物权的公示方法,判断特殊物权变动的真实状态,不能单纯地信赖占有(交付),而应同时关注登记(崔建远,40 页)。因此,在无权处分之情形,认定受让人"善意"时,既应考虑车辆的占有事实,也应查询车辆的登记信息,否则不构成善意(陈永强,38 页)。

通常情况下,受让人在交易中应查询特殊动产的登记。若受让人未尽必要的注意义务,即不能满足善意的要求,不构成善意取得。详言之:(1) 于典型无权处分情形,如甲把车借给乙,乙自称是车主,把车转卖给丙,乙虽占有该车,但丙不能仅凭占有这一事实断定乙有处分权,应对乙的处分权来源表示怀疑,要求其出示机动车登记证书,否则不能认定为善意。(2) 于一物二卖情形,如甲将其机动车出卖于乙,并办理了过户登记手续,之后又将该车出卖并交付给丙,构成无权处分。丙不能单纯地凭借占有的事实来推定机动车所有权的归属,若其未查询该车登记,则不构成善意(崔建远,41 页)。或者,甲将其机动车出卖于乙,并以占有改定方式交付后继续占有该机动车,但未办理过户登记手续,其后,甲又将该机动车出卖并交付给丙,构成无权处分。由于所有权人乙未经登记,甲既占有又被登记为所有权人,丙由此善意取得该机动车的所有权。(3) 于连续让与情形,如甲将其机动车出卖并交付于乙,但未办理过户登记手续,乙将该车转卖并交付给丙,其后甲乙之间的买卖合同被撤销而自始丧失效力,导致乙不能取得所有权。或者,甲将其机动车出卖于乙,并办理了过户登记手续,乙将该车转卖并交付给丙,其后

---

① 参见《最高人民法院公报》2008 年第 2 期。

甲乙之间的买卖合同被撤销而自始丧失效力,导致乙不能取得所有权。于此情形,丙如果查验了甲、乙之间的买卖合同并查看并受领甲的所有权证书即可认定为善意,否则不构成善意(杨代雄,130页)。

本案属于上述第一种典型无权处分情形。对此,一审判决仅基于占有的公信力推定机动车所有权的归属,于法无据,亦是因特殊动产善意取得制度的不正确理解所致。正如二审判决所述,被上诉人未按照《二手车流通管理办法》规定的方式进行二手车交易,且在车辆转让时明知车辆行驶登记证所登记的车主并非让与人,因而不构成善意取得。

2. 公示方法之确定

如上所述,《物权法》第 24 条对于特殊动产的物权变动采交付说,即以交付为物权变动生效要件,以登记为对抗要件。《物权法》第 106 条第 1 款第 3 项要求,"转让的不动产或者动产依照法律规定应当登记的已经登记,不需要登记的已经交付给受让人"。那么,在特殊动产善意取得时,善意受让人是否必须已被登记为物权人,抑或仅须已占有特殊动产即可?该问题取决于对《物权法》第 106 条第 1 款第 3 项的解释。因此,需要考察依照法律规定哪些财产的所有权取得应当登记,哪些不需要登记。

所谓"应当登记"应解释为"未经登记就不能取得所有权",即以登记为所有权转让的生效要件。所谓"不需要登记"应解释为"未经登记也能取得所有权",即不以登记为所有权转让的生效要件,充其量仅以登记为对抗要件。不能理解为:只要法律在规定某种物权变动时提到登记,就属于"依照法律规定应当登记"。就物权变动而言,提到登记并不意味着必须登记,可能仅仅意味着倡导登记,如果当事人不依倡导去办理登记就要承受其权利不得对抗第三人的后果。据此,可以把《物权法》第 106 条第 1 款第 3 项表述为:转让的不动产或动产所有权依照法律规定实行登记生效要件主义的,已经登记;不实行登记生效要件主义的,已经交付给受让人(杨代雄,131页)。这一结论也符合物权变动制度的内在体系化要求。因为,如前文所述,在有权处分情形中,按照《物权法》第 24 条规定的登记对抗要件主义,未经登记,受让人已经取得所有权。与之相对应,在无权处分情形中,应当遵循同样的规则(杨代雄,135页)。

本案一审判决也认为机动车所有权的转移与一般动产所有权的转移并无不同,均以交付为物权变动的生效要件。二审法院则似乎认为机动车不同于一般动产需办理机动车登记证。若依据上述学说解释,本案二审判决对于《物权法》第 24 条及第 106 条善意取得制度的理解,显然是错误的。

参考文献

1. 崔建远:《机动车物权的变动辨析》,载《环球法律评论》2014 年第 2 期。
2. 陈永强:《特殊动产多重买卖解释要素体系之再构成——以法释〔2012〕8 号第 10 条为中心》,载《法学》2016 年第 1 期。
3. 杨代雄:《准不动产的物权变动要件——〈物权法〉第 24 条及相关条款的解释与完善》,载《法律科学(西北政法大学学报)》2010 年第 1 期。

作者:上海交通大学凯原法学院副教授　其木提

37. 冒名处分不动产的私法效果

——王建伟与宁波市房产管理局房产登记纠纷案[①]

【事 实 概 要】

原告王建伟与第三人郑云萍系夫妻关系。原告系本案系争房屋的所有权人。2008年11月,郑云萍将系争房屋委托南天房产出售。第三人项呈祥母亲蒋翠凤得到信息后,经中介南天房产陪同两次到现场对系争房屋进行了察看,并于2008年12月29日经南天房产中介与郑云萍签订了一份房屋买卖合同,约定:"出卖方为王建伟,购买方为蒋翠凤;王建伟将系争房屋作价345万元出卖给蒋翠凤;蒋翠凤付定金10万元,南天房产于2009年1月15日起开始办理过户手续,蒋翠凤于同日将160万元款项提交南天房产,房屋过户受理单至蒋翠凤名下时,南天房产将160万房款转付给王建伟,另165万元在2009年3月15日支付,剩余房款10万元待2009年4月10日交房时付清。"合同王建伟处签章由郑云萍代签了王建伟名字并在委托代理人处签名。同时,郑云萍在合同备注处注明:"甲方委托代理人(郑云萍)愿意承担本合同所约定的一切法律责任和义务,并承诺产权人亲自到场办理相关的过户手续。"

签订合同后,郑云萍代原告向蒋翠凤出具了收到购房定金10万元的收条。2009年1月15日,郑云萍带一男子并称系其丈夫王建伟,郑云萍及该男子持王建伟的身份证与第三人项呈祥的父亲到被告宁波市鄞州区房地产管理处申请办理房屋买卖过户登记手续。出卖方提供了产权人登记为王建伟的房产证原件,双方在上述申请审批表中填写房屋成交价为280万元。被告经审查认为双方申请材料符合法律规定,予以受理。2009年1月15日,项呈祥支付郑云萍160万元,由郑云萍带假冒男子代签原告王建伟名字并出具收条。2009年2月19日,被告就系争房屋办理了过户登记手续。2009年3月14日,项呈祥支付郑云萍165万元。

原告发现上述情况后,于2009年3月26日书面告知被告上述房产交易系违法行为,要求被告更正登记,但未被受理。为此,原告提起行政诉讼,请求法院撤销被告所为房屋所有权登记行为。一审判决,驳回原告诉讼请求。原告不服一审判决,提起上诉。二审判决,驳回上诉,维持原判。

【判 决 要 旨】

根据《房屋登记办法》第33条的规定,申请房屋所有权转移登记,除了应当提交登记申请书、申请人身份证明、房屋所有权证书或者房地产权证书外,还应提交证明房屋所有权发生转移的材料。本案中,被告应当要求申请人提供房屋买卖合同,而被告以申请人在申请审批表中填写的房屋买卖相关内容来替代房屋买卖合同,程序上有瑕疵。但房产登记机构主要是查验房屋产权证和身份证明的真实性,并查实双方申请人是否到场。在被告办理权属登记时,第三

[①] 浙江省宁波市鄞州区人民法院(2009)甬鄞行初字第34号民事判决书;浙江省宁波市中级人民法院(2010)浙甬行终字第16号民事判决书。

人郑云萍带了冒王建伟名的男子到场,该男子持有王建伟的真实身份证,当场在房地产交易、房屋所有权发证申请审批表上签名,被告有理由相信该男子就是原告王建伟。

根据《行政诉讼法司法解释》第 61 条的规定,行政审判可以对行政裁决及相关民事争议一并审理。《物权法》第 106 条规定,不动产善意取得须符合以下四个条件,即无权处分、买受人善意、买受人支付了合理的对价、办理了不动产变更登记。第一,郑云萍带一男子冒充原告将系争房屋出卖给第三人,该行为构成无权处分。第二,郑云萍与项呈祥之母签订了房屋买卖合同,但第三人项呈祥有理由相信郑云萍具有代理权。在办理权属变更登记时,郑云萍虽带一男子冒充原告,但由于郑云萍与该男子提供了真实的房产证、身份证,足以使第三人项呈祥对该男子就是原告本人产生信赖。第三,房价协商确定为 345 万元,但原告对此没有提供相反的证据,应认定此价格符合当时的市场价格。第四,被告已为第三人项呈祥办理了变更登记。因此,第三人项呈祥的行为符合善意取得制度的基本要求。

综上,在被告办理转移登记时,作为出卖方的王建伟并没有把争议房屋出卖给项呈祥的真实意思表示,被告作出的房屋登记行为依法应当撤销。但根据《房屋登记办法》第 81 条的规定,应优先保护善意第三人的利益。所以,原告请求撤销被告核发房屋所有权证的行为,没有事实和法律依据。

【解　　析】

一、评析要点

近年来,冒名处分他人不动产的案件屡见不鲜。冒名处分是指非所有人甲,冒用所有人乙的名义,将属于乙的不动产处分给善意第三人丙的行为。其基本形态为:甲冒用乙的身份,盗用或伪造甲的签章,将乙的房屋出卖或抵押于丙并办理所有权或抵押登记登记。此外,夫妻之一方请人冒充另一方,"共同"将共有房屋出卖或抵押于善意第三人的行为,本质上亦属于冒名处分(戴永盛,119 页)。

本案属于妻请人冒充其夫,将其夫房屋出卖于善意第三人,并经房屋登记机构审查办理了房屋权属移转登记的案件。本案系行政诉讼案件,即原告请求法院撤销被告所为房屋所有权登记行为。对此,本案判决认为,被告在办理争议房屋权属转移登记时并无过错,但原告并无将其房屋出卖给第三人的真实意思表示,故被告的房屋转移登记结果错误,依法应当撤销。但由于本案第三人系善意取得,根据《房屋登记办法》第 81 条的规定,应优先保护善意第三人的利益,故判决驳回原告的诉讼请求。也就是说,基于第三人善意取得下的物权变动不可逆性,使变更登记行为已经不可撤销(张光宏,103 页)。可见,本案虽为行政诉讼案件,但其最为关键的争议焦点是冒名处分不动产的私法效果,即冒名处分能否适用善意取得制度的问题。对此,本案判决认为,善意取得制度亦适用于冒名处分行为。但学界对于冒名处分不动产的私法效果,见解不一,尚无定论。

二、学理评析

1. 适用善意取得说

该说认为,冒名处分系无权处分行为,受让人为善意时,构成善意取得。但该说关于善意取得的法律适用问题又有两种不同的意见。

一种意见认为,冒名处分他人不动产只要具备《物权法》第106条规定的情形,即发生善意取得之后果。理由是:(1)应当对无权处分作广义上的理解,《物权法》第106条未将无权处分限定于登记错误之情形,亦未明确排除冒名处分行为。(2)冒名人通过假冒签名、出具虚假的身份证明材料,使相对人相信冒名人就是被冒名人(原所有人),从而具备了使相对人能够信赖冒名人就是不动产所有人的权利外观(王利明,81页)。

另一种意见认为,对于冒名处分行为应适用《物权法》第107条的规定。相对人虽构成善意取得,但被冒名人(原所有人)享有回复请求权。理由是:冒名人假冒他人,出具盗用或虚假的身份证明材料,属于诈骗行为,冒名人通过该诈骗行为而处分他人不动产,该不动产为"诈骗所及财产",应与盗赃物同视。《物权法》第107条虽未明确规定盗赃物可适用善意取得,但也未明确排除其适用,解释上应可视具体情况而适用。在冒名处分案件中,相对人具备善意要件时,构成善意取得,但被冒名人(原所有人)得依《物权法》第107条的规定行使回复其物的请求权(刘保玉,102页)。

2. 不适用善意取得说

该说认为,在冒名处分下,对于善意受让人不能适用善意取得(梅夏英,118页以下)。理由是:(1)不动产物权的善意取得,仅适用于登记簿错误的情形,而不应适用于冒名处分行为。在冒名处分行为中,假冒身份所形成的外观并非"权利外观",而是"权利主体(身份)的外观",并没有发生登记簿错误的情况。(2)冒名处分,系以诈骗的方法处分他人不动产而为自己图谋非法利益的行为,不仅骗过了交易第三人,而且还骗过了不动产登记机构,属于不法交易和非正当交易,不法的和非正当的交易行为为无效行为,因而不能得到善意取得制度的保护。(3)在不动产冒名处分行为中,尽管被欺骗的交易第三人主观上是善意的,但并非一切善意都能获得信赖保护。例如,我国《物权法》第106条与第107条的规定也表明,同样是善意第三人,但取得遗失物、盗赃物之后果难以获得彻底保护(傅鼎生,45页)。

3. 类推适用无权代理说

该说认为,不动产物权善意取得中的无权处分,其发生条件只能是登记簿错误,而在冒名处分案件中,登记簿并没有错误。但基于保护交易安全的原则,对于冒名处分行为应类推适用表见代理制度(杨代雄,89页)。具体而言:(1)相对人属于恶意即明知行为人系假冒的,该行为无效。被假冒者可以要求不动产登记机构撤销错误登记,恢复原有的物权状态。(2)被冒名者对于冒名外观的发生具有可归责性,而且相对人对于冒名外观具有信赖的合理性,可以类推适用表见代理(《合同法》第49条)。由此,善意相对人可以取得不动产物权,被冒名者可以要求冒名者返还财产、赔偿损失,若登记机构有过错,应承担相应的赔偿责任(《物权法》第21条)。(3)被冒名者对于冒名外观的发生不具有可归责性,或者相对人对于冒名外观不具有信赖的合理性,可以类推适用狭义无权代理(《合同法》第48条)。被冒名者可以要求不动产登记机构撤销错误登记,恢复原来的物权状态;相对人可以要求冒名者人返还财产、赔偿损失(冉克平,169页)。

比较而言,类推适用表见代理对制度的解构效应最小,为较优之方案。由此观之,本案判决适用善意取得制度,显非妥当。

参考文献

1. 戴永盛：《论不动产冒名处分的法律适用》，载《法学》2014 年第 7 期。
2. 张光宏：《第三人善意取得对撤销转移登记诉讼之影响》，载《人民司法》2010 年第 12 期。
3. 王利明：《善意取得制度若干问题研究》，载《判解研究》2009 年第 2 辑，人民法院出版社 2009 年版。
4. 刘保玉：《盗赃与诈骗所及财物的善意取得和赔偿责任问题探讨》，载《判解研究》2009 年第 2 辑，人民法院出版社 2009 年版。
5. 梅夏英：《登记错误与第三人的保护》，载《判解研究》2009 年第 2 辑，人民法院出版社 2009 年版。
6. 傅鼎生：《不动产善意取得应排除冒名处分之适用》，载《法学》2011 年第 12 期。
7. 杨代雄：《使用他人名义实施法律行为的效果——法律行为主体的"名"与"实"》，载《中国法学》2010 年第 4 期。
8. 冉克平：《论冒名处分不动产的私法效果》，载《中国法学》2015 年第 1 期。

作者：上海交通大学凯原法学院副教授　其木提

38. 不可量物侵害
——陆耀东与永达公司环境污染损害赔偿纠纷案①

【事 实 概 要】

原告陆耀东的居室西侧与被告上海永达中宝汽车销售服务有限公司（以下简称永达公司）经营场所的东侧相邻，中间间隔一条宽 15 米左右的公共通道。永达公司为给该经营场所东面展厅的外部环境照明，在展厅围墙边安装了三盏双头照明路灯，每晚 7 时至次日晨 5 时开启。这些位于陆耀东居室西南一侧的路灯，高度与陆耀东居室的阳台持平，最近处离陆耀东居室 20 米左右，其间没有任何物件遮挡。这些路灯开启后，灯光除能照亮永达公司的经营场所外，还能散射到陆耀东居室及周围住宅的外墙上，并通过窗户对居室内造成明显影响。在陆耀东居室的阳台上，目视夜间开启后的路灯灯光，亮度达到刺眼的程度。

为此，陆耀东以被告设置的路灯，严重干扰了居民的休息，已违反《上海市城市环境装饰照明规范》的规定，构成光污染侵害为由，向上海市浦东新区人民法院提起诉讼，请求判令被告停止和排除对原告的光污染侵害，公开向原告道歉，并赔偿损失 1 元。被告辩称：涉案路灯是被告为自己的经营场所外部环境提供照明安装的，是经营所需的必要装置，而且是安装在自己的经营场所上，原告无权干涉。该路灯的功率每盏仅为 120 瓦，不会造成光污染，不可能对原告

---

① 参见《最高人民法院公报》2005 年第 5 期。

造成损害。即便如此,被告在得知原告起诉后,已切断了涉案路灯的电源,并保证今后不再使用,故不同意原告的诉讼请求。

【判决要旨】

本案争议焦点有三:一是被告的行为能否构成环境污染中的光污染;二是被告的行为是否影响了原告的权利;三是被告应否为此承担责任,承担什么责任。

《环境保护法》第2条规定,本法所称环境,是指影响人类生存和发展的各种天然的和经过人工改造的自然因素的总体。所以,路灯灯光也属于环境因素的一种。被告永达公司在自己的经营场所设置路灯,为自己的经营场所外部环境提供照明,本无过错。但由于永达公司的经营场所与周边居民小区距离甚近,中间无任何物件遮挡,永达公司路灯的外溢光、杂散光能射入周边居民的居室内,数量足以改变居室内人们夜间休息时通常习惯的暗光环境,且超出了一般公众普遍可忍受的范围。因此永达公司设置的路灯,其外溢光、杂散光确实达到了《城市环境装饰照明规范》所指的障害光程度,已构成由强光引起的光污染。

根据《民法通则》第124条、《环境保护法》第41条规定,造成环境污染危害的,有责任排除危害,并对直接受到损害的单位或者个人赔偿损失。被告永达公司开启的涉案路灯灯光,已对原告陆耀东的正常居住环境和健康生活造成了损害,构成环境污染。永达公司不能举证证明该侵害行为具有合理的免责事由,故应承担排除危害的法律责任。永达公司已于诉讼期间实际停止了开启涉案路灯,并承诺今后不再使用,于法无悖,应予支持。因永达公司的侵权行为没有给陆耀东造成不良的社会影响,故对陆耀东关于永达公司公开赔礼道歉的诉讼请求,不予支持。尽管陆耀东只主张永达公司赔偿其损失1元,但因陆耀东不能举证证明光污染对其造成的实际损失数额,故对该项诉讼请求亦不予支持。

【解 析】

一、评析要点

《物权法》第90条规定:"不动产权利人不得违反国家规定弃置固体废物,排放大气污染物、水污染物、噪声、光、电磁波辐射等有害物质。"该条实际上是关于所谓"不可量物侵害问题"(最高人民法院物权法研究小组,284页)。本条规定主要涉及如下三个方面的问题:其一,不可量物侵害属于相邻关系范畴抑或属于环境侵权问题?其二,认定不可量物的侵害,是否仅以违反国家排放标准为依据?其三,权利人享有何种请求权?

本案判决虽系《物权法》颁布实施以前刊登在《最高人民法院公报》2005年第5期上的案例,但本案上述三个焦点问题,对于理解适用《物权法》第90条规定,仍然具有参考意义。

二、学理评析

1. 不可量物侵害的性质

所谓"不可量物",通常是指按照通常的计量手段无法加以精确测量的某些物质,例如尘埃、沙石、烟灰、气体、光线、电流等。不可量物的放射、扩散,可能污染环境,侵害居民的生活安宁。例如,一些商店使用高频率的音像器材招揽顾客,由于高音喇叭声音太高,严重影响到周围群众的生活。

关于不可量物侵害的性质,学界的主流立场大致有两种:第一种从物权法的视角出发,认为这是保护环境的相邻关系(王利明,675页)、因排污产生的相邻关系(马俊驹、陈本寒,163页)、相邻环保关系(温世扬,103页)。第二种观点则认为,不可量物侵入为环境侵权,是一种私人间的环境侵害(王胜明,329页)。本案判决也认为,被告开启的涉案路灯灯光,已对原告的正常居住环境和健康生活造成了损害,构成环境污染,故应承担排除危害的侵权责任。

但从规范层面看,相邻关系与环境侵权的差别是明显的:前者表现为不可量物对私人领域的"侵入";而后者则相反,重视的是不可量物在大气和公共空间中的"排放",是工业活动引发的物质从某地排出进入公共空间的行为(肖俊,53页)。由此观之,本案判决认定不可量物侵入为环境侵权,显然是错误的。

2. 不可量物侵入合理容忍的判断及其限制

《物权法》第90条中规定了不可量物的排放"不能违反国家标准"。因此,关于不可量物的侵入,首先应依据国家有关环境保护方面的法律法规的规定来确定,是否违反了"国家规定"。例如,我国《固体废物污染环境防治法》第11条规定:"国务院环境保护行政主管部门会同国务院有关行政主管部门根据国家环境质量标准和国家经济、技术条件,制定国家固体废物污染环境防治技术标准。"如果违反了有关规定,不仅要停止侵害,而且要承担相应的责任。如果未违反"国家规定"或者国家尚未制定相关规定,并不意味着不可量物侵害就是合法的,应根据不可量物侵入合理容忍标准,确定是否超过了相邻关系通常的忍受限度(陈华彬,10页)。

不可量物侵入的合理容忍标准的考察,主要通过以下几个方面进行判断:第一,侵入的状态及其对不动产用益的影响。第二,受侵入不动产的经济用途。需要强调的是,容忍标准的基础在于主体对于不动产用益状况,因此随着物的客观用途的差异,不动产用益与人身利益的结合度也不同。对于与主体健康状态结合非常密切的住所、医院、学校,不能仅仅适用一般理性人的标准,相对于工业生产或者商业经营用途,它们需要更高程度的安宁和舒适。第三,不动产所处的区域,越是靠近侵入源,容忍义务越大,反之就越小。第四,可期待的预防成本。为了保护经济发展,如果可期待的预防成本过高或生产经营活动在国计民生方面具有重大意义,法律允许这种超过容忍范围的侵入,构成"合法的不可容忍侵入"(肖俊,55页)。

从我国当前的司法实践看,事实上采纳了不可量物侵入合理容忍标准。正如本案判决所述,"被告永达公司的经营场所与周边居民小区距离甚近,中间无任何物件遮挡,永达公司路灯的外溢光、杂散光能射入周边居民的居室内,数量足以改变居室内人们夜间休息时通常习惯的暗光环境,且超出了一般公众普遍可忍受的范围。"

3. 不可量物侵入排除妨害请求权

《物权法》第90条只规定不可量物的排放"不能违反国家标准",未具体规定权利人享有何种的请求权。根据《物权法》第35条排除妨害请求权之规定,权利人应享有排除不可量物侵入的请求权。

根据排除的方式,排除侵入请求权可以分为积极禁止与消极禁止。积极禁止又可以分为绝对禁止和相对禁止。绝对禁止是要求全面消灭产生侵入的工作物,通常是在对健康和环境有严重威胁的情况下采用;相对禁止,是要求对不动产和工作物进行部分的改造,使之回到可容忍状态中。在实践中,绝对排除侵入源是少见的做法,因为它会对经济发展造成严重不利后果,较为常见的是相对禁止,由法官勾勒出一个容忍范围和框架,侵入人通过对不动产和工作物的改造使侵入回到容忍限度之中,达到排除妨害之目的。消极的禁止则是要求侵入人停止侵入行为,比如深夜禁止弹钢琴或者酒吧停业来达到排除妨害的效果。本案判决也属于消极禁止类型,"被告永达公司不能举证证明该侵害行为具有合理的免责事由,故应承担排除危害的法律责任"。不过,对于"合法的不可容忍侵入"附近的居民就必须承受侵入带来的妨害,则不能主张《物权法》第35条的排除妨害请求权,只能要求获得相应的补偿(肖俊,57页)。

参考文献

1. 最高人民法院物权法研究小组:《〈中华人民共和国物权法〉条文理解与适用》,人民法院出版社2007年版。
2. 王利明:《物权法研究》(第三版)(上卷),中国人民大学出版社2013年版。
3. 马俊驹、陈本寒主编:《物权法》,复旦大学出版社2007年版。
4. 温世扬主编:《物权法教程》,法律出版社2009年版。
5. 王胜明主编:《中华人民共和国侵权责任法释义》,法律出版社2010年版。
6. 肖俊:《不可量物侵入的物权请求权研究——逻辑与实践中的〈物权法〉第90条》,载《比较法研究》2016年第2期。
7. 陈华彬:《对我国物权立法的若干新思考——兼评2004年10月15日〈中华人民共和国物权法(草案)〉》,载《金陵法律评论》2005年第1期。

作者:上海交通大学凯原法学院副教授 其木提

39. 土地承包权经营权的流转
——李维祥与李格梅土地承包经营权继承纠纷案[①]

【事实概要】

被告李格梅与原告李维祥系姐弟关系。农村土地实行第一轮家庭承包经营时,原、被告及其父李圣云、母周桂香共同生活。当时,李圣云家庭取得了6.68亩土地的承包经营权。此后李格梅、李维祥相继结婚并各自组建家庭。至1995年农村土地实行第二轮家庭承包经营时,当地农村集体经济组织对李圣云家庭原有6.68亩土地的承包经营权进行了重新划分,李维祥家庭取得了1.8亩土地的承包经营权,李格梅家庭取得了3.34亩土地的承包经营权,李圣云家庭取得了1.54亩土地的承包经营权,三个家庭均取得了相应的承包经营权证书。1998年2月,李圣云将其承包的1.54亩土地流转给本村村民芮国宁经营,流转协议由李格梅代签。后李圣云、周桂香夫妇相继去世。李圣云家庭原承包的1.54亩土地的流转收益被李格梅占有。李圣云去世前将上述农地的承包证交给原告,并言明该土地由原告和李格梅共同继承,每人一半。

---

① 参见《最高人民法院公报》2009年第12期。

但李格梅一直将该土地全部据为己有。原告曾多次与李格梅协商,李格梅均不同意返还。原告诉至法院请求判令原告对该土地中的一半土地享有继承权,并判令被告向原告交付该部分土地。

【判决要旨】

根据《农村土地承包法》第15条的规定,农村土地家庭承包的,承包方是本集体经济组织的农户,其本质特征是以本集体经济组织内部的农户家庭为单位实行农村土地承包经营。家庭承包方式的农村土地承包经营权属于农户家庭,而不属于某一个家庭成员。根据《继承法》第3条的规定,遗产是公民死亡时遗留的个人合法财产。农村土地承包经营权不属于个人财产,故不发生继承问题。除林地外的家庭承包,当承包农地的农户家庭中的一人或几人死亡,承包经营仍然是以户为单位,承包地仍由该农户的其他家庭成员继续承包经营;当承包经营农户家庭的成员全部死亡,由于承包经营权的取得是以集体成员权为基础,该土地承包经营权归于消灭,不能由该农户家庭成员的继承人继续承包经营,也不能作为该农户家庭成员的遗产处理。

本案中,讼争土地的承包经营权属于李圣云家庭,系家庭承包方式的承包,且讼争土地并非林地,因此,李圣云夫妇死亡后,讼争土地应收归当地农村集体经济组织另行分配,不能由李圣云夫妇的继承人继续承包,更不能将讼争农地的承包权作为李圣云夫妇的遗产处理。驳回原告的诉讼请求。

【解 析】

一、评析要点

《物权法》设专章规定了土地承包经营权,遗憾的是,对土地承包经营权继承问题只字未提。在我国现行法律规范体系中,农村土地承包经营权的继承问题,主要集中在《继承法》和《农村土地承包法》两部法律中。该两部法律农村土地承包经营权的继承问题均持否定态度。2005年发布的《农村土地承包司法解释》也持否定态度。本案系农村土地承包经营权的继承纠纷,本案判决依据上述规定认定土地承包经营权不得继承,并作为典型案例刊登在《最高人民法院公报》2009年第12期。但学界对土地承包经营权继承问题,意见分歧,争议不断。

二、学理评析

1. 相关立法

1985年《继承法》是我国第一部涉及土地承包经营权继承问题的法律。该法第4条规定:"个人承包应得的个人收益,依照本法规定继承。个人承包,依照法律允许由继承人继续承包的,按照承包合同办理。"立法释义也认为:"关于承包权能否继承问题,考虑到承包是合同关系,家庭承包的,户主死亡,并不发生承包权转移问题……有的如承包荒山植树,收益周期长,承包期限长,承包人死后应允许子女继续承包。但是,这种继续承包不能按照遗产继承的办法。如果按照遗产继承的办法,那么同一顺序的几个继承人,不管是否务农,不管是否有条件,都要均等承包,这对生产是不利的。"①

2003年《农村土地承包法》对土地承包经营权的继承问题也进行了系统规范。该法将土地承包区分为"家庭承包的农地""家庭承包的林地"和"其他方式承包的四荒土地"三种类型。该法第31条涉及前两种类型的土地:"承包人应得的承包收益,依照继承法的规定继承。林地承包的承包人死亡,其继承人可以在承包期内继续承包。"第50条涉及第三种类型的土地:"土地承包经营权通过招标、拍卖、公开协商等方式取得的,该承包人死亡,其应得的承包收益,依继承法的规定继承;在承包期内,其继承人可以继续承包。"事实上,在《农村土地承包法》制定过程中,《农村土地承包法(草案)》第9条第2款曾规定"土地承包经营权可以依法继承"。但是,有的委员、地方和部门提出了修改意见,认为应当区别对待。对于集体经济组织内部人人有份的家庭承包,如果不是该组织的成员,就没有继承权。对于少数通过招标、拍卖、协商等方式取得的土地承包经营权以及林地承包经营权,应当允许继承(顾昂然,359页)。可见,该法承认了林地和"四荒"土地上继承人"继续承包"的权利,唯独在家庭承包的本地上延续了《继承法》的规范。

2. 司法释义

《农村土地承包司法解释》第25条进一步确认了《农村土地承包法》中关于林地与"四荒"土地的规定:"林地家庭承包中,承包方的继承人请求在承包期内继续承包的,应予支持。其他方式承包中,承包方的继承人或者权利义务承受者请求在承包期内继续承包的,应予支持。"而对家庭承包方式取得的土地承包经营权的继承则明确持否定态度(最高人民法院民事审判第一庭,310页)。

在司法裁判中,各级法院对"土地承包经营权的继承问题"基本持否定态度。在下级法院层面上,虽有案例持肯定态度,但大多持否定态度。例如,在"吴丽娟与赵海凤农村家庭土地承包经营权继承纠纷上诉案""王子京、王子伟诉王子政土地承包经营权继承纠纷案"中,法院判决均认为,家庭承包的承包方是本集体经济组织的农户,即家庭承包是以农户为单位而不是以个人为单位。这就决定了家庭土地承包经营权的继承与一般意义上的继承不同。以家庭承包方式取得的承包经营权有其特殊性,具有社会保障功能,为集体成员提供基本的社会保障。当承包的农户中的一人或几人死亡时,承包地仍由其他家庭成员继续承包经营(即继续履行承包合同直至承包合同期满),不发生继承的问题(汪洋,129页)。在最高人民法院层面上,未见相关案例,但《最高人民法院公报》2009年第12期选取本案判决,进一步确认了其《农村土地承包司法解释》第25条所持立场。

3. 学术争议

(1) 否定说

该说认为,土地承包经营权不得继承,其主要理由可以概括为以下几点:

首先,土地承包经营权具有一定的身份性(刘宝玉、李运扬,6页)。《农村土地承包法》第15条规定:"家庭承包的承包方是本集体经济组织的农户。"农村土地承包经营权只能属于农户家庭,而不可能属于某一个家庭成员。根据《继承法》第3条的规定,遗产是公民死亡时遗留的个人合法财产,而"农村土地承包经营权不属于个人财产,故不发生继承问题"(程序,23页)。

---

① 参见《关于〈中华人民共和国继承法〉(草案)的说明》。

其次,赋予土地承包经营权一定身份性的根本原因在于我国还未全面建立农村社会保障制度,农村土地仍然承载着社会保障功能(刘承韪,124页)。如果依照继承法的一般原理承认其继承人的继承权,则会对承包地的社会保障功能产生消极的影响;如果这种承包经营权由村集体外部的人取得,将会损害村集体内部社会保障的基础,对集体经济组织其他成员的权益造成损害(最高人民法院民事审判第一庭,310页)。

再次,土地承包经营权是承包经营权人用以从事农业生产活动的用益物权,这一特定目的性也决定了土地承包经营权不能继承。因为,继承人有的不能或不从事农业生产活动。如果农地使用权因继承而转移到非农业人口手中,显然不利于土地的合理利用与农业的有效发展(周子良、张豪,62页)。

最后,就家庭承包的土地承包经营权的流转而言,我国法律虽然承认了其可以包括转让在内的多种方式流转,但《农村土地承包法》第41条对转让的条件、程序和受让人都有严格的限制,而非可以自由转让。因此,不能简单地认为立法既然允许土地承包经营权的转让,就应当承认其可以继承(刘宝玉、李运扬,6页)。

(2) 肯定说

该说认为,土地承包经营权均可以作为继承权的客体,其主要理由可以概括为以下几点:

首先,尽管取得承包经营权的只能是本集体经济组织的农户,但土地承包经营权的"身份属性",实质上强调的是"集体身份",而非"个体身份",因此可以作为遗产而发生继承(汪洋,136页)。土地承包经营权是"集体组织成员作为集体土地所有人一分子所应获得的一项财产"。虽然其以"户"为基本单位,但每户所承包的土地一般是按人分配的。家庭土地承包经营权一旦设立,在承包期内原则上"增人不增地,减人不减地"。这一原则正说明土地承包经营权的可继承性(张玉敏,39页)。

其次,家庭土地承包经营权确实具有社会保障的功能,但这不能影响其可继承性(郭明瑞,29页)。家庭土地承包经营权之所以具有社会保障的功能,也正因为它是农民对自己财产的重要权利,这种社会保障并非是国家或者社会特别给予的,而是农民作为土地所有权主体之一分子应得的财产。

再次,土地承包经营权的特殊目的性也不影响其可作为遗产继承(郭明瑞,29页)。土地承包经营权的这一特定目的性只决定了无论何人继承土地承包经营权都不能改变土地承包经营权的特定目的,但并不影响土地承包经营权的可继承性。因为,继承土地承包经营权的继承人即使自己不能或不从事农业生产活动,也可以将其继承的土地承包经营权转让给他人行使,自己获得转让土地承包经营权所得的收益。

最后,《物权法》第128条规定:"土地承包经营权人依照农村土地承包法的规定,有权将土地承包经营权采取转包、互换、转让等方式流转。"但欠缺继承性的财产权属于不完整的财产权,难以顺利流转(郭明瑞,29页)。肯定说,可资赞同。

参考文献

1. 顾昂然:《全国人大法律委员会关于〈中华人民共和国农村土地承包法(草案)〉修改情况的汇报》,载《中华人民共和国全国人民代表大会常务委员会公报》2002年第5期。

2. 最高人民法院民事审判第一庭编著:《最高人民法院农村土地承包纠纷案件司法解释理

解与适用》，人民法院出版社 2005 年版。

3. 汪洋：《土地承包经营权继承问题研究——对现行规范的法构造阐释与法政策考量》，载《清华法学》2014 年第 4 期。

4. 刘保玉、李运杨：《农村土地承包经营权的继承问题探析》，载《北方法学》2014 年第 2 期。

5. 程序：《农村土地承包经营权不能作为遗产继承》，载《人民司法》2010 年第 14 期。

6. 刘承韪：《产权与政治：中国农村土地制度变迁研究》，法律出版社 2012 年版。

7. 周子良、张豪：《农地使用权流转问题的法律思考》，载《理论探索》2002 年第 2 期。

8. 张玉敏：《继承法律制度研究》，法律出版社 1999 年版。

9. 郭明瑞：《关于农村土地权利的几个问题》，载《法学论坛》2010 年第 1 期。

作者：上海交通大学凯原法学院副教授　其木提

40. 宅基地使用权的取得
——"画家村房屋买卖案"[①]

【事实概要】

北京通州区宋庄镇因聚集大量画家而被称为"画家村"，人数最多时，住有艺术家 2 000 余人，其中 300 多人买下了农民的房子。其后，由于房价上涨等原因，出现了一部分出卖人反悔而导致的买卖契约纠纷案件，引起了媒体的广泛关注，成为社会讨论的热点（吴玉蓉文）。马海涛诉李玉兰房屋买卖合同纠纷案即为其中之一。

李玉兰系河北省邯郸市居民，马海涛原系北京市通州区宋庄镇辛店村农民。双方系争房屋为马海涛所有。2002 年 7 月 1 日，马海涛与李玉兰签订了房屋买卖协议书，将系争房屋及院落卖与李玉兰。买卖房协议书上双方约定："宋庄镇辛店村马海涛与李玉兰商定将正房五间、厢房三间卖给李玉兰作价 4.5 万元，房屋及院落以上级下发的土地使用权证为准，房款自签字后一次性交清，双方遵守协议"。落款处除有买卖双方签字外，宋庄镇辛店村民委员会在合同上加盖了印章。同日，北京市通州区宋庄镇辛店村民委员会在诉争房屋所占院落之集体土地建设用地使用证变更记事一栏中填写了"马海涛于 2002 年 7 月 1 日将上房五间、厢房三间出售给李玉兰使用"的内容。双方签订该协议书后，李玉兰支付马海涛房款 4.5 万元，马海涛将房屋及集体土地建设用地使用证交付李玉兰。李玉兰入住后对原有房屋进行装修，并于 2003 年 10 月经北京市通州区宋庄镇辛店村民委员会批准新建西厢房三间。

2006 年 12 月，马海涛提起诉讼，请求法院要求确认双方签订的房屋买卖协议无效，并诉请李玉兰返还房屋。

[①] 北京市通州区人民法院（2007）通民初字第 1031 号民事判决书；北京市第二中级人民法院（2007）二中民终字第 13692 号判决书。

【判决要旨】

1. 一审判决

违反法律、行政法规强制性规定的合同无效。李玉兰系居民,依法不得买卖农村集体经济组织成员的住房。马海涛要求认定买卖合同无效的诉讼请求,理由正当,证据充分,应予支持。合同无效后,因该合同取得的财产,应当予以返还。马海涛应依照房产的现值对李玉兰进行补偿,房产的现值应当以评估值为准。

2. 二审判决

宅基地使用权是农村集体经济组织成员享有的权利,与享有者特定的身份相联系,非本集体经济组织成员无权取得或变相取得。马海涛与李玉兰所签之买卖房协议书的买卖标的物不仅是房屋,还包含相应的宅基地使用权。李玉兰并非宋庄镇辛店村村民,且诉争院落的集体土地建设用地使用证至今未由土地登记机关依法变更登记至李玉兰名下。因此,原审法院根据我国现行土地管理法律、法规、政策之规定,对于合同效力的认定是正确的。上诉人李玉兰之上诉请求,二审法院不予支持。

合同被确认无效后,因该合同取得的财产应当予以返还,不能返还或者没有必要返还的,应当折价补偿。但鉴于李玉兰在原审法院审理期间未就其损失提出明确的反诉主张,在二审程序中,不宜就损失赔偿问题一并处理,李玉兰可就赔偿问题另行主张。

【解 析】

一、评析要点

根据买方身份的不同,可将农村房屋买卖区分为三种类型:第一类是本集体经济组织的成员购买农村房屋;第二类是其他集体经济组织的成员购买农村房屋;第三类是城镇居民购买农村房屋。对于第一类合同,法院一般认定为有效。第二类合同,虽然其性质与第三类合同基本相同,但在审判实践中既有被认定为有效的,也有被认定为无效的。在理论和实务中争议最大、纠纷最多的是第三类合同(戴孟勇,53 页)。

本案系城镇居民购买农村房屋合同纠纷,争议焦点是城镇居民能否购买农村房屋,亦即城镇居民购买农村房屋合同的效力如何,应当认定为有效还是无效?如果认定合同无效,其法律依据何在?合同无效后,又该如何处理买卖双方之间的关系?限于篇幅,本文主要从解释论的角度出发,探讨城镇居民购买农村房屋合同的效力及其法律依据问题。

二、学理评析

1. 相关立法及政策

《物权法》制定过程中,对于是否允许宅基地使用权及其上房屋的转让,尤其是农村房屋及宅基地使用权能否对城市居民转让问题,或者说宅基地使用权能否直接入市,存在激烈争论。最终《物权法》并未直接对此规定,只是在第 153 条规定:"宅基地使用权的取得、行使和转让,适用土地管理法等法律和国家有关规定。"

《土地管理法》规范宅基地使用权流转的法律规定主要是其第 62、63 条。该法第 62 条规定:"农村村民出卖、出租住房后,再申请宅基地的,不予批准。"第63条规定:"农民集体所有的土地的使用权不得出让、转让或者出租用于非农业建设。"不难发现,该法第62条规定,实际上允许农村村民出卖住房,也未禁止城镇居民购买农村房屋及宅基地使用权,只不过禁止其出卖住房后再申请宅基地而已。该法第63条似乎禁止宅基地的转让,但其目的旨在保护农业用地,限制农用地转为建设用地,而宅基地本来就是建设用地,其权利主体的变更并不会改变宅基地的性质。也就是说,该法第63条规定不过是禁止将集体土地的使用权以出让、转让或者出租的形式用于非农业建设,并未禁止已在集体土地上合法建造的房屋及其土地使用权的转让,也未禁止农村村民出卖其房屋,当然更谈不上禁止城镇居民购买农村房屋的问题。因此,《土地管理法》第63条显然也不能用来调整宅基地使用权的流转问题(刘英全,96页)。

实际上,明确禁止城镇居民购买农村房屋的,是国务院及其有关部门发布的文件。1999年国务院办公厅《关于加强土地转让管理严禁炒卖土地的通知》第2条明确要求:"农民的住宅不得向城市居民出售,也不得批准城市居民占用农民集体土地建住宅,有关部门不得为违法建造和购买的住宅发放土地使用证和房产证。"2004年《国务院关于深化改革严格土地管理的决定》强调:"加强农村宅基地管理,严禁城镇居民在农村购买宅基地。"2007年《国务院办公厅关于严格执行有关农村集体建设用地法律和政策的通知》又强调:"农村住宅用地只能分配给本村村民,城镇居民不得到农村购买宅基地、农民住宅。"2008年《国土资源部关于进一步加快宅基地使用权登记发证工作的通知》再次强调:"严格执行城镇居民不能在农村购买和违法建造住宅的规定。对城镇居民在农村购买和违法建造住宅申请宅基地使用权登记的,不予受理。"

由上可见,我国现行法律、行政法规并未禁止城镇居民购买农村房屋,但国务院的有关文件则明确禁止此类交易。

2. 房屋买卖合同的效力

从当前的司法实践来看,对于城镇居民购买农村房屋的合同的法律效力,主要有如下两种观点:

(1) 有效说

有效说的理由主要有以下几个方面:第一,包括《土地管理法》在内,现行法律法规并无禁止农民处分其房屋的规定。按照"法不禁止即属自由"的原则,农民原则上可以出卖自己的房屋,购买者既可以是本村村民,也可以是包括城市居民在内的其他人(郑永胜、鞠海亭、郑文平,12版)。第二,《合同法司法解释(一)》第4条规定:"合同法实施以后,人民法院确认合同无效,应当以全国人大及其常委会制定的法律和国务院制定的行政法规为依据,不得以地方性法规、行政规章为依据。"上述国务院及其有关部门的文件虽然禁止城镇居民购买农村房屋,但其规定并不属于法律和行政法规的范畴,故不得作为认定合同无效的根据(应秀良,51页)。第三,认定此类合同无效会极大地破坏交易秩序的安全和稳定,损害农民和农村的利益(王卫国、朱庆育,92页);反之,如果认定合同有效,不仅有利于稳定现有的房屋占有关系,保护买受人利益,而且有利于制约农民随意处分自己的房屋和宅基地,否定其背信行为等良好的社会效果(李松、朱雨晨、黄洁文)。

(2) 无效说

无效说是目前法院判决的主流观点①，其理由主要包括：第一，宅基地使用权是集体经济组织成员享有的权利，不允许转让。在房地一体的格局下，处分房屋的同时也处分了宅基地，损害了集体经济组织的权益，是法律法规明确禁止的。第二，目前，农村房屋买卖无法办理产权证书变更登记，故买卖虽完成，但买受人无法获得所有权人的保护。第三，认定买卖合同有效不利于保护出卖人的利益。出卖人相对处于弱者的地位，其要求返还私有房屋的要求更关涉其生存权益。第四，宅基地使用权的流转必然带来宅基地需求的加大，造成住宅用地向耕地延伸，显然不符合《土地管理法》关于保护耕地的立法意图。第五，认定合同无效虽然可能引发一些诉讼，但可以制约众多潜在的房屋买受人，发挥司法应有的导向作用。第六，对于农村房屋买卖问题，我国法律包括《物权法》均没有明确规定，因此应当适用国家有关政策的规定进行裁判。

如果从务实而非理想的角度来考虑就会发现，由于国务院三番五次地发文禁止城镇居民购买农村房屋，又明确要求房地产登记机构不得为城镇居民购买的农村房屋办理宅基地使用权转移登记手续，所以法院在审判实践中最现实的选择，莫过于认定城镇居民购买农村房屋的合同无效，以便与现行的国家政策和不动产登记制度保持一致。否则，就会出现虽然房屋买卖合同有效，但法院的生效判决却无法执行，买受人也不能获得房屋所有权和土地使用权的悖谬之事(戴孟勇，53页)。由此观之，正如本案判决，城镇居民购买农村房屋合同当属无效。

3. 房屋买卖合同无效的法律根据

如果认定城镇居民购买农村房屋合同无效，那么其法律依据何在？在理论上和司法实践中，主要有如下三种观点：

(1) 违反法律法规强制性规定说

该说认为，《合同法》第52条第5项规定"违反法律、行政法规的强制性规定"的合同无效，城镇居民购买农村房屋的合同违反了《土地管理法》第62、63条规定，故应依《合同法》第52条第5项认定为无效(周迎飚、刘龙泉、刘粤红文)。本案判决实际上也采纳的是这一观点。

但如上所述，《土地管理法》第62条规定实际上是允许农村村民出卖住房，只不过禁止其出卖住房后再申请宅基地而已。《土地管理法》第63条的立法目的在于限制农用地转为建设用地，并未禁止城镇居民购买农村房屋。因此，无论是《土地管理法》第62条还是第63条显然不能作为认定城镇居民购买农村房屋的合同无效的法律依据。

(2) 违反国家政策说

该说认为，《民法通则》第6条规定："民事活动必须遵守法律，法律没有规定的，应当遵守国家政策。"《物权法》第153条规定："宅基地使用权的取得、行使和转让，适用土地管理法等法律和国家有关规定"。"国家有关规定"包括国务院规章。由于国家现行政策明确禁止城镇居民在农村购买宅基地或者地上建筑物，因此城镇居民购买农村房屋或者宅基地的买卖合同为无效合同(魏建国、聂文辽、冯建晓文)。

此说难谓妥当。首先，从《合同法》第7条与《民法通则》第6条的关系来看，前者要求"当事人订立、履行合同，应当……尊重社会公德，不得扰乱社会经济秩序，损害社会公共利益"，

---

① 参见北京市高级人民法院《关于农村私有房屋买卖纠纷合同效力认定及处理原则研讨会会议纪要》和《山东省高级人民法院2008年民事审判工作会议纪要》。

并未沿袭后者有关民事活动应当遵守国家政策的规定。而且,《合同法》第52条规定的合同无效事由中,也不包括违反国家政策一项。这一变化过程表明,我国立法者已经抛弃以是否违反国家政策来认定合同效力的做法。《物权法》第153条所谓"国家有关规定"似乎是指国家政策。但是,如果当事人订立的有关合同违反了前述条文所要求的"国家有关规定",而这些规定又不属于行政法规的范畴,那么法院在实务操作上,仍无法根据《合同法》第52条第5项的规定认定合同无效(戴孟勇,53页)。

(3) 损害社会公共利益说

笔者认为,否定城镇居民购买农村房屋合同的效力,与其牵强地适用《合同法》第52条第5项或者《民法通则》第6条的规定,还不如通过对《合同法》第52条第4项的解释适用,直接认定合同无效(王利明,60页)。如上所述,国务院之所以反复强调禁止城镇居民购买农村房屋,主要是为了保护农民利益、保持农村稳定、保障经济社会可持续发展、保护全民族的根本利益。物权法之所以没有放开宅基地使用权的转让条件,也是为了保障农民的基本生存条件,维护社会稳定。显然,无论是保护农民利益、保持农村稳定还是保障经济社会可持续发展,都属于社会公共利益的范畴。申言之,城镇居民购买农村房屋的合同,违反现行国家政策的同时,也损害了其所维护的社会公共利益,故应按照《合同法》第52条第4项的规定认定无效。

综上,本案判决认定城镇居民购买农村房屋合同无效,可资赞同,但其认定无效的法律依据,值得商榷。

参考文献

1. 吴玉蓉:《北京"画家村"小产权房案再调查》,载《东方早报》2008年3月3日。
2. 戴孟勇:《城镇居民购买农村房屋纠纷的司法规制》,载《清华法学》2009年第5期。
3. 刘英全:《农村私有房屋转让中涉及的相关法律问题》,载《法律适用》2008年第11期。
4. 郑永胜、鞠海亭、郑文平:《农村房屋买卖:是耶,非耶?》,载《人民法院报》2006年2月21日。
5. 应秀良:《农村房屋买卖合同效力辨析》,载《法律适用》2009年第7期。
6. 王卫国、朱庆育:《宅基地如何进入市场?——以画家村房屋买卖案为切入点》,载《政法论坛》2014年第3期。
7. 李松、朱雨晨、黄洁:《北京法院调研建议允许农村房屋产权流转》,载《法制日报》2008年12月7日。
8. 周迎飚、刘龙泉、刘粤红:《购买农村集体土地上"小产权房"需谨慎》,载《人民法院报》2007年6月28日。
9. 魏建国、聂文辽、冯建晓:《农村房屋买卖合同效力认定和处理原则》,载《人民法院报》2009年3月24日。
10. 王利明:《关于无效合同确认的若干问题》,载《法制与社会发展》2002年第5期。

作者:上海交通大学凯原法学院副教授　其木提

41. 抵押财产的转让
——重庆索特盐化股份有限公司与重庆新万基房地产开发有限公司土地使用权转让合同纠纷案[①]

【事实概要】

重庆索特盐化股份有限公司(原审原告、反诉被告、被上诉人,以下简称"索特公司")在重庆市万州区观音岩1号拥有四块商服用地使用权,并将上述土地抵押给相关银行用于贷款担保,抵押期限自2005年至2011年。2005年12月1日,重庆新万基房地产开发有限公司(原审被告、反诉原告、上诉人,以下简称"新万基公司")与索特公司签订了《金三峡花园联合开发协议》,在上述土地上联合开发金三峡花园。该协议约定:(1)索特公司现已将上述土地抵押给某银行融资贷款,同意在约定时间内将该土地的抵押权解除,并保证不存在其他权利瑕疵;(2)以新万基公司出资、索特公司出土地使用权,共同投资、共享利润的方式,共同进行房地产开发。2005年12月1日,新万基公司与索特公司又签订了《联合开发协议之补充协议》(以下统称为"本案协议")。

2007年12月20日,索特公司以新万基公司并未按照合同约定履行相应义务为由,向法院起诉,要求解除本案协议,请求判令新万基公司支付违约金。新万基公司提起反诉,请求法院判令索特公司承担违约责任,支付违约金。

【判决要旨】

1. 一审判决

首先,本案双方当事人之间法律关系实质上是土地使用权转让。其次,当事人之间的土地使用权转让行为违反了《担保法》第49条第1款,即原告索特公司在转让抵押财产时未通知抵押权人,而归于无效。由于被告新万基公司受让的标的物上存在抵押权,根据《担保法解释》第67条第1款规定,被告可以通过行使涤除权消灭该抵押权,从而对转让行为的效力予以补正。但被告并未行使涤除权,该转让行为的效力未能得到补正。故此,本案协议属于无效合同,双方要求对方支付违约金的请求均不能成立。最后,本案合同无效是因为抵押人未将土地转让的情况通知抵押权人,系原告单方的过错导致了合同无效,对被告因此遭受的损失应由原告承担赔偿责任。

2. 二审判决

根据《物权法》第191条、《担保法》第49条的规定,抵押期间抵押人转让抵押物,应当通知抵押权人并经抵押权人同意,否则转让行为无效。但《物权法》第191条以及《担保法解释》第67条还同时规定,未经通知或者未经抵押权人同意转让抵押物的,如受让方代为清偿债务消灭抵押权的,转让有效。即受让方通过行使涤除权涤除转让标的物上的抵押权负担的,转让行为

[①] 重庆市高级人民法院(2008)渝高法民初字第2号民事判决书;最高人民法院(2008)民一终字第122号民事判决书。

有效。上述法律、司法解释的规定,旨在实现抵押权人、抵押人和受让人之间的利益平衡,既充分保障抵押权不受侵害,又不过分妨碍财产的自由流转,充分发挥物的效益。

《物权法》第 15 条确定了不动产物权变动的原因与结果相区分的原则。物权转让行为不能成就,并不必然导致物权转让的原因即债权合同无效。本案协议作为讼争土地使用权转让的原因行为是债权形成行为,并非该块土地使用权转让的物权变动行为。相关法律关于未经通知抵押权人而导致物权转让行为无效的规定,其效力不应及于属于物权变动行为的原因行为。因为当事人可以在合同约定中完善物权转让的条件,使其转让行为符合法律规定。

综上,本案协议系当事人的真实意思表示,不违反法律和行政法规的禁止性规定,合法有效。被上诉人索特公司未履行合同义务的行为,构成违约,应承担合同约定的违约责任。撤销一审判决,改判被上诉人索特公司向上诉人新万基公司承担违约责任。

【解　析】

一、评析要点

正如本案一审判决所述,本案协议实为"土地使用权转让合同"。本案最为关键的争议焦点是抵押人未经抵押权人同意转让已抵押的土地使用权时,该土地使用权转让协议的效力问题。本案系公报案例①,对于类似案件的审判具有重要的示范意义。

但本案一审判决无论其结论还是其说理均缺乏说服力,二审判决结论虽然正确,但以物权行为理论为其法理依据,难谓妥当。另外,本案判决中还涉及涤除权等问题,限于篇幅,本书不予探讨。

二、学理评析

1. 一审判决存在的问题

《担保法》第 49 条第 1 款规定,"抵押期间,抵押人转让已办理登记的抵押物的,应当通知抵押权人并告知受让人转让物已经抵押的情况;抵押人未通知抵押权人或者未告知受让人的,转让行为无效。"根据起草者的解释,该规定意味着法律承认已经办理登记的抵押权具有物上追及效力。如果不承认追及效力,那么要求抵押人告知受让人标的物已经抵押就显得毫无意义(全国人大常委会法制工作委员会民法室,66 页)。

学界对于《担保法》第 49 条第 1 款是否认可了抵押权的追及效力,一直有争议(全国人大常委会法制工作委员会民法室,67 页)。但《担保法解释》采纳的是起草人的观点。《担保法解释》第 67 条第 1 款第一句规定:"抵押权存续期间,抵押人转让抵押物未通知抵押权人或者未告知受让人的,如果抵押物已经登记的,抵押权人仍可以行使抵押权。"也就是说,该规定明确承认了登记的抵押权具有追及效力,抵押财产的转让协议不会因为未通知抵押权人或者未告知受让人而无效。

在本案中,索特公司将抵押财产转让给新万基公司之前并未通知抵押权人。根据《担保法》第 49 条第 1 款与《担保法解释》第 67 条第 1 款规定,本案协议是合法有效的。但债务人如

---

① 参见《最高人民法院公报》2009 年第 4 期。

果不履行到期债务,抵押权人有权将土地使用权变价并优先受偿。本案一审法院虽然适用《担保法》第49条第1款与《担保法解释》第67条第1款,却得出了本案协议无效的结论,显然是错误的(程啸,1384页)。

2. 二审判决存在的问题

(1) 本案不能适用《物权法》的规定

法谚有云:"后法优于前法"。此即新法优于旧法的原则。《物权法》第178条规定:"担保法与本法的规定不一致的,适用本法。"因此,当出现法律规定不一致的情况,应当按照"新法优于旧法"的原则,优先适用《物权法》的规定。但新法在适用时间范围上,不得回溯性地适用于该新法颁布以前的案件。这一原则通常被称为法不溯及既往原则。因此,对《物权法》施行之前的案件,应适用《担保法》的规定。本案是发生在《物权法》施行之前的担保案件,依据法不溯及既往原则,本应适用《担保法》及其司法解释的规定,但二审法院却同时适用《物权法》的规定,完全违背了法不溯及既往原则"显非妥当(程啸,1379页)。

(2) 我国物权法不承认物权行为理论

退一步而言,即便适用《物权法》第191条的规定,二审法院对该条规定的理解也是错误的。《物权法》第191条第2款规定:"抵押期间,抵押人未经抵押权人同意,不得转让抵押财产,但受让人代为清偿债务消灭抵押权的除外。"该规定是对抵押人转让抵押财产权利的限制,完全不承认抵押权具有追及效力。这种对抵押人处分权的限制比《担保法》更为严格。因为,《担保法》第49条第1款尚且允许抵押人在"通知抵押权人并告知受让人转让物已经抵押的情况下","转让已办理登记的抵押物"。但《物权法》第191条第2款规定,不论抵押权是否经过登记,一律要求抵押人转让抵押物必须获得抵押权人的同意,显然是彻底否定了抵押权的追及效力。

《物权法》第191条第2款虽否定抵押权的追及效力,但未规定抵押人未经抵押权人同意转让抵押财产的后果是什么,即转让协议的效力问题。《物权法》颁行后,学界与实务界众说纷纭,争议极大,主要有如下无效说、有效说、区分说等观点。

无效说认为,抵押人未经抵押权人同意而转让抵押财产的,该转让合同无效(高圣平,352页)。因为,《物权法》第191条第2款属于效力强制性规范,否则将会使法律关于抵押权人同意的规定形同虚设,无法实现其立法目的(王利明,1225页)。

有效说认为,《物权法》第191条第2款是管理性的强制性规范,而非效力强制性规范,否则不利于维护交易安全、保护诚实守信者的权益(崔建远,464页)。只要该抵押财产转让合同不存在《合同法》第52条规定的无效情形,抵押财产转让合同本身就是合法有效的。如果出卖人在合同约定的履行期限届满时仍未能履行消灭抵押权的义务,致使买受人无法办理所有权转移登记的,则出卖人构成违约,买受人可以请求解除合同。

区分说则认为,《物权法》第15条规定:"当事人之间订立有关设立、变更、转让和消灭不动产物权的合同,除法律另有规定或者合同另有约定外,自合同成立时生效;未办理物权登记的,不影响合同效力。"该条规定确定了不动产物权变动的原因与结果相区分的原则。根据该条规定,在抵押人未经抵押权人同意转让抵押财产时,也应区分处分行为与负担行为而分别确定其效力。抵押人转让抵押物的合同是负担行为,而抵押物所有权的变动是处分行为。《物权法》第191条规定抵押物不得转让指向的仅仅是处分行为,而非指引起物权变动的买卖合同(吴光荣,43页)。因此,《物权法》第191条关于未经通知抵押权人而导致物权转让行为无效的规定,其效力不应及于属于物权变动行为的原因行为。本案二审判决采取的就是区分说。

本文赞同有效说。首先,无效说并未考虑到我国法上不动产抵押权与动产抵押权在是否以登记为生效要件上的差别。就不动产抵押权而言,由于采取的是登记生效要件主义,因此受让人在与抵押人签订转让合同前,明知受让的标的物上有抵押权,仍然购买,此时令抵押财产转让合同无效,也不为过。可是,对于以登记为对抗要件的动产抵押权和动产浮动抵押权,情况就有所不同。这些抵押权存在于动产之上,不登记抵押权也产生,但不能对抗善意第三人。故此,实践中完全可能出现受让人根本无法知悉标的物上存在抵押权的情形,此时令合同无效,既与《物权法》第188条、第189条关于未经登记的抵押权不得对抗善意第三人的规定相悖,也违反《物权法》第106条善意取得的规定(程啸,1397页)。

其次,区分说最大的错误在于没有正确地理解《物权法》第15条的含义,将之误解为对物权行为独立性的承认。负担行为与处分行为是德国民法对法律行为的一种分类。负担行为与处分行为是两个互相独立的法律行为,前者引起债权债务关系,后者则导致物权的变动。我国民法学界关于是否承认物权行为与债权行为存在极大的争议(马俊驹、余延满,298页)。《物权法》颁布实施后,虽有观点主张《物权法》第15条区分了负担行为与处分行为(李永军,126页),但通说认为我国法上没有区分物权行为与债权行为(王胜明,35页)。全程参与过《合同法》《物权法》起草的学者也都一致认为,《物权法》没有承认物权行为与债权行为的区分(王利明,164页;梁慧星,62页)。《物权法》第15条只是区分了合同的效力与不动产登记的效力,这一区分显然完全不同于德国法上对负担行为与处分行为的区分。由此可见,二审判决以《物权法》第15条作为我国区分负担行为与处分行为的依据,进而认为我国法承认了处分行为的独立性,显然不妥当(程啸,1396页)。

参考文献

1. 全国人大常委会法制工作委员会民法室:《中华人民共和国担保法释义》,法律出版社1995年版。

2. 程啸:《论抵押财产的转让——"重庆索特盐化股份有限公司与重庆新万基房地产开发有限公司土地使用权转让合同纠纷案"评释》,载《中外法学》2014年第5期。

3. 高圣平:《担保法论》,法律出版社2009年版。

4. 王利明:《物权法研究》(第三版)(下卷),中国人民大学出版社2013年版。

5. 崔建远:《物权法》(第二版),中国人民大学出版社2011年版。

6. 吴光荣:《论抵押物转让的效力》,载《判解研究》2012年第1辑,人民法院出版社2012年版。

7. 马俊驹、余延满:《民法原论》(第三版),法律出版社2007年版。

8. 李永军:《合同法》(第三版),中国人民大学出版社2012年版。

9. 王胜明:《物权法制定过程中的几个重要问题》,载《法学杂志》2006年第1期。

10. 王利明:《中国物权法草案建议稿及说明》,中国法制出版社2001年版。

11. 梁慧星:《中国民事立法评说:民法典、物权法、侵权责任法》,法律出版社2010年版。

作者:上海交通大学凯原法学院副教授　其木提

42. 应收账款质权
——福建海峡银行股份有限公司福州五一支行与长乐亚新污水处理有限公司、福州市政工程有限公司金融借款合同纠纷案①

【事实概要】

原告福建海峡银行股份有限公司福州五一支行(以下简称"五一支行")与被告长乐亚新污水处理有限公司(以下简称"长乐公司")签订单位借款合同后向长乐亚新公司贷款3 000万元。福州市政工程有限公司(以下简称"福州市政公司")为上述借款提供连带责任保证。五一支行、长乐公司、福州市政公司、长乐市建设局四方签订了《特许经营权质押担保协议》,市政公司以长乐市污水处理项目的特许经营权提供质押担保。因长乐公司未能按期偿还贷款本金和利息,五一支行故诉请法院判令:长乐公司偿还原告借款本金和利息;确认《特许经营权质押担保协议》合法有效,拍卖、变卖该协议项下的质物,原告有优先受偿权;将长乐市建设局支付给两被告的污水处理服务费优先用于清偿应偿还原告的所有款项;福州市政公司对剩余债权承担连带清偿责任。被告长乐公司和福州市政公司辩称:长乐市城区污水处理厂特许经营权,并非法定的可以质押的权利,且该特许经营权并未办理质押登记,故原告诉请拍卖、变卖长乐市城区污水处理厂特许经营权,于法无据。

【判决要旨】

1. 一审判决

长乐公司应向五一支行偿还借款本金及利息;五一支行有权直接向长乐市建设局收取应由长乐市建设局支付给长乐公司、福州市政公司的污水处理服务费,并对该污水处理服务费就本判决确定的债务行使优先受偿权;福州市政公司对剩余债务承担连带清偿责任。

2. 二审判决

(1)污水处理项目特许经营权是对污水处理厂进行运营和维护,并获得相应收益的权利。污水处理厂的运营和维护,属于经营者的义务,而其收益权,则属于经营者的权利。《担保法解释》第97条明确规定,公路收益权属于依法可质押的其他权利,本案讼争污水处理项目收益权与公路收益权性质上相类似,因此污水处理的收益权亦应允许出质。《物权法》颁布实施后,因污水处理项目收益权系基于提供污水处理服务而产生的将来金钱债权,依其性质亦可纳入依法可出质的"应收账款"的范畴。因此,讼争污水处理项目收益权作为特定化的财产权利,可以允许其出质。

(2)《物权法》第228条规定,以应收账款出质的,当事人应当订立书面合同。质权自信贷征信机构办理出质登记时设立。由于本案的质押担保协议签订于《物权法》施行之前,故不适

---

① 福建省福州市中级人民法院(2012)榕民初字第661号民事判决书;福建省高级人民法院(2013)闽民终字第870号民事判决书。

用《物权法》规定的应收账款登记制度。应参照当时公路收费权质押登记的规定,由其主管部门进行备案登记,该权利即具备物权公示的效果。本案中,长乐市建设局在《特许经营权质押担保协议》上盖章,且明确约定"长乐市建设局同意为原告和福州市政公司办理质押登记出质登记手续",故可认定讼争污水处理项目的主管部门已知晓并认可该权利质押情况,有关利害关系人亦可通过长乐市建设局查询了解讼争污水处理厂的有关权利质押的情况。因此,本案讼争的权利质押已具备公示之要件,质权已设立。

(3) 我国《担保法》和《物权法》均未具体规定权利质权的具体实现方式,仅就质权的实现作出一般性的规定,即质权人在行使质权时,可与出质人协议以质押财产折价,或就拍卖、变卖质押财产所得的价款优先受偿。但污水处理项目收益权属于将来金钱债权,质权人可请求法院判令其直接向出质人的债务人收取金钱并对该金钱行使优先受偿权,故无须采取折价或拍卖、变卖之方式。况且,收益权均附有一定之负担,且其经营主体具有特定性,故依其性质亦不宜拍卖、变卖。因此,原告请求将质物予以拍卖、变卖并行使优先受偿权的主张,不予支持。根据协议约定,原告五一支行有权直接向长乐市建设局收取污水处理服务费,并对所收取的污水处理服务费行使优先受偿权。但由于被告仍应依约对污水处理厂进行正常运营和维护,若无法正常运营,则将影响到长乐市城区污水的处理,亦将影响原告对污水处理费的收取,故原告在向长乐市建设局收取污水处理服务费时,应当合理行使权利,为被告预留经营污水处理厂的必要合理费用。

综上,驳回上诉,维持原判。

【解　析】

一、评析要点

《物权法》第 223 条规定,债务人或者第三人有权处分的应收账款可以出质,但未对应收账款及其范围作出清晰的界定。理论界和实务界对收费权是否应当纳入应收账款范畴以及哪些类型的收费权可以纳入应收账款范畴仍存在较大的争议。同时,在应收账款质权实现方式上,《物权法》第 229 条规定,质权人在行使质权时,可与出质人协议以质押财产折价,或就拍卖、变卖质押财产所得的价款优先受偿。但应收账款质押作为一种债权质,与动产质权在实现方式上存在较大的差异,是否需要以质押财产折价或就拍卖、变卖质押财产所得的价款优先受偿,不无疑问。

二、学理评析

1. 应收账款的范围

在《物权法》出台之前,应收账款在我国只是作为会计学概念在实务中被使用,其主要是指企业因销售产品、提供劳务等,应向购货单位或接受劳务单位收取的款项。例如,财政部 2000 年《企业会计制度》第 17 条规定:"应收及预付款项是指企业在日常生产经营过程中发生的各项债权,包括应收款项(包括应收票据、应收账款、其他应收款)和预付账款等。"

在《物权法》制定过程中,对于是否将应收账款纳入可质押的权利范畴以及如何构建应收账款质押制度有诸多争论(王利明,1 页)。例如,《物权法草案》曾规定有"公路、桥梁等收费权"

可以质押的条款,然而在全国人大常委会在进行第七次《物权法草案》的审议时,删去了该条款,其理由是专家认为"公路、桥梁等收费权可以纳入应收账款,而且目前收费情况比较混乱,哪些收费权可以质押,哪些不能质押,还需要进一步清理,因此,在这一条中规定应收账款即可,不必明确列出公路、桥梁等收费权。"(胡康生,481页)有鉴于此,法律委员会经研究,建议删去"公路、桥梁等收费权"质押的规定,最终《物权法》第223条仅规定"应收账款"可以质押(王利明、尹飞、程啸,530页)。

学界所认可的定义是中国人民银行2007年公布并于2017年修订的《应收账款质押登记办法》所作的规定(赵万一、俞文焱,130页)。该办法第2条规定:"本办法所称应收账款是指权利人因提供一定的货物、服务或设施而获得的要求义务人付款的权利以及依法享有的其他付款请求权,包括现有的和未来的金钱债权,但不包括因票据或其他有价证券而产生的付款请求权,以及法律、行政法规禁止转让的付款请求权。"从应收账款的构成来看,应收账款主要表现为以金钱债权为内容的付款请求权,可以是既存债权也可以是未来债权。未来债权是相对于现有债权而言的,是指现在尚未存在、但在将来有可能发生的债权(钟青,118页)。根据产生的可能性和内容的确定性程度,未来应收账款可分为两种:一是普通未来应收账款,二是收费权(赵万一、俞文焱,130页)。前者,即权利人在自身的经营范围之内,根据既往生产经营活动情况可预期的未来应收账款;后者,是指权利人依行政许可、特许经营等方式取得的,基于提供设施或服务对未来使用设施或享受服务的债务人享有的请求偿付一定金钱的权利,如《应收账款质押登记办法》第2条第2款规定,应收账款包括能源、交通运输、水利、环境保护、市政工程等基础设施和公用事业项目收益权。

2. 应收账款质权的实现

我国《物权法》未具体规定权利质权的具体实现方式,仅就质权的实现作出一般性的规定。《物权法》第229条规定:"权利质权除适用本节规定外,适用本章第一节动产质权的规定。"关于动产质权的实现方式,《物权法》第219条第2款和第3款规定:"债务人不履行到期债务或者发生当事人约定的实现质权的情形,质权人可以与出质人协议以质押财产折价,也可以就拍卖、变卖质押财产所得的价款优先受偿。"若按照该规定,当债务人不履行债务时,债权人有权依法以该应收账款折价或者以拍卖、变卖它的价款优先受偿(王利明,588页)。

尽管《物权法》规定权利质适用动产质权的规定,但质押标的的特殊性决定了不能简单套用动产质权的实现模式,即不能简单套用协议以应收账款折价或以参照市场价格变卖以及拍卖应收账款后获得的价款优先受偿模式。应收账款作为一种区别于动产和其他财产权利的特殊财产权,在其上设立的质权实质上是以一种请求权担保另一种请求权的实现,因此其质权实现规则区别于其他权利质权的实现(赵万一、余文焱,130页)。正如本案判决所述,收益权属于将来金钱债权,质权人可以径行向已确定的应收账款债务人主张支付款项的权利,无须采取折价或拍卖、变卖之方式行使优先受偿权。这既符合应收账款作为额度确定的金钱债权的性质,又可以简化实现程序,降低实现成本,提高应收账款质权实现的效率和效益。当然,质权人在实现质权时,若将全部费用都予以收取,未预留项目必要的经营费用,将导致项目无法继续运营,质权人亦将无法继续收取今后的费用。故为确保项目的持续稳定的运营,质权人应当合理行使权利,给出质人预留必要合理的经营费用。

综上,本案判决作为最高人民法院发布的第53号指导案例,从司法解释的效力层级明确了收益权可作为应收账款质押,质权人可直接向出质债权的债务人收取应收账款的方式优先受偿,同时为避免质权人滥用权利,提出了质权人行使权利时应向出质人预留合理费用的要求。这一裁判规范对于统一裁判标准、规范金融机构特许经营权的质押贷款业务并促进基础设施项目的融资有积极的指导意义。

参考文献

1. 王利明:《担保物权制度的发展与我国物权法草案》,载《山西大学学报(哲学社会科学版)》2006年第4期。
2. 胡康生主编:《中华人民共和国物权法释义》,法律出版社2007年版。
3. 王利明、尹飞、程啸:《中国物权法教程》,人民法院出版社2007年。
4. 赵万一、余文焱:《应收账款质押法律问题》,载《法学》2009年第9期。
5. 钟青:《权利质权研究》,法律出版社2004年版。
6. 王利明:《物权法研究》(修订版)(下卷),中国人民大学出版社2007年版。

作者:上海交通大学凯原法学院副教授　其木提

43. 动产留置权
—— 长三角商品交易所公司与卢海云返还原物纠纷案[①]

【事 实 概 要】

卢海云原系长三角商品交易公司(以下简称"长三角公司"副总经理,分管行政、人事、财务等工作。为方便卢某工作,长三角公司将名下的系争轿车交付卢海云使用。2014年2月21日,长三角公司向卢海云送达关于其旷工和挪、占用公司财产处罚通告,载明卢海云"连续旷工13日,我公司多次通知拒不去集团物流园报到,也不来交易所,并挪用和拒还公司系争轿车,其行为违反了公司《员工手册》第15条关于旷工的规定和第72条挪用公司财物的规定,属于严重的违纪行为,从即日起给予辞退处理"等内容。卢海云对解除劳动关系并无异议,但认为长三角公司解除劳动关系违法,应向其支付拖欠的工资、社保金及经济补偿金,故拒绝向长三角公司返还系争轿车,并于2014年6月9日向无锡市滨湖区劳动人事争议仲裁委员会申请劳动仲裁。2014年7月25日,该委作出仲裁裁决书,载明长三角公司应支付卢海云2013年1月至2014年1月的工资差额12.6万元及违法解除劳动合同的经济赔偿金8万元等内容。长三角公司不服该劳动仲裁裁决书,已另向法院提起诉讼。

同时,长三角公司于2014年5月8日诉至法院,请求判令卢海云向长三角公司返还系争轿车。卢海云则辩称:系争轿车是其担任公司副总经理期间由长三角公司配置使用,因此是基于

---

① 江苏省无锡市崇安区人民法院(2014)崇民初字第0562号民事判决书;江苏省无锡市中级人民法院(2014)锡民终字第1724号民事判决书。

劳动关系合法占有系争轿车,因长三角公司欠结工资、社保金及经济赔偿金等劳动债权,故可对系争轿车行使留置权,直至长三角公司付清相关费用。

【判 决 要 旨】

1. 一审判决

长三角公司因卢海云担任长三角公司副总经理,将系争轿车配置给卢海云使用,故卢海云因长三角公司的安排合法占有、使用系争轿车。卢海云系基于其与长三角公司的劳动关系合法占有该车辆,在长三角公司与其解除劳动关系后,基于长三角公司尚欠其工资及经济补偿金事宜,有权对系争轿车行使留置权,故对长三角公司要求卢海云返还车辆的主张不予支持。驳回原告的诉讼请求。

2. 二审判决

基于劳动关系产生的债权不能行使留置权。留置权是平等主体之间实现债权的担保方式。而劳动关系主体双方在履行劳动合同过程中处于管理与被管理的不平等关系。劳动者不能基于劳动管理关系而对所占有的用人单位的财产适用留置。根据《物权法》第230条、第231条规定,除企业间留置外,债权人留置的动产,应当与债权属于同一法律关系。所谓同一法律关系,是指债权人占有动产是基于与其债权发生的同一法律关系发生,动产与债权发生具有紧密联系性。用人单位供劳动者使用的工具、物品等,不是劳动合同关系的标的物,与劳动债权不属于同一法律关系。本案中,卢海云所扣留的系争轿车,仅仅是长三角公司为公司高管出行提供的便利,并非双方建立劳动关系的标的物,长三角公司可以随时基于所有权收回车辆,并不影响原有劳动关系的履行。因此,卢海云占有系争轿车与其主张的劳动债权不属于同一法律关系。在双方劳动关系解除后,卢海云合法占有系争轿车的条件已不存在,理应向长三角公司返还系争轿车。故判决:撤销一审判决;卢海云向长三角公司返还系争轿车。

【解　析】

一、评析要点

本案的主要争议焦点是,卢某可否就其劳动债权对系争轿车行使留置权问题。《物权法》第230条规定:"债务人不履行到期债务,债权人可以留置已经合法占有的债务人的动产,并有权就该动产优先受偿。"第231条规定,"债权人留置的动产,应当与债权属于同一法律关系"。卢某是否享有留置权,取决于其所留置的动产与其劳动债权是否属于"同一法律关系"。但正如本案二审判决所述,民法是平等主体之间的关系,而非不平等主体之间的法律关系。因此,在判断本案"同一法律关系"之前,首先须明确本案当事人之间的法律关系的性质,其次才是"同一法律关系"的认定问题。

二、学理评析

1. 留置权的适用范围

《民法总则》第2条规定,民法调整平等主体的自然人、法人和非法人组织之间的人身关系和财产关系。《物权法》第2条规定,本法是调整平等主体之间的民事关系、确认和保护物权的法律;物权包括所有权、用益物权和担保物权。担保物权适用于民事活动,不适用因国家行政行为(如税款)、司法行为(如扣押产生的费用)等不平等主体之间产生的关系(姜丽丽、诸佳英,41页)。留置权是担保物权之一,是平等主体间实现债权的一种方式。但与抵押权、质权等担保物权相比,留置权具有以下几项特征。首先,留置权是以动产为标的物的一种法定担保物权。其次,留置权是具有二次效力的担保物权。留置权人在其债权未受清偿前得留置标的物,这是第一次效力即留置效力。当债务履行期限届满,债务人仍不履行债务时,留置权人有权以标的物折价或拍卖、变卖并就所得价款优先受偿,此即留置权的第二次效力(史尚宽,487页)。最后,留置权不具有追及效力。留置权属于占有担保,在丧失占有后就消灭了权利本身(《物权法》第240条),故留置权不具有追及效力。

民法调整平等主体之间的法律关系,劳动关系则兼有平等关系与隶属关系的特征(董保华,89页)。劳动关系是按照平等关系建立的,但劳动关系一旦建立,用人单位与劳动者之间建立的是一种以管理和被管理为特征的不平等关系,不符合平等民事法律关系的属性要求(姜丽丽、诸佳英,42页)。因此,如本案二审判决所述,与一般的民事关系相比,双方在履行劳动合同过程中处于管理和被管理的不平等关系,劳动者不能基于劳动管理关系留置其所占有的用人单位的财产,否则将导致劳动管理秩序的紊乱。我国《劳动法》及《劳动合同法》已经对劳动者的合法权利设置了倾斜性保护条款,劳动者完全可以通过法定的正当途径保护自己的劳动债权,如再使用私力救济方式保护劳动债权,不仅影响劳动生产和管理秩序,还将造成债权债务保护的不公平性。而且,由于留置权具有优先受偿性,而劳资纠纷产生于用人单位与劳动者之间,本质上系经济组织的内部纠纷,从用人单位与劳动者共担经营风险的角度而言,也不应通过行使留置权而优先于外部债权人受偿。

2."同一法律关系"之认定

如上所述,劳动关系产生的债权并不能适用留置权制度,故本案结论已经可以顺势得出。但是,不得不提的是对"同一法律关系"的辨析,这也是一审判决判断偏颇的另一方面。

《物权法》第231条规定的"同一法律关系"又称为"牵连关系"(《担保法解释》第109条)。之所以有此要求,是因为,在社会生活中,同一债权人与债务人之间发生的债权债务关系往往不是一项而是多项,如债权人甲与债务人乙之间可能有A、B两项债权债务关系,A是一个保管合同关系,债务人乙委托债权人甲保管一辆汽车。而B是一个承揽合同关系,债权人甲修理了债务人乙的一台电脑。如果在债权人甲留置的动产与其债权不具有同一关系的情况下承认甲的留置权,那么在债务人乙已经清偿了债权人甲因修理电脑而产生的B债权的情况下,只要其没有支付保管费即未清偿A债权,债权人甲就有权同时留置债务人乙的电脑和汽车。这样一来,就会导致交易关系的严重混乱,将不同类型的法律关系混在一起,引发更大的纠纷。所以,依据《物权法》第231条的规定,甲在乙已经清偿了修理费而没有清偿保管费的情况下,只能留置乙的汽车而不能留置乙的电脑。

关于如何认定"同一法律关系",理论上有不同的认识,存在所谓的单一标准说与双重标准说之争(刘保玉,62页)。通说认为,凡是符合以下情形之一者,皆认为债权与被留置动产之间具有牵连关系:其一,债权因该动产本身而引发,如保管人因寄存人交付的保管物有瑕疵而受到损害,保管人对保管物享有留置权。其二,债权与动产的返还请求权基于同一法律关系而产生,例如在运输合同中,托运人或收货人请求承运人交付货物的请求权与承运人请求支付运费的权利就是基于同一法律关系而产生的。其三,债权与动产的返还请求权基于同一生活关系而产生,例如散会后甲乙两人相互拿了对方的雨伞,此时任何一方皆对对方的雨伞享有留置权(王利明、尹飞、程啸,539页)。

但用人单位为劳动者提供的工作便利条件所涉及的动产,不是劳动法律关系的标的物,与劳动债权不属同一法律关系(姜丽丽、诸佳英,43页)。首先,用人单位主张的物的返还请求权是建立在所有权基础上的,而劳动者主张的劳动债权是建立在劳动合同基础上的,两者的请求权基础并无牵连关系。其次,从劳动合同的法律关系来看,劳动者负有向用人单位提供劳动和接受用人单位管理的义务,享有要求用人单位依约支付劳动报酬的权利。用人单位的权利义务则与之相对。本案中,正如本案二审判决所述,长三角公司提供系争轿车给卢某使用,仅仅是为公司高管出行提供的便利,长三角公司随时收回车辆,并不影响原有劳动关系的履行,因此卢某所扣留的系争轿车并非是双方建立的劳动关系的标的物。卢某占有系争轿车与其主张的劳动债权并非基于同一法律关系。在双方劳动关系解除后,卢某合法占有系争轿车的法律基础丧失,应向长三角公司返还系争轿车。

参考文献

1. 姜丽丽、诸佳英:《基于劳动关系产生的债权不能适用留置权》,载《人民司法》2015年第8期。
2. 史尚宽:《物权法论》,中国政法大学出版社2000年版。
3. 董保华:《社会法原论》,中国政法大学出版社2001年版。
4. 刘保玉:《留置权成立要件规定中的三个争议问题解析》,载《法学》2009年第5期。
5. 王利明、尹飞、程啸:《中国物权法教程》,人民法院出版社2007年版。

作者:上海交通大学凯原法学院副教授　其木提

44. 占有的效力
——连成贤与臧树林排除妨害纠纷案[①]

【事　实　概　要】

上海市浦东新区周浦镇瑞安路某小区房屋(以下简称"系争房屋")登记在被告臧树林名下,由被告及家人居住使用。2011年8月12日,案外人李榛以被告代理人的身份与案外人谢伟忠就系争房屋签订买卖合同,约定转让价款为80万元,并办理房屋所有权移转登记手续,系争房屋权利登记至案外人谢伟忠名下。2011年10月,原告连成贤与案外人谢伟忠就系争房屋签订了买卖合同,约定转让价款为110万元。2012年4月5日,系争房屋权利核准登记至原告

---

① 上海市浦东新区人民法院(2013)浦民一(民)初字第36805号判决书;上海市第一中级人民法院(2014)沪一中民二(民)终字第433号判决书。

名下。

2012年7月5日,原告起诉案外人谢伟忠要求其交付系争房屋,被告作为第三人申请参与诉讼。上海市浦东新区法院作出(2012)浦民一(民)初字第21647号民事判决:认定以被告名义与案外人谢伟忠所签订的房屋买卖合同无效;驳回原告要求案外人谢伟忠将系争房屋交付原告的诉求;驳回被告要求确认原告与案外人谢伟忠就系争房屋的买卖关系无效的诉求;原告善意取得系争房屋的所有权,但因案外人谢伟忠自始至终未合法取得系争房屋而客观履行不能,驳回原告要求案外人谢伟忠交付房屋的诉讼请求。为此,原告以其已合法取得系争房屋,现被告仍居住在系争房屋中,严重侵犯了原告作为物权人对物权正常权利的行使为由,诉至上海市浦东新区人民法院,要求被告立即迁出系争房屋;被告则辩称系争房屋应归其所有,请求驳回原告的诉讼请求。

【判 决 要 旨】

1. 一审判决

根据原告提供的证据,足以证明其为系争房屋的合法产权人,依法享有占有、使用、收益和处分的权利,被告现已非上述房屋的产权人,无权居住使用上述房屋,故原告要求被告迁出上述房屋应予准许。被告辩称系争房屋应归其所有,其并未出售系争房屋等意见,与事实不符,也于法无据,不予采信。

2. 二审判决

本案的争议焦点在于,当所有权与占有权能发生分离的情况下,买受人是否可以其为房屋所有权人基于返还原物请求权要求房屋内的实际占有人迁出。本案中,因生效判决确认案外人李榛以被告臧树林代理人身份与案外人谢伟忠就系争房屋所签订的买卖合同无效,即第一手的房屋买卖并非原始产权人臧树林之真实意思表示,该买卖合同对臧树林自始不发生法律效力,其从2008年8月起居住在系争房屋内,并占有、使用该房屋至今具有合法依据。虽然连成贤已取得系争房屋的房地产权证,完成了房屋的权利交付过程,但其自始未曾取得过系争房屋的占有、使用权,其径行要求系争房屋实际占用人臧树林迁出,法院不予支持。撤销一审判决,驳回连成贤要求臧树林从系争房屋内迁出的诉讼请求。

【解 析】

一、 评析要点

本案刊载于《最高人民法院公报》2015年第10期。本案判决一经刊发,就在法学理论界和司法实务界引起了讨论和争论。有人认为,本案原告不能依善意取得制度取得系争房屋的所有权(董学立,78页);也有人认为,如一审判决,既然已经确认本案原告善意取得系争房屋的所有权的法律事实,那么被告继续占有房屋属于无权占有。若依本案二审判决,将导致善意第三人与原所有权人陷入"权利僵局",买受人虽然享有房屋所有权而无法请求原所有权人迁出,原房屋所有权人虽然占有使用该房屋而无法请求买受人返还房屋所有权(陈召利、韩洁蕾文)。

二、学理评析

1. 本案原告能否善意取得系争房屋所有权？

我国《物权法》第106条规定了不动产善意取得制度。依据该条规定，不动产善意取得须具备三个条件：其一，受让人受让该不动产时是善意的；其二，以合理的价格转让；其三，转让的不动产依照法律规定已经登记。本案两审判决，在认定原告依善意取得制度取得涉案房屋的所有权时，只是检视了"转让的不动产依照法律规定已经登记"，对于受让人的"善意"要件和交易的"合理价格"要件，却均未被质证、查证以及做出司法判断。

就受让人的"善意"而言，本案原告是否为善意第三人？善意是指非明知或因重大过失而不知让与人转让财产权时没有处分该项财产的权限。若依客观情事在交易经验上，一般人皆可认定让与人无让与之权利而具有重大过失者，即应定为恶意。在社会生活中，房屋买卖属于重大交易合同，对交易双方的注意义务有更高要求。从不动产交易的现实经验来看，买房者不实地查看房子的极少，往往会实地查看房屋，确认房屋是否已出租或被设定抵押权等，多方考量方可决定购买与否。因此，在不动产买卖中，如果买受人仅仅以出卖人手中展示的一纸房产证为依据，而未确认不动产的占有状态，即应推定买受人知情或者具有过失。也就是说，对于未亲自看房就草率购买的行为这一与现实习惯差异较大的行为，不能因购房者认为其不知情就草率地判断其为善意。本案中，原告作为系争房屋的受让人，在购买系争房屋时，并未实地查看买受房屋，也未询问被告，仅基于出卖人谢伟忠"房屋内居住为其朋友，在房屋出售后会叫他人搬离"的一面之词即相信其享有所有权，难以认定善意（董学立，81页）。由此观之，本案判决认定，原告善意取得系争房屋所有权，显然缺乏说服力。如是，本案原告既然不能依善意取得系争房屋的所有权，原所有权人臧树林就不会丧失所有权，下述被告得以继续占有系争房屋的所谓占有权能之说，也就无从谈起。

2. 本案被告是否为有权占有人？

依据占有人是否基于本权而对物进行占有，可以将占有分为有权占有和无权占有（王利明、杨立新、王轶、程啸，628页）。有权占有可进一步划分为两种基本形态：绝对的有权占有，即基于完全正当权源的占有；相对的有权占有，即基于拾得、发现等事实行为或特定自然事件所产生的占有（彭诚信，93页）。那么，在本案中，原告善意取得系争房屋所有权后，被告即原房屋所有权人继续占有系争房屋究竟属于有权占有抑或无权占有？原告善意取得系争房屋所有权后，被告对系争房屋的占有已丧失权源，不构成绝对的有权占有，也无法成为相对的有权占有人，应为嗣后的无权占有。但本案判决则认为，被告系"合法且正当的占有"必然是要求臧树林的占有为有权占有，这也正是能否抗辩基于善意取得而享有房屋所有权的连成贤行使返还原物请求权的关键。

那么，本案判决所谓"占有、使用该房屋至今具有合法性、正当性"的依据是什么？二审法院似乎未曾有太多的解析。或许，本案判决认定被告为有权占有人，是为了使当事人有房可居，以维持家庭成员的基本生存需要。事实上，在《物权法》之后公布的《最高人民法院关于适用〈中华人民共和国婚姻法〉若干问题的解释（三）征求意见稿》曾规定："一方未经另一方同意出售夫妻共同共有的房屋，第三人善意购买、支付合理对价并办理产权登记手续，另一方主张追回该房屋的，人民法院不予支持，但该房屋属于家庭共同生活居住需要的除外。"也就是说，因生存是第一要素,夫妻一方擅自出售家庭仅有的一套房屋出售,如果支持善意第三人的主张,就会出现另一方无家可归的情况,因此共有权人可以以此对抗善意第三人。但《婚姻法司法解释(三)》第11条最终删除了该但书规定。正如时任最高人民法院民一庭庭长的杜万华答记者问时称,"多数意见认为,征求意见稿中的除外条款实际上否定了《物权法》第106条的规定,原则上这种例外条款不应允许。"亦即,保护善意第三人的利益,已经不单纯是基于个人利益的衡量,而是具有维护交易安全、维护社会整体利益的意义。由此可知,本案二审判决被告系有权占有人显然有违占有法理。

参考文献

1. 陈召利:《论不动产善意取得与无权占有——兼评"连成贤诉臧树林排除妨害纠纷案"》,http://article.chinalawinfo.com/ArticleFullText.aspx?ArticleId=93362。

2. 韩洁蕾:《浅析最高院公报"连成贤诉臧树林排除妨害纠纷案》,http://blog.sina.com.cn/s/blog_5f06e5be0102wsmj.html。

3. 王利明、杨立新、王轶、程啸:《民法学》(第二版),法律出版社2008年版。

4. 董学立:《论"不动产的善意取得与无权占有"——兼评"连成贤诉臧树林排除妨害纠纷案"》,载《法学论坛》2016年第6期。

5. 彭诚信:《占有的重新定性及其实践应用》,载《法律科学》2009年第2期。

作者:上海交通大学凯原法学院副教授　其木提

第四章 债 与 合 同

45. 债权人代位权的构成要件和标的的范围
——中铁二十三局集团有限公司与苏州荣宝升城市建设有限公司、郑州市大方实业有限公司债权人代位权合同纠纷案[①]

【事实概要】

2010年5月23日,中铁二十三局与第三人大方公司签订的《重庆至利川线铺轨架梁工程施工标段架梁施工承包合同书》约定:大方公司承包该工程中T梁运输、换装及架设、支座安装、支座锚栓孔灌浆、联结点焊接等,合同采用固定单价方式,预应力混凝土T梁架设每单线孔单价为15 600元,合同金额为23 462 400元,履约保证金为500 000元,工程进度款拨付额度为当月计价款的95%,计价款的5%作为质量保证金,质量保修期限为1年,保修期自业主竣工验收合格签字盖章之日起计算。合同签订后,大方公司向中铁二十三局缴付了500 000元的履约保证金。2013年9月3日,双方签订了《末次验工计价(结算)协议书》,最终确定合同总价为23 174 840元,协议中约定中铁二十三局按原合同的支付条款进行履约,现中铁二十三局累计向大方公司支付工程款19 341 177元,余款3 833 663元未付,履约保证金500 000元也未返还。

2013年12月25日,荣宝升公司与大方公司签订了一份《DCMC型自行式液压模块车供货合同》,约定大方公司从荣宝升公司处购买DCMC型自行式液压模块车及动力模块,合同总价为2 084万元。合同签订后,荣宝升公司已于2014年2月20日将货物交付大方公司。截至一审庭审结束,大方公司已向荣宝升公司支付货款466.8万元。荣宝升公司在一审中的诉讼请求是,判令中铁二十三局向荣宝升公司支付其欠大方公司的工程款4 333 663元。

【判决要旨】

1. 一审判决

一审法院认为,第一,关于荣宝升公司对大方公司的债权是否合法的问题。荣宝升公司与大方公司签订的《DCMC型自行式液压模块车供货合同》、中铁二十三局与大方公司签订的《重庆至利川线铺轨架梁工程施工标段架梁施工承包合同书》、《末次验工计价(结算)协议书》均属合法有效。第二,关于大方公司对中铁二十三局的债权是否到期的问题。中铁二十三局和大方公司的合同约定工程进度款拨付额度为当月计价款的95%,计价款的5%作为质量保证

[①] 四川省成都市中级人民法院(2014)成民初字第1884号民事判决书;四川省高级人民法院(2015)川民终字第899号民事判决书。

金,双方已于2013年9月进行了结算,全部工程款23 174 840元的95%计22 016 098元,应于2013年9月底前支付,但中铁二十三局至今未付2 674 921元,系大方公司对中铁二十三局的到期债权。对于质保金1 158 742元和履约保证金500 000元是否系到期债权,原审法院认为,大方公司承包的重庆至利川铁路,中铁二十三局主张工程未验收合格,且存在质量问题,但该铁路已在实际使用中。第三,关于大方公司是否怠于行使其到期债权的问题。根据《最高人民法院关于审理建设工程施工合同纠纷案件适用法律问题的解释》第13条的规定,现该铁路已使用超过一年,应视为其已竣工验收合格满一年,其质保金和履约保证金均应由中铁二十三局予以退还,故大方公司对中铁二十三局的4 333 663元债权均已到期。本案中,大方公司未履行到期债务,又不以诉讼方式或者仲裁方式向本案被告主张到期债权,本案中铁二十三局(次债务人)亦未举证证明大方公司没有怠于行使其到期债权,故应当认定本案大方公司怠于行使其到期债权。法院判决,中铁二十三局在判决生效之日起10日内支付荣宝升公司其欠大方公司的工程款4 333 663元。

2. 二审判决

二审法院认为,荣宝升公司以自己的名义代位行使大方公司对中铁二十三局的债权符合法律、司法解释规定的条件。第一,关于荣宝升公司对大方公司的债权是否合法的问题。中铁二十三局上诉称荣宝升公司与大方公司的法定代表人系同一人,且荣宝升公司提交的证据并不能直接证明荣宝升公司所供货物由中铁二十三局持有,因此荣宝升公司与大方公司之间并不存在合法的债权债务关系。第二,关于大方公司对中铁二十三局的债权是否到期的问题。在大方公司承建的工程已经运营通车满一年的情形下,应当视为其已经竣工验收合格满一年,质保金、履约保证金应退还给大方公司。据此,中铁二十三局尚欠大方公司的工程尾款、履约保证金及质保金均应支付给大方公司。第三,关于大方公司是否怠于行使到期债权,对荣宝升公司造成损害的问题。

本案大方公司既未向荣宝升公司履行支付到期货款的义务,又未以诉讼或仲裁的方式向中铁二十三局主张其到期债权,致使荣宝升公司的债权未能实现,应当认定其怠于行使到期债权,给荣宝升公司造成了损害。

【解析】

一、评析要点

债权人代位权的构成要件与标的范围。

二、学理评析

本案的争议焦点是债权人代位权的构成要件以及标的范围。学术界对债权人代位权标的范围和构成的认识与目前既有的法律规定和司法实践有较大差异。债权人代位权的立法论对于制定新的相关法律规定具有特殊意义。

《合同法》第73条规定:因债务人怠于行使其到期债权,对债权人造成损害的,债权人可以向人民法院请求以自己的名义代位行使债务人的债权,但该债权专属于债务人自身的除外。代位权的行使范围以债权人的债权为限。债权人行使代位权的必要费用,由债务人负担。《合同法司法解释(一)》第 13 条第 1 款规定:《合同法》第 73 条规定的"债务人怠于行使其到期债权,对债权人造成损害的",是指债务人不履行其对债权人的到期债务,又不以诉讼方式或者仲裁方式向其债务人主张其享有的具有金钱给付内容的到期债权,致使债权人的到期债权未能实现。债权人代位权的性质有不同的争论,其中马新彦教授认为,该权利是救济权。所谓救济权是指因基础权利受到侵害、妨害或有侵害、妨害之虞时产生的援助基础权利的权利(马新彦,50 页)。该种观点值得重视。

1. 关于债权人代位权范围的理解

目前学术界一致认为,债权人代位权的范围过于狭窄。

按照《合同法》第 73 条的规定,债权人代位权的标的是债权。这一点基本上受到所有合同法专家的一致批判。全国人大常委会法工委编写的《中华人民共和国合同法释义》一书也没有说明,债权人代位权的标的为什么仅仅是债权。因为这一规定不能有效地实现债权人代位权的立法目的,即尽可能增加债务人的责任财产,使债权人的债权能够更有效地得到清偿。所以一般认为,构成债务人的责任财产者,不限于债权,物权以及物上请求权、形成权、诉讼法上的权利或者公法上的权利都包括在内。极为遗憾和令人不解的是,《民法典·合同编(草案)(二次审议稿)》第 324 条第 2 款前句规定:"代位权的行使范围以债权人的到期债权为限。"此种坚持普遍被认为是错误做法,但该坚持又令人匪夷所思、不得其解。

然而,法律对此是否有解决方案呢?崔建远教授认为,上述权利没有被规定为代位权的标的是我国《合同法》第 73 条的法律漏洞,法院可以通过目的性扩张解释予以填补(崔建远、韩世远,44 页)。这种通过法学方法论实现法律目的的观点值得推广。

2. 是否所有债权都适合作为债权人代位权的标的

当然,即使是债权,也并非所有的债权都适合作为债权人代位权的标的。专属于债务人自身的权利和不许扣押的权利都不应当包括在内。即使是一般的债权,在具体语境下也会产生某种不确定性和模糊性。在本案中,质保金、履约保证金是否应当包括在内就有较大争议。这涉及更多的事实证据以及对这些事实证据法律意义的理解。值得肯定的是,四川省高级人民法院对此做出了实质裁判,避免了投机行为,在法律允许的范围内实现了合同制度的目的。其认为,根据《建设工程施工合同司法解释》第 13 条关于"建设工程未经竣工验收,发包人擅自使用后,又以使用部分质量不符合约定为由主张权利的,不予支持"、第 14 条第 3 项关于"建设工程未经竣工验收,发包人擅自使用的,以转移占有建设工程之日为竣工日期"的规定,在大方公司承建的工程已经运营通车满一年的情形下,应当视为其已经竣工验收合格满一年。质保金、履约保证金应退还给大方公司。这意味着,大方公司对中铁十三局已经产生了合法债权而且均已经到期。

作为一个必要的延伸,债权人代位权中次债权需要成立有效而且数额确定,否则法院就无法对债权人代位权进行有效的裁判。在韩还师与邹城市三亚房地产开发有限公司债权人代位权纠纷案中[①],山东省高级人民法院认为,次债权成立不仅指债权的内容不违反法律、法规的规定,而且要求次债权的数额应当确定。当然,这里的确定不是完全的终局确定的意思,部分确定也包括在应当确定的范围内。这一做法同样值得赞同。

---

① 山东省高级人民法院(2015)鲁商终字第 123 号民事判决书。

3. 如何理解"不以诉讼方式或者仲裁方式向其债务人主张其享有的具有金钱给付内容的到期债权,致使债权人的到期债权未能实现"

在本案中,大方公司对中铁二十三局已经产生了合法债权而且已经到期。法院认为,本案中,大方公司未履行到期债务,又不以诉讼方式或者仲裁方式向本案被告主张到期债权,中铁二十三局(次债务人)亦未举证证明大方公司没有怠于行使其到期债权,故应当认定本案大方公司怠于行使其到期债权。对此,有专家认为,在到期债权的领域内,要求行使权利的方式限于诉讼方式或仲裁方式,否则即属于怠于行使,又有过分干涉债务人权利自由之处,结果是不当地扩张了债权人代位权的运用(韩世远,439页)。也有学者认为,只要债务人已经行使自己的权利,即使其方法不当,或者结果不佳,债权人也是不能够行使代位权的(郑玉波,314页)。崔建远教授认为,上述论点具有如下几个根本缺陷:其一,它漠视我国《民法通则》《合同法》《物权法》等现行法上规定的权利行使的多种途径和方式,人为地、不当地排除了当事人最为常态的行使权利的形式;其二,无论最高人民法院是否意识到,适用《合同法司法解释(一)》第13条第1款规定的前提和结果是认定债务人不通过诉讼方式或者仲裁方式向其义务人主张权利为"怠于行使其到期债权",也就是权利行使不当,其实质是将债权人径行主张权利的合法行为视为过失,含有否定之意,至少在债务人尚未向债权人清偿时是这样的。其价值导向和对善恶的区分与把握,均值商榷。其三,债务人直接向其义务人主张权利,较通过诉讼方式或者仲裁方式提出请求成本要低得多,《合同法司法解释(一)》的规定迫使债务人必须采取诉讼方式或者仲裁方式请求次债务人履行,不然就运用同样是通过诉讼方式请求的债权人代位权机制,这无疑增加了成本,不尽符合效益原则(崔建远,135页)。

参考文献

1. 崔建远、韩世远:《合同法中的债权人代位权制度》,载《中国法学》1999年第3期。
2. 崔建远:《债权人代位权的新解说》,载《法学》2011年第7期。
3. 郑玉波:《民法债编总论》,三民书局1993年版。
4. 马新彦:《债权人代位权异点析》,载《法制与社会发展》2001年第3期。

作者:吉林大学法学院教授 孙良国

46. 债权人撤销权的构成及判断
——何家聪、宋焕兵与宋莉萍债权人撤销权纠纷案[①]

【事实概要】

宋莉萍与何家聪离婚纠纷一案,蕉岭县人民法院经审理后于2013年4月28日作出94号

---

① 广东省梅州市中级人民法院(2013)梅中法民三初字第42号民事判决书;广东省高级人民法院(2014)粤高法民四终字第52号民事判决书。

调解书明确:一、宋莉萍与何家聪自愿离婚。……四、何家聪向宋莉萍支付夫妻共有财产和共同债务分割补偿款以及子女教育费用1 400 000元,在2013年5月31日前付清。宋莉萍在本协议签订之日起5日内将粤M×××××号铃木吉姆尼小汽车交付给何家聪,并保证车辆的完整性……对于婚生女儿何某乙留学所发生的债务及婚生儿子何某甲读大学至工作前的所发生的费用,何家聪所应负担的部分在上述140万元中已承担完毕,其余部分均由宋莉萍负担……上述调解书作出后已送达双方当事人,现该调解书已生效。

瑞安公司是一家自然人投资的有限责任公司,原法定代表人为何家聪。2013年5月20日,何家聪与宋焕兵签订的《股权转让合同》约定:何家聪同意将持有瑞安公司100%的股权共50万出资额,以50万元转让给宋焕兵,何家聪在该公司的权利与义务一并转让;宋焕兵同意按此价格购买上述股权……同日,何家聪委托宋焕兵持上述调解书及相关材料到蕉岭县工商局办理股权转让变更手续。2013年6月3日,经蕉岭县工商局核准,该公司工商登记情况发生变更:股东何家聪(出资30万元,持股比例60%)和股东宋莉萍(出资20万元,持股比例40%)变更为股东宋焕兵(出资50万元,持股比例100%),法定代表人由何家聪变更为宋焕兵。

2011年9月22日,正德资产评估所根据瑞安公司的委托于2011年9月28日作出梅正评报字(2011)056号《资产评估报告》,该报告的评估对象是瑞安公司厂区内的办公楼、厂房等建筑物及其所占用土地、机器设备、粤M×××××皇冠轿车、粤M×××××号铃木吉姆尼小汽车等,评估结论是瑞安公司的资产评估值为人民币2 643 290元,评估结论有效期至2012年9月22日。原审法院94号调解书生效后至今,何家聪未就上述债务向宋莉萍履行还款义务。

【判决要旨】

1. 一审判决

一审法院认为:生效的94号调解书已确认宋莉萍对何家聪拥有合法债权,故宋莉萍对何家聪享有债权的事实原审法院予以确认。本案的争议焦点有三个:何家聪转让涉案股权行为是否损害宋莉萍的债权利益?涉案股权转让是否系明显不合理低价转让?宋焕兵受让股权时是否具有恶意?

第一,何家聪转让涉案股权行为是否损害债权人利益的问题。本案中,何家聪在未清偿宋莉萍补偿款的情况下,在94号调解书确定的履行期限届满前即将其名下的瑞安公司股权转让给宋焕兵,逃避债务的主观恶意明显。这对宋莉萍的债权造成了损害。第二,涉案股权转让是否系明显不合理低价转让的问题。何家聪、宋焕兵股权转让价格50万元仅为公司成立时的注册资本而非转让时的股权价值,在没有证据证明该公司资产已发生明显贬值的情况下,与转让前的公司资产评估值260多万元相比,股权转让款50万元明显偏低。何家聪、宋焕兵以明显不合理低价转让本案所涉公司股权的行为。第三,宋焕兵受让股权时是否具有恶意的问题。宋焕兵在受让股权时应当知道宋莉萍与何家聪的离婚及债务情况。首先,何家聪将公司股权转让给宋焕兵,须以94号调解书为依据才能办理,且宋焕兵是何家聪办理股权工商变更登记的委托代理人,据此,可以认定宋焕兵应当知悉94号调解书内容。其次,从庭审陈述看,宋焕兵知道股权转让前公司财产的评估值为260多万元。再次,作为股权转让受让方,审查受让公司债务的真实性是宋焕兵应尽的注意义务。据此,可以认定宋焕兵在受让股权时是知情的,主观亦存在恶意。因此,法院判决撤销何家聪和宋焕兵于2013年5月20日签订的《股权转让合同》。

2. 二审判决

二审法院认为:《资产评估报告》所载内容已说明瑞安公司在进行评估时不负有债务……二、宋焕兵在受让瑞安公司股份时应知道宋莉萍与何家聪离婚诉讼后对夫妻共同财产的处理,也了解瑞安公司的资产、经营和对外不负债务的状况,其以明显低于市场的价格受让瑞安公司全部股权的行为严重侵害了宋莉萍对何家聪所享有债权的实现,对此宋焕兵应是明知的。从宋焕兵向瑞安公司供应原材料的交易事实、与何家聪签订《股权转让合同》且又代理何家聪进行股权变更的过程看,宋焕兵不仅知道宋莉萍与何家聪离婚后双方对共有财产、债务的处理情况,作为瑞安公司股权的受让人,其清楚了解瑞安公司的资产、经营和债务状况,特别是对正德资产评估所对瑞安公司资产的评估过程及所出具的《资产评估报告》内容。二审法院认为,公司股权与公司资产并非同一概念,但公司资产价值在很大程度上影响着公司的股权价值。由于宋焕兵在受让股权时瑞安公司仍能进行正常的生产,且评估时间与转让时间相距一年多,在土地使用权、厂房等升值的时期,2011 年 9 月作出的《资产评估报告》对瑞安公司实际资产的评估价值(即市场价值)应当是 2013 年 5 月转让该司股权时的重要依据。因此,法院判决维持原判。

【解　　析】

一、评析要点

债权人撤销权的构成以及构成要件的证明。

二、学理评析

1. 债权人撤销权的意义和规范

本案的核心争议点是,如何证明撤销权的构成要件。债权人撤销权是非常重要的合同权利。其在社会中的发生比率取决于整体的信任水平。从 2014 年到 2018 年 7 月 26 日,中国裁判文书网上案由为"债权人撤销权纠纷"的裁判文书有 16 410 个。在社会信任程度不高的今天,该类案件发生数量不多,可能与债权人撤销权的特别构成要件及其证明难度相关。

对此类案例的分析,我们不仅应从文义上、逻辑上对法律条文进行解释,更应当从法官对案件事实的审查以及案件事实法律意义的理解中学习司法的智慧。法学的学习既要掌握法律条文的规定,也要掌握对案件事实调查的界限以及对案件事实法律意义的理解。

《合同法》第 74 条规定:"因债务人放弃其到期债权或者无偿转让财产,对债权人造成损害的,债权人可以请求人民法院撤销债务人的行为。债务人以明显不合理的低价转让财产,对债权人造成损害,并且受让人知道该情形的,债权人也可以请求人民法院撤销债务人的行为。撤销权的行使范围以债权人的债权为限。债权人行使撤销权的必要费用,由债务人负担。"《合同法司法解释(一)》第 23—26 条进行了较为细致的规定。

债权人撤销权由如下部分构成:(1) 客观要件:诈害行为,即须有债务人的行为、债务人的行为以财产为标的、债务人的行为有害债权。(2) 主观要件:诈害意思。与本案相结合,债务人的行为有害债权和诈害的意思比较难以证明(申卫星,45—46 页)。

2. 债务人诈害行为的证明

债务人的行为有害债权的事实相对比较容易证明。就本案而言，原审法院 94 号调解书是权利义务的合同来源。调解书生效后至今，何家聪未就上述债务向宋莉萍履行还款义务，因此何家聪处分其财产后，其不具有足够财产清偿债权人的债权。

3. 债务人的行为有害债权的证明

就本案而言，就是涉案股权转让是否系明显不合理低价转让的问题。在市场经济中，"明显不合理低价"的判断是要非常慎重的，因为债权人撤销权事实上会干预债务人与次债务人的交易关系，后者往往是市场经济的正常形态，但是次债务人和债务人不能牺牲债权人的利益（韩世远，44 页）。债权人撤销权就是此种平衡机制之一，其具体表现为涉案股权转让是以明显不合理低价转让。然而如何判断明显不合理低价呢？这首先取决于两个价格的对比，即合同价格与标的实际价格之差。股权转让价格是作为公司注册资本的 50 万元，而在没有证据证明该公司资产已发生明显贬值的情况下，与转让前的公司资产评估值 260 多万元相比，股权转让款 50 万元明显偏低。转让价格是公司资产评估值的 19.2%。这无论如何已经是明显不合理低价了。然而我们应当如何理解何家聪、宋焕兵上诉所言的上述主张，即一审判决混淆了公司资产价值和公司股权价值，将公司资产价值等同于公司股权价值进行处理的问题。对此，二审法院认为，即使公司股权与公司资产并非同一概念，但公司资产价值在很大程度上影响着公司的股权价值。由于宋焕兵在受让股权时瑞安公司仍能进行正常的生产，且评估时间与转让时间相距一年多，在土地使用权、厂房等升值的时期，2011 年 9 月作出的《资产评估报告》对瑞安公司实际资产的评估价值（即市场价值）应当是 2013 年 5 月转让该司股权时的重要依据。这就事实上确定了《资产评估报告》的参照意义。

当然，债权人撤销权还针对其他诈害行为，如债务人放弃其到期债权或者无偿转让财产。问题在于，是否所有的债务人放弃到期债权的行为都属于债权撤销权的标的呢？戴孟勇教授经过分析后认为，当债务人以免除的方式或者在和解协议及未经司法确认的调解协议中放弃到期债权，并对债权人造成损害时，债权人有权对免除行为或和解协议、调解协议行使撤销权。当债务人在法院或仲裁机构制作的调解书、经司法确认的调解协议、破产和解协议或者重整计划中放弃到期债权，并对债权人造成损害时，债权人不得行使撤销权（戴孟勇，54—56 页）。此种观点值得重视。

4. 受让人恶意的证明

在实务中，受让人恶意的证明同样非常困难。就本案而言，法院就必须证明，宋焕兵具有恶意。由于何家聪、宋焕兵之间的交易为有偿交易，所以受让人就必须有恶意才能符合债权人撤销权的构成要件。毫无疑问，这是最考验司法智慧的。首先强调的是，恶意并不是一种严格的道德判断，其在法律上的意义是要求受让人"知道"债务人转让财产时的行为对债权人造成损害的情形。在法律上除了受让人的自认，我们无法确知受让人主观上的"恶意"。因此，"恶意"在绝大多数情况下都是通过客观证据来推断的。本案的一审、二审法院对此进行了积极探索，值得赞同。客观证据之一是，何家聪将公司股权转让给宋焕兵，须以 94 号调解书为依据才能办理，且宋焕兵是何家聪办理股权工商变更登记的委托代理人，据此，可以认定宋焕兵应当知悉 94 号调解书内容。价值判断上的"应当知悉"有两个意思，一是正常情况下其实际上应当知道，这是经验法则；二是即使其实际上不知道，法律也推定他知道。此种推定是为了避免其投机行为,损害他人利益。其法律意义在于,无论是否实际知道,其都要为自己的不知道承担"明知"的责任。客观证据之二是,从庭审陈述看,宋焕兵知道股权转让前公司财产的评估值为260多万元。客观证据之三是,作为股权转让受让方,审查受让公司债务的真实性是宋焕兵应尽的注意义务。当然,需要说明的是,"明显低价"与"恶意"的证明具有相关性。

参考文献

1. 戴孟勇:《"债务人放弃到期债权"与债权人撤销权》,载《中国政法大学学报》2014年第5期。
2. 韩世远:《债权人撤销权研究》,载《比较法研究》2004年第3期。
3. 申卫星:《论债权人撤销权的构成——兼评我国〈合同法〉第74条》,载《法制与社会发展》2000年第2期。

作者:吉林大学法学院教授　孙良国

47. 定金罚则适用的前提条件
——毕德子与翁玉洁定金合同纠纷案①

【事实概要】

上海市松江区××路××弄××号××室房屋(以下简称"涉案房屋")于2010年9月7日登记于毕德子名下。2017年4月19日,翁玉洁(乙方)、毕德子(甲方)与案外人Z公司(丙方)签订《房地产买卖居间协议》,约定翁玉洁向毕德子购买涉案房屋,总房价款650 000元;乙方为表示对该房地产的购买诚意,向丙方支付意向金2 000元,作为与甲方进行洽谈之用,如甲方在《房屋买卖合同》上签字,则该意向金转为定金,并且乙方应于甲方签署本协议次日内补足定金至20 000元。同日,翁玉洁(乙方)与毕德子(甲方)签订《房屋买卖合同》一份,约定翁玉洁向毕德子购买涉案房屋,总房价650 000元;乙方于网签合同后10个工作日自行支付或者通过居间方转付给甲方首期房价款(含定金)240 000元,于网签合同后3个工作日内向贷款银行申请贷款支付第二期房价款200 000元,交易过户前支付甲方房款210 000元;双方于乙方银行贷款划入甲方收款账户后3天内对房地产进行验看、清点,确认无误后,由甲方交付给乙方……翁玉洁持有的合同原件中未约定具体的网签办理时间。同日,翁玉洁向毕德子支付定金2 000元。2017年4月21日,翁玉洁向毕德子支付定金18 000元。

2017年5月11日,翁玉洁电话询问毕德子,过户时间确定为2017年7月31日前,实际过户时间以贷款审批通过为准,毕德子是否同意。毕德子回复称可以,并反问,如果贷款审批不通过怎么办。翁玉洁回复称不清楚。2017年4月19日的《房屋买卖合同》4.4条约定:如贷款

---

① 上海市松江区人民法院(2017)沪0117民初13901号民事判决书;上海市第一中级人民法院(2018)沪01民终5536号民事判决书。

不足,乙方应于本合同约定的过户期限前,将该不足部分补足甲方。该合同第 13 条约定,甲乙双方一致同意严格按照本合同履行,网签合同仅为办理交易过户手续之需。

【判决要旨】

1. 一审判决

一审法院认为:毕德子所依据的网签时间条款仅在毕德子的合同上有记载,而在翁玉洁的合同上无记载,故该时间并非双方当事人的合意,对翁玉洁缺乏约束力,毕德子的意见缺乏合同依据,一审法院不予采纳。根据在案证据,双方对于签订网签合同的时间、贷款审批不通过的情形下的过户时间、交房时间均未达成一致合意,故网签合同未能签署的原因不能归责于翁玉洁与毕德子任何一方。现双方均同意合同解除,毕德子应返还翁玉洁定金 20 000 元,故对翁玉洁的相应诉请,一审法院予以支持。

2. 二审判决

《房屋买卖合同》合法有效。本案二审的争议焦点主要在于:双方未能办理网签手续的原因如何认定;双方未能就过户期限达成补充协议的过错责任如何认定;翁玉洁主张解除合同关系是否构成违约。第一,关于网签合同手续未能办理的具体原因问题……双方未办理网签手续的真正原因在于未能就过户期限条款达成补充协议。第二,关于过户期限未能达成补充协议的过错责任问题。本案中,《房屋买卖合同》将过户期限表述为"贷款审批通过后",而贷款是否能够通过及何时通过均属于不确定的事项,故该条款的表述属于履行期限约定不明,当事人可以进行协议补充。法院认为,合同漏洞的协议填补需要当事人本着诚实信用的原则,在遵循合同其他有关条款的基础之上,积极主动地进行合理磋商。首先,双方签订《房屋买卖合同》的时间是 2017 年 4 月 19 日,合同约定第二期房款以贷款方式支付,贷款审批通过后过户。2017 年 4 月 23 日,毕德子同意以中介人员提出的 2017 年 7 月 31 日作为过户期限,如双方当日完成网签,则翁玉洁应在 3 日内开始申请贷款,预留的贷款准备期限达 3 月有余。从当前房屋交易的一般惯例看,这一期限已经足以使购房人享有充分的贷款办理时间,显然不存在恶意挤压翁玉洁准备期限的情况……因此,翁玉洁也有权根据自身需求提出期限要求,而并没有必然接受毕德子主张的义务。其次,翁玉洁在磋商中主张,即使网签合同需要表述具体期限,也应当补充约定"实际过户时间以贷款审批通过为准"。《房屋买卖合同》4.4 条约定:如贷款不足,乙方应于本合同约定的过户期限前,将该不足部分补足甲方。结合这两个条款的含义,应当认定办理贷款是翁玉洁履行第二期付款义务的优先方式,但贷款不成的风险应由其自行承担。翁玉洁坚持主张以贷款审批通过作为实际过户条件,试图拖延、规避贷款不成情况下的付款义务,其行为实质上是拒绝对过户期限进行补充明确。毕德子对其主张予以拒绝,是为了避免后续交易陷入缺乏制约的拖延,具有正当理由。结合上述分析,第三,关于翁玉洁主张解除合同关系是否构成违约的问题。根据法院查明的事实,未能办理网签的原因在于过户期限条款未能明确,而导致过户期限条款的补充协议未能达成的过错责任在于翁玉洁。在此前提下,翁玉洁不享有行使解除权的合法依据,其在本案中诉请解约的行为,应认定为以明确的意思表示拒绝履行合同义务,已经构成根本违约。

所以,本案中,翁玉洁向毕德子交付了 20 000 元定金,法院认定 20 000 元定金归毕德子所有。

【解　析】

一、评析要点

定金罚则的适用条件。

二、学理评析

1. 定金罚则的意义

定金是一种较为普遍的合同担保方式。定金罚则适用的前提是交付定金的一方或者收受定金的一方已经违反了合同义务。因此，问题的前提就成为双方当事人是否已经订立了房屋买卖合同而且一方当事人违反了合同义务。定金罚则是指，给付定金的一方不履行约定的债务的，无权要求返还定金；收受定金的一方不履行约定的债务的，应该双倍返还定金。尽管我国《担保法》只规定了违约定金，但是《担保法解释》第115—120条规定了订约定金、成约定金、解约定金、违约定金。定金类型逐渐丰富和多元了。

2. 违约定金适用的前提

本案涉及的定金类型为违约定金。即使双方当事人合意解除了合同，但是解除合同的合意中并没有免除违约责任和定金责任的明确意思表示，因此双方合意解除完合同，双方当事人也可以运用违约责任条款的规定。是否适用定金责任的前提是判断是否存在违约责任。违约责任的前提是构成一个有效的合同。

第一，房屋买卖合同已经成立且有效。这主要是根据《合同法司法解释（二）》第1条第1款的规定。该款规定，当事人对合同是否成立存在争议，人民法院能够确定当事人名称或者姓名、标的和数量的，一般应当认定合同成立。但法律另有规定或者当事人另有约定的除外。

第二，如何认定网签合同的意义。根据该合同的约定，办理网签手续是双方后续履行的第一步，而网签行为仅是过户所需的备案手续。双方当事人进行过多次磋商。从双方之间的协商过程以及诉讼程序看，未达成协议的主要点是，毕德子在网签事宜协商中如何表述过户期限条款。然而，在实际操作过程中，没有网签就不能办理所有权的过户手续，而卖方所有权转移的义务是买卖合同的主要义务。

3. 后续磋商过程中诚信原则的理解及意义

磋商过程中，卖方抑或买方有过错？一审和二审人民法院在该问题的认定上有根本差异。一审法院认为：双方对于签订网签合同的时间、贷款审批不通过的情形下的过户时间、交房时间均未达成一致合意，故网签合同未能签署的原因不能归责于翁玉洁与毕德子任何一方。笔者没有看到一审法院对此做出的论证，不宜罔测。但一个合理的推论是，在重要的过户期限条件上，双方当事人都有自由谈判的权利，任何一方当事人都可以根据自己的利益讨价还价，本无可厚非。所以，网签合同没有签署都是双方当事人行使谈判权利的结果，不能归责于任何一方当事人，即双方当事人都没有过错。二审法院则做出与一审法院不同的判断。二审判决的出发点是以《房屋买卖合同》已经成立有效为前提，刻意留出的某些条款没有达成协议也是当事人的有意安排（王利明，219—221页）。两审法院裁判的差别在于如何认识和评价合同法中的诚实信用原则。二审法院认为，双方当事人有诚信协商和谈判的义务，双方都必须尽最大努力去实现《房屋买卖合同》的目的——促成交易。而且上述理解是以《房屋买卖合同》4.4条约定为基础的。该条规定,如贷款不足,乙方应于本合同约定的过户期限前,将该不足部分补足甲方。从合同条款之间的逻辑关系看,4.4条确立了买方在贷款不足情况下继续承担付款义务的基础原则,而过户期限条款是针对履行时间的问题。该条其实给翁玉洁施加了明确的义务——贷款不成的风险应由其自行承担,其无权以贷款不成为由拒绝履行付款义务,双方对过户期限的补充磋商均应当建立在这一基础原则之上。换言之,在合同有效后继续就某些条款磋商实质上也是合同履行阶段,此时当事人必须有诚信履行的义务。这种义务是尽最大可能地根据既有的合同条款实现合同目的。这是现代合同法的重要进步。用判决的语言表达就是,翁玉洁坚持主张以贷款审批通过作为实际过户条件,试图拖延、规避贷款不成情况下的付款义务,其行为实质是拒绝对过户期限进行补充明确。此种解释有利于防止一方的投机行为或者机会主义行为,此种投机行为或者机会主义行为只会降低交易效率,催生不信任的机制,提高未来交易的缔约成本和预防成本。

4. 违约定金罚则中违约的判断

翁玉洁主张解除合同关系是否构成违约的问题。如前所述,导致过户期限条款的补充协议未能达成的过错责任在于翁玉洁,在此前提下,翁玉洁不享有行使解除权,其在本案中诉请解约的行为,应认定为以明确的意思表示拒绝履行合同义务,已经构成根本违约。笔者认为,这一解释在结果上是妥当的、正确的。但是其论证并不符合《合同法》的规定。定金合同也是合同,我国违约责任的归责原则是无过错责任原则。而按照本判决的论证好像是过错责任,这是法院理解有误。一个更为准确的表述是,由于翁玉洁违反了诚信谈判的合同义务,致使买卖合同无法履行进而解除。根据《担保法》第99条的规定,给付定金的一方不履行约定的债务的,无权要求返还定金。而且作为一个延伸的问题,一是我国《合同法》第116条在形式上似乎封闭了定金罚则与违约损害赔偿的并存,而实质上未必如此,其规范目的并未封闭违约定金与赔偿性违约金乃至惩罚性违约金并行适用的空间;二是在极端情形下,违约金司法酌减规则可以有限制地类推适用于违约定金(姚明斌,36页)。

参考文献

1. 王利明:《合同法研究》(第三版)(第一卷),中国人民大学出版社2015年版。
2. 姚明斌:《论定金与违约金的适用关系——以〈合同法〉第116条的实务疑点为中心》,载《法学》2015年第10期。

作者:吉林大学法学院教授　孙良国

48. 债权转让合同的判断
——贵州中耀矿业有限公司与胡亮琼及原审第三人曾顺国、李桥新债权转让合同纠纷案[①]

【事实概要】

2009年6月5日,胡亮琼及普定县星红煤矿股东郑枝官、陈忠平与第三人李桥新签订《普定县星红煤矿转让协议》,该协议约定将普定县星红煤矿股东胡亮琼、郑枝官、陈忠平的股权折价共计860万元。2013年10月,中耀公司作为甲方与乙方曾顺国、李桥新及丙方胡亮琼在贵阳市观山湖区签订《协议书》,约定:甲方与乙方于2011年11月10日签订星红煤矿之《转让协议》。该协议第1.1条约定"甲方同意继续向乙方支付星红煤矿剩余收购款共计300万元,乙方同意将其中的220万元直接支付给丙方,乙丙方收到款项后,协助甲方办理星红煤矿采矿权过户、工商变更等手续";《协议书》第1.2条约定"乙方同意,甲方向上述账户支付完款项后,对乙方相应的星红煤矿收购款支付完毕"。截至2013年10月24日,甲方已经按照约定向乙方支付2900万元。甲方继续向乙方支付星红煤矿剩余收购款共计300万元,乙方同意将其中220万元直接支付给丙方,乙丙方收到款项后,协助甲方办理普定县星红煤矿采矿权过户、工商变更等手续,甲方分别支付至乙方、丙方指定的银行账户。乙方、丙方应处理好相互之间以及与普定县星红煤矿所有原矿主之间的债权债务等一切法律关系,由此可能产生的任何纠纷,概与甲方无关。协议还约定乙方、丙方应履行合同义务,甲方款项支付给乙方、丙方后,乙方、丙方未按协议约定协助办理相关手续,每逾期一日,违约方应向守约方支付100万元违约金。合同签订后,胡亮琼与曾顺国、李桥新按照协议履行了协助办理相关手续的义务。

【判决要旨】

1. 一审判决

一审法院认为:2013年10月中耀公司与曾顺国、李桥新及胡亮琼三方签订的《协议书》属有效合同,各方当事人应当按照协议约定全面履行各自的义务。根据《合同法》第79条的规定,该《协议书》关于"甲方继续向乙方支付星红煤矿剩余收购款共计300万元,乙方同意将其中220万元直接支付给丙方,乙丙方收到款项后,协助甲方办理普定县星红煤矿采矿权过户、工商变更等手续,甲方分别支付至乙方、丙方指定的银行账户"的约定,属于合同法中债权的转让,胡亮琼依法取得对中耀公司的债权220万元。因此,中耀公司应向胡亮琼支付220万元。法院认为三方协议已经对220万元债权转让进行了约定,中耀公司有义务向胡亮琼支付涉案债权220万元。法院认为,根据公平原则,中耀公司未支付220万元给胡亮琼,亦构成违约,其应承担相应违约责任,综合本案中合同履行情况酌情判令中耀公司承担违约金10万元较为

[①] 贵州省贵阳市中级人民法院(2015)筑民二(商)初字第253号民事判决书;贵州省高级人民法院(2015)黔高民终字第182号民事判决书。

公平。

2. 二审判决

二审法院认为:根据双方的诉辩主张,本案争议焦点有两个:一是本案所涉及的三方《协议书》的效力;二是三方《协议书》是否属于债权转让。关于三方《协议书》的效力问题,一审法院认定《协议书》为有效合同,本院予以维持。关于三方《协议书》是否属于债权转让问题。三方《协议书》第1.1条约定"甲方同意继续向乙方支付星红煤矿剩余收购款共计300万元,乙方(即曾顺国、李新桥)同意将其中的220万元直接支付给丙方(即胡亮琼)",且原审第三人曾顺国、李新桥在一审庭审中自认在三方《协议书》中已将220万元债权转让给胡亮琼,故曾顺国、李新桥与胡亮琼在三方《协议书》中的真实意思是就债权转让达成合意……根据《合同法》第79条第1款和第80条的规定,债权转让自曾顺国、李新桥与胡亮琼达成债权转让合意时成立,且曾顺国、李新桥通过三方《协议书》约定中耀公司将220万元直接支付给胡亮琼而履行了债权出让人的通知义务。曾顺国、李新桥对中耀公司300万元债权中的220万元债权经三方《协议书》已由胡亮琼受让并对债务人中耀公司发生效力。鉴于中耀公司没有提出充分的抗辩事由以阻却其向胡亮琼履行220万元的债务,中耀公司应当向胡亮琼承担继续履行支付220万元的违约责任。

【解　　析】

一、评析要点

债权让与协议的表现形式以及通知形式。

二、学理评析

本案的核心争议点是债权让与协议的表现形式以及通知形式。司法实践往往会采取灵活多变的形式来体现债权让与的意思表示,然而学术界对此方面研究并不多见,而且对既有的司法案例总结得也较为欠缺,均需要加强。相反,债权让与的通知是学术界更为关注的问题。

1. 债权转让合同的意义和形式

债权转让合同是指在不改变债权内容的前提下将其移转与他人的合同。债权让与的表现形式是债权让与协议。债权原则上是自由转让,这是债权财产性的重要体现。只有财产能够流转,其才能够不断地流向对其估价最高的人手中,进而促进社会财富分配的最大化。其具有丰富多元的功能,如有利于资金流动,同时促进债权回收和催收,也是债权担保化的体现。从2014年1月1日到2018年8月26日,聚法案例数据库共出现50 488个债权转让的裁判文书。这说明债权转让协议的普遍性,而且也容易产生争议。

债权转让协议也是合同,其是让与人与受让人之间所订立的诺成、不要式合同。其表现形式既可以是简单的一次转让,也可以是连续的债权转让。在具体表现形式上,其也可能是多方法律行为的形式出现,也可以以双方法律行为的方式作出(庄加园,159页)。这是我国学界的通说。本案即是以法律行为转让债权。

2. 债权让与意思表示的解释

本案的关键又在于如何理解三方《协议书》第1.1条约定,即"甲方同意继续向乙方支付星红煤矿剩余收购款共计300万元,乙方(即曾顺国、李新桥)同意将其中的220万元直接支付给丙方(即胡亮琼)"。对此,上诉人中耀公司称,即便《协议书》生效,其第1.1条"甲方同意继续向乙方支付星红煤矿剩余收购款共计300万元,乙方同意将其中的220万元直接支付给丙方,乙丙方收到款项后,协助甲方办理星红煤矿采矿权过户、工商变更等手续"的约定,是甲乙双方关于300万元尾款如何支付的约定,即甲方中耀公司同意按照乙方曾顺国、李桥新的要求将300万元中的220万元指定支付给丙方胡亮琼,剩余80万元支付给曾顺国。该《协议书》第1.2条约定的"乙方同意,甲方向上述账户支付完款项后,对乙方相应的星红煤矿收购款支付完毕",表明若中耀公司支付完相应款项则发生对曾顺国、李桥新债务清偿的效果,而绝不是"债权转让"后对"债权受让方"胡亮琼的清偿。这种理解或者解释是否适当呢?关键问题就在于如何理解"乙方同意将其中的220万元直接支付给丙方"的意思,其究竟能否做出"债权转让"的意思抑或只能做出仅仅是"支付方式"的规定?不可否认的是,这是一个合同解释问题。对此,我们必须分清当事人的身份以及当事人意思。在《协议书》中,中耀公司是债务人,债权人是曾顺国、李桥新。《协议书》中的"乙方同意将其中的220万元直接支付给丙方"可以有不同的理解,乙方之所以同意将其中的220万元直接支付给丙方就是因为乙方已经把220万元的债权转让给丙方,这是一种合理的解释。不得不承认的是,此种描述的确没有直接明确地表达"乙方已经把300万债权中的220万转让给丙方"。但是"同意""直接支付"的潜在意思的确是债权转让的意思。这一点在《协议书》中得到乙方曾顺国、李新桥的确认,他们在一审庭审中自认在三方《协议书》中已将220万元债权转让给胡亮琼。中耀公司的解释在表面上也具有一定的合理性,其也可以解释为交付的不同方式,即80万直接支付乙方、220万直接支付给丙方。但是综合全案来看,法院的解释可能更具有合理性。

3. 债权让与通知的形式

如前所述,《合同法》第80条规定:"债权人转让权利的,应当通知债务人。未经通知,该转让对债务人不发生效力。债权人转让权利的通知不得撤销,但经受让人同意的除外。"如前所述,《协议书》第1.1条解释为债权让与,那么该协议订立时,债务人就相当于进行了通知。通知的形式具有多样性,既可以是专门的书面通知,也可以是协议中的明确规定。一般认为,基于合同的相对性,特定当事人之间的合同原则上不能约束合同外的第三人,故而也不能当然发生拘束债务人的效力。受让人不能直接依据债权让与协议的有效成立而获得请求债务人给付的权利。同理,从合同相对性上考虑,应当在当事人达成债权让与协议之后,借助债权让与通知方可发生标的债权的移转。然而在更为复杂的将债权打包转让时,可有如下两种方案:第一种处理方案,将打包的债权拆包,就每一项债权专门成立一个债权让与,分别赋予其法律效力。这种方案的优点在于,它符合债权让与的传统意义,符合《合同法》规定的债权让与的模式,符合法解释学关于非典型合同适用法律的规则。同时有其缺点,那就是它不符合当事人的原意,违反了意思自治原则。第二种处理方案:将一包债权视为一个物,只成立一个债权让与合同。这种方案的优点是,它符合当事人的原意,贯彻了意思自治原则(徐涤宇,189—190页)。同时该方案有其明显的缺点:它不符合《合同法》规定的债权让与模式,受让人难以追究瑕疵担保责任。因此,一个比较理想的建议是,实务中多采取第二种方案,需要适时修正《合同法》,或尽快出台司法解释,以便明确相关法律适用。

参考文献

1. 庄加园：《〈合同法〉第 79 条（债权让与）评注》，载《法学家》2017 年第 3 期。
2. 徐涤宇：《〈合同法〉第 80 条（债权让与通知）评注》，载《法学家》2019 年第 1 期。

作者：吉林大学法学院教授　孙良国

49. 夫妻间忠诚协议是否是合同
——陈某甲与李某离婚纠纷案①

【事实概要】

原、被告系大学同学，于 2004 年确立恋爱关系，2007 年 9 月 3 日登记结婚，2008 年 3 月 23 日生一女陈某乙。2010 年原告曾经出轨，于当年 4 月 8 日书写保证书，保证今后不会再发生同样的错误，如果再发生，则自动净身出户。双方的共同财产有南京市鼓楼区东井村 3 号 20 幢×××室房屋一处，福克斯轿车一辆（车牌号：苏 A×××××）；共同债务（债权人为被告父亲李某某）40 万元本金及利息 3 万元。2010 年原告再次出轨，被告又予以原谅。2013 年 7 月 30 日，原告第三次出轨被被告在出租屋碰到，原告写下字条，承认三次出轨。原告质证认为，2010 年第一次原告出轨是事实，但字条中所说的第二次、第三次的对象均是原告同学，原告与她们只是聊聊天，并没有其他关系，但如果原告不写这样的字条，被告不仅喝洗发水，还以割腕、跳楼相威胁，在被告逼迫之下原告于 2013 年 7 月 30 日写了三次出轨的字条。故不同意财产均归被告所有。被告抗辩，原告违反忠诚协议内容，之后又两次出轨，故夫妻共同财产应全部归被告所有。

【判决要旨】

南京市鼓楼区人民法院认为，原告所书写的保证书实质为夫妻忠诚协议，该协议是基于双方的婚姻关系而订立，而夫妻忠诚是道德义务，非法定义务，故该协议不属于《合同法》调整范围，且该协议中约定的补偿并不是婚内财产约定，婚内财产约定是指约定的财产在约定时即已确定到具体的某个人，而该协议中所议定的补偿则是将违约者有所有权的财产补偿给了对方，实质是一种损害赔偿，故该协议无效。原告认可 2010 年出轨事实并写有保证书，其亦未有证据证明 2013 年 7 月 30 日承认曾三次出轨的字条系在被告胁迫下书写，故应认定原告违反了夫妻相互忠诚的义务，存在一定的过错。本着照顾无过错方及照顾子女权益的原则，本院酌定南京市鼓楼区东井村 3 号 20 幢×××室房屋归被告所有，被告给予原告补偿款 36.5 万元；福克斯轿车归原告所有，原告给予被告补偿款 5 万元；43 万元债务由被告承担，原告给予被告补偿款 21.5 万元。

---

① 江苏省南京市鼓楼区人民法院（2015）鼓民初字第 7654 号民事判决书。

【解　　析】

一、评析要点

夫妻忠诚协议是否是合同,是否适用合同法的规定。

二、学理评析

夫妻之间的忠诚协议是否是有约束力的协议,是法院审判中的一个难点问题。在学术意义上,其是合同的概念或者范围问题,也即合同法的调整对象问题。南京市鼓楼区人民法院认为该协议是无效的。其基本的理由是该协议基于双方的婚姻关系而订立,而夫妻忠诚是道德义务,非法定义务,故该协议不属于合同法调整范围。这也即是所有判决认定该协议无效的基本根据和理由。然而,笔者认为,该判决及其理由误解了合同的概念以及合同法的调整对象,值得商榷。

1. 忠实义务是道德义务还是法定义务

《婚姻法》第4条规定:"夫妻应当互相忠实,互相尊重"。毫无疑问,该条文设定的夫妻之间的义务是法定义务。其之所以能够上升为法定义务,根本原因在于忠实义务与婚姻关系具有内在关系。没有忠实义务,婚姻关系就溢出了正常轨道,而且对人类社会秩序的形成和治理产生不可预期的妨碍。换言之,忠实义务是夫妻关系的本质特征和规定性特征。忠实义务首先当然是道德义务,此种道德义务的意义要求其必须同时是法定义务,只有这样法律才能够对婚姻关系进行有效的规范,维护婚姻关系的高质量运行和家庭关系的和谐。这是作为法定义务的夫妻忠实义务存在的逻辑前提和事实基础。道德义务和法定义务两者并非排斥关系,而是互为里表、相互支撑。

2. 如何理解《合同法》第2条并没有将该协议纳入调整范围

遗憾的是,该判决没有具体说明基于哪个法律条文,法院才做出该协议不属于《合同法》调整范围的结论。仔细分析,只有《合同法》第2条第2款才能证成该结论。该款规定:"婚姻、收养、监护等有关身份关系的协议,适用其他法律的规定。"而很多法院直接认定,夫妻忠诚协议属于《合同法》第2条第2款所规定的"身份关系的协议",从而不应当由合同法而应由其他特别法调整。针对纠纷处理而言,只要不属于合同法调整范围,夫妻就无法根据协议主张权利。身份关系的协议的核心特征是订立主体特殊,一般必须是具有特定身份关系的人或者意欲产生特定身份的人(如收养协议等)。笔者认为,亲属法上的协议同样或主要也涉及财产关系,其与"合同"这一概念无必然关联。然而无论是身份协议还是合同,其作为一个法律意义上的概念,必须也从属于民事法律行为的概念。

身份关系的协议与特定身份关系的人订立的协议有根本区别。然而,非常遗憾的是,无论是国家立法机关出版的释义书还是学者出版的著作以及发表的论文,都没有对身份关系的协议进行一个较为明确的界定甚或描述(韩世远,16页)。笔者认为,所谓身份关系的协议,应当是指该协议能够直接设立、变更、终止某种身份关系,或者该协议为某种身份关系的产生、变更或者消灭提供直接基础(如有时需要在国家管理机关进行登记等),或者法律对此有明确规定。身份关系的协议事实上要求两个要素:第一是意思表示的存在,第二是产生、变更、消灭某种身份关系的法律效果。如果不符合该两项要素,其就不能称为身份关系协议。特定身份关系的人订立的协议既可能是身份关系的协议,也可能是财产关系的协议,或者兼具有人身关系或者财产关系的协议,如夫妻财产分割协议。当然,我们做出的如上界定必须是该协议直接而非间接涉及的内容,如收养协议当然会由于身份关系创设而涉及财产,但其直接目的并不涉及财产变动。忠诚协议的核心意思是,如果一方当事人违反了夫妻忠实义务,另一方当事人必须承担财产关系变动的后果,其并非是设定、变更、终止某项身份关系。换言之,其不是身份关系的协议而只能是特定身份关系的主体订立的财产协议。因此,如果夫妻忠诚协议中规定了因为一方违反忠诚义务导致夫妻身份的变化,如离婚,导致其他身份关系的变化,如丧失监护权等,这些内容当然是逾越了法律的强制性规定,是无效的。然而,我们通常所言的夫妻忠诚协议的内容是指,一方违反了法律规定的忠诚义务而基于其签订的协议承担财产上的不利益。本案的分析也限于此种语境。

3. 如何分析夫妻忠诚协议的功能

很多类似判决认为,夫妻忠诚协议不属于合同法的调整范围,根本原因在于婚姻不能交易。婚姻是非市场领域,而合同或者协议属于市场领域和交易领域,两者有不同的规范理念和手段。如果婚姻也变成纯粹的市场交易,婚姻或者家庭的本质就要改变。因此,其不应当属于法律领域的调整对象,更毋庸说是合同法的领域了。在技术上,《合同法》第2条第2款就成为此种观念的实现工具。对此,笔者也做出以下几点反驳:第一,上述观点的确对婚姻有美好的向往。然而,婚姻或者亲密关系的维系依赖的未必是一般意义上的道德。第二,上述观点默示了,协议自身会破坏婚姻关系。事实上破坏婚姻关系的并非是协议,而是违反忠诚义务的动机和行为。第三,协议作为合同自身也不会赋予夫妻任何一方支付赔偿金来违反忠诚义务的权利,即赔偿金不是违反忠诚义务的对价和等价品。上述观点基本上源自简单的道德直觉,很难通过理性反思的检验。

对此,夫妻忠诚协议具有何种功能是判断协议的重要因素。从直觉上看,威慑是夫妻忠诚协议有效的重要功能。违反协议的人要为其违反法定义务的行为承担责任。只有如此,该协议才能够威慑其不进行类似的行为。依照此种协议威慑夫妻之间的违反忠实义务的行为往往是徒劳的或者效果不佳。夫妻忠诚协议的出现部分归结于现有的法律制度的缺陷。如果夫妻一方一旦违反了忠实义务,双方当事人也可能订立离婚财产分割协议,此类协议就是典型的诉前离婚财产分割协议,置于《婚姻法司法解释(三)》第14条的适用范围内(孙良国、赵梓晴,271—272页)。诉前离婚财产分割协议在规范夫妻忠实义务时有明显局限:第一,该类协议是附条件的协议,其是否生效取决于当事人出现了"协议离婚"而且这一事实成就。第二,如果签订此类协议时,权利义务明显失衡或者一方实际受到胁迫等事实,违反忠实义务方往往反悔而不离婚。过错方依然有充分的反悔空间。第三,该类协议可能与违反忠实义务的事实有关,也可能与违反忠实义务的事实无关。总体而言,《婚姻法司法解释(三)》第14条也没有为忠实义务提供充分保障。

尽管违反忠诚协议的行为的原因极其复杂,不一而足,甚或无法在特别具体的语境中判断违反忠实义务的一方是否在深层道德层面有强烈的可谴责性,极端的情况可能会发生有时违反忠实义务的一些行为在某些特定语境下还可能会获得某种道德同情。尽管在道德上评价不一,法律上对该类行为的评价则是一致的。无论何种原因,违反忠实义务都是法律上的不当行为。法律对不当行为的评价是施加责任。在法律秩序的意义上,违反忠诚协议给另一方造成了伤害,之所以是伤害是基于法律对婚姻秩序的保护以及当事人受到伤害的实际感受或者推定性感受(王歌雅,39—40页)。这种保护尤其是有利于对离婚妇女的有效保障。

4. 夫妻忠诚协议是否有效

目前越来越多的人民法院支持夫妻忠诚协议有效的主张。如在陈某与高某离婚纠纷案①中,沧州市中级人民法院认为,双方所签夫妻忠诚协议的法律效力问题,目前学界存在争议,司法实践中对于此种协议的认定亦无统一标准。忠诚协议是当事人的合意,法律应认可其效力。依据《合同法》第2条的规定,合同是指平等主体的自然人法人其他组织之间设立、变更、终止民事权利义务关系的协议。显然,忠诚协议的缔结实际上正是当事人就私生活订立合同的体现。换言之,只要忠诚协议是双方在平等自愿未受任何胁迫的前提下做出的真实意思表示,且内容没有违反法律的禁止性规定,也不损害他人和社会公共利益,符合《合同法》规定的全部生效要件,就应当受到法律的保护。再者,忠实义务规定的道德内容属于法律的调整范围,认定忠诚协议有效符合婚姻法和合同法的立法精神,有利于维护平等、和睦、文明的婚姻家庭关系或者提供适当的救济(刘加良,103—104页)。

参考文献

1. 韩世远:《合同法总论》(第四版),法律出版社2018年版。
2. 孙良国、赵梓晴:《夫妻忠诚协议的法律分析》,载《社会科学战线》2017年第9期。
3. 王歌雅:《夫妻忠诚协议:价值认知与效力判断》,载《政法论丛》2009年第5期。
4. 刘加良:《夫妻忠诚协议的效力之争与理性应对》,载《法学论坛》2014年第4期。

作者:吉林大学法学院教授　孙良国

50. 混合合同的法律适用
——庄步云与南京美雅靓彩环保科技有限公司买卖合同纠纷案②

【事 实 概 要】

2016年11月20日,庄步云(乙方)与美雅靓彩公司(甲方)签订《合同书》。合同约定:1-1.甲乙双方之间仅存在受本合同约束而形成的供销法律关系,乙方不具有代理甲方或代为甲方而发生的任何行为的权利……3-1.合同期内进货定金抵扣完后,后续进货按甲方出厂价返利8%;3-2.销售奖励:进货定金抵扣完后,每累计进货达到30万元的奖励1.5%,进货量每递增10万元,则奖励递增0.5%,最高奖励3%……4-1.在本合同签订当日内,乙方需向甲方一次

---

① 河北省沧州市中级人民法院(2015)沧民终字第268号民事判决书。
② 江苏省南京市江宁区人民法院(2017)苏0115民初3637号民事判决书;江苏省南京市中级人民法院(2017)苏01民终9007号民事判决书。

性交纳合同期内进货定金6万元整,同时取得相应区域的代理权;6-1.美雅靓彩公司负责国内市场开发、推广及品牌形象宣传,负责提供媒体及广告宣传资料;6-5.甲方拥有美娅莱斯品牌的商标专属权、经营权,授权乙方在代理区域内使用,甲方负责向乙方提供美娅莱斯产品;6-7.甲方拥有相关产品全国统一零售价格的制定权和发布权。庄步云与美雅靓彩公司又确认了一份价格表,载明该表为美雅靓彩公司的内部资料,并载明包括300AV缝板、300BV缝板、300A直缝板、300B直缝板等在内的二十余种墙面板的市场核定价格。同日,庄步云依约交纳了6万元进货定金。2016年12月,庄步云向美雅靓彩公司购货,要求购买价格表中型号为300的直缝板、V缝板等几类产品,美雅靓彩公司告知其部分产品停产,并向庄步云推荐了其他替代产品。庄步云认为美雅靓彩公司违约,遂提起本案诉讼。

【判决要旨】

1. 一审判决

一审法院认为:从庄步云与美雅靓彩公司于2016年11月20日签订的《合同书》内容来看,美雅靓彩公司通过庄步云在江苏省金坛市对美娅莱斯品牌产品的销售,扩大其产品的市场占有率,而庄步云通过销售美雅靓彩公司的产品赚取美雅靓彩公司的返利及销售奖励从而获利。双方之间并非单纯的买卖合同关系,而是包括买卖合同在内的一系列合作关系。美雅靓彩公司的主要义务是按照区域代理商的价格提供货品,庄步云的主要义务是保证一定的销售量,故双方采取了包括定金抵扣、进货量奖励等结算方式。该价格表仅为产品价目表,只是确定部分产品的地区级价格,且《合同书》明确约定美雅靓彩公司的资料将根据市场情况有所改动,不是合同的要约,庄步云向美雅靓彩公司提交定货清单需该公司收悉确认后才能备货,因此,当庄步云提出购买该表上某类产品的要约时,美雅靓彩公司并未构成承诺,双方关于此单的买卖合同并未成立。

2. 二审判决

二审法院认为:虽然《合同书》约定双方仅存在供销法律关系、庄步云不具有代美雅靓彩公司发生任何行为的权利,但同时约定庄步云取得在江苏省金坛市销售美雅靓彩公司产品的代理权,美雅靓彩公司负责提供媒体及广告宣传资料,授权许可庄步云在代理区域内使用美娅莱斯商标,规定经销店统一装修风格,拥有相关产品全国统一零售价格的制定权和发布权,可对庄步云的经营管理情况进行监督和检查,可随时对庄步云的经营状况、货品销售、库存、零售价格等进行检查、指导,如庄步云连续三个月未进货必须提交书面报告。上述内容均非单纯买卖合同关系所能涵盖,一审法院认定双方系包括买卖合同在内的一系列合作关系,并无不当。案涉合同应为无名合同,故宜定为合同纠纷;同时,《合同书》约定美雅靓彩公司收悉确认庄步云提交的定货清单后,按订单核算货款,故庄步云提交的定货清单并非美雅靓彩公司必须供货的范围。

【解析】

一、评析要点

无名合同的确立及法律适用。

二、学理评析

本案的争议焦点之一是如何确定无名合同以及法律适用。其背后的学术问题是合同法如何应对生活中无限复杂且类型多样的合同并且准确进行法律适用。

1. 类型自由原则及类型化的意义

合同法的基本精神是合同自由。即当事人都可以根据自己的意思创设法律关系。原则上说,合同法的精义在于法律并不限制当事人设定权利义务的类型,即"类型自由原则"。但是对合同进行分类,是类型化思考的范例,是现代法科学生学习、理解和适用合同法规范的工具。当然,合同法发展到一定程度,其就有科学化、系统化的内在需求和动力。因此,典型合同的出现就是法学发达的体现。这就产生了"有名合同"与"无名合同"的区分。正如韩世远教授所言,合同的类型划分,是基于不同类型所具有的类型特征所做的梳理,而这些类型特征则是法律人基于对法律生活的观察所做的提炼(韩世远,68—69页)。有名合同与无名合同的区分的主要目的是帮助人们更好地适用法律规则,使当事人有更好的行为预期,有利于事前安排自己的生活和经营。同时,这也有助于降低交易成本,避免当事人对典型交易类型还要做额外的工作。合同法要尽可能地通过丰富的具体类型的法律规则,助推当事人权利义务的固定化,这是合同法丰富的体现。我国正在进行《民法典·合同编》的编纂,其意图也是尽可能将已经稳定、稳固的、共通的合同规则明确化,以更加有效地指导社会实践。

2. 无名合同的判断标准

然而,如何判断典型合同呢?这通常取决于形式标准。典型合同,是指法律赋予其具体名称的合同。只要法律没有赋予其名称,其就只能称为"无名合同"。当事人之间所订立的合同并没有特别赋予其名称,但是这不是判断有名合同和无名合同的标准(周江洪,85—86页)。在合同文本没有赋予其名称的情况下,要根据当事人在合同中规定的权利义务来判断其性质。一审法院也是根据内容进行了分析,美雅靓彩公司通过庄步云在江苏省金坛市对美娅莱斯品牌产品的销售,扩大其产品的市场占有率,而庄步云通过销售美雅靓彩公司的产品赚取美雅靓彩公司的返利及销售奖励从而获利。双方之间并非单纯的买卖合同关系,而是包括买卖合同在内的一系列合作关系。二审法院认为,因《民事案件案由规定》中并无"合作合同纠纷"的案由,故一审法院将本案确定为合作合同纠纷依据不足。案涉合同应为无名合同,故宜定为合同纠纷。对此,笔者从以下两个方面进行分析:第一,一审法院也认定该合同是无名合同,根据内容将其定性为合作合同纠纷。但是其认为该合同是包括买卖合同在内的一系列合作关系这一点也值得推敲。因为,从合同内容看,其并没有包括买卖合同关系,不符合买卖合同订立的典型特征。因为这里并没有包括《合同法》第 130 条以及《合同法司法解释(二)》第 1 条第 1 款的规定,即当事人对合同是否成立存在争议,人民法院能够确定当事人名称或者姓名、标的和数量的,一般应当认定合同成立。但法律另有规定或者当事人另有约定的除外。第二,合作合同纠纷的定性是没有问题的,主要是我们的案件管理要受到《民事案件案由规定》的约束。二审法院认为一审法院将本案确定为合作合同纠纷依据不足的理由只具有行政管理的意义,不代表定性就不准确。

3. 无名合同的法律适用

无名合同的法律适用是焦点问题。按照学界的一般说法,无名合同主要分为三个类型:纯粹非典型合同、合同联立、混合合同(王泽鉴,139—140页)。就纯粹非典型合同的法律适用,一般认为首先应当根据合同的约定、诚实信用原则并斟酌交易惯例加以确定。合同联立则要区分类型而具体适用:一是单纯外观的结合,此时应当按照各自的典型合同的规定适用;二是数个合同的结合具有一定的依存关系,此时主要依据主导性的合同进行适用。混合合同的法律适用也区分不同类型进行分析:一是典型合同附有其他种类的从给付,此类合同仅适用主要部分的合同规范;二是类型结合合同,是应当分别适用各自部分的有名合同规范,并且依据当事人可推知的意思调和其分歧;三是双种典型合同,其也是分别适用各自典型合同的规范;四是类型融合合同,此时原则上应适用两种典型合同规范(王利明,164—166页)。在就具体的系争合同而言,如前所述,这里并没有买卖合同。从合同整体内容看,双方当事人就只是达成了比较具体的合作协议,这些协议都是具有约束力的。合作的内容包括品牌合作、品牌代理、购买品牌产品等。后来签订的价格表虽然具体,但是其没有具体数额,依然不能构成合同。所以这类协议并不是具体的合同,更多的是比框架协议更具体的协议。

而且需要清楚的是,无名合同的三种类型的意义也不能高估。因为这三种类型不可能穷尽当事人的所有意思表示,例如,本文中的协议就很难归结到上述任何一种类型,而且简单套用这三种类型可能会出现非常不适当的结果。合同法中合同自由以及类型自由的精义在于,无名合同的适用首先要尊重当事人的意思表示,不能依照有名合同的类型以及各自可能的内容结合否定当事人自由约定的意义。同时,无名合同的法律适用要注意结果妥当性,即何种法律救济能够实现妥当的法律结果,妥当的法律结果应当与合同的目的、交易结构、交易惯例相符合。

参考文献

1. 韩世远:《合同法总论》(第四版),法律出版社2018年版。
2. 王泽鉴:《债法原理》(第二版),北京大学出版社2013年版。
3. 周江洪:《典型合同与合同法分则的完善》,载《交大法学》2017年第1期。
4. 王利明:《典型合同立法的发展趋势》,载《法制与社会发展》2014年第2期。

作者:吉林大学法学院教授　孙良国

51. 格式合同的基本立场与立法
——刘超捷与中国移动徐州分公司电信服务合同纠纷案[①]

【事实概要】

2009年11月24日,原告刘超捷在被告中国移动徐州分公司营业厅申请办理"神州行标准卡",开通套餐:月最低消费10元,长话一费,开通业务:省际漫游、呼叫转移等,付费方式为预

---

① 《最高人民法院公报》2012年第10期;江苏省徐州市泉山区人民法院(2011)徐商终字第391号民事判决书。

付费。在业务受理单所附《中国移动通信客户入网服务协议》中,第二项乙方(中国移动通信集团江苏有限公司徐州分公司)的义务:第 2 条为:乙方通过营业厅、网站及短信等方式向甲方(移动通信客户)公布并提示服务项目、服务时限、服务范围及资费标准等内容。第 10 条为:乙方对甲方暂停服务时(以下简称"停机")对使用"先预存话费,后使用"缴费方式的甲方应当进行余额提示,通知方式包括但不限于短信、电话或信函。第五项协议的变更、转让与终止:下列情况乙方有权解除协议,收回号码,终止提供服务。由此给甲方造成的损失,乙方不承担责任,并有权向甲方追讨欠费:(1)甲方提供的身份证件虚假不实;(2)移动电话被用于非法犯罪活动或不当用途(有损乙方或相关第三方利益);(3)乙方收到国家有关部门发文要求停止为甲方提供通信服务;(4)甲方欠费停机超过 60 日。该协议中没有关于预付话费有效期限制的相关内容。原告当场预付话费 50 元,参与被告公司充 50 元送 50 元的活动。

2010 年 7 月 5 日,原告刘超捷在中国移动官方网站网上营业厅通过银联卡网上充值 50 元。该网页上显示的查询充值记录内容仅有充值时间、充值金额、充值渠道三项内容,而没有充值即预付话费的有效期。2010 年 11 月 7 日,原告在使用该手机号码时发现该手机号码已被停机,原告到被告中国移动徐州分公司的营业厅查询,方得知被告于 2010 年 10 月 23 日因话费有效期到期而暂停移动通信服务,此时账户余额为 11.70 元。原告认为被告单方终止服务构成合同违约,遂诉至法院。

邮电部移动通信局《全国智能网预付费业务管理办法(暂行)》《全国智能网预付费业务 SIM 卡和充值卡管理办法(暂行)》规定不同面值的充值卡对应不同的有效期以及用户拨打第一个充值电话时,才 SCP 激活账户数据,并开始设置用户账户的金额、有效期和起始日期。

【判决要旨】

本案有两个争议焦点:(1)原被告所签的电信服务合同是否包含有效期限制的内容,关于有效期的限制被告中国移动徐州分公司是否向原告刘超捷进行了告知;(2)原告要求被告取消对有效期限制及继续履行合同是否有事实和法律依据。

关于原被告所签的电信服务合同是否包含有效期限制的内容以及被告中国移动徐州分公司是否将有效期的限制向原告刘超捷进行了告知的问题。法院认为:首先,业务受理单、入网服务协议是电信服务合同的主要内容,确定了原、被告双方的权利义务内容,入网服务协议第四项、第五项均没有因有效期到期而中止、解除、终止合同的约定;其次,被告未能提供有效的证据证明已通过上述方式向原告进行了告知;最后,依据《合同法》第 39 条的规定,采用格式条款订立合同的,提供格式条款的一方应当遵循公平原则确定当事人之间的权利和义务,并采取合理的方式提请对方注意免除或者限制其责任的条款,按照对方的要求,对该条款予以说明。话费有效期限制直接影响到原告手机号码的正常使用,一旦有效期到期,将导致停机、号码被收回的后果,因此被告对此负有明确如实告知的义务,且在订立电信服务合同之前就应如实告知原告。如果在订立合同之前未告知,即使在缴费阶段告知,亦剥夺了当事人的选择权,有违公平、诚实信用原则。

关于原告刘超捷要求被告中国移动徐州分公司取消对有效期限制及继续履行合同是否有事实和法律依据。法院认为:电信用户的知情权是电信用户在接受电信服务时的一项基本权利,电信业务的经营者应当给予充分的尊重,用户在办理电信业务时,电信业务的经营者必须向其明确说明该电信业务的内容,包括业务功能、费用收取办法及交费时间、障碍申告等,如果用户在不知悉该电信业务的真实情况下进行消费,就会剥夺用户对电信业务的选择权,达不到真正追求的电信消费目的;电信业务的经营者作为提供电信服务合同格式条款的一方,应当遵循公平原则确定与电信用户的权利义务内容,权利义务的内容必须符合维护电信用户和电信业务经营者的合法权益、促进电信业健康发展的立法目的,并有效告知对方注意免除或者限制经营者责任的条款并向其释明。被告提供的邮电部移动通信局《全国智能网预付费业务管理办法(暂行)》和《全国智能网预付费业务 SIM 卡和充值卡管理办法(暂行)》并没有对人工充值和网上充值的预付费是否设置有效期进行规定。由于被告既未在电信服务合同中约定有效期内容,亦未提供证据证实在签订合同时已将预付话费的有效期限制明确告知原告并释明,所以被告不得在合同履行中以预付话费超过有效期为由对用户进行通话限制。被告以预付费过期为由对原告暂停服务、收回号码的行为构成违约,应当承担继续履行等违约责任。

【解　　析】

一、评析要点

格式缔约的法律态度以及具体规制方式。

二、学理评析

本案的争议焦点是法律应当如何对待格式化的缔约以及采取何种缔约规制方式。法律如何对待格式化缔约已经是现代合同法的核心理论问题(Melvin A. Eisenberg,521—529 页)。目前美国法、英国法以及欧盟对格式化缔约无论在学术理论上还是在立法实践上都做出了非常丰富且有效的突破和创新。然而,我国对格式缔约、格式合同相关理论的深入研究不多见。严格说,没有对格式化缔约的准确描述以及规范判断就无法对未来的立法以及司法实践产生足够的指引。

笔者选择本案例并不完全对该案的争议问题进行深入分析,而是通过该案例反思法律对待格式合同的基本观念以及如何对其进行具体规制。

1. 格式合同的意义

从工业化以来,格式缔约就是最为常规的缔约方式。司法实践中的合同绝大多数都是格式合同,无论是消费者合同还是商事合同,均是如此。然而现代合同法规则和原理大都源自 19 世纪中期古典合同法理论对合同案例的体系总结。古典合同法的典型范式立基于超越了简单以物易物的远期交易,即商品或者服务与订立合同的时间相互分离(Melvin A.Eisenberg,212 页)。进一步的工业化尤其是现代的信息化更是促成格式缔约成为最典型、最普遍的缔约方式,因特网时代我们每天所订立的合同不计其数但却很少明显察知。目前几乎所有的消费者合同都是格式合同,相当数量的商事合同也都属于格式合同。目前的合同法也应当以规范格式合同为核心。但实际的情况是,目前的合同法规则、原理大部分还是以非格式合同为对象。欣喜的是,越来越多的特别法如《消费者权益保护法》以及其他部门规章、地方性法规都通过法律规定尤其是强制性规定的方式订入合同,成为合同权利义务的内容。格式缔约自身是积极的,是当事人或者法律因应社会变迁而出现的形式,其具有符合现代社会形势、提高交易效率、降低交易成本的作用。如果每个合同都按照传统的要约、承诺方式订立合同而且进行个别化的协商，将会浪费大量的时间而且并不会提高效率。格式化缔约简化了社会生活，符合缔约人的真实想法，即使经营者意欲与消费者进行谈判和协商，消费者也不愿意与其进行谈判和协商。因为谈判和协商并不会改进其福利与选择的可能性，其没有或者几乎没有可能修改对方提供的合同条款(Margaret Jane Radin,522页)。归根结底，消费者通常并没有充分的谈判能力和谈判空间。更何况，绝大多数条款适用尤其是合同解除条款、违约救济条款的发生概率是极低的，事前细致考虑的价值不大。进而，即使与其他经营者缔约，消费者也没有更优的谈判能力改变通常的合同内容。所以，其理性的决策就是简单地在格式合同上进行签字。这就说明，格式缔约自身具有突出的效率价值，不能当然地认为格式合同肯定会损害消费者或者其他经营者的利益。可喜的是，我国法院并非因为合同是格式合同而怀疑或者否定其法律效力。在本案中，法院业务受理单、入网服务协议是电信服务合同的主要内容，确定了原、被告双方的权利义务内容，入网服务协议第四项约定有权暂停或限制移动通信服务的情形，第五项约定有权解除协议、收回号码、终止提供服务的情形都进行了肯定。这意味着，法院首先肯定了电信服务合同作为格式合同的缔约方式的正当性，值得赞同。

2. 格式合同的司法规制

格式合同的规制虽然具有多元性，但应当做到立法规制、行政规制和司法规制的统一。本案主要体现了对格式缔约的司法规制。司法规制具有不可替代的意义，是比较重要的一种制约手段。这种规制也应当符合消费者心理和经营者行为的互动。就本案而言，有效期限就成为核心内容，用判决的用语就是：话费有效期限制直接影响到原告手机号码的正常使用，一旦有效期到期，将导致停机、号码被收回的后果，因此被告对此负有明确如实告知的义务，且在订立电信服务合同之前就应如实告知原告。法律必须判断电信服务合同是否包含有效期限制的内容以及被告中国移动徐州分公司是否将有效期的限制向原告刘超捷进行了告知的问题。首先格式合同文本中并没有该期限的要求。如此重要的问题没有在电信服务合同中对应，其就不是当事人同意或者合意的内容。进一步论，基于公平考量，如此重要的条款是不能经由默示条款或者商业惯例订入合同的。法院根据《合同法》第39条的规定，即采用格式条款订立合同的，提供格式条款的一方应当遵循公平原则确定当事人之间的权利和义务，并采取合理的方式提请对方注意免除或者限制其责任的条款，按照对方的要求，对该条款予以说明。严格说，有效期限的条款很难被解释为免除或者限制其责任的条款。但是，这不影响该条款必须事前告知且经过同意和提醒才能够纳入合同。换言之，即使中国移动徐州分公司在合同订立后单方通知其确定有效期限，除非刘超捷明确同意，法律也不能认定其效力。按照判决的理解是，如果在订立合同之前未告知，即使在缴费阶段告知，亦剥夺了当事人的选择权，有违公平、诚实信用原则，故对被告此辩称理由法院不予支持。判决的理解在结果上是妥当的，但是在论证上是值得商榷的。从学理上讲，经营者无权单方变更合同，从而使原先的合同与现代的合同产生重大变更，破坏了合同的根本预期和双方当事人之间的合理信赖。在制度选择上，其并没有剥夺当事人的选择权，选择权是合同自由的重要内容，其主要是指选择当事人的自由。一旦合同订立后，选择自由就必须置于双方同意的框架内。只要是置于合意框架内，经营者也可以单方变更一些条款，不宜一概认定此种变更无效(孙良国,14—16页)。

格式合同作为现代市场合同的基础，应当受到更多的理论探索和实践总结。没有一个系统的格式合同的理论,就没有现代合同法。总结我国司法裁判中的格式合同规制,是学者义不容辞的责任,我们需要更多的分析工具和分析方法进行充实。

参考文献

1. Melvin A. Eisenberg,*Foundational Principles of Contract Law*,Oxford University Press,2018.
2. Margaret Jane Radin,*Boilerplate*:*The Fine Print*,*Vanishing Rights and the Rule of Law*,Princeton University Press,2012.
3. 孙良国:《单方修改合同条款的公平控制》,载《法学》2013年第1期。

作者:吉林大学法学院教授　孙良国

52. 网上缔约合同的成立时间判断
——夏伟与亚马逊卓越有限公司买卖合同纠纷案[①]

【事实概要】

2012年9月5日,夏伟在亚马逊网站上看到其网站举办"名表新品折上最高立减500元"的促销活动,活动时间自即日起至2012年9月14日。按照活动公告及规则要求,夏伟于2012年9月5日上午8点50分参加此促销活动,在取得网站提供的面额500元的现金优惠券3张后购买了活动商品中的3款手表各1块,分别为EBOHR依波运动休闲系列石英男表06213237,商品价格558元;EBOHR依波运动休闲系列石英男表06213534,商品价格558元;SEA-GULL海鸥白盘钢带自动机械男表M165S,商品价格780元。订购商品同时支付了每块手表500元的现金优惠券,并约定余款的支付方式为货到付款。

2012年9月5日上午9时许,夏伟陆续收到亚马逊公司的订单确认邮件,其中SEA-GULL海鸥白盘钢带自动机械男表的订单总计280元,预计送达日期为2012年9月14日至10月6日;EBOHR依波运动休闲系列石英男表、EBOHR依波运动休闲系列石英男表的两个订单均显示,该商品暂时缺货,现在可以订购,到货后,货到付款订单会邮件通知,非货到付款订单收款后,会邮件通知。3份邮件下部正常字体载明:"此订单确认信仅确认我们已收到了您的订单,只有我们向您发出送货确认的电子邮件通知您我们已将产品发出时,我们和您之间的订购合同才成立。"2012年9月8日、9日,夏伟陆续收到亚马逊公司发送的3份邮件,称上述3份订单的商品亚马逊公司不能采购到货,无法发出,已经将缺货商品删除,已支付的款项将会尽快退到电子账户或礼品卡中,并承诺删除缺货商品后,将不会影响订单已享有的优惠。亚马逊公司遂将夏伟账户中上述3个订单全部删除。2012年9月11日,夏伟收到亚马逊公司邮件,载明因夏伟购买的商品为特价促销产品,货源有限造成缺货,无法满足订购需求,商品订单将被取消。为表歉意向夏伟提供10元礼品卡。

[①] 北京市朝阳区人民法院(2013)朝民初字第2145号民事判决书。

【判决要旨】

第一,亚马逊公司在其公司经营的网站中公布的"使用条件"系亚马逊公司未与相对人协商的、预先设定的、不允许相对人对其内容作出变更的格式条款。格式条款虽有避免重复订立提高效率的优势,但提供商品或服务的一方在拟定格式条款时,往往会利用自己的优势地位,将一些有利于自己的免责条款或限责条款订入合同,影响到合同当事人之间的利益平衡。因此,法律对于此类格式条款订入合同有明确的要求,进行了严格的规制,规定提供格式条款的一方应当采取合理的方式提请对方注意免除或者限制其责任的条款,按照对方的要求对该条款予以说明。亚马逊网站的"使用条件"规定,仅在亚马逊网站向消费者发出送货确认的电子邮件通知已将该商品发出时,双方之间的合同才成立,排除了其商品陈列系要约以及消费者基于要约进行承诺的权利,其实质和后果是赋予了亚马逊公司单方决定是否发货的权利并免除了亚马逊公司不予发货的违约责任,但这是对消费者基于一般的消费习惯所认知的交易模式的重大改变,因而对消费者的合同利益会产生实质的影响,亚马逊网站对此应当作出合理的、充分的提示,提醒消费者注意该项特别约定,并判断选择是否从事此项交易。但从查明的事实看,亚马逊网站并未尽到提请注意的义务。

从注册环节看,亚马逊公司并未要求注册用户必须阅读并同意其"使用条件";从页面展示看,"使用条件"的相关链接位于网站最下端,且需点击链接始能查看,不易被消费者辨识;从检查订单环节看,亚马逊公司以加粗的字体显示产品型号、订购数量、送货地址、付款方式等,却仅以普通字体提示"使用条件",且该处"使用条件"亦不是链接按钮,页面下方以色度较暗的字体显示,不易被消费者注意,故消费者在亚马逊网站无须阅读"使用条件"即可完成选择商品并购买的全过程。因此,法院认为,因亚马逊公司未就使用条件的格式条款以合理的方式提请消费者注意,特别是没有在消费者提交订单之前予以明确提示,故亚马逊公司关于"使用条件"的相关条款应视为没有订入合同,当然也不应对消费者发生效力。

第二,关于合同是否成立。认定合同是否成立,应当遵循《合同法》关于合同成立的一般规则进行判断,即对双方是否完成了要约和承诺的交易行为予以认定。要约是向对方作出的希望与其订立合同的意思表示,承诺是受要约人同意要约的意思表示。通常情况下,要约应当内容具体确定,并且表明经受要约人的承诺,要约人即受意思表示的约束。受要约人一旦承诺,双方即完成合意。亚马逊公司将其待售商品的名称、型号、价款等详细信息陈列于其网站之上,内容明确具体,与商品标价陈列出售具有同一意义,根据法律规定和一般交易观念判断,当符合要约的特性。消费者通过网站在其有库存或者其允许的状态下自由选购点击加入购物车,并在确定其他送货、付款信息之后确认订单,应当视为进行了承诺。亚马逊公司在消费者提交订单之后向消费者发出的订单确认邮件中的提示系双方达成合意后的通知,不发生排除合意的法律效力。故本院认为本案中亚马逊公司与夏伟之间的合同已经成立,对于亚马逊公司关于双方之间合同未成立的答辩意见不予采信。因夏伟订购的3块手表属种类物,且亚马逊公司未能提交其不能继续采购到货的证据,故亚马逊公司关于该3块手表不能采购的答辩意见本院不予采信。亚马逊公司应当向夏伟交付其订购的3块手表,夏伟亦应在收货同时向亚马逊公司支付剩余货款。

【解　　析】

一、评析要点

网上缔约的成立时间如何判断。

二、学理评析

本案的核心争议点实质上是如何判断网上缔约的成立时间。在司法实践中，类似案件出现了完全不同的裁判结果，对其中任一典型案件进行分析均具有非常突出的实际意义，以便为未来司法案件的裁判提供可兹参照的借鉴。在学术意义上，本案还涉及合同成立是事实问题还是价值判断问题，当然还涉及如何认识网上缔约所必须面临的格式条款的使用条件及其对合同成立时间判断的影响。

1. 网上合同成立时点的不同观点

合同成立的时点决定了双方是否受到合同的约束，是否承担法律责任以及承担何种类型的责任。在网上缔约语境下，基于不同立场持有不同观点：第一，合同成立的时间为买方将商品放入购物车时。第二，合同成立的时间为买方成功提交订单时。亚马逊的广告页面展示是要约，而买方在检查订单、确认收货地址等问题后成功提交订单就是承诺。第三，合同成立时间为付款完成时。因为买方此时最终认真地决定了自己的缔约意图，其通过付款承诺了亚马逊的销售商品的要约。当然，也有人认为，买方付款是要约，卖方接受付款是承诺。第四，买方收到亚马逊发出的确认信邮件时，合同成立。理由是，该确认信表示了亚马逊最终同意订立合同的意图，因为商业广告通常是要约邀请，买方付款只是要约，卖方接受付款并发出确认信构成承诺。第五，法律基于私法自治、合同自由的理念尊重亚马逊公司确认信邮件中格式条款的内容，确认合同自买方收到发货通知邮件或者短信时成立；第六，买方作为消费者是弱势群体，基于法律对弱势消费者的特别保护，合同应当在买方交付价款时成立，当然该观点的前提条件是货到付款的付款方式。

2. 作为规范性价值判断的合同成立

上述观点基于不同的立场所产生的不同合同成立时间都具有客观性。单纯将合同成立作为一种事实判断的立场无法对上述观点做出有效取舍，更毋庸说是最佳时间的选择了。对上述观点的选择涉及如何理解合同成立的核心原理及其价值判断。

合同成立过程中的规范性价值判断包括但不限于以下几点：第一，在合同订立中，任意性规范的设计不能采用简单的惩罚优势谈判方的进路，也不能采取中立的"理性人"观点，而必须尊重客观现实，采取合乎市场逻辑的方式模拟缔约双方当事人的"真实意思"。第二，从合同权力的角度，合同法不应也不能歧视优势谈判方。格式合同产生具有其正当性，不能因为其只是由谈判优势方起草或制定的而受到否定性评价（刘海安，117—118页）。具体而言，谈判优势方通常可决定合同成立的时间点，合同法应当尊重这一客观现实。只要意思表示没有瑕疵，不符合显失公平，合同权力的行使即应推定是合理的。第三，法律规则应当尽可能地简洁、便利，不能复杂到让通常人无法理解或认同的程度，对于合同成立的最优的规则是在确保不出现不利结果的前提下，毋庸法律规则解决的就不制定法律规则，用一层法律规则解决的，就毋庸更复杂的两层或者三层法律规则解决。

3. 合同发货且通知买方时合同成立的观点的特殊优势

基于上述价值判断,法院认可亚马逊确认信邮件中格式条款的规定,合同自发货且通知买方时合同成立的观点更具合理性。该观点有以下两个明显优势:

第一,模拟且尊重当事人的意图。买方将选定的商品放入购物车且提交订单,通常表达的是买方购买的强烈意愿甚或在绝大多数情况下是最终意愿,但也并非最终完成该交易。而卖方的商品广告也只是意欲激励买方购买,使之成为选择对象,此时卖方根本不意欲在法律上受到当事人提交订单的影响而最终承诺该条款,其也并不意欲使买方完全最终受制于其提交的商品购买意愿。因此,合同成立于卖方发货且通知买方时,尊重了双方当事人的意愿,尤其是具有更高谈判能力的卖方的意思。

第二,在电子商务条件下,亚马逊等设定的条款总体上还符合"事前披露""事前合意"的传统要求:其一,消费者至少有三次以上的机会能够阅读并了解"使用条件"的具体内容,分别是在浏览网页时、提交订单之前的"检查订单环节"、买方提交订单后系统发出的自动确认邮件。其二,合乎交易惯例和公平原则。根据既有的交易惯例,在卖方发货且通知买方之前,买方完全可以自由取消交易,且毋庸承担任何责任,当然也不会对买方形成任何不良信用记录,此时如果我们"客观地"认定合同成立于卖方发货且通知买方时,之前的任何时间买卖双方当事人可以不用承担民事责任而自由地取消交易,这对双方当事人都是公平的,之后缔约人自然可以再根据自己的意愿和偏好选择商品,这是完全符合满足双方需求的惯例的。其三,彰显优势谈判方支配权力、分配风险的主导性。优势谈判方往往将承诺的权力掌握在自己手中,而且既有的法律总体上也赞同此种选择,例如,在超市购物中,超市而非消费者拥有承诺权。其四,简化法律关系。将合同时间确定为发货且通知买方时,将会简化法律关系。在此之前,双方的一系列行为都没有发生法律关系以及法律责任。买方可以自由地取消交易,而卖方也可以自由地取消交易,尽管通常只有在发现诸如较严重标价错误等情况时才会如此(刘颖,655—656页)。这基本上不涉及法律责任问题,于双方尤其是卖方更为方便。其他时点的合同成立规则没有如此优势。其五,最大可能遏制买方可能实施的机会主义行为。网上标价错误的实践表明,买方具有更高的机会主义行为的激励,因为其通常不会受到更高的信用约束或声誉激励的控制。同样,某些商户为了吸引消费者而故意调低价格,在商品出货之前再调高价格。然而,这些商户不能或者很难获得良好的商业信誉,工商管理部门也可能会对上述行为的企业给予行政处罚,多数企业通常并不会故意为之。

合同成立表面上是要确定意思表示一致的时间,然而在网上购物以及格式合同普遍化的大规模交易和倾向消费者保护的复杂背景下,其要受制于买卖双方不同的理解甚或冲突。对于双方合同行为更为细致的利益衡量和价值判断在其中发挥重要的作用。而既有的判决并没有基于合同法内在的科学性来考虑此种复杂的价值判断。本文的结论在事实上能够实现企业与消费者利益的长期动态平衡,实为现阶段的最佳选择。当然,作为必要的补充,基于如上丰富的价值判断,法律也不应当随意否认卓越亚马逊公司以及其他电子商务公司的"使用条件",尽管我们赞同要求电商对使用条件进行更为充分的披露而且应当让消费者更多的事前了解(孙良国,131—132页)。

参考文献

1. 孙良国：《合同成立时点的确定与合同法的价值判断——以"夏伟诉亚马逊卓越擅自删除订单案"为例》，载《华东政法大学学报》2018年第2期。

2. 刘海安：《航空客运合同成立时间——达成合意的回归》，载《北京理工大学学报（社会科学版）》2016年第5期。

3. 刘颖：《论电子合同成立的时间与地点》，载《武汉大学学报（社会科学版）》2002年第6期。

作者：吉林大学法学院教授　孙良国

53. 违法合同的效力判断
——黄某某与刘某某确认合同无效纠纷案[①]

【事实概要】

2003年，某市福彩中心批准刘某某设立投注站，刘某某向福彩中心交纳了投注机押金30 000元，福彩中心随即将42060056号投注机交付刘某某经营。2004年、2005年，刘某某与福彩中心签订了42060056号投注站销售协议书，约定刘某某不得将投注站转包经营，之后，双方未签订销售协议书，但双方均按原销售协议书履行义务至2007年10月。2005年1月20日，黄某某向刘某某出具承诺书一份，内容为：经双方协商，本人强烈要求接受42060056号投注机进行福利彩票经营，虽然刘某某再三、反复强调福彩中心不准转让投注机的有关规定，但本人坚持要求接受该投注机，从2005年1月20日后投注机所发生的一切事情，与刘某某无关，由本人经营不良造成省福彩中心收机、停机，使投注机无法经营，也不找刘某某的麻烦，在2005年1月20日以前所发生的事情由刘某本人负责。当日，刘某某也向黄某某出具了承诺书一份，内容为：经黄某某再三请求和协商，黄某某接受42060056号投注机，并进行经营。在黄某某未违背福彩中心有关规定的情况下，不提出收回投注机的要求。黄某于2004年12月23日、2005年1月20日共向刘某某支付了转让费32 000元、押金30 000元，共计62 000元。刘某某于2005年1月将42060056号投注机交付黄某某经营至2007年10月，并将福彩中心于2003年3月17日出具的30 000元押金收据等交付黄某某。因投注站内有赌博机，2007年12月福彩中心向刘某某下达了投注站违规处理意见单。此后，黄某某要求将投注机交还给福彩中心，但福彩中心要求刘某某必须到场才予退还押金，但刘某某拒绝配合。因此，黄某某起诉到法院要求：确认转让行为无效；刘某某返还黄某某押金30 000元，福彩中心协助刘某某返还黄某某押金30 000元；刘某某承担本案诉讼费。

---

① 湖北省武汉市青山区人民法院（2009）青民二初字第346号民事判决书。

【判决要旨】

1. 一审判决

一审法院认为,刘某某将 42060056 号投注机转让给黄某某经营,违反了湖北省电脑福利彩票投注站管理规定及刘某某与第三人福彩中心签订的销售协议书约定,属无效行为。刘某某因该行为向黄某某收取的押金 30 000 元,应当返还给黄某某,同时黄某某也应将押金收据、投注机返还给刘某某。黄某某要求确认转让行为无效及刘某某返还押金 30 000 元的诉讼请求,一审法院应予支持。黄某某要求第三人福彩中心协助刘某某返还押金 30 000 元的诉讼请求,于法无据,不予支持。据此判决:一、原告黄某某与被告刘某某之间的转让行为无效;二、被告刘某某于本判决生效之日起 10 日内返还原告黄某某押金 30 000 元;三、原告黄某某于本判决生效之日起 10 日内将投注机及投注机押金收据返还给被告刘某某;四、驳回原告黄某某的其他诉讼请求。

一审法院宣判后,湖北省某市人民检察院提起抗诉。

2. 二审判决

再审法院认为检察院的抗诉不能成立:尽管黄某某与刘某某曾于 2005 年 1 月 20 日达成了关于投注站经营权转让的合意,但该合意明确违反了国务院《彩票管理条例》第 15 条第 2 款、第 16 条之规定,"彩票代销者不得委托他人代销彩票。""彩票投注专用设备属于彩票销售机构所有,彩票代销者不得转借、出租、出售"。而根据我国《合同法》第 52 条第(5)项及《合同法司法解释(二)》第 14 条之规定,如果一行为明显"违反法律、行政法规的强制性规定",且该规定属于"效力性强制性规定",那么,该法律行为无效,由此所达成的合同无效。国务院《彩票管理条例》第 15 条第 2 款、第 16 条之规定显然属于国家行政法规。与此同时,彩票业是带有公益福利色彩的特殊行业,黄某某和刘某某私下所进行的投注站经营权转让行为,实践中极易破坏彩票交易市场秩序的稳定,损害社会公共利益,故国务院《彩票管理条例》第 15 条第 2 款、第 16 条之规定属于"效力性强制性规定"。因此,检察院的抗诉不能成立。

【解 析】

一、评析要点

一是《彩票管理条例》第 15 条和第 16 条是否属于效力性强制性规定,二是彩票代销者转委托行为是否有效。

二、学理评析

1.《彩票管理条例》第 15 条和第 16 条的性质辨析

就肯定合同的效力而言,若是小而言之,则其对于维护当事人的信赖、防止一方的履行被不当剥夺都是必需的;若是大而言之,由于合同是贯彻私人自治的基本工具,则肯定合同的效力对于促进私人自治,进而促进社会经济的繁荣也是必要的。因此,学说强调,能够用于否定合同效力的公共利益应当是那些重要的社会公共利益,轻微的公共利益一般不能否定合同的效力。

在与本案类似的案件中，法院多以《彩票管理条例》第 15 条第 2 款、第 16 条作为判定合同无效的依据。那么我们必须要追问：《彩票管理条例》第 15 条第 2 款、第 16 条到底体现了何种社会公共利益？再审法院认为，彩票业是带有公益福利色彩的特殊行业，黄某某和刘某某私下所进行的投注站经营权转让行为，在实践中极易破坏彩票交易市场秩序的稳定，损害社会公共利益，因此《彩票管理条例》第 15 条第 2 款、第 16 条之规定属于"效力性强制性规定"。可见，再审法院将《彩票管理条例》第 15 条第 2 款、第 16 条与彩票交易市场秩序相结合，认为上述规范旨在维护彩票交易市场秩序这一社会公共利益。但这一认识值得商榷。

《彩票管理条例》第 15 条第 2 款规定："彩票代销者不得委托他人代销彩票。"第 16 条进一步明确："彩票投注专用设备属于彩票销售机构所有，彩票代销者不得转借、出租、出售。"上述两个法律规定中虽然都出现了"不得"的表述，但能否据此就直接认定《彩票管理条例》第 15 条第 2 款和第 16 条是旨在维护社会公共利益，进而构成"效力性强制性规定"？虽然在目前的学说和司法实践中，"不得"常常被理解为强制规范的标志。但必须注意的是，并不是所有使用了"不得"的条款都构成对社会公共利益的捍卫，进而均属于"效力性强制性规定"。在理论上，"不得"可以分为仅涉及当事人之间的"不得"和与公共利益有关的"不得"。后者常为禁止规范，而前者则否。因此在带有公法性质的法律中，"不得"更要首先从规范目的的角度去理解，而不能只从用词上去判断（耿林，138 页）。因此，简单地从《彩票管理条例》第 15 条第 2 款和第 16 条上的"不得"表述中就直接断言该规范承载了重要的社会公共利益的认识是错误的。

由于合同无效作为一种比较极端的规制技术，其对私人自治的限制具有根本性，因而注定是不能随意使用的。换言之，当我们试图判定合同无效时，必须要对该合同所损害的社会公共利益予以明示，否则就会极易引发无效判决的滥用，危及私人自治的民法根基。因此，在判定本案所涉的转让合同效力时，我们必须对《彩票管理条例》第 15 条第 2 款和第 16 条的规范性质和目的进行认真分析。而在讨论《彩票管理条例》第 15 条、第 16 条的规范性质前，我们首先要对彩票业所涉及的法律关系有全面的理解。一般认为，彩票业所涉及的法律关系是多重的：首先是国家与发行机构之间的特许法律关系；其次是发行机构与承销机构之间的授权代理关系，如中国福彩彩票发行中心授权各省福彩发行中心承销；再次是投注站与承销机构之间的转委托关系。由于我国大陆地区目前禁止使用彩票直销模式，因此这一委托关系是彩票销售中的必经环节。最后是购彩人与发行机构之间的买卖合同关系。很明显，彩票业所涉的四重法律关系的性质是存在重大区别的，其所体现的利益属性也大相径庭。

具体来讲，彩票业所涉的四重法律关系中承载了社会公共利益的只有彩票的发行和管理关系，而彩票的代销和买卖则属于一般的民事关系，并不必然涉及社会公共利益的问题。彩票的发行和管理行为之所以关涉社会公共利益，这实际上是由彩票本身的特殊属性所决定的：因为彩票本身并不增加物质财富和国民收入，它只是借助于一种特殊的再分配手段，将已经成为个人消费基金的一小部分再集中起来，用于社会公益事业和福利事业，因而各国、各地区一般都排除外资参与运行和分利，否则，如果允许外资运行和分利，那么它所分出去的显然不是一般意义上的生产经营利润，而是把本国国民的消费基金集中起来据为己有。而且，彩票又因其投机性而容易导致对人们投机心理的过度刺激，从而引发严重的社会问题，所以应当进行管制。此外，彩票市场在某一个特定阶段只能是处于一个定量，因而如果彩票的发行方出现多家纷争，就会驱使经营者提高返利率（兑现给中彩者个人以刺激其再次消费的积极性），增加经营成本(为刺激销售积极性,提成给代销商和具体运行者),其最终结果就是降低集资率,这样只会恶性循环,带来更为严重的纷争。这显然与国家开展彩票活动的宗旨是相矛盾的。因此,虽然早期的彩票发行多为私人行为,但到了18世纪,彩票的发行就开始改由政府控制和垄断(胡正明,12页)。在我国,彩票的发行也是由国家垄断的,按照《彩票管理条例》第3条的规定,彩票须由国务院特许发行。

但是彩票的代销显然不同于彩票的发行,而只是一个具有典型特征的民事法律关系,其中并不必然涉及社会公共利益。因为在国家垄断彩票发行的背景下,由谁来具体代销"具有格式合同性质"的彩票并不必然损害社会公共利益。这就类似于我国目前电信行业是涉及社会公共利益和国家安全的,因此,就此设定行政许可似有一定道理,但代销电话卡就属于一般的民事行为,而无须行政许可了。就此而言,本案的再审法院以彩票业是带有公益福利色彩的特殊行业为由直接认定《彩票管理条例》第15条第2款和第16条亦承载了社会公共利益的认识并不正确。相反,《彩票管理条例》第15条第2款和第16条应当理解为是便利彩票发行、销售管理机构对彩票代销者进行业务指导和管理的纯粹管理规范。这一认识已经在发达国家的彩票业中得到了体现。比如,进入20世纪90年代以后,美国一些州的彩票公司就开始把部分彩票品种授权给能够建立自己销售网络的私人公司经营,而不再直接给销售点授权(余晖,172页)。

当然,也有论者提出由于彩票代销证的转让,可能会增加彩票销售过程中的违法风险,比如诱发销售"六合彩"等违法彩票。但必须指出的是,销售违法彩票与彩票代销证的转让之间并无必然关联。从目前关于销售违法彩票的报道来看,一些拥有彩票代销证的代销者销售地下六合彩的情况也时有发生。因此,不能推论认为彩票代销证的转让与销售违法彩票之间有必然的关联。而基于违法合同与社会公共利益之关联性的无效判定基准,若要因为某一行为而去否定合同的效力,就必须要求合同与对社会公共利益的损害之间应具有直接的关联性(黄忠,209—212页)。在本案中,由于刘某某与黄某某间转让彩票代销店的合同与销售违法彩票之间并无必然联系,因此亦不能仅以此为由来否定其转让合同的效力。

此外,还需要讨论的是代销证的转让是否会损害彩票购买者的利益,进而危及广大彩民的利益。由于彩票的发行垄断于国家之手,彩票代销者并不能对所销售彩票的具体内容进行变更,因此与执业律师、执业医师不同,彩票代销者并不需要特殊的专业知识。实际上,按照《彩票管理条例实施细则》第23条的规定,彩票发行、销售管理机构在甄别代销者时,也只需要考虑以下因素:(1)年满18周岁且具有完全民事行为能力的个人,或者具有独立法人资格的单位;(2)有与从事彩票代销业务相适应的资金;(3)有满足彩票销售需要的场所;(4)近5年内无刑事处罚记录和不良商业信用记录;(5)彩票发行机构、彩票销售机构规定的其他条件。很明显,与律师、医师执业资格证不同,彩票发行、销售管理机构在选择代销者时所考量的条件并不具有强烈的人身属性,与普通的商事活动的要求并无多大区别。在实践中,虽然一些地方的彩票管理机构会对彩票代销者进行相关培训,但这一培训类似于一些品牌专卖店对店员或电信公司对销售员的业务培训一样,并未涉及专门的技术和知识要求。所以,彩票代销证的获得并不与代销者自身的特殊条件相关,因此当彩票代销证转让以后,如果受让者仍然具备《彩票管理条例实施细则》第23条规定的条件时,则我们就不能认为由此就会增加彩民购票的风险。事实上,对于广大的彩民而言,在选择购买彩票时,地理位置和彩票品种(玩法)才是第一位的,而通常都不会考虑谁在卖彩票。

在这样的认识下,彩票代销者违反《彩票管理条例》第 15 条第 2 款、第 16 条实际上应当理解为是对"彩票代销合同"的违反(违约),并不构成《合同法》第 52 条第 5 项上所谓的违法。或者说,彩票代销证并不属于《行政许可法》意义上的许可证,而只是一项普通的民事委托授权证书。因此,对此的转让,实际上只是一种违约。

2. 彩票代销者转委托行为的效力辨析

上文的分析表明,《彩票管理条例》第 15 条、第 16 条中关于"不得转让代销证"的规定并不承载社会公共利益的目的,因此彩票代销者未经彩票发行、销售管理机构的同意转让代销店的行为并不属于《合同法》第 52 条第 5 项意义上的违法,而只是构成一种违约。如果我们将彩票发行、销售管理机构与彩票代销者之间的关系界定为委托关系,则上述违约行为实际上就是彩票代销者的转委托。按照《民法通则》第 68 条和《民法总则》第 169 条的规定,委托代理人转委托时,应当取得被代理人的同意或者追认,否则转委托行为原则上无效。那么我们是否可以认为,本案中刘某某与黄某某的转委托行为因未经彩票发行、销售管理机构的同意而无效呢?

首先需要指出的是,转委托行为的效力与刘某某与黄某某之间的彩票店转让合同本身的效力是有区别的。申言之,如果转委托行为有效,那么本案中彩票代销店转让合同的有效就没有任何问题。但如果转委托行为无效,则彩票发行、销售管理机构当然就可以解除与黄某某之间的代销合同(或者说彩票发行、销售管理机构与黄某某不存在代销合同)。但转委托的无效,只是导致刘某某与黄某某之间的转让彩票代销店合同的履行不能。由于合同的不能履行与合同的无效是判然有别的,因此不能仅以合同的不能履行为由去否定刘某某与黄某某之间的转让彩票代销店合同的效力。

更为重要的是,就本案而言,刘某某与黄某某的转委托行为也不能简单地就以未经彩票发行、销售管理机构的同意而判为无效。因为按照规定,福彩中心在各地都设有管理站,并配有专门的管理员,负责本辖区内投注站的日常管理。而在本案中,从 2004 年 12 月刘某某与黄某某的转委托到 2007 年 10 月 10 日黄某某因违反福彩销售的相关规定而被福彩中心停机处理的近三年时间里,福彩中心并未对黄某某的代销行为提出任何异议,因此理应认为福彩中心与黄某某之间实际上已经形成了事实上的代理关系。另一方面,黄某某在 2007 年 10 月 10 日被停机处理之前已经进行了近三年的福彩代销。由于在这一过程中必然要涉及福彩中心与黄某某的日常票款结算,因此我们也有理由认为,福彩中心与黄某某也均已履行了合同的主要义务,所以双方当事人也已经按照《合同法》第 36 条的规定治愈了彩票代销中要求签订书面代销合同这一形式上的欠缺。由此可见,刘某某与黄某某的转委托行为应当是有效的,进而刘某某与黄某某之间的转让彩票代销店合同也应当有效。

参考文献

1. 黄忠:《违法合同效力论》,法律出版社 2010 年版。
2. 耿林:《强制规范与合同效力——以合同法第 52 条第 5 项为中心》,清华大学 2006 年博士学位论文。
3. 胡正明:《中国福利彩票营销理论前沿》,经济科学出版社 2007 年版。
4. 余晖:《彩票市场的产业组织特征与政府监管——兼论我国彩票监督体制改革的目标模

式》,载余晖:《管制与自律》,浙江大学出版社 2008 年版。

作者:西南政法大学教授　黄　忠
整理人:上海交通大学凯原法学院博士生　纪　闻

54. 缔约过失责任的成立与责任分担
——孟令英与张志强房屋买卖合同纠纷案[①]

【事实概要】

　　张志强户籍所在地及住所地均为荣成市港湾街道办事处西王门村。孟令英户籍所在地系黑龙江省依安县新屯乡金星村 7 组。2010 年 9 月 16 日,双方签订房屋买卖契约,约定张志强自愿将案涉房屋转让给孟令英,房价为 33 800 元。契约签订后,张志强将案涉房屋及集体土地建设用地使用证交付孟令英,孟令英将房款 33 800 元支付给张志强,孟令英在该房屋居住至今。2016 年年底,案涉房屋列入荣成市港湾街道办事处西王门村房屋整体拆迁范围。案涉房屋折算面积为 97.49 平方米。依据片区棚改项目拆迁安置办法,对要求货币补偿的拆迁户开发商按照 2 600 元/平方米给予补偿,村民选择高层楼进行安置,按照以旧房面积 1 平方米(以中介机构测量的面积为准)置换高层安置楼 1.1 平方米,院子 2 平方米置换高层安置楼 1.1 平方米的方式来置换。一审诉讼中,张志强同意返还孟令英购房款 33 800 元,孟令英同意返还张志强案涉房屋,但反诉要求张志强补偿房屋增值部分价值 245 674 元。孟令英主张换安置楼可增加 10 平方米,故应以 107.49 平方米按每平方米 2 600 元,计算得出房屋的增值,由张志强按 80%的比例补偿自己房屋增值部分的价值。张志强同意分割房屋增值部分价值,但主张以拆迁面积 97.49 平方米按每平方米 2 600 元计算,扣减 33 800 元原值后,为房屋的增值价值,自己按 60%的比例补偿孟令英房屋增值部分的价值。

【判决要旨】

　　1. 一审判决

　　一审法院认为,案涉房屋位于荣成市港湾街道办事处西王门村,孟令英并非该集体经济组织成员。宅基地属于农民集体所有,由集体经济组织或者村民委员会经营、管理。宅基地的使用权是集体经济组织成员享有的权利,与特定的身份关系相联系,不允许转让。双方签订的房屋买卖合同,虽然转让的是房屋,同时也处分了宅基地,但损害了集体经济组织的利益,法律法规对此明确禁止,因此双方签订的房屋买卖合同违反法律强制性规定,系无效合同。房屋买卖合同无效后,因该合同取得的财产,双方应予以返还,因此张志强请求孟令英返还案涉房屋,应予支持,同时张志强应返还孟令英购房款 33 800 元。依据《合同法》第 58 条的规定,双方在买

[①] 山东省荣成市人民法院(2017)鲁 1082 民初 2669 号民事判决书;山东省威海市中级人民法院(2018)鲁 10 民终 321 号民事判决书。

卖房屋时，均应当知晓张志强所出卖的房屋及宅基地属禁止流转范围，因此张志强、孟令英应当各自承担相应的责任。对诉争房屋的增值部分，张志强应给予孟令英补偿，结合孟令英购房的年限，以张志强补偿增值价值的70%为宜。

2. 二审判决

二审法院认为，案涉房屋买卖合同应属无效。案涉房屋已经买卖多年，现房屋面临拆迁，升值较大，孟令英反诉要求张志强赔偿增值利益损失，理由合理。因双方在签订房屋买卖合同时，均应知晓相关法律规定，故孟令英和张志强均负有缔约过失责任，一审综合考量房屋买卖时间及买卖过错，确定张志强赔偿70%的增值利益损失并无明显不当。

【解 析】

一、评析要点

缔约过失责任的构成和计算。

二、学理评析

本案的核心争议点是，信赖损失如何计算和分配。学术问题在于信赖损失的范围与期待损失的范围究竟是否有某种内在关系。

《合同法》第42条规定："当事人在订立合同过程中有下列情形之一，给对方造成损失的，应当承担损害赔偿责任：（一）假借订立合同，恶意进行磋商；（二）故意隐瞒与订立合同有关的重要事实或者提供虚假情况；（三）有其他违背诚实信用原则的行为。"该条文规定的就是缔约过失责任。一般认为缔约过失责任的构成条件有如下四项：缔约人一方违反先合同义务、相对人受有损失、违反先合同义务与损失之间有因果关系、违反先合同义务有过错。尽管该制度是缔约过失责任，然而其适用范围并非只是发生在缔约过程中。缔约上过失的类型主要分为合同未成立型、合同成立型、合同无效型、合同有效型。合同未成立型包括恶意开始磋商、恶意继续磋商、恶意终止磋商；合同成立型是指合同已经成立尚未生效但是一方当事人违反诚信原则不使合同生效的情况；合同无效型主要包括合同无效、合同被撤销、效力未定合同不被追认、附生效条件不成就；合同有效型包括违反情报提供义务、可撤销合同被变更、因撤销权的消灭而变为完全有效合同（韩世远，162—168页）。

本案涉及的是农村房屋买卖无效而导致的缔约过失责任的承担问题。此类案件引起社会和法学界主要关注的就是当时轰动一时的画家李玉兰诉马海涛一样。该案首先确定了双方之间订立的合同无效，其次是确定了李玉兰可以获得大约房屋升值部分的70%作为赔偿。该案为所有类似案件提供了一个可以复制的范本。本案也是如此。本案分为两个部分进行分析和阐释。

1. 合同无效是缔约过失责任发生的主要情形之一

一审和二审法院认为，孟令英与张志强签订的案涉房屋买卖合同，在转让房屋的同时处分了房屋项下土地使用权，而该处分行为导致集体土地使用权流转至集体经济组织之外，违反了法律的强制性规定，故案涉房屋买卖合同应属无效。具体来说就是，宅基地属于农民集体所有，由集体经济组织或者村民委员会经营、管理。宅基地的使用权是集体经济组织成员享有的权利,与特定的身份关系相联系,不允许转让。双方签订的房屋买卖合同,虽然转让的是房屋,同时也处分了宅基地,损害了集体经济组织的利益,法律法规对此明确禁止。尽管所有的判决都如此认为,然而该结论涉及哪几个法律条文?如何认为这些法律条文是强制性规定?判决对此没有说明,是非常遗憾的事。2016年11月30日最高人民法院发布的《第八次全国法院民事商事审判工作会议(民事部分)纪要》对此有明确规定,其第19条规定:"在国家确定的宅基地制度改革试点地区,可以按照国家政策及相关指导意见处理宅基地使用权因抵押担保、转让而产生的纠纷。在非试点地区,农民将其宅基地上的房屋出售给本集体经济组织以外的个人,该房屋买卖合同认定为无效。合同无效后,买受人请求返还购房款及其利息,以及请求赔偿翻建或者改建成本的,应当综合考虑当事人过错等因素予以确定。"国土资源部对法院的上述做法是非常赞同的,反映了我国土地管理机关的基本立场。

2. 缔约过失的赔偿范围

一般认为,缔约过失的赔偿范围是信赖利益,且其不超过预期利益。

信赖利益主要包括所受损害和所失利益。所受损害包括合理支付的交通费、鉴定费、勘察设计费、利息,所失利益包括丧失与第三人另行订立合同的机会所产生的损失。目前的判决主要是侧重保护所受损害,极少能够包括所失利益的情况(马新彦,77—78页)。非常遗憾的是,《合同法》并没有对缔约过失责任的范围确定标准或者提供有效的指引。所以,法院大都采取比较保守的态度。在本案中,双方当事人的争议焦点是如何计算受害方的损害。传统的数项损失,如合理支出的交通费、通信费是很难证明的,而且也没有发生咨询费和利息等。因此,问题的关键点并不在于已经发生的损失,而在于所失利益。那么所失利益的标准是什么呢?就合同无效而形成的交易关系而言,赔偿范围还必须界定整体的损失,然后再根据既有的法律规则进行分配。

不可否认的是,赔偿范围在于确定损失。在合同无效语境下,与合同未成立时的损失不同。损失的标准只能是期待利益,具体表现为差价损失,即在缔约人要求确认合同无效恢复原状时,合同标的的价格和合同订立时的价格差。因此,我们看到,一审和二审法院没有按照通常的理论来运行,而是参照假定合同有效时的预期利益来作为损失计算的标准。这一点值得肯定和褒扬。

3. 过错的认定与赔偿的分配

问题的核心在于如何计算一方缔约人应当获得的赔偿。而这事实上取决于如何对既有的预期利益进行合理的分配。缔约过失责任的前提是过失。在缔约过失责任中,尤其是在合同无效的语境下,极少甚或不应存在有一方当事人完全有过错而对方没有过错的情况(冉克平,115页)。对此,判决提出了几点判断过错的因素值得赞同:首先,合同成立多年后主张权利。尽管合同成立多年并不影响法院判断合同无效的法律障碍,但是在日常伦理上依然有悖于不得反悔的道德标准和诚实信用。过错具有极强的道德因素。法院的裁判不可能完全忽视过错的影响。其次,合同效力的判断与损害赔偿贯彻了不同的观念。合同效力的判断属于法院的公权力判断范围,取决于法律、行政法规的规定,是法院的主动审查事项,法院并无权力变更。但是损害赔偿范围的确定则具有一定的道德性,在法律不禁止的范围内有一定自由裁量权。再次,不可否认的是,一方当事人只是为了实现自己的高额利益而见利忘义在法律价值判断上也并不完全正当。在很多情况下出现此类案件主要是因为房屋价格急剧上涨或者因为征收可以获得一大笔补偿等等,通过诉讼确认合同无效自身在法律上无可厚非,但是在道德上的确具有相当的可指责性,其是过错评价的内容。最后,当然,在此种情况,另一方缔约人也应当知道其所订立的房屋买卖合同无效。例如,法律应当推知每个人都应当知道,不具有该集体经济组织成员的资格而购买房屋自身就是无效的,因此其具有明显的过错。在本案中,综合判断张志强的过错程度是70%,孟令英过错程度是30%,该种基于过错的分配比例能够较为恰当地体现上述利益平衡的结果。当然,此种"七三"开的比例并非在所有情形下都具有合理性,法院在提供论证的基础上行使自由裁量权。

参考文献

1. 冉克平:《缔约过失责任性质新论——以德国学说与判例的变迁为视角》,载《河北法学》2010年第2期。
2. 马新彦:《信赖与信赖利益考》,载《法律科学(西北政法学院学报)》2000年第3期。
3. 韩世远:《合同法总论》(第四版),法律出版社2018年版。

作者:吉林大学法学院教授　孙良国

55. 不安抗辩权的行使条件
——广东骏伟房地产开发有限公司与谭超明房屋拆迁安置补偿合同纠纷案①

【事实概要】

1994年4月21日,骏伟公司(甲方)与谭超明(乙方)签订《广州市城市房屋拆迁补偿协议书》,约定:甲方经批准拆除东船上街东一二巷地段的土地,乙方同意甲方拆除其所有的房屋,甲方于1997年12月30日前将征地范围内自有的、建筑面积为38.5平方米的房屋用作拆除乙方原址房屋后的产权调换(补偿);乙方的原址房屋建筑面积为6.81平方米,而甲方调换(补偿)给乙方38.5平方米,两者相比,相差了31.69平方米,乙方根据有关规定以每平方米2 226.88元的标准计算,付给甲方70 570元,并于1997年12月15日前付清等。该协议经广州市房地产管理局登记备案。

2007年2月2日,一审法院作出(2006)越法民三初字第3886号《民事调解书》,骏伟公司、谭超明自愿达成如下协议:一、骏伟公司应在签订本调解书之日起15日内,向谭超明支付从2000年5月1日至2002年4月30日止的临迁费和从2002年7月1日至2003年12月31日止的临迁费;二、骏伟公司应于签订本调解书之日起15日内,向谭超明支付从1998年1月1日至2004年11月30日止的赔偿金(按每日2元计)……骏伟公司至今未向谭超明支付,该案已由该院立案进行强制执行。

---

① 广东省广州市越秀区人民法院(2017)粤0104民初6074号民事判决书;广东省广州市中级人民法院(2017)粤01民终23416号民事判决书。

因涉诉房屋拆迁安置补偿问题,谭超明曾起诉骏伟公司要求协助办理涉诉房屋的产权证,骏伟公司在该案中一并提起反诉要求谭超明支付超面积房款 171 601 元,确认超面积房屋使用费抵销全部拆迁欠费。该审经过了一审和二审审理。二审判决认为:骏伟公司与谭超明签订的《广州市城市房屋拆迁补偿协议书》合法有效,双方当事人均应切实履行。骏伟公司拆除谭超明房屋之后,将讼争房屋以产权调换方式补偿给谭超明,骏伟公司即应协助谭超明办理讼争房屋产权登记手续。

上述判决书现已发生法律效力。此外,2011 年 12 月 9 日,广东省佛山市南海区人民法院作出(2011)南法执字第 1847 恢字 1-1 号执行裁定,查封了讼争房屋。双方均确认谭超明曾就前述查封事项向南海区人民法院提出过异议,但均被驳回。因讼争房屋被查封,讼争房屋至今未能办理过户登记至谭超明名下的手续。

【判 决 要 旨】

1. 一审判决

一审法院认为:根据《广州市城市房屋拆迁补偿协议书》的约定,谭超明应于 1997 年 12 月 15 日前向骏伟公司支付 70 570 元房款。因此,本案争议的焦点在于谭超明是否有权延期支付前述超面积款。首先,骏伟公司主张的超过约定补偿面积的事实是否存在。协议中约定骏伟公司调换给谭超明的 38.5 平方米房屋,而谭超明所述的涉诉房屋面积为 40.044 7 平方米,已经超过约定的面积……再次,谭超明主张的不安抗辩权问题。根据前述协议的约定,谭超明应于 1997 年 12 月 15 日前付清该款,而谭超明则在同月 30 日前安置回迁,即谭超明于该款项支付上负有先履行的义务,但前述协议签订后,骏伟公司未能及时安置回迁、完成产权调换补偿。虽然骏伟公司在 2004 年 11 月 26 日安置谭超明回迁入住了涉案房屋,但骏伟公司至今未能协助谭超明完成讼争房屋的产权过户登记手续。尤其是前述生效判决判令骏伟公司负担协助办理讼争房屋过户登记至谭超明名下的义务后,讼争房屋因骏伟公司的其他纠纷被佛山市南海区人民法院查封,至今未能解除该查封手续。即,谭超明于讼争房屋的产权调换补偿手续至今因存在查封的法律障碍无法完成。因此,谭超明据此主张其享有不安抗辩权,不同意先行支付该超面积补偿款,理据充分,予以采信。

2. 二审判决

二审法院认为,一审法院认定谭超明于款项支付上负有先履行的义务,并无不当。虽然骏伟公司已于 2004 年 11 月 26 日安置谭超明回迁入住涉案房屋,但经本院(2012)穗中法民五终字第 1491 号生效判决书判决骏伟公司协助谭超明办理涉案房屋产权登记手续后,骏伟公司至今仍未能履行上述判决义务,且涉案房屋目前因骏伟公司的其他债务纠纷被佛山市南海区人民法院查封,导致谭超明关于取得拆迁产权调换房屋的合同目的有可能因当前的查封障碍而无法实现。因此,谭超明主张其享有不安抗辩权,不同意先行支付该超面积补偿款,符合《合同法》第 68 条第 1 款第 4 项的规定,本院予以采纳。

【解　　析】

一、评析要点

不安抗辩权的构成要件。

二、学理评析

正如二审法院所指出的,本案的核心争议要点是不安抗辩权的行使条件是否成就。在理论上,不安抗辩权主要涉及涉案的法律事实能否涵摄到构成要件中。在实践中,法院最大的自由裁量权往往并不在于法律文义的解释,而是对涉案事实法律意义的认定。法学训练往往忽视后者,有失偏颇。

1. 不安抗辩权适用的难点

双务合同中的抗辩权,是在符合法律规定的条件时,一方当事人可以对抗对方当事人履行请求权,暂时拒绝履行自己债务的权利。该权利是双务合同效力的体现,而且是权利的正当行使,并非违约,更不能视为双方违约。在先履行抗辩权、同时履行抗辩权以及不安抗辩权中,不安抗辩权的构成要件及其证明是非常棘手的。法律的逻辑与生活的直觉有较大的不同,在司法适用上争议也比较大。

2. 不安抗辩权的具体构成要件

《合同法》第68条规定:"应当先履行债务的当事人,有确切证据证明对方有下列情形之一的,可以中止履行:(一)经营状况严重恶化;(二)转移财产、抽逃资金,以逃避债务;(三)丧失商业信誉;(四)有丧失或者可能丧失履行债务能力的其他情形。当事人没有确切证据中止履行的,应当承担违约责任。"然而这四种情形的证明并非易事,所以实践中原告的不安抗辩权主张或者被告的不安抗辩权抗辩的成功率并没有想象中高。其有三个构成要件:

第一,双方当事人因同一双务合同而互负债务。这一点并无争议,此处不赘。

第二,后履行方有丧失或者可能丧失履行债务能力的情况。不得不承认的是,这种判断在诸多情况下具有相当强的自由裁量性,很难在判决中进行比较细致的论证、说明和分析(王利明,7—8页)。例如在本案中,一审和二审判决都没有明确提到,本案究竟是经营状况严重恶化,转移财产、抽逃资金而逃避债务?或是丧失商业信誉,抑或有丧失或者可能丧失履行债务能力的其他情形?依照笔者分析,该案没有证据证明经营状况严重恶化;也没有证据证明其丧失了商业信誉,即使涉案房屋目前因骏伟公司的其他债务纠纷被佛山市南海区人民法院查封,也不能有效地证明其丧失了商业信誉;也没有证据证明其转移财产、抽逃资金,以逃避债务。因此,只能认为本案情况符合有丧失或者可能丧失履行债务能力的其他情形。这能够从以下两个客观证据证明:首先,经(2012)穗中法民五终字第1491号生效判决书判决骏伟公司协助谭超明办理涉案房屋产权登记手续后,骏伟公司至今仍未能履行上述判决义务;其次,涉案房屋目前因骏伟公司的其他债务纠纷被佛山市南海区人民法院查封,导致谭超明关于取得拆迁产权调换房屋的合同目的有可能因当前的查封障碍而无法实现。

第三,不安事由危及对方债权的实现。这意味着对方债权的实现受到现实威胁,即有不能实现债权的极大可能。前述第二和第三个构成要件的证明有相关性。非常清楚的是,如此长的时间内即五六年都没有办理涉案房屋产权登记手续,这意味着骏伟公司没有能力办理完该种手续;而且系争房屋因为骏伟公司的其他债务纠纷被佛山市南海区人民法院查封至今没有解封,说明骏伟公司没有足够的债务清偿能力。上述两个事项就意味着其有较大可能导致谭超明不能获得房屋的所有权,即使其已经占有房屋,而且获得房屋所有权是房屋买卖合同的主要义务,也是合同法的直接规定,否则买卖合同的目的就不能实现。而且在理论上,如果骏伟公司因为不能偿还债务,该房屋就可能被拍卖,第三方获得房屋所有权。谭超明不得以已经占有房屋而提出充分的对抗,进而不得不搬出房屋。当然需要指出两点:首先,传统观点认为,其适用情形较为狭窄,即后履行方的财产于合同订立后明显减少从而危及合同履行的情形(葛云松,88页)。不过在德国新债法中,不安抗辩权的适用范围被扩张到后履行方欠缺履行能力的所有情形。本案符合此点。其次,在符合不安抗辩权的情形下,违约方应当通过提供担保的方式,保障相对人债权的实现,如果其未能在合理期限内提供担保,则其应当构成预期违约。而且不安抗辩权只是防御性、一时性的救济手段,它只能使先履行方得以暂时拒绝履行而不负履行迟延责任;担保的提供不过是不安抗辩权的消灭事由,先履行方并不享有要求对方提供担保的"权利"。但是,若后履行方一直不为对待给付也不提供担保,合同关系将处于一种悬而未决的状态。为了消除这种法律关系的不确定状态,德国的判例和学说都认可这样一项规则,即先履行方可以设置一个合理期限,若后履行方在此期限内既未为对待给付也未提供担保,先履行方可解除合同。德国新债法承认此新规则,值得我国法律借鉴。

参考文献

1. 王利明:《预期违约与不安抗辩权》,载《华东政法大学学报》2016 年第 6 期。
2. 葛云松:《不安抗辩权的效力与适用范围》,载《法律科学(西北政法大学学报)》2003 年第 1 期。

作者:吉林大学法学院教授 孙良国

56. 情 事 变 更
——张革军与宋旭红房屋买卖合同纠纷案①

【事 实 概 要】

张革军诉称,其与宋旭红经由北京麦田房地产经纪有限公司居间签订了《北京市存量房屋买卖合同》,约定我以 555 万的价款从宋旭红处购买北京市海淀区蓝靛厂翠叠园×号楼×单元××房屋。我于合同签订当日向宋旭红支付了购房定金 15 万元。双方应积极配合银行提交贷款手续,于 2010 年 5 月 30 日前向银行办理贷款申请手续,同时签署网签备案合同,由张革军承担相应的贷款费用。但合同签订后,2010 年 4 月 30 日颁布了《北京市人民政府贯彻落实国务

---

① 北京市海淀区人民法院(2010)海民初字第 16419 号民事判决书。

院关于坚决遏制部分城市房价过快上涨文件的通知》。该通知明确要求,商业银行暂停发放购买第三套及以上住房贷款。张革军不符合通知中的贷款条件,导致其无法按照预期办理房屋贷款手续,故起诉要求解除双方于2010年4月12日签订的存量房屋买卖合同。

宋旭红辩称,张革军提出要求解除该合同的理由不成立,是故意违约的借口。理由如下:(1)根据《北京市存量房屋买卖合同》第8条和第10条约定,双方已对政府政策调整的因素做了由张革军承担的约定。(2)合同第4条(三)B4约定,即使贷款未获批准或买受人没有选择再次申请贷款,买受人也应补足购房首付款。买受人对申请贷款不作为可以视为买受人没有选择申请贷款。(3)金钱债务不发生"履行不能"。存量房屋买卖合同中买受人是应履行而未履行支付金钱的义务,不存在因政策变化"履行不能"的问题,故不同意张革军诉讼请求,要求继续履行合同。

北京市海淀区人民法院经审理查明,《北京市存量房屋买卖合同》第4条(三)B"商业贷款付款交易流程"1约定:买卖双方应于2010年5月30日前(含当日)向银行办理贷款申请手续,同时签署网签备案合同,买受人拟贷款金额为人民币2 000 000元。合同第4条(三)B4约定:若贷款未获批准或批准贷款数额不足申请额,出卖人允许买受人可选择再一次向其他银行申请贷款,出卖人应积极配合。若批准的贷款数额仍不足申请额或买受人没有选择再次申请贷款,则买受人应在办理缴税过户手续前/当日补足购房首付款。

【判决要旨】

依法成立的合同,对当事人具有法律约束力,当事人应当按照约定履行自己的义务。但合同成立以后客观情况发生了当事人在订立合同时无法预见的、非不可抗力造成的不属于商业风险的重大变化,继续履行合同对于一方当事人明显不公平或者不能实现合同目的的,当事人请求人民法院解除合同的,人民法院应根据公平原则,并结合案件的实际情况确定是否解除。

北京市海淀区人民法院认为,本案中,张革军与宋旭红签订的存量房屋买卖合同是双方在平等、自愿基础上签订的,且未违反法律、行政法规的强制性规定,系有效的合同。关于张革军因政策变化未能办理贷款是否在存量房屋买卖合同中已有约定一节,结合存量房屋买卖合同的其他条款及房屋买卖行业惯例,第四条B"商业贷款付款交易流程"4中关于银行贷款未获批准的约定,应指因买受人一方自身原因所导致的银行贷款未获批准,而非指任何原因所导致的银行贷款未获批准,故法院对宋旭红关于张革军因房贷政策变化未能贷款已在存量房屋买卖合同中有所约定之辩称不予采信。

根据中国人民银行及中国银行业监督管理委员会相关规定,商业性个人住房贷款中居民家庭住房套数,应依据拟购房家庭(包括借款人、配偶及未成年子女)成员名下实际拥有的成套住房数量进行认定。据此,张革军家庭住房套数已达两套,其关于诉争房屋的买卖,为个人第三套房屋之买卖,属于《北京市关于遏制房价过快上涨通知》中暂停发放贷款之情形,该情形属于政策变化所导致的合同成立后客观情况的变化,是张革军在订立存量房屋买卖合同时所无法预见的重大变化,要求继续履行合同对其明显不公平。张革军请求法院解除合同,于法有据,法院对其关于解除存量房屋买卖合同的诉讼请求予以支持。合同解除后,已经履行的,根据履行情况和合同性质,当事人可以要求恢复原状,故张革军要求宋旭红返还其交付的定金15万元,具有事实和法律依据,法院予以支持。

【解　析】

一、评析要点

因为政策变化导致购房人无法获得银行贷款履行付款义务,是否可以作为情事变更从而变更或者解除合同?在该合同具体条款的约束下,政策变化究竟属于情事变更还是正常的商业风险?情事变更与商业风险究竟如何区别判断?

二、学理评析

1. 情事变更在中国法上的演变

情事变更,也称为情势变更,一般认为,情事变更是指合同有效成立后,因不可预见、不可归责于当事人的事情发生,导致合同的基础动摇或者丧失,若继续维持合同原有效力有悖于诚信原则、显失公平时,则应允许变更合同内容或者解除合同的法理。

关于情事变更,学界普遍持肯定的见解。但是,情事变更原则在我国法上的演变,却是反反复复。情事变更在中国法上出现,始于1981年9月30日签署、1986年12月11日中国政府正式核准的《联合国国际货物销售合同公约》。该公约于1988年1月1日生效。一般认为,公约第79条第1项规定的就是情事变更原则。统一合同法草案征求意见稿中曾规定有情事变更原则,只是《合同法》对此没有保留。但《合同法》对此也并未禁止。

2. 司法实务界的立场

司法实务界对情事变更原则的态度要积极得多,情事变更原则在司法实务界一直被适用着。

1992年3月6日《最高人民法院关于武汉市煤气公司诉重庆检测仪表厂煤气表装配线技术转让合同购销煤气表散件合同纠纷一案适用法律问题的函》(法函〔1992〕27号)中认为,就本案购销煤气表散件合同而言,在合同履行过程中,由于发生了当事人无法预见和防止的情事变更,即生产煤气表散件的主要原材料铝锭的价格,由签订合同时国家定价为每吨4 400元至4 600元,上调到每吨16 000元,铝外壳的售价也相应由每套23.085元上调到41元,如要求重庆检测仪表厂仍按原合同约定的价格供给煤气表散件,显失公平,对于对方由此而产生的纠纷,可依照《经济合同法》第27条第1款第4项之规定,根据本案实际情况,酌情予以公平合理地解决。一般认为,这是我国最高人民法院第一次对情事变更的承认。

2005年9月1日起施行的《农村土地承包司法解释》第16规定,因承包方不收取流转价款或者向对方支付费用的约定产生纠纷,当事人协商变更无法达成一致,且继续履行又显失公平的,人民法院可以根据发生变更的客观情况,按照公平原则处理。本条规定应当是借鉴了情事变更原则。

2009年5月13日施行的《合同法司法解释(二)》第26条规定,合同成立以后客观情况发生了当事人在订立合同时无法预见的、非不可抗力造成的不属于商业风险的重大变化,继续履行合同对于一方当事人明显不公平或者不能实现合同目的,当事人请求人民法院变更或者解除合同的,人民法院应当根据公平原则,并结合案件的实际情况确定是否变更或者解除。

2009年4月27日,最高人民法院发出《关于正确适用〈中华人民共和国合同法〉若干问题的解释(二) 服务党和国家的工作大局的通知》,要求严格适用《合同法司法解释(二)》第26条。各级人民法院务必正确理解、慎重适用。如果根据案件的特殊情况,确需在个案中适用的,应当由高级人民法院审核。必要时应报请最高人民法院审核。

2009年7月7日颁布的《民商事合同纠纷指导意见》在第一部分就提出,慎重适用情势变更原则,合理调整双方利益关系。意见认为,人民法院在适用情势变更原则时,应当充分注意到全球性金融危机和国内宏观经济形势变化并非完全是一个令所有市场主体猝不及防的突变过程,而是一个逐步演变的过程。在演变过程中,市场主体应当对于市场风险存在一定程度的预见和判断。在调整尺度的价值取向把握上,人民法院仍应遵循侧重于保护守约方的原则。适用情势变更原则并非简单地豁免债务人的义务而使债权人承受不利后果,而是要充分注意利益均衡,公平合理地调整双方利益关系。在诉讼过程中,人民法院要积极引导当事人重新协商,改订合同;重新协商不成的,争取调解解决。

3. 情事变更、商业风险与利益衡量

(1)情势变更与商业风险

与情事变更关系最密切的概念是商业风险。二者之所以关系密切,是因为二者的内涵相似,不容易分辨。二者都属于未来不可预测的风险,但商业风险被认为是正常的,应当是能够承受的;情事变更之情事,则被认为是异常的,因此是不应当承受的。由此,将某一具体情况认定为情事变更或者认定为商业风险,会产生截然不同的法律后果。认定为商业风险,则属于当事人应当承受的正常风险,合同效力应当严守;认定为情事变更,则属于当事人不应当承受的异常风险,合同无法因应此种风险,合同应当被变更或者解除。

(2)情事变更与商业风险的辨别

关于情事变更与商业风险的区分,学者已经有不少讨论。其一,商业风险属于商业活动的固有风险,作为合同成立基础的客观情况的变化没有达到异常的程度;情事变更则是作为合同成立基础的环境发生了异常的变动。其二,对商业风险,法律推定当事人有所预见,能预见;对情事变更,当事人未预见,也不能预见(崔建远,126页)。其三,商业风险是能够由当事人自行承担的,通常当事人在缔约时也已经将此种商业风险合理地计算在内并形成相应的合同价格,由一方当事人自行承担并不会发生不公平的后果;情事变更所要处理的问题,则是由于当事人缔约时不可预见的情事变更,仍坚持契约严守,在结果上对一方当事人显失公平,另一方当事人可能不恰当地获取超常利益,有悖于诚信原则(韩世远,191页)。

《民商事合同纠纷指导意见》第三部分提出,人民法院要合理区分情势变更与商业风险。商业风险属于从事商业活动的固有风险,诸如尚未达到异常变动程度的供求关系变化、价格涨跌等。情势变更是当事人在缔约时无法预见的非市场系统固有的风险。人民法院在判断某种重大客观变化是否属于情势变更时,应当注意衡量风险类型是否属于社会一般观念上的事先无法预见、风险程度是否远远超出正常人的合理预期、风险是否可以防范和控制、交易性质是否属于通常的"高风险高收益"范围等因素,并结合市场的具体情况,在个案中识别情势变更和商业风险。

情事变更和商业风险需要在个案中识别,值得赞同。笔者认为,在个案中识别情事变更与商业风险,有以下几点需要注意:

第一，以将某种情事认定为商业风险为原则，认定为情事变更为例外。合同责任成立的正当性在于当事人事先的允诺。换言之，法律假设当事人在缔约当时，已经对合同正常履行的后果以及合同无法正常履行的后果有所计算和考虑。这个世界唯一不变的就是变化。合同所依赖的情事总会发生变化。因此，有变化是正常的。换言之，合同应当履行是正常的，对合同加以变更或者解除是异常的。必须有充分的理由以及对理由的充分论证。

第二，不存在一般意义上的情事变更或者商业风险，商业风险或者情事变更的判断是个案的判断。《合同法司法解释（二）》第26条规定，人民法院应当根据公平原则，并结合案件的实际情况确定是否变更或者解除。《最高人民法院关于当前形势下审理民商事合同纠纷案件若干问题的指导意见》第三部分也要求法官在判断情事变更是否构成时，结合具体案件，就个案做出判断。

因此，尽管情事变更和商业风险从一般意义上可以有区分，但是，不存在一般意义上的情事变更或者商业风险。同时，要分析某个具体情事，必须将其置于具体合同条款约束下来判断。不同的人在不同的交易中对风险的感知和识别是存在差异的。

某项情事尽管非常异常，但如果当事人在订约当时已经在合同中做出了安排，在该合同条款的约束下则不应当将其认定为情事变更；相反，某项情事非常异常，当事人在订约当时也没有在合同中做出了安排，在该合同条款的约束下则可能将其认定情事变更。这意味着，同样情事，可能是情事变更，可能是商业风险。

第三，分析工具。利益衡量是区分情事变更和商业风险的分析工具。此中的利益包含原告的利益、被告的利益，也包括交易秩序的利益。合同关系的当事人存在着双赢的可能。由于合同自由的保障，正常情况下合同正常得到履行双方就可能双赢。但是，一旦合同订立的基础发生变化，足以影响整个合同的履行时，当事人之间的利益就可能会需要调整。此时，如果不能达成新的协议，双方的利益就可能冲突起来，不再能够双赢。一方往往会获得超常的利益，另一方往往会遭受超常的损失。

就交易秩序而言，情事变更不构成，是为了维护交易秩序和诚实信用；情事变更构成，同样是为了维护交易秩序和诚实信用。因此，在判断究竟属于情事变更还是商业风险时，需要看如何才能够更好地实现此一目标。

第四，最终判断是公正和善良。利益衡量的结果，不仅要看交易秩序是否得到维护，同时，情事变更构成的基础是诚信原则，因此，还要看哪种情况下在当事人之间实现了公平和善良。古罗马法学家乌尔比安说，法律是公正和善良的艺术。法律因公正与善良而取得正当性。

因此，法官得出结论后，还需要进一步衡量结论是否在当事人之间实现了公正，是否是善良的。商业风险是能够由当事人自行承担的；或者说由一方当事人自行承担并不会发生不公平的后果，此时合同就需要严格遵守和履行；相反，如果仍然坚持契约严守，则会在结果上对一方当事人显失公平，另一方当事人可能不恰当地获取超常利益，有悖于诚信原则，此时就构成情事变更，存在着对当事人利益进行重新调整的需要。

4. 对本案的不同见解

本案中，关于贷款一节，《北京市存量房屋买卖合同》第4条（三）B"商业贷款付款交易流程"1约定："买卖双方应于2010年5月30日前（含当日）向银行办理贷款申请手续，同时签署网签备案合同,买受人拟贷款金额为人民币 2 000 000 元。"合同第 4 条(三)B4 约定:"若贷款未获批准或批准贷款数额不足申请额,出卖人允许买受人可选择再一次向其他银行申请贷款,出卖人应积极配合。若批准的贷款数额仍不足申请额或买受人没有选择再次申请贷款,则买受人应在办理缴税过户手续前/当日补足购房首付款。"

笔者认为,本案中因为北京市的政策导致无法获得第三套房屋贷款的情况不构成情事变更。理由如下:首先,双方的合同对于如何贷款尤其是如果无法获得贷款的后果已经有所预见和安排。根据第 4 条(三)B4 的约定,如果买受人贷款未获批注或者贷款数额不足,出卖人仍要允许以及积极配合买受人再次向其他银行申请贷款。如果仍不足申请数额或者买受人没有再次申请贷款的话,买受人应在办理缴税过户手续前/当日补足购房款。可见,双方已经对买受人贷款数额不足或者无法获得贷款的情况有所预见和安排。

其次,即使无法贷款,买受人即原告是有能力还清首付的。对于整个合同的履行来说,买受人用自己的钱或者从其他渠道筹集的钱还清首付和用贷款还清首付没有什么区别。当然,原告如果能够有贷款的话,他可以用自己的钱进行别的投资。问题是,合同如果能够履行的话,被告得到的钱也可以用来投资。此时,为何要厚原告而薄被告呢?

再次,构成情事变更的情况会出现如下结果:如果原合同仍严格遵守的话,原告一般会有超常的损失,被告可能会获得超常的收益。在本案中,由于合同已经约定,在没有获得贷款或者贷款数额不足申请额的情况下,买受人应当补足购房首付款。从合同约定所见,原告是有能力付首付款的。需要注意的是,原告购买的是第三套住房,可见,合同如果继续履行,原告也应当不会有超常的损失。尤其是,被告仅仅是得到了她根据合同应当得到的利益,而不会有超常的收益。

最后,法院认为,第 4 条(三)B4 中关于银行贷款未获批准的约定,应指因买受人一方自身原因所导致的银行贷款未获批准,而非指任何原因所导致的银行贷款未获批准。笔者认为,能否获得银行贷款,在缔约当时当事人是不清楚的。获得银行贷款本身是一种不确定的事情,不能获得银行贷款的原因很多,包括买受人自身的原因,也包括政策变化,当然还包括其他很多情况。买受人既然敢承诺"办理缴税过户手续前/当日补足购房首付款",则应当承担此种承诺的风险,不应当将此种风险转嫁他人。鉴于"认定为商业风险为原则,认定为情事变更为例外"的基本判断原则,本案似乎不应当认定为情事变更。

应当看到,活力和秩序是一对永恒的矛盾。随着世界经济的一体化和经济活跃程度增加,中国经济社会中出现各种波动及调整将可能会变成常态。人类对自己所创造的经济社会制度和规则,似乎越来越失去控制的自信。作为对这种形势的因应,法律必须提供新的制度资源。原来关于情事变更在和平时期的适用仅是个案的结论(王利明,228—229 页),看来需要修正。情事变更原则在中国法上的反复,正源于此。值得注意的是,越是如此,越应当慎重处理。妥当处理情事变更与商业风险的关系,不仅关系到个案当事人的利害,更关系到整个社会经济秩序的维护。情事变更与商业风险的区别,必须基于具体合同条款的约束下加以判断,以利益衡量为工具,以公正和善良为最终的标准。

参考文献

1. 崔建远主编:《合同法》(第四版),法律出版社 2007 年版。

2. 韩世远:《合同法学》,高等教育出版社 2010 年版。

3. 韩世远:《情事变更若干问题研究》,载《中外法学》2014 年第 3 期。

4. 王轶:《民法价值判断问题的实体性论证规则——以中国民法学的学术实践为背景》,载《中国社会科学》2004 年第 6 期。

作者:北京大学法学院教授　王　成

57. 分期付款股权转让合同的解除
——汤长龙与周士海股权转让纠纷案①

【事实概要】

原告汤长龙与被告周士海于 2013 年 4 月 3 日签订《股权转让协议》及《股权转让资金分期付款协议》。双方约定:周士海将其持有的青岛变压器集团成都双星电器有限公司 6.35% 股权转让给汤长龙。股权合计 710 万元,分四期付清,即 2013 年 4 月 3 日付 150 万元;2013 年 8 月 2 日付 150 万元;2013 年 12 月 2 日付 200 万元;2014 年 4 月 2 日付 210 万元。此协议双方签字生效,永不反悔。协议签订后,汤长龙于 2013 年 4 月 3 日依约向周士海支付第一期股权转让款 150 万元。因汤长龙逾期未支付约定的第二期股权转让款,周士海于同年 10 月 11 日,以公证方式向汤长龙送达了《关于解除协议的通知》,以汤长龙根本违约为由,提出解除双方签订的《股权转让资金分期付款协议》。次日,汤长龙即向周士海转账支付了第二期 150 万元股权转让款,并按照约定的时间和数额履行了后续第三、四期股权转让款的支付义务。周士海以其已经解除合同为由,如数退回汤长龙支付的 4 笔股权转让款。汤长龙遂向人民法院提起诉讼,要求确认周士海发出的解除协议通知无效,并责令其继续履行合同。另查明,2013 年 11 月 7 日,青岛变压器集团成都双星电器有限公司的变更(备案)登记中,周士海所持有的 6.35% 股权已经变更登记至汤长龙名下。

【判决要旨】

1. 一审判决

四川省成都市中级人民法院于 2014 年 4 月 15 日作出(2013)成民初字第 1815 号民事判决:驳回原告汤长龙的诉讼请求。汤长龙不服,提起上诉。

2. 二审判决

四川省高级人民法院于 2014 年 12 月 19 日作出(2014)川民终字第 432 号民事判决:撤销原审判决;确认周士海要求解除双方签订的《股权转让资金分期付款协议》行为无效;汤长龙于本判决生效后 10 日内向周士海支付股权转让款 710 万元。周士海不服四川省高级人民法院

---

① 四川省成都市中级人民法院(2013)成民初字第 1815 号民事判决书;四川省高级人民法院(2014)川民终字第 432 号民事判决书;最高人民法院(2015)民申字第 2532 号民事裁定书。

的判决,以二审法院适用法律错误为由,向最高人民法院申请再审。

3. 再审裁定

最高人民法院于2015年10月26日作出(2015)民申字第2532号民事裁定,驳回周士海的再审申请。最高人民法院认为:

第一,关于本案是否应当适用《合同法》第167条规定的问题。(1)《合同法》第167条共分两款。第1款的规定是分期付款的买受人未支付到期价款的金额达到全部价款的1/5的,出卖人可以要求买受人支付全部价款或者解除合同。第2款的规定是出卖人解除合同的,可以向买受人要求支付该标的物的使用费。(2)从上述规定内容上看,该条规定一般适用于经营者和消费者之间,标的物交付与价款实现在时间上相互分离,买受人以较小的成本取得标的物,以分期方式支付余款,因此出卖人在价款回收上存在一定的风险。(3)本案买卖的标的物是股权,在双方没有在当地的工商登记部门进行股权变更登记之前,买受人购买的股权不具有对抗第三人的权利。换言之,如果目标公司没有在股东名册上登记汤长龙的股权,在工商部门变更登记之前,汤长龙就没有获得周士海转让的股权。本案中双方约定的第二期价款支付的时间在工商部门股权变更登记之前。(4)一般的消费者如果到期应支付的价款超过了总价款的1/5,可能存在价款收回的风险。本案中买卖的股权即使在工商部门办理了股权过户变更登记手续,股权的价值仍然存在于目标公司。周士海不存在价款收回的风险。(5)从诚实信用的角度看,由于双方在股权转让合同上确载明"此协议一式两份,双方签字生效,永不反悔",周士海即使依据《合同法》第167条的规定,也应当首先选择要求汤长龙支付全部价款,而不是解除合同。(6)案涉股权已经过户给了汤长龙,且汤长龙愿意支付价款,周士海的合同目的能够实现。因此,二审法院认为本案不适用《合同法》第167条,周士海无权依据该条规定解除合同的理由并无不当。

第二,关于二审法院依据《合同法》第94条之规定认定周士海未尽催告义务,无权解除合同,是否亦属适用法律错误的问题。二审法院查明,由于周士海这一方提供的律师函没有汤长龙的签字,仅仅依据周士海和汤长龙的短信记录和通话记录并不能确定周士海曾催告汤长龙的事实,更不能证明周士海是否确定了履行的合理期限。鉴于汤长龙第二期支付款项延迟的时间只有两个月零10天,二审法院认为周士海无权依据《合同法》第94条之规定解除合同的理由亦无不妥。

【解　析】

一、评析要点

分期付款股权转让合同是否可以适用《合同法》第167条。

二、学理评析

本案是最高人民法院发布的指导案例第67号。本案之所以不适用《合同法》第167条规定的合同解除权,其中一个非常重要的理由,就是法院在裁判理由中认为分期付款买卖"多发、常见在经营者和消费者之间,一般是买受人作为消费者为满足生活消费而发生的交易",并针对本案进一步阐释了对分期付款股权转让合同的基本观点:尽管案涉股权的转让形式也是分期付款,但由于本案买卖的标的物是股权,因此具有与以消费为目的的一般买卖不同的特点:一是汤长龙受让股权是为参与公司经营管理并获取经济利益,并非满足生活消费;二是周士海作为有限责任公司的股权出让人,基于其所持股权一直存在于目标公司中的特点,其因分期回收股权转让款而承担的风险,与一般以消费为目的分期付款买卖中出卖人收回价款的风险并不同等;三是双方解除股权转让合同,也不存在向受让人要求支付标的物使用费的情况。指导案例第 67 号裁判理由中除了认为分期付款股权转让合同与以消费为目的的一般买卖合同不同外,还提出了在分期付款股权转让中,"双方解除股权转让合同,也不存在向受让人要求支付标的物使用费的情况"。该理由显然是针对《合同法》第 167 条第 2 款的规定,即"出卖人解除合同的,可以向买受人要求支付该标的物的使用费"。上述见解值得进一步商榷。

  本案能否类推适用《合同法》第 167 条之规定,关键在于该条所称的分期付款买卖合同,其本质特征究竟是什么?我国《合同法》分则共规定了 15 种典型合同或有名合同,每章第一条都是定义条款,分别对 15 种典型合同作出了概念性解释,分期付款买卖合同规定在第九章买卖合同部分,在学理上将其与试验买卖、样品买卖、招投标买卖、拍卖等称之为特种买卖,合同法对这一特种买卖并未给出明确的定义。《买卖合同司法解释》第 38 条则仅仅对第 167 条规定的"分期付款"作出了解释,也即仅仅明晰了买方所承担的分期付款义务的内涵,而对卖方的义务没有任何解释,因此,该司法解释并未对"分期付款买卖"这一完整的概念界定清楚。

  有学者认为,分期付款买卖"是买受人将其应付的总价款分为若干部分,按照一定期限分不同期数向出卖人逐次支付的买卖"(崔建远,458 页)。这一定义与《买卖合同司法解释》的规定一样,强调了分期付款买卖在付款期限与方式上的"分期",未能真正揭示分期付款买卖的本质特征。如果分期付款买卖与一般买卖只是在付款期限与方式上的差异,将其作为特种买卖就没有任何法律意义。例如,乙向甲购买货物,双方订立的买卖合同约定,乙在一个月内分三次向甲支付总价款后,甲向乙交付货物。这一买卖合同能认定为分期付款买卖合同吗?当然不能。乙虽然在一定期限内向甲分期付款,但这仍然无异于预付款性质,与分期付款买卖合同迥异。"法定构成要件中,哪些要素对于法定评价具有重要性,其原因何在,要答复这些问题就必须回归到该法律规整的目的、基本思想,质言之,法律的理由上来探讨"(卡尔·拉伦茨,258 页)。《合同法》第 167 条的立法目的是对分期付款买卖这一特种买卖进行规制,而不是对一般买卖的规制,分期付款买卖是信用经济的产物,其特征在于卖方给买方的信用,而不是买方给卖方的信用,基于此,分期付款买卖应当是指"当事人以特约约定由买受人受领标的物,并以分期方式支付价金之全部或一部分的买卖"(黄立,128 页)。这一概念相对精确地概括出了分期付款买卖区别于一般买卖合同的一个显著特征,即交付标的物后分期付款。

  对于股权转让合同这类非典型合同、有偿合同和其他法律有特别规定的合同,合同法创设了三个法条为其提供法律适用的制度供给,即《合同法》第 123 条、第 124 条和第 174 条。其中,第 123 条解决了特别法优先适用的问题,第 124 条填补了非典型合同的法律适用规则问题,而第 174 条则成为买卖合同以外的其他有偿合同法律漏洞的补充。第 123 条和第 174 条除了在立法技术上考虑立法经济外,最重要的功能在于填补法律漏洞。结合该两条,不难发现,非典型合同可以"适用"《合同法》总则的规定,而其他有偿合同可以"参照"《合同法》分则买卖合同的有关规定。因此,对于股权转让合同,适用《合同法》总则的规定和参照分则买卖合同的有关规定,应属于第 123 条和第 174 条涵摄的范围。那么,在依第 123 条和第 174 条适用《合同法》总则的规定和参照分则买卖合同的有关规定中,有无值得商榷的问题呢?

法院生效判决认为,本案争议的焦点问题是股权转让人是否享有《合同法》第167条规定的合同解除权,对此,法院一共给出了四点裁判理由,概括为:第一,本案分期付款买卖的标的物是股权,具有与以消费为目的的一般买卖不同的特点;第二,双方订立股权转让的合同目的能够实现;第三,从诚实信用的角度,依照《合同法》第60条的规定,股权转让人即使依据第167条的规定,也应当首先选择要求受让人支付全部价款,而不是解除合同;第四,从维护交易安全的角度,如果不是受让人有根本违约行为,动辄解除合同可能对公司经营管理的稳定产生不利影响。这四点理由毫无疑问都应当是围绕本案的争议焦点展开的,但仔细斟酌,法院在裁判思维方面存在着对合同法总则的适用与对分则买卖合同的参照适用相混淆的问题。裁判理由第一点主要阐述本案为什么不参照适用第167条,从逻辑上讲的确是围绕争议焦点展开的讨论,但其余三点理由并不能成为本案不参照适用第167条的理由,实际上是在回答本案为什么同时不能适用第94条的规定。在此基础上生成的裁判规则难免会引起逻辑上的疑问。

事实上,《合同法》第123条和第174条之间是没有矛盾的。根据第174条的指示参引,当确实存在不能参照适用买卖合同有关规定时,并不意味着不能适用《合同法》总则的规定。对于本案而言,一审中当事人实际上是根据第123条的指示,适用第94条的规定主张解除合同,但一审法院在说理部分却同时引用了第167条的规定,认为本案属于分期付款股权转让合同,参照该条规定,股权转让人也享有解除权,这样,二审中对本案究竟能否适用该条规定,成了争议的焦点。对比第94条和第167条,虽然都是对合同解除权的规定,但两者在实质要件方面并不完全相同。第167条规定的解除权,只要买受人(本案中为股权受让人)违约达到法定数额,出卖人(本案中为股权转让人)即可享有合同解除权,而第94条规定的解除权,尚需"经催告后在合理期限内仍未履行"或者"致使不能实现合同目的"为构成要件。裁判理由中涉及合同目的、根本违约等内容,应当成为论证本案不适用第94条规定的理由,而非不适用第167条的理由。根据本案案情和法院查明的相关事实,本案不仅不能参照适用第167条规定的解除权,同时也不适用第94条规定的解除权。而该指导案例裁判规则却发出了错误的信息:做出了分期付款股权转让合同不适用第167条规定的解除权的结论,但给出了错误的理由;给出了本案不适用第94条规定的解除权的正当理由,却没有在裁判规则中归纳、凝练出相应的结论。

参考文献

1. 崔建远:《合同法》(第二版),北京大学出版社2013年版。
2. [德]卡尔·拉伦茨:《法学方法论》,陈爱娥译,商务印书馆2003年版。
3. 黄立:《民法债编各论》(上),中国政法大学出版社2003年版。

作者:华东政法大学教授　钱玉林
整理人:上海交通大学凯原法学院博士生　云晋升

58. 基于解除权人解除权滥用的合同解除
——冯玉梅与新宇公司商铺买卖合同解除纠纷案[①]

【事实概要】

位于新街口东北角中山路 18 号以南的时代广场,是原告新宇公司开发建设的商业用房。该建筑物为地下一层、地上六层,总面积 6 万余平方米。地上第一、二、三层约 6 000 平方米的部分区域,被分割成商铺对外销售给 150 余家业主。1998 年 10 月 19 日,新宇公司与被告冯玉梅签订了一份商铺买卖合同,约定:新宇公司向冯玉梅出售时代广场第二层编号为 2B050 的商铺,每平方米售价 16 363.73 元,总价款 368 184 元,10 月 22 日前交付,交付后三个月内双方共同办理商铺权属过户手续。合同签订后,冯玉梅按约支付了全部价款。1998 年 11 月 3 日,新宇公司将 2B050 号商铺交付冯玉梅使用,但一直未办理产权过户手续。1998 年,原告新宇公司将时代广场内的自有建筑面积租赁给嘉和公司经营。1999 年 6 月,嘉和公司因经营不善停业。同年 12 月,购物中心又在时代广场原址开业。2002 年 1 月,购物中心也停业。这两次停业,使购买商铺的小业主无法在时代广场内正常经营。在此期间,新宇公司也两次变更出资股东。新宇公司的新股东为盘活资产、重新开业,陆续与大部分小业主解除了商铺买卖合同,并开始在时代广场内施工。2003 年 3 月 17 日,新宇公司致函被告冯玉梅,通知其解除双方签订的商铺买卖合同。3 月 27 日,新宇公司拆除了冯玉梅所购商铺的玻璃幕墙及部分管线设施。6 月 30 日,新宇公司再次向冯玉梅致函,冯玉梅不同意解除合同。由于冯玉梅与另一户购买商铺的邵姓业主坚持不退商铺,新宇公司不能继续施工,6 万平方米建筑闲置,同时冯、邵两家业主也不能在他们约 70 平方米的商铺内经营。新宇公司为此提起诉讼。

根据原告新宇公司的申请,法院委托南京大陆房地产估价师事务所有限责任公司对被告冯玉梅所购商铺的现行市场价值进行评估。评估报告确认,该商铺在 2004 年 3 月 3 日的价值为 531 700 元。

原告新宇公司认为,为使时代广场真正发挥效益,经营方向和方式必须改变,不可能保留商铺式经营。如果被告冯玉梅与案外人邵家再在时代广场内经营商铺,将影响时代广场内新格局下的整体经营。为此,新宇公司不仅愿意给冯玉梅退还全额购商铺款,还愿意以承担逾期办理产权登记过户手续违约金的名义,给冯玉梅补款 48 万元,用于补偿冯玉梅的经济损失。冯玉梅认为,时代广场走到今天这一步,责任全在新宇公司,与己无关;新宇公司愿意给付的款项,不够弥补自己的损失;新宇公司如果真愿意解除商铺买卖合同,应当按每平方米 30 万元的价格给予赔偿。新宇公司认为,全南京市任何一处房产均无 30 万元每平方米的价格,冯玉梅提出难以令新宇公司接受的赔偿价格,表明其根本不想解决纠纷。由于双方当事人各执己见,调解未果。

[①] 《最高人民法院公报》2006 年第 6 期。

【判决要旨】

1. 一审判决

一审法院南京市玄武区人民法院认为,由于经营不善,时代广场两次停业,该广场内的整体经营秩序一直不能建立,双方当事人通过签订合同想达到的营利目的无法实现,这是在签订合同时双方当事人没有预料也不希望出现的结局。考虑到冯玉梅所购商铺只是新宇公司在时代广场里分割出售的150余间商铺中的一间,在以分割商铺为标的物的买卖合同中,买方对商铺享有的权利,不能等同于独立商铺。为有利于物业整体功能的发挥,买方行使权利必须符合其他商铺业主的整体意志。现在时代广场的大部分业主已经退回商铺,支持新宇公司对时代广场重新规划布局的工作,今后的时代广场内不再具有商铺经营的氛围条件。冯玉梅以其在时代广场中只占很小比例的商铺为由,要求新宇公司继续履行本案合同,不仅违背大多数商铺业主的意愿,影响时代广场物业整体功能的发挥,且由于时代广场内失去了精品商铺的经营条件,再难以通过经营商铺营利,继续履行实非其本意。考虑到时代广场位于闹市区,现在仅因双方当事人之间的互不信任而被闲置,这种状况不仅使双方当事人的利益受损,且造成社会财富的极大浪费,不利于社会经济发展。

从衡平双方当事人目前利益受损状况和今后长远利益出发,依照公平和诚实信用原则,尽管冯玉梅在履行合同过程中没有任何违约行为,本案的商铺买卖合同也应当解除。鉴于被告冯玉梅在履行商铺买卖合同中没有任何过错,在商铺买卖合同解除后,其因商铺买卖合同而获得的利益必须得到合理充分的补偿,补偿标准是保证冯玉梅能在与时代广场同类的地区购得面积相同的类似商铺。原告新宇公司同意在商铺买卖合同解除后,除返还冯玉梅原付的购房价款、赔偿该商铺的增值款外,还给冯玉梅补款48万元,这一数额足以使冯玉梅的现实既得利益不因合同解除而减少,应予确认。

2. 二审判决

当继续履行也不能实现合同目的时,就不应再将其作为判令违约方承担责任的方式。《合同法》第110条规定了不适用继续履行的几种情形,其中第2项规定的"履行费用过高",可以根据履约成本是否超过各方所获利益来进行判断。当违约方继续履约所需的财力、物力超过合同双方基于合同履行所能获得的利益时,应该允许违约方解除合同,用赔偿损失来代替继续履行。在本案中,如果让新宇公司继续履行合同,则新宇公司必须以其6万余平方米的建筑面积来为冯玉梅的22.50平方米商铺提供服务,支付的履行费用过高;而在6万余平方米已失去经商环境和氛围的建筑中经营22.50平方米的商铺,事实上也达不到冯玉梅要求继续履行合同的目的。一审衡平双方当事人利益,判决解除商铺买卖合同,符合法律规定,是正确的。

【解析】

一、评析要点

解除权人滥用解除权是否会使违约方解除合同。

二、学理评析

本案的核心争议是,在解除权人滥用解除权时违约方是否可请求解除合同。这不仅仅是司法实践问题,更是一个具有丰富意义的学术问题和理论问题。学术界对该问题有不同的观点,人民法院在此类问题的处理方式上也极为丰富多元。

1. 现行法对违约方请求解除合同的立场

《合同法》第94条对此做出了规定:"有下列情形之一的,当事人可以解除合同:(一)因不可抗力致使不能实现合同目的;(二)在履行期限届满之前,当事人一方明确表示或者以自己的行为表明不履行主要债务;(三)当事人一方迟延履行主要债务,经催告后在合理期限内仍未履行;(四)当事人一方迟延履行债务或者有其他违约行为致使不能实现合同目的;(五)法律规定的其他情形。"既有权威文献一致认为,除第(一)项外,该条中的"当事人"是指"非违约方"(崔建远书,515—518页)。这主要可能有以下几点理由:其一,违约行为是不当行为。不当行为不能产生合法权利。合同一经订立和生效,其便具有约束力,当事人都应当遵守合同。任何一方当事人不履行或违反合同义务,都不具有适法性和正当性。其二,避免违约方实施机会主义行为。制度的目的在于防止机会主义行为。《合同法》也设计了具体规则预防当事人的机会主义行为,合同法基本原则及一般概念也主要用于限制当事人滥用或规避具体规则及其产生的不利后果。机会主义行为往往意味着当事人不考虑对方的利益而滥用其合法权利,并破坏合同制度赖以运行的内在环境,甚至减损社会福利。其三,《合同法》的有关条文只能做出"非违约方"才有解除权的合理解释。如第94条第2项规定,在履行期限届满之前,当事人一方明确表示或者以自己的行为表示不履行主要债务。此时,根据文义,如果法律意欲赋予预期违约方解除合同权,法律的表述不应当是第94条的表示。第94条第3项规定,当事人一方迟延履行主要债务,催告后在合理期限内仍未履行。该条的合理解释只能是,合同的另一方即非违约方享有催告权,催告迟延履行主要债务一方在合理期限内履行。

2. 本判决的法律推理及其意义

本案一审法院认为,本案属于情势变更的情况,二审法院矫正了上述不当理解。这是正确的,因为通常的市场行为不能正当化情势变更。二审法院认为,该案属于《合同法》第110条"履行费用过高"的情况。根据权威解释,"履行费用过高"要从两个方面判断:一个是继续履行在经济上不具有合理性,会造成一定的损失和浪费;二是如果履行的时间过长,尤其是履行质量需要长期监督,也不适合实际履行(王利明,592页)。就新宇公司诉冯玉梅案而言,实际履行意味着双方当事人到不动产登记机构去进行登记,成本非常低,而损害赔偿的成本显然比这要高得多。因此,非常遗憾的是,新宇公司诉冯玉梅一案并不符合第110条规定的传统理解。而且即使新宇公司诉冯玉梅案符合第110条的规定,由于该规定并不与第94条相衔接,也不能认为新宇公司获得合同解除权。因为新宇公司是否有解除权,现行《合同法》第94条明确做出了否定回答。这也可以从该案判决的内容中判断,该判决虽然以"履行费用过高"排除了被告的实际履行权,但并没有直接引用《合同法》第94条赋予违约方合同解除权,而是直接判决由于履行费用过高,确认违约方的新宇公司解除合同。

3. 从该案看对方滥用解除权时违约方可否主张解除合同的构成

崔建远教授认为:"实务中出现的下述情况引起我们的反思:合同已经不能履行,继续存在下去会给违约方带来负面的后果,可是,守约方却不使解除权。于此场合,应当允许违约方将合同解除,违约方也是解除权人。因为一般说来,已经不能履行的合同继续存在,即使对守约方也没有积极的意义,令其早日消灭,方为正途。"(崔建远文,88页)该案并没有一般性地创设违约方的合同解除权,而只是创设了违约方在特定情形下可以主张合同解除的特例。即,只有特殊情形下法律才应当允许违约方主张合同解除。

该种情形下违约方可得主张解除合同的解除权的构成要件如下:其一,分割式商事经营或者内在关联型经营。分割商铺经营的确有其特殊性,即任何商铺的经营都事实上需要其他物业公司等主体的配合,如供应水电以及提供适当的其他服务等;而其他商铺也会间接影响到整个商铺的运行。分割式经营并不能穷尽违约方可以主张解除合同的所有情况。如果一个法律关系有几个相互依存的法律关系构成,而且一个法律关系事实上决定另一个法律关系,其也可能涉及前一个法律关系的主体违约导致后续法律关系无法有效履行情形。其二,违约方没有过错。"在合同法上,过错责任原则不会被无过错责任原则完全取代的原因之一,是分配风险的理念没有全面占据道德伦理统治的领域,区分善恶而决定违约责任的有无,仍然具有合理性和正当性。"(崔建远书,329页)加之,只有要求违约方没有过错,才能证明其没有进行机会主义行为或策略行为。其三,违约方应当给予守约方充分赔偿。在现代社会中,以金钱得以估价的领域越来越多。违约损害赔偿的理想状态就是,损害赔偿能够使非违约方处于合同履行后的利益状态。如果不能实现充分赔偿,赋予违约方合同解除权就不能实现公平的结果而且会使违约方通过自己的违约行为获得过多的价值剩余,而该种价值剩余并不能给社会带来正的收益,仅仅是收益在不同的主体之间再次分配而已,这不具有正当性而且会扭曲正确的价值观。其四,解除权人滥用了法律赋予的合同解除权。滥用权利的主要表现是,如合同不能解除将会产生不合比例的效率损失。违约方可以主张解除合同的场合是,如果合同不能解除,合同的履行必然会导致不成比例的效率损失,导致与合同有关的资产不能发挥作用。

参考文献

1. 崔建远:《合同法总论》(中卷),中国人民大学出版社 2012 年版。
2. 王利明:《合同法研究》(第二卷),中国人民大学出版社 2011 年版。
3. 崔建远:《完善合同解除制度的立法建议》,载《武汉大学学报(哲学社会科学版)》2018 年第 2 期。
4. 孙良国:《违约方的合同解除权及其界限》,载《当代法学》2016 年第 5 期。

作者:吉林大学法学院教授 孙良国

59. 任意合同解除权后的损害赔偿
——上海盘起贸易有限公司与盘起工业(大连)有限公司委托合同纠纷案①

【事 实 概 要】

2000年7月,日本盘起工业株式会社(以下简称"日本盘起")的法定代表人森久保有司经与梁崇宣签署了《建设盘起中国营销网络、设立上海盘起的决定》(以下简称《决定》),决定成立上海盘起贸易有限公司(以下简称"上海盘起")。森久保有司与梁崇宣签订了《委托书》,约定梁崇宣代表日本盘起及其关联企业负责建设、管理、运营盘起集团在中国地区营销网络的销售机构和渠道,组建、经营、管理上海盘起及其他相关销售机构,委托梁崇宣担任上海盘起的股东、董事、董事长。

同年7月28日,上海盘起注册为有限责任公司,法定代表人为梁崇宣。同年8月,上海盘起与森久保有司作为法定代表人的盘起工业(大连)有限公司(以下简称为大连盘起)签订了《业务协议书》,就大连盘起委托上海盘起在中国内地的销售事宜双方协议、确认如下:双方相互确认系盘起集团的成员……大连盘起作为盘起集团在中国的制造基地,有责任按照盘起集团的标准,按质、按时、按量地供给上海盘起所需的产品……上海盘起负责建设、管理、运营的销售机构和渠道,根据客户需求可自行购买其他厂商的产品进行销售活动。同时约定本协议有效期为20年,自2000年9月1日至2020年8月31日。

上述协议签订后,双方开始合作。上海盘起以传真或者电子邮件等方式向大连盘起订购各种模具及配件,进行销售活动。上海盘起还通过发布广告、印发宣传册、参展及办展会等多种形式宣传大连盘起的产品,开拓市场,并相继建立广东、青岛等营销点,形成了一定规模的销售网络。对货款的结算期限,双方没有明确约定。截至2002年4月,上海盘起共有人民币5 916 866.41元尚未付给大连盘起,但大连盘起此前没有催收过。2002年4月19日,日本盘起森久保有司签署《撤销委托书的决定》,以上海盘起严重拖欠大连盘起货款,且其财务和销售活动缺乏透明度为由,决定撤销他与梁崇宣签署的委托书及其附件,并撤销上海盘起。当日,大连盘起以上海盘起拖欠货款为由向法院提起诉讼。同月22日,日本盘起及大连盘起又作出对梁崇宣个人的《撤销委托书的决定》,并于当日向梁崇宣送达上述决定书。截至2002年4月,上海盘起组建及经营投入(含公司开办、软件开发、固定资产投入等费用)为人民币743 169.25元,促销活动投入(广告宣传、展览及其他促销费用)为人民币919 597.32元。

【判 决 要 旨】

1. 一审判决

一审法院认为,系争《业务协议书》是一种商务委托,其订立和履行是基于当事人的相互信

---

① 辽宁省高级人民法院(2003)辽民三合初字第34号民事判决书;最高人民法院(2005)民二终字第143号民事判决书。

任,一旦这种信任发生动摇,根据《合同法》第410条的规定,双方均可解除合同,而不适用实际履行原则。又由于经济损失具有不确定性,且《合同法》第410条又赋予当事人随时解除权,上海盘起主张合同解除后的预期利益损失的赔偿,缺乏法律依据,应不予支持。

2. 二审判决

上海盘起不服一审判决,上诉至最高人民法院之后,最高人民法院经过审理,认为《业务协议书》确立了委托合同关系。委托合同基于当事人之间的相互信任而订立,亦可基于当事人之间信任基础的动摇而解除。大连盘起解除对上海盘起的委托合同关系,属于依据《合同法》第410条行使法定解除权,但该解除行为给上海盘起造成的损失,大连盘起应当依法承担相应的赔偿责任。原审判决令大连盘起向上海盘起赔偿因解除委托合同而造成的直接损失1 662 766.57元予以维持。同时认为,大连盘起是否应向上海盘起赔偿可得利益损失问题,虽当事人依据《合同法》第410条的规定行使法定解除权,亦应承担民事责任,但这种责任的性质、程度和后果不能等同于当事人故意违约应承担的违约责任。根据本案法律关系的性质和实际情况,不宜对"赔偿损失"作扩大解释。原审法院认定事实清楚,适用法律并无不当。

【解　析】

一、评析要点

任意解除权项下的委托合同的范畴;任意解除权行使后的赔偿范围。

二、学理评析

1. 任意解除权项下的委托合同的范畴

我国《合同法》第410条规定:"委托人或者受托人可以随时解除委托合同。因解除合同给对方造成损失的,除不可归责于该当事人的事由以外,应当赔偿损失。"该条规定了委托合同中的任意解除权,从《合同法》第410条的文义来看,只要当事人没有通过特别约定排除或者限制一方的任意解除权,则任何一方都有权随时解除委托合同。目前学界不少观点认为任意解除权项下的委托合同应有所甄别,认为《合同法》第410条中的委托合同应进行限缩解释,有观点认为,"应根据委托合同是否为有偿合同而进行区分和限制,而不能单纯地毫无分别地赋予当事人'任意解除权'。在当事人打着解除的旗号而故意毁约时,应当按照违约的损害赔偿处理,守约方可请求履行利益的赔偿;在无偿委托的场合,损害赔偿的范围是因为解除合同时期不当而造成的损失;在委托合同为双务有偿合同、当事人的合同利益不取决于其他法律行为是否成立、生效履行的情况下,损害赔偿的范围一般可按照履行利益的损失确定;在委托合同为双务有偿合同、当事人的合同利益取决于其他法律行为是否成立、生效履行的情况下,损害赔偿范围一般限于信赖利益。"(崔建远、龙俊,84页)

最高人民法院的裁判观点说明,委托合同中的任意解除权的行使在实务界,至少在最高人民法院裁判的相关理念中并没有区分有偿或无偿,即无论是有偿或无偿当事人均有任意解除权行使的余地,当然该委托合同必须是单纯的委托合同才行,即其不能因包含其他因素而导致无名合同的产生,否则会导致任意合同解除权行使的障碍。

2. 任意解除权行使后的赔偿范围

对于可得利益损失问题,最高人民法院在本案中认为:虽当事人行使法定解除权亦应承担民事责任,但这种责任的性质、程度和后果不能等同于当事人故意违约应承担的违约责任。本案系因行使法定解除权而产生的民事责任。《合同法》第410条规定当事人一方因解除委托合同给对方造成损失的,应当承担赔偿损失的民事责任。根据本案法律关系的性质和本案的实际情况,不宜对"赔偿损失"作扩大解释。原审判决驳回上海盘起要求大连盘起承担可得利益损失民事责任的请求,并无不当。之后的类似案件均延续了本案的指导规则。有学者就此认为将《业务协议书》认定为委托合同,判决盘起工业可以基于《合同法》第410条的规定将之解除不妥,它实际上已经是一个无名合同,不能机械地径直适用《合同法》第410条的规定予以解除。退一步而言,即使认为《业务协议书》可以解除,判决中将《合同法》第410条中的赔偿损失的范围限定为"直接损失"也是不可取的,对于这种有偿合同的情形,应该区分情况分别支持履行利益或信赖利益的赔偿请求。

当然,我们也必须克服某种既有的不当认识,即信赖利益要小于或者等于预期利益可能。其实,信赖利益有时候可能比预期利益要大(Melvin A Eisenberg,180—182页)。但也有学者认为此时受托人的利益很难纳入履行利益或信赖利益的框架内予以讨论。原因在于,在无偿委托中,即使受托人对委托事务本身存有利益,但此等利益并非对方当事人履行给付义务之结果,与原定给付的不履行或不完全履行而引起的可得利益的丧失并非同一层面的利益。也就是说,此等利益的赔偿并非是完全替代或部分替代原定给付的、作为二次性义务的填补性损害赔偿,亦非因迟延履行而引起的迟延赔偿。与其说是给付利益或履行利益的丧失问题,不如说是受托人将来得利机会的丧失问题,从事营业时则是将来营业利益的丧失问题。此等受托人利益的丧失能否要求赔偿以及得以要求赔偿时的赔偿范围如何,当有进一步考量之必要。因此,结合比较法上的做法,认为在受托人利益受损的具体计算上,《合同法》第410条规定的因果关系要件可以发挥作用。依第410条规定,任意解除时所要赔偿的是"因解除合同给对方造成的损失"。文义上言,受托人利益可纳入其中,计算假若未被任意解除时的受托人利益实现可能性。同时,这种因果关系也应当具有合理的限定,特别是受托人亦负有减损之不真正义务的情形。

参考文献

1. 崔建远、龙俊:《委托合同的任意解除权及其限制——"上海盘起诉盘起工业案"判决的评释》,载《法学研究》2008年第6期。

2. Melvin A. Eisenberg, *Foundational Principles of Contract Law*, Oxford University Press, 2018.

作者:吉林大学法学院教授　孙良国

60. 继续履行的条件
——葛晓红与王小云房屋买卖合同纠纷案①

【事实概要】

2016年7月26日,葛晓红、暴景华(买受人、乙方)与王小云(卖售人、甲方)签订《上海市房地产买卖合同》,房地产转让价款820万元,甲方于2016年12月31日前腾出房屋并通知乙方进行验收交接,甲、乙双方确认在2016年11月20日之前共同向房地产交易中心申请办理转让过户手续。补充条款(一)第6条约定,若乙方贷款银行要求甲方应至贷款银行签订抵押贷款合同,甲方应按乙方贷款银行要求,配合乙方办理银行贷款手续;第9条约定,有关乙方贷款的特别约定:乙方应于签约后10个工作日内备齐贷款资料办理银行贷款申请手续,若乙方购房贷款额度不足本合同约定贷款额度,则乙方应于甲乙双方到房地产交易中心办理房产交易过户当天以现金方式补足不足部分。附件三付款协议约定,乙方于签约当日支付甲方第一笔房款246万元,乙方以贷款方式支付甲方第二笔房款570万元。同日,葛晓红、暴景华支付王小云房款246万元。

2016年11月18日,王小云首次配合葛晓红、暴景华至贷款银行签字提供材料。2017年1月16日,王小云向葛晓红、暴景华发函:"……合同第六条约定,甲、乙双方确认,在2016年11月20日之前,甲乙双方共同向房地产交易中心申请办理转让过户手续,现因你方购房贷款未审批下来而未能按约定时间过户,且已超期近两个月时间。按照合同补充条款(一)第9条约定,若乙方购房贷款额度不足本合同约定贷款额度,则乙方应于甲乙双方到房地产交易中心办理房地产交易过户当天以现金方式补足不足部分。现告知你方,请于2017年1月25日到房地产交易中心办理转让过户手续"。2017年1月19日,王小云再次配合葛晓红、暴景华至贷款银行民生银行签字提供材料。2017年2月13日,王小云向葛晓红、暴景华发函通知解除合同。另,一审审理中,一审法院要求葛晓红、暴景华以现金方式支付剩余房款,提供相应的履约担保,但葛晓红、暴景华未在限期内提供,并表示本案中不同意解除合同,保留诉权。二审中,葛晓红、暴景华坚持要求继续履行合同,并确认交易过户产生的税费均由其承担。为担保合同履行,葛晓红、暴景华将剩余房款574万元付至法院。

【判决要旨】

1. 一审判决

一审法院认为,葛晓红、暴景华为办理贷款手续的义务人,对此王小云仅负协助义务。根据合同约定及房产交易惯例,葛晓红、暴景华应在过户前办妥银行贷款手续,从而保障王小云在房屋过户后顺利取得银行发放的贷款,若贷款未获审批或贷款额度不足,葛晓红、暴景华也

---

① 上海市浦东新区人民法院(2017)沪0115民初21867号民事判决书;上海市第一中级人民法院(2017)沪01民终9130号民事判决书。

应在过户时以现金方式补足。2016年11月18日，王小云首次配合至贷款银行签字办理贷款手续，葛晓红、暴景华主张王小云迟延配合以致11月20日已无法办理过户，未提供充分证据予以证明，难以采信。即便如此，王小云应葛晓红、暴景华要求于2017年1月19日第二次配合至贷款银行签字办理贷款手续，可见2016年11月18日至2017年1月19日两个月时间内，葛晓红、暴景华并未办妥银行贷款手续。合同约定2016年11月20日前过户，双方亦未有另行确定过户时间的约定，王小云于2017年1月16日的发函系王小云单方给予葛晓红、暴景华的宽限期，然直至2017年2月13日王小云发出解除通知时，葛晓红、暴景华仍未办妥银行贷款、办理过户。综上，葛晓红、暴景华贷款迟延及过户迟延的责任不能归责于王小云，且经释明，葛晓红、暴景华虽要求继续履行合同，却又未在限期内提供相应的履约担保，故涉案买卖合同不具备继续履行的条件。

2. 二审判决

二审法院认为，焦点有二：一是，双方合同履行过程中究竟系哪一方违约导致双方未能按约办理交易过户手续，王小云是否享有合同解除权；二是，双方合同继续履行是否存在障碍。

首先，系争房地产买卖合同约定，双方应于2016年11月20日之前至房地产交易中心办理过户手续。在此之前，葛晓红、暴景华作为购房人应当办妥贷款手续为应有之义。合同履行过程中，双方曾于2016年10月30日进行过协商，根据葛晓红、暴景华于一审中提供的、王小云予以确认的录音，王小云方当时明确表示，因为系争房屋内的承租人不愿提前解除合同，导致王小云无法按照系争房地产买卖合同约定的时间即2016年12月31日前交房，所以在租赁合同纠纷解决之前，不愿意继续履行合同，配合葛晓红、暴景华办理贷款手续，按期过户。葛晓红、暴景华于一审中提供的经王小云确认的葛晓红与王小云的微信记录亦显示，在双方约定的过户时间之前，葛晓红催促王小云向贷款银行提供贷款所需资料。综合上述证据，可以认定葛晓红、暴景华未能于2016年11月20前办妥贷款，双方未能按时过户的责任在于王小云。其次，延期过户后，双方对于过户时间并未重新予以明确约定。王小云经葛晓红催告先后于2016年11月18日、2017年1月19日配合葛晓红、暴景华办理贷款手续，可视为王小云仍然同意待葛晓红、暴景华贷款审批通过后继续交易。双方未能于王小云单方确定的时间办理过户手续，不能视为葛晓红、暴景华违约。再次，鉴于葛晓红、暴景华在系争房地产买卖合同履行过程中，并不存在违约行为，其要求王小云继续履行合同，于法有据。因政策变化及时限要求等原因，葛晓红、暴景华仍按系争房地产买卖合同约定以贷款方式支付570万元房款，存在不确定性，一审法院据此要求葛晓红、暴景华提供履约担保，本身并无不当，但一审法院于一审庭审中的释述不明确，致葛晓红、暴景华未能及时将剩余房款付至一审法院。葛晓红、暴景华于二审中为表明履约诚意及履约能力，已将全部剩余房款574万元足额支付至本院，在系争房地产买卖合同亦不存在其他履行障碍的情况下，双方应当继续履行。

【解 析】

一、评析要点

继续履行的条件。

二、学理评析

继续履行是我国合同法规定的违约责任的首要的救济措施,直接体现的是合同严守的要求。然而无论在理论上还是在实践中,继续履行都面临特殊的难题,即不仅要确立基础的价值判断,也要认真对待案件事实与法律条文之间的涵摄关系。笔者之所以在判决要旨中没有过多简化法院的判决,主要是让学生更多地掌握法律适用中事实认定的复杂性及规范意义。

1. 继续履行的定位

本案的核心争议点是如何在较为复杂的社会背景和案件事实中理解继续履行的条件。由此产生的学术问题是继续履行的理论价值和实践意义问题。遗憾的是,我国学术界对该问题的研究不多,也没有引起主流合同法专家的重视。《合同法》第 107 条规定:"当事人一方不履行合同义务或者履行合同义务不符合约定的,应当承担继续履行、采取补救措施或者赔偿损失等违约责任。"这说明继续履行是我国违约责任的承担方式之一。王洪亮教授认为,强制履行的规范基础在于契约严守原则,其不仅约束债务人,亦约束债权人,其目的在于增强债的约束力。他进而认为,继续履行请求权是给付请求权的一个效力,准确地讲,继续履行请求权不过就是债的强制履行力,而非违约责任,但其具有违约救济的效果(王洪亮,114 页)。然而如何定位继续履行在违约责任中的位置呢?这还得体系性地看待《合同法》第 110 条。该条规定:"当事人一方不履行非金钱债务或者履行非金钱债务不符合约定的,对方可以要求履行,但有下列情形之一的除外:(一)法律上或者事实上不能履行;(二)债务的标的不适于强制履行或者履行费用过高;(三)债权人在合理期限内未要求履行。"这说明除了在法律规定情况下,当事人都可以主张继续履行。而且我们也可以看到,法律规定的几种不适合继续履行的都属于履行不可能或者有较大障碍的情况。正是在这一意义上,继续履行是我国违约救济的主要方式。有学者认为,我国《合同法》未统一就买受人对继续履行、损害赔偿抑或合同解除等几项救济权利的选择(贺栩栩,94 页)。这一说法是不太准确的。《合同法》第 110 条事实上规定了继续履行与损害赔偿的关系,而且根据我国现行法,合同解除是合同终止的方式。在此类问题上,我国与普通法系将损害赔偿作为主要救济方式有较大不同。在不动产交易中,基于不动产的价值较大而且还可能会承载其他价值,法院会非常重视继续履行的意义。

2. 继续履行与合同解除的关系

继续履行与合同解除往往相伴而生。如果一方当事人违反合同,符合了约定解除权、法定解除权的构成要件,另一方当事人就会主张解除合同,合同解除后继续履行就丧失了合同基础。一方当事人的违约是否构成合同解除的条件自身就是一个较为复杂的判断过程,当事人可能为此产生争议。在本案中,如何判断何方当事人违约就是不容易证明的事实。此时合同文本与实践运行以及两者关系的理解就成为关键。一审法院和二审法院对是否违约的事实认定有较大差异,这导致产生了不同的裁判结果。一审法院认为,葛晓红、暴景华为办理贷款手续的义务人,对此王小云仅负协助义务。根据合同约定及房产交易惯例,葛晓红、暴景华应在过户前办妥银行贷款手续,以保障王小云在房屋过户后顺利取得银行发放的贷款,若贷款未获审批或贷款额度不足,葛晓红、暴景华也应在过户时以现金方式补足。该裁判特别强调了合同文本中过户期限的确定性。然而法律判断的反转可能就存在于对案件事实调查的程度以及对案件事实法律意义的判断。二审法院则对哪方违约进行了更为细致的探索,其采信了葛晓红、暴景华于一审中提供的、王小云予以确认的录音以及一审中提供的经王小云确认的葛晓红与王小云的微信记录显示。这都显示可以认定葛晓红、暴景华未能于2016年11月20前办妥贷款，双方未能按时过户的责任在于王小云。一审法院确定王小云仅负协助义务办理贷款是正确的，如果其没有尽到协助义务导致办理贷款手续的时间延后，不能认为葛晓红、暴景华违反合同义务。二审法院也对延期过户后双方对于过户时间并未重新予以明确约定进行了判断。这取决于对事实行为法律意义的判断。二审法院认为，王小云经葛晓红催告先后于2016年11月18日、2017年1月19日配合葛晓红、暴景华办理贷款手续，可视为王小云仍然同意待葛晓红、暴景华贷款审批通过后继续交易。王小云两次配合葛晓红、暴景华办理贷款手续的行为不能视为王小云给予了葛晓红、暴景华合理时间。因为葛晓红、暴景华就没有违约行为，而给予葛晓红、暴景华合理时间并且赋予其合同解除权的前提是违约行为的存在。一个后续的问题是，时间延后的时间界限在哪里呢？笔者认为，这一时间界限只能是合理期间。合理期间应为考虑因政策变化及时限要求等原因，葛晓红、暴景华仍按系争房地产买卖合同约定以贷款方式支付570万元房款的通常期间。

3. 继续履行条件是否满足

在解决如上问题的基础上，二审法院认为，鉴于葛晓红、暴景华在系争房地产买卖合同履行过程中，并不存在违约行为，其要求王小云继续履行合同，于法有据。对此，笔者做出如下解释：首先，葛晓红、暴景华不存在违约行为，而且也没有《合同法》第110条规定的排除继续履行的情况，所以其有权利要求继续履行。对上述裁判观点不能进行反对解释，认为有违约行为的当事人就不能主张继续履行了，只要不符合《合同法》第94条所规定的合同解除条件，或者即使其符合《合同法》第94条规定的解除权条件但解除权人没有行使解除权，以及《合同法》第110条规定的排除继续履行的情况，其都可以主张继续履行。然而，在司法实践中，判决继续履行可能会面临较多的风险，诸如：其一，内容确定性难题。如果当事人的履行内容不确定，其还需要运用法院的自由裁量权，这将增加额外成本。其二，不安全性。如果部分的实质性相对履行还没有做出，法院就不会强制履行，除非对方为该部分的履行提供的担保能够让法院满意。其逻辑起点比较简单，即继续履行不应当使另一方的债务履行没有保障或产生不必要的风险，进而可能会产生更多的履行难题。其三，执行成本可能较高。不可否认的是，继续履行判决会涉及强制执行和监督问题。如果监督执行的负担比较重或者与获得的利益不成比例，法院就不会判决继续履行。就不安全而言，如果其没有后续履行能力，这也会增加受约人的风险。因此，司法实践中法院也创造了一些新的措施实现双方当事人利益的平衡以及避免后续的法律风险。本案二审法院确认了葛晓红、暴景华坚持要求继续履行合同的意愿，并且将该意愿客观化，即交易过户产生的税费均由其承担。

参考文献

1. 王洪亮：《强制履行请求权的性质及其行使》，载《法学》2012年第1期。
2. 贺栩栩：《论买卖合同法中继续履行规则的完善》，载《政治与法律》2016年第12期。

作者：吉林大学法学院教授　孙良国

61. 可预见规则的法定化
——刘舜金与厦门航空有限公司航空运输损害责任纠纷案[①]

【事实概要】

原告刘舜金购买了被告厦门航空公司2013年4月4日晚9点从首都机场起飞的某航班机票。当晚7点,原告办理了托运手续,将三件瓷器放入行李箱中托运,原告称因其看到机场工作人员采用扔的方式装运行李,故于办完托运手续10多分钟后找到机场工作人员要求取回托运的行李。当晚8点15分,原告取回托运行李,发现行李箱和里面的三件瓷器损坏。原告称受损的三件瓷器均是古董,其中褐釉点彩螭耳罐是唐宋时期的,价值115万元;豆青色笔洗是明清时期的官窑,价值120万元;五彩碟是清朝的,价值2万元,三件瓷器均无鉴定证书。原告提交2012年6月8日其和蔡玉春签订的转让书,证明褐釉点彩螭耳罐是其以115万元从蔡玉春处购买,原告称货款是现金支付,已支付50万元,尚有65万元未支付,转让书上附有买卖物品的照片,对该物品是否是古董、是何时期的古董未进行约定。原告提交未加盖公章的藏品信息登记表一张,记载瓷器三足洗,明,估价120万—200万;瓷器褐釉点彩螭耳罐,唐末,估价100万—150万;瓷器釉上彩荷花碟,清末,估价2万—3万。原告还提交加盖广州隆盛国际展览服务有限公司财物专用章的400元收据一张,证明其自行对瓷器进行价值评估的评估单位,据此要求三件瓷器的财产损失。

原告称其是第一次坐飞机,托运时其告知机场工作人员托运物品是古董和易碎品,但没有说物品价值。被告称在托运柜台已张贴告示要求行李内有易碎品的主动告知,并会给有易碎品的行李贴上易碎品标识,原告认可柜台处有被告说的告示,故其主动告知机场工作人员行李内有易碎品,但机场工作人员并未在其行李箱上贴上易碎品标识。经询,原、被告均认可受损物品重量不到5公斤,被告称该物品原告可自行带上飞机,不是必须托运。被告认为按照《运输规则》和《国内航空运输承运人赔偿责任限额规定》,对未声明价值的行李,航空公司仅按照每公斤100元的标准赔偿。原告称因被告未主动告知,其未对托运行李办理声明价值。

【判决要旨】

一审法院认为,承运人应当按照约定的或者通常的运输路线将旅客、货物安全运输到约定地点。现原告托运的行李在托运过程中损坏,被告构成违约,应对原告因此产生的合理损失进行赔偿。对于原告要求的三件受损瓷器的财产损失,原告对其所主张的物品损失金额证据不足,法院难以采信。另,我国《运输规则》第36条规定,贵重物品不得夹入行李内托运,承运人对托运行李内夹带贵重物品的遗失或损坏按一般托运行李承担赔偿责任;《运输规则》第43条规定,旅客的托运行李每公斤价值超过50元时,可办理行李的声明价值,承运人应按照旅客声

[①] 北京市朝阳区人民法院(2013)朝民初字第21047号民事判决书。

明价值中超过每公斤 50 元的价值的千分之五收取声明价值附加费,每一旅客声明价值的最高限额为 8 000 元。《国内航空运输承运人赔偿责任限额规定》第 3 条第 3 款规定,对旅客托运的行李和对运输的货物的赔偿责任限额为每公斤 100 元。根据原告的陈述,三件瓷器重不足 5 公斤,其可自行携带上飞机,不是必须办理托运,原告称三件受损瓷器是贵重物品,但在原告既未随身携带、妥善保管贵重物品,又未办理行李声明价值的情况下,本院只能参照上述部门规章确定其行李损失金额。被告同意赔偿 500 元,符合法律法规规定。

【解　析】

一、评析要点

可预见性规则的理解和法定化。

二、学理评析

1. 可预见性规则的法定化

可预见性规则的法定化是本案裁判过程的核心要点所在。该问题所反映的学术问题即是可预见规则在特定领域的适用及其背后的正当性问题。本案中损害赔偿金额确定的依据为《运输规则》第 36 条、第 43 条以及《国内航空运输承运人赔偿责任限额规定》第 3 条第 3 项。前者规定:"贵重物品不得夹入行李内托运,承运人对托运行李内夹带贵重物品的遗失或损坏按一般托运行李承担赔偿责任";"旅客的托运行李每公斤价值超过 50 元时,可办理行李的声明价值,承运人应按照旅客声明价值中超过每公斤 50 元的价值的千分之五收取声明价值附加费,每一旅客声明价值的最高限额为 8 000 元。"后者则规定:"对旅客托运的行李和对运输的货物的赔偿责任限额为每公斤 100 元。"上述条例即为可预见性规则在法律规范性文件中的具体化。

虽然一审法院在裁判过程中着重强调了可预见性规则的作用,但在判决中体现出的裁判思路仍以财产损失金额是否可得证明为核心,这一点存在一定疑问。在违约损害赔偿的语境下,需要综合考量过错、可预见性等因素。具体到本案中,法院的论证可能会给我们带来这样一种困惑,即如果三件受损瓷器的价值能够证明为 237 万元,那么厦门航空公司又应如何赔偿? 换言之,如果非违约方能够证明标的物的真实价值,他就是否能够获得真实价值的赔偿吗?

2. 可预见性规则的内容阐释

上述问题的解答首先需厘清可预见性规则的内涵。国内外理论研究中对可预见性规则理解的争论由来已久,可预见性规则作为限制损害赔偿范围的主要规则之一,在司法实务中的适用并不常见。根据既有的研究,从 1999 年 5 月 1 日开始,人民法院以该规则作为裁判依据适用的案件极少。而这是不可思议的。当然,部分原因在于免责条款的作用,另一部分主要原因在于学界以及司法界对于可预见性规则的传统理解以及该传统理解不能适用于现今社会。可预见性规则作为移植过来的规则,我国教科书并没有对其内容进行非常精细的阐释。较具代表性的观点主要包括以下两种:其一,因果关系说。持该观点的学者认为,可预见性规则在合同法中担当着法律上因果关系的角色,应采纳理性人标准,来对违约行为与损失之间是否具有法律上的因果关系加以判断。此种观点从传统损害赔偿法中的因果关系理论出发,将期待利益损失与违约行为因果关系的证明分为事实上和法律上两个层次,认为《合同法》第113条规定的可预见性规则是证成法律上因果关系是否存在的标准(叶金强,140页)。其二,默示协议标准。该观点认为传统上对可预见性规则的解读存在无法消除的不确定性,无法妥善衡平贸易惯例、合同类型、风险分配以责任承担等关键因素的影响,应采纳默示协议标准来理解可预见性规则,以合同当事人的默示合意为依据来判断是否要阻却相应部分的间接损失(孙良国,31页)。

在普通法上,可预见性规则主要包括两个方面:一是,违约的受害方只能获得根据事务的通常状态所自然产生损害的赔偿;二是,违约的受害方只能获得合同订立时双方当事人所合理考虑到的作为违约可能结果的损害的赔偿。这两个规则分别被称为第一规则和第二规则。该规则其实将损害分别两种,一个是一般或直接损害,另一个是特别或间接损害。是否可合理预见与当事人之间的信息有很大关系,如果当事人具有了守约方特殊的能够产生非自然损害的信息,其就可预见,进而要承担特殊损害赔偿责任和间接损害赔偿责任,这是可预见性规则的经典隐喻。

3. 可预见性规则与信息

现代可预见性规则的实质是迫使信息拥有方披露相应的信息,使只能由守约方拥有的信息能够为违约方知道和共享,激励违约方采取不同于通常水平的预防措施,从而使违约方承担更重的间接损害赔偿,这是可预见性规则中第二原理的核心意义。只有在此基础上,因违约而产生的损失的信息得以为双方当事人所了解,进而为违约方采取不同程度的预防行为,以减少或者消除损害(杨良宜,71页)。内地学界尚无学者明确持此种观点,但实际上他们大都默示存在相同的问题。笔者认为,真正意义上的可预见性规则必须合乎现代社会语境、双方当事人信息状态、可供选择的降低交易风险的模式以及对价。概言之,规则应当符合效率标准。效率标准是合同法任意性规范设计的最重要标准,同时也是检验可预见性规则法定化正当与否的标杆。

就航空旅客运输合同而言,《运输规则》第36条规定,承运人承运的行李,按照运输责任分为托运行李、自理行李和随身携带物品。重要文件和资料、外交信袋、证券、汇票、贵重物品、易碎易腐物品,以及其他需要专人照管的物品,不得夹入行李内托运。承运人对托运行李内夹带上述物品的遗失或损坏,按一般托运行李承担赔偿责任。第43条规定,旅客的托运行李,每公斤价值超过人民币50元时,可办理行李的声明价值。托运行李的声明价值不能超过行李本身的实际价值。每位旅客的行李声明价值最高限额为8 000元。如承运人对声明价值有异议而旅客又拒绝接受检查时,承运人有权拒绝收运。在这里,核心问题在于,该《运输规则》是作为合同的强制性规定或任意性规定订入合同?《运输规则》自身是否合法?而且《国内航空运输承运人赔偿责任限额规定》第3条第3项规定:"对旅客托运的行李和对运输的货物的赔偿责任限额,为每公斤人民币100元。"《国内航空运输承运人赔偿责任限额规定》是《民用航空法》第120条的具体化。《运输规则》是中国民用航空总局通过实施的。中国民用航空局是国务院部委管理的国家局,并非国务院组织部门,也非国务院直属特设机构、国务院直属机构、国务院办事机构,因此其所颁布的规则不能作为部门规章,更非法律、行政法规。然而《国内航空运输承运人赔偿责任限额规定》则是经过法律授权制定且经过国务院的批准,相当于行政法规的效力。

　　根据《合同法》第52条第5项规定,判断合同效力的依据只能是法律、行政法规中的强制性规定,而且根据《合同法司法解释(二)》第14条的规定,强制性规定只能限缩为效力性强制性规定。因此,我们不能根据这一规定直接判断该规定作为合同效力判断的标准。笔者认为,对此应当做出如下区分,免责条款与合同无效判断的依据问题。然而,根据《国内航空运输承运人赔偿责任限额规定》确定该行为的效力则毫无问题。合同无效的判断当然地适用于合同免责条款无效的判断,而免责条款的判断则不局限于合同无效的理由。因此,我们不能将两者完全等同。判断免责条款的一个根本正当性是,其是否为合理的商业经营所必需。概言之,《运输规则》以及《国内航空运输承运人赔偿责任限额规定》自身的规定是否科学、合理暂时不论,但是在现行法没有改变之前,上述规定应当予以适用。

参考文献

1. 杨良宜:《损失赔偿与救济》,法律出版社2013年版。
2. 孙良国:《可预见规则的现代难题》,载《西南大学学报(社会科学版)》2012年第6期。
3. 叶金强:《可预见性之判断标准的具体化——〈合同法〉第113条第1款但书之解释路径》,载《法律科学(西北政法大学学报)》2013年第3期。

作者:吉林大学法学院教授　孙良国

62. 约定违约金过高标准的调整界限
——长春市四通水泥有限公司与吉林省翔云混凝土有限公司买卖合同纠纷案[①]

【事实概要】

　　四通公司与翔云公司存在水泥购销关系。翔云公司以出具《借款单》作为欠付货款凭证的方式,向四通公司出具欠款凭证22张,合计金额1 550万元。后翔云公司偿还部分款项,并于2015年1月5日出具《还款协议》,确认翔云公司尚欠四通公司货款15 244 230.5元,并承诺还款期限为2015年1月31日前,逾期未还款承担欠款额30%的违约金。协议签订后,翔云公司支付四通公司250万元,余款未付。

【判决要旨】

1. 一审判决

　　一审法院认为,翔云公司应向四通公司支付的欠款数额为12 744 230.5元。关于翔云公司应支付四通公司违约金计算标准的问题,双方虽然在还款协议中约定了逾期付款违约金的计

[①] 吉林省长春市中级人民法院(2015)长民四初字第183号民事判决书;吉林省高级人民法院(2016)吉民终3号民事判决书。

算标准为欠款额的30%,依据《合同法》第114条规定,翔云公司应承担的违约金数额不应过分高于四通公司受到的实际损失。现四通公司就因翔云公司未按期付款给其造成的损失,并未能提供相应证据,故该院认定四通公司的损失为其利息损失。根据《合同法司法解释(二)》第29条,该院将双方的违约金计算标准调整为以未付款为本金,以中国人民银行同期同类贷款基准利率上浮30%为标准计算违约金。《还款协议》中,翔云公司承诺的还款期限为2015年1月31日,故其应当自2015年2月1日起支付逾期付款违约金,至欠款实际给付之日。

2. 二审判决

二审法院认为,第一,根据《买卖合同司法解释》第24条第4款的规定,原审法院在当事人对违约金有约定的情况下,却参照银行同类贷款逾期罚息作为实际损失,将违约金计算标准减少为以未付款为本金,以中国人民银行同期同类贷款基准利率上浮30%为标准计算违约金明显不当,本院予以纠正。第二,《合同法》第114条以及《合同法司法解释(二)》第29条的规定,解决的是认定违约金是否过高的标准,不是人民法院适当减少违约金的标准。翔云公司单方出具《还款协议》,并承诺还款期限为2015年1月31日前,逾期未还款承担欠款额30%的违约金。四通公司因翔云公司逾期付款造成的损失并不以利息损失为限,况且翔云公司在出具承诺书时,就应当预见到违约的后果,其逾期付款,应当承担此后果。但是,违约金如何调整,仍需以逾期付款损失为衡量依据。在不能证明逾期付款损失的情况下,其损失乃为守约方实际占有和使用该笔资金的融资收益。《民间借贷司法解释》第26条第1款规定:"借贷双方约定的利率未超过年利率24%,出借人请求借款人按照约定的利率支付利息的,人民法院应予以支持。"可见,法律和社会普遍认可的资金占有和使用融资收益的最高限额为所占资金年利率24%的利息。因此,如约定逾期违约金超过所占资金年利率24%利息的,属于约定过高,应予调整。再结合本案翔云公司的违约期限、四通公司在逾期付款过程中不存在过错以及预期利益等情况,并参照《民间借贷司法解释》第26条第1款关于年利率24%的规定,根据公平原则将违约金适当减少为以未付款为本金,以年利率24%为标准计算违约金较为合理,法院据此予以调整。

【解　析】

一、评析要点

约定违约金过高的调整标准。

二、学理评析

1. 违约金过高调整的复杂性

本案的主要争议是,约定违约金过高的调整界限。违约金约定过高的调整问题是违约金的核心问题。我国的学者投入大量学术精力研究理论性的规范问题,也更多地总结、洞察司法实践的运作及其背后的规律;我国的一线法官也在无限复杂的案件中进行了积极努力的探索。然而,目前并没有一个清晰的标准可兹参照。本案即是我国一线法官所做的积极探索,而且该种做法也具有一定甚或相当的普遍性。如前所述,违约金具有丰富的功能,如促进合同履行或预估违约责任、增加确定性、简化或消除复杂的证明责任、避免法院诉讼或仲裁、降低交易成本等。实际上,在格式合同案件中,法院会更热衷于宣告约定违约金条款作为格式条款而无效。我国《合同法》《合同法司法解释(二)》以及司法实践也采取了相同政策。在规范意义上,约定违约金不应只是强调补偿性抑或惩罚性,其在不同案件中表现形式不同,只要不构成显失公平,都应当受到尊重。

2. 违约金过高调整的依据

法律为什么对约定违约金过高情有独钟呢?其内在的根据可能有以下几点:一是保护当事人的合同自由。合同是当事人意思自由的工具。当事人自愿受合同约束并无争议,但其不能成为一方奴役或压制对方的工具,大陆法系和普通法系国家的合同法都体现了此种观念。过高的金钱负担往往会束缚一方当事人的未来财富,限制其更高程度的自由,不符合比例原则。二是实现当事人之间的公平。法律注重公平价值与简单的家长主义不同,其必须以合同自由为前提。但是在诸如消费者合同中,当事人协商能力之间存在结构性的不平等,消费者往往没有实质意义的有效选择,其极有可能受制于生产者和经营者优越的支配力。此时,约定违约金条款并非完全等同于当事人自愿承担的风险分配,无法实现合同法所追求的公平价值目标。三是保护弱势缔约方。交易形式从个别交易过渡到大规模交易。当事人的谈判能力也发生了结构性分化。弱势谈判方基本上都会"理性地"忽视很多内容,尤其是合同救济的内容。面对格式合同时,消费者等往往"要么签字,要么走开"。事实上,他们试图进行的改变只会使他们丧失此次交易机会,更为糟糕的是,消费者在与其他人进行类似交易时也会遭遇相同难题。另外,当事人之间结构性信息不对称也使消费者不能理解、消化、应对复杂的专业术语等信息,经营者也很难或不能按照法律所设计的理想目的来实现有效的信息披露。

3. 违约金过高调整的标准

当然上述分析只是初步解释了为什么要调整违约金约定过高的背后理由与根据,单纯以"赔偿的补偿性"作为根据远不充分。违约金的担保功能应当予以重新认识,一个有效的建议是,在违约金问题上应当充分考虑民事法律关系与商事法律关系之间的差异。在商人之间,出于其对于风险的预见能力和掌握能力,以及谈判地位的相对均衡性,可以更多地给予固有意义的违约金甚至惩罚性违约金以生存空间(罗昆,121—125页)。然而什么是调整的具体标准呢?这可能有两个不同的思路,这两个思路在一审判决和二审判决中体现不同。一审判决认为,违约金过高的调整标准是实际损失的1.3倍。《合同法司法解释(二)》第29条规定,"当事人主张约定的违约金过高请求予以适当减少的,人民法院应当以实际损失为基础,兼顾合同的履行情况、当事人的过错程度以及预期利益等综合因素,根据公平原则和诚实信用原则予以衡量,并作出裁决。当事人约定的违约金超过造成损失的百分之三十的,一般可以认定为合同法第一百一十四条第二款规定的'过分高于造成的损失'"。尽管法官在实际损失的1—1.3倍之间都可以自由裁量,然而法院大都选择1.3倍作为调整的界限。然而,在金钱债务中如何计算实际损失呢?这又是一个比较棘手的问题。

金钱债务的实际损失一般参照商业银行同期贷款利率来作为标准计算。然而根据二审法院的意见,上述规定必须劣后于《买卖合同司法解释》第24条第4款的适用。该条规定,"买卖合同没有约定逾期付款违约金或者该违约金的计算方法,出卖人以买受人违约为由主张赔偿逾期付款损失的,人民法院可以中国人民银行同期同类人民币贷款基准利率为基础,参照逾期罚息利率标准计算。"此外,在金钱债务中还有一种做法就是参照《民间借贷司法解释》第 26 条第 1 款关于年利率 24%的规定。法院之所以能够参照此种规定,可能是其认为:一是因为该标准有现行司法解释可兹参照,而且该参照有其正当性,即它们都是金钱债务;二是目前该解释合乎大众的朴素正义观;三是该标准可能也比较能够尽可能地尊重商业利益,具有更高的商事合理性。这些背后理由的表达原则被浓缩为"公平原则"。总之,在现有法律规范约束条件下,判决的如下做法在结果上是妥当的,即根据公平原则将违约金适当减少为以未付款为本金,以年利率 24%为标准计算违约金较为合理,本院据此予以调整。

一审法院和二审法院的做法都有其合理性,然而,在当事人没有证明其实际损失为年利率 24%的情况下就进行了损失推定,这是值得商榷的。从作者目前的立场看,二审法院认定的损失过高,未必符合目前法律规范背后的深层的公平思想,而一审法院的做法整体更值得赞同。同时,笔者认为,该案的举证责任配置上也有值得改进之处,即守约方似乎也应当证明其损失高于同期银行贷款利率。

参考文献

1. 罗昆:《我国违约金司法酌减的限制与排除》,载《法律科学》2016 年第 2 期。
2. 姚明斌:《违约金双重功能论》,载《清华法学》2016 年第 5 期。
3. 韩强:《违约金担保功能的异化与回归——以对违约金类型的考察为中心》,载《法学研究》2015 年第 3 期。
4. 孙良国、燕艳:《功能视野下约定违约金过高调整 1.3 倍规则的反思和改进——兼评〈合同法司法解释〉(二)第 29 条》,载《社会科学研究》2018 年第 6 期。

作者:吉林大学法学院教授　孙良国

63. 不利解释的适用
——中国人民财产保险股份有限公司榆林市分公司与榆林双利安顺汽车运输有限公司保险合同纠纷案[①]

【事实概要】

2016 年 5 月 8 日,原告榆林双利安顺汽车运输有限公司将其所有的陕 k×、陕 k××(挂)重型半挂车在被告中国人民财产保险股份有限公司榆林分公司投保机动车交通事故责任强制保险及机动车商业保险、不计免赔险等险种,其中机动车商业保险中机动车损失险的保险限额为 28 万元、车上人员责任险(司机、乘客)的保险限额分别为 20 万元/座,保险期间自 2016 年 5 月 9 日零时起至 2017 年 5 月 8 日 24 时止。2017 年 2 月 16 日 11 时 25 分许,王平驾驶陕 k×、

---

① 陕西省榆林市榆阳区人民法院(2017)陕 0802 民初 8098 号民事判决书;陕西省榆林市中级人民法院(2018)陕 08 民终 1341 号民事判决书。

陕 k××(挂)重型半挂车沿汾介线由北向南行驶至金州化工自备线丁字路口时碰撞前方等候红灯的王镇驾驶的冀 g×、冀×(挂)重型半挂牵引车尾部,致陕 k×、陕 k××(挂)重型半挂车驾驶员王平以及车上乘员王彩云受伤,两车受损。山西省孝义市公安局交通警察大队作出孝公交认字(2017)第 172090 号道路交通事故认定书,认定王平负此次事故的全部责任,王镇、王彩云无责任。事故发生后,王平、王彩云被送往山西省吕梁市人民医院救治,其中王平支出门诊医疗费 3 443.3 元;王彩云住院治疗医疗费共计 16 900.93 元。2017 年 3 月 18 日,原告榆林双利安顺汽车运输有限公司与王平、王彩云达成赔偿协议,保险公司拒赔由榆林双利安顺汽车运输有限公司赔偿王平医疗费以及王彩云医疗费等共计人民币 25 653.13 元。

【判决要旨】

1. 一审判决

一审法院认为,原告与被告签订的保险合同为有效合同。被告抗辩原告驾驶员王平在实习期内驾驶半挂牵引车发生交通事故,不应由被告承担赔偿责任的理由,因被告无证据证明就该格式合同已经向原告尽到提示和说明义务,故本院依法不予采纳。本案中,原告投保的车辆发生交通事故,致原告驾驶员王平及车上乘员王彩云受伤,被告应当在车上人员责任险的限额范围内赔偿王平医疗费 3 443.3 元;王彩云医疗费、误工费、护理费、住院伙食补助费,共计 24 790.23 元。原告投保的车辆因此次交通事故受损,经评估鉴定车辆损失金额为 204 403 元以及鉴定费 5 110 元,共计 209 513 元,为原告实际损失且在双方约定的机动车损失险保险限额范围内,被告理应在机动车损失险保险限额范围赔偿原告该项损失。

2. 二审判决

二审法院认为,本案争议的焦点问题为:上诉人以增驾实习期驾驶挂车要求免责的请求是否应当支持。首先,关于实习期的理解。根据《道路交通安全法实施条例》第 22 条的规定,机动车驾驶人初次申领机动车驾驶证后的 12 个月为实习期……机动车驾驶人在实习期内不得驾驶公共汽车等,驾驶的机动车不得牵引挂车。实习期明确规定为驾驶人初次申领机动车驾驶证后的 12 个月,本案中驾驶员王平于 2009 年 11 月 2 日初次申领驾驶证,2016 年 4 月 26 日增驾 A2 车型,增驾实习期至 2017 年 4 月 26 日。该增驾实习期并非初次申领驾驶证实习期,不属于《道路交通安全法实施条例》第 22 条的禁止性规定。上诉人主张驾驶员在增驾实习期内驾驶牵引挂车系法律、行政法规的禁止性规定的主张,本院不予支持。

其次,关于上诉人以驾驶员增驾实习期驾驶挂车要求免责是否应予支持?上诉人以其与被上诉人签订的《商业险保险合同》中第 24 条第 2 款第 5 项"实习期内驾驶公共汽车、营运客车或者执行任务的警车、载有危险物品的机动车或牵引挂车的机动车"作为理由,要求免除赔偿责任。本院认为,该上诉请求不能予以支持,第一,根据《合同法》第 41 条"对格式条款的理解发生争议的,应当按照通常理解予以解释。对格式条款有两种以上解释的,应当作出不利于提供格式条款一方的解释"的规定,该保险条款没有明确"初次申领驾驶证的实习期"还是"增驾实习期",没有明确牵引挂车是"全挂车"还是"半挂车"。保险合同系格式合同,上诉人作为提供方,应当对其作出不利解释。第二,根据《保险法》第 17 条,上诉人不能提交证据证明其就该免责条款向投保人作出明确说明,故该免责条款不产生效力。

【解　　析】

一、评析要点

不利解释的适用条件。

二、学理评析

1. 不利解释的规范基础

《合同法》第 41 条规定："对格式条款的理解发生争议的，应当按照通常理解予以解释。对格式条款有两种以上解释的，应当作出不利于提供格式条款一方的解释……"《保险法》第 30 条规定："采用保险人提供的格式条款订立的保险合同，保险人与投保人、被保险人或者受益人对合同条款有争议的，应当按照通常理解予以解释。对合同条款有两种以上解释的，人民法院或者仲裁机构应当作有利于被保险人和受益人的解释。"《合同法》第 41 条规定的是格式条款的不利解释，《保险法》第 30 条规定的是保险合同条款的不利解释。当然，对起草者不利解释的原则主要适用于格式条款，当然也适用于非格式条款（王利明，472 页）。

2. 保险合同中不利解释的适用

本案涉及最典型的保险合同格式条款中不利解释原则的适用。笔者分以下几个方面进行分析。

第一，格式条款不利解释的前提条件是格式条款已经成为合同的组成部分。格式条款成为合同的组成部分的前提是合同有效。一审法院将判决内容集中论证保险合同的有效性，而且认为原告应当按照合同履行义务，然而其并没有就保险公司的争议问题进行准确的分析、裁判推理和定性。

第二，格式条款不利解释的具体适用条件。保险合同解释的理论逻辑远比想象中要复杂一些，有学者认为，"确定居于被保险人地位的理性第三人对诉争条款的理解是保险合同解释的基本方法，对之通常应先作文本解释，次之为语境解释。若仍然存疑，则适用不利解释规则。在适用不利解释规则时，保险人对存在条款歧义的主观过错无须关注，但被保险人对承保范围的信赖程度却是需要考量的要素。而结果的矫正主要是通过合理期待原则与给付均衡原则完成的"（王利明，472 页）。就本案而言，格式条款的理解发生争议的，对该条款的解释必须适用《合同法》第 125 条关于合同解释的规定。在符合条件时，本条关于不利解释的规定是要优先适用的。在提供格式条款的对方谈判能力比较弱时，应当按照可能订立该合同的一般人的理解予以解释，这对保护采用格式条款订立的自然人和小企业比较有利，具有正当性，能够实现更深层次的公平性。不利解释的适用条件：格式条款有两种以上解释，而且这两种解释也都属于条款语义射程范围内，即具有一定的合理性。超越文义范围的解释不在合理的解释范围内。二审法院对"实习期"的解释就符合语义射程而且该解释有法定依据。《商业险保险合同》第 24 条第 2 款第 5 项"实习期内驾驶公共汽车、营运客车或者执行任务的警车、载有危险物品的机动车或牵引挂车的机动车"中的"实习期"，可能有两种解释：一是最为常见的实习期，指《道路交通安全法实施条例》第 23 条所规定的机动车驾驶人初次申领机动车驾驶证后的 12 个月；二是增驾实习期，指王平 2016 年 4 月 26 日增驾 A2 车型，增驾实习期至 2017 年 4 月 26 日。如何理解这里的"实习期"呢？如何判断哪个实习期更合理呢？这首先取决于法律的规定，除非当事人明确排除适用，法律的规定应当是当事人的推定意图和意思。《道路交通安全法实施条例》第 22 条只是规定了初次申领机动车驾驶证后的 12 个月的实习期。同理，挂车有两种类型，一种是全挂车一种是半挂车。二审法院认为，该保险条款，没有明确"初次申领驾驶证的实习期"，还是"增驾实习期"，没有明确牵引挂车是"全挂车"还是"半挂车"。保险合同系格式合同，上诉人作为提供方，应当对其作出不利解释。笔者认为，该裁判结论正确，但是格式合同自身不足以正当化不利解释，只有在格式条款作出两种及以上合理解释时，法律才能够适用不利解释。

该判决为了强化不利解释适用的正当性进行了增强性的说理，即基于《保险法》第 17 条的规定，上诉人不能提交证据证明其就该免责条款向投保人作出明确说明，该免责条款不产生效力。这一补充解释究竟是补充了解释还是破坏了不利解释是值得思考的。而且，我们也必须警惕两个问题：一是，"保险不利解释原则在实践中面临滥用、误用、漏用之乱象，导致维护保险产品技术品性与保护弱者平衡矛盾的特别功能被忽略"。二是，"不利解释不仅适用于单方起草合同某些条款或整个合同的当事人，而且适用于使用第三人（尤其是行业协会）预先拟定的合同条款的当事人"。（朱广新，792 页）

参考文献

1. 王利明：《合同法研究》（第三版）（第一卷），中国人民大学出版社 2015 年版。
2. 朱广新：《合同法总则研究》（下册），中国人民大学出版社 2018 年版。

作者：吉林大学法学院教授　孙良国

64. 文义解释是合同解释的根本方法
——中国农业发展银行乾安县支行与江苏索普（集团）有限公司、上海儒仕实业有限公司保证合同纠纷案①

【事实概要】

2011 年 6 月 28 日，松原天安生物制品有限公司（以下简称"天安公司"）为归还原所欠中国农业银行乾安县支行贷款，以借新还旧方式与乾安县支行签订本案《流动资金借款合同》，约定天安公司向乾安县支行借款 17 670.7 万元人民币，用于偿还天安公司原所欠债务，借款期限自 2011 年 6 月 28 日起至 2019 年 6 月 26 日止。同日，乾安县支行与天安公司还签订了三份贷款重组合同，重组贷款金额分别为 2 000 万元、8 000 万元、3 000 万元。同日，乾安县支行与索普公司、儒仕公司以及吉林省酒精工业有限公司签订《保证合同》，约定索普公司、儒仕公司、吉林省酒精工业有限公司为本案借款合同以及另案 3 000 万元借款总计 20 670.7 万元的借款提供连带责任保证。《保证合同》第 6.14 条约定，当债务人未履行债务时，无论债权人对主合同

---

① 吉林省高级人民法院（2015）吉民二初字第 9 号民事判决书；最高人民法院（2016）最高法民终 40 号民事判决书。

项下的债权是否拥有其他担保,债权人均有权直接要求保证人承担保证责任。同日,乾安县支行还与债务人天安公司签订《最高额抵押合同》,担保最高债权本金金额为19 840万元;与第三人吉林松原吉安生化丁醇有限公司(以下简称"丁醇公司")签订《最高额抵押合同》,担保最高债权本金金额为3000万元。《最高额抵押合同》第11.7条规定:"当债务人未履行债务时,无论抵押权人对所担保的主合同项下的债权是否拥有其他担保,抵押权人均有权直接要求抵押人在其担保范围内承担担保责任。"以上合同签订后,对于本案新借贷款天安公司除偿还241万元外,其余均未偿还。2015年2月,乾安县支行向吉林省高级人民法院提起本案诉讼,请求索普公司、儒仕公司共同连带承担保证责任,向乾安县支行偿还天安公司所欠借款本金17 429.7万元。

【判决要旨】

1. 一审判决

本案乾安县支行有权宣布借款提前到期,索普公司、儒仕公司应当承担保证责任,且对索普公司、儒仕公司关于应在其他保证和抵押担保范围内免除保证责任的主张不予支持,据此判决索普公司、儒仕公司共同连带偿还乾安县支行借款本金17 429.7万元及利息、罚息和复利,并连带给付乾安县支行本案律师代理费54万元等。索普公司、儒仕公司不服,向最高人民法院提出上诉。

2. 二审判决

根据对《物权法》第176条规定所作理解,结合对本案《保证合同》以及两份《最高额抵押合同》相关条款的审查,在本案被担保债权既有物的担保又有人的担保,且物的担保既有债务人提供、也有第三人丁醇公司提供时,乾安支行无疑应当先依照两份《最高额抵押合同》中关于实现担保物权的明确约定,先行向债务人天安公司以及第三人丁醇公司主张实现其债权,而不应当依照本案《保证合同》的约定实现其债权。乾安县支行知道本案主债权不仅附着债务人天安公司的物保而且亦附着第三人丁醇公司的物保,亦应当知道关于实现担保物权的约定应为明确,但其发起本案诉讼之时,却不起诉、不追加天安公司与丁醇公司;尤其是,乾安县支行另案起诉债务人天安公司主张1亿元债权过程中,未经保证人索普公司、儒仕公司书面同意却一致变更放弃本案债权原所附着的债务人天安公司的最高额抵押担保;而且,乾安县支行放弃第三人丁醇公司的最高额抵押担保,也违背其与丁醇公司物保合同关于实现抵押权的明确约定,更违背了其为获此抵押向保证人所作的特殊承诺。故索普公司、儒仕公司主张免于承担本案保证责任的上诉请求,有事实与法律依据,应予支持。

【解　　析】

一、评析要点

文义解释的适用。

二、学理评析

本案的争议点是索普公司、儒仕公司是否能够主张免于承担本案保证责任。由于本案相当复杂,我们只是从判决所涉及法律问题进行分析。

1. 文义解释的基础地位

笔者认为,最高人民法院对《保证合同》第 6.14 条和《最高额抵押合同》第 11.7 条的理解是值得商榷甚或是错误的。

《合同法》第 125 条第 1 款规定:"当事人对合同条款的理解有争议的,应当按照合同所使用的词句、合同的有关条款、合同的目的、交易习惯以及诚实信用原则,确定该条款的真实意思。"权威解释认为,合同的条款由语言文字构成。解释合同必须先从词句的含义入手。一些词句在不同的场合可能表达出不同的含义,所以应当探究当事人订立合同时的真实意思(胡康生,217 页)。这是合同解释的最根本的方法。只有以这种方法为基础才能使合同交易秩序具有稳定性和可预期性。不仅仅如此,此种文义解释还必须首先体现为按照通常的理解进行解释,此种解释也称为"避免荒谬解释"(王利明,458 页)。

2. 文义解释不需要以法律条文的理解为前提

作为上述理解的一部分,必须反对一种做法,即合同条款的解释必须是根据相关的法律规定作出。判决书直言:"根据以上对《物权法》第 176 条规定所作理解,结合对本案《保证合同》以及两份《最高额抵押合同》相关条款的审查……"按照某个法律条文的意思去解释合同条款自身就是错误的。因为合同解释自身具有独立性,其不能依据一个相关法律条文的意思去设定合同条文解释的前提。一个基本的事实是当事人订立合同往往不会以某个法律条文作为基础,更不会以某个被错误解读的法律条文为基础。法院认为:"本案《保证合同》的前述约定,仅仅是关于实现保证债权而非实现担保物权的约定,而且本案《保证合同》的前述条款也并没有明确涉及实现担保物权的内容,不能得出已就担保物权的实现顺序与方式等作出了明确约定,故不能将本案《保证合同》中的以上约定即理解为《物权法》第 176 条规定的"当事人约定的实现担保物权的情形"。而对《最高额抵押合同》第 11.7 条的解释是:"两份《最高额抵押合同》第 11.7 条所作的相同约定,却显然是关于实现担保物权所作的约定,是关于抵押权人直接要求抵押人在其物保范围内承担物保责任的约定,无疑属于就实现担保物权所作的明确约定,这与乾安支行及一审判决关于《保证合同》第 6.14 条的理解逻辑实质上并无不同。"换言之,其认为保证合同的上述条款是对实现保证债权的约定,没有涉及其他担保物权;而最高额抵押合同自身则是实现担保物权所做的约定,属于就实现担保物权所作的明确约定,绝对不能将《保证合同》第 6.14 条的规定理解为《物权法》第 176 条规定的"当事人约定的实现担保物权的情形"。不仅如此,最高人民法院还认为,《最高额抵押合同》第 11.7 条所作的约定,是关于抵押权人直接要求抵押人在其物保范围内承担物保责任的约定,无疑属于就实现担保物权所做的明确约定。由此一个必然的演绎结果就是:债权人即应当按照该约定实现债权。即本案乾安支行应当按照其与债务人天安公司以及第三人丁醇公司的明确约定,不仅应当先就债务人天安公司的物保实现其债权,而且也应当先就第三人丁醇公司的物保实现其债权。

3. 文义解释的运用

文义解释是合同解释的根本方法,意味着:首先,按照通常意思理解《保证合同》第 6.14 条、《最高额抵押合同》第 11.7 条。《保证合同》第 6.14 条规定:当债务人未履行债务时,无论债权人对主合同项下的债权是否拥有其他担保,债权人均有权直接要求保证人承担保证责任。对此分为正反两个方面进行分析,从正向的文义解释看,"担保"与"保证"显然是不同的法律概念。担保包括物的担保和人的担保,前者主要包括担保物权,后者主要是指保证。在没有其他更为强烈的客观证据来推翻上述文义解释时,当然不能将这里的担保置换为"物的担保"。从意图表达来看以及法律人理性经验来看,如果保证合同的当事人仅仅将保证包括在内,其当然会将"担保"替换为"保证",或者更准确地说是"其他保证人"。上述论证同样适用于对《最高额抵押合同》第11.7条的规定。因此,判决书对上述合同条款的解释是关于实现保证债权而非实现担保物权的约定。基于以上解释方法,《保证合同》第6.14条、《最高额抵押合同》第11.7条只能解释为被保证人、抵押权人为了确立自己的权利实现而对于其他担保的关系所做的约定。由于在合同条款的解释上是错误的,其后面所得出的结论,如"两份《最高额抵押合同》项下对于实现担保物权已经做出的明确约定",也就是无泉之水、无本之木了。同样,判决书还以其错误的立场判断对一审判决书的裁判进行了评价:"一审判决对于《物权法》第176条规定的精神理解显然片面,在得出本案0022号《流动资金借款合同》同时附着两份《最高额抵押合同》以及本案《保证合同》的正确判断下,却又仅仅审查本案《保证合同》项下关于实现保证债权的约定,不去审查两份《最高额抵押合同》项下对于实现担保物权已经作出的明确约定,明显不妥。"当然,需要肯定的是,法院要求审查《担保合同》以及《最高额抵押合同》两份合同的规定是正确的,尽管其对《最高额抵押合同》中相关条款的解释是错误的。附带的是,最高人民法院并没有特别从整体上进行解释,因为法院应当从《最高额抵押合同》第11.7条以及《保证合同》第6.14条的文义以及相互之间的整体看,两者都以相同条款明确表达了同一个意思,最高额抵押合同第11.7条以及《保证合同》第6.14条确实处理了抵押权或者承担保证责任与其他形式的担保的关系问题。

其次,如何确定《保证合同》第6.14条、《最高额抵押合同》第11.7条中"权利"的意思。"如果词句是专业用语,就应当按照专业上的特殊含义来理解。"(王利明,459页)《保证合同》第6.14条、《最高额抵押合同》第11.7条均规定了"债权人均有权直接要求保证人承担保证责任""抵押权人均有权直接要求抵押人在其担保范围内承担担保责任"。权利就是一种可能性和选择。权利的行使方式有两种,一种是积极行使,一种是消极行使,即不行使。

再次,文义解释与商事合理性。索普公司、儒仕公司等均是典型的商事主体,在订立《保证合同》《最高额抵押合同》时应当知道"担保"和"保证"的区别,也应当知道"权利就是选择"的意义。权利即是一种选择,而权利滥用则是判决书对乾安支行行为的评价,事实上权利滥用必须是权利逾越了其内在界限,丧失了经济正当性和可能。然而,如果当事人已经约定了权利,当事人承担保证责任也是应有之意或者其应尽的义务,其并不会因为权利人刻意选择不行使抵押权而免除自己的权利。以自己的"道德判断"取代法律判断的做法是本末倒置。

当然,合同解释还涉及极为复杂的理论问题,也涉及诸如印章等具有中国特色的实务问题,细致掌握,殊为不易。

参考文献

1. 王利明:《合同法研究》(第三版)(第一卷),中国人民大学出版社2015年版。
2. 胡康生主编、全国人大常委会法制工作委员会编:《中华人民共和国合同法释义》(第三版),法律出版社2013年版。

作者:吉林大学法学院教授　孙良国

65. 买卖合同中的风险负担规则适用的前提与内容
——贵州榕仕康电线电缆有限公司与肖困买卖合同纠纷案①

【事实概要】

2015年1月19日,原告与被告武祥礼签订《定货协议》一份,载明:经双方友好协商,订购PPR水管4000米(58.9元/米)价值235 600元,水泵一套价值14 500元,两项合计总价为250 100元;指定收货人肖困;付款方式为先付订金2万元、余款230 100元于2015年2月10日前全部结清,如不结清按日3‰收取违约金。该协议落款处"供货方(甲方)"为舒腾海签字并加盖榕仕康公司公章,"欠款人"为武祥礼签字。2015年1月22日,原告第一次向被告提供价值23 308元的货物;同日,肖困在该产品清单上签字确认"货已收到"。2015年1月25日,原告第二次向被告供货,供货金额为151 102元。但此次供货中,因送货驾驶员毛长青操作不当导致车辆侧翻到道路下坎,造成毛长青及乘车人王定海、蒙兴文受伤。同日,凯里市公安局交警大队出具《道路交通事故认定书》一份,认定该事故系由驾驶员毛长青操作不当造成,毛长青承担此次事故的全部责任。2015年10月18日,被告肖困在该产品销货清单上签字确认"已实际清点接收货物为准"。

【判决要旨】

1. 一审判决

本案的争议焦点在于:原告向被告供货的实际数量及总货款的确认。现双方争议在于第二次供货价值151 102元货物是否交付或是因交通事故毁损。该院认为,因双方在庭审中均未举证证实该货物的交易惯例、交付约定、履行方式、接收情况和毁损情况,故双方均应共同承担货物交付中的风险;而在第二次货物交付中运输车辆翻下路坎,货物确实可能存在部分损坏的情况,双方均应及时沟通并及时清点货物情况,但均未及时沟通并清点货物;结合2015年10月18日被告肖困在第二次产品销货清单上签字确认"已实际清点接收货物为准"可以判断,被告对第二次供货中的部分货物已存在接收事实但对实际接收数量尚未与原告达成最终确认意见;且从原告提供的该交通事故现场照片来看,事故现场确系在被告安装工地附近,在经法庭释明后双方亦未申请水管数量鉴定的前提下,为减少诉累,该院本着公平与诚实信用原则,对第二次供货数量认定各自承担50%的责任与风险,即各自承担75 551元的责任。

2. 二审判决

关于风险由谁承担的问题,第一,《定货协议》未对货物的交货地点进行约定,庭审中双方对货物的交货地点也不能协商确定,且双方均未举证证明关于货物交货地点的惯例;第二,2015年10月18日,肖困在第二次供货的产品销售清单上签字"已实际清点接收货物为准"。

---

① 贵州省贵阳市云岩区人民法院(2017)黔0103民初1551号民事判决书;贵州省贵阳市中级人民法院(2017)黔01民终3082号民事判决书。

可见肖困对第二次榕仕康公司已供货无异议,从而证实榕仕康公司已将货物交给承运人以运交给学云重晶石矿公司,且学云重晶石矿公司对承运人的运输费用由其负担不持异议。综上,根据《合同法》第141条第2款第1项"出卖人应当按照约定的地点交付标的物。当事人没有约定交付地点或者约定不明确,依照本法第六十一条的规定仍不能确定的,适用下列规定:(一)标的物需要运输的,出卖人应当将标的物交付给第一承运人以运交给买受人的",以及第145条"当事人没有约定交付地点或者约定不明确,依照本法第一百四十一条第二款第一项的规定标的物需要运输的,出卖人将标的物交付给第一承运人后,标的物毁损、灭失的风险由买受人承担"之规定,当上诉人榕仕康公司将货物交付给第一承运人后,货物毁损、灭失的风险应由学云重晶石矿公司及肖困负担。一审以"因双方在庭审中均未举证证实该货物的交易惯例、交付约定、履行方式、接收情况和毁损情况,故双方均应共同承担货物交付中的风险及公平原则"来判定对第二次供货数量认定各自承担50%的责任与风险,属适用法律错误。该认定不妥,故二审法院予以改判。

【解　析】

一、评析要点

风险负担转移规则适用的前提与内容。

二、学理评析

本案的核心争议点是如何理解风险负担规则适用的前提与内容。

现代的交易方式已经摆脱了简单原始的以物易物的时代。在以物易物的时代,风险负担规则是没有意义的。因为合同的订立和履行或者交付几乎是同时的。然而现代的远距离交易则往往需要诸多中间环节来实现,尤其是运输环节必不可少。卖方丧失占有和买方获得占有时间上的分离促生了风险负担规则的诞生。风险负担规则是指不可归责于当事人的原因而产生的损失由谁承担的问题。这一规则与双方当事人利益攸关。风险负担不仅仅需要在其他类型的合同中得到更为系统完整的规定,如租赁合同、技术合同、承揽合同等,而且随着网上交易的发展,既有风险负担规则的适用也出现了新的难题。本案提出了风险负担规则的两个核心问题:适用前提与具体内容。

1. 适用的前提

风险负担规则适用的前提是当事人对交付地点没有约定或者约定不明确且不能依照任意性规范确定。《合同法》第141条第2款前段规定:"当事人没有约定交付地点或者约定不明确,依照本法第六十一条的规定仍不能确定的"。这一内容往往被忽视。当事人自治的逻辑是当事人有权对一切事物做出自己的安排和分配。在合同法中,体现当事人此种意图的用语是"交付地点"(王轶,64页)。什么是交付地点也需要在不同语境中进行解释。例如在网上购物交易中,买方所填写的收货地址是否是交付地点呢?买方一般认为,其所填写的收货地址是交付地点。然而网络交易中的卖方一般并不如此理解,以亚马逊为例,其在使用条件中明确规定:"货物灭失:所有在本网站订购的实物商品由我们通过承运商进行配送。因此,该商品的所有权及灭失风险自我们将其交付给承运商时转移给您。"此时问题就会转移到类似亚马逊的使用条件是否是格式条款等复杂问题。就本案而言,买卖合同条款较为简单,没有对交付地点进行规定,而且依照《合同法》第61条的规定,当事人没有就交货地点达成补充协议。完全可以理解的是,损失发生后,作为商人其非常清楚补充交付地点对当事人的利害关系,任何明确的补充都可能会损害一方当事人的利益,此时不能达成补充协议是普遍且正常的。在此类买卖合同中,也没有交易习惯补充交付地点。一审法院裁判的错误就在于在没有对风险负担规则适用前提进行论证的情况下,依照其所理解的某种价值判断任意确定风险负担规则。

2. 具体内容

在买卖合同中,根据《合同法》第141条的规定,风险负担规则的具体内容有两条:一条是标的物需要运输的,出卖人应当将标的物交付给第一承运人以运交给买受人;标的物不需要运输,出卖人和买受人订立合同时知道标的物在某一地点的,出卖人应当在该地点交付标的物;不知道标的物在某一地点的,应当在出卖人订立合同时的营业地交付标的物。在本案中,由于涉及货物运输,适用第一点的规定即可。《合同法》第145条适用的基本案型是:买卖合同签订后,出卖人并无义务负责运输送货上门(即赴偿之债),买受人也不愿上门领取(即取偿之债),根据双方约定,出卖人将货物交给运输人以运交买受人。然而有学者认为,根据《合同法》第61、141、145条可以得出,"第一承运人规则"适用前提是寄送买卖,寄送买卖之认定取决于双方对履行地既未约定,通过体系解释、交易习惯也解释不出来。于是,为了实现"将消费品买卖中的在途风险分配给卖方"这一目标,可以认为网购中存在这样一种行业惯例——卖方有义务在买方指定的收货地址交货。当然,这种思路值得商榷,且不说这种惯例是否满足行业惯例的构成要件,而且在适用范围上,为何"卖方有义务在买方指定的收货地址交货"这一惯例是适用于网购中的消费品买卖,而不适用于商事买卖。但是,这本就是为了实现特定目标而做出的一种由果导因的"强行解释",也不必过于苛求。况且,从实践经验来看,消费品买卖中买卖双方都认为卖方有保证买方收到无瑕疵货物的义务,事实上也是这么做的,至少满足了"某一种做法在一个行业中经常得到遵守"这一要件(江海、石冠彬,53页)。笔者认为,这一解释的结果妥当性暂时不论,但是其对由果导因的解释实在不能认同。一种更为合理的解释,就是两个理性的当事人假设同意的结果。概言之,尽管《美国统一商法典》和《联合国国际货物销售合同公约》明确承运人是独立的第三人,但这种商业色彩浓厚的立法,是否完全适用于国内大量的普通民事交往,尚存疑问。在此种普通民事交往中以及真正的电商交易实践中,法院或者法律不应当适用"第一承运人规则",这一规则一般情况下不是任意性规范而是强制性规范。

3. 对一审法院裁判的补充评论

作为必要的补充,《合同法》第141条的规定成为当事人合同的内容时,法院不能依照自己的理解恣意进行基于简单道德直觉的判断。一审法院就出现此种错误,其裁判认为,为减少诉累,该院本着公平与诚实信用原则,对第二次供货数量认定各自承担50%的责任与风险。事实上,风险负担规则就是由不可归责于双方当事人的原因而产生的损失由一方负担的规则,不存在所谓"各打五十大板"的公平或者诚实信用。当然,当事人可以在法律设定的权利义务基础上进行协商和谈判,实现双方都能同意的结果。

即使适用了风险负担规则,为了实现该种规则的效果,由于不可归责于双方当事人的原因而导致的损失仍然需要证明。此种证明首先也必须遵守当事人的自治和合意。二审裁判认为,肖困在第二次供货的产品销售清单上签字"已实际清点接收货物为准"。由此可见肖困对第二次榕仕康公司已供货无异议,从而证实榕仕康公司已将货物交给承运人以送交给学云重晶石矿公司,且学云重晶石矿公司对承运人的运输费用由其负担不持异议。这一裁判就非常到位,值得点赞。

参考文献

1. 江海、石冠彬:《论买卖合同风险负担规则——〈合同法〉第142条释评》,载《现代法学》2013年第5期。
2. 王轶:《论买卖合同标的物毁损、灭失的风险负担》,载《北京科技大学学报(社会科学版)》1999年第4期。

作者:吉林大学法学院教授　孙良国

66. 违反法律强制性规定的民事法律行为的效力
——信用社与罗某储蓄存款合同纠纷案 [①]

【事实概要】

2000年7月6日,罗某在信用社处存入人民币77 000元,业务存期为8年。存款到期后,2008年10月14日,罗某到信用社办理支取该存款,信用社按8年期储蓄存款利率17.1%将上述存款本息(扣除利息税)支付给罗某,实付利息为86 173.72元。信用社于2008年起诉至广东省梅州市梅江区人民法院,以中国人民银行已于罗某办理存款前取消了8年期存款业务的利率,存款合同按照该存期进行计息违反了《储蓄管理条例》的相关规定,所以该存单无效,又因信用社工作人员错误办理导致罗某多领取利息70 093.59元为由,请求法院判令罗某返还多领取的利息。

【判决要旨】

1. 一审判决

一审法院认为:信用社与罗某的存款合同约定的8年存期违反了国务院发布的《储蓄管理条例》第22条、第23条的规定,因为中国人民银行广东省分行于1996年5月发布的《转发中国人民银行总行关于降低金融机构存、贷款利率的通知》第6条已取消了该种类存款利率。信用社起诉状中计算的利息金额符合了上述规定,应予以认定。但是,双方对于多计付利息事情的发生都存在相应责任,判定信用社应负60%的责任,罗某应负40%的责任,根据责任比例的

[①] 广东省梅州市梅江区人民法院(2008)梅区民初字第543号民事判决书;广东省梅州市中级人民法院(2009)梅中法民二终字第75号民事判决书。

计算,判决罗某应返还利息 28 037.44 元。信用社、罗某均不服一审判决,向广东省梅州市中级人民法院提起上诉。

2. 二审判决

二审法院认为:首先,信用社作为专业的金融机构具有告知储户业务内容的义务,而信用社并未告知罗某 8 年期存款利率已被取消的事实,因此罗某对于利息错误计算的发生不存在责任。其次,既然信用社未告知罗某相关事实,那么在双方对利率发生争议时,应当按照一般社会常识和普遍认知对合同进行解释,而不能以银行内部业务规定进行解释。罗某有理由相信其存款利率为 8 年期存款利率 17.1%,故该案利率应当按照 17.1% 进行计算。所以,信用社以该利率种类已被取消,罗某取得的部分利息属不当得利为由,要求罗某返还利息没有法律依据,不予支持。信用社如认为该案中利率计息违反了金融机构的利率政策,可在对外承担合同义务的同时,对内按相关管理规定自行处理。

【解 析】

一、评析要点

违反涉案合同有关利率的约定是否会导致合同无效。

二、学理评析

1. 规范基础

民事法律行为在成立之后,尚需接受法律的有效性评价,方才能在当事人之间发生效力。根据《民法总则》第 143 条的规定,法律行为的有效要件包括:(1) 行为人具有相应的民事行为能力;(2) 意思表示真实;(3) 不违反法律、行政法规的强制性规定,不违背公序良俗。其基本延续了《民法通则》第 55 条确立的三要件。本案涉及的是涉案合同是否违反了《民法通则》第 55 条第 3 款的规定,在《民法总则》颁布施行后,就是该合同是否违反了《民法总则》第 143 条第 3 款的规定。从条文实质内容来看,二者并无区别,不会带来案件处理上的区别。

2. 有效性要件

《民法总则》第 143 条第 3 款所确立的有效性要件包括两个方面:内容的合法性和社会妥当性。内容合法性是指"不违反法律、行政法规的强制性规定",社会妥当性是指"不违背公序良俗"。本案所涉及的是涉案合同有关利率的约定是否符合内容合法性。首先,只有违反法律、行政法规才可能导致合同无效。这里的法律、行政法规应当理解为全国人大和全国人大常委会制定的法律以及国务院制定的行政法规,违反其他规范性文件不会导致合同的无效。其次,从规范类型上来看,根据《合同法司法解释(二)》第 14 条的规定,这里的强制性规定应当理解为效力性强制性规范,而不包括管理性强制性规范(取缔性规范)。法律规范以拘束力为标准可分为任意规范和强制规范,任意性规范旨在补充当事人的意思自治,可被当事人排除适用,强制性规范代表强制秩序,不可被当事人排除适用(朱庆育,288 页)。管理性强制性规范和效力性强制性规范是强制性规范的进一步分类,违反相应规范产生的法律后果不同。最后,人民法院对于个案仍有一定的解释性权力(中国审判理论研究会民商事专业委员会,274 页)。

3. 强制性规范类型

理解此种规范的难点在于,如何识别管理性规范(取缔性规范)和效力性规范。比较法学说认为,取缔性规范是指法律根据经济政策或行政目的(即取缔目的)所做出的禁止规定。效力性规范是指以"维持公共秩序"为目的的规范(近江幸治,159页)。国内学者认为,效力性强制性规范旨在禁止某类交易行为的发生,以避免损害实质性的公共利益,而管理性的强制性规范旨在禁止以违反法律的方式进行某类交易,以避免危害管理秩序(王轶,62页)。因此,从上述概念区分来看,管理性规范和效力性规范的实质区分在于规范目的的内容,效力性规范旨在维护国家和社会利益,而管理性规范旨在维护特定社会或市场秩序。此外,有学者还提出了更具操作性的形式区分法,即"禁止任何人、在任何时间、在任何地点、以任何方式从事某类交易行为"的规范属于效力性的强制性规范,而"或者禁止特定人,或者禁止在特定时间,或者禁止以特定方式从事某类交易行为"的规范属于管理性的强制性规范(王轶,88页)。

虽然《储蓄管理条例》属于行政法规,但是其关于利率的规定并不属于效力性强制性规范。从实质来看,案中银行的利益不能等同于国家利益或者社会利益,银行认为的损失根本不能等同于国家和社会利益的损失,因为银行系独立的商业法人。从形式来看,利率管制具有一定的时间性,相关部门会在特定的时间规定不同的利率,所以更不符合效力性强制性规范形式标准上的检验。因此,罗某与信用社的储蓄合同并没有违反效力性强制性规范,其合同成立并生效,罗某取得利息具有法律上的原因,银行无权要求罗某予以返还。一审法院未正确认定相关规范的类型,错误认定了效力性强制性规范,二审法院发现了一审法院的法律适用问题,进行改判,十分正确。

4. 效力性强制性规范的识别

在识别效力性强制性规范的过程中,需要把握如下几点:第一,注意规范的层次。只有法律及行政法规才可能会导致合同的无效,而不能将地方性行政规定纳入规范范围。第二,此处的法律和行政法规并不单指民事性质的规范,如果违反了刑法和行政法性质的规范也会导致合同的无效。第三,需要准确认定国家利益和社会利益的范围。唯有此,才能将强制秩序限制在必要范围之内,避免对私法自治造成危害。当然,在判定合同因违法而无效的过程中,一个重要的参考因素在于,是否有必要通过合同效力的否定来实现该规范目的(韩世远,178页)。例如,在本案中,二审法院就认为,"江南信用社如认为本案 8 年期存款合同违反了金融机构的利率政策,可在对外承担合同义务的同时,对内按相关管理性规定自行处理",或者通过相关主管部门行政处罚的方式,都可实现《储蓄管理条例》对利率的规定,而不必须通过将合同宣告无效的方式达成该目的。

参考文献

1. 王轶:《民法典的规范类型及其配置关系》,载《清华法学》2014 年第 6 期。
2. 王轶:《强行性规范及其法律适用》,载《南都学坛》2010 年第 1 期。
3. 中国审判理论研究会民商事专业委员会编著:《〈民法总则〉条文理解与司法适用》,法律出版社 2017 年版。
4. 韩世远:《合同法总论》(第三版),法律出版社 2011 年版。

5. 朱庆育:《民法总论》,北京大学出版社 2013 年版。

6. [日]近江幸治:《民法讲义Ⅰ·民法总则》(第六版补订),渠涛等译,渠涛审校,北京大学出版社 2015 年版。

作者:澳门大学法学院副教授　税　兵

67. 货物运输合同中的保价条款与损害赔偿
——杨伟与广州顺丰速运有限公司运输合同纠纷案①

【事实概要】

在广州顺丰速运有限公司制作的《顺丰速运》运单印有运单的二维码及单号,并载明:……3. 托寄物详细资料、数量、声明价值、尺寸、体积重量。另该栏用加粗红体字注明"价值超过 2 万元的物品,请如实声明,否则按不超过 2 万元的物品处理,详见背书条款"……另该栏用加粗红体字注明"请仔细阅读背面契约条款,签字即视为同意接受"……在《顺丰速运》运单背面印有《快件运单契约条款》,订明:"1. 特别声明:寄件人寄递价值超过 2 万元的贵重物品的,应当在寄件时向本公司声明。寄件人未声明的,该物品毁损、灭失后,本公司有权按照不超过 2 万元的一般物品予以赔偿……4. 关于赔偿的规定:若因本公司造成托寄物毁损、灭失的,本公司将免除本次运费。(1) 若寄件人未选择保价,则本公司对月结客户在 9 倍运费的限额内,对非月结客户在七倍运费的限额内赔偿托寄物的实际损失。……"

2016 年 6 月 2 日,杨伟男通过自己的微信号在公众号"顺丰速运"向广州顺丰公司下单。经双方确认,该运单主要内容有:寄件人是炜达辅料,收件人为金华市"徐某群",货物重量是 15 千克,包装价格不明,运输费是收方付。2016 年 6 月 8 日,广州顺丰公司通知杨伟男确认本案所涉货物已经遗失,并进入理赔程序。同月 14 日,广州顺丰公司告知找到遗失货物。双方协商未果,杨伟男遂向一审法院提起诉讼。

同时杨伟男自称炜达辅料为其经营,属于没有营业执照的家庭作坊;确认清楚超过 2 万元就需要向广州顺丰速运有限公司声明价值,不超过就按背书条款处理;其在微信下单时没有选择保价。广州顺丰速运有限公司确认上述运单的运输费为 205 元。

【判决要旨】

1. 一审判决

一审法院认为,《合同法》规定,承运人应当在约定期间或者合理期间内将旅客、货物安全运输到约定地点;承运人对运输过程中货物的毁损、灭失承担损害赔偿责任。据此,杨伟男以广州顺丰速运有限公司丢失其托寄物为由,要求广州顺丰速运有限公司承担赔偿责任的诉讼

---

① 广州市海珠区人民法院(2017)粤 0105 民初 3108 号民事判决书;广东省广州市中级人民法院(2017)粤 01 民终 22617 号民事判决书。

请求有事实及法律依据。杨伟男是炜达辅料的经营者,且通过自己的微信办理上述运输合同,故杨伟男可以作为本案的原告参加诉讼。关于赔偿方式的认定。我国《合同法》规定,货物的毁损、灭失的赔偿额,当事人有约定的,按照其约定。经查,在顺丰速运运单上订明了"保价条款"和"赔偿计算条款"。据此,对"保价条款"和"赔偿计算条款"效力的认定是本案的主要争议焦点。"保价条款"是寄件人应事先声明物品的价值,待托寄物出现毁损、灭失后等问题时,收件人按事先声明价值赔偿的机制,我国的法律法规针对"保价条款"也作了相应的规定。故本案的"保价条款"并不违反我国法律法规的相关规定。在微信公众号填写运单时,系统显示需勾选同意《快件运单契约条款》才可进行托寄。该条款列明了关于赔偿的规定,作为广州顺丰速运有限公司单方制作的格式条款,广州顺丰速运有限公司已履行向杨伟男提请注意和说明的义务;杨伟男清楚知悉广州顺丰速运有限公司的上述"保价条款"和"赔偿计算条款",但并未选择保价的寄递方式。现杨伟男在未向广州顺丰速运有限公司声明其托寄物的价值的情形下,仍要求按实际损失足额赔偿的主张,使保价制度失去法律意义。现广州顺丰速运有限公司同意按7倍运费1 435元(205元×7)进行赔偿并无不妥。

2. 二审判决

二审法院认为,上诉人作为一个经营者,与被上诉人在纠纷之前有多次的交易关系。被上诉人提供的运单上订明了保价条款和赔偿计算条款,上述条款是用了加粗红体字加以注明。上诉人一审期间也确认其在纠纷之前是清楚超过2万元的货物需向被上诉人声明价值,不超过就按背书条款处理。所以上诉人此次虽然选择的是微信下单,但其对于被上诉人一直采用此类格式合同、保价与否的后果是清楚的。上诉人以被上诉人没有履行提醒注意和说明的义务为由上诉主张上述约定无效,理据不充分,本院不予支持。上诉人没有选择保价,表明其愿意承担不保价所带来的相应风险。

【解 析】

一、评析要点

货物运输合同中保价条款效力与损害赔偿约定的关系。

二、学理评析

1. 格式化的货物运输合同中保价条款效力的意义

本案的争议焦点在于如何确定货物运输合同中保价条款效力以及与损害赔偿规定的关系。货物运输合同是承运人将货物从起运地点运输到约定地点,托运人或者收货人支付运输费用的合同。在货物运输合同中,一旦货物没有安全运输到约定地点或者货物丢失,就面临着赔偿问题。货物运输合同都是格式合同,此时如何理解其保价条件的效力就成为核心争议点。而该条款的效力判断与合同中约定损害赔偿的适用有关。在顺丰速运运单背面印有《快件运单契约条款》,订明:"1. 特别声明:寄件人寄递价值超过2万元的贵重物品的,应当在寄件时向本公司声明。寄件人未声明的,该物品毁损、灭失后,本公司有权按照不超过2万元的一般物品予以赔偿。……4. 关于赔偿的规定:若因本公司造成托寄物毁损、灭失的,本公司将免除本次运费。若寄件人未选择保价,则本公司对月结客户在9倍运费的限额内,对非月结客户在七倍运费的限额内赔偿托寄物的实际损失。"在所有的快递运单契约中都存在相同或者类似的条款。我国电子商务的交易绝大多数都是通过快递运输的。中国社科院发布的2017年中国电子商务半年报数据显示,从去年12月至今年5月,仅仅6个月时间,我国网络零售总额达到30 229亿元,首次突破30 000亿,相比上年同期增长35.3%。因此该问题的重要性可见一斑。保价条款的效力要解决两个问题:该条款是否已经订入合同以及订入合同后是否无效。

2. 保价条款是否订入合同

该条款是否订入合同是判断效力的前提。如果该条款不是合同条款,其并非合同内容,也毋庸进行效力评价。本案的一审和二审法院都没有认真对待该问题,当事人也没有主张该问题。然而在上海安能聚创供应链管理有限公司与上海欧连电子科技有限公司运输合同纠纷案中,上海市第二中级人民法院认为,该保价条款为限额赔偿的格式条款,虽然上诉人以大写加粗的形式列明,但该条款载于托运单背面,并非显著位置,上诉人仍应采取合理的方式提请被上诉人注意该减轻上诉人主要责任的条款。现无证据表明上诉人曾明确告知被上诉人该保价条款,被上诉人也未在托运单第八栏署名处签字确认,未对该保价条款予以认可,因此保价条款中约定的限额赔偿内容对被上诉人不具有约束力。该裁判就认为该条款没有订入合同,自然也没有拘束力。笔者认为,上海市第二中级人民法院的裁判值得商榷,如果加大加粗还不够充分,或者记载于托运单背面并非显著位置也不够充分,那么什么样的方式才能够合乎合理方式提醒呢?清楚的是,如果提醒方式以及提醒内容过于苛刻,这既不符合格式合同效率的要求和商事实践(孙良国,95—96页),也会损害托运人的利益,实现两败俱伤的后果,不是法律的理想选择。《合同法司法解释(二)》第6条规定:提供格式条款的一方对格式条款中免除或者限制其责任的内容,在合同订立时采用足以引起对方注意的文字、符号、字体等特别标识,并按照对方的要求对该格式条款予以说明的,人民法院应当认定符合《合同法》第39条所称"采取合理的方式"。这里既包括以符号、颜色等特别标识进行提示或说明,也包括这些标识的场所或者位置等(沈德咏,76页)。由此可见,从形式上看,顺丰速运运单背面印有《快件运单契约条款》的保价条款符合上述司法解释的要求。

3. 保价条款的效力判断

在该条款订入合同的基础上,法院必须对该条款效力进行判断。在全国范围内,不同地方、不同级别的人民法院在此类问题上的裁判观点迥异,论证也理由多样。在本案中,广州市中级人民法院认为,上诉人作为一个经营者,与被上诉人在纠纷之前有多次的交易关系。被上诉人提供的运单上订明了保价条款和赔偿计算条款,上述条款是用了加粗红体字加以注明。上诉人一审期间也确认其在纠纷之前是清楚超过2万元的货物需向被上诉人声明价值,不超过就按背书条款处理。所以上诉人此次虽然选择的是微信下单,但其对于被上诉人一直采用此类格式合同、保价与否的后果是清楚的。通过上述论证,笔者认为,上述论证整体上体现了商事逻辑:一是上诉人是商人,具有相当的知识和谈判能力,二是商人必须有经营风险意识,承担必要的风险。崔建远教授指出:"《合同法》第40条后段的规定的文义涵盖过宽,依据立法目的的,此类免责条款,若是企业的合理化经营所必需,或者免除的是一般过失责任,或者是轻微违约场合的责任,并且提供者又履行了提请注意的义务,那么此类免责条款就应当有效;除此之外的免责条款才归于无效。因而,对该条规定应当做目的性限缩。"(崔建远,340页)而在"上海安能聚创供应链管理有限公司与上海欧连电子科技有限公司运输合同纠纷案"中,该案的一审法院即上海市青浦区人民法院认为,保价条款属于限额赔偿条款,被上诉人虽为运费月结的老客户,但上诉人承运被上诉人货物后未按约将货物送达目的地,存在重大过失,限额赔偿内容对被上诉人无效。非常清楚的是,此种裁判观点就不符合最基本的商事逻辑,不具有商事合理性,同时将"上诉人货物后未按约将货物送达目的地"这一结果认为存在重大过失,也是匪夷所思,加重了运营企业的合理负担。而且对不同类型的企业没有同等对待。我国《邮政法》第47条规定:"邮政企业对给据邮件的损失依照下列规定赔偿:(一)保价的给据邮件丢失或者全部损毁的,按照保价额赔偿;部分损毁或者内件短少的,按照保价额与邮件全部价值的比例对邮件的实际损失予以赔偿。……"而这并不符合社会主义市场经济捍卫竞争主体地位平等的原则。

4. 保价条款与损害赔偿的约定

作为一个必要的说明,如果运输合同没有规定损害赔偿条款(五倍或者四倍于运费的赔偿等),那么正常的推理是,法律只能按照托运书证明的实际损失来进行赔偿。此处讨论的是规定了损害赔偿条款的情况。基于保价条款有效的理由与损害赔偿条款有效理由的相同性,如果认为保价条款有效且当事人进行了保价,那么当事人保价了,运输人就应当按照保价额与邮件全部价值的比例对邮件的实际损失予以赔偿。如果没有保价,运输人就按照损害赔偿的条款进行赔偿,即双方的约定判决被上诉人应依赔偿限额的约定即按运费7倍的标准予以赔偿。这是广州市中级人民法院的一贯和一致的观点。如果法院认为保价条款无效,那么极有可能也会认为损害赔偿条款无效,正像上海市第二中级人民法院的裁判观点一样,其合理的推论就是应按货物价值赔偿。如前所述,这一观点也是值得商榷的甚或是错误的。

参考文献

1. 崔建远:《合同法研究》(第二版)(上卷),中国人民大学出版社2011年版。
2. 沈德咏主编、最高人民法院研究室编:《最高人民法院关于合同法司法解释(二)理解与适用》,人民法院出版社2015年版。
3. 孙良国:《合同法中预期与信赖保护研究》,法律出版社2016年版。

作者:吉林大学法学院教授 孙良国

68. 居间合同违约
——上海某中介物业顾问有限公司与陶某某居间合同纠纷案[①]

【事 实 概 要】

2008年下半年,原产权人李某某到多家房屋中介公司挂牌销售涉案房屋。2008年10月

[①] 上海市虹口区人民法院(2009)虹民三(民)初字第912号民事判决书;上海市第二中级人民法院(2009)沪二中民二(民)终字第1508号民事判决书。

22 日、11 月 23 日、11 月 27 日,分别由 A 中介公司、B 中介公司、某中介公司带陶某某或其妻曹某某看了该房屋。2018 年 11 月 27 日,某中介公司报价 165 万元,并与陶某某签订了《房地产求购确认书》,其中,第 1 条约定,陶某某愿意委托某中介公司居间求购某房屋;第 2.4 条约定,陶某某在验看过该房地产后 6 个月内,陶某某或其委托人、代理人、代表人、承办人等与陶某某有关联的人与出卖方达成买卖交易或者利用了某中介公司提供的信息、机会等条件但未通过某中介公司而与第三方达成买卖交易的,陶某某应按照与出卖方就该房地产买卖达成的实际成交价的 1% 向某中介公司支付违约金,某中介公司保留向陶某某追究其他损失的权利。某中介公司确认其仅提供了一次看房服务,之后未就房屋买卖事宜与陶某某进行任何联系。11 月 30 日,在 B 中介公司居间下,陶某某、曹某某与出卖方李某某等就涉案房屋签订《房地产买卖协议》,以人民币 138 万元成交。同日,曹某某签订佣金确认书,并支付定金 2 万元。12 月 6 日,买卖双方签订了《上海市房地产买卖合同》,后陶某某按约向 B 中介公司支付佣金 1.38 万元。2009 年 2 月 1 日,陶某某取得系争房屋的所有权。某中介公司诉称陶某某利用某中介公司提供的谋房屋销售信息,故意跳过中介,私自与卖方直接签订购房合同,违反了《房地产求购确认书》的约定,属于恶意"跳单"行为,请求法院判令陶某某按约支付谋中介公司违约金 1.65 万元。

【判决要旨】

1. 一审判决

一审法院认为,依法成立的合同受法律保护。某中介公司与陶某某于 2008 年 11 月 27 日签订的《房地产求购确认书》系双方当事人真实意思表示,与法无悖,应为合法有效。《房地产求购确认书》中已明确约定陶某某有义务在验看房地产后的 6 个月内,不得利用某中介公司提供的信息而未通过某中介公司与出卖方达成买卖交易,否则视为违约,并按照与出卖方就该房地产买卖达成的实际成交价的 1% 向某中介公司支付违约金。现陶某某从某中介公司处获知信息,但未通过某中介公司而与出卖方签订了房屋买卖合同并取得所有权,理应按约承担违约责任。故判决陶某某应于判决生效之日起 10 日内向某中介公司支付违约金 13 800 元。

陶某某不服一审判决,向上海市第二中级人民法院提起上诉。

2. 二审判决

二审法院认为,陶某某与某中介公司签订的《房地产求购确认书》符合居间合同的法律特征,具备居间合同的主要条款,应认定为居间合同。系争第 2.4 条系关于客户跳开中介的违约责任条款,旨在保护中介公司作为居间人依法应当享有的权益,并不存在免除一方责任、加重对方责任、排除对方主要权利的情形,应认定为有效。系争第 2.4 条所约定的违约行为即指委托人为逃避支付佣金为目的的不正当交易行为。本案中,房屋出卖方委托多家中介公司出售房屋,均非独家委托,且均向陶某某提供了涉案房屋信息及订立合同的机会,并提供了实地查看房屋的媒介服务。从时间先后顺序上看,首先向陶某某报告订约机会、提供看房服务的并非某中介公司。而且,房地产价格系影响房地产买卖成交与否的主要因素,某中介公司确认仅向陶某某提供了一次看房的媒介服务,其带陶某某看房时的报价为 165 万元,至提起本案诉讼时仍依据 165 万元的价格计算违约金数额,某中介公司确认其并未就价格问题与房屋买卖双方进行过媒介。涉案买卖合同的订立由 B 中介公司促成,且陶某某按约定向该公司支付了全额佣金 13 800 元。因此,陶某某并未为了逃避支付佣金的目的,与房屋出卖方私下成交或者不正当地利用某中介公司的信息、机会另行委托他人成交,其行为不构成违约。综上,判决撤销上海市虹口区人民法院(2009)虹民三(民)初字第 912 号民事判决;某中介有限公司要求陶某某支付违约金人民币 16 500 元的诉讼请求,不予支持。

【解　　析】

一、评析要点

居间合同的性质与报酬请求权的认定。

二、学理评析

1. 是否独家委托

本案涉及的《房地产求购确认书》第 2.4 条所称"第三方"应可涵盖自己缔结本约与召入其他居间人缔结本约的情形,该条款有解释为独家委托的可能。认为本案无独家委托的观点,有因果倒错之误,所谓"坐收佣金"是独家委托可能出现的结果,但并不能因为可能发生这种结果就否定独家委托的存在。无效的独家委托仍是独家委托。但是,若将该条款理解为独家委托,则至少有如下几点不免过分优待居间人:某中介公司无须承担忠实勤勉提供居间服务的义务,以平衡陶某某因独家委托而牺牲的决定自由;某中介公司也无须承诺避免双方居间、放弃为多人居间,以免害及陶某某的利益。尽管有了这么一个约定条款,但是居间合同并没有在打破法定范式的平衡之后精细安排以实现新的平衡,如果理解为独家委托合同,则根据《合同法》第 40 条仍应无效,不影响对本案处理结果的评价。当然,由于该约定条款并没有明确使用独家委托字样,加之整个诉讼过程居间人某中介公司似乎也没有明确主张独家委托,说明居间人对条款的定性也心存疑虑,这种模糊性本身在解释上具有深刻意义,为多元解释方案打开了方便之门。

2. 报告居间抑或媒介居间

居间合同的定性对于居间报酬是"釜底抽薪"式的前提性问题。中介机构大多须受买方委托并与卖方磋商价格等重要条款,甚至要主持办理各项法定手续。在本案中收取报酬的 B 公司就是如此行事的,所以至少在表象上,这类合同依交易习惯似属媒介居间合同。但是,报告居间也不排斥居间人有诸般后续行为,也必须等待委托人缔结本约时方能取得报酬,但是这不会使报告转化为媒介。二手房交易居间有一个突出的特征,即居间人大多为买卖双方提供居间服务。双方居间可能涉及类似于双方代理的特殊利益冲突,所以在法律关系的构架上需要特殊安排,报告抑或媒介,仍大有疑问。无论是本案个案处理,还是一般性的研究,也都在论证思路上留下了断层。

3. 共同原因性与"先知"抗辩

就本案处理结果的评价,并不会由此而走入死胡同,因为即便是媒介居间合同也不排斥就报告居间行为依当事人意思收取报酬。报告居间报酬请求权之原因性要件仅需具有共同原因性即可,且其他居间人提供的较低价款也不能当然否定该居间人报酬请求权,这些都是有利于某中介公司的。但是"先知"抗辩却可以达到中断原因性的效果。在本案中,由于双方签订的

《看房确认书》第2.4条在（有限）排斥后续私自缔约的同时，也颇有排斥先知抗辩的寓意，如果某中介公司能够证明：订立之前已充分提醒陶某某留意该条款且陶某某无异议，订立之后在居间服务过程中虽屡有声明机会但陶仍无异议声明。则应可认定放弃抗辩。问题是，看房之后双方似已再无往来，陶某某似也没有专程声明先知的必要。所以陶某某的沉默应不可被认定为放弃抗辩。本案原判决强调"从时间先后顺序上看，首先向陶某某报告订约机会、提供看房服务的并非某中介公司"，虽未出现"先知"术语，但论证的思路正以此为落脚点。

4. 共同原因性与何谓"利用"

假如某中介公司恰好是第一家报告的居间人，它是否就能获得报酬请求权？假如某中介公司恰好是第一家报告的居间人，那么陶某某就很可能是受其激发而产生交易动机，并积极寻找其他信息，特别是当《房地产求购确认书》俱在时，不能不说后者"利用了某中介公司提供的信息、机会"。但是，把"利用了某中介公司提供的信息、机会"作为认定衡量"跳单"违约的关键的认识，只看到居间人行为与委托人缔结本约之间自然状态的原因关系，并没有看到，居间报酬请求权所要求的原因性要件必须是"居间行为"与委托人缔结本约之间具有"实质性"的原因关系。即使居间双方借助《看房确认书》第2.4条的确带入一个报告居间，某中介公司也必须完成了其"居间行为"，单纯的带去看房、指示交易标的，不足以表征报告"居间行为"。如果某中介公司宣称其完成了报告居间行为，至少应已指明卖方姓名、地址、联系方式，使得委托人因其报告"居间行为"而可以进行直接的交易磋商，这样居间人始能坐等报酬。在当前信用环境之下，这些信息的报告恰恰又是我国二手房居间交易中居间人的大忌。所以本案中，陶某某仅得看房之后仍像一般典型的二手房交易模式那样，向其他居间人而非卖方本人求取低价。这种半途而废的"报告"及其原因性，或许是我国二手房交易中居间人和委托人最低互信缺失的无奈。这对于居间人而言是一把双刃剑：在居间人借助信息保留自我保护的同时，也因其"居间行为"不完成而失去先机。站在买方意向人的立场，其必定会不断"利用"多位居间人分次添加的信息，其也只能靠召入多位居间人寻求最满意条件。本案终审法院的论证强调，买方可以借助多个渠道获取信息，并有权选择报价低、服务好的居间人，这是正确的。但是他们又同时宣称"其行为没有利用"居间人提供的信息，无疑违背了事实。简而言之，关键不在于事实上有否"利用"、自然状态下有否"原因性"，而在于其"利用"是否构成"居间行为"与缔结本约之间"实质的共同原因性"。

综上，本案中无有效的独家委托，某中介公司也不能以一次看房即主张如此高标准的"利用"，所以"跳单"违约金请求权也好，居间报酬请求权也好，都不能成立。本案终审判决结果是正确的。

参考文献

汤文平：《从"跳单"违约到居间报酬——"指导案例1号"评释》，载《法学家》2012年第6期。

作者：暨南大学法学院教授　汤文平
整理人：上海交通大学凯原法学院博士生　畅冰蕾

69. 旅游服务纠纷中的责任竞合
——焦建军与中山国旅、第三人康辉南京国际旅行社旅游侵权纠纷案①

【事实概要】

2008年12月15日,焦建军与中山国旅签订《江苏省出境旅游合同》一份。合同约定:焦建军购买中山国旅所销售的出境游旅游服务,游览点为泰国、新加坡、马来西亚,行程共计10晚11日。2008年12月21日出发时,由康辉国旅组团出境旅游,中山国旅未就此征得焦建军同意。2008年12月26日23时许,焦建军在乘车返回泰国曼谷途中因交通事故受伤,伤情被鉴定为十级伤残;旅游车驾驶员对该交通事故负有全部责任。后焦建军选择侵权之诉,诉至南京市鼓楼区法院,请求法院判决:(1)被告中山国旅与第三人康辉国旅连带赔偿原告医疗费、误工费、护理费、住院伙食补助费、营养费、交通费、物损费、通信费、资料翻译费、复印费、旅游费、残疾赔偿金、精神抚慰金、直属家属误工费、意外保险金、泰国理赔款等合计522 437.16元;(2)被告中山国旅与第三人康辉国旅承担诉讼费用。

【判决要旨】

1. 一审判决

一审法院认为:旅游经营者擅自转让其旅游业务,旅游者在旅游中遭受损害,请求与其签订旅游合同的旅游经营者和实际提供旅游服务的旅游经营者承担连带责任的,应予支持。在原、被告之间形成旅游合同关系后,被告未经原告同意将旅游业务转让给第三人,该转让行为属于共同侵权行为。原告选择以侵权之诉作为其请求权基础,要求被告与第三人承担连带赔偿责任,符合法律的规定。

一审法院判决被告中山国旅、第三人康辉国旅一次性连带赔偿原告焦建军227 060.96元,驳回原告其他诉讼请求。中山国旅不服一审判决,向南京市中级人民法院提起上诉,请求依法改判上诉人不承担赔偿责任。

2. 二审判决

二审法院认为:中山国旅所提供的服务应当符合保障旅游者人身、财产安全的要求;中山国旅未经旅游者同意擅自将旅游业务转让给他人系违约行为,其所负有的安全保障义务不发生转移的效力。康辉国旅作为实际提供旅游服务的旅游经营者,所提供的服务亦应当符合保障旅游者人身、财产安全的要求,同时应受中山国旅与焦建军签订的旅游服务合同的约束。在本案中,泰国车队的侵权行为可直接认定为康辉国旅的侵权行为,焦建军在旅游过程中遭受人身损害后,选择要求康辉国旅承担侵权责任,符合法律规定。中山国旅虽非本案直接侵权人,其擅自转让旅游业务的行为亦属违约行为,根据《旅游纠纷若干规定》第10条的规定,其应当

---

① 江苏省南京市鼓楼区人民法院(2011)鼓民初字第2588号民事判决书;江苏省高级人民法院(2012)宁民终字第6号民事判决书。

与实际提供旅游服务的旅游经营者承担连带责任。此处的连带责任既可以是违约责任的连带,也可以是侵权责任的连带,该司法解释并未对连带责任的性质作出限制。此外,《旅游纠纷若干规定》第7条规定的"第三人",应该是除旅游经营者、旅游辅助服务者之外的第三人。本案中焦建军的损害系泰国车队的侵权行为所致,泰国车队作为康辉国旅选定的旅游辅助服务者,不属于该司法解释所称的"第三人"。故二审判决驳回上诉,维持原判。

【解　析】

一、评析要点

本案的争论点是:擅自转让旅游业务具有什么法律效果？辅助人的行为与违约及侵权之构成之间有何关联？违约责任与侵权责任之间是否成立连带关系？

二、学理评析

1. 擅自转让旅游业务的法律效果

从合同法的角度观察,擅自转让旅游业务通常所转让的仅是旅游服务义务,具有债务承担的特征。本案中,中山国旅擅自将旅游业务转让给康辉国旅的行为,可定性为并存的债务承担。并存的债务承担又称债务加入,加入者承担清偿债务之义务,同时原债务人仍然负有清偿义务,其效果类似于保证。但不同于保证的是,承担之债务为与原债务并立之自己债务,保证债务则为附属于主债务之债务。康辉国旅因加入债务关系而应承担履行旅游服务之债务,原旅游合同所确立的旅游服务义务由中山国旅和康辉国旅连带负担。

从侵权法的角度观察,我国《侵权责任法》第8条规定的"共同实施"可解释为"基于共同的行为安排而作出相应行为",作出共同行为安排时行为人均具有致害他人的意思,则表现为共同故意型共同侵权;没有共同致害的意思,但共同行为中含有可预见并可避免的致害危险,则表现为共同过失型共同侵权(叶金强,141—144页)。擅自转让旅游业务之中含有"共同的行为安排",即由受让人具体提供相应的旅游服务,但该共同的行为安排中显然没有致害他人的意思,不会构成共同故意;至于共同行为之中是否含有可预见并且可避免的致害危险,关键在于受让人的资质条件、服务水平。如果受让人不具备承接所转让旅游业务的资质,或者按照其现有服务水平明显无法妥善履行相应义务,则双方所作出的行为安排中即含有其均可预见的致害危险,在该危险发生时,双方构成共同过失型共同侵权,应承担连带责任。但本案中,受让人为具有相应资质的国际旅行社,转让业务之共同行为安排,并没有增加损害发生的危险,两家旅行社不具有共同过失,不构成共同侵权,因此擅自转让旅游业务的行为无侵权法上的意义。

2. 辅助人行为与违约及侵权之构成

就违约责任的构成而言,泰国车队系接受康辉国旅的安排提供运送旅客的服务,其与康辉国旅之间存在合同关系,其所负担的仅是提供相应运送服务的义务,其与旅客之间并不存在合同法律关系。泰国车队与康辉国旅之间的法律关系可定位为履行承担,泰国车队的履行行为即为康辉国旅的履行行为。履行承担的效力为承担人对债务人负清偿义务,债务人可请求承担人对债权人清偿,但债权人无请求权(我妻荣,511页)。与上述履行承担关系相对应,泰国车队在旅游合同中的角色可定位为履行辅助人。履行辅助人系基于债务人意思而事实上为债务履行之人（王泽鉴，73页）。我国民法尚未一般性地规定履行辅助人规则，但《旅游纠纷若干规定》使用了"旅游辅助服务者"的概念，《旅游法》则使用了"履行辅助人"之表达。泰国车队作为履行辅助人，当其履行行为不符合合同约定时，康辉国旅即构成违约，泰国车队与康辉国旅的法律关系依据两者之间的合同确定，但泰国车队并不对旅客承担合同责任。

就侵权责任的构成而言，泰国车队因驾驶员过错引发交通事故导致原告受伤，可构成侵权。而"事务辅助人"概念的引入，可进一步明晰其间的侵权法律关系。事务辅助人是辅助他人完成一定事务之人，一个人可以同时是履行辅助人和事务辅助人。在本案中，泰国车队系因履行承担而介入旅游合同关系，但这并不构成阻却其侵权构成的理由。泰国车队在契约关系中为履行辅助人，而在侵权关系中则为事务辅助人。不同性质的辅助人概念，导向不同类型法律关系中不同的框架。对于事务辅助人导致的损害，传统侵权规则采取使用人过失责任规则，但过失推定的规则已使得其与无过失责任极其接近。我国《旅游法》第71条第2款不以组团社未尽谨慎选择义务为前提，而是赋予旅游者请求辅助者及组团社承担侵权责任的选择权，使两者对侵权损害承担了连带责任。《旅游法》此项规定采取连带责任的安排，更具妥当性；而连带责任人的内部关系，可依其相互之间的合同予以确定。

3. 违约责任与侵权责任成立连带关系之可能

（1）违约责任与侵权责任同时请求的可能性

在本案中，擅自转让旅游业务于合同法上的效果为由债务加入引起的连带债务，故在债务不履行的情况下，两个旅行社应当连带承担责任。但是，在康辉国旅同时构成侵权而中山国旅只是构成违约的情况下，原告是否可以在请求康辉国旅承担侵权责任的同时，请求中山国旅承担违约责任？

一方面，原告当然可以请求中山国旅承担违约责任，违约损害赔偿请求权具有坚实的实体法支撑；另一方面，康辉国旅构成违约责任与侵权责任的竞合，依《合同法》第122条之规定，原告可择一行使请求权，选择请求康辉国旅承担侵权责任是原告的自由。同时，对康辉国旅提出侵权损害赔偿请求，并不妨碍原告对中山国旅提起违约损害赔偿请求，两项请求权是分别独立发生的，彼此不会形成排斥关系。《合同法》第122条之规定，也不会成为原告同时提出针对中山国旅违约诉请之障碍，因为这里存在两个不同的被告，所谓的择一行使，在针对康辉国旅的关系中已经作出，择一之限制仅是针对"当事人一方的违约行为"同时构成侵权时数请求权之主张而设。既然中山国旅的违约构成和康辉国旅的侵权构成均不存在问题，原告应可以同时提出这两项请求，至于其在诉讼上的实现，则应依照民事诉讼规则。根据共同诉讼理论，当事人一方或双方为二人以上，且诉讼标的是共同的，为必要共同诉讼，本案即属必要共同诉讼无疑。

（2）违约责任与侵权责任连带关系的构成

根据我国《民法通则》第87条之规定，连带责任的发生，或依当事人约定或依法律规定。但这样的连带责任发生机制并非封闭式的，解释论上尚留有另一途径，即当对同一损害有数人依各自的责任基础而应承担责任时，实质意义上的连带责任也将发生。

具体到违约责任与侵权责任的连带问题，如果一人因侵权、另一人因违约而导致同一损害时，受害人分别依据侵权法规则和合同法规则取得两项请求权，该两项请求权可同时行使，由此形成了任一责任人均应承担全部责任、权利人可请求任一责任人承担全部责任的效果模式，这与连带责任已基本没有区别。此种解释的正当性,来自各项请求权责任基础的支持,责任人各自相应的责任基础均导向了应对全部损害担责;此时,连带责任的附加并没有增加责任人的负担,这是法律不应限制此种连带责任的关键性理由。当然,如果违约责任和侵权责任的范围不一,那么,应仅在违约、侵权损害赔偿范围重合部分,形成连带关系。可见,所谓的连带责任仅依法定和约定发生之规则,并不能阻止实质意义上的连带责任的发生,当对受害人同一之损害有数人基于不同责任基础而应当承担责任时,每一个责任基础均可正当化受害人的一项请求权,受害人既可选择同时行使也可选择分别行使这些请求权,在损害得到填补时各项请求权均消灭,由此,数个责任人即已处于连带责任关系之中了。

在本案中,原告同时诉请康辉国旅承担侵权责任、中山国旅承担违约责任,二者应构成连带责任关系。该案的二审判决援引《旅游纠纷若干规定》第10条之规定,认为该规定并未对连带责任的性质作出限制,其既可以是违约责任的连带,也可以是侵权责任的连带,判决两家旅行社承担连带责任。该司法解释并无明确的关于违约与侵权可构成连带责任的法意识,更多的是想强调擅自转让旅游业务不发生转让方合同义务消灭的效果;而二审判决受结果妥当性的指引,作出了让侵权人与违约人承担连带责任的结论,值得肯定。当然,在现行法下,侵权损害的赔偿范围与违约损害的赔偿范围存在差异,这一判决忽略此差异,于裁判逻辑上略有瑕疵。但是,赔偿范围的差异主要来自审判实践中违约责任对精神损害赔偿的排斥,而此种排斥在立法论和解释论上均难以成立;《旅游纠纷若干规定》第21条明确否定旅游合同违约之诉中的精神损害赔偿请求权,是非常不妥当之举。我国现行法律并没有明确否定违约精神损害赔偿请求权,反而是《合同法》第107条规定的"赔偿损失"之违约责任,于文义解释上即可将精神损害赔偿包含在内。

参考文献

1. 叶金强:《解释论视野下的共同侵权》,载《交大法学》2014年第1期。
2. 我妻荣:《新订债权总论》,王燚译,中国法制出版社2008年版。
3. 王泽鉴:《民法学说与判例研究》(第6册),中国政法大学出版社1998年版。

作者:南京大学法学院教授　叶金强
整理人:上海市浦东新区人民法院法官助理　苏　昊

第五章　婚姻家庭法

70. 可撤销婚姻
——郑某某、胡某飞与浙江省乐清市民政局婚姻登记撤销纠纷案[①]

【事实概要】

1997年12月,胡某某与张某某相识,2001年10月在胡某某之母郑某某同意并主持下于胡某某家中举行了订婚仪式。举办订婚仪式后,胡与张二人共同到上海去发展,几年下来,积累了上亿身家。期间,2001年11月11日办妥婚姻状况证明后,胡某某与张某某双方于2002年2月19日亲自到家乡浦歧镇政府办理结婚登记。因缺少张的婚前体检证明、胡的离婚证书等手续不全,婚姻登记员不给办理,经浦歧镇林登见书记同意补办手续,但因时间关系当日未来得及办理。后由胡某某的堂兄胡某定代办了结婚登记手续,张某某与胡某某领取了结婚登记证。婚后双方生育一女。2002年10月21日,胡某某不幸因病过世。张某某和婆婆郑某某在分割遗产时出现分歧,婆婆郑某某一举将张某某告上了法庭,要求确认胡某某和张某某的婚姻无效。随后婆婆郑某某又提起了行政诉讼,要求撤销乐清市民政局颁发给胡某某、张某某的结婚证。

【判决要旨】

1. 一审判决

一审法院认为,结婚前的订婚仪式仅属民间习俗。当事人结婚,必须亲自到一方户口所在地婚姻登记管理机关申请结婚登记。张某某与胡某某申请结婚登记未成功后,再未亲自到场重新申请结婚、未提交婚检证明和有效的婚姻状况证明等结婚登记必备证件,而由胡的堂兄自主代写申请,乐清市民政局在这种情况下准予登记,违反了行政法律规范性文件的有关明文规定,遂判决撤销胡、张的结婚证。

2. 二审判决

二审法院认为,虽然婚姻登记行为在程序上存在违法事实,但该婚姻登记行为不具有撤销内容,该违法事实是因婚姻登记机关的行为造成的,撤销该婚姻,会将因婚姻登记机关过错造成的后果转由婚姻当事方承担,明显不公。2005年12月,终审判决,认为结婚证书有效。

有权起诉婚姻登记行为的婚姻关系当事人一方死亡的,其具有利害关系的近亲属可以提

[①] 浙江省乐清市人民法院(2003)乐行初字第44号行政判决书;浙江省温州市中级人民法院(2003)温行终字第181号行政判决书。

起行政诉讼。关于本案郑某某的诉讼主体资格问题,浙江省高级人民法院在对二审法院的请示答复中予以明确:根据《行政诉讼法》第24条第2款规定,有权起诉婚姻登记行为的婚姻关系当事人死亡的,其近亲属可以提起行政诉讼。另外,一审、二审都对郑某某的诉讼请求进行了实体裁判,实际上是承认了郑某某具有诉讼主体资格。

婚姻关系双方或一方当事人未亲自到婚姻登记机关进行婚姻登记,且不能证明婚姻登记系男女双方的真实意思表示,当事人对该婚姻登记不服提起诉讼的,人民法院应当依法予以撤销。

【解 析】

一、评析要点

此案争议焦点主要有三个:原审原告的起诉是否已过起诉期限?郑某某的原告主体是否适格,即婚姻关系当事人以外的其他人可否对婚姻登记行为提起行政诉讼?程序违法的婚姻登记行为能否判决撤销?

二、学理评析

1. 原告的起诉是否已过起诉期限

针对焦点一,应该明确婚姻登记行为的性质。有人认为结婚登记是一种行政许可行为,因为它符合行政许可的"申请—审查—批准"的程序。反对者认为结婚登记是一种确认行为,用以证明登记双方的夫妻关系(李晓敏,37页)。也有人认为,与受益性的行政许可不同,结婚登记是婚姻登记管理机关为了对婚姻关系进行监督和管理所实施的一种司法行政行为。本书认为,结婚登记的具体行政行为是行政确认而非行政许可。区别行政确认和行政许可的依据在于,是否存在法律上的一般禁止事项。在婚姻问题上并不存在法律的一般禁止,任何达到法定婚龄的未婚男女,即便不登记以夫妻名义共同生活,从事夫妻关系下的活动,并不违反法律,不能对其进行行政处罚。同时,登记也是一种法律公示行为。婚姻缔结会产生夫妻人身财产等一系列法律关系,通过登记使得当事人的结婚意愿具备外部识别性,从而产生公示效力(马忆南,92页)。本案中,乐清市民政局作出准予登记的具体行政行为的时间是2002年2月,郑某某提起行政诉讼的时间是2003年1月。根据当时《行政诉讼法》第39条之规定,公民直接向人民法院提起诉讼的,应当自知道或应当知道行政行为作出之日起3个月内提出。《行政诉讼法司法解释》第41条也进一步规定,作出具体行政行为的行政机关未告知相对人诉权或起诉期限的,起诉期限最长不超过2年。郑某某是否属于上述司法解释中应当被告知的对象呢?显然不属于。首先,婚姻是一种身份契约,是男女双方基于共同生活之合意而订立,其实质要件并不受当事人以外的其他人所影响。通知郑某某与否,并不影响张某某和胡某某的婚姻成立和生效之要件。其次,行政登记行为的相对人是婚姻当事人,郑某某显然不属于相对人的范畴。最后,婚姻登记行为具有公示效力,即使郑某某是利害关系人也无再通知之必要。综上,郑某某在婚姻登记行为作出的3个月后提起诉讼,超过起诉期限,若被告行使抗辩权,法院应当对原告的起诉不予受理。

值得注意的是,婚姻登记瑕疵的救济程序在实践中并不具有可操作性。《婚姻法司法解释

(三)》第 1 条第 2 款规定:当事人以结婚登记程序存在瑕疵为由提起民事诉讼,主张撤销结婚登记的,告知其可以依法申请行政复议或提起行政诉讼。该款试图为因婚姻登记瑕疵而产生的纠纷提供有效的解决路径,但仅涉及程序问题,并未对实体问题作出答复。遗憾的是,程序性路径也存在障碍。我国《行政复议法》第 9 条规定的行政复议期限是,自知道和应当知道具体行政行为起 60 日内提出复议申请。同理,现行《行政诉讼法》和相关司法解释规定的诉讼期限一般是 6 个月,最长不超过 5 年。由于婚姻登记具有公示效力,即便是有瑕疵的登记行为,法律也推定婚姻登记当事人缔结婚姻的合意为社会所知晓。一般情况下,因婚姻登记行为瑕疵而产生的纠纷会超过 60 天,则当事人只能提起行政诉讼了。但是,在司法实践中,这类婚姻纠纷超过 5 年的情形也极有可能存在。如此一来,行政救济在实践中并未达到该司法解释所期待的效果。

2. 婚姻关系当事人以外的其他人可否对婚姻登记行为提起行政诉讼

关于郑某某是否具备原告资格问题,一审法院显然采取了肯定的观点,否则在受理阶段就应裁定驳回起诉,不予受理。本案原告诉称,其与被诉具体行政行为存在法律上的利害关系,有权提起行政诉讼。一审法院认为,胡、张二人的婚姻关系是否成立会影响遗产分割:婚姻关系不成立,遗产则全部由郑某某取得;若婚姻关系成立,则张某某作为第一顺位继承人会取得大部分遗产,郑某某的继承份额相对减少。因此,一审法院支持了原告的观点。本书认为,这种做法显然不妥。第一,本案法律适用错误。我国《行政诉讼法》第 2 条规定,公民、法人或其他组织认为具体行政行为侵犯其合法权益,有权依照本法向人民法院提起行政诉讼。从该条规定来看,公民仅主张具体行政行为存在但不认为该具体行政行为侵犯其利益的,无权提起行政诉讼。本案胡某某同意张某某的堂兄代为领取结婚证,其并未认为乐清市民政局的婚姻登记行为侵犯了其合法权益,遂无权提起行政诉讼。因此,浙江省高级人民法院对郑某某原告资格问题的批复,存在法律适用错误。郑某某无权根据《行政诉讼法》第 24 条第 2 款,以"有权提起诉讼的公民"之近亲属身份作为原告。第二,郑某某与被诉具体行政行为不具有法律上的利害关系,不能适用《行政诉讼法》第 2 条之规定。一审法院混淆了继承的民事法律关系和婚姻登记的行政法律关系,进而将婚姻关系一方当事人死亡后的法定继承人误认为是婚姻登记行为的利害关系人。换言之,法定继承人可以因继承的期待利益受损,而对被继承人的婚姻登记行为提起行政诉讼。继承权是身份关系的派生权利,其不能对抗婚姻关系。继承权发生在被继承人死亡的瞬间,因继承权而取得的财产利益才能作为侵权行为的客体。在被继承人死亡之前,法定继承人并不享有继承权,其仅具有获得遗产的期待利益。以事后的期待利益对抗婚姻关系的在先事实,因影响继承权而不允许他人结婚或处分财产,于法无据。因此,财产继承关系中的当事人不属于结婚登记具体行政行为的法律上的利害关系人。第三,婚姻登记行为是影响身份关系的具体行政行为,其与因胁迫可撤销的婚姻关系大有不同。婚姻撤销权的目的在于保护欠缺结婚意思一方的利益,因而撤销权的行使应授予受胁迫一方。在撤销权人死亡之后被继承人能否提起撤销之诉,对此各国立法均规定,继承人无权提起撤销之诉。举重以明轻,在一方当事人意思无瑕疵,由登记机关错误的婚姻登记,其撤销权也应该只由当事人享有。第四,婚姻关系是一种特殊的身份关系,所以立法者对于婚姻无效或可撤销的事由采取穷尽列举式。我国婚姻法贯彻婚姻自由原则,公民有权在法律规定的范围内,完全自愿、自主地决定本人婚姻问题,不受任何人的强制干涉。本案郑某某以继承期待利益主张否认胡、张二人婚姻登记无效,有悖于婚姻自由的原则。综上,一审法院认定郑某某原告主体资格适格于法无据,认定事实错误。

3. 程序违法的婚姻登记行为能否判决撤销

本案焦点三是最值得深思的问题,即瑕疵的结婚登记行为是否能够影响婚姻的效力。尽管原审法院的裁判理由值得商榷,但二审的裁判结果对于司法实践和学术理论具有一定的典型意义。结婚登记是我国婚姻关系成立的法定形式要件,由于立法未对违反登记行为的后果作出明确规定,导致本案二审合议庭审判委员会对此意见分歧较大:多数意见认为,郑某某具有原告资格,有权对乐清市民政局准予胡某某、张某某结婚登记的行政行为提起行政诉讼,且该登记行为违反法定程序,法院应判决撤销;少数意见认为,郑某某无权对他人的婚姻登记行为提起行政诉讼,对虽然违反法定程序但一方当事人已经登记的婚姻登记行为不能适用撤销判决。从现有规定来看,涉及婚姻效力的法律规范主要有《婚姻法》第10条和第11条,这两条规定了婚姻无效和可撤销的情形,即结婚的实质要件存在瑕疵会影响婚姻的效力。而程序性瑕疵的处理多依赖于《婚姻法司法解释(三)》第1条的规定,此条缺陷之处前文已有论述,不再赘述。本案二审时该司法解释并未出台,浙江省高级人民法院能够突破当时立法的局限性,以结婚当事人真实意愿为实质要件作出不予撤销的批复,实乃不易。本书认为,若结婚实体要件符合法律规定,程序性瑕疵并不必然影响婚姻效力,理由如下:

第一,婚姻的"事实在先"原则不容忽视。婚姻作为一种特殊的身份关系,无论法律是否赋予双方以法律效力,都不能忽视其已客观存在的事实关系。2001年《婚姻法》修正后,其第8条规定:"未办理结婚登记的,应当补办登记"。全国人大法律委员会在审议修改《婚姻法》时认为,对没有进行结婚登记的,应区别情况分别处理。对违反结婚实质条件的,《婚姻法》已规定为无效婚姻;对符合结婚实质要件,只是没有办理登记手续的,一律简单宣布为无效婚姻,对保护妇女的权益不利,应当通过加强法制宣传和完善登记制度等工作,采取补办登记等办法解决。本条从积极角度重申了结婚登记的重要性,并未完全否认事实婚姻的效力。具体到结婚登记行为瑕疵的处理中,亦应对符合实体要件的婚姻关系给予重视。现实中很多登记瑕疵的婚姻关系存续数年甚至数十年,这期间当事人已经进行了长期的夫妻共同生活,并产生了婚后人身财产关系以及子女关系,若无视这样的事实存在,一律简单地认定此类登记行为瑕疵的婚姻关系无效或可撤销,而不考虑婚姻关系背后庞大复杂的权利义务关系网,显然不合理。我国《婚姻法》对婚姻实体要件效力的情形,采取穷尽式立法模式,既为了更有力地保护婚姻登记的公信力,也试图加强婚姻的稳定性。因此,不能一概否认有瑕疵登记行为的婚姻效力。本案中,张、胡二人已在家乡举办婚礼,并共同亲自去婚姻登记机关申请登记,且对外以夫妻名义共同生活,均符合法律婚的实体要件和事实婚的构成要件,其婚姻效力不应受登记程序瑕疵的影响。

第二,婚姻登记不得代理应该属于管理性规范。管理性规范与效力性规范的简单区别在于,是否涉及公众利益。管理性规范是法律或行政法规未明确规定违反此类规范将导致行为无效的规范。我国《婚姻法》对婚姻无效或可撤销采取的是示例主义,没有明确列举的情形则不属于婚姻效力瑕疵情形。因而,婚姻当事人本人没有亲自进行结婚登记,但只要是本人同意结婚而由他人代理结婚登记的,仍然不影响婚姻的成立和效力。

第三,行政行为的可撤销性受到信赖利益的限制。行政行为瑕疵可以分为"违法或不适当"和"明显重大违法"两个程度。行政行为具有公定力,一旦作出除非具有明显重大违法事由,法律都推定其具有约束力和确定力。因此,公众会对行政行为产生合理信赖,这种信赖利益对行政行为的撤销产生了限制。在行政行为撤销时,行政机关应该衡量信赖利益和社会公众利益的关系,一般而言,撤销涉及的社会公众利益会大于信赖利益,此时会采取财产补偿的方式。具体到婚姻法领域,结婚登记作为行政确认行为在撤销时也应该考虑瑕疵程度。若属于明显重大违法,则登记行为自始无效;若属于违法或不适当,则需要对登记公示产生的信赖利益进行衡量。一般而言,婚姻关系只涉及登记当事人,并不牵涉过多的公众利益,因此当事人对登记产生的信赖利益更值得保护。从这个角度分析,婚姻登记行为瑕疵并不损害公众利益,遂该行为并不具有可撤销性的正当合理性。

第四,婚姻登记机关作为依法履行婚姻登记行政职责的国家行政机关,负有严格依照法定程序进行婚姻登记的义务,应当对当场递交婚姻登记申请的申请人提供的材料进行严格审查,并依法作出准予登记或不予登记的行政行为。本案中,乐清市民政局本应在胡、张二人未亲自到场的情形下作出不予登记的决定,但其却准予登记并发放了结婚证书,从而产生结婚登记行为瑕疵纠纷。如果因行政机关的错误而要求登记当事人承担婚姻效力瑕疵的法律后果,其实质是要求婚姻登记行为的行政相对人代替婚姻登记机关承担行政违法行为的不利后果,显然不符合法律责任自负原则,也有悖于保护行政相对人合法权益的立法精神。乐清市民政局的违法行政行为并不具有可撤销的内容,应该对其作出违法的确认判决,追究相关行政人员的责任,但不能否认符合实质要件的胡、张二人的婚姻效力。

综上,二审法院虽未论述起诉期限是否经过,以及对原审原告主体资格认识有误,但其裁判结果实现了实质正义。浙江省高院批复的裁判要旨,尽管对本案行政诉讼原告主体资格法律适用错误,但对因结婚登记行为瑕疵纠纷案件的实体处理具有指导性意义。因此,因登记行为瑕疵而产生的婚姻纠纷,只要登记当事人符合结婚的实质要件,均应认定为婚姻关系自始有效,法律只能追究婚姻登记人员违法登记的责任。

参考文献

1. 李晓敏:《论婚姻登记瑕疵——以郑松菊诉浙江乐清民政局一案为例》,载《呼伦贝尔学院学报》2008年第6期。

2. 余延满:《亲属法原论》,法律出版社2007年版。

3. 马忆南:《论结婚登记程序瑕疵的处理——兼评"〈婚姻法〉司法解释(三)征求意见稿"第1条》,载《西南政法大学学报》2011年第2期。

4. 王礼仁:《"婚姻登记瑕疵"中的婚姻成立与不成立》,载《人民司法》2010年第11期。

作者:武汉大学法学院教授　冉克平

71. 无效婚姻的补正
——杨某与华某婚姻无效纠纷案[①]

【事　实　概　要】

××××年××月××日,杨某与安徽省南陵县河湾镇涧西村红岩组村民杨勤辉登记结婚,婚后生育一子。2000年左右,因夫妻关系不和,杨某离开杨勤辉出走。2004年上半年,在上海务工的杨某经人介绍与安徽省潜山官庄镇西岭村阳岗组村民华某相识,之后,来到潜山和华某同居生活。××××年××月××日,杨某与华某在潜山婚姻登记机关再次登记结婚,领取了结婚证。杨某和华某同居生活期间,经常为家庭琐事发生争吵。2011年正月初二晚上,杨某离开华某回贵州娘家。后杨某因涉嫌重婚,被公安机关抓获。2014年3月13日,杨某被潜山县人民法院以重婚罪判处有期徒刑8个月。杨某刑满后回贵州娘家居住生活。2014年6月25日,杨某与杨勤辉经安徽省南陵县人民法院调解离婚。2017年11月8日,杨某向法院起诉,请求宣告其与华某的婚姻无效。

【判　决　要　旨】

婚姻无效是以婚姻的违法性为条件,如果违法性已不复存在,即婚姻无效的原因已消失,不应再宣告婚姻无效。《婚姻法司法解释(一)》第8条规定,当事人依据《婚姻法》第10条规定向人民法院申请宣告婚姻无效的,申请时,法定的无效婚姻情形已经消失的,人民法院不予支持。该条规定并没有规定重婚情形除外,即没有作出排除性或者例外性规定,故法定的无效婚姻情形已经消失应包含重婚情形。重婚的法定情形已经消失应理解为有效婚姻关系的当事人办理了离婚手续或者配偶一方已经死亡。本案中,杨某申请宣告婚姻无效时,其有效婚姻关系已经安徽省南陵县人民法院调解解除,重婚的法定情形已经消失,杨某不应再申请宣告婚姻无效。故对杨某要求宣告其与华某的婚姻无效的诉讼请求,本院依法不予支持。

【解　　析】

一、评析要点

由重婚导致的无效婚姻能否在无效情形消失后补正为有效?

二、学理评析

《婚姻法》第10条规定了婚姻无效的四种情形:重婚、近亲婚、疾病婚、早婚。随后出台的《婚姻法司法解释(一)》第8条明确规定,法定无效情形消失后不得再向法院申请宣告婚姻无

[①] 安徽省潜山县人民法院(2017)皖0824民初2683号民事判决书。

效。本案争议焦点在于：由重婚导致的无效婚姻能否在无效情形消失后补正为有效？学界和司法实务部门，对此产生价值导向和文本导向两种倾向，持价值导向者从婚姻法立法价值出发，将导致婚姻无效的四种情形分为绝对无效和相对无效，其中，重婚有悖社会伦理道德，严重侵蚀我国婚姻法所确立的一夫一妻基本原则和中国两性关系秩序，具有极强的社会危害性，因此由重婚导致的婚姻应为绝对无效，由违法婚姻补正为合法婚姻不符合婚姻法的基本逻辑。

为形成对《婚姻法司法解释（一）》第8条的合理解释及在实务中正确适用该裁判规则，需要回答以下问题：违法婚姻补正为合法婚姻在法律体系中的逻辑基础及其正当性为何？四种无效情形的消失是否均可阻却婚姻的无效？

1. 无效婚姻补正的逻辑基础及其正当性

婚姻法系以规范婚姻缔结、婚姻存续等人身、财产关系秩序为基本内容的法律规范。婚姻的缔结不仅是男女双方的纯私益之事，婚姻家庭关系的稳定还关涉子女利益及社会的稳定和发展。婚姻法立法需考量当事人私益、两性公共秩序及善良风俗之公益等性质，故作了大量的强行性规范，严格限制了当事人的意思自治范围。

上述强行性规范中，关于婚姻效力的规范当属最基本的"底线"。囿于封建传统观念及法治意识的淡薄，无效婚姻问题在我国亲属法领域是较为突出的，而受害者不仅是当事人，还可能涉及两个甚至更多的家庭。《婚姻法》并未在所规定的四种婚姻无效情形之外留有余地，作兜底条款留至司法裁判者自由裁量。由此可见，我国《婚姻法》对无效婚姻的规定是严格谨慎的。但是《婚姻法》出台之后，司法实务部门开始反思四种无效情形是否均可导致婚姻的绝对无效？无效情形在特定情况下会消失，此事由能否阻却婚姻的无效？《婚姻法司法解释（一）》第8条对此予以肯定。毋庸置疑的是，四种无效情形均系"病态的婚姻"，带有极强的社会危害性，不仅可能危害当事人的身心健康，而且有违纲常伦理秩序，有的甚至是对人类道德底线的突破。而法律具有社会行为的引导与示范功能，故宣告此类婚姻无效均属规范之义、情理之中。问题的关键在于，法定无效情形消失后该无效婚姻补正为有效婚姻是否具备逻辑妥当性？笔者认为，无效婚姻的补正也是有其符合《婚姻法》的逻辑和其社会正当性的。

首先，无效婚姻的补正能够实现法律效果和社会效果的统一。婚姻具有事实先在性，《婚姻法》不应当对婚姻实体的现存事实及其衍生的各种身份上及财产上的法律事实视而不见。若是一段持续、稳定的"婚姻"既存，则否定其合法地位，在现行法律体系下会产生具有溯及力的无效的法律效果，将会造成其相附随的既定的身份、财产体系瓦解，并对其可辐射范围的家庭关系产生一定影响，故而，若是在不突破婚姻法创设的权利保护范畴前提下，通过一定程序认可无效婚姻补正为有效婚姻未为不可。补正为合法婚姻并非意味着否定其缔结婚姻行为本身所具有的违法性，而是因特定原因致违法的基础丧失。继续维持其违法性虽是对违法当事人违法行为的惩罚，但未必会对善意方所造成的身份或财产上的损失发挥救济的效果甚至会严重损害其既得或应得利益。还需注意的是，在无效婚姻中，无效婚姻所带来的不利后果无论如何都会波及弱者，妇女、儿童是主要群体。如立法者在违法事实消失情况下承认这一社会关系，是对法律效果与社会效果的综合考量所作出的价值选择。

其次，从外部视角分析诉请确认婚姻无效案件，能发现此类案件呈现出以下明显特点：其一，地域分布明显，欠发达地区明显，以西部省份为主；其二，起诉申请确认无效的动因类型化突出：双方感情动摇或有婚外情采取的离婚诉讼策略与涉及财产利益而非为维护社会公益。

分析以上特点所隐藏的社会原因及阻却无效婚姻的后果,对于前者,如早婚、疾病婚等情形,这与地域长期形成的生活习惯密切相关。以早婚为例,达到法定婚龄后向法院申请宣告婚姻无效,会对善意方或者双方均产生不利的社会影响,如其子女将会被冠以"非婚生子女"名头。是故,在法定无效情形消失之后,为稳定业已固定的家庭关系,补正为合法婚姻,系对弱势群体权益的保护之举。对于后者,可以发现,法律出于对社会公益和婚姻当事人权益的保护,规定的婚姻无效的情形却成了摆脱婚姻和攫取财产利益的工具。因离婚关涉多方利益尤其是子女的保护,家事审判相关制度逐步建立,法院裁决离婚日趋严格。在此背景下,经由诉讼确认婚姻无效相较于离婚更具胜诉可行性。

再次,无效情形消失后,阻却婚姻无效具有程序上的合理性。违法情形已经不再存在,若当事人双方有意再次结合,只需要重新登记即可,在程序上没有任何障碍。但若在法律规范上,将确认违法婚姻无效设置为必经程序不仅是程序上的僵化体现,更可能使既成婚姻长期处于不稳定状态,进而为恶意方提供随意摆脱婚姻的契机。

最后,域外立法例也多采取法律行为瑕疵治愈理论:如果早婚者已达到法定婚龄,其婚姻无效的原因已消除且请求权行使的期间届满的,不得提出请求宣告该婚姻无效。例如,《法国民法典》第185条规定:"夫妻双方或一方达到规定的结婚年龄后已过六个月的,不得提出婚姻无效之诉。"1996年《俄罗斯联邦家庭法典》第29条第1款"排除婚姻无效的情形"第1项规定:"在审理确认婚姻无效的案件时,如果法律不准结婚的情况已经消除,法院可认定婚姻有效。"《日本民法典》第745条"不适龄婚姻撤销权的消灭"规定:"(一)违反第731条规定的婚姻,于不适龄者达适龄后,不得请求其撤销。(二)不适龄者达适龄后,在三个月期间内,仍可请求撤销其婚姻。但是,于达适龄后予以追认者,不在此限。"域外立法对因重婚导致无效婚姻能否被阻却也多持肯定,如美国阿拉斯加州、马萨诸塞州、威斯康辛州等州立法均规定:重婚时当事人一方为善意,且于障碍除去后尚继续同居时,自其障碍除去时成立适法婚姻。而在缔结婚姻时未达到法定婚龄,但在申请宣告婚姻无效时却已经符合法定年龄条件情形下,法院将驳回申请,这是实务中认可的处理方式。这种处理方式与我国的社会婚姻状况密切相关,尤其是在乡村地区,未达法定婚龄却已举办婚礼者屡见不鲜,若不对此种婚姻予认可,将会给投机婚姻者提供可乘之机,引发社会隐患。

2. 重婚致婚姻无效的补正

如前述,无效婚姻得以补正不仅具有社会妥当性而且在程序上也具备合理性。本案中,所涉及的重婚所致无效婚姻同样适合上述结论。在我国,重婚有登记重婚和事实重婚两种形式。登记结婚即有配偶者(已登记结婚或已与他人形成事实婚姻者)又与他人登记结婚的;事实重婚即有配偶者(已登记结婚或已与他人形成事实婚姻者)又与他人公开以夫妻名义同居生活,虽未正式进行登记,但仍构成重婚。一方面,《婚姻法》第10条所列举的无效事由系婚姻无效的相对原因而非绝对原因,这意味着前婚姻关系被宣告无效、被撤销、双方离婚、一方死亡等情形均足以阻却违法婚姻的无效。当然,这绝对不意味着当事人构成重婚罪的,亦可免除其刑事责任。另一方面,我国的重婚原因具有复杂性,关涉社会、经济、文化、政治等多方面。因此,在此一味地强调法律的严肃性而不知予以变通所带来的效果可能会适得其反。

至少可以从两个方面注意到,我国立法活动及司法实务中尽量以减少社会生活中的无效婚姻为价值导向:其一,对婚姻无效的法定事由作封闭式规定;其二,婚姻无效可以在法定事由消失后被阻却。基于此,婚姻无效虽具有违法性,但无论是立法还是司法裁判活动,均需要实际考量、灵活变通,被价值主义蒙蔽眼睛而忽视实际发生的法律和社会效果是具有危险性的。根据民事法律行为治愈理论,婚姻无效事由消失后阻却婚姻无效不仅在逻辑上具有妥当性,在程序上也具有合理性。重婚虽具有较强的社会危害性,但是其导致的婚姻无效同样能在无效事由消失后被阻却。虽然司法解释已将其确认,但司法解释毕竟是指导法院法官办案的,上升到立法层面是必要的,这体现了实事求是、稳定婚姻家庭关系的立法宗旨,反映了追求社会妥当性的立法价值取向,是科学的、合理的。

参考文献

1. 马忆南:《民法典视野下婚姻的无效和撤销——兼论结婚要件》,载《妇女研究论丛》2018 年第 3 期。
2. 陈苇:《中国婚姻家庭法立法研究》,群众出版社 2010 年版。
3. 何志:《婚姻法判解研究与适用》,人民法院出版社 2004 年版。
4. 余延满:《亲属法原论》,法律出版社 2007 年版。

作者:武汉大学法学院教授 冉克平

72. 夫妻财产约定的效力
——杨某与王某甲夫妻财产约定纠纷案①

【事 实 概 要】

杨某与王某甲于××××年××月××日登记结婚,于××××年××月××日生育一女王某乙,于 2013 年 8 月 7 日经重庆市江津区人民法院调解离婚,在离婚案件中未对夫妻共同财产进行处理。王某甲婚前于 2009 年 11 月 30 日购买位于重庆市江津区×号商品房(以下简称×号房屋),当日王某甲支付了首付款。后王某甲与重庆某银行签订《个人贷款合同》。该房屋的房产证登记时间是 2012 年 1 月 19 日,权利人为王某甲。王某甲和杨某结婚后对该房屋进行了装修。2012 年 9 月 18 日,王某甲、杨某向重庆某律师事务所提出见证申请,当日王某甲与杨某签订《夫妻财产协议书》,约定:"一、男方王某甲婚前按揭购买的位于江津区×号房屋一套,属于双方夫妻按照各自 50%比例共同共有;二、男方王某甲在重庆某银行的房屋按揭贷款由男方继续偿还;如果双方以后涉及离婚,离婚之后剩余贷款由双方按照各自 50%比例继续偿还,直到还清为止。还清后男方应配合女方办理房屋登记过户手续。今后在 10 年之内如果是女方的过错导致离婚,第一条约定无效,女方不负责偿还按揭贷款,男方的过错导致离婚的除外;三、本协议签订后,女方今后自己的收入及相关合法财产归女方自己所有,不属于夫妻共同财产,女

---

① 重庆市江津区人民法院(2015)津法民初字第 08492 号民事判决书;重庆市第五中级人民法院(2016)渝 05 民终 2390 号民事判决书。

方可以自行处理,但不得交予男方;四、本协议书一经双方签字盖章即具有法律效力。"当日重庆某律师事务所出具了《律师见证意见书》。另,2014年2月19日,王某甲以受胁迫、欺诈为由起诉要求撤销与杨某签订的《夫妻财产协议书》,江津区人民法院经审理认为,王某甲未提交证据证明《夫妻财产协议书》是在受胁迫、欺诈或有重大误解的情况下签订的,《夫妻财产协议书》不存在法定可撤销的情形,以(2014)津法民初字第01584号判决驳回了王某甲的诉讼请求。

因2013年8月7日离婚时未对×号房屋进行处理,离婚后杨某又向法院起诉,要求按照《夫妻财产协议书》对该房屋进行处理。王某称自己撤销对杨某的赠与,该房屋属于自己所有。

【判决要旨】

1. 一审判决

一审法院认为,王某甲、杨某签订的《夫妻财产协议书》中第一条约定"男方王某甲婚前按揭购买的位于江津区×号房屋一套,属于双方夫妻按照各自50%比例共同共有",该协议虽名为《夫妻财产协议书》,但该条内容的实质是王某甲将部分婚前财产赠与杨某,《夫妻财产协议书》第一条系赠与协议。由于该协议未经过公证、王某甲、杨某亦未办理产权过户登记手续,王某甲提出依照《合同法》第186条的规定撤销对杨某的赠与的抗辩理由成立。双方婚后共同还贷支付的款项及其相对应财产增值部分,离婚时应根据《婚姻法》第39条第1款规定的原则,由产权登记一方对另一方进行补偿。故判决×号房屋归被告王某甲所有,购买该房屋的剩余贷款由王某甲偿还,王某甲于判决生效后15日内补偿杨某26 044.31元。

2. 二审判决

在二审审理过程中,杨某向法院提交了重庆市江津区人民法院(2014)津法民初字第01584号案件中王某甲的民事起诉状、杨某的民事答辩状以及该案庭审笔录,拟以此证明在(2014)津法民初字第01584号案件中已经确认《夫妻财产协议书》属于夫妻财产约定,而非夫妻一方将其个人财产赠与给另一方。

二审法院认为,民事案件的案由确定应当按照双方争议的民事法律关系为基础,本案杨某以《夫妻财产协议书》为据提起本案诉讼,符合夫妻财产约定纠纷的特征,因此本案案由应为夫妻财产约定纠纷。杨某在二审中举示的新证据,因来源真实、合法,予以采信。王某甲、杨某于2012年9月18日签订的《夫妻财产协议书》的实质是双方约定将王某甲的婚前财产即诉争房屋归双方共同所有,王某甲、杨某各占诉争房屋50%的份额。

由于王某甲在与杨某结婚前即已签订诉争房屋的买卖合同,以其个人财产支付房屋首付款并在银行办理贷款,诉争房屋亦登记在王某甲名下,将诉争房屋判归王某甲所有更为适当;王某甲向杨某补偿诉争房屋现价值减去离婚时尚未还清的银行按揭款项后的金额的50%。二审法院撤销原判,判决×号房屋归王某甲所有,购买该房屋的剩余贷款由王某甲偿还,王某甲于判决生效后15日内补偿杨某90 756.48元。

【解 析】

一、评析要点

夫妻财产约定协议的认定及效力。

二、学理评析

本案的争论焦点为杨某与王某甲签署的《夫妻财产协议书》的性质。除此之外,《夫妻财产协议书》是否直接引起物权变动也是需要思考的问题。

1. 夫妻财产约定与夫妻间赠与协议的不同后果

本案中,一审法院将案件定为离婚后财产纠纷,认定杨某和王某甲所签协议的第一条是夫妻赠与协议。二审法院将案件定为夫妻财产约定纠纷,认定杨某和王某甲所签协议的第一条是夫妻财产约定。本案的关键也在于确定杨某和王某甲所签协议中第一条的性质,这直接决定了法律适用的不同,进而也导致判决结果的不同。

《婚姻法司法解释(三)》第6条规定:婚前或婚姻关系存续期间,当事人约定将一方所有的房产赠与另一方,赠与方在赠与房产变更登记之前撤销赠与,另一方请求判令继续履行的,人民法院可以按照《合同法》第186条的规定处理。《合同法》第186条规定的是赠与人的任意撤销权,即"赠与人在赠与财产的权利转移之前可以撤销赠与。具有救灾、扶贫等社会公益、道德义务性质的赠与合同或者经过公证的赠与合同,不适用前款规定。"据此,如果认定杨某与王某甲签署的《夫妻财产协议书》属于夫妻间赠与协议,该协议只是由律师见证,而非公证机关公证,也不属于具有救灾、扶贫等社会公益、道德义务性质的赠与,王某甲作为赠与方,在房产变更登记之前可以撤销赠与。而本案中的房屋并未办理登记手续,王某甲有权撤销赠与。一审法院正是基于此理由而判决不支持杨某按50%分割房屋的主张。

如果认定杨某与王某甲签署的《夫妻财产协议书》属于夫妻财产约定,若签署协议时不存在意思表示不真实的情况,则王某甲无撤销权。王某甲曾以受胁迫、欺诈为由起诉要求撤销与杨某签订的《夫妻财产协议书》,法院认为不存在法定可撤销的情形而驳回其诉讼请求,可见该《夫妻财产协议书》是合法有效的,王某甲无权撤销。二审法院基于此理由得出与一审法院完全相反的结论,判决支持杨某按50%分割房屋的主张。

夫妻财产约定制度是我国2001年《婚姻法》新增的内容,允许夫妻对婚前或婚后的财产归属进行约定,其对应的是夫妻法定财产制。《婚姻法》第19条第1款规定:夫妻可以约定婚姻关系存续期间所得的财产以及婚前财产归各自所有、共同所有或部分各自所有、部分共同所有。约定应当采用书面形式。没有约定或约定不明确的,适用本法第17条、第18条的规定。从此条可看出,夫妻可以约定一方婚前财产归夫妻共同所有。《婚姻法司法解释(三)》第6条所称的"将一方所有的房产赠与另一方",并未明确是否仅限将房产全部赠与,还是也包括赠与部分份额。如果是赠与部分份额,约定转变为夫妻共有,是属于夫妻财产约定还是属于夫妻间赠与,法院认定不一。法律规定的不明确造成实务中理解上的混乱。本案当事人是约定将王某甲婚前房产转变为二人按50%比例共有。一审法院将此约定认定为赠与协议,二审法院认定为夫妻财产约定纠纷,而非赠与。除本案一审法院之外,也有法院将类似的情况认定为赠与,例如广州市中级人民法院(2014)穗中法民一终字第5282号民事判决书所涉案件:王某于婚前购买某房屋,婚后王某将该房50%产权赠与配偶雷某,并在房管部门登记为该房屋由双方各占50%产权。一审及二审法院均认定王某属赠与行为,该赠与行为已经通过涉案房屋的产权变更登记实际完成,王某不得撤销。争议本质几乎相同的案件,法院的裁判理由和依据却完全不同,缺乏统一性和说服力。

在《婚姻法司法解释(三)》出台之后,最高人民法院民一庭负责人在答记者问中曾表示,我国《婚姻法》规定了三种夫妻财产约定的模式,即分别所有、共同共有和部分共同共有,并不包括将一方所有财产约定为另一方所有的情形。将一方所有的财产约定为另一方所有,也就是夫妻之间的赠与行为。但有学者对此并不认同,认为《婚姻法司法解释(三)》第6条之规定隐含着这样一个推定,即夫妻约定一方所有财产归另一方所有(在更多情况下,是约定夫妻一方财产归夫妻共同共有),就是夫妻之间的赠与行为,这一推定并不符合现实生活中夫妻之间财产约定的本意,也混淆了夫妻财产制契约与夫妻之间赠与这两种性质完全不同的行为。因夫妻财产制契约中存在无偿转移财产行为,就将其直接等同于普通的赠与合同,不仅理论上不能成立,实际上也架空了夫妻约定财产制(夏吟兰、薛宁兰,221—222页)。从社会常理判断,夫妻一方将自己所有的最重要的财产——房屋转移对方所有或与对方共有,期待的多是与对方缔结婚姻,以达到永久共同生活的目的,所以,将此类约定首先推定为夫妻财产制契约更为合理。只有在当事人明示赠与,即明确表达了财产转移与身份无关,即使无身份存在或身份消失也同样转移的情况下,才能视为赠与行为(夏吟兰、薛宁兰,223页)。

《婚姻法司法解释(三)》第6条将夫妻间赠与房产等同于普通人之间的赠与,适用《合同法》关于任意撤销的规定。但司法实务中,对此种约定属何性质,尤其是约定夫妻一方财产归夫妻共同共有的协议究竟是赠与还是财产约定存在不同理解,有待今后进一步完善和明确。笔者认为,基于夫妻身份的特殊性,不能简单地将夫妻间转移房屋所有权(包括部分所有权份额)的行为等同于普通赠与行为。在目前法律规定不尽完善的情况下,应通过协议内容探究当事人的本意。只有属于附解除条件的赠与才可以要求返还,否则应认定属于夫妻财产约定而不得行使任意撤销权。

2. 夫妻财产约定情形下的物权变动判断

夫妻间对不动产归属进行约定,物权是自协议生效时变动,还是自登记时变动?就本案而言,如果将《夫妻财产协议书》认定为夫妻财产约定,但在未办理物权变动登记的情况下,杨某是否已取得房屋50%的份额?

×号房屋是王某甲婚前购买并支付首付款,产权登记亦是王某甲个人。虽然婚后夫妻共同还贷,但杨某并不因共同还贷而取得房屋所有权。本案二审法院认定杨某因夫妻财产约定而享有×号房屋50%的份额,但并未从物权变动角度进一步释明。至诉讼前,×号房屋仍登记在王某甲一人名下,未办理产权变更登记。《物权法》第9条规定:不动产物权的设立、变更、转让和消灭,经依法登记,发生效力;未经登记,不发生效力,但法律另有规定的除外。物权公示原则要求物权变动必须能为公众所知,不动产物权变动的公示方法即为登记,除非另有规定。一般而言,基于法律行为引起的不动产物权变动应遵循登记这一公示方法,登记方能发生物权变动。非基于法律行为引起的不动产物权变动,均不以登记为公示方法,无须登记即发生物权变动,比如《物权法》第28条、第29条、第30条所规定的物权变动情形。夫妻财产约定属于法律行为,《物权法》并未明确将其列为"另有规定"的例外情形,那是否也应遵循登记的公示方法呢?在"唐某诉李某某、唐某乙法定继承纠纷案"[1]中,法院认为夫妻财产约定不宜由物权法过度调整,不宜以产权登记作为确认不动产权属的唯一依据,应尊重夫妻真实意思表示,优先适

---

[1] 参见《最高人民法院公报》2014年第12期。

用《婚姻法》。认定夫妻约定房屋归属虽未办理转移登记手续,但在夫妻内部可直接发生物权变动效力,无须登记。也有学者认为,登记制度不应成为判断不动产物权变动的唯一标准,其在夫妻财产契约中的强势地位应当予以弱化(姚辉,18页)。

婚姻家庭领域的财产关系往往与身份密切相关,且常涉及情感、道德等因素,通常不属于市场经济关系。适用《物权法》《合同法》时,应注意其特殊性,不宜简单套用市场经济领域的规则。物权变动公示主要在于保护交易安全,维护善意第三人的利益。在夫妻财产约定中,物权变动宜归入债权意思主义模式,不采债权形式主义模式。对内而言,夫妻财产约定生效,物权即发生变动,但对外来说,未经登记不得对抗善意第三人,以此保护交易安全。本案中,夫妻财产约定不涉及第三人,具有直接引起物权变动的效力,杨某在《夫妻财产协议书》生效时取得×号房屋所有权50%的份额,在诉讼时已属于事实物权人。

参考文献

1. 夏吟兰、薛宁兰主编:《民法典之婚姻家庭编立法研究》,北京大学出版社2016年版。
2. 姚辉:《夫妻财产契约中的物权变动论》,载《人民司法》2015年第4期。

作者:上海交通大学凯原法学院副教授　张晓梅

73. 夫妻共同债务的责任财产范围
——吕国华与刘明桂夫妻共同债务清偿纠纷案[①]

【事 实 概 要】

吕国华与刘明桂于2005年3月7日登记结婚。2006年6月15日,吕国华与刘明桂签订《约定》,明确坐落于江苏省盐城市盐纺新村×区×幢×××室房屋为吕国华于婚前取得,为吕国华所有。2006年6月17日及2008年11月30日,刘明桂向吕国华分别出具两张10万元的借条,载明所借款项为吕国华婚前财产。2008年11月30日,刘明桂与吕国华签订《婚后协议(补充)》,约定家庭日常开支仍由双方各自承担一半,个人开支个人负责,双方婚前财产及婚后收入归各自所有,婚后债务各自承担,各自抚养自己的父母及小孩。2011年8月29日,吕国华与刘明桂签订离婚协议,约定夫妻关系存续期间各自所欠债务(借条上签名是谁的,债务就是谁的),由各自负责偿还。

2005年3月1日,王社保、刘明桂与南京金海洋运输有限公司签订一份关于筹资共同建造船舶合伙经营的协议。该协议约定,三方共同出资经营船队。2006年3月1日、2009年3月1日、2010年3月1日,刘明桂(甲方)与王社保(乙方)就建振1号轮队签订了《资产股份权属、资产运营、利益分配合同》。双方约定了利益分配方案。2011年3月1日,对王社保的累积净

---

① 江苏省高级人民法院(2014)苏民再提字第0057号民事判决书。

收益,刘明桂向王社保出具借条一份,内容为:"今借到王社保人民币壹佰万元正,利息按1%月息,有纠纷溧阳法院解决。刘明桂 2011.3.1"。

2011年8月22日,王社保诉至江苏省溧阳市人民法院,要求刘明桂归还借款100万元及利息8万元。该院经审理作出(2011)溧民初字第973号民事判决书,判决:刘明桂于判决生效后10日内归还王社保借款100万元并承担8万元利息,共计108万元。该判决生效后,王社保向江苏省溧阳市人民法院申请执行,并申请追加吕国华为被执行人。江苏省常州市中级人民法院二审认为,涉案债务虽然发生于吕国华与刘明桂婚姻关系存续期间,但是该债务属于王社保与刘明桂合伙经营结算后,刘明桂应支付给王社保的合伙经营承包金。故刘明桂所举之债并非用于与吕国华家庭共同生活,王社保亦明知涉案之债并非用于家庭生产经营或共同生活。因此,一审法院将该债务按夫妻共同债务处理与客观事实不符,本案所涉之债系刘明桂个人债务,吕国华对此无须承担连带清偿责任。王社保不服,向江苏省高级人民法院申请再审。

【判决要旨】

再审法院认为,本案再审争议焦点为:吕国华是否应对2011年3月1日刘明桂向王社保出具的100万元借条对应的债务承担清偿责任。再审法院撤销一审和二审判决,并判决刘明桂于2011年3月1日向王社保出具100万元借条及相应的利息,属于吕国华与刘明桂的夫妻共同债务。但在责任财产范围上,刘明桂应以其全部财产对该债务承担清偿责任;吕国华则仅需以其与刘明桂在婚姻关系存续期间取得的夫妻共同财产为限,对该债务承担清偿责任。

涉案债务虽为欠付的合伙收益,但该债务是因婚姻关系存续期间刘明桂一方对外经营所产生,其归属应与合伙收益相结合进行判断。由于我国实行婚后所得共同制,在该制度下,除非法律有特别规定或夫妻有特别约定,否则夫妻婚后所得即推定属于夫妻共同共有。与此相对应,《婚姻法》第17条规定,婚姻关系存续期间,生产、经营的收益归夫妻共同共有。《婚姻法司法解释(二)》第11条亦规定,夫妻一方以个人财产投资取得的收益属于夫妻共同所有的财产。因此,刘明桂虽在婚前几天以个人财产与王社保合伙,但根据上述规定,因该合伙经营产生的收益属于其与吕国华的夫妻共同财产,则与该收益相对应的消极财产即债务也应属于夫妻共同债务。另外,吕国华未能证明与刘明桂在整个婚姻关系存续期间均实行分别财产制;即使能够证明,该事实也只能对抗婚姻关系内部的配偶一方,而不能对抗婚姻关系外部的债权人。就债权人王社保而言,并无证据证明其明知刘明桂与吕国华实行分别财产制。根据保护交易安全的基本原则,债权人在与债务人没有特别约定的情况下,有权基于婚姻法关于夫妻财产制的一般规定作出商业判断和商业选择,也有权要求债务人以其依法享有的全部财产作为清偿债务的一般担保。由于我国的法定夫妻财产制是婚后所得共同制,因此,王社保有理由相信刘明桂因合伙所获得的收益用于夫妻共同生活,成为夫妻共同财产的组成部分;同样其也有理由认为刘明桂的合伙债务属于夫妻共同债务,应由夫妻共同清偿。

涉案债务被认定为夫妻共同债务的原因并不是吕国华实际参与了合伙经营活动,也不是吕国华与刘明桂之间就涉案债务存在举债合意,而是基于我国婚后所得共同制的法律规定。吕国华与刘明桂对婚后一方取得的财产存在共同所有的关系,成为夫妻共同生活的一部分,则与该财产相对应的债务也属于夫妻共同债务。正因如此,对该债务承担偿还责任时,吕国华的责任财产范围也应与该财产制相对应,即与夫妻共同生活无关的财产应排除在外。根据《婚姻法》第17条及第18条之规定,夫妻在婚姻关系存续期间所得的生产、经营的收益等财产属于夫妻共同所有,一方婚前财产等属于夫妻一方的财产。本案中,吕国华婚前个人财产及其与刘明桂离婚后取得的财产属于吕国华的个人财产,与夫妻共同生活并无关联,因此,吕国华偿还涉案夫妻共同债务仅应以其与刘明桂的共同财产为限,其个人财产不应作为偿还涉案夫妻共同债务的责任财产。而刘明桂作为借款人,其举债的行为表明其有将个人全部财产作为责任财产的意思表示,包括夫妻共同财产中其享有的部分,故刘明桂仍应以个人全部财产及夫妻共同财产中其享有的部分对涉案债务承担清偿责任。

【解 析】

一、评析要点

非举债方以夫妻共同财产为限承担有限清偿责任。

二、学理评析

在本案,非举债方的婚前个人财产及离婚后取得的财产属于个人财产,与夫妻共同生活并无关联,因此,偿还涉案的夫妻共同债务仅应以共同财产为限,非举债方的个人财产不应作为责任财产。但夫妻中的举债方作为借款人,其举债的行为表明其有将个人全部财产作为责任财产的意思表示,包括夫妻共同财产中其享有的部分,故举债方仍应以个人全部财产及夫妻共同财产中享有的部分对涉案债务承担清偿责任。那么,此案所确立的非举债方以夫妻共同财产为限承担有限清偿责任,是否存在责任基础?

1. 我国《婚姻法》没有明确规定夫妻共同债务的连带清偿责任

连带清偿责任建立在连带之债基础上,而连带之债以法律规定或当事人约定而成立。从有关的法律规定分析,我国立法并没有明确规定夫妻双方对夫妻共同债务承担连带清偿责任。1980年《婚姻法》第32条虽没有出现"夫妻共同债务"的表达字样,但作为涉及夫妻共同债务问题的唯一条款,该条款规定了离婚的法律后果,强调"夫妻共同生活所负的债务"由共同财产偿还。对于共同财产不足清偿的情况,该条款没有作出后果性的规定,仅仅提出"协议清偿或法院判决"。可见,该条款强调共同财产优先偿还,并没有建立夫妻连带清偿责任。1993年11月3日,在1980年《婚姻法》基础上,最高人民法院颁布《离婚财产分割意见》,该意见第17条进一步规定,"夫妻为共同生活或为履行抚养、赡养义务等所负的债务,应认定为夫妻共同债务,离婚时应当以夫妻共同财产清偿"。该司法解释首次以"夫妻共同债务"表达方式来规定其认定依据,但同样仅仅明确"以夫妻共同财产清偿"。2001年《婚姻法》第41条在此基础上规定:离婚时,原为夫妻共同生活所负的共同债务,应当共同偿还。共同财产不足清偿的,或财产归各自所有的,由双方协议清偿;协议不成时,由人民法院判决。该条款删除了1980年《婚姻法》第32条就个人债务的清偿责任的规定,专门针对共同债务的清偿责任作出规定,将"共同财产偿还"改为"共同偿还",但强调的是离婚的原夫妻双方对共同债务负有共同清偿的责任,至于是以共同财产清偿还是用其他方法清偿,尚在其次(蒋月,207页)。

因此,无论是1980年《婚姻法》还是2001年《婚姻法》,可以说,在《婚姻法司法解释(二)》颁布之前,从我国婚姻立法和相关司法解释的规定分析,均无法扩张理解为夫妻双方应无条件地承担夫妻共同债务的连带清偿责任。2001年《婚姻法》第41条只是明确了共同财产优先偿还夫妻共同债务的效力,并没有规定夫妻共同债务的完整效力。至于"共同偿还"是否可以解释为共同债务人对共同债务承担连带清偿责任,任一债务人皆可以偿还而达到债的消灭(郭丽红,158—159页);还是解释为共同债务人必须作为一个整体共同偿还,任一债务人不发生"共同偿还"而无法达到债的消灭,仍然存在争议。笔者认为,既然夫妻作为夫妻共同债务的"共同债务人""共同偿还",那么,必须以共同债务人的共同财产才能"共同偿还",若夫妻共同财产不足"共同偿还"的情况下,"共同偿还"只能解释为共同债务人就剩余债务拿出"共同份额"的个人财产加以偿还,并不发生连带清偿责任。非举债方没有参与"夫妻共同债务"的缔结,其在婚前取得的或离婚后产生的个人财产与夫妻共同生活无关,不会产生连带清偿夫妻共同债务的效力。

2. 非举债方承担清偿夫妻债务的责任基础在于夫妻共同生活

夫妻一方以个人名义对外交往中产生的债务,在外部关系中是举债方的个人债务,但因是夫妻共同生活还是自身需要的目的不同,因是否属于日常家事代理权范围的不同,因非举债方是否分享债务带来的利益不同,而产生是否识别为夫妻共同债务的不同,进而承担的债务清偿责任的不同。依据《婚姻法》第41条的规定,非举债方为"夫妻共同生活"的债务为夫妻共同债务。但即使构成夫妻共同债务,非举债方是否必须以其个人财产承担连带清偿责任?

(1)债的相对性视角。债权人在借债时,注重的是交易对象自身的信誉和资质,而非交易对象是否婚配、配偶如何、背景如何等。在债的外部法律关系中,当夫妻一方以个人名义与第三人进行法律行为时,无论是缔结债务还是其他法律行为,无论是承担债务还是获得利益,均是个人承担或享有。即使在共同财产制下,夫妻财产共同共有,债权人愿意将款项出借给债务人,也只能基于有理由相信夫妻一方的举债行为是以夫妻共同财产为担保,而不是建立在非举债的夫妻另一方的个人财产的基础上。债权是一种相对权,是特定债权人对特定债务人的权利,债的相对性是债的基本法律属性。因此,债的核心是给付,意味着债权的核心内容只是请求权而非支配权。因夫妻共同生活而产生夫妻共同债务,无论主观上是"为夫妻共同生活"所需,还是客观上产生"夫妻共同生活"需要,就债的相对性而论,均止于夫妻共同生活。非举债方没有参与举债,没有作出举债的意思表示,债权人无法从此债中推出非举债方以其个人财产为此清偿的承诺,因此,无法牵涉非举债方的个人财产。

(2)非共有物之债的视角。我国《物权法》第102条规定,因共同的不动产或者动产产生的债权债务,在对外关系上,共有人享有连带债权、承担连带债务,但法律另有规定或者第三人知道共有人不具有连带债权债务关系的除外。该条款强调的是因共有的不动产或动产而产生债务,共有人承担连带债务。在共同共有财产上,设定负担是由共有人共同实施民事行为为之,是共有人对共有财产的使用中而形成的债务。当然,单个人在设定共有财产的负担上,如果不违背共有人的意志,也应当发生效力(杨立新,56页)。夫妻关系中的非举债方因"夫妻共同生活"而分享举债方的债务利益,或举债方在日常家事代理范围内代理非举债方而产生夫妻共同债务,并不是非举债方与举债方因共同共有的不动产或者动产而产生的债务,而是综合"夫妻关系"的身份和"共同生活"的需要而产生夫妻共同债务,不能简单地归属于共有物之债。即使夫妻对婚姻关系存续期间所得的财产共同共有,共有人既此而产生债务,那么对该债务亦限于共同共有的不动产或动产中,因为共有物上产生的债务类似"物上请求权",物上请求权的目的在于维护所有权的圆满状态,非举债方对共有物没有作出举债的意思表示,那么,不可能以其个人财产来填补共有物基础上产生的债务。

(3) 非合伙关系之债的视角。就夫妻共同债务的性质,无论存在何种分歧,首先应承认夫妻共同债务具有共同债务的性质,但共同债务并不是当然的连带债务。即使认为夫妻关系具有合伙关系的性质,合伙债务作为共同债务的代表,那么,夫妻共同债务成立后,当共同财产不足清偿时,夫妻承担什么性质的责任?夫妻是否需要以个人财产对此承担连带清偿债务?根据不同的立法例,需要在各国选择各自的立法例后以法律形式作出明确的规定。何况,婚姻关系实质上无法等同于合伙关系,且我国现行《婚姻法》对"共同财产不足清偿共同债务"的情形并没有作出明确的规定,仅仅是规定以协议或判决进行清偿。因此,从合伙关系也无法推导出非举债方以个人财产对夫妻共同债务承担连带清偿责任。

(4) 夫妻共同生活的视角。从《婚姻法》第41条的立法原意探究,非举债方只有与举债方在婚姻关系存续期间"为夫妻共同生活",在夫妻共同生活中占有或享受举债方的债务利益,才得以"共同偿还"举债方的债务。"夫妻共同生活"是"共同偿还"的基础和原点,仅有夫妻身份而没有"夫妻共同生活"基础的债务,非举债方就不存在"共同偿还"的支点。因此,以"为夫妻共同生活"的债务用途来界定夫妻共同债务,将举债的目的与用途直接联系,反映了夫妻共同债务的本质。非举债方因从该用途的债务享有了利益,从权利义务相一致出发,因而才应承担夫妻共同债务的清偿责任,但非举债方仅是因为在夫妻共同生活过程中享有举债方带来的债务利益,故非举债方承担该债务的责任基础在于夫妻共同生活。

3. 非举债方的责任财产限于夫妻共同财产范围

夫妻债务构成共同财产制下的消极财产。婚后共同财产制使得夫妻所组成的生活共同体具有其物质基础——共同财产,这种共同财产的所有权归属夫妻双方共同所有。夫妻在婚姻关系存续期间创造夫妻共同财产的同时,也因夫妻共同生活而产生夫妻共同债务。因此,夫妻共同财产制产生的结果既有积极财产,又有消极财产。在夫妻共同财产制下,夫妻一方对外负债的收益属于夫妻共同财产,债务也被认定为夫妻共同债务。这时由于实行的是共同财产制,导致举债方的财产与非举债的配偶一方的财产混同而合为一体。而婚姻虽创设夫妻配偶身份,但配偶却不具有独立的民事主体地位,因此不可能以"配偶"为主体对外承担责任。共同债务既然是基于共同财产而成立,当然是以共同财产为其责任财产范围。因此,消极财产的债务也只能以夫妻共同财产作为债的担保,共同财产制并不必然是夫妻共同债务连带清偿责任的基础。

非举债方的个人财产与夫妻债务无关。夫妻的个人财产是以共同财产制为前提,是对婚后所得共同财产制的补充和限制。根据我国《婚姻法》第18条的规定,个人财产主要包括夫妻一方的婚前财产、具有人身性质或与人身相关的财产、遗嘱或赠与合同中确定只归夫或妻一方的财产及其他应当归一方的财产。婚前财产是夫妻一方在婚姻缔结前取得所有权的个人财产,不因婚姻关系的延续而发生向共同财产的转化,永远是个人财产。我国民法没有物权取得时效制度,个人财产不因婚姻存续期间而发生所有权的改变,因此,婚前财产的取得与夫妻共同生活无关。同样,婚前债务也应由个人财产偿还。对于夫妻一方因身体受到伤害而获得的医疗费、残疾人生活补助费、保险赔偿金、个人专用的生活用品等与人身密切相关的个人财产,非因夫妻共同生活而产生,当然不需要用以偿还夫妻共同债务。在遗嘱或赠与合同中,被继承人或赠与人明确表示将财产转给夫妻一方的,排除配偶另一方财产权利,从尊重原财产所有人设定财产转移的意思表示出发,该类型的个人财产不作为清偿夫妻共同债务的责任财产。总之,非举债方的个人财产的取得,与夫妻共同生活并无关联,而非举债方偿还夫妻共同债务建立在夫妻共同生活的基础上,因此,非举债方的个人财产不应作为偿还夫妻共同债务的责任财产。

非举债方基于日常家事代理权。婚姻当事人缔结婚姻的目的在于夫妻共同生活,在共同生活中夫妻双方不可能事必躬亲,这就产生日常家事代理权。日常家事代理权是明确夫妻共同债务的立法基础。基于婚姻关系而直接推定夫妻承担清偿责任的范围只限于为夫妻共同生活的家事范围即生活性债务,经营性债务应纳入社会经营范畴而不适用日常家事代理权。超越日常家事范围而举债,除非另一方追认而成为共同债务人,否则应当认定为个人债务。我国1950年《婚姻法》、1980年《婚姻法》和2001年《婚姻法》都未明确规定日常家事代理权。《婚姻法司法解释(一)》借鉴外国有关日常家事代理权的规定,于第17条规定:"因日常生活需要而处理夫妻共同财产的,任何一方均有权决定。夫或妻非因日常生活需要对夫妻共同财产做重要处理决定,夫妻双方应当平等协商,取得一致意见……"可见,夫妻之间在婚姻关系存续期间,只能就"日常生活需要"具有代理权,对另一方产生拘束力。对于一方超出日常生活需要范围的举债,非属于日常家事代理权的范围,不能当然认定为夫妻共同债务。

只有立法明确规定日常家事代理权的适用范围,才能有效地保护交易相对方和夫妻另一方的合法权益。《法国民法典》第1414条就明确规定,只有在夫妻一方依法行使日常家事代理权所产生的债务,债权人方可扣押配偶所得的收益与工资。因此,日常家事范围之外的事务,他方是否负连带责任或对第三人是否产生效力,须获得他方的授权或以第三人是善意还是恶意进行判断。在共同财产制为基本形态的夫妻财产制下,夫妻双方对共同财产均有管理和处分权。如果夫妻一方滥用权利,不仅由夫妻共同财产承担责任,而且使夫妻个人财产为对方行为承担责任,必然损害夫妻另一方的权益。就此,将在婚姻关系存续期间夫妻一方所产生的债务"推定个人债务"为基本规则,以日常家事代理权范围内产生的债务为夫妻共同债务作为必要补充,既符合债的属性和债法的基本原则,又最大限度地维护婚姻当事人和交易债权人的双方利益。婚姻法作为民法的特别法,民法的交易安全和婚姻法的婚姻安全的两者立法价值不可偏废。保障债权人利益的同时,也应尽可能保护婚姻当事人的个人财产,将婚姻当事人的个人财产与非本人行为所造成的债务进行隔离,非举债方的责任财产范围应与共同财产制对应,未举债一方最多是因夫妻共同生活享受了举债方的债务资金的所有权,即使该债务或者其转化物全部或部分转移给了非举债一方,该方也只能在其"实际接收及所收益范围内"承担清偿责任,其责任财产至多是夫妻共同财产,不可能扩大到其个人财产。最高人民法院早在《民通意见》第43条就规定:"在夫妻关系存续期间,一方从事个体经营或者承包经营的,其收入为夫妻共有财产,债务亦应以夫妻共有财产清偿"。该条款清晰地表达出非举债方在因夫妻共同财产制而享有举债方的债务利益的情况下,仅以夫妻共有财产为限清偿举债方产生的债务。因此,夫妻共同债务是以夫妻共同财产作为一般财产担保的债务,是在夫妻共有财产的基础上设定的债务,非举债方只能以夫妻共同财产为限承担清偿夫妻共同债务的责任。

界定夫妻共同财产。非举债方以夫妻共同财产为限承担清偿责任,这里的"共同财产"不仅包括在婚姻关系存续期间夫妻双方或一方所得的财产,也包括非举债方在离婚时依法或以约定分割到的夫妻共同财产。夫妻共同财产的界定,是以非举债方和举债方的婚姻关系存续期间所得的财产为范围。但是,在复杂的社会生活中,某项财产的归属常常存在争议,难以界定是夫妻共同财产还是个人财产。《离婚财产分割意见》第7条规定:"对个人财产还是夫妻共同财产难以确定的,主张权利的一方有责任举证。第三人举不出有力证据,人民法院又无法查实的,按夫妻共同财产处理。"但共同财产推定规则没有被我国婚姻立法所明确。笔者认为,我国《婚姻法》既以婚后所得共同财产制为夫妻法定财产制,则更有必要设立夫妻共同财产推定规则。

总之,非举债方若与举债方存在婚姻关系,双方或一方在婚姻关系存续期间所得均属于夫妻共同财产,以此范围内的财产清偿夫妻共同债务;非举债方若与举债方离婚,以离婚判决书或离婚调解书或离婚协议中确定分割的夫妻共同财产为限清偿夫妻共同债务。对不能证明是夫妻共同财产还是个人财产的,推定为夫妻共同财产,作为清偿夫妻共同债务的责任财产范围。

参考文献

1. 蒋月:《夫妻的权利与义务》,法律出版社2001年版。
2. 郭丽红:《冲突与平衡:婚姻法实践性问题研究》,人民法院出版社2005年版。
3. 杨立新:《共有权理论与适用》,法律出版社2007年版。
4. 杨晓蓉、吴艳:《夫妻共同债务的认定标准和责任范围——以夫妻一方经营性负债为研究重点》,载《法律适用》2015年第9期。
5. 刘正祥:《基于债权人利益保护的夫妻债务承担研究》,载《西南交通大学学报(社会科学版)》2009年第3期。

作者:厦门大学法学院教授　何丽新

74. 夫妻共同债务的认定标准
——雷某某与宋某某离婚纠纷案[①]

【事实概要】

原告雷某某(女)和被告宋某某于2003年5月19日登记结婚,双方均系再婚,婚后未生育子女。双方婚后因琐事感情失和,于2013年上半年产生矛盾,并于2014年2月分居。雷某某曾于2014年3月起诉要求与宋某某离婚,经法院驳回后,双方感情未见好转。2015年1月,雷某某再次诉至法院要求离婚,并依法分割夫妻共同财产。

宋某某主张双方有债权人为谭某的共同债务38 000元,用于申请摩托车专利;债权人为李

---

① 北京市朝阳区人民法院(2015)朝民初字第04854号民事判决书;北京市第三中级人民法院(2015)三中民终字第08205号民事判决书。

某的共同债务85万元,用于专利开发;债权人为张某的共同债务146 823.4元,用于做摩托车配件。雷某某对宋某某所述的上述夫妻债务均不认可。宋某某就此提交欠条及民事调解书,雷某某对宋某某提交的证据均不认可。

【判 决 要 旨】

1. 一审判决

一审法院认为,债权人为李某的债务,宋某某未能举证证明该借款系基于夫妻双方的合意或用于家庭共同生产生活,难以认定系夫妻共同债务;债权人为谭某、张某的两笔债务仅有欠条为证,且雷某某对此不予认可,难以查明该债务的真实性,可另行解决。故一审法院判决:债权人为李某的债务85万元由宋某某承担;法院并对其他无争议的财产进行了处理。

2. 二审判决

关于婚姻关系存续期间,夫妻一方以个人的名义对外所负债务的性质认定,在二审审理期间,应宋某某的申请,二审法院调取了雷某某名下账号自2012年11月26日开户后的银行流水明细,显示雷某某于2013年4月30日通过ATM转账及卡取的方式将该账户内的195 000元转至案外人雷某齐名下。雷某某对钱款的去向不能作出合理的解释和说明,前后陈述明显矛盾,对其主张亦未提供任何证据予以证明。故二审法院认定该负债行为属于夫妻一方的个人债务。

【解　　析】

一、评析要点

在夫妻合意之外的行为,夫妻一方以个人名义对外所负债务,究竟是个人债务抑或是共同债务?

二、学理评析

1. "用途论"与"推定论"的两难困局

在改革开放之初,《婚姻法》第41条以"夫妻共同生活"作为判断夫或妻个体行为或夫妻共同行为的依据,其主要原因在于个人主义的兴起仍然缺乏现实的土壤。其一,从家庭层面看,夫妻作为家庭共同体的成员,与外部的联系较少,社会活动在很大程度上仍然是以家庭为单位。其二,从个人层面看,由于当时商品经济并不发达,夫妻个人所拥有财产较少,夫或妻以其个人名义实施个体行为大体属于日常家事代理权的范畴。其三,在夫妻财产制方面,法律在婚后所得共同制之外,还规定了夫或妻的婚前个人财产转化规则,客观上强化了夫妻共同体的财产基础。在此背景之下,对于债权人而言,尽管夫或妻的个体行为是否为"夫妻共同生活"不易判断,但由于个体行为在很大程度上被夫妻团体的行为所遮蔽,将个体行为所负债务认定为夫妻共同债务,既保护了债权人的利益并维护了交易的安全,大体也符合夫妻团体的实际。

在强调个人独立与意思自治的背景下,传统社会中许多家庭功能已被现代社会中市场和其他组织所取代。家庭显得比从前开放很多,夫妻作为家庭共同体的成员,与外部的联系变得日益重要与多样,个人财产不断积累。因"夫妻共同生活"具有伦理、情感与私密性的特征,夫或妻的个体行为是否属于夫妻团体行为难以判断。在本案中,宋某某对外所负债务,如果严格依照"用途论",由宋某某来承担负债利益是否用于夫妻共同生活的举证责任,则会因"夫妻共同生活"的私密性而难以辨别;反之,由债权人来承担举证不能的责任,则债权人不仅对于其是否具有为夫妻共同生活的用途难以知晓,而且对于其是否会将所得利益作为"夫妻共同生活"的用途之事实也不易追踪。在实践中,也不乏夫妻双方可能共同串通、恶意逃避债务以损害债权人的利益。

"第 24 条"正是为了克服"用途论"的抽象性与易变性,改采"推定论",将夫或妻的个人负债行为,推定为夫妻共同债务。"推定论"的主要意旨在于通过扩大债权担保范围,保障债权人的合法权益,维护交易安全,其逻辑基础则是由《婚姻法》第 17 条规定的"婚后所得共同制"所导出的"利益共享制"。

但是"利益共享制"作为"推定论"的理论基础,只是一种理想状态。因为举债人的行为动机隐蔽于其内心,举债人的配偶相对于债权人,并不具有防范危险的优势。简言之,"利益共享制"作为"第 24 条"的逻辑基础,仅具有形式合理性。如果举债人负债所获利益的动机,与夫妻共同生活的用途愈是遥远,则意味着"利益共享制"预设的理想与现实状态愈是难以弥合,而要求举债人的配偶作为共同债务人承担连带责任,愈会导致实质不公平的结果。在本案中,宋某某对外所负债务,如果依照"推定论",推定为夫妻共同债务,由雷某某承担举证不能的责任,则难免对于雷某某的要求过于苛刻,诚如上所言,宋某某举债的动机隐蔽于其内心,其所负债务利益属于夫妻共同财产只是一种理想状态,此时要求雷某某作为共同债务人承担连带责任,则会导致实质性非正当结果。在实践中,也不乏债务人与债权人恶意串通损害举债人配偶的利益。

在个人主义勃兴的背景之下,夫妻团体的维系与交易安全的保护之间的张力日益突显。

在本案中,宋某某对外所负债务无论是按照立法上的"用途论"还是司法解释的"推定论",在技术上都不足以回应目前社会现实的需求。相关司法审判所引起的各种矛盾,是社会变动的速率与法律适应变动的速率之间已不匹配的产物。

2. 夫妻团体债务认定

在我国《婚姻法》第 17 条规定的婚后所得共同制的基础之上,我国应以"家庭利益"认定夫妻共同债务。"家庭利益"相较于"共同生活目的"在立法上之表述更为合理,符合比较法上采纳共同财产制立法的做法,而且前者可以涵盖后者。但是"家庭利益"属于弹性概念,对此可以结合家庭的经济状况和生活习惯,以及通常的社会观念进行个案判断。

在我国婚姻法上,"家庭利益"具体可从以下三个方面界定:(1)夫或妻为家庭利益的对外实施的法律行为必须是有偿的。否则,对无偿获取利益的债权人过于优待,而对于负债方的配偶显失公平。(2)对于法定之债,应以夫或妻的个人行为是为"家庭利益"而正当负担,作为认定其为夫妻共同债务的标准。在婚姻关系存续期间,若侵权行为是为了家庭利益或者事实上使家庭利益受益的,就应当认定为夫妻共同债务。(3)夫或妻一方为"家庭利益"负债应具有正当性。为夫或妻一方或双方的教育、培训费用所负债务,或者夫或妻正当必要的社会交往费用所负债务等均属于夫妻共同债务。反之,若是赌博、吸毒、盗窃、抢劫犯罪行为等所生的赔偿债务,并不构成夫妻共同债务。(4)夫妻采法定财产制,夫或妻在结婚前设定的债务,而将个人债务的收益用于婚后家庭共同生活的,则该个人债务转化为夫妻共同债务。(5)在举证责任上,在个人主义兴起的社会背景之下,由于夫或妻的个人行为通过"家庭利益"这一目的才被视为夫妻团体行为,责任财产范围也扩大至夫妻共同财产。依据通常的社会观念,夫或妻个人负债可以被视为用于"家庭利益"的,债权人免除举证责任。但是,夫或妻的个人负债行为愈是与家庭的经济状况、生活习惯以及社会观念相背离,则债权人对该行为属于夫妻团体行为的信赖愈是薄弱。相应的,债权人就负有更强的注意义务和举证责任,即由债权人举证证明夫或妻的个人行为所负债务是用于"家庭利益",由此平衡举债一方配偶与债权人之间的利益关系,避免不适当地加重举债人配偶的责任。

日常家事代理权是一种特殊的代理,在日常家事的范围内,夫或妻以自己的名义实施法律行为所负债务,被认为属于夫妻团体债务。我国《婚姻法》并未规定日常家事代理权,《婚姻法司法解释(一)》第17条第1款第1项第2句仅有原则性规定。正是因为日常家事代理权的规定过于原则,其反而成为"第24"条的立法依据之一。因此,我国《民法典·婚姻家庭编》应该规定日常家事代理权,并发挥该制度认定夫或妻个人所负债务是否属于夫妻团体债务的功能。从比较法上看,夫或妻的日常家事代理权限于"满足日常生活需要的交易"。在具体案件中,必须审查夫或妻以个人名义所负债务为了满足家庭日常生活需要是适当的还是明显超越了这一目的,而且满足需要的交易在种类和范围上应与处于同等社会状况的家庭之平均消费习惯相称才是适当的。

在实践中,夫或妻一方为生产经营或投资,以个人名义向第三人借贷大笔资金,是否属于夫妻共同债务,往往是司法审判的难点。笔者认为,夫或妻以个人名义向债权人借贷大笔资金的情况下,有证据证明所获对价的用途是为了"家庭利益"的,该债务应当属于夫妻共同债务。同时,由于这明显超越日常家事代理权的范畴,债权人为确保自己资金的安全,应了解借款用途和资金去向,由债权人承担证明该借款用于"家庭利益"的举证责任,否则应视为个人债务。

结合本案,宋某某用于申请摩托车专利、专利开发、做摩托车配件而对外所负个人债务,可以认定为宋某某为生产经营或投资所负债务。由于其举债目的依通常社会观念不能被视为"家庭利益",并且举债行为明显超越日常家事代理权的范畴,因此不能推定为夫妻共同债务。此时,为了平衡举债方配偶与债权人之间的利益关系,应由债权人举证证明宋某某的举债目的是否是为"家庭利益",从而认定宋某某对外负债是否为夫妻共同债务。

3. 夫妻团体债务与个体债务清偿规则

夫妻共同财产是夫妻团体所负债务的责任财产,而夫或妻的个人财产是个人行为所负债务的责任财产。如果配偶一方的个人财产不足以清偿个人债务时,可以该配偶在夫妻共同财产中的份额进行清偿。有疑问的是,当夫妻共同财产不足以清偿夫妻共同债务时,是否应当以个人财产清偿?对此,《婚姻法》第41条语焉不详。

笔者认为,夫妻共同债务属于连带债务,该连带债务并非因共同财产而产生,而是夫妻团体行为所产生的法律后果。因此,若是夫或妻一方以家庭利益为目的负担夫妻团体债务,在夫妻共同财产不足以清偿时,则由举债方的个人财产补充;若是夫妻双方合意负担债务,在共同财产不足时,则由夫妻双方的个人财产补充。相反,若是夫或妻以个人利益为目的所负债务,则属于夫或妻的个人债务,由举债方的个人财产清偿。若是个人财产不足的,则由夫妻共同财产中的份额予以补充。当夫妻共同债务和个人债务并存时,可以采用"双重优先规则",即夫或妻的个人财产优先用于个人债务的清偿,夫妻共同财产优先用于夫妻共同债务的清偿。当各个清偿之后有剩余财产时,才可用于另一债务的清偿。

为了维系夫妻团体的责任财产,在以夫妻共同财产清偿夫或妻的个人债务之后,应对共同财产予以偿还。偿还应当在夫妻共同共有关系终止时进行,既可能是夫妻共同财产制变更为分别财产制,也可能是婚姻关系终止时。

参考文献

冉克平:《夫妻团体债务的认定及清偿》,载《中国法学》2017 年第 5 期。

作者:武汉大学法学院教授　冉克平

75. 抚养费支付与夫妻共同财产保护
——刘某某与徐某、尹某怡抚养费纠纷案[①]

【事实概要】

刘某某与徐某系夫妻,于 2008 年 4 月 15 日登记结婚,婚后生育一女。尹某怡系尹某某于 2007 年 9 月 25 日所生育的徐某的非婚生女儿。2008 年 5 月 16 日,尹某某与徐某签订《子女抚养及财产处理协议书》,约定:尹某怡由尹某某抚养,徐某每月支付抚养费 2 万元,至尹某怡 20 周岁时止。后因徐某在协议签订后仅支付了两个月的抚养费,尹某怡诉至法院,法院判决徐某自 2007 年 12 月每月支付尹某怡抚养费 1 万元,至尹某怡 20 周岁。当事人均未上诉。

2014 年 6 月 5 日,尹某怡又起诉到上海市徐汇区人民法院,称 2010 年 4 月徐某承诺将尹某怡的抚养费增加至每月 1.2 万元;2011 年 10 月徐某再次将尹某怡的抚养费增加至每月 2 万元,并履行至 2014 年 1 月,但此后徐某未付抚养费,要求徐某自 2014 年 2 月起每月给付尹某怡抚养费 2 万元至其 20 周岁止。上海市徐汇区人民法院于 2014 年 7 月 24 日做出(2014)徐少民初字第 60 号判决:徐某于本判决生效之日起 10 日内按每月 2 万元给付尹某怡 2014 年 2 月至 2014 年 6 月的抚养费共计 10 万元;徐某自 2014 年 7 月起每月给付尹某怡抚养费 2 万元,至尹某怡 20 周岁止。判决后当事人均未上诉。

刘某某认为,(2014)徐少民初字第 60 号判决违反了婚姻法的有关规定,法院判决徐某给付尹某怡的抚养费金额和给付的年限没有法律依据,且原告夫妻婚后并未实行夫妻分别财产制,该判决严重侵犯了自己的合法权益,故起诉至上海市徐汇区人民法院,请求撤销(2014)徐少民初字第 60 号判决,改判抚养费每月 2 000 元。

【判决要旨】

1. 一审判决

一审法院认为:法院在审理(2014)徐少民初字第 60 号案件的过程中,因不能归责于原告

[①] 上海市徐汇区人民法院(2014)徐民一(民)撤字第 3 号民事判决书;上海市第一中级人民法院(2015)沪一中民一(民)撤终字第 1 号民事判决书。

刘某某本人的原因,导致其未成为该案件的第三人参与诉讼。(2014)徐少民初字第60号判决徐某应自2014年2月起至尹某怡年满20周岁,每月给付尹某怡抚养费2万元,而徐某在2008年4月15日已经与原告登记结婚;因无证据表明原告与徐某婚后实行夫妻分别财产制,故该判决应给付的抚养费实际是原告与徐某的夫妻共同财产。夫妻双方对共同财产享有平等的处分权,无证据表明原告准允徐某与尹某某关于尹某怡抚养费的承诺。故该判决显然涉及原告的经济利益,原告请求成立。上海市徐汇区人民法院于2014年12月24日判决:撤销上海市徐汇区人民法院(2014)徐少民初字第60号判决。

2. 二审判决

二审法院认为:第一,从(2014)徐少民初字第60号判决内容来看,在2008年已有生效判决确认原审被告徐某按每月10 000元的标准支付抚养费后,徐某又分别于2010年4月12日和2011年10月13日出具承诺,将抚养费调整到每月12 000元和每月20 000元至上诉人尹某怡20周岁,并且其在两份承诺中都明确"如果以后有任何原因(如家人的压力上法庭)等产生关于此事的法律纠纷,本人请求法院按照本人此意愿判决"。之后,徐某亦按承诺履行至2014年1月。抚养费的多少和期限的长短,系先由父母双方协议,协议不成时再由法院判决。本案中徐某对于支付尹某怡抚养费的费用和期限都已经明确作出承诺,原审法院在审查双方当事人的陈述、提供的证据、徐某的收入等材料后,确认徐某应按其承诺内容履行,据此判决徐某按每月20 000元的标准支付抚养费,并支付到尹某怡20周岁时止。(2014)徐少民初字第60号判决内容并无不当。

第二,原审被告徐某就支付上诉人尹某怡抚养费费用和期限作出的承诺,是否侵犯了刘某某的夫妻共同财产权。虽然夫妻对共同所有的财产,有平等的处理权,但夫或妻也有合理处分个人收入的权利,不能因未与现任配偶达成一致意见即认定支付的抚养费属于侵犯夫妻共同财产权,除非一方支付的抚养费明显超出其负担能力或者有转移夫妻共同财产的行为。本案中,虽然徐某承诺支付的抚养费数额确实高于一般标准,但在父母经济状况均许可的情况下,都应尽责为子女提供较好的生活、学习条件。徐某承诺支付的抚养费数额一直在其个人收入可承担的范围内,且徐某这几年的收入情况稳中有升,支付尹某怡的抚养费在其收入中的比例反而下降,故亦不存有转移夫妻共同财产的行为。因此,徐某就支付尹某怡抚养费费用和期限作出的承诺,并未侵犯刘某某的夫妻共同财产权。故判决:一、撤销上海市徐汇区人民法院(2014)徐民一(民)撤字第3号民事判决;二、驳回刘某某要求撤销上海市徐汇区人民法院(2014)徐少民初字第60号民事判决的诉讼请求。

【解 析】

一、评析要点

子女抚养费支付与夫妻共同财产权保护的界定。

二、学理评析

1. 子女抚养费支付数额与期限的确定

本案中,原审被告尹某怡系徐某的非婚生子女。我国《婚姻法》第25条规定:"非婚生子女享有与婚生子女同等的权利,任何人不得加以危害和歧视。不直接抚养非婚生子女的生父或生母,应当负担子女的生活费和教育费,直至子女能独立生活为止。"即便非婚生子女的生父和生母未结婚,但亲子关系依然存在,不与非婚生子女共同生活的生父或生母,对该子女依然有抚养义务。因此,徐某对尹某怡负有抚养义务是毋庸置疑的。

父母支付抚养费的数额如何确定?《离婚子女抚养意见》第7条规定:"子女抚育费的数额,可根据子女的实际需要、父母双方的负担能力和当地的实际生活水平确定。有固定收入的,抚育费一般可按其月总收入的百分之二十至三十的比例给付。负担两个以上子女抚育费的,比例可适当提高,但一般不得超过月总收入的百分之五十。无固定收入的,抚育费的数额可依据当年总收入或同行业平均收入,参照上述比例确定。有特殊情况的,可适当提高或降低上述比例。"若非婚生子女的生父或生母对抚养费数额产生争议,可参照此规定确定。但本案中,尹某怡的生父徐某和生母尹某某已对抚养费数额达成协议,并无争议。虽然抚养费数额比一般家庭高,但徐某收入较高,未超出其负担能力。

至于支付抚养费的期限,通常是至子女成年。在尹某怡成年之前,徐某当然负有抚养义务。但徐某和尹某某的协议中约定,徐某支付抚养费至尹某怡20周岁,这是否有效呢?在我国,父母仅对不能独立生活的成年子女负有抚养义务。《婚姻法司法解释(一)》第20条规定:"不能独立生活的子女",是指尚在校接受高中及其以下学历教育,或者丧失或未完全丧失劳动能力等非因主观原因而无法维持正常生活的成年子女。现实生活中,有些父母自愿为成年子女提供抚养费,有些离异的父母则约定一方或双方继续为成年子女提供抚养费至一定期限。对于父母是否有义务为成年的接受高等教育的子女提供抚养费,司法实践中有不同的观点。有的认为,应严格按照法律规定确定父母是否具有抚养义务,对于客观上能够独立生活的成年子女,父母无法定的抚养义务。支付抚养费的期限通常是到子女成年为止,除非该子女成年后依然不能独立生活。有的认为,成年子女若在高等院校读书的,父母仍有抚养义务。还有的认为,法院可根据父母的经济能力、子女就读的情况来判断父母是否应承担法定的抚养义务。笔者认为,法定的抚养义务应严格按照《婚姻法司法解释(一)》第20条的规定来认定,不应随意扩大。对于父母自愿或约定为成年且有独立生活能力的子女支付抚养费,则应遵循意思自治。法律和司法解释并不禁止父母对并不符合条件的成年子女自愿或通过约定的方式继续支付抚养费,承担抚养义务。本案中,在没有证据证明徐某做出承诺时意思表示不真实的情况下,其支付抚养费到尹某怡20周岁时止的承诺应具有法律效力。(2014)徐少民初字第60号判决内容并无不当,不应因约定的抚养费数额较高及支付到20周岁而撤销。

2. 抚养费支付与夫妻共同财产权的冲突

在家庭中,夫妻一方对非本段婚姻关系中所生育的子女依然有抚养义务,但其支付抚养费的行为属于处分夫妻共同财产。本案中,徐某关于抚养费的承诺未经原审原告刘某某同意,是否侵犯了刘某某的财产权呢?一审二审法院对此争议的裁判截然不同。一审法院认为,(2014)徐少民初字第60号判决应给付的抚养费实际是原告与徐某的夫妻共同财产。无证据表明原告准允徐某与尹某某关于尹某怡抚养费的承诺,故而(2014)徐少民初字第60号判决损害了原告的民事权益,原告撤销(2014)徐少民初字第60号判决的请求成立。但二审法院则认为,不能因未与现任配偶达成一致意见即认定支付的抚养费属于侵犯夫妻共同财产权,除非一方支付的抚养费明显超过其负担能力或者有转移夫妻共同财产的行为。结合本案,虽然徐某承诺支付的抚养费数额确实高于一般标准,但抚养费数额一直在其个人收入可承担的范围内,且徐某收入稳中有升,支付的抚养费在其收入中的比例是下降的,故亦不存有转移夫妻共同财产的行为。故而徐某就支付尹某怡抚养费费用和期限作出的承诺,并未侵犯刘某某的夫妻共同财产权。

我国现行《婚姻法》允许夫妻对财产进行约定,即夫妻可以约定婚姻关系存续期间所得的财产以及婚前财产归各自所有、共同所有或部分各自所有、部分共同所有。没有约定或约定不明确的,则适用夫妻法定财产制,根据法律规定来确定夫妻共同所有及夫妻个人所有的财产范围。本案中,原告刘某某与被告徐某系夫妻,未实施夫妻约定财产制,应按照法定财产制确定财产归属。根据《婚姻法》第17条第1项的规定,婚姻关系存续期间所得的工资、奖金属夫妻共同财产。徐某与刘某于2008年4月15日登记结婚,此后徐某的工资、奖金收入属于夫妻共同财产。徐某分别于2010年4月12日和2011年10月13日出具承诺,将非婚生子女尹某怡的抚养费调整到每月12 000元和每月20 000元至尹某怡20周岁,这属于处分夫妻共同财产的行为。从物权法角度来说,夫妻共有的财产是共同共有。共同共有,指数人不分份额地共同享有一物所有权的共有形态,或者依一定原因成立共同关系的数人,基于共同关系,而共享一物的所有权的状态(梁慧星、陈华彬,220页)。夫妻对共同财产享有平等的权利,对共同财产的处分应夫妻协商一致。但基于夫妻关系的特殊性,夫妻之间享有家事代理权,在日常生活中,因日常生活需要而处理夫妻共同财产的,夫妻任何一方均有权决定。超出日常生活需要范围的,则夫妻双方应平等协商,取得一致意见。夫妻一方对非本段婚姻关系中所生育的子女支付较高数额抚养费显然不属于该对夫妻的日常生活需要。那是否夫妻一方支付抚养费均需要征得现任配偶的同意呢?易言之,是否未征得配偶同意即属于侵犯夫妻共同财产权呢?笔者认为,应具体分析。夫妻一方对自己所生育的子女负有法定的抚养义务,直至子女成年且能独立生活。用夫妻共同财产支付正常范围内的抚养费,夫或妻单方有权决定,无须配偶同意。如果机械地认为,未与现任配偶达成一致意见即支付抚养费属于侵犯夫妻共同财产权,将会导致子女利益受损、法定义务虚置等不良后果。但同时,如果夫妻一方支付的抚养费明显超过其负担能力,这时应考虑现任配偶的意见,否则将严重影响现任配偶的生活,损害其合法权益。如果夫或妻一方有转移夫妻共同财产的嫌疑,通过支付抚养费达到转移夫妻共同财产的目的,另一方应享有撤销权。

如果现任配偶恶意阻挠夫妻一方对自己的子女支付抚养费,该夫妻一方能否在不要求离婚的前提下,请求分割共同财产,用以支付抚养费呢?虽然《婚姻法司法解释(三)》第4条限定的是夫妻一方负有法定扶养义务的人患重大疾病需要医治,另一方不同意支付医疗费用的,夫妻一方有权在婚姻关系存续期间请求分割共同财产,但关于其他抚养费的支付,也应可以参照该规定。如果配偶一方不同意支付抚养费,导致其不能履行法定的抚养义务,另一方应当可以请求分割夫妻共同财产(江必新等,49页)。

在中国,大多数家庭都承担读大学的成年子女的生活费和教育费,这是传统习惯使然。抚养费案件中,子女抚养费数额及期限的确定与夫妻共同财产权保护问题应综合评判,不能简单认为单方决定支付抚养费的数额和期限就会侵犯父或母再婚后的夫妻共同财产权。父母收入高的,子女抚养费数额可相应提高。父母经济条件允许的,可以自愿对成年子女支付抚养费,对此法律并不禁止。虽然夫妻对共同财产享有平等的权利,但夫或妻也有在合理范围、合理限度内单方处分财产的权利。本案二审法院综合考量了抚养费数额在义务人总收入中的占比情况,排除了利用支付抚养费转移夫妻共同财产的可能,并认为在父母经济状况均许可的情况下,应尽责为子女提供较好的生活、学习条件,其判决应该说是正确的。

参考文献

1. 梁慧星、陈华彬:《物权法》(第六版),法律出版社 2016 年版。
2. 江必新、何东宁、肖芳:《最高人民法院指导性案例裁判规则理解与适用·婚姻家庭卷》(第二版),中国法制出版社 2018 年版。

作者:上海交通大学凯原法学院副教授　张晓梅

76. 隔代探望权
——丁 A、王 B 与白某某探望权纠纷案[①]

【事实概要】

丁某与白某某原系夫妻关系,2004 年 9 月离婚,依照离婚协议,婚生子丁某某由父亲丁某抚养。2011 年 1 月 5 日,白某某与丁某达成离婚补充协议,对丁某某的抚养权问题进行变更,约定丁某某随母亲白某某生活,其抚养权、监护权归白某某,抚养费由白某某自行承担。丁某不支付任何抚养费,但享有对丁某某的探望权。

之后,丁某某随母亲白某某到德国生活,并时常与爷爷丁 A 微信联系,还表示希望回国探亲。然而白某某却阻挠爷爷丁 A、奶奶王 B 探望自己的孙子丁某某。2013 年 8 月 9 日,丁 A、王 B 起诉至人民法院,请求判决丁某某在年满 18 周岁之前,每年暑假回重庆探亲不少于 35 天,并由白某某承担丁某某从法兰克福到北京的往返费用;丁某某每周五下午 2 时至 3 时与丁 A、王 B 电话视频不少于 15 分钟。

【判决要旨】

1. 一审判决

一审法院认为,依照《老年人权益保障法》的规定,要求承担精神赡养的义务,应向对其负有赡养义务的相对人提起。而白某某对丁 A、王 B 不负有赡养义务,本案将白某某列为被告主体不适格。故一审法院依照《民事诉讼法》第 123 条之规定,裁定不予受理。

2. 二审判决

二审法院认为,依据丁 A、王 B 的起诉状,其诉讼请求实质是要求家庭成员中的晚辈对长辈应尽精神赡养的义务,应向对其负有赡养义务的相对人提起,而白某某对其不负有赡养义

[①] 重庆市渝北区人民法院(2016)渝 0112 民初 5648 号民事判决书。

务,不是本案适格被告。遂于 2013 年 11 月 27 日,重庆市第一中级人民法院作出(2013)渝一中法民终字第 05487 号民事裁定:驳回上诉,维持原裁定。

3. 再审和审判监督

丁 A、王 B 不服,向重庆市第一中级人民法院申请再审,该院于 2014 年 7 月 9 日作出(2014)渝一中法民申字第 00161 号民事裁定,驳回了丁 A、王 B 的再审申请。

丁 A、王 B 仍然不服,遂向检察机关申请监督。重庆市人民检察院于 2015 年 8 月 31 日向重庆市高级人民法院提出抗诉。2016 年 4 月 18 日,重庆市高级人民法院作出(2016)渝民再 44 号民事裁定:撤销重庆市第一中级人民法院(2013)渝一中法民终字第 05487 号、重庆市渝北区人民法院(2013)渝北法民初字第 16374 号民事裁定书;并指令重庆市渝北区人民法院立案受理本案。

根据重庆市高级人民法院的指令,重庆市渝北区人民法院立案受理后,将案由重新确定为探望权纠纷,依法对本案进行了公开开庭审理,并于 2016 年 7 月 19 日作出(2016)渝 0112 民初 5648 号民事判决,承认丁 A、王 B 从判决生效之日起至丁某某 18 周岁前对其拥有探望权,白某某应予相应协助。

法院认为,根据《民法通则》第 7 条规定,民事活动应当尊重社会公德。我国《婚姻法》虽然没有直接规定父母之外的其他近亲属享有探望权,但探望权系亲权的延伸,是基于父母与子女间特定身份关系而衍生出来的,是为了保护子女的利益而设定的权利。而祖父母与孙子女具有基于特殊血缘情感而产生的特殊身份,不因为父母双方的离婚而消灭。通常情况下,祖父母也在一定程度上履行着对孙子女的照护责任,因此祖父母的亲权同样应当受到保护。对祖父母探望孙子女的主张予以保护,不仅能够满足祖父母对孙子女的关心、抚养、教育的情感需要,同时也能保护未成年孙子女的身心健康及感情需要,对孙子女的价值观形成具有积极作用。如本案中,丁某某从出生到前往德国居住前的 9 年多,一直随丁 A、王 B 共同生活居住,由二人抚养,祖孙之间已建立了深厚感情。丁某某去德国后,也时常通过微信向丁 A、王 B 表达回国探亲愿望。正确地行使隔代探望权本质上既符合探望权的伦理价值取向,也符合社会善良风俗,因此对丁 A、王 B 要求行使探望权的主张,予以支持。白某某应当对丁 A、王 B 行使探望权予以充分协助。

【解　　析】

一、 评析要点

祖父母、外祖父母是否对其孙辈享有隔代探望权?

二、 学理评析

探望权,又称见面交往权,是指离婚后不直接抚养子女的当事人享有的与未成年子女探望、联系、会面、交往、短期共同生活的权利。探望权对于促进未成年人的健康、全面成长以及家庭的和谐、稳定具有重要的意义。

1. 赋予祖父母、外祖父母以隔代探望权的正当性

首先,赋予祖父母、外祖父母以隔代探望权的做法,与我国目前的社会现实相符。在现实

生活中,祖父母、外祖父母与其孙辈之间往往存在着密切的联系。造成这种紧密联系除去自然的血缘关系外,还具有如下原因:首先,随着医疗水平的改善和预期寿命的延长,中国社会中的祖孙关系数量日益增多;其次,长期推行的计划生育政策使得"核心家庭"成为社会主流,父母往往因为工作生活压力而无力分身,祖父母、外祖父母帮忙照顾孙辈由此成为一种相当普遍的社会现象;最后,普遍存在的"隔代亲"现象也为这种关系提供了坚实的社会基础。

其次,赋予祖父母、外祖父母以隔代探望权的做法,符合未成年人的最大利益。在未成年人抚养权以及探望权的确定中,未成年人本人利益的最大化应当是一个具有决定性的考量因素。在现实生活中,不少未成年人与其祖父母、外祖父母之间建立起了深厚的情感纽带,如果这种情感纽带得不到法律的尊重,甚至被人为切断,对于未成年人的成长无疑会造成不利的影响。在很多情况下,未成年人父母拒绝赋予祖辈探视权,并非出于未成年人身心发展的考量,而更多的是由于长辈之间的矛盾不合。本案中,未成年人母亲白某某与其公婆之间的长期矛盾是导致前者拒绝后者实施探望的根本原因。未成年子女不应成为上辈矛盾的发泄桶和受害者,出于其自身利益,其与祖辈之间的情感纽带应当得到法律的尊重。

最后,赋予祖父母、外祖父母以隔代探望权的做法,也符合比较法上的惯例。例如,《德国民法典》第1626条第3款规定,子女的幸福一般包括同父母双方的交往,此规定同样适用于同子女有关系的其他人员——因此也包含了祖父母或者外祖父母。法国法上也有类似的规定。《法国民法典》第371-4条规定:"儿童有与其长辈尊亲属维持个人关系的权利。"而在这些国家,儿童与其祖辈之间的情感纽带是否比我国更强,是值得怀疑的。

由此可见,在我国承认祖父母、外祖父母的隔代探望权,具有现实意义和法律上的正当性。

2. 赋予祖父母、外祖父母以隔代探望权的理论基础

目前关于祖父母、外祖父母隔代探望权的正当性依据,理论界形成了血缘关系说和子女成长利益说两种学说。

血缘关系说认为,探望权是基于血缘关系而产生的一种法定权利。《婚姻法》第28条规定,有负担能力的祖父母、外祖父母,对于父母已经死亡或父母无力抚养的未成年的孙子女、外孙子女,有抚养的义务。《继承法》第11条也规定,被继承人的子女先于被继承人死亡的,由被继承人的子女的晚辈直系血亲代位继承。可见,我国现行法是明确承认特殊情形下的隔代抚养义务和代位继承的。而之所以承认隔代抚养义务和代位继承,其最根本的基础在于祖父母、外祖父母与孙子女、外孙子女之间的血缘关系,并且此种血缘关系也绝对不会因自己子女婚姻关系的结束而丧失。在此背景下,如果我们单单承认特殊情形下的隔代抚养义务和代位继承,而否定隔代探望权,不仅会违背祖父母、外祖父母与孙子女、外孙子女之间的血缘关系,而且也有违权利义务相一致原则,存在价值体系上的明显不公。

然而,以血缘关系说作为赋予探望权的法理基础,存在一定缺陷。首先,代位继承权针对的是遗产权利,是财产性权利的继受,而探望权属于一种人身性权利。将人身性权利作为财产性利益的对应物,本身就存在解释上的困难。其次,血缘关系说将会极大压缩探望权的主体范围。从国外的立法来看,探望权的主体并不以未成年人的血亲为必要。例如法国法明确规定,在符合未成年人利益的情况下,探望权也可以被赋予那些虽与其没有血缘关系,但与未成年人之间形成了持久的亲密关系(liens affectifs durables)的第三人(《法国民法典》第371-4条第2款)。最后,血缘关系并不能等同于亲密关系。对于一些关系较差的祖孙,仅仅依据血缘关系

即赋予祖父母、外祖父母以探望权,有欠妥当。

子女成长利益说认为,探望权的设立目的在于保护未成年子女的最大利益,使其可以得到更多的亲情和关爱。很明显,亲情不能仅局限在父母与子女之间,其他和子女关系密切的亲属对孩子的关爱、交流无疑也是有利于未成年子女健康成长的。与血缘关系说相比,子女成长利益说更能够反映探望权设立的本质。尽管使用"探望权"这一称谓,但这一权利的设立主要是为了探望权的对象即未成年人子女的最大利益。未成年子女利益的实现应当在探望权的赋予中占据核心地位。也正是出于这一考量,不少立法例上已经不再使用"探望权"的说法,而是倾向于使用未成年人的"交往权"的称谓。在本案中,法院强调丁某某经常与其祖父母保持微信联系,并表达愿意回国探亲的事实。这也说明探望权的赋予在本案中有利于丁某某的健康成长。

由于《婚姻法》《继承法》已经对儿童利益最大化原则以及祖父母、外祖父母与孙子女、外孙子女的血缘关系作了明确承认,因此,我们可以通过目的解释方法对《婚姻法》第 38 条的不完全列举做扩张解释,从而将祖父母、外祖父母甚至是兄弟姐妹也纳入探望权的主体范围。值得肯定的是,最高人民法院在 2015 年《全国民事审判工作会议纪要》中已经明确地指出:"抚养孙子女、外孙子女的祖父母、外祖父母主张探望孙子女、外孙子女的,一般应予保护"。

3. 未来民法典中隔代探望权的制度设计

本案反映出我国《婚姻法》在关于探望权立法上所存在的不足。要彻底地为包括祖父母、外祖父母在内的亲属行使探望权扫清法律障碍,维护家庭正常伦理,促进未成年人的健康成长,实现同案同判,我们还需要在民法典分则的编纂中,对《婚姻法》的相关规定予以完善。

《民法典·婚姻家庭编》草案一审稿第 864 条明确赋予了祖父母和外祖父母的探望权,对其适用父母探望权的相关规定。草案二审稿在保留隔代探望权的基础上,对其成立要件作出了进一步的限制。依据草案二审稿第 864 条的规定,"祖父母、外祖父母探望孙子女、外孙子女,如果其尽了抚养义务或者孙子女、外孙子女的父母一方死亡的,可以参照适用前款规定"。草案的起草者意识到,祖父母、外祖父母的探视需求与未成年子女的成长利益之间并非始终一致,为了维护家庭关系的稳定性,对隔代探望权规定更加严格的适用条件,本身无可厚非。但该条的问题仍在于仅从祖父母、外祖父母一方角度思考探望权的正当性,却忽略了未成年子女在其中的核心位置。借鉴比较法的经验,未来立法应当一方面将"符合子女的最大利益"明确作为探望权设立的前提条件,另一方面进一步扩大探望权的主体,而不再局限于具有血缘关系的近亲属。

参考文献

1. 谢芳:《探望权案件程序法理及适用规则探析》,载《法律适用》2017 年第 11 期。
2. 王歌雅、魏双:《探望权的实现瑕疵与制度矫治》,载《黑龙江社会科学》2007 年第 2 期。
3. 任志勇、黄忠:《人民法院应否受案并支持隔代探望权?——丁洪、王建华与白珈绮探望权纠纷抗诉案》,载《人民检察院民事行政抗诉案例选》(第二十四集),中国检察出版社 2017 年版。
4. 王泽鉴:《民法总则》,北京大学出版社 2009 年版。
5. 梁慧星:《民法解释学》,中国政法大学出版社 1995 年版。

作者:西南政法大学法学院教授 黄　忠

77. 收养关系的成立与解除
——冯某乙、张某某与冯某甲解除收养关系纠纷案①

【事实概要】

1987年11月,冯某乙在路边捡到一名出生不久的男婴,遂抱回家抚养,并于1987年11月27日为其申报户口,登记在冯某乙、张某某(二人系夫妻)户籍名下,关系为"长子",取名为冯某甲。冯某乙、张某某将冯某甲抚养长大。冯某甲成年后,冯某乙、张某某出资为冯某甲办理婚事,并帮助冯某甲照顾孩子。冯某甲之妻经常因琐事无端对张某某打骂。冯某甲未对其妻的行为进行批评,也未对冯某乙、张某某予以安慰,以致冯某乙、张某某与冯某甲的关系恶化。后经村委会、家族长辈调解未果,冯某乙、张某某于2013年10月9日向郑州市惠济区人民法院提起诉讼,请求解除冯某乙、张某某与冯某甲的收养关系,判令冯某甲支付收养期间支出的生活费、教育费20万元。

【判决要旨】

1. 一审判决

一审法院认为,二原告收养被告发生在《收养法》实施之前,且有村委会出具证明、邻居、亲友公认二原告与被告系养父母子女关系,虽未办理合法手续,亦应按收养关系对待。被告冯某甲成年成家后,未能正确处理家庭关系,纵容其妻对二原告打骂,导致二原告与被告关系恶化,无法共同生活,二原告诉讼请求理由正当,应予支持。故判决:解除冯某乙、张某某与冯某甲的收养关系;冯某甲于判决生效后一个月内支付冯某乙、张某某生活费和教育费补偿金20万元。

2. 二审判决

二审法院认为,冯某乙、张某某与冯某甲实质是养父母子女关系。因冯某甲不能处理好家庭矛盾,导致养父母与其关系恶化,且其养父母坚决要求解除收养关系。一审法院解除冯某乙、张某某与冯某甲的收养关系符合《最高人民法院关于贯彻执行民事政策法律若干问题的意见》第31条之规定,于法有据。冯某乙、张某某把冯某甲抚养成人,付出了大量的心血,但冯某甲夫妻二人却不善待老人,发生虐待老人行为,一审法院依据《收养法》第30条之规定判决其支付冯某乙、张某某生活费和教育费补偿金20万元并无不当,遂判决驳回上诉,维持原判。

【解析】

一、评析要点

事实收养关系的认定、收养关系的解除及补偿。

---

① 河南省郑州市惠济区人民法院(2013)惠民一初字第645号民事判决书;河南省郑州市中级人民法院(2014)郑民二终字第321号民事判决书。

二、学理评析

本案的争论点在于:冯某甲与冯某乙、张某某之间是否存在解除收养关系的情形?冯某甲应否支付20万元补偿金?

1. 本案当事人属事实收养关系,收养关系成立

本案系解除收养关系纠纷。收养关系解除的前提是双方之间存在收养关系。本案中,被告冯某甲辩称原被告之间不存在收养关系。那么,收养关系的成立如何认定呢?根据我国《收养法》的规定,收养关系成立要具备实质要件和形式要件。实质要件是成立收养关系时各方当事人各自及其相互之间的关系所应具备的条件。《收养法》第4条至第6条规定了一般情况下,收养关系成立时,当事人所应具备的条件。从被收养人方面来说,其必须是年龄未满14周岁,属于丧失父母的孤儿,或查找不到生父母的弃婴和儿童,或生父母有特殊困难无力抚养的子女。从送养人方面来说,应是孤儿的监护人,或社会福利机构,或有特殊困难无力抚养子女的生父母。从收养人方面来说,应当同时具备无子女、有抚养教育被收养人的能力、未患有在医学上认为不应当收养子女的疾病、年满30周岁等条件。收养关系成立还必须履行法定的程序,此即收养关系成立的形式要件。根据《收养法》第15条第1款的规定,收养应当向县级以上人民政府民政部门登记。收养关系自登记之日起成立。可见,到民政部门办理收养登记是收养关系成立的法定程序。但在现实生活中,一些收养人并未办理收养登记而领养了他人的子女,包括弃婴和孤儿。此类行为涉及能否认定为事实收养问题。我国《收养法》是1992年4月1日起施行的,在此之前并无关于收养程序的法律规范。对于发生在《收养法》施行之前的领养,依据《最高人民法院关于学习、宣传、贯彻执行〈中华人民共和国收养法〉的通知》第2条的规定,审理时应适用当时的有关规定;当时没有规定的,可比照收养法处理。而《收养法》之前我国关于收养的规定可见于1984年《最高人民法院关于贯彻执行民事政策法律若干问题的意见》,其第28条规定:"亲友、群众公认,或有关组织证明确以养父母与养子女关系长期共同生活的,虽未办理合法手续,也应按收养关系对待。"因此,司法实践中,对于发生在《收养法》施行之前的领养,符合上述条件的,认定为事实收养,收养关系成立。

本案中,原告冯某乙、张某某收养被告冯某甲的行为发生在1987年,即《收养法》施行之前,应考量是否符合事实收养的条件。原被告对外以父母子女相称,长期共同生活,存在抚养的客观事实,且有村委会出具证明,周围群众、亲友也公认原告冯某乙、张某某与被告系养父母子女关系,因此,虽然原告冯某乙、张某某收养被告时未办理合法手续,但符合事实收养的条件,应按收养关系对待。

2. 收养关系可依法解除,无过错的养父母享有补偿请求权

收养关系是法律拟制的,既可依法成立,也可依法解除。收养关系的解除有两种途径:一是协议解除,当事人协商一致,到民政部门办理解除收养关系的登记。养子女已成年的,由养子女与养父母协商一致;养子女未成年的,由收养人、送养人协商一致,但养子女年满10周岁以上的,应当征得其本人同意。二是通过诉讼程序解除,由法院判定应否解除收养关系。这主要发生在不能达成协议的情况下。本案中,被告冯某甲成年成家后,纵容其妻对二原告打骂,经当地村委会及家族长辈调解未果,导致二原告与被告关系恶化,无法共同生活。若继续维持收养关系,对双方的正常生活确实不利,且原告方坚决要求解除收养关系,故原告要求解除收

养关系的诉讼请求,法院给予了支持。

收养关系解除后,收养人与被收养人之间的身份关系消除,彼此之间不再具有近亲属之间的权利和义务。但这并不是说养子女对养父母就没有任何财产上的责任。《收养法》第30条第1款规定:"收养关系解除后,经养父母抚养的成年养子女,对缺乏劳动能力又缺乏生活来源的养父母,应当给付生活费。因养子女成年后虐待、遗弃养父母而解除收养关系的,养父母可要求养子女补偿收养期间支出的生活费和教育费。"虽然养父母子女之间是拟制血亲,这种血亲关系因收养的解除而消灭,但在符合条件的情况下,养子女对养父母仍有经济上的照顾和补偿责任。从权利义务对等的一般法律原则考虑,养父母对养子女已经尽了抚养义务的,收养关系被解除时,应根据解除收养关系的具体原因,对养父母在收养期间所支出的生活费和教育费作适当的补偿(许莉,178页)。原告冯某乙、张某某把被告抚养长大,而被告结婚生子后却不善待养父母,纵容其妻虐待养父母,导致关系恶化而解除收养关系,应补偿收养期间养父母所支出的生活费和教育费。一审法院依据河南省城镇居民人均收入、消费性支出水平及原告抚养被告支出的教育费等综合情况,判令冯某甲补偿养父母收养期间支出的生活费和教育费20万元,具有正当性。

本案中,法院综合证人证言等因素,正确认定了原被告之间存在事实收养关系,并支持了原告夫妇要求被告补偿收养期间支出的生活费和教育费20万元的诉请,保护了原告夫妇的合法权益,也取得了良好的社会效果。但从证据角度看,本案并无证据证明冯某甲直接对冯某乙、张某某实施了虐待、遗弃行为,法院依据《收养法》第30条判决被告支付收养期间支出的生活费和教育费似有不足之处。同时需提请注意的是,在《收养法》施行之后,未到民政部门办理收养登记而领养他人子女的,一律不再认定为事实收养,不具有收养的效力。同时,如果因养父母虐待、遗弃养子女而导致收养关系解除的,养父母无权要求补偿收养期间支出的生活费和教育费。

参考文献

许莉主编:《婚姻家庭继承法学》(第二版),北京大学出版社2012年版。

作者:上海交通大学凯原法学院副教授　张晓梅

第六章 继 承 法

78. 放弃继承与赡养协议
——李1等与李4继承纠纷案①

【事 实 概 要】

李某某(1926年2月20日出生)系部队干部,王某某(1927年1月29日出生)系随军家属,两人共生育四子(长子李1、次子李2、三子李3、四子李4),并领养一女名王5,未办理领养登记手续,但办理了户口登记手续。后,王某某于2008年12月8日病故,李某某于2010年1月26日病故。

李1、李2、李3、王5在一份署期为2008年4月10日的《放弃遗产的说明》上签字,该份《放弃遗产的说明》记载的内容为"李1、李2、李3、王5均在外地工作,其赡养义务均由李4一人承担。李1、李2、李3、王5共同表示,父母百年之后,放弃继承父母遗产,遗产由李4一人继承,父母生前的所有赡养与医疗保险及墓地购买等相关事宜均由李4一人承担"。2010年1月27日下午,李1、李2、李3、王5与李4五人曾一起至苏州市中新公证处(以下简称"公证处")办理放弃继承权公证申请,李1、李2、李3、王5均在公证处放弃继承权申请书公证申请上签了字,因当时尚缺申请人单位出具亲属关系证明,故当日未能办理完毕公证手续。2010年2月22日,李2、王5向公证处发出信函,以有关问题未达成一致意见为由,决定终止公证,主张各自继承,公证处发给的表格不再寄复。

原审法院认为:公民的继承权受法律保护,继承权男女平等。继承开始后,按照法定继承办理,配偶、子女、父母为第一顺序继承人。继承从被继承人死亡时开始,继承开始后,有继承权的继承人放弃继承的,应当在遗产处理前作出放弃继承的意思表示。2010年1月26日,李某某死亡时即为继承开始之时,虽然被告李1、李2、李3、王5在2008年4月10日签订立了《放弃遗产的说明》,但当时被继承人尚健在,该《放弃遗产的说明》从内容上应理解为子女对父母今后赡养义务具体承担方式的一项权利义务承诺,而不是对财产的具体处分,故李4与李1、李2、李3、王5作为王某某、李某某的第一顺序法定继承人,对本案中讼争的李某某所有的坐落于苏州市某房屋均有合法继承权。

但李4与李1、李2、李3、王5五人于2010年1月27日共同至公证处办理的财产继承公证,李1、李2、李3、王5在公证处放弃继承权申请书公证申请上签了字,该行为可以认定为系

---
① 苏州市虎丘区人民法院(2011)虎民初字第0057号民事判决书;江苏省苏州市中级人民法院(2012)苏中民终字第0092号民事判决书。

继承人以书面形式向其他继承人表示放弃继承的真实意思表示,以及履行《放弃遗产的说明》的具体法律行为。原审法院结合双方在庭审中的陈述认为,李1、李2、李3、王5作出的《放弃遗产的说明》的初始动机与出发点应为李4与李1、李2、李3、王5约定以李1、李2、李3、王5放弃继承权作为条件,将对父母的赡养义务由法定的共同赡养约定转化为由李4一人承担赡养。事实上,李4也按约承担了对父母照料、照顾的责任,李1、李2、李3、王5在2008年12月8日王某某的丧事处理以及2010年1月26日李某某的丧事处理中均未提出异议,并于2010年1月27日在公证处放弃继承权申请书公证申请上签字,上述行为表明李1、李2、李3、王5放弃继承权的意思表示并未改变。

【判决要旨】

原审法院判决如下:坐落在苏州市某房屋遗产由李4继承。案件受理费11 112元,由李4负担2 224元,李1、李2、李3、王5各负担2 222元,李1、李2、李3、王5负担部分于判决生效之日起10日内直接支付李4,李4预交的案件受理费不再退还。

上诉人李1、李2、李3、王5不服原审法院上述民事判决,提起上诉。

二审法院驳回上诉,维持原判。

"继承人放弃继承权后,原则上不允许翻悔,这一方面是为了保护其他继承人的利益,另一方面是为了维护法律的严肃性和稳定性,同时放弃继承权是一种单方民事法律行为,不允许任意变更,行为人应当对自己行为的法律后果承担责任。如果继承人对放弃继承翻悔的,应由人民法院根据其提出的具体理由,决定是否承认。"

"公证文书是否正式作出,不是以书面形式作出意思表示的必经形式。法律规定继承人放弃继承应以书面形式向其他继承人表示,并未规定具体形式,只要继承人以书面形式作出,并向其他继承人表示,即完成了放弃继承权行为。李1、李2、李3、王5在公证处放弃继承权申请书公证申请上签字,该行为即是以书面形式向其他继承人作出放弃继承权的意思表示行为。之后李2、王5虽办理了撤回其放弃继承权声明书公证申请的手续,但由于之前以书面形式向其他继承人作出放弃继承权的意思表示行为已经作出,上述撤回只能视为其本人对放弃继承的翻悔"。

"虽该说明于2008年4月10日签订,当时被继承人尚健在,不能视为继承人对财产的具体处分,但该《放弃遗产的说明》内容上清晰明确,并无误导,原审法院把它理解为子女对父母今后赡养义务具体承担方式的一项权利义务承诺并无不妥,也即李4与李1、李2、李3、王5约定以李1、李2、李3、王5放弃继承权作为条件,将对父母的赡养义务由法定的共同赡养约定转化为由李4一人承担赡养。李1、李2、李3、王5均在《放弃遗产的说明》上亲笔签名,在没有提供其他相反证据佐证的情况下,应视为其当时的真实意思表示,这也与后来李1、李2、李3、王5在公证处放弃继承权申请书公证申请上签字的行为相互印证。"

【解析】

一、评析要点

继承人放弃继承的成立要件;继承人在放弃继承后"翻悔"的效力认定;以放弃继承权为条

件免除自身赡养义务的赡养协议效力认定。

二、学理评析

1. 放弃继承的构成要件

在被继承人死亡后,继承人可以在遗产分割前放弃其继承权。放弃继承有时也被称为继承抛弃,是一种单方法律行为。我国《继承法》第 25 条第 1 款规定:"继承开始后,继承人放弃继承的,应当在遗产处理前,作出放弃继承的表示。没有表示的,视为接受继承。"《继承法意见》第 47 条规定:"继承人放弃继承应当以书面形式向其他继承人表示。用口头方式表示放弃继承,本人承认,或有其他充分证据证明的,也应当认定其有效。"根据上述规定,有效的放弃继承应当符合以下要件。

首先是时间上的限制。放弃继承应当在继承开始后,遗产处理前作出。《继承法》第 2 条规定,"继承从被继承人死亡时开始"。在本案中,李 1、李 2、李 3、王 5 在 2008 年时即签订了《放弃遗产的说明》,但该说明签订时被继承人(即他们的父母)尚且在世,继承尚未开始,因此法院认定该说明并不能构成对继承权的放弃,而只是对于今后父母赡养的一种安排。

其次是形式上的限制。继承人放弃继承的表示应当以书面的方式作出,但是法律并不完全排斥口头作出的放弃继承,只要弃权人本人认可,或者有其他证据充分证明其有放弃意愿即可。本案争议的一个焦点是,当事人在 2010 年通过公证所办理的继承权放弃申请是否构成有效的继承权放弃。李 1、李 2、李 3、王 5 均已经在公证处放弃继承权申请书公证申请上签字,但是由于当时尚缺乏申请人单位出具的亲属关系证明,因此公证业务并未办理完成。随后上述当事人表达了不再办理弃权公证的意愿。双方的争议焦点在于:当事人在公证处署名的继承权放公证书是否能够被认定为法条所规定的"书面形式"?本案的法官对此持肯定意见,认为"法律规定继承人放弃继承应以书面形式向其他继承人表示,并未规定具体形式,只要继承人以书面形式作出,并向其他继承人表示,即完成了放弃继承行为。"因此,即便弃权公证文书存在瑕疵并未能完成,附带签名的申请书本身也足以证明当事人放弃继承的意愿。并且该意思表示的作出发生在被继承人去世之后,因而可认定为有效的放弃继承表示。李 1、李 2、李 3、王 5 事后的相反表态应当被认定为是对放弃继承的"翻悔"。

2. 放弃继承后的"翻悔"行为

所谓放弃继承后的"翻悔",事实上就是对放弃继承意思表示的撤销。根据《继承法意见》第 50 条的规定,"遗产处理前或者在诉讼进行中,继承人对放弃继承翻悔的,由人民法院根据其提出的具体理由,决定是否承认。遗产处理后,继承人对放弃继承翻悔的,不予承认。"从这一司法解释可以看出,我国法院对于放弃继承表示的撤销持有较为严格的立场,遗产分割完成的不可撤销,在遗产分割之前的,由法院根据当事人提出的理由来决定是否允许撤销。本案中,二审法院列举了这一严格立场的理由:保护其他继承人的利益,维护法律关系的严肃性和稳定性,弃权的单方法律行为属性。事实上,上述理由并不具有决定性。首先,根据上述司法解释的规定,在遗产分割完毕之后所做出的撤销表示不具有效力。而在遗产分割之前的撤销表示,原则上并不会对其他继承人以及法的安定性造成过大的损害。其次,上述司法解释并未对撤销表示的合理理由作出说明,从而使得法官在决定是否允许撤销表示方面获得了巨大的自由裁量权,其本欲追求的法律稳定性并未因此得到保障。因此,一些国家(例如法国法)允许当事人在遗产分割前自由撤回其放弃继承的意思表示。

有学者认为,对于撤销弃权表示的具体理由,应当适用民事法律行为的一般原理。"如果继承人放弃继承权的意思表示有瑕疵,并非其真实意愿,则按照有瑕疵的民事法律行为可以撤销的一般规定,继承人要求撤销放弃继承的意思表示(即翻悔)的,人民法院应予以承认;否则,人民法院对继承人撤销放弃继承的行为不能予以承认。"(郭明瑞,51页)这种理解未免过于狭隘,本文认为继承人的合理理由至少还应当包含以下内容:(1)在弃权表示作出后到遗产分割前出现了弃权人未能预料到的新情形,足以改变其原先的弃权动机。例如弃权人经济状况的恶化,生活负担的加重,子女降生等。(2)当弃权人存在债权人的情况下。在理论上,学界关于继承人的债权人能否就其放弃继承的行为实施撤销权,存在较大的分歧。但司法实务中的主流观点是允许债权人行使撤销权(杨塞兰,58页)。相应的,法律应当允许继承人出于清偿债务的目的而撤销其先前做出的放弃继承的意思表示。

在本案中,李1、李2、李3、王5认为其所作出的放弃继承的声明并非他们真实的意思表示,他们的签字系受胁迫所为,但事实上却无法提供相应的证据,因此需要承担举证不能的法律后果。

3. 以放弃继承权为对价免除赡养义务的赡养协议效力认定

在本案中,当事人放弃继承的意思表示是以免除其对被继承人的赡养义务为对价而作出的。对于此类协议的效力,有进一步探讨的必要。在本案中,法院似乎承认了这类赡养协议的效力,这与我国审判实践中的主流观点并不相同。在最高人民法院公布的10起婚姻家庭纠纷典型案例(北京)中的"张某诉郭甲、郭乙、郭丙赡养纠纷案",法院明确否定了此类协议的效力。

应当认为,以放弃继承权为对价免除赡养义务的约定是无效的。理由如下:首先,赡养义务是法律规定的强制性义务,当事人不得通过自行约定加以排除。其次,在继承开始之前,继承人事实上无法有效放弃其继承权,该协议不产生法律效力,自然不得产生免除赡养义务的法律后果。

当然,法院之所以在本案中没有否定该赡养协议的法律效力,事实上是由当事人的具体诉请所决定的。通过承认该赡养协议的效力,法院实际达到了剥夺未尽赡养义务的李1、李2、李3、王5的继承权的法律效果。试想若本案中的原告是被继承人本人,其诉讼请求为要求李1、李2、李3、王5履行其法定的赡养义务,则很难想象法院会承认系争赡养协议的效力,而免除继承人的扶养义务。

如果说本案的判决结果可以接受,那么其说理的过程却是不能令人信服的。上述赡养协议的效力不应当因为不同的诉讼请求而有所不同,这种实用主义的裁判倾向与现代法治的要求难以完全契合。事实上,我国《继承法》的既有规定完全可以在否定上述赡养协议效力的前提下达到合理公平的裁判结果。与大部分国家的法定继承制度不同,我国继承法本身就与扶养义务存在勾连,赡养义务的履行情况将会影响继承份额的大小。《继承法》第13条第3款规定:"对被继承人尽了主要扶养义务或者与被继承人共同生活的继承人,分配遗产时,可以多分。"第4款规定:"有扶养能力和有扶养条件的继承人,不尽扶养义务的,分配遗产时,应当不分或者少分。"在本案中,尽管各方当事人签订的赡养协议因为不当免除了继承人的法定赡养义务而归于无效,但是可以作为李4承担主要赡养义务,而李1、李2、李3、王5未尽赡养义务的证明。因此在遗产的分配时,李4应当多分,而其他的法定继承人则应当少分,甚至不分。

可见,通过《继承法》第13条的规定,法院完全能够实现一个公平合理的裁判结果。

参考文献

1. 郭明瑞:《继承放弃行为辨析》,载《东方法学》2018年第4期。
2. 张驰:《继承权放弃认识误区探究》,载《法学》1994年第4期。
3. 李益松、李志平:《子女签订的分别赡养父母协议无效》,载《人民司法》2014年第12期。
4. 杨塞兰:《债务人放弃继承危及债权的,债权人可行使撤销权》,载《人民司法》2010年第2期。

作者:上海交通大学凯原法学院博士后　李　贝

79. 夫妻一方放弃继承的效力
——叶某与林某、颜某1、颜某2、颜某3、颜某4、颜某5、颜某6继承纠纷案[①]

【事实概要】

颜西岳与林明琯、林某均系夫妻关系。颜西岳与林明琯共生育颜某1、颜某2、颜某3;颜西岳与林某共生育颜某4、颜某5、颜某6;颜某4、颜某5、颜某6三人与林明琯形成抚养关系,相互有继承权。1990年10月19日,林明琯死亡。1991年10月25日,颜西岳与林某立下遗嘱并经厦门市公证处公证:"……在颜西岳、林明琯与林某均百年之后,属于其二人的份额留给子女颜某1、颜某2、颜某3、颜某4、颜某5、颜某6共同继承,房屋所有权证由颜某6保管……"1991年12月1日,颜西岳死亡。颜某1、颜某2、颜某3、颜某4、颜某5、颜某6均表示不按前述遗嘱继承,改按法定继承办理;颜某4、颜某5表示要求继承颜西岳、林明琯的遗产,林某、颜某1、颜某2、颜某3、颜某6均表示放弃对颜西岳、林明琯遗产的继承权。叶某与颜某6于2012年4月16日经判决离婚。叶某因继承纠纷,起诉至一审法院,要求确认颜某6放弃继承的行为无效并确认叶某系厦门市同安里3号之一房产的共有人。

【判决要旨】

1. 一审判决

一审法院判决驳回叶某的诉讼请求。叶某不服,提起上诉。

2. 二审判决

二审法院判决驳回上诉,维持原判。

"根据叶某所主张的法律关系性质,本案涉及物权的确认问题,且叶某在双方的离婚诉讼再审判决之后即提起本案诉讼,叶某不存在怠于行使权利的情形,故本案不宜认定叶某的诉讼

[①] 厦门市思明区人民法院(2014)思民初字第6084号民事判决书;福建省厦门市中级人民法院(2016)闽02民终1368号民事判决书。

请求权已超过诉讼时效。……现行继承法规定对继承权放弃的行使条件、是否可以翻悔、法律后果以及继承权的丧失等问题做了比较完整的规范,放弃继承系继承人的法定权利,可由继承人自主行使。取得物权自继承开始时发生效力的法律后果应以继承人依法通过继承取得物权为前提,并没有排除继承法相关规定的适用,亦即继承人没有因法定事由丧失继承权,也没有放弃继承权,才能合法地通过继承取得物权;如果因继承人丧失继承权或放弃继承权,继承人没有取得物权,该条规定自然没有适用的前提条件。因此,叶某主张颜某6已于婚姻关系存续期间取得讼争房产份额,其作为配偶享有共有权,理由不能成立,至于叶某所称颜某6实际并未放弃继承权,并无实据,本院不予采信。"

【解 析】

一、评析要点

颜某6放弃继承的行为是否无效或者对叶某无效;叶某是否能基于配偶身份取得对讼争房屋的共有权。

二、学理评析

二审法院最终判决叶某不享有共有权。理由主要如下:首先,继承人可自主决定放弃继承权,颜某6放弃继承的行为有效。其次,因继承取得物权的,自继承开始时发生效力的前提是继承人未丧失或放弃继承权,因颜某6放弃继承的行为,颜某6并未取得讼争房屋的物权,该房屋并未进入颜某6与叶某的夫妻共同财产范畴,故叶某无权主张共有权。

继承权是自然人依照法律直接规定或者被继承人所立的有效遗嘱所享有的继承被继承人遗产的权利,是被继承人死亡时取得的继承遗产的现实权利。在罗马法初期,家父权下的当然和必然继承人,是绝对不能拒绝继承的。近代以来世界各国普遍承认继承人有接受和放弃继承的自由(陈信勇,267页)。继承权作为我国公民的法定权利之一,公民有选择放弃继承的自由。依我国继承法,继承人可以放弃继承,既包括放弃法定继承、遗嘱继承,也包括放弃受遗赠(《继承法》第25条)。继承人颜某1、颜某2、颜某3、颜某4、颜某5、颜某6在继承开始后、遗产分割前均表示不按颜西岳与林某立下并经厦门市公证处公证的公证遗嘱继承,继承人林某、颜某1、颜某2、颜某3、颜某6在继承开始后、遗产分割前均表示放弃对颜西岳、林明琯遗产的继承权,是行使自己放弃继承权利的行为。但关于继承人所抛弃的权利性质,到底是继承期待权、继承既得权,抑或是财产所有权的不同观点,引发了如本案中继承人颜某6放弃继承的行为是否侵犯了配偶叶某基于配偶关系取得的对遗产的共有权的争论。

在继承开始后,继承人为承认或放弃继承的意思表示前的继承权,实际上处于继承开始前"期待权状态"与承认继承后"既得权状态"的中间状态。只有在继承人作出了接受继承的意思表示或者没有作出放弃继承的意思表示的情况下,继承权才属于既得权的状态。因此,本案中,颜某6所放弃的继承权尚未达到既得权的状态,并且,继承权是获得遗产所有权的当然权利,从文义角度理解,放弃继承的标的还是理解为继承权更为适宜,并未达到财产所有权的权利状态(刘耀东,37页)。颜某6于继承开始后、遗产分割前作出的放弃的意思表示的标的是处于继承期待权与继承既得权中间状态的权利,并非遗产的所有权。而颜某6的放弃继承的行为,是对其享有的权利的处分,正是私法自治在继承法范畴内的体现。若颜某6在遗产分割完毕后,表示放弃继承,实际上放弃的才是遗产的所有权。

为了避免遗产权利处于无主状态、保护财产安全以及填补遗产权利真空,《物权法》第29条规定:"因继承或者受遗赠取得物权的,自继承或者受遗赠开始时发生效力。"虽然遗产的所有权发生移转的时间点是继承开始时,但遗产的所有权发生转移的前提是继承人并未丧失或者抛弃继承权,在此前提下,才发生遗产的权利移转溯及至继承开始时发生的法律效果。本案中,继承人颜某6作出了放弃继承的真实意思表示,退出了继承法律关系,颜某6从未取得讼争房产的份额,亦没有适用《物权法》第29条的条件,讼争房屋的所有权并未转移给颜某6。

颜某6的放弃继承的行为是否侵犯叶某的共有权,仍需结合婚姻法进行分析,一项财产究竟是个人财产还是夫妻共同财产对于离婚当事人来说极为重要,它直接关系到当事人的财产利益。我国《婚姻法》第17条第4款规定:夫妻在婚姻关系存续期间因继承或赠与所得的财产归夫妻共同所有;第18条但书中规定:遗嘱或赠与合同中确定只归夫或妻一方的财产为夫妻一方的财产。如果认为只要不存在但书规定情形,遗产自继承开始时便成为夫妻共同财产,那么颜某6放弃继承的行为自然侵犯了配偶叶某对于讼争房产份额的共有权。但根据文义解释,属于夫妻共同财产的是婚姻关系存续期间因继承所取得的财产,而非基于身份关系所享有的继承权,颜某6是本案中继承权的主体、享有继承权,叶某并非是本案中继承关系中的继承权主体、不享有继承权。继承人也只有在接受继承后并经遗产分割实际取得财产所有权后,该取得始得转化为夫妻共同财产。继承人因放弃继承而最终丧失了本可取得的遗产,则是其退出继承关系所产生的间接法律效果(刘耀东,39页)。所以,放弃继承无须配偶的同意。本案中,由于颜某6放弃继承的意思表示导致其退出继承,自始未取得作为遗产的房产份额,该部遗产自然亦未进入颜某6与叶某的夫妻共同财产中,叶某并未基于配偶关系享有共有权,不存在共有权受到侵犯的情形,颜某6放弃继承的行为不会因此而无效。

在依据现行法,叶某请求确认颜某6放弃继承的行为无效的请求已然无法获得支持的基础上,进一步讨论,夫妻一方于婚姻关系存续期间因继承、受赠与(包括遗赠)所得之财产究竟应为夫妻共同财产抑或是个人财产?该问题在理论界存在较大的争议。

主流观点认为,一方因继承或受赠与所得财产为个人财产,因为工资奖金、生产经营收益等通常都包含着另一方在家务劳动方面以及精神上、物质上的付出和支持,但是因继承、受遗赠或赠与所得的财产具有严格的人身属性,此类财产的取得与其婚姻关系无关,配偶他方也无丝毫贡献,仅凭结婚即能享有共有权,有违公平。若在婚姻法上规定夫妻一方继承的财产为夫妻共有,让本无继承权之配偶他方仅仅因为婚姻之缔结而取得遗产所有权,其结果无异于变相扩大了法定继承人之范围,从而造成婚姻法与继承法的不协调(刘耀东,39页)。大多数国家或地区都规定夫妻一方因继承或受赠所得之财产属于个人财产。

我国《婚姻法》坚持共同财产说导致了诸多问题。夫妻一方在婚姻关系存续期间因继承所取得财产,但离婚时如果遗产在被继承人之间尚未进行实际分割,则被继承人的配偶无法分得该财产,其享有的财产权利则无法实现。另外,继承人在遗产分割之前可随时表示放弃继承,而且继承人在继承中享有的份额也未必相同,因此,在遗产分割前,各继承人的继承份额是不确定的,因而配偶的财产权利也是不确定的。人民法院在离婚案件中对尚不确定的财产无法作出判决,只能告知当事人在条件具备时另行起诉,继承人的配偶只能消极地等待(王竹青,111页)。

现实中尚存在继承人为了不让其配偶获得遗产而怠于分割遗产,甚至恶意放弃继承的情况。继承人配偶并不在法定继承人之列,因此无法作为适格主体要求分割遗产,已离异的配偶很难了解遗产继承的真实状况,这意味着即便继承人继承的遗产属于夫妻共同财产,其配偶亦难以通过诉讼途径推动遗产分割的进行,或是对继承人虚假的放弃继承的意思表示进行证明。

《继承法》从尊重被继承人的意愿、保护私有财产的角度出发,确定了法定继承人的范围,赋予被继承人通过遗嘱、遗赠的方式对自己身后个人财产进行处分的权利。而《婚姻法》第17条的规定使得继承人的范围在事实上得到了扩大,突破了继承权的人身专属性。遗产作为继承权行使的直接结果自然也应归继承人个人所有,而非夫妻共同所有,唯在遗嘱或赠与合同中确定归属于夫妻双方共同财产的为夫妻共同财产,即将《婚姻法》第17条与第18条但书的原则互换,以个人所有为原则,以共同所有为例外。

因此,颜某6放弃继承的行为是对自己享有的权利的处分,颜某6因此退出继承关系,不享有作为遗产的房屋份额的财产权,该权利未转移至颜某6,亦未进入颜某6与叶某的夫妻共同财产。颜某6放弃继承的意思表示未使得叶某的权利损害,放弃继承有效,叶某无权要求确认其享有讼争房屋的份额。

参考文献

1. 陈信勇:《亲属与继承法》,法律出版社2016年版。
2. 刘耀东:《放弃继承与夫妻共同财产制的冲突与协调——以〈物权法〉第29条与〈婚姻法〉第17条为中心》,载《北方法学》2016年第1期。
3. 王竹青:《〈婚姻法〉第17条第4项立法之商榷——兼论婚后继承或受赠财产的权利属性》,载《河北法学》2012年第7期。

作者:上海交通大学凯原法学院讲师　尚立娜

80. 继承权的丧失
——秦某2、黄某某与方某某、秦某1法定继承纠纷案[①]

【事 实 概 要】

秦某2、黄某某系被继承人秦汝林的父母,方某某系秦汝林之妻,两人生育一子即秦某1。2006年3月10日,秦汝林通过公积金借款134 000元、商业性借款266 000元,购买了位于延吉中路的房屋,并将房屋产权登记至方某某、秦汝林、秦某1名下。至2015年8月22日,延吉中路房屋的公积金剩余贷款本金为61 226.90元,商业性剩余贷款本金为127 032.67元。2015年3月,位于闸殷路的房屋的产权登记至方某某名下。经估价,现延吉中路房屋估价总价为

[①] 上海市杨浦区人民法院(2016)沪0110民初4462号民事判决书;上海市第二中级人民法院(2016)沪02民终8924号民事判决书。

8 990 600 万元;闸殷路房屋估价总价为 1 314 300 万元。

2013 年 4 月及同年 9 月,秦某 2 先后两次向案外人李某某购买了"复方通肺平喘胶囊"36 瓶,给秦汝林服用。2015 年 8 月 17 日,秦汝林死亡。自 2015 年 1 月 23 日开始,方某某分别向上海市公安局杨浦分局举报销售假药案,向上海市公安局杨浦分局控告秦某 2、黄某某故意杀人案,有关部门作出不予立案、复议维持原决定、刑事复核决定书,均不予确认秦某 2、黄某某犯故意杀人罪。后秦某 2、黄某某因法定继承纠纷,起诉至一审法院。

【判决要旨】

1. 一审判决

一审法院判决延吉中路房屋产权归方某某、秦某 1 共同共有,剩余贷款本息由方某某、秦某 1 负责偿还;闸殷路房屋产权归秦某 2、黄某某共同共有;方某某、秦某 1 应支付秦某 2、黄某某房屋折价款 150 000 元。方某某、秦某 1 不服,提起上诉。

2. 二审判决

二审法院判决驳回上诉,维持原判。

"方某某不服上海市公安局杨浦分局 2016 年 11 月 10 日作出的不予立案通知书,经该局复议,维持原决定。后经上海市公安局复核,又维持了复议决定。因此,本案不存在应当中止诉讼的情形。方某某、秦某 1 要求二审中止本案审理,无相应的事实和依据,本院不予采纳。根据我国继承法的有关规定,继承人有下列行为之一的,丧失继承权……方某某、秦某 1 在本案审理中未能提交证明秦某 2、黄某某有故意杀害被继承人秦汝林的证据,故方某某、秦某 1 要求剥夺秦某 2、黄某某的继承权,亦无事实和法律依据。有关本案涉案遗产的处理,一审认定的本案遗产和继承人范围正确,对于延吉中路和闸殷路两套房屋的处理,考虑到方某某、秦某 1 与秦汝林共同生活的事实,判决该两处房屋的归属和折价款的处理是合理的。"

【解 析】

一、评析要点

继承权丧失的构成要件。

二、学理评析

法定继承是遗产继承的一种方式,是指继承人的范围、继承顺序、继承份额、遗产的分配原则及继承程序均由法律直接规定的继承方式(陈信勇,227 页)。因遗嘱效力优先,在继承开始后,如果存在遗嘱继承,应适用遗嘱继承,存在遗赠扶养协议的,按照遗赠扶养协议处理,只有没有遗嘱及遗赠扶养协议或者其内容无效时,方能按法定继承处理,此为尊重被继承人生前作出的对自己死亡后的财产的处分的意思表示。本案中,被继承人在死亡前,未留有遗嘱和遗赠扶养协议,故应按照法定继承的规则进行处理。

各国确定法定继承人的范围,一般都是以血缘关系和婚姻关系作为基础。我国采取"亲属继承限制主义",只限定一定范围内的亲属为法定继承人,包括配偶、子女、父母、兄弟姐妹、祖父母、外祖父母以及对公、婆或岳父、岳母尽进了主要赡养义务的丧偶儿媳或女婿。其中,配偶、子女、父母以及对公、婆或岳父、岳母进了主要赡养义务的丧偶儿媳或女婿为第一顺位的法定继承人,而唯有在不存在第一顺位的法定继承人的情况下,才会由第二顺位的法定继承人继承。本案中,四个当事人方某某、秦某1、秦某2、黄某某分别为被继承人的妻、子、父、母,均作为第一顺位继承人享有继承权,应按照法律规定的法定继承分配规则分割被继承人秦汝林留下的遗产。

除继承人主动、自愿放弃继承权外,尚有丧失继承权的可能。继承权的丧失是指依据法律的强制性规定剥夺继承人的继承权,不以当事人的意志为转移。因继承人的重大不法或不道德行为而剥夺其继承资格的思想,最早可追溯至古巴比伦的《汉穆拉比法典》,此后罗马法、日耳曼法也有此定制。继承权丧失制度是"任何人不得于其不法行为中获利原则"的体现,是对继承人不法或不道德行为的一种民事制裁(翟云岭、刘耀东,76页)。我国《继承法》第7条规定的丧失继承权的情形包括:"(一) 故意杀害被继承人的;(二) 为争夺遗产而杀害其他继承人的;(三) 遗弃被继承人的,或者虐待被继承人情节严重的;(四) 伪造、篡改或者销毁遗嘱,情节严重的。"本案中,方某某及秦某1主张秦某2及黄某某丧失继承权是由于认为秦某2及黄某某存在故意杀害被继承人秦汝林的情形。秦某2购买了假药给被继承人秦汝林服用,方某某据此认为秦某2故意杀害秦汝林,但其向公安机关报案后,经过复议、复核程序,均未对此立案,本案审理中,也未能够证明秦某2购买假药时明知其为假药及存在杀害秦汝林的故意。方某某对自己提出的秦某2及黄某某故意杀害秦汝林的主张负有举证责任,在其提供的证据未能达到证明标准时,应由方某某承担举证不利的后果。故本案中,一审、二审法院均未认定秦某2及黄某某存在杀害秦汝林的事实,秦某2及黄某某未丧失继承权。

进一步讨论,"故意杀害被继承人的"情形,是否需要经过刑事审判的认定,是否需要被判处刑罚?应承认,只要存在丧失继承权的事由,继承人便当然地丧失了继承权,但当发生争议时,继承人的行为是否构成犯罪,尚须法院判决确认。此处的"故意杀害",应不限于为谋取遗产而故意杀害被继承人,无论其动机为何,只要继承人出于故意剥夺被继承人之生命为目的,即满足该情形的主观要件。

我国法律规定遗嘱必须为遗嘱人的真实意思表示,受胁迫、欺骗所立的遗嘱无效;伪造的遗嘱无效;遗嘱被篡改的,篡改的内容无效(《继承法》第22条)。但并未规定以欺诈、胁迫等手段妨害被继承人订立遗嘱的继承人丧失继承权。然而,此种行为侵害了被继承人真实、自由处分其死后遗产的权利,因此订立的遗嘱内容自然应属无效,但仅遗嘱无效,对进行不法行为的继承人的制裁尚不足,应考虑增加"以欺诈、胁迫的方式,妨碍被继承人依其真实意思订立遗嘱"的情形。

第四种情形要求伪造、篡改或者销毁遗嘱达到情节严重的程度,指造成缺乏劳动能力又无生活来源的继承人生活困难。这一限定使第四种情形的适用范围过于狭窄。伪造、篡改、销毁遗嘱这一行为所可能造成的后果远多于法律规定的一种,无论财产多寡、生活优劣,继承人享有的继承权应受到平等的尊重与保护,这一行为损害其他继承人的利益,使得遗产分配无法按照遗嘱人的意思进行,不需达到情节严重的程度,即应剥夺行为人的继承权。继承权丧失制度关系到继承权丧失人和其他继承人的切身利益(宋豫,78页),而我国现行的继承权丧失制度过于简单,缺乏可操作性(宋皓,85页)。应在既不纵容继承人的不法或不道德行为,也不对继承人过于严苛,同时充分尊重被继承人的意思的思想下,进一步对继承权丧失制度作出详细的规定。

参考文献

1. 翟云岭、刘耀东:《论继承权丧失制度——以我国〈继承法〉第 7 条的修改为中心》,载《北方法学》2012 年第 5 期。
2. 宋豫:《完善我国继承权丧失制度的若干思考》,载《河北法学》2006 年第 1 期。
3. 陈信勇:《亲属与继承法》,法律出版社 2016 年版。
4. 宋皓:《我国继承权丧失的相关问题及研究》,载《河北青年管理干部学院学报》2018 年第 2 期。

作者:上海交通大学凯原法学院讲师　尚立娜

81. 儿媳继承权与代位继承
——张某某、康某与康某某继承纠纷案①

【事实概要】

被继承人康某某与郝某某系夫妻关系,婚生二子女,长子康某1、长女康某2,康某1与张某某原系夫妻关系,双方于 1993 年 11 月经铁西区人民法院调解离婚,二人婚生一子康某。康某1与张某某离婚后依旧共同生活,且与康某某、郝某某居住在一起。康某1于 2003 年死亡,郝某某于 2013 年 4 月 27 日死亡,康某某于 2014 年 1 月 7 日死亡。对于康某某和郝某某所遗留遗产的继承问题,张某某、康某和康某2发生纠纷,诉至法院,请求法院判决三人平分康某某、郝某某的遗产。

【判决要旨】

1. 一审判决

一审法院判决张某某、康某、康某2依照 20%、40%、40% 的比例共同分割康某某、郝某某的遗产。张某某、康某不服,提出上诉。

2. 二审判决

二审法院驳回上诉,维持原判。

"因张某某多年前即与康某某离婚,不具有儿媳的身份,其主张以丧偶儿媳的身份作为第一顺序继承人没有法律依据,本院不予支持;关于康某所提上诉理由,康某属代位继承,其继承的是其父亲康某某有权继承的遗产份额,且不存在法定的应多分给遗产的理由,故对该上诉理由,本院不予支持。"

---

① 沈阳市皇姑区人民法院(2014)皇民四初字第 742 号民事判决书;辽宁省沈阳市中级人民法院(2015)沈中少民终字第 00182 号民事判决书。

【解　析】

一、评析要点

已经离婚的"儿媳",在离婚后依然与儿子共同生活且尽到了主要赡养义务的情况下,儿子先于被继承人死亡,该"儿媳"的继承权如何;代位继承人的继承份额如何确定。

二、学理评析

本案涉及"儿媳"的继承权以及代位继承的问题,现作如下分析。

1. 离婚"儿媳"的继承权问题

原则上,"儿媳"与"女婿"作为姻亲,并不能享有法定继承人资格。但是我国《继承法》第12条规定:"丧偶儿媳对公、婆,丧偶女婿对岳父、岳母,尽了主要赡养义务的,作为第一顺序继承人。"根据这一条文,"儿媳"或者"女婿"对其公婆或岳父母享有第一继承顺位的条件有二:首先,必须是"丧偶"儿媳或女婿。如果其配偶尚且在世,则儿媳、女婿并不能作为第一顺位继承人继承遗产。在本案中,由于张某某多年前已经与其丈夫康某某离婚,因此不具有"配偶"身份。即便双方在离婚之后仍然共同生活,依然不能取得"配偶"的法定身份。因此,本案法院认定张某某并不符合《继承法》第12条规定的要件。其次,必须是"尽了主要赡养义务"。在审判实践中,对于"主要"赡养义务的认定相对严格,并且需要结合其他法定继承人的赡养情况而定。

尽管张某某并不能因为其所尽的赡养义务而取得第一顺位的法定继承人资格,但一审法院依据《继承法》第14条赋予其一定的遗产份额。该条规定:"对继承人以外的依靠被继承人扶养的缺乏劳动能力又没有生活来源的人,或者继承人以外的对被继承人扶养较多的人,可以分配给他们适当的遗产。"此即学说上所称的"遗产酌给请求权"。《继承法》第14条适用于法定继承,针对那些继承人以外的人。可以请求遗产酌分的当事人包含两种类型:依靠被继承人扶养的缺乏劳动能力又没有生活能力的人,或者是对被继承人扶养较多的人。在本案中,张某某虽因离婚失去了"儿媳"的身份而不能依据《继承法》第12条的规定成为第一顺位的法定继承人,但一审法院认为其"多年为照顾被继承人郝某某、康某某在劳务方面给予了主要扶助,属于继承人以外的对被继承人赡养较多的人,可以分配给其适当的遗产",最终允许其继承一部分遗产份额。

需要思考的是,法律赋予丧偶儿媳、女婿以第一顺位法定继承资格的合理性。有学者指出,这一立法模式将会导致法律对于丧偶和非丧偶儿媳、女婿的差别待遇。这种差别待遇在我国的语境中具有一定的合理性,因为按照婚姻法的相关规定,一方在婚姻关系存续期间通过继承所获得的财产,除有特别约定外属于夫妻共同财产。因此非丧偶的儿媳、女婿可以通过其配偶所获得的遗产份额而间接获得财产,法律上没有特别予以保护的必要。相反,更成问题的是法律对于再婚的丧偶儿媳和离婚的丧偶儿媳的区别对待。《继承法意见》第29条规定:"丧偶儿媳对公婆、丧偶女婿对岳父、岳母,无论是否再婚,依继承法第十二条规定作为第一顺序继承人时,不影响其子女代位继承。"换言之,丧偶儿媳或女婿是否再婚不影响其法定继承权利,只要其对公婆或岳父母尽了主要的扶养义务即可。既然如此,为何在当事人离婚的情况下,即便对其公婆及岳父母尽了主要扶养义务,依然不得主张适用《继承法》第12条的规定?无论如何,儿媳或者女婿尽了较多扶养义务的,无论其是否离异,或者是否再婚,都可以依据"遗产酌给请求权"作为法定继承人之外的人主张分得适当遗产。在这种情况下,《继承法》赋予尽了主要扶养义务的丧偶儿媳、女婿以第一顺位的法定继承权,不仅没有必要,还有过度保护之嫌。在未来的民法典中对于该项规定是否予以保留,值得商榷。

2. 康某的代位继承问题

在本案中,被继承人康某某和郝某某的长子康某1先于两者去世,其继承份额由其子康某代为继受。这一做法在学理上被称为代位继承。《继承法》第11条规定:"被继承人的子女先于被继承人死亡的,由被继承人的子女的晚辈直系血亲代位继承。代位继承人一般只能继承他的父亲或母亲有权继承的遗产份额。"

首先,代位继承适用的前提条件是被继承人的子女先于被继承人死亡。因此,如果被继承人的子女丧失继承权或者放弃继承权的,其子女不得主张代位继承。同样,当被继承人的子女在被继承人去世之后,但在遗产分割之前死亡的,也不能适用代位继承制度,而是适用转继承制度。《继承法意见》第52条规定:"继承开始后,继承人没有表示放弃继承,并于遗产分割前死亡的,其继承遗产的权利转移给他的合法继承人。"2018年9月公布的《民法典分编(草案)(征求意见稿)》将代位继承的适用范围予以扩大,草案第907条第2款规定:"被继承人的兄弟姐妹先于被继承人死亡的,由被继承人的兄弟姐妹的子女代位继承。"

其次,有权代位继承的是被继承人子女的晚辈直系血亲,但对于晚辈直系血亲并不存在辈分上的限制。《继承法意见》第25条规定:"被继承人的孙子女、外孙子女、曾孙子女、外曾孙子女都可以代位继承,代位继承人不受辈数的限制。"直系晚辈血亲是否同时包括养子女和形成扶养关系的继子女?《继承法意见》第26条规定:"被继承人的养子女、已形成扶养关系的继子女的生子女可代位继承;被继承人亲生子女的养子女可代位继承;被继承人养子女的养子女可代位继承;与被继承人已形成扶养关系的继子女的养子女也可以代位继承。"根据这一条文可知,与被继承人的子女形成扶养关系的继子女不得作为代位继承权人继承遗产,然而与被继承人形成扶养关系的继子女的生子女或者养子女则可以参与代位继承。我国法上的这一区别对待并没有背后的理论支撑,其合理性值得商榷。

最后,"代位继承人一般只能继承他的父亲或母亲有权继承的遗产份额。"当被继承人的子女存在多个子女的情况下,其有权继承的财产份额需要在各代位继承人之间进行分配。此处的"一般"意味着上述条款仅仅是对代位继承份额的原则性规定,在实践中存在突破的可能性。《继承法意见》规定了两种突破情形。第27条规定:"代位继承人缺乏劳动能力又没有生活来源,或者对被继承人尽过主要赡养义务的,分配遗产时,可以多分。"第28条规定,"继承人丧失继承权的,其晚辈直系血亲不得代位继承。如该代位继承人缺乏劳动能力又没有生活来源,或对被继承人尽赡养义务较多的,可适当分给遗产。"

结合本案,被继承人的长子康某1先于其父母去世,因此其生子康某有权进行代位继承。一审法院以康某1的继承权为依据,确定康某的继承份额为40%。张某某及康某提起上诉,认为"康某身患严重疾病,属生活困难的继承人,应多分遗产"。二审法院认为,"康某属代位继承,其继承的是其父亲康某某有权继承的遗产份额,且不存在法定的应多分给遗产的理由,故对该上诉理由,本院不予支持"。从判决书来看,法院拒绝对康某多分遗产的理由并不明确,因为法官并没有直接对康某是否属于法律规定的"缺乏劳动能力又没有生活来源"的法定继承人作出判断。

有关代位继承的性质,学界历来有固有权理论和代位权(代表权)理论。所谓固有权理论,是指代位继承人是基于自己本身固有的权利,直接继承被继承人的遗产。根据这一学说,只要被代位人不能继承,就会发生其晚辈直系血亲的代位继承,无论该不能继承的事实是由于被代位人的死亡、丧失继承权或者是被代位人放弃继承权的情形。固有权理论背后的深层依据是子股平等原则。被继承人的每一个子女构成一个独立的支系(子股),在古代这被称为"房",遗产的分配应当是按照子股进行平均分配,而不是按照人头进行平均分配。当每一个支系中的法定继承人先于被继承人死亡时,其晚辈直系血亲便应当"代位"继承该支系所应继受的财产份额。与之相对的是代表权理论,该理论认为代位继承人是承继被继承人的继承权而为继承,而并非是基于自己固有的权利。

在比较法上,代位继承的固有权理论占有绝对的主导地位。曾经作为代表权理论典型的法国法,先后于2001年及2006年的继承法改革中承认了丧失继承权人以及放弃继承权人的子女的代位继承权,由此可认为也采纳了固有权理论。我国法律仅承认先于被继承人死亡情况下的代位继承,应当说依然采用了代表权理论。该理论所产生的最大问题在于,它使得代位人的权利受到被代位人的行为的影响,被代位人丧失或者放弃继承权最终产生代位人无法获得遗产份额的法律后果。另外,我国不承认孙子女、外孙子女法定继承资格的一个理由便是孙子女和外孙子女的继承权利可以通过代位继承的方式得到实现。在这一语境下,更应当放宽代位继承的适用范围,使得代位继承同时适用于继承人丧失或者放弃继承权的场合。

参考文献

1. 刘耀东:《代位继承的特征及其运行机理》,载《重庆社会科学》2012年第2期。
2. 王薇:《代位继承人之应继份研究——来自加拿大的启示》,载《暨南学报(哲学社会科学版)》2006年第4期。
3. 王艳慧:《代位继承的性质论争及检讨——以历史流变为视角》,载《哈尔滨师范大学社会科学学报》2014年第4期。

作者:上海交通大学凯原法学院博士后　李　贝

82. 共同遗嘱与打印遗嘱
——马某1等与马某3等遗嘱继承纠纷案[①]

【事实概要】

被继承人马永中(2012年12月去世)、张小妹(2011年8月去世)系夫妻关系,共生育五

---

① 上海市宝山区人民法院(2015)宝民一(民)初字第1747号民事判决书;上海市第二中级人民法院(2017)沪02民终1788号民事判决书。

子,即马志民(2013年去世)、马某1、马某3、马某4、马某2。

2011年4月2日,被继承人马永中、张小妹留有签名的代书遗嘱一份,见证人为案外人郭某某(代书人)、××东,两人均在遗嘱上留有签名。遗嘱主要载明:"我们夫妻两人年纪已大,身体状况也一年不如一年,在我们目前精神状况还可以的情况下,我们要把以后的事情交代清楚……我们现有的房产(全部产权)、馨佳园4号楼东单元××室(部分产权)、(部分产权)归马某3所有,将来直接过户给马某3;(部分产权)归大儿子马志民所有,将来直接过户给马志民;如果公平路房子拆迁,由马某3全权代理。动迁所得的房子和钱款全部归马某3所有,其他人都没有份额。以上交代的事项是我两共同遗嘱。"

2011年12月7日,被继承人马永中留有其签名并注明年月日的打印遗嘱一份,案外人任智文、黄某某作为遗嘱见证人在打印遗嘱上签名。遗嘱主要载明:"我一共有五个儿子,老大马志民和老二马某4几十年对我们不闻不问、从不关心;老三和老五长期都在国外。我们两个老人的生活起居几十年一直是由四子马某3和媳妇程秋萍精心照料的。我和老伴早就商量决定,将我们所有的财产全部给予马某3和程秋萍,其他任何人都没有份额。我现在年龄已大、体弱多病,生活已经不能自理,我家里的所有事情以及我的后事全权委托四子马某3处理,任何人不得干涉,这是我本人的真实意愿。如果我以后有其他的意思表示,一定要有地段民警和居委会干部在场作证,否则无效。"另,该份打印遗嘱上又标注:"马永中于2011年12月7日下午到居委会由儿子马某3、儿媳程秋萍找民警反映上述情况。社区民警张文平。"

【判 决 要 旨】

1. 一审判决

一审法院认为,2011年4月2日被继承人马永中、张小妹签名的代书遗嘱以及2011年12月7日被继承人马永中签名的打印遗嘱均系有效遗嘱,故本案的继承应按照上述两份遗嘱进行。因马永中所立的2011年12月7日的遗嘱中对属于张小妹的遗产处分无效,故对于张小妹在周邓公路××室房屋中的产权份额仍应按照2011年4月2日遗嘱,由马志民继承。一审法院据此判决:一、上海市周浦镇房屋归马某3所有;二、上海市周浦镇房屋中25%产权份额归马某3所有,75%产权份额归李某2、李1、马某5、马某6、马某7、陆某1、陆某2共同所有;三、上海馨佳园4号楼东单元××室(即上海市)房屋归马某3所有;四、上海(即上海市)房屋归马某1、叶某某所有,马某1、叶某某于判决生效之日起10日内支付马某3该房屋的折价款124万元。上诉人马某2、马某1不服,提出上诉。

2. 二审判决

二审法院驳回上诉,维持原判。

二审法院认为,尽管我国《继承法》未对共同遗嘱作出特别规定,但亦未禁止共同遗嘱形式,故夫妻共同遗嘱生效、失效和撤销的事由仍受《婚姻法》《继承法》《合同法》的调整。

根据我国《继承法》规定,立有数份遗嘱,内容相抵触的,以最后的遗嘱为准。马永中与张小妹于2011年4月2日共同订立上述遗嘱后,马永中又于2011年12月7日订立一份打印遗嘱。尽管《继承法》未对打印遗嘱作出任何规定,但《继承法》亦未禁止此类遗嘱,且结合本案的实际情况来看,该遗嘱中涉及马永中处分属于其个人所有的遗产份额应认定为有效。

夫妻一方死亡的,生存一方仅可以撤销或变更限于涉及自己个人财产部分的遗嘱,而无权撤销或变更涉及共同财产或另一方个人财产的遗嘱部分。本案中,张小妹于2011年8月去世后,马永中于2011年12月又重新订立了一份打印遗嘱,但其中涉及处分夫妻共同财产中属于张小妹的份额应认定为无效。

【解　　析】

一、评析要点

打印遗嘱的效力问题;夫妻共同遗嘱的效力问题;共同遗嘱一方去世后另一方作出与共同遗嘱相矛盾的遗嘱处分效力如何确定。

二、学理评析

1. 共同遗嘱的效力问题

本案中涉及两份遗嘱。第一份遗嘱为马永中、张小妹两人共同订立,这一遗嘱形式在学理上被称为共同遗嘱,也称共立遗嘱或者合立遗嘱。尽管我国法律并未对其作出明确规定,但此类遗嘱在实践中的运用却相当广泛。就其内容而言,我国的共同遗嘱主要存在以下类型:

（1）夫妻双方约定:若一方去世则其财产由其在世配偶一方继承①。

（2）夫妻双方约定:一方去世后财产由在世配偶继承,并同时指定双方共同去世后的财产继承人②。

（3）夫妻双方共同指定其共同财产的继承人③。本案的共同遗嘱即属于这一类型。

（4）夫妻双方约定,对于双方财产的继承要在双方均过世后进行④。

关于共同遗嘱的定义,学界同样存在争议。一般认为,共同遗嘱具有形式意义上的共同遗嘱和实质意义上的共同遗嘱。所谓形式意义上的共同遗嘱,又称为单纯的共同遗嘱,是指双方虽然合立一份遗嘱,但其内容上并不存在相互的关联性。与之相对应的是实质意义上的共同遗嘱,这指的是内容共同或者相互关联的遗嘱。这种相互关联性表现为:配偶一方系因对方设立特定内容的遗嘱,才相应作出自己的终意处分(王葆莳,163页)。

关于共同遗嘱的有效性问题,在学界存在较大争议,支持者认为这是意思自治原则在继承法领域的体现,并且在我国农村地区普遍存在,反对者则认为共同遗嘱与单方法律行为的性质不合,并且构成了对遗嘱撤销自由的侵害。有关共同遗嘱的有效性争论在比较法上也同样存在。以法国法为代表的国家规定共同遗嘱无效,而以德国法为代表的国家则承认共同遗嘱的效力。

目前我国法律对于共同遗嘱的效力并未作出明确规定。公证机构在涉及共同遗嘱时也非常谨慎。《遗嘱公证细则》第15条"两个以上的遗嘱人申请办理共同遗嘱公证的,公证处应当引导他们分别设立遗嘱。遗嘱人坚持申请办理共同遗嘱公证的,共同遗嘱中应当明确遗嘱变

---

① 北京市高级人民法院(2016)京民申3418号民事裁定书。
② 北京市第一中级人民法院(2016)京01民终5752号民事判决书。
③ 山东省青岛市黄岛区人民法院(2016)鲁0211民初5395号民事判决书。
④ 云南省昆明市五华区人民法院(2014)五法民二初字第70号民事判决书。

更、撤销及生效的条件。"

在审判实践中,我国法院对于共同遗嘱的态度也存在分歧。一部分判决主张共同遗嘱属于形式上不合法的无效遗嘱。"共同遗嘱的效力要得到法律的认可,必须禁止于同一文书,应当夫妻分别亲书或者予以公证才符合我国有关遗嘱的法律规范。"[①]另一种观点对共同遗嘱采用全面认可的立场,不仅其有效性应当得到法律承认,而且其不需要严格遵循《继承法》所规定的遗嘱形式要件[②]。一种折中的观点认为,一方面应当承认共同遗嘱的效力,但另一方面其仍然应当遵守既有法律对于遗嘱形式所作的规定。本案即采用了这一折中立场:"尽管我国《继承法》未对共同遗嘱作出特别规定,但亦未禁止共同遗嘱形式,故夫妻共同遗嘱生效、失效和撤销的事由仍受《婚姻法》《继承法》《合同法》的调整。"在本案中,由于马永中夫妇在订立第一份遗嘱时采用了代书遗嘱的方式,因此该共同遗嘱的形式有效性需要结合《继承法》有关代书遗嘱的相关规定来进行判断。《继承法》第 17 条规定:"代书遗嘱应当有两个以上见证人在场见证,由其中一人代书,注明年、月、日,并由代书人、其他见证人和遗嘱人签名。"本案中的共同遗嘱符合代书遗嘱的形式要件,故而应当认定为有效。

本案中一、二审法院的立场值得肯定。在我国既有的法律框架内,共同遗嘱在保护在世配偶一方利益方面具有不可取代的地位。首先,共同遗嘱有时被作为实现后位继承的一种方式。所谓后位继承,是指一方在遗嘱中约定其死后财产由一人继承,而该继承人死后这部分财产将由第二位继承人所继承。前者被称为先位继承人,后者被称为后位继承人。由于我国法律对于后位继承制度并未明确规定,因此实践中人们往往借助共同遗嘱的方式来实现。其次,共同遗嘱的一大功能在于对遗产分割时间的推延。夫妻双方往往会在共同遗嘱中约定,只有当双方均去世之后,共同遗嘱中有关遗产分配的效力才得以实现。上述做法充分保障了在世配偶一方的生存权利。基于此,共同遗嘱在我国具有其存在的合理性,法律不应当断然否定其效力。另一方面,由于共同遗嘱较普通的单独遗嘱而言,遗嘱人更容易受到不当影响,其意思表示更容易存在瑕疵,因而法律必须对其形式进行必要的规制。换言之,共同遗嘱必须符合《继承法》对于遗嘱形式所作的规定。

这一规则尤其应当适用于自书遗嘱的场合。此类遗嘱的形式有效性要求遗嘱"由遗嘱人亲笔书写,签名,注明年、月、日。"但是在实践中,采用自书形式订立的共同遗嘱往往是由夫妻一方执笔,而另一方仅仅在遗嘱上签名。按照本案所采取的立场,由一方执笔另一方签名的共同遗嘱不应当被认为符合自书遗嘱的形式要件。但是在司法实践中,法院往往采用较为宽松的认定标准,认为此类共同遗嘱符合自书遗嘱的形式要件[③]。这一判决立场的合理性显然值得商榷,因为对于仅仅署名的配偶一方而言,其显然没有亲笔书写遗嘱的内容。加之自书遗嘱并没有遗嘱见证人的额外要求,因此仅凭配偶一方的签名是否足以认定其订立遗嘱的真实意愿,其是否受到他人的不当影响,实难判断。因此,在既有的法律框架内,此类共同遗嘱应当被认定为形式上无效的遗嘱。在德国法上,对于自书共同遗嘱法律作出了特别的形式缓和规定。

---

① 参见湖南省郴州市中级人民法院(2014)郴民一终字第 882 号民事判决书。
② 参见山东省青岛市中级人民法院(2015)青民五终字第 2078 号民事判决书。
③ 四川省成都市温江区人民法院(2015)温江民初字第 1781 号民事判决书;上海市嘉定区人民法院(2013)嘉民一(民)初字第 4673 号民事判决书;上海市静安区人民法院(2016)沪 0108 民初 1243 号民事判决书。

根据《德国民法典》第 2267 条,夫妻一方手书遗嘱内容并签字,而另一方在上面签字即可。然而在我国,法律上目前不存在类似的缓和性规定,由法院在审判中放宽对共同遗嘱形式要件的认定,并非是一种最优的选择。

2. 打印遗嘱的效力问题

在张小妹去世之后,其丈夫马永中又通过打印的方式订立了一份新的遗嘱。然而在目前的《继承法》中,并未将打印遗嘱作为法定遗嘱形式加以规定,这就使得打印遗嘱的有效性存在争议。在学界,对于打印遗嘱的效力大多持肯定立场,但是在关于打印遗嘱的法律属性上却存在分歧。一种观点认为,不应当将打印遗嘱作为一种独立的遗嘱形式,而应当依据该打印遗嘱具体订立的方式(遗嘱人自主打印还是委托他人打印)而分别认定为传统《继承法》上所规定的遗嘱类型(自书遗嘱、代书遗嘱或者公证遗嘱)。另一种观点认为,打印遗嘱不能被认定为是传统的遗嘱形式,但是可以借助《继承法意见》第 40 条有关"遗书"的规定来确认其效力。最后,还有一种立场认为,打印遗嘱作为一种新型的遗嘱订立方式,其应当作为一种独立的遗嘱类型加以确认,法律应当为其设立单独的形式要件。《民法典分编(草案)(征求意见稿)》采用了这一路径,将打印遗嘱作为一项独立的遗嘱形式加以规定,草案第 915 条规定:"打印遗嘱应当有两个以上见证人在场见证。遗嘱人和见证人应当在遗嘱每一页签名,注明年、月、日。"

比较法的角度来看,尽管有些国家并不当然否定打印遗嘱的效力,但都是将打印遗嘱作为既有遗嘱类型的一种特殊情形来处理的,并不存在将打印遗嘱作为一种单独的遗嘱形式加以规定的立法例。并且,遗嘱形式并非越多越好,目前我国法律承认的遗嘱类型已经能够满足各类人群的现实需要,并不应该将打印遗嘱作为一项独立的遗嘱形式加以规定(房绍坤,2 页)。为了将打印遗嘱融入既有的遗嘱类型,一种可能的做法是对"书写"进行扩大解释,认为其不仅包括传统的手写,而且也包括打印的方式。按照这一理解,则打印遗嘱可以被认定为自书遗嘱、代书遗嘱或者公证遗嘱。但是这种做法的合理性存在疑问。

为了说明这一问题,我们有必要回到遗嘱形式主义的功能之上。关于这一问题,美国学者古里维(Ashbel G. Gulliver)和蒂尔森(Catherine J. Tilson)在有关无偿行为法律分类的经典论文有过精辟的论述。它们将形式要件的功能归结为三点:首先是"仪式功能"(ritual function),通过完成订立遗嘱所必需的法律程序,遗嘱人能够更加清晰地意识到其所为行为的意义及其严重性,从而避免其作出草率的决定。其次,遗嘱形式具有"证明功能"(evidentiary function),即遗嘱形式有助于证实当事人的最后意愿。证明问题在遗嘱纠纷场合有其特殊性,"因为有关处分行为效力的问题几乎总是在遗嘱人去世之后产生的,也就是说主要当事人将无法亲自作证,来澄清或者来反驳其他用来证明其至关重要的意愿的证据"(Ashbel G. Gulliver,1945)。这就使得对遗嘱人真意的探求变得充满了或然性,遗嘱的证明作用也就格外重要,而通过遗嘱形式的强制规定减少遗嘱伪造的可能性,这一关键证据的可信度也得以提升。最后,遗嘱形式具有所谓的"保护"功能(protective function),一些形式要件的存在旨在防止遗嘱人受到来自第三人的不当影响。在此基础上,朗本教授在此基础上又增加了第四个功能,即所谓的"引流功能"(chanelling function)(John H. Langbein,1975)。这一功能是指,法律通过形式要件为当事人提供了一种表达遗愿的法定途径,这种途径能够确保遗嘱人的内心意愿转化为具有法律拘束力的条款。具体而言,"引流功能"同时具有司法层面和个人层面两方面的内涵。就前者而言,形式要件有效地减轻了法院的工作负担,节约了司法成本,因为只要是按照法定方式订立的遗嘱,法院都无须再去探求其是否符合当事人的真意,除非有相反的证据提出;就遗嘱人个人而言,只要其遵循法律规定的形式制定遗嘱,则其可以确保他的遗愿将得到最终的执行,而无须担心一些空穴来风的"证据"在其死后左右其遗嘱的命运。

在自书遗嘱的场合,遗嘱形式的上述功能主要是通过遗嘱人亲自书写的要件加以实现的,并且此处的书写必须被理解为狭义的"手写":一方面,只有手写才能最大限度地发挥遗嘱形式的证明功能,证明遗嘱确为本人所为而非他人伪造;另一方面,只有手写才能体现遗嘱订立的"仪式感",这一点在现代社会的意义尤为重要,因为人们已经习惯通过电脑进行文书写作,而手写形式具有了前所未有的"仪式感"。综上,对于自书遗嘱而言,对书写的理解不能被扩张解释为同时包含打印方式,否则遗嘱形式要件的规定将会形同虚设。相反,对于代书遗嘱和公证遗嘱而言,遗嘱形式的功能并不是通过遗嘱人的亲笔书写来实现的:在代书遗嘱的场合,遗嘱形式的功能依靠的是遗嘱见证人对遗嘱订立过程的见证,而在公证遗嘱的场合,则是公证人的介入。因此,对于代书遗嘱和公证遗嘱而言,遗嘱本身是采用手写的方式还是采用打印的方式,并不重要,因此打印遗嘱完全可以成为代书遗嘱或者公证遗嘱。这里还需要补充说明的是,该遗嘱究竟是遗嘱人本人打印,还是由第三人打印,也是无关紧要的。代书遗嘱的称谓似乎表明遗嘱必须是由第三人打印,遗嘱人本人打印的不能被视为代书遗嘱。事实上,比较法上往往不使用代书遗嘱的称谓,而使用"见证遗嘱"的概念,后者显然更为贴切,因为此类遗嘱的本质在于有见证人的存在。按此理解,即便是本人亲自打印的遗嘱,若满足《继承法》有关代书遗嘱的见证人要求,也应当被视为代书遗嘱。

本案一审法院为了证明打印遗嘱的有效性,详细列举了其订立过程中的细节,尤其是遗嘱见证人的见证过程,以及遗嘱人、见证人在打印遗嘱上的签字,并且对年、月、日均有注明。尽管法院并没有直接适用《继承法》有关代书遗嘱的相关规定来证成本案中打印遗嘱的有效性,但这一思想已经得到体现。

为了支持打印遗嘱的有效性,法院进一步指出,我国《继承法》尽管没有对打印遗嘱的效力作出明确规定,但是也并未明确作出禁止性规定。因此,"不能简单地认为打印遗嘱为无效遗嘱,应当结合遗嘱人的民事法律行为是否有效予以综合评定。"然而这一裁判立场实不可取,因为按照这一解释,则法律对于遗嘱形式的规定将会形同虚设,因为《继承法》并没有明确禁止任何形式的遗嘱文书,故而按照本案法院的理解,任何形式的遗嘱,只要能证明是遗嘱人的真实意愿,则都应当被认定为有效。遗嘱形式所旨在发挥的功能也将完全落空。

3. 共同遗嘱中的单方撤回效力

本案所涉及的最后一个问题是共同遗嘱中一方所作出的撤回其原先遗嘱意思表示的行为的效力问题。马永中在其配偶张小妹死后所设立的打印遗嘱与之前的共同遗嘱部分的内容存在冲突,因为在后一份遗嘱中马永中取消了原本应当由其长子马志明的遗产继承份额,而将全部房产交给其四子马某3继承。

根据我国《继承法》第20条第2款的一般规定,"立有数份遗嘱,内容相抵触的,以最后的遗嘱为准。"《继承法意见》第42条进一步补充规定:"遗嘱人以不同形式订立有数份内容相抵触的遗嘱,其中有公证遗嘱的,以最后所订立公证遗嘱为准;没有公证遗嘱的,以最后所立的遗嘱为准。"在本案中,由于打印遗嘱与共同遗嘱均未采用公证遗嘱的形式,因此在承认两种效力的前提下,应当认为后订立的打印遗嘱具有更高的效力。但是马永中在遗嘱的变更中同时处分了其妻张小妹的部分财产,根据《继承法意见》第 38 条的规定,这部分遗嘱部分应当认定为无效。本案的一审和二审判决正是按照这一思路进行裁判。

本案的特殊之处在于在先遗嘱为共同遗嘱,这就涉及遗嘱处分的关联性问题。如前所述,这种关联性指的是共同遗嘱人中的一方是基于另一方的处分行为而作出自己的处分。在本案的共同遗嘱中,这种关联性体现得并不明显。因为无论是张小妹还是马永中,其在遗嘱中所作出的对被继承人的指定都不是以配偶一方的指定为前提的。张小妹和马永中分别在遗嘱中表达了希望其房产部分由四子马某 3 和长子马志明继承的意愿,虽然遗嘱在形式上表现为共同遗嘱,但事实上可视为两个相互独立的遗嘱表示。因此在张小妹死后,其遗嘱已经部分生效,马永中自不得进行变更,但对其自己的遗嘱表示,其当然可以自由撤回。

相反,在夫妻双方约定在一方去世的情况下,在世一方有权继承自己全部遗产的共同遗嘱中,这种关联性的体现就较为明显:一方是基于对方的遗嘱处分而作出了自己的遗嘱处分。关联处分的存在将会给共同遗嘱的撤销带来额外的难题。这种困境在"柏林式遗嘱"的场合体现得最为明显。所谓"柏林式遗嘱",指的是夫妻双方约定一方去世后由在世配偶继承双方共同财产,在双方均去世后由双方共同指定的继承人继承双方的全部遗产。一方去世后,在世方的配偶是否能够撤回其在共同遗嘱中的意思表示,指定第三人继承自己的财产?此时法律将会陷入一种两难的境地:如果承认在世配偶一方的自由撤回权,那么先去世一方的意愿便不能得到尊重,因为其遗产最终将无法由其在共同遗嘱中指定的继承人来继承,并且他也已经没有机会行使自己的遗嘱撤回权,从而剥夺其赋予配偶的继承份额;如果否定在世配偶一方的自由撤回权,那么又会对在世一方配偶的遗嘱自由构成侵害。一种折中的做法是,允许在世一方配偶通过放弃其从共同遗嘱中所获得遗产份额的方式来撤回自己的遗嘱表示。因此,若一方配偶去世后另一方新立一份遗嘱来撤销自己之前所作出的共同遗嘱,则其必须拒绝接受从该共同遗嘱中所获得的对方配偶财产的继承权,这部分财产将直接由共同遗嘱中指定的终位继承人继承。

参考文献

1. 王葆莳:《共同遗嘱中"关联性处分"的法律效力》,载《法商研究》2015 年第 6 期。
2. 张华贵:《利益平衡与立法选择:论立法应当禁止夫妻共同遗嘱》,载《山东女子学院学报》2013 年第 3 期。
3. 王毅纯:《共同遗嘱的效力认定与制度构造》,载《四川大学学报(哲学社会科学版)》2018 年第 1 期。
4. 张萱、陶海荣:《打印遗嘱的法律性质和效力》,载《法学》2007 年第 9 期。
5. 房绍坤:《遗嘱形式完善三题》,载《苏州大学学报(法学版)》2014 年第 4 期。
6. Ashbel G. Gulliver & Catherine J. Tilson, Classification of Gratuitous Transfers, (1941) 51 *Yale Law Journal* 1.
7. Langbein, John H., Substantial Compliance with the Wills Act, (1975) *Faculty Scholarship Series Paper* 507.

作者:上海交通大学凯原法学院博士后　李　贝

83. 附条件遗嘱的效力
——张超军与蔡丽珍遗赠纠纷案

【事 实 概 要】

被继承人蔡丽珍1994年5月与张建元以夫妻名义共同生活,于2006年10月31日办理结婚登记手续,双方未生育子女。张建元于2006年12月4日病故,生前与蔡丽珍共同居住在锡山区东港镇港下社区张巷上10号三间二层楼房和张巷上9号的三间平房内。张胜元与张建元系同母异父的兄弟关系,张超军系张胜元之子、张建元之侄子。张建元于2006年11月19日在病重期间书写遗嘱一份,载明:"我去世后,东面三间楼房使用权归我妻蔡丽珍,西面三间平房也归我妻蔡丽珍安身之处,如我妻蔡丽珍今后嫁人,三间平房归我侄子张超军所有。"在遗嘱上有蔡丽珍、张胜元、朱荣法、孙进德、蔡建东等作为见证人签名。另查明:蔡丽珍与张坚平于2007年6月12日登记结婚,2007年10月对三间平房进行修缮和墙面粉饰,2008年4月生育一女,同年11月在该平房内为女儿举办"百日酒"。

2012年,张超军向法院起诉,要求法院判决锡山区东港镇港下社区张巷上10号三间二层楼房和张巷上9号的三间平房归其所有。

【判 决 要 旨】

1. 一审判决

一审法院判决驳回张超军诉讼请求。

2. 二审判决

一审宣判后,张超军提起上诉,在二审期间申请撤回上诉,2013年4月28日,二审法院准许张超军撤回上诉,原审判决即发生法律效力。

二审法院认为,公民可以依法立遗嘱处分个人财产。本案中张建元亲笔书写遗书及签名、注明年、月、日,并经数名见证人见证签名,就其居住的房产予以处分,故其书写的遗书为自书遗嘱。公民立遗嘱将个人财产赠给国家、集体或者法定继承人以外的人,为遗赠。张超军系张建元之侄子,属于法定继承人以外的人,其诉讼主张基于遗赠法律关系而提出,故本案案由应为遗赠纠纷。张超军在本案中提起的诉讼主张涉及两处房产,即张巷上9号三间平房与张巷上10号三间二层楼房,本案的争议焦点是上述两处房产是否应归张超军所有。

关于张巷上10号三间二层楼房,因张建元书写的遗书中涉及遗赠的部分为张巷上9号三间平房,而张巷上10号三间二层楼房并未列入遗赠的范围,张超军也非张建元的法定继承人,也不存在代位继承、转继承等情形,故张超军要求判令张巷上10号三间二层楼房归其所有的诉讼请求,无法律依据,法院不予支持。

---

① 江苏省无锡市锡山区人民法院(2012)锡法湖民初字第0307号民事判决书;江苏省无锡市中级人民法院(2013)锡民终字第0453号民事判决书。

关于张巷上9号三间平房,因张建元所立遗嘱中就该处遗产的继承设定了约束内容,即"如我妻蔡丽珍今后嫁人,三间平房归我侄子张超军所有",该约束内容有违法律规定,故涉及遗赠的内容无效,张超军无受遗赠权,理由如下:婚姻自由是我国宪法规定的一项公民基本权利,是我国《婚姻法》规定的基本婚姻制度,具体而言体现为婚姻自主权这一人格权利,即自然人有权在法律规定的范围内,自主自愿决定本人的婚姻,不受其他任何人强迫与干涉。张建元去世后,蔡丽珍是否再婚应完全由蔡丽珍自行决定,如蔡丽珍选择再婚也是人之常情,故张建元立下遗嘱但设定了约束内容,限制蔡丽珍的婚姻自由,违反了有关婚姻自由的法律规定,故张建元所立遗嘱中"如我妻蔡丽珍今后嫁人,三间平房归我侄子张超军所有"的内容应属无效,即张超军受遗赠的内容无效。

需要指出的是,即使张建元的遗赠行为有效,根据法律规定,受遗赠人应当在知道受遗赠后两个月内,作出接受或者放弃受遗赠的表示。到期没有表示的,视为放弃受遗赠。本案中张建元死亡后,蔡丽珍与张坚平于2007年6月起在原蔡丽珍与张建元共同生活的房屋中结婚、共同生活、修缮房屋,且于2008年11月生育女儿举办"百日酒"。张超军作为遗书持有人并居住在同村,应当知道张建元遗产内容中其受遗赠的"条件"成就,但张超军未举证证明其在"条件"成就后两个月内作出接受遗赠的表示,亦应视为放弃受遗赠。综上,张超军在本案中的诉讼主张,无法律依据,法院不予支持。

【解　　析】

一、评析要点

当被继承人在遗嘱中以"不得改嫁"作为生存一方配偶继承死者遗产的限制条件时,是否应当质疑或否定该遗嘱条款的有效性。

二、学理评析

遗孀对亡夫遗产的继承权和遗孀的再婚自由,在现代法学视野中,是并行不悖的两个主题。但在我国传统法律及现代社会习俗中,两者之间的相互关系还远远未到井水不犯河水的程度。如明律曾规定:"凡妇人夫亡无子守志者,合承夫份……其改嫁者,夫家财产及原有妆奁,并听前夫之家为主"。其中要旨即,遗孀继承亡夫的遗产,在其改嫁之际将返还亡夫的家庭。当代普法著作中仍多见"寡妇再嫁是否可以带走继承的遗产"此类标题,不仅实践中有不少的案例,学者也以"侵害婚姻自主权的违法行为,通常表现为……他人干涉寡妇改嫁"。由此可见,限制寡妇改嫁的确是旧俗中的顽疾,经久不衰。这种观念和习俗不容于现代法律,是因为在亡夫去世后,遗孀对亡夫遗产的继承权已经成为现实的财产权利,在遗产分割之后更是已经转化为遗孀个人的财产所有权。丈夫死亡的法律事实,同时使妻子进入可婚状态,她享有不受非法限制和干预地再婚的自由。此时如果因再婚而剥夺其现实的遗产继承权或财产所有权,于法无据。

但本案中所牵涉的,则是丈夫在生前所立遗嘱中,将妻子他日的再婚与否,作为影响和决定自己身后遗产处分方案的一个因素。换言之,妻子再婚,遗产的处分是一套方案;妻子不再婚,遗产的处分又是另一套方案。这与"干涉寡妇再嫁"的陋习看似异曲同工,但在法律和法学的角度进行分析,其行为合法性的考量却复杂许多。

1. 身份行为与财产行为的交织

遗嘱在性质上属于一种我国民法上所称的民事法律行为,当事人在遗嘱中,为他人继承自己的遗产设定条件,使该遗嘱成为一个附条件的民事法律行为。附条件法律行为的确定有效,不仅需要法律行为本身有效,所附条件也须有效。但身份行为和财产行为能否成为可附条件的法律行为,不可同日而语。

依照私法自治的精神,财产行为得附条件并无争议,但身份行为原则上不得附条件。按照民法学通说,身份关系上的行为或者与身份密切相关的行为,不能设定条件与期限,如结婚、离婚、收养、收养关系的解除、非婚生子女的承认与否认,继承的承认与放弃等。为这类行为设立条件等限制,无效。这是因为,允许对这些身份行为设定条件或者期限,会影响身份秩序的安定,从而有害于公序良俗。例如对婚姻附加某种解除条件,类似"发生不忠即离婚"或"无子即离婚"等,实质上排除了法律有关离婚条件的强制性规定,无法得到效力上的肯定。

当事人将财产行为和身份行为交织在一起所做的法律行为方案设计,究竟是一个可附条件的财产行为,还是一个不可附条件的身份行为,则需要具体甄别。继承权是一项财产权利,继承遗产是一个财产行为,结婚则是身份行为。如果为遗产继承权的现实成就设定一个以"不得再婚"为内容的条件,意味着设计这一条款的遗嘱是将一个身份行为设定为财产行为的条件。身份行为不得附条件,但将身份行为设定为财产行为的条件,是另一个问题。如订婚是身份行为,给付彩礼则是财产行为,为订婚而给付彩礼,可解释为是以身份行为作为财产行为的条件。我国立法和司法不仅对为订婚而给付彩礼持默认的态度,而且司法解释中还确认,彩礼的返还"应当以双方离婚为条件",堪称是从积极和消极的两个角度承认了以身份行为作为财产行为条件的合法性。同理,以再婚与否作为遗产继承权成就与否的条件,也不应成为直接判定相关遗嘱条款无效的依据。

2. 遗嘱自由和婚姻自由的较量

本案中,司法机关认定所涉遗嘱条款无效,理由是遗嘱"以蔡丽珍是否再婚作为蔡丽珍取得相应财产继承权先决条件,并且作为张超军接受遗赠开始的条件,显然侵犯了蔡丽珍婚姻自由的基本权利",违反了民事基本法和婚姻法的规定。如前所述,将身份行为作为财产行为的条件,并不一定违法。那么丈夫在遗嘱中将妻子他日改嫁与否作为影响遗产继承方案的因素,是否就一定违法呢?对此仍不应简单得出违法的结论。

我国法律肯定遗嘱自由的原则。现行法对遗嘱自由的限制,主要集中在所谓必留份制度。在民法典制定过程中,常常有以特留份制度及公序良俗原则等限制遗嘱自由的意见。在本案所涉遗嘱中,立遗嘱人将三间楼房的使用权无条件指定自己死后由妻子继承,将三间平房的继承权与他日妻子是否再嫁挂钩,并不违反现行法必留份制度,违法性的认定因此在某种程度上具有模糊性,无法依照具体规则直接作出判断,司法机关最终也是援引了民事基本法和婚姻法中的原则规定作为裁判依据。笔者认为这一认定稍显简单粗暴,对其间论及的遗嘱自由和婚姻自由缺少必要的具体分析。

将改嫁与否同遗产继承权挂钩,与剥夺继承权或者干涉他人婚姻自由具有不同的性质。如果我们承认利益衡量是人人得而实践的伦理事实,在遗嘱中将再婚与否同遗产继承权挂钩,实际上是在赋予生存一方配偶以选择权。虽然这是以身份行为作为财产行为的条件,但身份行为和财产行为虽互相牵连,实质上本身仍相互分离。他日立遗嘱人死亡,生存一方配偶若以重新组建家庭为自身利益的第一要务,可以选择限制和放弃遗产继承;若以守住遗嘱所定财产权利为第一要务,则可以不再婚的形式行使自己的婚姻自主权。婚姻自由中的结婚自由,既包括结婚的自由,也包括不结婚的自由。我们不能因当事人不结婚的事实状态,就断然认定其婚姻的不自由。换言之,如果我们不能因为在遗嘱中将再婚与否同遗产继承权挂钩,就直接认定生存一方配偶的遗产继承权被剥夺的话,那么我们也不能直接认定这一条款限制了生存一方配偶的婚姻自由。本案中被继承人所立遗嘱的这一条款设计,是对其合法个人财产的处分,没有损害被告的婚姻自由,位于被继承人遗嘱自由的范围内。

3. 生存一方配偶的财产利益及其最大化

对我国遗嘱自由现状的指责之一,是没有确立特留份制度,所以对法定继承人的利益缺少最低限度的保障。本案中立遗嘱人的遗产分配方案,不仅没有违反现行法规定的必留份制度要求,而且对生存一方配偶也有无条件继承份额的设定。在这个前提下,将生存一方配偶的再婚与其他特定遗产的继承权挂钩的条款,如果无损于生存一方配偶的婚姻自由,又是否有违生存一方配偶的根本或基本财产利益? 答案同样是否定的。

这一遗嘱条款事实上赋予了蔡丽珍选择权,却被法院判定为无效。那么,如果被继承人的遗嘱根本不给生存一方配偶以选择权,这样的遗嘱是否也无效? 我们可以假设,被继承人在遗嘱中并没有设计与"改嫁"相关的遗产继承权条款,却直接将三间平房的遗产继承权遗赠给原告。此时,遗嘱不会因为必留份、公序良俗等各种具体或抽象的原因遭受有效性的质疑,但生存一方配偶的财产利益,并不是最大化而是被明显限缩。当然,我们只有排除了此类条款有违婚姻自由原则的顾虑,才更有可能看到这类条款对生存一方配偶的有利而非不利影响,更有信心地肯定它的有效性。

将生存一方配偶的再婚与否同遗产继承权挂钩,是对遗产继承权的成就附加了限制条件。但在我们假设的情形中,生存一方配偶的婚姻自由无碍,遗产继承权求而不得。生存一方配偶可以选择再婚,也可以选择不再婚,却没有机会选择不再婚而继承遗产。不附条件的遗产继承权,当然符合生存一方配偶财产利益的最大化需求。但被继承人遗嘱自由、财产自由的行使,与生存一方配偶财产利益的最大化而非必要需求相比,轻重相去甚远。

简单否定这类挂钩条款的效力,潜藏的一个内在逻辑,是被继承人有权不让生存一方配偶继承遗产,但如果意欲由其继承遗产,则不能就此附加条件。对继承人来说,遗产继承本是一种获利行为,而在不能获得遗产与有条件获得遗产之间,前者对继承人显然更加不利。按照"举重以明轻"的原理,既然立遗嘱人有权依法指定由他人获得特定遗产、剥夺生存一方配偶继承机会,也应有权在遗嘱中设计对生存一方配偶更为有利更缓和的遗产继承方案,即为生存一方配偶设计附条件的遗产继承条款。换言之,附条件继承遗产的条款设计,虽然不符合生存一方配偶财产利益的最大化,但比确定排除其继承权的遗产分配方案更和缓,法院判定这一条款无效,有于理不通之嫌。

4. 公序良俗与比例原则的考量

本案收入《人民法院案例选》时,所嵌入的关键词中包含"公序良俗原则",似可理解为暗指所涉遗嘱条款的无效与有违公序良俗原则有关。从理论上说,公序良俗内涵的把握,在很多情形下需要从基本权利的角度加以讨论。"宪法上关于基本人权之价值判断,应作为公序良俗具体化之重要因素"。对将生存一方配偶再婚与否同遗产继承权挂钩的遗嘱条款进行效力认定时,公序良俗原则的具体化,涉及双方当事人的基本权利。其间要完成的任务,并不是单纯地将婚姻自由注入公序良俗的范畴之内,而是需要在双方的基本权利之间做一番平衡和调和。

如前所述,本案涉及婚姻自由和遗嘱自由的交锋。我国《宪法》第 49 条规定了对婚姻自由的保护。我国《宪法》第 13 条规定公民的合法的私有财产不受侵犯,意味着作为财产权必要内容的遗嘱自由也受宪法的保障。当被继承人的遗嘱自由和继承人的婚姻自由交织在一起,甚至相互冲突时,如何实现合法合理的平衡和调和,除能以前述分析作为判断依据外,还可以借鉴运用比例原则加以审查。

在遗嘱订立之初,继承人的继承权只是一种继承的资格,并非既得权利;而被继承人的财产权则是确定既有的民事权利。判定遗嘱有效,对被继承人而言具有完全的遗嘱自由的积极意义;对继承人而言也不至于阻断或者是否定其内心意志,婚姻自由仍属于继承人的当然权利,只不过某种行使婚姻自由的方式将导致其特定遗产的继承权受到限制。如果判定遗嘱无效,继承人的婚姻自由不复有财产权得失的风险,但对被继承人而言则是致命伤。如果说本案中被继承人张建元所立遗嘱的初衷是保证自己遗产的"姓张",那么遗嘱的无效将导致被继承人的意志直接被否定。从中可以看出,判定遗嘱无效,属于对立遗嘱人财产权的直接否定;判定遗嘱有效,则对继承人的婚姻自由只产生间接影响。两者相较,依照比例原则的精义,我们理应选择对基本权利干涉较小的手段,达到两项基本权利的平衡。

被继承人在遗嘱中载入将生存一方配偶再婚与其继承权挂钩的条款时,并不直接意味着对继承人婚姻自由的限制和排除。这是被继承人行使财产权的一种方式,符合我国遗嘱自由的原则,也无损于继承人的基本权利。事前的这种遗嘱条款设计,与事后因生存一方配偶的再婚而剥夺其财产所有权之间,对当事人双方意志的干涉、利益的取舍,在法律上具有明显差异。我们不宜因"寡妇改嫁"等敏感词的存在,就简单地将与此相关的遗嘱条款判定为无效。

参考文献

1. 梁慧星:《民法总论》,法律出版社 1996 年版。
2. 胡长清:《中国民法总论》,中国政法大学出版社 1997 年版。
3. 梁慧星:《中国民法经济法诸问题》,中国法制出版社 1999 年版。
4. 苏永钦:《民事立法与公私法的接轨》,北京大学出版社 2005 年版。
5. 王泽鉴:《民法学说与判例研究》(第七册),北京大学出版社 2009 年版。
6. 朱庆育:《民法总论》,北京大学出版社 2013 年版。

作者:中央财经大学法学院副教授　阳　平

84. 遗赠扶养协议
——卫某 1 与卫某 2 遗赠扶养协议纠纷案①

【事实概要】

1998 年,原告卫某 1(当时姓名为雷保民)经人介绍与被告卫某 2 达成口头遗赠扶养协议,约定由原告对被告生养死葬,被告去世后遗产归原告所有。1999 年 4 月 12 日,原告一家五口人从陕西省商州市迁到河津市阳村乡连伯村,与被告共同生活在一起,履行扶养义务,并于同日将户口登记从陕西省商州市迁到河津市阳村乡连伯村被告的户口簿上,户口登记上原告与被告关系登记为养子。2011 年在原、被告共同生活期间,原告在被告的院基上修建了南平房与门楼。

卫某 1 向一审法院提出的诉讼请求为:(1)依法解除原告与被告的遗赠扶养关系;(2)依法判令被告偿还原告扶养费 60 661.5 元;(3)依法判令被告补偿原告修建南平房和门楼费用 5 万元;(4)依法判令按照七口人对被告户下的 12 亩承包地进行分配;(5)依法判令被告承担本案诉讼费用。

【判决要旨】

1. 一审判决

一审认为,遗赠扶养协议是遗赠人和扶养人之间关于扶养人承担遗赠人的生养死葬的义务,遗赠人的财产在其死后转归扶养人所有的协议。遗赠扶养协议是一种平等、有偿和互为权利义务关系的协议,具有极强的人身属性,就立法目的而言,遗赠扶养协议更多强调的是保护被扶养人老者的权益,而不是强调协议的契约性、公平性,所以遗赠扶养协议一经成立,便不应随意解除或变更,作为扶养人只有在遗赠人实施了转移财产行为或者其他行为致使扶养人的遗产继承权无法得到实现的情况下,才有权解除遗赠扶养协议。本案中,原、被告之间达成的口头遗赠扶养协议系其真实意思体现,合法有效。现原告要求解除该协议,没有事实及法律依据,举证不力,不予支持。

原告不服提起上诉,认为被上诉人无端指责,辱骂致殴打上诉人及家人,双方无法继续共同生活,故上诉人请求解除其与被上诉人之间的遗赠扶养协议,请求二审法院予以支持。

2. 二审判决

二审判决驳回上诉,维持原判。

遗赠扶养协议是他人履行扶养义务,从而得到被扶养人财产的协议。上诉人主张要求解除协议并对其已尽的义务在经济上得到补偿,须由遗赠人提出解除协议。而被上诉人卫存放并未对此提出主张。上诉人亦无证据证实被上诉人存在转移财产行为和其他致使被扶养人的

---

① 河津市人民法院(2016)晋 0882 民初 1672 号民事判决书;山西省运城市中级人民法院(2017)晋 08 民终 1519 号民事判决书。

遗产继承权无法得到实现的情形。故对上诉人二审主张,法院不予采信。

【解　析】

一、评析要点

口头订立的遗赠扶养协议的效力;扶养人的范围;遗赠扶养协议的解除。

二、学理评析

《继承法》上的遗赠扶养协议是一项具有中国本土特色的制度,其既不是法律移植的产物,也不是立法者的凭空创设,而是以法律的形式对我国农村地区社会实践加以规范确认。目前通说认为,遗赠扶养协议是一种双方法律行为,是一种特殊类型的合同。其特殊之处主要体现为兼具经济属性与道德属性,以契约的方式将遗产继承与"生老病死"的扶养义务相关联。在老龄化日趋严重的当代社会,遗赠扶养协议作为一种灵活的养老方式,可成为意定监护制度的有益补充,从而发挥更大的作用(何丽新,55页)。

本案主要涉及关于遗赠扶养协议的三个基本问题:一是关于遗赠扶养协议订立的有效形式要件;二是遗赠扶养协议的适用主体范围;三是关于遗赠扶养协议中双方当事人的解除权问题。

1. 遗赠扶养协议订立的形式

无论是《继承法》还是最高人民法院出台的《继承法意见》,均没有对遗赠扶养协议的订立形式作出特别的规定。在本案中,原被告双方之间达成的遗赠扶养义务实际上是以口头的方式订立的。一审法院认为,"原、被告之间达成的口头遗赠扶养协议系其真实意思体现,合法有效"。二审法院也承认了该扶养协议的效力。也就是说,在本案中遗赠扶养协议被理解为一项非要式合同,当事人完全可以采用口头的方式进行订立。

但是在我国的司法实践中,有关遗赠扶养协议形式要件的立场并不一致,"同案不同判"的现象普遍观点。本案判决所持的第一种立场认为,遗赠扶养协议遵循形式自由原则。例如在"韩某某2等与东莞市寮步镇石龙坑桥头股份经济合作社等遗赠扶养协议纠纷上诉案"[1],中法院认为:"桥头合作社主张遗赠扶养协议应以书面形式作出,而我国现有法律并未规定书面形式为订立遗赠扶养协议的唯一形式,且结合韩某某的文化程度、身体情况以及当地的生活习惯,双方达成口头的遗赠扶养协议符合常理,且该遗赠扶养协议已经约定了双方的权利和义务。"第二种裁判立场认为,遗赠扶养协议应当采用书面形式订立[2]。最后一种观点认为,对于遗赠扶养协议的形式要件,应当比照法律有关遗嘱形式要件的规定来进行判断[3]。

法院之所以对遗赠扶养协议的形式要件认定上存在左右摇摆的态度,主要是基于如下两点相互对立的考量:一方面,尽管在现代社会遗赠扶养协议的适用范围有所扩大,不局限于"五保户",但该制度的对象大多都是缺乏劳动能力的农村老人,其法律意识不强,往往不重视协议

---

[1] 广东省东莞市中级人民法院(2014)东中法民一终字第34号民事判决书。
[2] 江苏省南京市中级人民法院(2013)宁民终字第3463号民事判决书。
[3] 山东省青岛市中级人民法院(2014)青民再终字第195号民事判决书。

的形式要件，对于一些切实履行的遗赠扶养协议，套用严格的形式要求而否定其效力并非明智之举。另一方面，遗赠扶养协议涉及对其遗产的处分，无论对其本人还是其他继承人而言无疑都产生重大的法律后果，并且在司法实践中，法院还赋予遗赠扶养协议对抗遗嘱的优先效力，这都意味着对于该形式的协议，应当通过严格的形式要件来确保老年人意思表示的真实性，避免其受到他人的胁迫或不当影响。第一层考量要求法院放宽遗赠扶养协议的形式认定，而第二层考量则要求法院提高遗赠扶养协议的订立成本。本案完全站在第一层考量的立场上认定遗赠扶养协议有效。这一立场在本案中或许并未产生实质影响，因为当事人双方对遗赠扶养协议的存在并无异议。但该项裁判规则能否成为一般性规定，则值得怀疑。

比较法上对待口头遗嘱形式瑕疵的立场，值得我国借鉴。根据法国法和意大利法的规定，口头遗嘱原则上无效，但是当事人可以通过实际履行遗嘱而对其形式瑕疵加以事后的补正。若当事人在遗嘱部分履行后重新提起异议，则根据禁反言的原则，法院对于该异议不予受理。参照这一比较法经验，我国可规定遗赠扶养协议应当采用书面形式。但是双方认可口头协议或者该协议已经得到实际履行的，一方当事人主张协议无效，法院不予支持。

2. 遗赠扶养协议中的扶养人范围

目前我国《继承法》对于遗赠扶养协议的范围规定过窄，在扶养人非自然人的场合，法律仅仅允许集体经济组织作为扶养人。这种规定遭到了学界的广泛批评（代表学者有何丽新、张昕、陈本寒）。值得注意的是，2018 年 9 月公布的《民法典分编（草案）（征求意见稿）》中对于遗赠扶养协议扶养人适用范围进行了扩张，草案第 937 条规定："自然人可以与继承人以外的组织或者个人签订遗赠扶养协议。按照协议，该组织或者个人承担该自然人生养死葬的义务，享有受遗赠的权利。"任何组织和个人都能成为遗赠扶养协议的扶养人，只有继承人被排除在外。

然而根据本案的事实介绍，遗赠扶养协议的双方当事人是养父母子女关系。由于判决并未提供双方收养是否符合法定程序的细节，此处假定其成立法律上的收养关系。根据《继承法》第 10 条的规定，第一顺位继承人中的"子女"包括婚生子女、非婚生子女、养子女和有扶养关系的继子女。因此，本文中的扶养人显然属于被扶养人的法定继承人，并且是第一顺位的继承人。

有关法定继承人是否能够成为遗赠扶养协议的主体，我国目前的审判实践中存在对立的意见，学界的观点也不一致（代表学者如徐洁、吴晓倩）。反对将法定扶养人作为遗赠扶养协议中的扶养人的学者认为，这种做法将导致对法定义务的抛弃（张俊浩，997 页）。而支持者认为，老年人的意愿应当得到尊重，并且并非所有法定义务人都能切实履行扶养义务，约定的扶养义务更加具有灵活性（何丽新，56 页）。有学者认为，对于法定继承人是否能担任遗赠扶养人的问题，还需要学理上进一步的探讨（张昕，128 页）。

关于这一问题，拟作如下几点评述。首先，就法律用语来看，由于我国法律明确区分遗嘱和遗赠，后者专指继承人以外的个人或组织，因此"继承编"草案将法定继承人排除在遗赠扶养协议适用范围之外，似乎符合立法本意。其次，法定继承人和被继承人之间，遗产继承和扶养义务之间的挂钩事实上已经通过我国法定继承上的"有限均等继承"原则得到体现，即尽了较多扶养义务的继承人可以获得较多财产。因此在一般情况下，似乎没有必要再通过遗赠扶养协议的方式来确定扶养与继承之间的关系，并且两套规则的并存很可能造成适用上的困难。最后，在例外的情况下，也可以允许法定继承人成为遗赠扶养协议的主体。这主要针对如下情形:法定继承人通过履行协议,能够获得比其按照法定继承而言更多的遗产份额。例如:A有两子B与C。长子B常年在外,A与C之间达成约定,由C负责其生前的日常生活以及身后事宜的料理,作为对价C将继承A的全部遗产。该协议使得C获得了更多的遗产继承份额,故而应当认定为有效。

3. 遗赠扶养协议的解除

遗赠扶养协议的解除是司法实践中的难点。和协议的形式要件一样,在此处法院也面临着相互冲突的政策考量。一方面,遗赠扶养协议具有人身性和道德属性,其顺利履行很大程度上取决于双方之间的信任关系,当这种信任关系丧失,此时维持合同非但不现实,还可能造成更大的社会矛盾。基于这一考量,似乎应当赋予当事人双方更大的解除自由。但是另一方面,同样是基于遗赠扶养协议的人身属性和道德属性,因为这一合同是《继承法》养老育幼功能的体现,此类合同必须具有一定的强制力,才能使得老年人的权利得到切实保障。基于这一考量,则似乎又应当对遗赠扶养协议的解除予以限制。这种矛盾性同时也是由遗赠扶养协议的"混合"属性决定的:作为合同,法律应当保证其拘束力而不应轻易解除,但由于其涉及对身后财产的处分,故而又具有遗嘱的性质,而遗嘱撤回的自由又是遗嘱自由的应有之义。

本案中法院采取了一种折中的处理方案,即通过区分主体的方式来分别探讨扶养人和遗赠人的协议解除权。法院对于扶养人的合同解除采用了限缩解释的立场,认为"遗赠扶养协议更多强调的是保护被扶养老者的权益,而不是强调协议的契约性、公平性,所以遗赠扶养协议一经成立,便不应随意解除或变更"。出于对弱势一方的保护,法院对于扶养人的解除权采用了严格的限制,"只有在遗赠人实施了转移财产行为或者其他行为致使扶养人的遗产继承权无法得到实现的情况下,才有权解除遗赠扶养协议"。

应当怎样理解此处所说的遗赠人实施的转移财产的行为?这是否意味着在签订遗赠扶养协议之后,遗赠人丧失了实施生前赠与或者其他处分财产行为的权利?这样的理解显然构成了对遗赠人的过度限制,因为在协议签订之时,遗赠人的财产仍然处于变动之中,其财产一时的增加和减少都属于可以合理预见的范围。因此对于转移财产的行为应当作严格解释,要求遗赠人具有减少扶养人权利的主观故意。

二审法院在重申扶养人解除权限制的同时又进一步指出:"上诉人主张要求解除协议并对其已尽的义务在经济上得到补偿,须由遗赠人提出解除协议。"换言之,尽管本案中遗赠人并没有提出解除协议的诉求,但二审法院肯定了这一解除权的存在。在扶养人无法证明遗赠人存在转移财产或其他损害其权利实现的情况下,扶养协议的解除应当由扶养人提出。由此,法院赋予了扶养人的任意解除权。这一任意解除权确保了遗赠人的遗嘱自由不因遗赠扶养协议的订立而受到影响,应当值得肯定。

本案判决区分对待遗赠人和扶养人的做法,表面上看造成了当事人之间权利义务的不对等,但事实上也是法律保护弱势群体的应然选择。正如一审法院在判决中指出的那样,"遗赠扶养协议更多强调的是保护被扶养人老者的权益,而不是强调协议的契约性、公平性"。当然,在遗赠人行使任意解除权的场合,法律对于扶养人也应当提供必要的救济。根据《继承法意见》第56条的规定,遗赠人无正当理由不履行,致协议解除的,则应偿还扶养人或集体组织已支付的供养费用。另外,如果遗赠人在解除协议后没有另立遗嘱,并且扶养人确实在遗赠人生前尽了主要扶养义务的,则可以主张依据《继承法》第14条的规定,行使遗产酌给请求权。

参考文献

1. 何丽新:《论遗赠扶养协议的扩张适用》,载《政法论丛》2012 年第 3 期。
2. 徐洁、吴晓倩:《论遗赠扶养协议的法律构造》,载《西南民族大学学报(人文社科版)》2018 年第 8 期。
3. 张昕:《论遗赠扶养协议的完善》,载《法学杂志》2007 年第 6 期。
4. 张俊浩主编:《民法学原理》(修订第三版)(下册),中国政法大学出版社 2000 年版。
5. 陈本寒:《我国遗赠扶养协议制度之完善》,载《政治与法律》2014 年第 6 期。

作者:上海交通大学凯原法学院博士后　李　贝

85. 胎儿继承份额的保护
——李某、郭某阳与郭某和、童某某继承纠纷案[①]

【事实概要】

1998 年 3 月 3 日,原告李某与郭某顺登记结婚。2002 年,郭某顺以自己的名义购买了涉案建筑面积为 45.08 平方米的 306 室房屋,并办理了房屋产权登记。2004 年 1 月 30 日,李某和郭某顺共同与原南京军区南京总医院生殖遗传中心签订了人工授精协议书,对李某实施了人工授精,后李某怀孕。2004 年 4 月,郭某顺因病住院,其在得知自己患了癌症后,向李某表示不要这个孩子,但李某不同意人工流产,坚持要生下孩子。5 月 20 日,郭某顺在医院立下自书遗嘱,在遗嘱中声明他不要这个人工授精生下的孩子,并将 306 室房屋赠与其父母郭某和、童某某。郭某顺于 5 月 23 日病故。李某于当年 10 月 22 日产下一子,取名郭某阳。原告李某无业,每月领取最低生活保障金,另有不固定的打工收入,并持有夫妻关系存续期间的共同存款 18 705.4 元。被告郭某和、童某某系郭某顺的父母,居住在同一个住宅小区的 305 室,均有退休工资。2001 年 3 月,郭某顺为开店,曾向童某某借款 8 500 元。南京大陆房地产估价师事务所有限责任公司受法院委托,于 2006 年 3 月对涉案 306 室房屋进行了评估,经评估房产价值为 19.3 万元。

【判决要旨】

江苏省南京市秦淮区人民法院于 2006 年 4 月 20 日作出一审判决:郭某阳为双方的婚生子女,依法享有继承权,且男方无权通过遗嘱剥夺胎儿的遗产继承权。涉案的 306 室房屋归原告李某所有;李某于本判决生效之日起 30 日内,给付原告郭某阳 33 442.4 元,该款由郭某阳的法定代理人李某保管;李某于本判决生效之日起 30 日内,给付被告郭某和 33 442.4 元、给付被告

[①] 参见最高人民法院指导案例 50 号,最高人民法院审判委员会 2015 年 4 月 15 日发布。

童某某 41 942.4 元。一审宣判后,双方当事人均未提出上诉,判决已发生法律效力。

"郭某顺因无生育能力,签字同意医院为其妻子即原告李某施行人工授精手术,该行为表明郭某顺具有通过人工授精方法获得其与李某共同子女的意思表示。只要在夫妻关系存续期间,夫妻双方同意通过人工授精生育子女,所生子女均应视为夫妻双方的婚生子女。《中华人民共和国民法通则》第五十七条规定:民事法律行为从成立时起具有法律约束力。行为人非依法律规定或者取得对方同意,不得擅自变更或者解除。因此,郭某顺在遗嘱中否认其与李某所怀胎儿的亲子关系,是无效民事行为,应当认定郭某阳是郭某顺和李某的婚生子女。"

"登记在被继承人郭某顺名下的 306 室房屋,已查明是郭某顺与原告李某夫妻关系存续期间取得的夫妻共同财产。郭某顺死亡后,该房屋的一半应归李某所有,另一半才能作为郭某顺的遗产。郭某顺在遗嘱中,将 306 室全部房产处分归其父母,侵害了李某的房产权,遗嘱的这部分应属无效。"

"郭某顺在立遗嘱时,明知其妻子腹中的胎儿而没有在遗嘱中为胎儿保留必要的遗产份额,该部分遗嘱内容无效。在分割遗产时,应当为该胎儿保留继承份额。综上,在扣除应当归李某所有的财产和应当为胎儿保留的继承份额之后,郭某顺遗产的剩余部分才可以按遗嘱确定的分配原则处理。"

【解　析】

一、评析要点

夫妻关系存续期间,通过人工授精出生子女的法律地位问题;剥夺人工授精出生子女继承权的遗嘱效力。

二、学理评析

本案作为指导性案例,其重要意义在于明确通过了人工授精出生子女的法律地位问题。但是从继承法的角度而言,对于胎儿继承权的保护也构成本案的一个重点内容。

1. 人工授精出生子女的法律地位问题

人类辅助生殖技术又称人工生殖技术,是指运用医学技术和方法对配子、合子、胚胎进行人工操作,以达到受孕目的的技术。根据我国《人类辅助生殖技术管理办法》的规定,人工生殖技术包括人工授精和体外受精胚胎移植及其各种衍生技术两大类。

人工授精技术又可分为两种类型。一类是所谓同质人工授精(AIH),即夫精人工授精,是指利用人工技术将丈夫的精子与妻子的卵子结合,形成受精卵之后在妻子的子宫内着床、发育、分娩。在同质人工授精的情形下,精子和卵子分别来自父母双方,因此遗传学意义上的父母就是社会学意义上的父母,两者并没有发生分离。在实践中,同质人工授精产生的法律问题较少。第二种类型是异质人工授精(AID),又称为供精人工授精,是指通过人工技术将丈夫以外的第三人提供的精子与妻子的卵子结合形成受精卵并在妻子的子宫内发育的辅助生殖技术。本案即属于此种情况。相比同质人工授精,异质人工授精所产生的法律关系远为复杂,因为它会导致生物学意义上的父亲(即供精人)与社会学意义上的父亲(即母亲的丈夫)之间的分离。

关于人工授精出生子女的法律地位,目前我国并无专门的立法予以明确。目前仅有《最高人民法院关于夫妻离婚后人工授精所生子女的法律地位如何确定的复函》对这一问题作出规定。根据该复函,"在夫妻关系存续期间,双方一致同意进行人工授精,所生子女应视为夫妻双方的婚生子女,父母子女之间权利义务关系适用《中华人民共和国婚姻法》的有关规定。"按照这一规定,法律通过拟制的方式将人工授精所生的子女视为是夫妻双方的婚生子女,而无论该授精采用同质或者异质的方式实现。本案判决重申了上述复函的内容。

根据上述复函以及指导案例,要使得人工授精所生子女被认定为夫妻双方的婚生子女,必须同时满足两个要件:首先,人工授精行为应当发生在夫妻关系存续期间。依据复函的表述,存在疑问的是对"夫妻关系存续期间"的理解:即需要胎儿在此时段内出生,还是认为只需在婚姻关系存续期间完成授精行为即可?从保护未成年子女利益的角度出发,显然应当对其进行扩大解释,认为只需授精行为发生在夫妻关系存续期间即可,至于其是否在此期间出生,则在所不问(朱晓峰,70页)。本指导案例显然也支持这种解读,因为在郭某顺去世时,人工授精子女尚未出生,因此其出生在双方婚姻关系终止之后。其次,人工授精必须建立在"双方一致同意"的基础之上。正是这种同意才使得将原本无血缘关系的丈夫视为孩子的父亲具有合法性基础。因此,对于丈夫一方的同意应当采用严格的定义:在异质授精的场合,这种同意应当不仅仅是对妻子实施人工授精的同意,而且也应当是对于成为孩子的父亲的同意。本书认为,若丈夫仅仅同意妻子实施人工授精,但是并不同意将其作为自己婚生子女的,人工授精出生的儿童与生母丈夫之间的关系可以参照适用我国法律有关继父母子女关系的规定进行认定。由于这一同意将会产生重大的法律后果,法律应当要求这一同意必须以明示的方式作出,并且为了避免日后举证的困难,应当要求这种同意以书面的方式作出(具体可表现为在进行人工授精时在意愿所作出的知情同意书)。

本案还涉及丈夫同意后"反悔"的效力问题。江苏省南京市秦淮区人民法院否定了这种事后反悔的效力,认为其不能影响人工授精胎儿作为婚生子女的法律地位。对于这一问题,需要就判决的结论和判决的法律依据两方面加以评述。首先就判决的结论而言,法院否定丈夫事后"反悔"的效力,无疑有利于对人工授精子女利益的保护,值得肯定。唯需注意的是,此处对于"反悔"行为并未加上任何时间限制,似乎过于绝对。如果丈夫的"反悔"行为发生在妻子进行人工授精之前,是否仍然应当认为该同意的撤回不发生效力?此时胎儿尚未形成,谈不上对于其利益的侵害,似乎应当给予丈夫更多的保护。因此,对于事后反悔的效力问题,笔者认为应当作进一步的区分:这种反悔原则上应认定为无效,但如果人工授精行为尚未发生,则应当例外承认其效力。

本案中更成问题的是其为了得出上述结论而选择的法律依据。法院为了否定丈夫事后反悔的效力,援引了《民法通则》第57条的规定,即"民事法律行为从成立时起具有法律约束力。行为人非依法律规定或者取得对方同意,不得擅自变更或者解除。"也就是说,法院试图用法律行为的一般性规定来确定人工授精协议对双方当事人的拘束力,但这显然不是一条合理的路径。如果严格适用上述法条的规定,则意味着在人工授精的场合,终止妊娠的决定必须出自夫妻双方的一致同意或者法律的明确规定,否则即便是妻子一方也不得变更该决定。这无疑构成了对妇女消极生育自由(不生育的自由)的严重侵害,也与《妇女权益保障法》的相关规定相冲突。另外,依据《婚姻法司法解释(三)》第9条的规定,"夫以妻擅自中止妊娠侵犯其生育权为由请求损害赔偿的,人民法院不予支持",显然赋予妻子的消极生育权以更高的位阶。既如此,即便在选择人工授精方式生育的场合,妻子也应当具有单方决定中止妊娠的自由。

2. 胎儿的继承权保护问题

本案争议的第二个焦点与继承法的关系更为密切,因其涉及胎儿继承权的保护问题。本案中,丈夫郭某顺在生前立有遗嘱,载明登记在自己名下的房产最终由其父母继承,而剥夺了其配偶以及未出生子女的法定继承权。对于这一遗嘱,法院对其有效性提出了两方面的质疑:处分他人财产的遗嘱部分无效,未给胎儿保留继承份额的部分无效。

对于第一点质疑,此处不作过多展开。法院认为,尽管涉案房产登记在丈夫郭某顺一人的名下,但由于房产取得发生在夫妻关系存续期间,因此仍然应当被视为是夫妻共同财产。换言之,在我国审判实践中,不动产登记在何人名下并非是判断其是否属于共同财产还是个人财产的主要依据。一旦将该房产认定为夫妻共同财产,则根据《继承法》第 26 条的规定,应当首先将共有财产中的一半分出归配偶所有,其余的部分作为遗产继承。因此,本案中郭某顺有权处分的房产份额仅为其一半,剩余部分属于其配偶的份额,因此遗嘱处分了他人的财产部分被认定为无效。

有关遗嘱未给胎儿保留遗产份额的问题,是本文讨论的重点。《民法总则》第 16 条规定:"涉及遗产继承、接受赠与等胎儿利益保护的,胎儿视为具有民事权利能力,但是胎儿娩出时为死体的,其民事权利能力自始不存在。"在本案中,为认定该遗嘱处分部分无效,法院援引了《继承法》第 19 条和第 28 条的规定。前者是有关必留份的一般性规定,即"遗嘱应当对缺乏劳动能力又没有生活来源的继承人保留必要的遗产份额。"后者是关于胎儿的特别规定,即"遗产分割时,应当保留胎儿的继承份额。胎儿出生时是死体的,保留的份额按照法定继承办理。"该规定同时适用于法定继承与遗嘱继承的场合。但是需要指出的是,上述两个条款之间存在着潜在的冲突。如果适用第 19 条的规定,则胎儿有权获得的仅仅是"必要的遗产份额",然而依据第 28 条的规定,则需要为胎儿保留其继承份额。

在本案中,法院最终决定由胎儿继承郭某顺享有份额的 1/3,而郭某顺的父母则继承剩余的 2/3。对此可作以下几点评论。首先,这一结论的得出显然是建立在法院错误计算的基础之上的。按照法定继承的规则,被继承人的父母、配偶和子女同为第一顺序的继承人,因此属于胎儿的财产份额本来应当为郭某顺全部遗产的 1/4。但法院之所以会得出胎儿有权就郭某顺房产份额的 1/3 主张继承权,是因为他部分实现了被继承人的意愿,即将配偶的继承资格予以排除,仿佛继承仅仅在被继承人的父母和人工授精子女三人之间发生,继而得出后者享有 1/3 继承份额的结论。这种混淆了法定继承和遗嘱继承的判决方式最后导致了如下奇怪的现象:在没有遗嘱存在的情况下,胎儿能够享有被继承人 1/4 的遗产,在存在排除其继承权的遗嘱的情况下,胎儿的继承份额最终达到了 1/3。

当然,如果我们撤去法院在操作中的这种明显错误不谈,其本意显然是为胎儿保留其法定的继承份额。但是这一规则的合理性值得商榷。一方面,这构成了对遗嘱人自由的过度限制,因为胎儿的继承份额属于遗嘱人绝对不可触碰的禁区,其继承权利完全不受遗嘱的影响。即便是在承认特留份制度的国家,特留份权利人的强制继承份额也一般为其法定应继份额的一定比例(一般情况下为一半)。就这一角度而言,《继承法》第 28 条已经超出了遗嘱自由限制的合理界限,而构成了对遗嘱自由的直接无视。其次,法律对于胎儿和其他必留份权利人的差别对待不存在合理的依据。为何对于刚出生的新生儿,遗嘱人可以仅仅为其保留必要的遗产份额,而在胎儿的情形,则必须为其保留全部的法定遗产份额?综上,目前我国法律规定和司法实践对于胎儿继承权的保护实有过度之嫌。

通过遗嘱剥夺胎儿继承权是一个相当复杂的问题,在此处的讨论不可能面面俱到。但是科学地回答这一问题,要求我们必须对以下两种情形作出区分:第一,遗嘱人是在不知情的情况下剥夺胎儿的继承权的。在这种情况下,被继承人在作出遗嘱处分时,并不知道胎儿的存在。第二,遗嘱人是在明知胎儿存在的情形下,有意识地在遗嘱中作出剥夺或者限制其继承份额的处分。本案即属于后一种情形。遗嘱人郭某顺在知悉自己病情后,明确表示不愿再要小孩,并在遗嘱中作出不利于胎儿的处分。显然,遗嘱人剥夺胎儿继承权的动机和意愿完全不同,因此在法律上应当予以区别对待。

对于第二种情形,法律对胎儿的保护应当通过《继承法》第 19 条的规定来实现。胎儿作为缺乏劳动能力又没有生活来源的继承人,遗嘱必须为其保留必要的遗产份额,但是该遗产份额不应当等同于其法定继承份额,而是需要结合实际情况由法院作出个案裁定。相反,在第一种情形下,情况则要复杂得多。例如,在遗嘱人去世后其遗腹子出生,但遗嘱人在订立遗嘱时并不知晓其存在。此时该遗腹子的继承份额应当如何确定?显然,这是一个需要进一步研究的理论难题。

参考文献

1. 朱晓峰:《评最高人民法院指导案例第 50 号:兼论生育权保护》,载《西安电子科技大学学报(社会科学版)》2016 年第 5 期。

2. 赵学升、黄伟峰:《一方同意人工授精后又反悔,不影响受孕子女的法律地位》,载《人民司法》2009 年第 4 期。

3. 丁伟利、李兵:《〈李某、郭某阳诉郭某和、童某某继承纠纷案〉的理解与参照——双方同意人工授精所生子女视为婚生子女》,载《人民司法》2016 年第 26 期。

作者:上海交通大学凯原法学院博士后　李　贝

第七章 侵权责任法

86. 过错责任与公平责任
——田九菊与杨帆生命权纠纷案[①]

【事 实 概 要】

2017年5月2日9时24分许,段某某与杨某先后进入某小区电梯,因段某某在电梯内吸烟,杨某进行劝阻,二人因此发生言语争执。争执后,段某某心脏病发作猝死。根据小区监控视频显示内容,事件发生过程中,段某某情绪较为激动,并随着时间的推移情绪激动程度不断升级;杨某在整个过程中,情绪相对比较冷静、克制;二人只有语言交流,无拉扯行为,无肢体冲突。经核算,三段监控视频中显示出杨某与段某某接触时长不足5分钟。

事发后,段某某配偶田某某向法院起诉,请求法院判令劝烟者杨某承担段某某死亡的损害赔偿责任。

【判 决 要 旨】

1. 一审判决

一审法院认为,劝烟者杨某对段某某猝死并无过错,其劝烟行为与段某某的死亡之间亦无必然的因果关系,但段某某确实在与杨某发生语言争执后猝死,依照《侵权责任法》第24条公平原则的规定,根据实际情况,由双方分担损失,判决杨某补偿田某某15 000元。一审判决后,田某某不服,提起上诉。

2. 二审判决

二审法院认为,一审判决认定事实正确,但适用法律错误,应当适用《侵权责任法》第6条第1款规定,即"行为人因过错侵害他人民事权益,应当承担侵权责任。并指出,确定杨某应否承担侵权责任,关键是要分析杨某对段某某在电梯间吸烟进行劝阻与段某某死亡的事实之间是否有因果关系、杨某是否存在过错。杨某对段某某在电梯内吸烟予以劝阻合法正当,是自觉维护社会公共秩序和公共利益的行为,一审判决判令杨某分担损失,让正当行使劝阻吸烟权利的公民承担补偿责任,将会挫伤公民依法维护社会公共利益的积极性,既是对社会公共利益的损害,也与民法的立法宗旨相悖,不利于促进社会文明,不利于引导公众共同创造良好的公共环境。故此,判决撤销原判,驳回原告的诉讼请求。

[①] 河南省郑州市金水区人民法院(2017)豫0105民初14525号民事判决书;河南省郑州市中级人民法院(2017)豫01民终14848号民事判决书。

【解 析】

一、评析要点

在现代社会,一般侵权行为适用过错责任原则,在我国也不例外。然而,如何在实践中正确适用过错责任原则,则需要从根本上正确把握过错责任原则的基本含义、立法宗旨。"劝烟案"一、二审法院不同的裁判观点以及社会强烈反响,为实务中深刻思考我国《侵权责任法》以过错为归责事由的过错归责原则在本质上到底意味着什么,提供了现实题材。因此,结合本案需要思考的问题:一是,杨某在何种情况下承担损害赔偿责任,即其劝烟行为是否存在归责事由?二是,对于杨某在劝烟过程中并无过错的事实,如何进行法律评价?是否可依据公平原则以慰死者不幸?

二、学理评析

一审判决后,本案引起社会广泛关注和质疑:并无过错的劝烟者杨某为何应当对段某某死亡承担补偿责任?其正当性何在?而本案二审法院则依据《侵权责任法》第6条第1款关于过错责任原则的规定,即"行为人因过错侵害他人民事权益,应当承担侵权责任",改判劝烟者杨某不承担任何侵权责任,扭转了一审判决的不良社会影响。从学理角度看,二审法院依据过错责任原则所做出的判决亦值得肯定,其判决要旨基本体现了我国民法关于过错责任原则的立法本意,即有过错承担责任,无过错不承担责任。

以何种根据或基础确认和追究行为人的侵权责任,是有关归责原则的问题(张新宝,13页)。在我国《侵权责任法》所规定的归责原则体系中,一般侵权责任适用过错责任原则,特殊侵权责任适用无过错责任原则,即除非法律有特别规定的侵权责任类型,如环境污染责任和因特殊法律关系而产生的侵权责任等,对于一般侵权责任均应依据《侵权责任法》第6条第1款关于过错责任原则的规定,判令行为人承担侵权责任或不承担侵权责任。过错责任原则基本含义包括两个方面:第一,它以行为人的过错作为责任的构成要件;第二,它以行为人的过错程度作为确定责任形式、责任范围的依据(魏振瀛,655页)。如何在司法实践中正确适用过错责任原则,即应从正确掌握该原则含义着手。结合本案分析如下:

1. 劝烟者杨某有无过错是判断杨某是否对段某某死亡承担损害赔偿责任的核心环节

依据《侵权责任法》第6条第1款规定,一般侵权责任构成要件包括加害行为、损害事实、因果关系以及过错,其中,过错为核心要件,若缺乏过错要件,即使其他的责任构成要件皆具备,也不承担侵权责任(张新宝,16页)。以何种案件事实确认行为人的主观过错,在学说上有主观过错说和客观过错说两种观点(王泽鉴,14—15页)。主观过错说认为,过错是指行为人的主观方面,即过失或故意的心理状况,因而应当把过错与行为的不法性区别开来。客观过错说的观点则认为,过错与不法性是不可分离的。但笔者比较赞同折中说,即案件被告人是否有过错,主要应当考虑行为人行为是否达到了法律、行政法规、部门或行业规定、操作规程的要求以及一个理性人在当时、当地条件下所作出的合理反应,不只是考虑行为人的自身情况(张新宝,34页)。但就本案而言,由于案件事实并不复杂,因此,无论杨某在事件中的主观心理状态,还是其行为的适法性、行为的合理性均有相应事实佐证。就此,一、二审法院的观点是一致的。一审法院从杨某主观心理状态角度认为,段某某猝死的结果是杨某未能预料的;二审法院则比较详细地阐述了杨某过错与否的事实,指出"杨某此前不认识段某某,也不知道段某某有心脏病史并做过心脏搭桥手术",并且进一步指出杨某行为适法性的案件事实,"杨某对段某某在电梯内吸烟予以劝阻合法正当,是自觉维护社会公共秩序和公共利益的行为",由此得出"杨某对段某某的死亡无法预见,也不存在疏忽或懈怠"的结论,即杨某对段某某死亡既无故意,也无过失。

然而,在案件事实清楚和过错判断标准及定性上并无分歧的情况下,缘何一、二审裁判出现差异,以致一审裁判备受诟病。就此,关涉对过错作为一般侵权行为可归责事由在本质上如何认识的问题,即对于杨某在劝烟过程中并无过错如何进行法律评价?

在侵权责任法的立法上,过错之所以作为一般侵权行为可归责事由且为一般侵权责任的核心构成要件,在于其本质上的不正当性或者不良性。过错作为不正当或者不良的心理状态,表现在两方面:一方面表现为,它不同于一个正常的人在正常情况下的正常心理反应,它是一种不正当或者不良心理反应过程;另一方面,过错不同于普通的心理状态的内容,这种心理状态包含了不良的或者不正当的动机或目的,或者包含了引起他人损害的心理驱动力(张新宝,32页)。当这种不良的或者不正当的心理状况通过一定行为反映出来并致害于他人的人身、财产权利或利益,侵权人应当对自己的过错心理状态承担相应的责任;反之,则不承担责任。由此可见,我国民法立法上以过错为一般侵权责任之归责事由的本质在于,以相应的责任承担方式对有过错者做出法律上的否定评价,对无过错者不仅意味着其行为不在法律否定评价范围内,还意味着给予此等行为自由,甚至是鼓励。就本案而言,根据小区监控视频提供的相关事实,杨某在劝诫电梯内吸烟的行为过程中无不正当或者不良的动机和心理反应过程。而就杨某行为适法性或其主观过错客观化表现来看,根据《郑州市公共场所禁止吸烟条例》第3条第7项"市区各类公共交通工具、电梯间等公共场所禁止吸烟"以及第10条"公民有权制止在禁止吸烟的公共场所的吸烟者吸烟"的规定,"杨某对段某某在电梯内吸烟予以劝阻合法正当,是自觉维护社会公共秩序和公共利益的行为"。法律以褒贬是非、扬善抑恶为本,调整平等主体之间民事法律关系的民法也不例外,因此,司法若苛责于此等善良而尽维护法律秩序本分之市民,则与侵权责任法对一般侵权责任适用过错归责原则的立法本意有悖。

2. 劝烟者杨某虽无过错,但是否应适用公平原则以慰死者不幸

行为人是否应为损害承担责任,是责任承担范围的问题。依据过错责任原则,行为人承担责任的范围由行为人的过错程度决定。从法律论证逻辑上看,在以过错为核心的侵权责任构成要件并不成立的前提下,本案原告,即死者近亲属因段某某死亡而提出的损害赔偿请求权基础即不存在。由此,法院得依据《侵权责任法》第6条第1款规定驳回原告诉讼请求。然而,在杨某并无过错前提下,法院得否另辟蹊径,依据公平原则以慰死者不幸?回答是否定的,理由从以下两方面阐述:

一是,从公平责任立法和适用角度分析,不能以"公平"的名义侵蚀过错责任原则的适用空间。

首先,从立法上看,《侵权责任法》第24条承袭了《民法通则》关于公平原则的意旨,其规定,"受害人和行为人对损害的发生都没有过错的,可以根据实际情况,由双方分担损失",但同时也可见其适用有前提条件和范围的限制。

其次,从司法实践上看,就立法中的公平责任适用条件和范围如何解释,参照最高人民法院在《民通意见》第 157 条的解释,"当事人对造成损害均无过错,但一方是在为对方的利益或者共同的利益进行活动的过程中受到损害的,可以责令对方或者受益人给予一定的经济补偿"。在"五月花餐厅爆炸案"①中,该案二审法院阐释了我国民法公平原则适用的"实际情况",如主体地位悬殊、损益状况明显等,即法院依据一方为消费者并受有重大损害,而另一方为经营性企业,虽有损害但有获益,以及二者损益差别显著等实际情况,责令五月花公司分担损害。但值得提醒的是,在我国《侵权责任法》实施后,学者一般将"五月花餐厅爆炸案"作为应当适用《侵权责任法》有关公共场所安全保障义务的规定来讨论(张民安,692 页)。

再次,从学说主张上看,对于侵权责任归责原则体系是否应当包括公平责任原则,有肯定说和否定说两种主张。否定说并不承认《民法通则》《侵权责任法》规定了公平责任原则,并进而不承认将该原则纳入侵权责任法的归责原则体系。而肯定说则将公平责任原则适用范围限定在:(1) 监护人责任;(2) 紧急避险责任;(3) 因见义勇为遭受损害时,受益人责任;(4)《民通意见》第 157 条规定的情形。但否定说就上述情形评述到,"第一种情况属于特定情况下法官司法证成的考虑结果而不是归责原则的适用;后三种情况本来就不是侵权责任的承担问题,因为并不存在侵权行为或准侵权行为"(张新宝,20 页)。

就本案而言,本案不仅不属于《侵权责任法》第 24 条适用前提"当事人对造成损害均无过错"的情形,系段某某存在"未能控制自身情绪"且有心脏病史的致害原因情况下,不幸死亡,即段某某死亡与其自身原因和过错有关,而且也不存在原、被告双方损益失衡等实际情况,故而适用《侵权责任法》第 24 条不当。由此可见,"公平责任原则"在一般侵权责任中的适用空间极其有限,并受到法律的严格限制,学说上也多主张不能扩张解释。

二是,从劝烟事件中段某某死亡结果角度分析,不能以结果责任放弃对是非的评判。

从一审就责任承担的判断分析看,也可探寻到其法律适用不当的一定缘由,其指出"段某某确实在与杨某发生语言争执后猝死,依照《侵权责任法》第 24 条公平原则的规定,根据实际情况,由双方分担损失"。因而,从一审判决书的字面意思可察之,其适用公平原则所考虑的"实际情况"是"段某某确实在与杨某发生语言争执后猝死",亦即从段某某死亡结果或损害结果的严重性推导出杨某分担责任的必要性。这种裁判结论从表面上看来,似乎可达到告慰死者,甚至"息事宁人"的目的,然而,这种司法结论势必使公众陷入结果责任的种种顾虑和恐惧中。试想,在这样的司法判决导向下,行为人因结果而动辄得咎,行为人在行为之际必瞻前顾后,畏缩不进。公众将以此判决为鉴不轻易劝诫不当或不法行为,不敢伸张正义,甚至何者为正当,何者为不当,何者为不良,何者为善良,无从给予法律和道德上的评价和判断,这也是本案在一审判决后引起公众广泛关注和质疑的社会原因所在。其结果无论对于社会经济活动还是社会良好风尚的建立,都是有害的,"彭宇案"造成的不良社会影响即是佐证。"彭宇案"一审法院即是在原告不能证明被告存在过错的情况下,依据公平原则判令并无过错的被告分担损失。该案的不良影响在相当长一段时间内蔓延、扩散,甚至出现倒地老人无人敢扶的社会现象,公众对我国社会道德缺失、诚信危机的状况加剧无比担忧,可谓"公平责任并不公平"(张继成,114 页)。然而,在社会发展至现代,结果责任已经被大多数国家立法抛弃,并由过错责任取

———————
① (2000)粤高法民终字第 265 号民事判决书。

而代之,这也是我国《侵权责任法》第6条第1款所规定的过错责任原则的应有之意。正如耶林所言:"使人负损害赔偿的,不是因为有损害,而是因为有过失,其道理就如同化学上的原则,使蜡烛燃烧的,不是光,而是氧气一般的浅显明白"。

由上可见,过错之所以成为侵权责任的核心构成要件和确定侵权责任范围的决定性因素,在于法律对过错者的否定性评价的价值取向,这也是我国《侵权责任法》第6条第1款关于过错责任原则的立法宗旨所在。即通常情况下,过错是确认和追究行为人侵权责任的正当性和基础所在,是行为人承担侵权责任的伦理和正义性基础,因此,对于无过错者不能以"公平"的名义令其承担责任,这是不正当的。本案二审法院依据《侵权责任法》第6条第1款做出的劝烟者杨某不承担侵权责任的判决,不仅彰显了社会的一般道德观念,使非出于过错、已尽理性注意义务、在道德上无可非难的行为人不负侵权责任,而且让更多有正义感的人敢于维护社会公共利益,避免了类似"彭宇案"的不良社会影响再次发生。

参考文献

1. 魏振瀛主编:《民法》(第五版),北京大学出版社、高等教育出版社2013年版。
2. 张新宝:《侵权责任法》(第三版),中国人民大学出版社2013年版。
3. 王泽鉴:《侵权行为法》(第1册),中国政法大学出版社2001年版。
4. 张继成:《小案件 大影响——对南京"彭宇案"一审判决的法逻辑分析》,载《中国政法大学学报》2008年第2期。
5. 张民安:《人的安全保障义务理论研究——兼评〈关于审理人身损害赔偿案件适用法律若干问题的解释〉第6条》,载《中外法学》2006年第6期。

作者:上海交通大学法学院副教授　付　荣

87. 相当因果关系的适用
——张某与吴仲良中学人身损害赔偿纠纷案[①]

【事实概要】

原告张某在被告四川省乐至县吴仲良中学(以下简称"学校")读书期间表现不好,曾被评为班上最差生,也曾因与同学打架被罚参加学校建修搬砖劳动。1999年3月18日,因有同学在理发室丢钱包一事,原告被学校保卫科找去询问。班主任让其请家长到校,原告因此与其母顶撞离家出走,后被找回。同年5月29日,原告被送到资阳地区精神病院住院治疗,诊断为延迟性心因性反应精神病,用去医疗费7 072.50元。后,原告张某诉至法院请求被告赔偿损失。

[①] 四川省乐至县人民法院(1999)乐至民初字第446号民事判决书;四川省资阳市中级人民法院(2000)资民终字第155号民事判决书。

【判决要旨】

1. 一审判决

一审法院认为,被告在教育、管理工作中虽有一定过错,但其行为与原告患病之间无必然的因果关系,故判决驳回原告的诉讼请求。原告张某不服,提出上诉。

2. 二审判决

二审法院通过参考《最高人民法院公报》1989年第1号(总17号)发表的《张连起、张国莉诉张学珍损害赔偿纠纷案》,认为应以相当因果关系判断民事侵权责任构成要件中的因果关系。指出,本案上诉人所患延迟性心因性反应精神病,应与其自身性格、家庭管教环境及学校教管环境皆有关系,系三者合力所致,本案被上诉人的不当教管行为,使上诉人精神受到强烈刺激,此与上诉人患病后果有相当因果关系,且为损害后果之主要原因;上诉人自身性格缺陷和家庭管教不当,亦为上诉人患病之重要成因,得减轻被上诉人之赔偿责任。故判决撤销原审法院判决,被上诉人四川省乐至县吴仲良中学赔偿被上诉人张某医疗费等的60%。

【解　析】

一、评析要点

"必然因果关系"在我国司法实践中曾占据一定的主导地位,但其有很大局限性,应当为"相当因果关系"所取代,并将"相当因果关系"作为因果关系的一般判断方法适用于司法实务。因此,结合本案一、二审法院裁判观点的差异,思考"相当因果关系"与"必然因果关系"有哪些不同,以及我们为什么要抛弃"必然因果关系"?

二、学理评析

行为与权益受损害之间的因果关系是侵权责任构成要件之一,但如何确认二者之间有无因果关系一直是理论研究和司法实务的难点。在张某诉吴仲良中学人身损害赔偿纠纷案中,一、二审法院的分歧即聚焦于学校的不当教管行为与张某患精神病之间因果关系的确认上。一审法院采用必然因果关系说的认定方法,二审法院则采用相当因果关系说的认定方法,并因此得出两个截然相反的判决结论。

如何认定因果关系,在我国司法实践中有两种学说先后占据主导地位,一是必然因果关系说,一是相当因果关系说。必然因果关系说来源于苏联民法理论,在我国学界和司法实践早期一直居于通说地位。其主张只有在加害行为与损害后果之间存在着内在的、本质的、必然的联系时,才具有法律上的因果关系;如果行为与损害后果之间只是外在的、偶然的联系,则不认为有因果关系。该观点要求严格区分原因和条件,认为原因是必然引起结果发生的因素,条件则不是必然引起结果发生的因素,条件与结果之间是偶然因果关系,而原因与结果之间为必然因果关系。因此,"当违法行为是损害的必然原因时,行为人即应负民事责任。例如,甲致乙受轻伤,乙在前往医院治疗途中遇车祸身亡,则甲的致害行为与乙的死亡只存在偶然联系,没有必然的因果关系,甲对乙的死亡不负责任"(王作堂、魏振瀛,113页)。相当因果关系说由德国学者提出,此说认为,因果关系由"条件关系"和"相当性"构成,它们是确认因果关系的两个阶段。

其中,"条件关系"是指,行为与权益受损害之间具有条件关系,条件关系的判断标准是"无此行为,必不生此损害";"相当性"是指,具备条件关系的行为与权益损害之间的关系达到一定的程度,从而使得该行为人对权益的被侵害承担法律后果具有正当性。"相当性"的判断标准是"通常会产生该种损害"。结合以上两个步骤,相当因果关系说主张:如果某项事实仅于个案现实情形下成为发生该项结果的条件,还不足以判断有因果关系,还必须更进一步判断其在通常情形下,依社会一般见解("吾人的智识经验")亦认为有发生该结果之可能性,始得认为有因果关系。相当因果关系说成为大陆法系各国的通说（王泽鉴,191—206 页;魏振瀛,663—664 页）。

本案二审判决参考的《最高人民法院公报》1989 年第 1 期发表的《张连起、张国莉诉张学珍损害赔偿纠纷案》对我国司法实践中因果关系的判断方法具有导向作用。该案是因被告全权代理人在施工指挥中违章操作致原告之子受伤,后因伤势恶化引起败血症死亡的人身损害赔偿案件。在该案中,被告的行为对于原告之子的受伤毫无疑问具有必然因果关系,而被告对原告之子的死亡并不具有必然因果关系,仅为原告之子死亡条件之一,尚有其他原因共同作用。但审理此案的法院仍然认定因果关系成立,被告应对原告之子的死亡负责,这实际就是采用"相当因果关系"的理论做出的认定。在此后的司法实践中,相当因果关系说在个案因果关系认定中逐渐被法官接受,但不排除还有相当数量适用必然因果关系的判决（魏振瀛,663 页）。

必然因果关系和相当因果关系的区别有两个方面。一是,必然因果关系的结论在于"必然性",而相当因果关系的结论在于"可能性"。从本案看,一审判决依据"必然因果关系说"认为,"学校的不当管教行为"对于原告所患延迟性心因性反应精神病,并非必然原因,而是外在激发条件,故一审法院得出二者之间不存在因果关系的结论。而本案二审法院依据"相当因果关系说"认为,"学校不当管教行为"与原告"自身性格""家庭管教环境"三者与上诉人的权益受损害之间具有条件关系,即若无上述条件存在,不可能发生本案被上诉人的权益损害;并进一步认为,"三者合力",尤其"学校不当教管行为"会使(但不是必然)上诉人精神受到强烈刺激,此与上诉人患病后果有相当因果关系。二是,二审法院依据相当因果关系说的方法所作出的判决,因将可能性的条件纳入引起损害后果发生的关系范围,并进而确定因果关系成立,从而使学校责任成立。由此可见,采用相当因果关系说的方法相对于采用必然因果关系说的方法更有利于保护受害人权益。相当因果关系扩大了因果关系证成的范围并从而使侵权人责任成立的可能性加大。尽管从比较法上看,关于"相当性"的认定,各国判例学说所采的判断基准宽严不同,但具有一项共识,即相当因果关系不仅是一个技术性的因果关系,更是一种法律政策的工具,是侵权行为损害赔偿责任归属之法的价值判断（王泽鉴,204 页）。

然而,何为可能产生"条件关系"的条件? 其周延性依据何种事实、常识、经验判断? 以及何为"相当性"依然存在一些不确定性的问题,即"相当性"判断所需的"通常可能性"标准并没有精确的认定基础,本案即存在这样的问题。"学校的不当管教行为"与其他情况结合对于发生学生罹患延迟性心因性反应精神病的概率是基于何种知识或专业机构判断所得,并进而得出责任成立及其在责任范围中占 60% 的结论? 而与"学校的不当管教行为"共同发生作用的其他条件"自身性格""家庭管教环境"亦存在同理证明的问题。可见,其所涉及的并非纯系科学或然率或价值中立的逻辑推理,实乃归责问题,即决定如何将发生的损害归由加害人负担的判断,而实务上多未公开其作此归责判断所考虑的因素与过程,因此,难于检验（王泽鉴,226 页）。由此可见,"通常可能性"这一不确定的法律概念给予法官的判断余地,尚须经由案例比较而建立其类型,以维护其适用的妥当性和个案公正。

参考文献

1. 王泽鉴:《侵权行为法》(第 1 册),中国政法大学出版社 2001 年版。
2. 魏振瀛主编:《民法》,北京大学出版社、高等教育出版社 2000 年版。
3. 魏振瀛主编:《民法》(第五版),北京大学出版社、高等教育出版社 2013 年版。
4. 王作堂、魏振瀛等:《民法教程》,北京大学出版社 1983 年版。

作者:上海交通大学凯原法学院副教授　付　荣

88. 有意思联络的数人侵权
——琼瑶与于正等侵害著作权纠纷案①

【事实概要】

陈喆(笔名琼瑶)于 1992 年至 1993 年间创作完成了电视剧本及同名小说《梅花烙》。2012 年至 2013 年间,余征(笔名于正)创作电视剧本《宫锁连城》,湖南经视公司、东阳欢娱公司、万达公司、东阳星瑞公司在该剧本的基础上共同摄制了电视连续剧《宫锁连城》(又名《凤还巢之连城》),该剧在电视频道及网络上播出,获得巨大商业利益。陈喆认为《宫锁连城》剧本的人物关系设置以及故事情节均与《梅花烙》存在显著相似性、关联性,主张余征、湖南经视公司、东阳欢娱公司、万达公司、东阳星瑞公司共同侵害了其就涉案作品享有的改编权及摄制权,应就侵权行为共同承担连带责任。陈喆向北京市第三中级人民法院提起诉讼,请求判令包括于正在内的五方被告立即停止侵权、消除影响、向其赔礼道歉并赔偿经济损失 2 000 万元。

【判决要旨】

1. 一审判决

一审法院认为,余征接触并实质性使用了陈喆小说《梅花烙》的人物设置、人物关系、具有较强独创性的情节,将故事情节串联整体进行改编,形成新作品《宫锁连城》的剧本,上述行为超越了合理借鉴的边界,依法应当承担相应的侵权责任。湖南经视公司、东阳欢娱公司、东阳星瑞公司作为剧本的拍摄单位,在不排除知晓原告剧本及小说《梅花烙》内容的情况下,未尽到注意义务,存在着明知或应知剧本《宫锁连城》侵害他人著作权的共同过错,其对于余征侵害涉案作品改编权的行为提供帮助。因此,余征、湖南经视公司、东阳欢娱公司、万达公司及东阳星瑞公司共同侵害了涉案作品的改编权、摄制权,依法应当承担连带责任。

一审判决:湖南经视公司、东阳欢娱公司、万达公司、东阳星瑞公司立即停止电视剧《宫锁

---

① 北京市第三中级人民法院(2014)三中民初字第 7916 号民事判决书;北京市高级人民法院(2015)高民(知)终字第 1039 号民事判决书。

连城》的复制、发行和传播行为;余征在新浪等主要网络媒体上刊登致歉声明,赔礼道歉,消除影响;余征、湖南经视公司、东阳欢娱公司、万达公司、东阳星瑞公司连带赔偿陈喆经济损失及诉讼合理开支共计人民币500万元;驳回陈喆的其他诉讼请求。

余征等五被告均不服一审判决,向北京市高级人民法院提起上诉。

2. 二审判决

二审法院认为,剧本《宫锁连城》侵犯了陈喆对涉案作品享有的改编权和摄制权。指出,"……《中华人民共和国侵权责任法》第8条规定……是最为典型的有意思联络的共同侵权行为,即共同加害行为。……余征、湖南经视公司、东阳欢娱公司、万达公司、东阳星瑞公司均符合接触涉案作品的要件,同时剧本《宫锁连城》与涉案作品构成实质性相似,侵害了陈喆对涉案作品享有的改编权。余征、湖南经视公司、东阳欢娱公司、万达公司、东阳星瑞公司是否应对此侵权行为承担连带责任,关键点在于其是否构成共同侵权。余征作为剧本《宫锁连城》的作者、著作权人,直接实施了侵害改编权的行为,应承担相应的侵权责任。根据东阳欢娱公司、湖南经视公司、东阳星瑞公司在2013年1月8日签订的协议,其中约定《宫锁连城》剧本内容由上述三方共同审查,经三方书面确认通过后才能进行拍摄;湖南经视公司全权负责剧本的立项、报批、审批环节的相关事宜,三方均有权了解本剧前期筹备、拍摄制作、送审、宣传、发行的计划安排以及实际进展;东阳欢娱公司负责该剧的剧本创作、摄制工作,负责在三方认可通过之预算范围内安全、即时、优质完成该剧剧本创作和拍摄、制作工作。基于上述合同约定,可以看出尽管东阳欢娱公司、湖南经视公司、东阳星瑞公司对剧本的创作、报批、审批、拍摄有明确分工,但只有在三方审查同意剧本内容之后电视剧《宫锁连城》方可拍摄,因此,东阳欢娱公司、湖南经视公司、东阳星瑞公司实际上参与到剧本《宫锁连城》的创作之中,即余征、东阳欢娱公司、湖南经视公司、东阳星瑞公司对剧本《宫锁连城》的创作存在共同的意思联络,其相互之间的行为共同侵害了陈喆的改编权,构成了共同加害行为,应承担连带责任。原审法院认为东阳欢娱公司、湖南经视公司、东阳星瑞公司对于余征侵害涉案作品改编权的行为提供帮助构成《中华人民共和国侵权责任法》第9条规定的帮助侵权行为的认定有误,本院对此予以纠正。"

"同时,《中华人民共和国侵权责任法》第9条第1款规定……帮助共同侵权也属共同侵权的类型之一……东阳欢娱公司、湖南经视公司、东阳星瑞公司作为出品单位,根据三方合同约定,东阳欢娱公司具体负责拍摄制作,湖南经视公司和东阳星瑞公司对拍摄制作等情况有权了解和监督,因此,东阳欢娱公司、湖南经视公司、东阳星瑞公司是电视剧《宫锁连城》的制片者,应承担相应的侵害摄制权的责任。余征作为编剧,拍摄电视剧《宫锁连城》得到其许可,且作为电视剧的制片人、出品人等身份,为电视剧《宫锁连城》的拍摄提供了实质性的帮助,与东阳欢娱公司、湖南经视公司、东阳星瑞公司构成共同侵权,应承担连带责任。"

"万达公司系电视剧《宫锁连城》署名的出品方,其提供了与东阳欢娱公司签订的协议作为推翻署名的相反证据,本院认为该协议不能成为推翻署名的相反证据……除署名之外,其还享有获取收益的权利,万达公司对电视剧《宫锁连城》在获取报酬这一点上与其他出品方并无不同,该项权利是著作财产权的重要内容……万达公司仍应被认定为电视剧《宫锁连城》的制片者,应对侵犯改编权、摄制权的行为承担连带责任。"

二审法院判决,驳回上诉,维持原判。

【解　析】

一、评析要点

在数人侵权中，往往数个侵权行为人各自实施不同的加害行为，如在本案中，余征作为编剧负责盗版影视剧本的"创作"，其余盗版影视剧的各制作方则根据其相互间的协议约定各有分工，或负责剧本改编，或负责拍摄，或负责出资，或负责发行等等，但依据《侵权责任法》第8条规定，余征等人行为构成"典型的共同侵权行为"并因此承担连带责任。因此，结合本案需要思考的问题是，何以表面上由数人各自实施的不同加害行为，在法律上应认定为"共同实施"并构成"典型的共同侵权行为"，其构成要件应从哪些方面界定？

二、学理评析

数个侵权行为人对同一损害结果承担连带责任，即由数个侵权行为人中的每一个侵权行为人对该损害承担完全责任，在本质上，这种责任承担方式与单独侵权行为人对其行为所生损害承担完全责任并无二致。因此，在数人侵权情形下，若使各自实施不同加害行为的数个侵权行为人承担连带责任，需要"一体性"的支撑（叶金强，68—69页）。在我国《侵权责任法》数人侵权责任立法体系中，被认定为"一体性"的数人侵权并因而形成无争议的必要共同诉讼基础的，有以下三种情形：第一种情形为，《侵权责任法》第8条规定的共同加害行为，其以共同过错为一体性支撑的关键和核心要件；第二种情形为，《侵权责任法》第9条规定的帮助或教唆共同侵权行为，其以帮助或教唆与被帮助或被教唆所形成的共同过错为一体性支撑的关键和核心要件；第三种情形为，《侵权责任法》第10条规定的加害人不明情况下的共同危险行为，其一体性支撑不在于共同过错，而以每个危险行为人的危险行为与损害结果之间均存在可能的因果关系为一体性支撑的关键和核心要件。但需要指出的是，《侵权责任法》数人侵权责任立法体系中的第11条所规定的连带责任与前述不同，其不以"一体性"为支撑，而以不同加害主体"分别实施"的行为作为产生同一损害后果的不同原因（即多因一果关系）并对其所生损害在原因力上占据足额的份额，因而对损害承担完全责任。因此，第11条与第12条均为以各加害人行为对损害结果的因果关系类别及原因在结果中所占份额为基础上，确定按份责任，或全部份额，或按比例确定的份额；而前述三种数人侵权情形则因有"一体性"支撑，其责任承担方式为连带责任。

本案例仅涉及《侵权责任法》第8条的适用。《侵权责任法》第8条规定，二人以上共同实施侵权行为，造成他人损害的，应当承担连带责任。据此，本案焦点问题是，何以将盗版影视剧作品的编剧、制作人针对他人作品著作权各自实施的不同加害行为，在法律上认定为"共同实施"的加害行为，并因此使上述数人承担本质上具有完全责任性质的连带责任？

数人"共同实施"的侵权行为，即共同加害行为，通常被称为典型的共同侵权行为，其构成要件包括：(1) 共同过错；(2) 相互关联的行为；(3) 各个行为是共同导致损害后果发生的一体性原因；(4) 损害后果的单一性。上述四要件的证成，即为本案数个侵权行为人之所以依据《侵权责任法》第8条承担连带责任的学理分析基础，故结合以上四要件分析如下：

1. 数个加害行为人主观上存在以"意思联络"为特征的共同过错与数个加害主体一体性构

成及承担连带责任的正当化基础

过错不仅是一般单独侵权行为人承担侵权责任的正当化基础,也是构成共同加害行为的首要和基础性要件。但不同的是,由于共同加害行为由数人实施,故其过错要件的特征在于,共同加害行为人之间存在将各个加害行为人联结在一起并使其各自实施的不同行为构成为一个整体的主观关联因素,即通常所称"意思联络"。因此,在实务中,认定数人侵权的共同过错须从以下两方面进行:一为数个行为人的各自过错认定;一为数个行为人之间的主观关联因素,即"意思联络"的认定。本案一审法院仅就各个行为人的各自过错加以认定并以此为共同过错的证成理由,二审法院则补充强调了各个行为人之间的主观关联因素。笔者认为,在本案中,共同过错的认定须两者结合。

(1) 共同过错的基础认定——数个行为人各自有无过错。共同加害行为虽为数人实施,在认定数人共同过错时仍须对其各自是否存在过错进行事实上和法律上的分析和界定,数个行为人的各自过错是认定数个行为人共同过错的基础。我国《侵权责任法》第6条第1款规定:"行为人因过错侵害他人民事权益,应当承担侵权责任"。在本案中,余征及各制作人均为在影视剧制作领域具有一定知识经验和识别能力的从业者,考虑到"小说《梅花烙》的广泛发行及市场影响力、知名度,以及根据剧本《梅花烙》所拍摄电视剧《梅花烙》的广泛发行传播及较大的公众认知度的事实背景",因此,余征及个制作方在《宫锁连城》剧本创作及拍摄、发行等过程中应当达到具有职业经验的从业者应当达到的注意程度,但均未尽到应尽注意义务,存在着明知或应知剧本《宫锁连城》侵害他人著作权的共同过错。本案一、二审法院采用过错客观化认定标准,即"过失之有无,应以是否怠于善良管理人之注意"(王泽鉴,14—15页),认定余征及各制作人实质性接触被侵害作品并对实施侵害,各自均存在主观过错是恰当的。

(2) 共同过错的特别条件——"意思联络"的认定。然而,数个加害人的过错相同并不意味数个加害人有共同过错。如在多辆机动车发生交通事故致人损害案件中,往往数个加害车辆具有相同的过错,或违规超速,或违规变道等等,但彼此之间没有意思联络,因而构成无意思联络的数人侵权行为,一般适用《侵权责任法》第10条、第11条或第12条追究数人侵权责任。

在我国《侵权责任法》数人侵权责任体系建立之前,共同侵权行为在构成上是否以意思联络为必要,在学说上有两种主张,并体现在我国不同阶段的民事立法或司法解释中。一种主张为主观说,认为共同侵权行为以有意思联络为必要,该主张被视为传统民法学说的观点。这种观点体现在《民法通则》及《民通意见》中;另一种主张为客观说,认为不以意思联络为必要条件。其将共同侵权行为分为两种,一种为有意思联络的共同侵权行为。另一种则为虽没有意思联络,但数个行为人行为有密切联系的,亦为共同侵权行为,其法律后果为由数个并无意思联络,但行为存在客观关联的数个行为人承担连带责任。这种观点体现在《人身损害赔偿解释》中,该司法解释除认可以意思联络为必要的共同侵权行为人连带责任类型外,还认为数个加害行为人虽无意思联络,但其行为"直接结合"亦应承担连带责任。客观说的主张在境外立法例中占据优势地位,如日本、我国台湾地区等。即便在英美法系也为主流观点,只是进入20世纪80年代后不断有反对者对该主张提出反对意见,认为此观点有滥用连带责任之嫌,对于并没有主观关联因素的数人各自对损害后果承担完全责任是不公平的,甚至也出现了立法例,如美国的内华达州、伊利诺伊州即出现了包含该观点的相应立法(叶金强,64页)。我国《侵权责任法》构建的数人侵权责任体系则抛弃了客观说观点,将其中并无意思联络而分别实施加害行为的数人侵权行为作为多因一果类型的数人侵权行为,由第 11 条和第 12 条调整。

我国学界传统学说认为,所谓意思联络,是指数个行为人对加害行为存在"必要的共谋",如事先策划、分工等。在本案中,二审法院对各制作方的"意思联络"在一审过错认定的基础上,进一步以相关事实为依据加以确认。其认为,基于东阳欢娱公司、湖南经视公司、东阳星瑞公司三方合同约定,"可以看出尽管东阳欢娱公司、湖南经视公司、东阳星瑞公司对剧本的创作、报批、审批、拍摄有明确分工,但只有在三方审查同意剧本内容之后电视剧《宫锁连城》方可拍摄,因此,东阳欢娱公司、湖南经视公司、东阳星瑞公司实际上参与到剧本《宫锁连城》的创作之中,即余征、东阳欢娱公司、湖南经视公司、东阳星瑞公司对剧本《宫锁连城》的创作存在共同的意思联络";而基于万达公司与东阳欢娱公司的协议,则认为该协议无法否认万达公司参与制作行为,"万达公司对电视剧《宫锁连城》在获取报酬这一点上与其他出品方并无不同"。基于以上事实,本案二审法院在认定上述各方明知或应知剧本《宫锁连城》侵害他人著作权并因此存在各自过错的基础上,认定各方之间针对侵害他人作品著作权在主观上具有意思联络,该意思联络具体表现为,彼此之间有共同追求的目标,即以与他人作品高度相似性的电视剧获得非法收益为目的,而权利义务的约定使其相互意识到彼此的存在。

由此可见,各行为人因对彼此行为及其结果具有可预期性及互相加以利用的目的性,因而存在共同过错。尽管数个侵权行为人的各自行为不同,但这并不妨碍具有共同过错的数个侵权行为人在侵权法上被视为单一侵权主体,并称之为"共同加害行为人"。有学者借用刑法学上的概念,又将其称为"共同正犯"(张新宝,42 页)。而在过错责任原则为一般侵权行为归责原则前提下,与单独侵权行为人承担完全责任的正当化基础为其在法律上应给予否定性评价的过错一样,数个侵权行为人的共同过错即为其各自承担连带责任的正当化基础。

2. 数个加害行为人的各自加害行为在客观上的高度关联性及其一体性构成

所谓行为的关联性,是指共同侵权行为的数个行为人,每个人都实施了加害行为,这些行为结合在一起,形成一个有机整体,共同造成了损害后果,各行为之间具有密切的关联性(魏振瀛,701 页)。在本案中,余征及电视剧各制作方行为贯穿于剧本《宫锁连城》创作和影视作品《宫锁连城》制作、发行过程中,其各自加害行为具体表现形式可概括为四类:一是出资;二是与剧本创作有关的行为;三是与电视剧摄制有关的行为;四是发行及其他与电视剧有关的行为。可见,从数个加害行为人承担和执行任务的形式看,各制作方参与的形式、参与程度有所不同,他们或共同承担或单独执行不同或相同的任务,并在行为结果上分别就"收益"获得不同比例的报酬。然而,从内容上看,上述不同表现形式的各自加害行为为一个有机整体并在法律上应给予一体性的评价,理由为:(1)从本案数个加害行为人各自行为内容核心看,各自均围绕未经著作权人许可情况下改编著作权人作品并根据未经授权改编作品拍摄、发行盗版电视剧并因此获益而展开。(2)从本案数个加害行为人完成行为内容的手段看,各自均以自己的行为作为获取侵害他人著作权"收益"的资本,只不过各方投入资本的表现方式不同,或以资金作为资本投入,或以创作、拍摄等行为作为资本投入,但就电视剧制作而言都是不可或缺的。(3)从本案数个加害人的加害行为侵害的权利客体看,其分别侵害他人作品改编权、摄制权等,其分别作为形成最终侵权"收益"——完成盗版电视剧拍摄、发行并收益的整个过程中的不同阶段或组成部分。若仅以侵害他人作品改编权或摄制权为一个完整过程,并不能形成纠纷发生时的侵权"收益"和损害结果。

因此,从侵权损害结果角度看,数个加害行为人具有高度关联的各自行为结合在一起,共同造成了损害后果,即数人行为虽不同并各自实施,但在法律上应给予其一体性评价,即在法律上被视为单一侵权行为。

3. 具有高度关联性的不同行为构成损害结果的一体性原因

有学者从因果关系的角度指出,在数人实施侵权行为的情形下,适用连带责任还是按份责任,两者区别的实质在于:究竟是将数人的行为视为整体上的一个原因,还是将数人的行为分别视为不同的原因(曹险峰,162页)。然而,数人各自实施的行为是否构成损害结果的整体性原因,即一体性的原因,并因此构成共同侵权行为的一因一果样态的因果关系,在程序上需要从两方面考量:

一是,法官基于数个加害行为人的共同过错和各自分担行为有机整体构成业已证明基础上的法律评价。即当具有意思联络的数人加害于他人时,即便无法查明各加害人的加害部分,也无法将各自加害行为与组成统一损害结果的各部分一一对应,各自实施的数个加害行为作为整体同样构成共同加害行为,并因之形成该案件受害人损害结果的一体性原因,即损害结果由法律上的"一因"引起。简言之,共同的意志产生了共同的原因,且该原因是不可分的。

二是,受害人的证明责任仅为产生损害结果的整体原因事实。"一因"使全体加害人的行为凝结成为一体,使受害人仅就整体举证而非就各个行为单独举证成为可能。至于各加害人内部的行为方式、参与程度、造成的损害范围及类别等,皆由统一的原因所覆盖,受害人无须就每个行为人与损害结果之间的责任成立因果关系、责任承担因果关系分别举证(程啸,48页)。

以本案为例,余征及各制作方在盗版电视剧剧本创作及盗版电视剧制作、发行及获益的侵权过程中的侵害陈喆作品改编权、摄制权、获益权等行为,均为产生陈喆因作品被侵害而受有损失的一体性原因。

4. 损害结果的单一性

在共同侵权行为构成要件中,损害结果须为单一结果,且为不可分割。如果结果不同,则分属于不同的单一侵权行为或不同的共同侵权行为,并因此产生不同的损害赔偿责任。本案中,二审法院将损害结果区分为两个,即侵害陈喆作品改编权的损害结果和侵害陈喆作品摄制权的损害结果,并分别适用《侵权责任法》第 8 条和第 9 条两个不同的法律规定,但在责任范围上则一体计算,赔偿额并无区分,就此,笔者认为值得商榷。首先,从数个侵权行为人共同过错内容看,各侵权人行为的预期目的均在于盗版电视剧制作、发行并获得收益,而不仅仅是侵害他人作品改编权或摄制权;其次,从侵权行为实施过程看,无论侵害他人作品改编权还是摄制权,仅为数个侵权行为所追求结果的过程或手段之一;最后,数个侵权行为人具有高度关联性的各自行为均为导致他人因权益受侵害所生损害结果的一体性原因而非结果。因此,本案共同加害行为的损害结果应为数个加害行为人加害他人作品著作权而产生的财产损失和精神损害,其既包括实际损失,也包括可得利益,并呈现为单一且不可分的特征。

综上,依据《侵权责任法》第 8 条的规定,本案数人侵权行为虽为数人各自实施的不同加害行为,但因数个加害行为人在主观上对于侵害他人作品著作权存在各自过错,且彼此之间有实现侵害他人著作权并从中获益的目的和相互利用的意思联络;同时,其各自分担的行为虽表现于整个侵权过程的不同阶段或不同内容,但均呈现出为实现共同目的而形成有机整体的事实特征,故在法律上可给予作为有机整体的数个加害行为人的各自行为以一体性评价,即数个加害行为人各自实施的行为应在法律上认定为"共同实施"的加害行为,且构成本案受害人因侵权而产生损害结果的一体性法律原因。故此,本案数人侵权行为构成典型的共同侵权行为,并由数个侵权行为人各自对其侵害他人作品改编权、摄制权等著作权产生的财产损失和精神损害后果承担连带责任。

通常,对文学作品的抄袭多为单独侵权行为,即由单个侵权主体实施单独的侵权行为,但其对原创构成的侵害远不如在资本及专业化制作、传播,集体组织运作下产生的侵害后果严重。由本案可以看出,各参与侵权主体或负责出资,或负责专业技术操作,或负责审批等等不同的任务,但各方任务均渗透于包括剧本创作、摄制、发行的全部制作流程。其影响范围并不仅限于受侵害原创,甚至包括潜在的众多原创热情。而影视作品作为文化传播工具,当其本身采用集体组织、分工协作的抄袭、剽窃等侵权手段并堂而皇之地传播时,其对社会风气的恶劣影响是可想而知的。因此,这种共同侵权类型与其说是"典型的共同侵权行为",毋宁说是一种新型的、以集合行为为特征的共同侵权,值得学理研究。

参考文献

1. 魏振瀛主编:《民法》,北京大学出版社、高等教育出版社 2000 年版。
2. 王泽鉴:《侵权行为法》,中国政法大学 2001 年版。
3. 张新宝:《侵权责任法》(第三版),中国人民大学出版社 2013 年版。
4. 程啸:《论〈侵权责任法〉第八条中"共同实施"的涵义》,载《清华法学》2010 年第 2 期。
5. 叶金强:《共同侵权的类型要素及法律效果》,载《中国法学》2010 年第 1 期。
6. 曹险峰:《论"多因一果"的侵权行为——兼论多数人侵权行为体系之建构》,载《法学研究》2011 年第 5 期。

作者:上海交通大学凯原法学院副教授　付　荣

89. 共同危险行为
——林某某与多个道路施工单位财产损害赔偿案[①]

【事　实　概　要】

林某厂房所在路段有多家建设单位进行道路改造施工。其中,路桥公司通过招投标方式,将该工程的路基和路面工程分别发包给路威公司和交建公司,由两家公司实际进行施工。除此而外,尚有水务公司、网络公司以及负责广播电视数字工程施工的广电公司承担各自不同的施工任务。2012 年 7 月,该路段的路基和路面工程施工期间,林某的地埋电缆被破坏,厂房出现供电障碍,厂房内机器无法正常运转,累计造成 25 万余元的经济损失。根据厦门电业局湖

[①] 福建省厦门市湖里区人民法院(2013)湖民初字第 770 号民事判决书;福建省厦门市中级人民法院(2013)厦民终字第 3295 号民事判决书。

里分局出具的《电缆施工说明》,工程员推测电缆出现供电故障的原因是,电缆表皮破损和雨水较多造成的线路多处烧毁。林某以上述所有施工单位为被告,诉请各被告连带赔偿其25万余元的经济损失。

【判决要旨】

1. 一审判决

一审法院依据《侵权责任法》第10条规定,认为在所有施工单位中,路威公司、水务公司在事故发生时均在现场施工,其各自提交证据均未能证明自己施工过程中已采取安全防范措施,未对林某实施侵权行为,亦不能证明林某损害后果具体由哪一方造成。判决路威公司、水务公司连带赔偿林某损失11万余元。

2. 二审判决

二审法院认为,损害是在施工过程中造成的,因此,路威公司和水务公司仅以事故当日未在该地段施工为由主张己方不存在侵权行为,理由是不充分的。本案中损坏的电缆原本埋藏于地下,在正常情况下不会破损,而现有证据表明,事故地段只有路威公司、水务公司的施工范围有涉及地下管线,且路威公司、水务公司均无法证明其在施工过程中对原有地下电缆采取了相应的保护措施,原审判决路威公司、水务公司承担损害赔偿责任并无不当。

二审法院判决,驳回上诉,维持原判。

【解 析】

一、评析要点

共同过错是共同侵权行为人承担连带责任的正当化基础,其本质上还是遵循有过错承担责任,无过错不承担责任的民法立法宗旨。但在加害人不明情况下,何者过错行为导致损害结果发生,无法确定。在此情形下,责令各个危险行为人承担连带责任的正当化基础是什么?如何论证?

二、学理评析

同一地段有多个施工主体相继进行不同工种的作业,当该路段电缆破损以致地面用户出现供电障碍并遭受损害,由何者承担损害赔偿责任?本案一、二审法院根据我国《侵权责任法》第10条规定,认为"事故地段只有路威公司、水务公司的施工范围有涉及地下管线,且……均无法证明其在施工过程中对原有地下电缆采取了相应的保护措施",故,在诸被告中判定二公司承担共同危险连带责任。然而,在诸被告中,如何将路桥公司等排除在承担连带责任的共同危险行为人范围以外,以及基于何种归责事由使路威公司与水务公司承担连带责任,即在共同危险责任中,共同危险行为人承担连带责任的正当化基础问题,无论从法律条文解释上还是学理阐释的角度,尚须梳理。

共同危险责任纠纷案件的特点在于,数个加害主体的行为均存在侵害他人权利的危险性,但事实上,由于认识方面的主、客观限制,无论是受害人还是法院最终都无法确认到底是谁的行为造成了受害人的损害,该特点被概括为"加害人不明"(王利明,76—78页)。如果说"加害人不明"是从损害结果角度上观察,那么,在损害结果上"不明"的尚有"份额不明"的数人侵权,二者虽有相似之处,即如在一般侵权行为框架下责任主体都具有主观上的过错,损害后果具有单一性特征,危险行为人之一人或数人导致损害结果一部分或全部发生,即也隐含份额不明的可能性,但我国《侵权责任法》上的"份额不明"是指加害人是确定的,其加害行为具有明确的结合关系,只是其各自所造成损害的份额是不确定的。"份额不明"的数人侵权由《侵权责任法》第12条规范。因此,从学理角度看,本案属于数人侵权责任体系中"加害人不明"的共同危险责任纠纷案件,而非"份额不明"的数人侵权责任纠纷,本案一、二审法院以《侵权责任法》第10条为请求权基础是恰当的。

然而,"加害人不明"并非行为人承担连带责任的正当化基础,亦非审理此类案件的核心环节。在数人共同侵权责任体系中,共同危险责任与《侵权责任法》第8条所规范的共同加害责任一样,以连带责任为责任承担方式。但在共同加害责任中,由于加害人是确定的,其主观过错及意思联络也是明确的,因此,依据过错责任原则,以共同过错为数个加害人承担连带责任的正当化基础。而在"加害人不明"情况下,各个危险行为人虽有主观过错,如本案二责任人行为"涉及地下管线"但没有证据证明采取安全保护措施,但并无意思联络,因此,在共同侵权责任体系中,使其承担连带责任的正当化基础,即归责事由,无法是共同过错,并也因之将共同危险行为称为"准共同侵权行为"。《侵权责任法》第10条规定,"二人以上实施危及他人人身、财产安全的行为,其中一人或者数人的行为造成他人损害,能够确定具体侵权人的,由侵权人承担责任;不能确定具体侵权人的,行为人承担连带责任"。由此可见,在共同危险责任构成中有两个重要构成要件:一是行为人参与危险行为;二是行为与损害存在可能因果关系。而在这两个要件中,在自己责任原则下,危险行为人的自己过错及自己行为并不足以让其作为并不确定的加害人承担连带责任的依据,因此,行为与损害存在可能因果关系便成为共同危险责任的核心构成要件,并为共同危险行为人承担连带责任的正当化基础。亦即,基于《侵权责任法》第10条的规定,危险行为人之一人或数人行为与损害之间的因果关系系法律推定的因果关系。由此,在共同危险责任纠纷案件中,证明该可能因果关系是否成立是审理此类案件的核心环节,对此,结合本案从以下两方面分析:

第一,在共同危险责任纠纷案件中,行为人可否就其行为与损害后果间不存在因果关系提出反证?

在一般侵权责任纠纷案件中,原告对被告行为与损害之间的因果关系确定性负有举证责任。然而,在共同危险责任纠纷中,原告仅就并也仅能够就被告行为与损害之间因果关系存在一定事实上的可能性提出证明,因此,被告可否就此提出反证,并当其证明自己未参与危险行为,与损害间不存在因果关系时,即可免于承担责任?学界有两种观点:一种是否定的观点,认为行为人仅就因果关系提出反证,而未证明实际侵权人,则不能免除责任(王利明,82—83页);另一种是肯定的观点,认为行为人只要能够证明自己的行为与损害之间没有因果关系即可免责(张新宝,44—45页;叶金强,14—15页)。有观点(也包括采肯定说观点的解释)认为,《侵权责任法》第10条采纳了否定的观点(魏振瀛,706页;张新宝,45页),即"不能确定具体侵权人的,行为人承担连带责任";而《人身损害赔偿解释》则明确采纳肯定意见,其第4条第2款规定:"共同危险行为人能够证明损害后果不是由其行为造成的,不承担赔偿责任"。笔者赞成允许被告对原告主张的事实上的可能因果关系提出反证的观点,由法官根据被告反证及相关事实推定法律上的因果关系之有无,并以此为行为人承担连带责任的正当化依据。理由在于,首先,从实体上看,在共同危险致人损害案件中,原告的举证是从"整体性原因"(在事故路段的施工行为)或者说"共同侵权人"(在事故路段的所有施工单位)角度对行为人与损害之间存在因果关系做出事实上的推定,因此,应当允许部分行为人证明自己作为个体没有实施加害行为以及自己的行为与被侵权人的损害之间没有因果关系,进而免除其责任(张新宝,44—45页)。其次,在推定情况下,允许反证是程序上的当然之理。法律上之所以设立推定因果关系,其目的就在于试图使"不确定"变得"确定"(焦程程,136页)。若仅以原告提出的相对概括的"整体性"原因以及"加害人不明"的证据对该案件"一人或者数人的行为造成他人损害"进行法律推定,则无法实现上述目的。因此,允许其中的行为人就其自己行为举证,并据以为法律上的推定,对于以"加害人不明"为特征的共同危险责任恰是适当的,其一方面可使受害人尽可能获得损害赔偿,同时,在另一方面也使不确定的加害人尽可能缩小在可能的范围内承担连带责任,实现相对平衡的法律公平。最后,《侵权责任法》第10条包含被告"只有证明具体加害人才可免责"的含义是存疑的。本书认为,《侵权责任法》第10条后段"不能确定具体侵权人的,行为人承担连带责任",仅阐明了共同危险责任所适用情况的特点所在,即"加害人不明";而该条前段"……一人或者数人的行为造成他人损害",则以"或者"为可能因果关系的法定表达。从比较法的角度来看,肯定的观点为通论(张新宝,45页),"无因果关系即免责"也是较多国家采取的做法(叶金强,14—15页)。

就此,本案法院采取了肯定的态度,其裁判核心与判决理由均围绕各被告提出的反证展开,并据以判断其是否参与实施了对受害人权益有损害之危险的行为,并进而推定其行为与损害之间是否可能存在因果关系。如根据路桥公司提交的招投标文件,证明其并未参与具体的施工行为;根据交建公司提交的《开工令》显示的进场时间,证明其对林某不具有侵权行为等等。"然而,路威公司主张事故发生之日并无人员在事故发生地施工,林某电缆损坏并非其施工行为造成,但并未提供相应证据佐证;水务公司提交的证据则无法证明其在事故发生时未在场施工"。

第二,如何推定行为人行为与损害结果之间存在或不存在可能因果关系?

这里所需要的因果关系可能性应十分确定,且应当是建立在坚实的事实基础之上的可能性(叶金强,70页)。然而,何为"坚实的事实基础",即法律推定的事实基础在该案中是什么?通常来说,共同危险行为的构成,必须是行为人在实施某种危险行为致受害人损害时,其行为的时间和地点与损害的时空范围具有同一性,即"多数人之行为间,应有一定空间与时间上关联之同类损害"(黄立,292页)。存在该同一性即推定某危险行为与损害后果之间可能存在因果关系,反之即推定不存在因果关系。因此,危险行为的时间和地点与损害的时空范围之间的同一性事实是推定某危险行为与损害之间是否存在因果关系的基础事实。结合本案一、二审判决,推定因果关系的具体裁判路径可归纳如下:

首先,根据案件事实确定损害的时间和地点。本案法院在其查明的事实中援引了"厦门电业局湖里供电分局"出具的《电缆施工说明》,其中,该说明指出了损害地点:"造成此次停电原因为机场主配电房到三达工厂间的95平电缆缺相造成"。同时,二审法院又以"事故发生前"为时间范围,并指出该时间范围是在施工过程中,即是一个持续发生的时间,而非某一天、某一时。

其次，根据各被告反证和相关案件事实，以其行为与损害在时空上不具有同一性为事实基础，认定其行为与损害不存在因果关系，并因此不承担责任。"交建公司事故发生前并未在事发地段施工，有线电视工程的施工地点与事发地段不在同一作业区域，因此交建公司和广电网络厦门分公司、广电数字公司与本案事故没有关联，原审认定上述三公司无须对事故承担责任是正确的。路桥公司虽然是事发地段的建设单位，但其已经将工程发包给具有施工资质的单位，对施工过程中发生的损害没有过错，无须承担责任"。

最后，根据在损害与行为时空同一性事实方面并无反证的事实基础，推定相应的被告行为与损害结果之间存在可能因果关系。根据空间上的同一性事实，二审法院认为："本案中损坏的电缆原本埋藏于地下，在正常情况下不会破损，而现有证据表明，事故地段只有路威公司、水务公司的施工范围有涉及地下管线，且路威公司、水务公司均无法证明其在施工过程中对原有地下电缆采取了相应的保护措施，原审判决路威公司、水务公司承担损害赔偿责任并无不当"。根据时间上的同一性事实，二审法院认为"事故电缆……是在施工过程中表皮受损……据此，路威公司和水务公司仅以事故当日未在该地段施工为由主张己方不存在侵权行为，理由是不充分的"。

综上，根据我国《侵权责任法》第10条规定，在以"加害人不明"为特征的共同危险责任纠纷案件中，若危险行为人不能举证证明其行为与损害之间不存在因果关系，那么，法律上即推定其行为与损害之间存在因果关系，并与其他存在同样的可能因果关系的行为人承担连带责任。而法院据以推定因果关系的核心事实是，行为与损害之间在时空上是否存在同一性的事实。行为与损害在时间和空间位置上的重合，会使得因果关系更趋复杂化，以致无法揭开真相并排除某行为与损害不存在因果关系的可能性，由此最终成为行为人承担连带责任的正当化依据。

参考文献

1. 叶金强：《共同危险行为争议问题探析》，载《法学论坛》2012年第2期。
2. 王利明：《论共同危险行为中的加害人不明》，载《政治与法律》2010年第4期。
3. 黄立：《民法债编总论》，中国政法大学出版社2002年版。
4. 杨立新：《侵权责任法》（第二版），北京大学出版社2017年版。
5. 张新宝：《侵权责任法》（第三版），中国人民大学出版社2013年版。
6. 焦程程：《试析审判实务中环境侵权因果关系的认定——兼论因果关系推定与因果关系举证责任倒置的关系》，载《法制与社会》2012年第4期。
7. 叶金强：《共同侵权的类型要素及法律效果》，载《中国法学》2010年第1期。

作者：上海交通大学凯原法学院副教授　付　荣

90. 无意思联络的数人侵权责任
——周某与卢某等机动车多次碰撞损害赔偿纠纷案①

【事实概要】

2015年10月21日凌晨5时许,张某驾驶渝A56928(渝A5003挂)号车运载货物在高速公路行驶过程中,从后方撞上卢某驾驶的渝B83798(渝B5271挂)号车,造成两车及其货物受损,张某、卢某受伤的道路交通事故。5时5分许,赵俊伟驾驶豫P3A692(赣LBV91挂)号车从后方驶来,先后与公路中央护栏以及因事故停于道路的张某车左侧车头、卢某车运载的货柜发生碰撞,造成三车及其运载货物、公路设施受损,张某再次受伤送医院抢救无效死亡。

司法鉴定意见:张某符合道路交通事故致重型颅脑损伤合并胸腹部等损伤致创伤性休克死亡,无法确切区分两次碰撞的致死参与度,即其死亡是由两次碰撞共同作用所致。但该事故关键证据无法获取。与此同时,交警部门出具的道路交通事故证明:该路段、该事故中无电子监控摄像设施,现有证据无法确定渝A56928号车驾驶人张某在此次事故发生时是否有能力和条件开启应急灯、设置警示标志。

2016年4月,张某的近亲属周某等将卢某、赵俊伟、太平洋财险重庆分公司等诉诸法院,要求被告承担死亡赔偿金、丧葬费、误工费、精神损害抚慰金等费用。

【判决要旨】

一审法院根据《侵权责任法》第12条认为,张某死亡系两次车辆碰撞共同作用所致,故应作为一次事故处理,但应分为两个阶段各自承担相应责任。因无法区分两次碰撞对张某死亡的参与度,故认定两个阶段即两次碰撞各承担50%的责任。第一阶段,卢某承担70%的责任,张某承担30%的责任;第二阶段,三车碰撞,赵某承担80%的责任,卢某、张某各承担10%的责任。综上所述,对于此次交通事故二次碰撞造成的死亡后果,由卢某承担40%的责任,赵某承担40%的责任,张某自负20%的责任。

一审法院判决,太平洋财产保险重庆分公司赔偿原告周某等317 087.07元;中国人民财产保险股份有限公司郑州市分公司赔偿原告周某等292 590.38元;中国人寿财产保险股份有限公司鹰潭市中心支公司赔偿原告周某等39 496.68元;驳回原告周某等的其他诉讼请求。

一审判决后,原被告均未上诉,一审判决发生法律效力。

【解析】

一、评析要点

以交通事故多次碰撞致人损害为例,当数辆机动车相撞致人损害后果发生时,数辆机动车

---

① 重庆市渝中区人民法院(2016)渝0103民初4454号民事判决书。

控制人之间并无意思联络,其分别实施的行为或均足以导致损害后果发生,或分别不足以导致损害后果发生,但各自的致害原因力、过错等或可区分,或无法区分,因此,如何在不同情形下,确定无意思联络的数人侵权行为属于何种责任类型,按份责任还是连带责任,其划分标准为何?各侵权行为人若承担按份责任,其份额如何确认,确认标准为何?

二、学理评析

多辆机动车相互碰撞交通事故致人损害纠纷,属于典型的无意思联络数人侵权责任案件。本案中,法院根据"无法确切区分两次碰撞的致死参与度"等相关证据,认定张某死亡是由两次碰撞共同作用所致,适用《侵权责任法》第12条后半段的规定,认为本案两次碰撞交通事故责任按照各50%的平均责任划分。但在多辆机动车交通事故责任中往往涉及不同类型侵权责任以及不同条文的法律适用问题。《交通事故损害赔偿司法解释》第13条对此阐述道,"多辆机动车发生交通事故造成第三人损害,当事人请求多个侵权人承担赔偿责任的,人民法院应当区分不同情况,依照侵权责任法第十条、第十一条或者第十二条的规定,确定侵权人承担连带责任或者按份责任"。因此,在司法实务中,如何区分适用上述条文,结合本案,从学理角度综合分析如下:

1. 责任类型的确认

在我国《侵权责任法》数人侵权责任体系中,第11条和第12条规定的无意思联络数人侵权情形与第10条存在很大的不同,即构成第10条责任基础的是在加害人不明情况下由法律推定而成。司法实践中,一般在肇事车辆因逃逸而不明的多辆机动车交通事故情形下适用《侵权责任法》第10条,在某案中,"在事故发生的时间段,张某驾驶的三轮汽车,谭某驾驶的变型拖拉机,两车装载树木一前一后经过事故发生地。……但不能确定谁是致害者,由于上述两辆车均存在致害的可能性,在被告张某、谭某未能举出各自为非致害人的充分证据的情况下,应当推定为共同危险行为"。而第11条和第12条规定的两种侵权情形则是由数个明确的加害人分别实施加害行为而致同一损害后果发生的数人侵权行为,其因果关系为明确的多因一果形态。因此,当排除肇事车辆不明情况下的数人侵权情形后,在多辆机动车发生交通事故致人损害案件中到底适用《侵权责任法》第11条还是第12条,需要综合考量两者在我国《侵权责任法》数人侵权体系中的共同性以及差异,并以此为基础确定具体的法律适用和数个侵权人的侵权责任的承担方式。

第11条和第12条的相同性在于,二者皆为关于多因一果形态数人侵权责任的法律规定;其要求作为原因力的每一个行为均为单独的侵权行为,每个行为或有结合,或是叠加的关系;而损害则必须是同一的,如果损害结果是可分的,各行为指向不同的互不关联的损害,就成为多个单独侵权行为的简单累加,并无连带责任或按份责任的承担基础(曹险峰,63页)。故,当数人侵权情形表现为彼此独立、无意思联络的侵权行为时,各个行为与损害后果之间的因果关系即为取代共同过错的数人侵权责任基础,这也是在类案中应将第11条和第12条所适用情形综合考虑的原因所在。

但第11条和第12条规定的多因一果因果关系形态是有差异的,即二者适用的责任基础是有区分的。有学者综合第11条和第12条,将多因一果的数人侵权责任形态分为三个层次:第一层次是,如果"能够确定责任大小",则"各自承担相应的责任";第二层次是,如果"难以确定责任大小的",则"平均承担赔偿责任";而第三层次则是,如果"每个人的侵权行为都足以造成全部损害的",则"行为人承担连带责任",并认为第 11 条规定的不过是"多因一果"数人侵权的特殊情形(曹险峰,64 页)。笔者认为,这种划分方式有其合理性,便于在同类案件中选择法律适用方向。特别是从中可以比较清晰地看出,尽管第 11 条和第 12 条所规定的责任承担方式不同,前者为连带责任,后者为按份责任,但作为数人侵权责任基础是一致的,即以份额区分为核心环节的多因一果因果关系。具体而言,第 11 条适用于"分别实施、足以造成"的数人侵权情形,即每个人的行为客观上不存在"关联"(张新宝,46 页),其与损害结果之间都有"完全的因果关系"(魏振瀛,706—707 页),又称原因叠加因果关系、累积因果关系等。第 12 条适用于"分别实施、部分造成"的数人侵权情形,即每个人的行为与损害结果之间只存在"部分因果关系"(王利明,79—80 页),但每个人的行为发生竞合或共同作用而致损害发生,即各个行为之间存在客观关联,也有称此种情形下的因果关系为"原因竞合因果关系""共同的因果关系"(王泽鉴,194 页)等。在司法实务中,又称其为"竞合(累积)因果关系"(张炎、罗诚,60 页)等。值得注意的是,当我国《侵权责任法》第 11 条和第 12 条将因果关系作为责任基础时,即意味着"分别实施"行为的"直接结合"或"间接结合"在立法上不再作为并无意思联络的数个行为人承担连带责任或按份责任的基础和核心环节。亦即,在立法上,我国《侵权责任法》数人侵权责任体系已将数人分别实施的单独侵权行为的"直接结合"和"间接结合"(《人身损害赔偿司法解释》第 3 条)吸收到第 12 条所体现的无意思联络且多因一果的数人侵权责任体系中,特别是对于其中行为"直接结合"的无意思联络数人侵权责任不再采"客观说"(王泽鉴,352 页)的观点,对于分别实施而直接结合的行为也不再视为共同侵权行为。因此,有学者认为,除单独侵权行为、"多因多果"数人侵权行为、"一因一果"数人侵权行为以及第 11 条以累积因果关系表现的"多因一果"数人侵权之外,所有其他"多因一果"数人侵权皆应由第 12 条调整,且以按份责任为多因一果数人侵权责任的常态(曹险峰,65 页)。

因此,以多因一果因果关系形态为区分标准,当排除适用第 11 条完全因果关系情形的多辆机动车肇事案件事实以后,本案法院适用第 12 条是恰当的。

2. 确定份额

无论选择第 11 条和第 12 条综合构成的三个层次中哪一个层次的法律适用方向,确定份额都是问题的关键,或定性为份额明确的,或定性为份额不明确的;而就份额明确的而言,则还有完全份额或部分份额的区分。因此,区分责任份额为审理多因一果的无意思联络数人侵权责任纠纷案件的核心环节。但事实上,责任分配的尺度很难有一个可以数量化的标准,无论份额明确还是不明确,均为在一定事实基础上进行推定而得。我国司法实践通过一系列司法解释,已经较为固定地确定了依原因力理论及过错大小推定责任份额的推定思路,如《触电人身损害赔偿司法解释》第 2 条第 2 款、《人身损害赔偿司法解释》第 3 条第 2 款规定等。学说上也赞同责任份额由两个因素决定:(1)比较各责任主体的过错大小,过错较大的承担较大份额的责任,过错较小的承担较小份额的责任;(2)比较各责任主体的加害行为原因力的大小,其行为原因力较大的承担较大份额的责任,其原因力较小的承担较小份额的责任(张新宝,40 页)。然而,究竟如何比较,是否需要参考一定的要素或在举证责任上有所考虑,在多辆机动车发生交通事故的数人侵权责任案件的司法实务中可见端倪。

一是在"能够确定份额的"第一层次和第三层次情形中,司法实践明显采用比较过错或比较原因力的方法,并多以行人或非机动车驾驶人被多辆机动车分别碰撞或碾压的交通事故案件(以下简称"人、车相撞案件")较为典型,此类案型又可分为两种情况:

第一种情况是适用第11条的"人、车相撞案件"情形。在这种情形下,无法比较多辆机动车肇事责任者主观过错大小,但法院认可,在车辆作用于人体时,数个肇事车辆均可分别足以造成该当案件损害后果的常识,认为数个肇事车辆的每一次撞击与受害人损害结果间均具有完全因果关系,从而推定责任人承担完全比例份额并依据第11条承担连带责任。如"胡庆文、李淑兰等与永安财产保险股份有限公司大连分公司、庚军道路交通事故人身损害赔偿纠纷案"①,在该案中,法医鉴定受害人因颅脑损伤死亡,而第一次事故和第二次事故均致受害行人颅脑损伤,故该案法院适用第11条,判决两次事故责任人承担连带责任。又如"卢嘉伟、吴玉英与周俊龙、肖隆顺等道路交通事故人身损害赔偿纠纷案"②,在该案中,被害人卢文进驾驶两轮摩托车往左侧偏移时与周俊龙驾驶货车车厢右侧相碰刮,造成卢文进摔倒在道路右侧车道上,事发约3分钟后,肖隆顺驾驶的普通客车行经事故路段时发现倒在路上的卢文进,在制动过程中将卢文进向前拖动,导致二次事故的发生。法院根据前述事实,认为造成卢文进死亡的原因系第一次事故还是第二次事故或者两次事故的共同结合所致无法查清,但从以上事实分析判断,前后发生的两起事故的过程,均足以造成卢文进死亡结果的发生。

第二种情况是适用第12条"能够确定份额"的"人、车相撞案件"情形。在这种情形下,法院默认车辆作用于人体原因力的完全比例,但由于可区分肇事车辆过错程度,从而推定部分比例责任份额。如"中国平安财产保险股份有限公司大连分公司与孔相应、刘淑荣等机动车交通事故责任纠纷案"③,在该案中,被害人驾驶非机动车先与第一辆畜力车追尾倒地,但由于第二辆途经轿车严重超速并忽视观察瞭望,法院认为第二辆机动车驾驶人的过错程度较第一辆畜力车更为明显,故区分两次碰撞责任份额分别为70%和20%,受害人10%。又如"李彦中、王某与华泰财产保险有限公司运城中心支公司、中国人民财产保险股份有限公司运城市河东支公司等机动车交通事故责任纠纷案"④,在该案中,受害人驾驶非机动车被机动车撞到后,又撞到停于路边的机动车上,法院认定醉酒驾驶人承担70%责任。

二是,在"难以确定份额"情形下,举证责任起到决定性的作用。在这种情形下,多以多辆机动车相撞而发生驾驶员或同乘人损害为典型案例,一般适用第12条后半段"难以确定份额"的层次。以开篇所示案件为例,该案为三辆大型机动车在间隔5分钟时间内先后两次发生碰撞,由于该事故路段无电子监控摄像设施,关键证据无法获取,故交通管理部门没有出具交通事故责任认定书,仅对先后发生的两次车辆碰撞出具了两份交通事故证明,并表明"无法确切区分两次碰撞的致死参与度,即其死亡是由两次碰撞共同作用所致"。因此,本案法院认定两次碰撞各承担50%的责任。又如"汤德兵、汤培娟等与朱明华、昝金华等机动车交通事故责任纠纷案"⑤,在该案中,法院认为,虽然两名交通事故肇事责任者的过错大小可以适当区分,但

---

① 大连市中级人民法院(2014)大民一终字第1362号民事判决书。
② 福建省南平市中级人民法院(2014)南平终字第454号民事判决书。
③ 辽宁省大连市中级人民法院(2017)辽02民终7058号民事判决书。
④ 山西省运城市中级人民法院(2018)晋08民终1827号民事判决书。
⑤ 江苏省南通市中级人民法院(2015)通中民终字01668号民事判决书。

是原因力比例实难区分,综合衡量,原审认定由该二人平均承担赔偿责任并无不当。在"赵爱梅等诉胡桂清、李艳岭等交通事故损害赔偿纠纷案"①中,法院认为,"胡桂清以及李艳岭对于各自对陈宗瑞的损害后果的责任大小未能、也确实难以提供有效证据予以证明,依据法律规定在难以确定责任大小的情况下,应平均承担赔偿责任"。从上述案例看,推定平均责任份额的依据在于,无论加害人还是受害人甚至法官,均无法举证证明或参照各种比较过错、比较原因力的因素得到能够使责任按比例承担的依据。从立法背景上看,对于份额不明的情形,即"难以确定责任大小的",第12条采纳了与以往司法解释及国外大多数立法例不同的做法,即没有采用连带责任的方式,而是借鉴其他国家和地区在确定各个连带责任人内部份额时的做法,推定所有人的责任相同(王胜明,181页)。有学者也从按份责任与举证责任关系的角度认为,在各加害人行为都对"同一损害"有贡献的情况下,不必苛求受害人对每个加害人行为造成损害的部分或大小举证,而由法律一体性推定数人行为对损害结果具有均等的原因力,换言之,在"难以确定责任大小的"情况下,法律推定各行为人责任大小均等,对"同一损害"原因力均等。如果受害人考虑不同加害人的赔偿能力,认为均等分担责任对其不利,此时则可由受害人举证各加害人在"同一损害"中的"责任大小",从而可能实现让有赔偿能力的人负担份额较大的按份责任。而从加害人立场考量,如果某一加害人认为平均承担责任对其不公,则应由其举证自己的"责任大小",否则其将承担均等的责任。并且,在上述举证不能的情况下,"责任大小"除可由原告或被告举证外,在有些情况下,法官也可径行予以认定(曹险峰,64页)。

但从本案及类似案件中可以看出,法官在"多辆机动车相撞案件"中远不如在"人、车相撞案件"中获得据以推定责任份额的事实要素的可能性大和那么明显,比如车辆对于人的撞击力等。因此,在一定程度上,第12条后半段平均责任的推定方式对于我国数人侵权责任立法体系的梳理和司法实务都带来了便利。但也存在一定的问题,一方面将这种平均责任的推定法定化后,易导致司法实务操作比较粗糙,比如前后介入原因等复杂因素的考量往往被忽略,以致认定结果可能偏离事实真相,使责任大的一方承担了低于其过错程度或原因力强度的责任份额;而另一方面也使受害人无法获得应有赔偿的风险加大。对于后者而言,在机动车交通事故案件中,往往因加害人参加责任保险而化解了因加害人赔偿能力导致受害人无法获得赔偿的可能,但在没有保险责任保障的损害赔偿案件中,这种风险会加大。因此,《侵权责任法》第12条的后半段也面临来自因果关系考量欠缺和对受害人的保护过于薄弱的批评(张新宝,54—55页)。

参考文献

1. 王胜明:《中华人民共和国侵权责任法释义》,法律出版社2010年版。
2. 王利明:《论共同危险行为中的加害人不明》,载《政治与法律》2010年第4期。
3. 王泽鉴:《侵权行为法》(第1册),中国政法大学出版社2001年版。
4. 王泽鉴:《侵权行为》,北京大学出版社2009年版。
5. 张新宝:《民法分则侵权责任编立法研究》,载《中国法学》2017第3期。
6. 叶金强:《共同侵权的类型要素及法律效果》,载《中国法学》2010年第1期。
7. 曹险峰:《数人侵权的体系构成——对侵权责任法第8条至第12条的解释》,载《法学研

---

① 北京市第二中级人民法院(2016)京02民终623号民事判决书。

究》2011 年第 5 期。

8. 曹险峰:《〈侵权责任法〉第 12 条之按份责任正当性论证——兼论第 12 条与第 37 条第 2 款的关系》,载《苏州大学学报(哲学社会科学版)》2014 年第 2 期。

9. 张焱、罗诚:《交通事故二次碰撞的因果认定与责任划分》,载《人民司法》2017 第 14 期。

作者:上海交通大学凯原法学院副教授 付 荣

91. 用人单位责任
——李明猛与中国邮政集团公司淮安市淮阴区分公司追偿权纠纷案[①]

【事实概要】

李明猛系中国邮政集团公司淮安市淮阴区分公司(以下简称"邮政淮阴公司")单位职工,在邮政淮阴公司丁集邮政支局工作。2012 年 8 月 20 日下午 14 时,李明猛驾驶摩托车到邮政淮阴公司开会,15 时 30 分会议结束赶回丁集邮政支局进行金融系统扎账,16 时 05 分许在返回丁集邮政局途中的 205 国道某门市前发生交通事故,与驾驶电动自行车的郑翠兰相撞,受害人郑翠兰经医治无效后死亡。事故发生后淮阴区交巡警大队作出的道路交通事故责任认定书认定:李明猛与受害人郑翠兰均对此事故负同等责任。经淮阴区交巡警大队调解,李明猛向淮安市公安局交通巡逻警察大队交赔偿费 511 500 元。2013 年 7 月 18 日,李明猛损伤经淮安市淮阴区人力资源和社会保障局认定,构成工伤。李明猛认为其系邮政淮阴公司单位的职工,其上述行为系职务行为,遂诉至法院,请求判决邮政淮阴公司返还全部赔偿金 561 500 元,并承担本案诉讼费用。

【判决要旨】

1. 一审判决

一审法院认为,"原告发生事故的时间是工作时间,发生事故的地点是单位安排开会后返回工作地点途中,因此原告的行为是履行职务行为的延续,且是在工作时间内,具有职权行为的特征,对原告主张驾车发生事故为职务行为的诉讼请求,予以支持"。关于赔偿额,"扣除交强险理赔部分 120 000 元,原告实际支付的赔偿款应为 391 500 元。又因原告在事故中有重大过失,依法应减轻被告的部分责任,故酌定被告对于原告因此事故造成的损失承担 60%的返还责任即 234 900 元(391 500 元×60%)"。

一审法院判决被告邮政淮阴公司返还原告李明猛赔偿款 234 900 元,并驳回原告李明猛的其他诉讼请求。一审判决后,邮政淮阴公司不服,提起上诉。

[①] 淮安市淮阴区人民法院(2014)淮民初字第 02697 号民事判决书;江苏省淮安市中级人民法院(2015)淮中民终字第 02229 号民事判决书。

2. 二审判决

二审法院认为,"被上诉人李明猛的行为属于职务行为,其理由如下:第一,从工作范围来看,被上诉人李明猛作为邮政淮阴公司丁集邮政支局局长,其根据上诉人通知于事故当日下午2时前往上诉人单位开会,在下午3时许会议结束后回支局进行扎账,途中发生交通事故。从上述事实可以看出,被上诉人回丁集邮政支局进行扎账系受上诉人单位指派,其回支局扎账是为了实现上诉人生产经营活动的目的而实施,且该行为与上诉人指派办理的事件相一致,并未超出指派工作范围。第二,从时空标准来看,正常情况下,执行职务行为应在工作时间内、工作场所内行使,但特殊情况下也受用人单位临时指派而超出工作时间或工作场所范围。本案中,被上诉人返回支局进行扎账途中发生交通事故时,仍然处于上班期间而并非上下班途中,其在会议结束后,为了完成特定工作任务,必然需要使用交通工具返回丁集邮政支局,虽然事故地点不在分局或在支局的特定场所内,但该事故地点属于履行职务行为的合理空间范围。第三,从职务关联来看,执行职务的范围不仅限于直接与用人单位目的有关的行为,还包括间接与目的实现有关的必要辅助行为。被上诉人返回支局扎账,是为了上诉人单位的利益,其自驾摩托车也属于为了上诉人单位利益而实施的便于履行职务所采取的必要辅助行为,该行为与执行职务发生内在联系。据此,本院认为,被上诉人实施的行为属于职务行为。"二审法院判决驳回上诉,维持原判。

【解 析】

一、评析要点

当用人单位的工作人员在工作期间致人损害时,判断用人单位在何种条件下替代其工作人员承担损害赔偿责任的关键在于,用人单位的工作人员造成他人损害是否因执行工作任务。因此,结合本案思考,本案被上诉人李明猛的行为是否属于"执行工作任务"的行为,应参考哪些事实要素为认定理由?

二、学理评析

本案涉及侵权责任法上的特殊主体责任,即用人者责任。所谓用人者责任,是指用人者对被使用人在从事职务活动时致人损害的行为承担赔偿责任,属于替代责任,而非自己责任,且适用无过错归责原则。根据我国《侵权责任法》第34条第1款的规定,"用人单位的工作人员因执行工作任务造成他人损害的,由用人单位承担侵权责任",其构成要件一般概括为:(1)用人者与被使用人之间存在雇佣关系;(2)给他人造成损害的行为必须是被使用人为执行工作任务而进行的行为;(3)被使用人的行为必须是侵权行为。就本案而言,在认定邮政淮阴公司承担用人者责任,并进而替代其被使用人——交通肇事人李明猛承担交通事故损害赔偿责任中,其难点在于何为被使用人"执行工作任务"的行为。就此,二审法院认为,李明猛的行为属于"因执行工作任务造成他人损害"的行为,其主要从工作范围、时空标准和职务关联三个方面阐述了其认定理由。从学说角度看,二审法院结合相关要素的认定方法值得肯定。

"执行工作任务"的行为是一个弹性概念,因此,关于如何判断"执行工作任务"的行为,学说上存在不同的观点:(1)雇佣人主观说。以雇佣人的主观意思为标准。从事雇佣活动的范围应依雇佣人所指示办理的事件来决定。雇主明确指示雇员办理的事情,就是从事雇佣活动的范围,超出雇主指示范围的任何行为都不是从事雇佣活动;(2)受雇人主观说。即以受雇人的主观愿望为标准,从事雇佣活动原则上应依雇佣人所指示办理的事件来决定,但是如果受雇人是为了雇佣人的利益,或者在雇主指示不够具体明确的时候,或者因情势变化必须另行处理的时候,亦应认为属于从事雇佣活动的范围;(3)客观说。以从事雇佣活动的外在表现形态为标准,如果行为在客观上表现为与依雇主指示办理的事件要求相一致,就应当认为是属于从事雇佣活动的范围,否则就不属于从事雇佣活动的范围(张新宝,《侵权责任法原理》,298页)。对于上述观点,一般认为雇佣人主观说和受雇人主观说的认定标准或过窄或过宽,客观说对于保护遭受损害第三人的利益来说,则更为有利和公正。

《人身损害赔偿司法解释》第9条第2款对有关"执行工作任务"的判断方法也做了相应的阐释,"前款所称雇佣活动,是指从事雇主授权或者指示范围内的生产经营活动或者其他劳务活动。雇员的行为超出授权范围,但其表现形式是履行职务或者与履行职务有内在联系的,应当认定为从事雇佣活动"。依此观点,雇员的行为是否为从事雇佣活动的行为,应当从行为人的主观意思和行为的客观性质两方面判断。一般来说,雇员主观上认为是从事雇佣活动的行为,而且客观表现形式上又不悖情理——"其表现形式是履行职务或者与履行职务有内在联系",就可以认定该行为是从事雇佣活动的行为。但何为"不悖情理"的具体判断则需要结合个案进行认定,实务中考虑的要素一般有时间要素、地点要素、控制力要素和利益要素(张新宝,《侵权责任法》(第三版),139页)。

在本案中,二审法院判断被上诉人行为是否是"执行工作任务行为"参考了以下在客观上能够确定和把握的一些要素,值得借鉴和参考:第一,工作范围。被使用人的行为是否为了实现用人单位生产经营活动的目的而实施,是否与用人单位指派办理的事件相一致,是判断被用人者的行为是否超出指派工作范围的具体表现。二审法院就此认为,"被上诉人回丁集邮政支局进行扎账系受上诉人单位指派,其回支局扎账是为了实现上诉人生产经营活动的目的而实施,且该行为与上诉人指派办理的事件相一致,并未超出指派工作范围。"第二,时空标准。一般情况下,只有在工作期间和工作场所从事的行为,才能被界定为"执行工作任务"的行为,由此造成的侵权损害后果由用人者承担责任。但是,特殊情况下受用人单位临时指派而超出工作时间或工作场所范围的行为也被认为是"执行工作任务"的行为。二审法院认为被上诉人李明猛"返回支局进行扎账"的行为是其完成工作任务的必然行为,"虽然事故地点不在分局或在支局的特定场所内",但在时间上则"处于上班期间而并非上下班途中",故法院将事故地点认定为"履行职务行为的合理空间范围"。第三,职务关联。二审法院认为,"执行职务的范围不仅限于直接与用人单位目的有关的行为,还包括间接与目的实现有关的必要辅助行为",并据此判断被使用人的行为是否与执行职务发生内在联系。其认为"被上诉人返回支局扎账,是为了上诉人单位的利益,其自驾摩托车也属于为了上诉人单位利益而实施的便于履行职务所采取的必要辅助行为",因此,"该行为与执行职务发生内在联系"。综上所述,二审法院认为被上诉人李明猛的行为属于"执行工作任务"的行为,不支持上诉人邮政淮阴公司的上诉请求。

参考文献

1. 张新宝:《侵权责任法原理》,中国人民大学出版社2005年版。

2. 张新宝:《侵权责任法》(第三版),中国人民大学出版社 2013 年版。

作者:上海交通大学法学院副教授　付　荣

92. 网络服务提供者的侵权责任
——张某与北京华网汇通技术服务有限公司名誉权纠纷案①

【事实概要】

张某发现北京华网汇通技术服务有限公司(以下简称"华网汇通公司")运营的"中华网—中华论坛"上刊登一篇发布于 2013 年 2 月 26 日、作者为"四鑫中士"、标题为《……曝光中石化领导的荒淫无度》的文章。文章涉及对张某的人格贬损内容。2013 年 3 月 8 日,张某在公证员的公证下,向"中华网"客户服务电子邮箱发送了如下内容的通知:"中华网编辑、客服:我是中国石化某公司张某,近日在贵网站上发现一条时间为 2013 年 2 月 26 日的网帖 http://club.china.com/data/×××××.html 内含不实信息,请予以删除。"2013 年 3 月 15 日,张某再次通过公证处进行公证,查询到上述网址中涉案文章仍未被删除,当日显示阅读量为 4 777 次。张某认为华网汇通公司没有尽到法律规定的及时采取删除等有效措施的义务,在客观上造成了不实侵权信息进一步扩散,使其名誉权受到的损害不断扩大,因此,起诉至法院,要求华网汇通公司立即删除并停止刊发相关帖子及信息、公开赔礼道歉及赔偿精神损害抚慰金等。

【判决要旨】

1. 一审判决

一审法院认为,"双方当事人的争议焦点是华网汇通公司是否接到张某发出的删除通知。首先是张某作为普通网络用户,有理由相信网站首页公示的客户服务邮箱可以收到删除通知,其选择以此为渠道发送删除通知的方式合情合理。从通知的内容看,载明了被侵权人的身份,亦包含涉嫌侵权文章的网页链接和被侵权人的联系方式,基本完整清晰,华网汇通公司可以进行核实并采取措施。第二是华网汇通公司虽抗辩未收到删除通知,但依据现有证据,法院认定华网汇通公司接到张某发出的删除侵权文章的通知时,华网汇通公司应该就损害扩大的部分(即张某发出通知之日至侵权文章删除之日的损失)与侵权文章的作者承担连带责任"。一审法院判决,华网汇通公司在其主办的"中华网"首页上及全国发行的报纸显著位置上(中缝除外)登载致歉声明,并赔偿张某精神损害抚慰金 15 000 元。

一审判决后,华网汇通公司不服并提起上诉。

2. 二审判决

二审法院认为,"其一,客户服务邮箱及'内容举报'渠道均是华网汇通公司对外公布的,且

---

① 北京市朝阳区人民法院(2013)朝民初字第 39819 号民事判决书;北京市第三中级人民法院(2014)三中民终字第 00610 号民事判决书。

能够与华网汇通公司取得联系的渠道,作为普通网络用户,有理由选择其一;其二,张某所提公证书显示其已向华网汇通公司发送了载有删帖通知的邮件,并在邮箱已发送一栏查到了该邮件,张某已经尽到了通知的责任;其三,华网汇通公司仅提供自行打印的电子邮箱截图并不足以证实其没有收到载有删帖通知的电子邮件。综上,应视为华网汇通公司接到了张某所发删帖通知,华网汇通公司的上述主张缺乏依据,本院不予采信。""张某所发删帖通知的内容载明了被侵权人的身份、联系方式以及涉嫌侵权文章的网页链接,华网汇通公司可以进行核实并采取相应措施。而华网汇通公司未及时采取措施,应就损失扩大部分承担相应责任"。

二审法院判决,驳回上诉,维持原判。

【解　析】

一、评析要点

依据我国《侵权责任法》第 36 条第 2 款规定,"网络用户利用网络服务实施侵权行为的,被侵权人有权通知网络服务提供者采取删除、屏蔽、断开链接等必要措施。网络服务提供者接到通知后未及时采取必要措施的,对损害的扩大部分与该网络用户承担连带责任"。结合本案需要思考的核心问题是,本案被侵权人发出通知的行为是否达到我国《侵权责任法》第 36 条第 2 款所规定的"通知"标准?"中华网"是否收到通知,其判断标准又为何?

二、学理评析

本案二审法院最终认定,"中华网"服务提供者华网汇通公司在接到"通知"后未及时采取措施,应就损失扩大部分承担相应责任。其中,华网汇通公司是否接到通知为本案争议的焦点问题。

网络服务提供者在何种情形下承担因网络用户利用其提供的网络服务对他人直接侵权而产生的侵权责任,我国《侵权责任法》给予了两项判断规则,即"通知规则"和"知道规则"。本案涉及"通知规则",亦即《侵权责任法》第 36 条第 2 款规定的网络服务提供者侵权责任类型及规则。该规则一方面给予被侵权人以救济途径和手段;另一方面,则赋予网络服务提供者可预期、可操作,从而避免相应法律责任发生的程序手段。在美国 1998 年《数字千年版权法》,该程序中被称为"通知与取下"程序。因此,如果网络服务提供者未经通知或者经过通知之后即采取必要措施,网络服务提供者就不承担责任。

"通知规则"下的侵权责任一般包含四个方面的构成要件:(1)网络用户实施了侵害他人民事权益的行为;(2)合格的通知;(3)未及时采取必要的措施;(4)法院认定侵权(张新宝,148—149 页)。其中,"合格的通知"的要件构成与否与本案争议焦点问题"华网汇通公司是否接到通知"是同一问题的不同表达。本案法院从被侵权人发出的通知是否合理以及"中华网"是否收到通知两方面进行了论证和判断。从学理角度看,法院的判断合理,分析如下:

1. 被侵权人发出的通知是否是"合格的通知"

被侵权人发出的通知是否是"合格的通知",在实务中,一般从通知的形式和内容两方面判断。

从通知的形式上看,依据国务院《信息网络传播权保护条例》第 14 条的规定,"通知应当是书面形式"。有学者将其解释为既包括传统的白纸黑字和签字盖章式的书面形式,也包括电报、电传、电子数据交换和电子邮件等数据电文的形式(杨立新、李佳伦,41页)。但也有学者认为,从该法规文义上看,通知的形式不限于书面形式,还包括口头形式(如电话通知),但被侵权人应当在诉讼中证明自己已经以合理的形式将侵权事实及自己的主张通知了网络服务者(张新宝,149页)。可见,就通知的形式是否合格的问题,还需在具体案件中根据具体情况进行合理性的判断。就此,本案的具体问题是,虽然张某以电子邮件的书面形式发送通知,但其发送地址并非侵权文章所载论坛指定的举报地址,而是"中华网"首页公布的客户服务邮箱,那么,本案被侵权人通过电子邮件方式发送通知应当发往哪一个地址为合理?本案二审法院认为,"客户服务邮箱及'内容举报'渠道均是华网汇通公司对外公布的,且能够与华网汇通公司取得联系的渠道,作为普通网络用户,有理由选择其一"。换言之,本案二审法院结合案件具体情况,以普通网络用户合理认知为标准,认定通知的形式是合格的。

从通知的内容上看,《信息网络传播权保护条例》第14条规定,通知书应当包含下列内容:(1)权利人的姓名(名称)、联系方式和地址;(2)要求删除或者断开链接的侵权作品、表演、录音录像制品的名称和网络地址;(3)构成侵权的初步证明材料。就本案而言,本案一审法院认为,"从通知的内容看,载明了被侵权人的身份,亦包含涉嫌侵权文章的网页链接、被侵权人的联系方式,基本完整清晰"。

2. 网络服务提供者是否收到被侵权人的通知

华网汇通公司上诉称,其并未收到张某的通知。网络服务提供者是否收到通知,亦即以非对话方式作出的采用数据电文形式的意思表示是否到达的问题。从学理观点来看,非对话的意思表示是否到达相对人,通说采用到达主义,但一般来说,意思表示的"到达"不以对方了解意思表示内容为必要,而只要信函或电报送达对方能够了解其内容的支配范围即可(梁慧星,345页)。亦即,非对话意思表示相对人是否收到该意思表示并不以其实际收到为标准,而以一定的事实推定为收到。从我国立法的相关规定来看,《合同法》第16条第2款规定,"采用数据电文形式订立合同,收件人指定特定系统接收数据电文的,该数据电文进入该特定系统的时间,视为到达时间;未指定特定系统的,该数据电文进入收件人的任何系统的首次时间,视为到达时间"。《电子签名法》第11条第2款也有类似的规定,"收件人指定特定系统接收数据电文的,数据电文进入该特定系统的时间,视为该数据电文的接收时间;未指定特定系统的,数据电文进入收件人的任何系统的首次时间,视为该数据电文的接收时间"。上述立法唯一的区别在于,《合同法》就进入特定系统的时间使用了"到达时间"的概念,而《电子签名法》则使用了"接收时间"的概念。《民法总则》第137条第2款对《合同法》第16条第2款有所修改,规定"未指定特定系统的,相对人知道或者应当知道该数据电文进入其系统时生效",该规定采用了意思表示到达主义的观点并规定了相对确定的到达标准,即可支配范围和相对人知悉合理期待的标准(王洪亮,33页)。但如何参照这样的标准判断被侵权人的通知是否"进入系统",即"通知到达"或"收到通知",还需实务中具体分析和判断。本案法院阐述了以下观点,"张某所提公证书显示其已向华网汇通公司发送了载有删帖通知的邮件,并在邮箱已发送一栏查到了该邮件,张某已经尽到了通知的责任",而"华网汇通公司仅提供自行打印的电子邮箱截图并不足以证实其没有收到载有删帖通知的电子邮件"。由此可见,本案二审法院综合考虑了当事人的证明责任、网络行为的特点,认为被侵权人无须证明网络服务提供者是否客观上实际收到通知,而以普通网络用户通常发送电子邮件的表现方式——"在邮箱已发送一栏查到了该邮件"的事实推定该通知已到达华网汇通公司,即华网汇通公司知道或应当知道其已收到通知。

综上,本案被侵权人发出的通知是合格的,华网汇通公司未收到通知的上诉理由不成立。

参考文献

1. 张新宝:《侵权责任法》(第三版),中国人民大学出版社2013年版。
2. 杨立新、李佳伦:《论网络侵权责任中的通知及效果》,载《法律适用》2011年第6期。
3. 梁慧星:《民法总论》(第四版),法律出版社2011年版。
4. 王洪亮:《电子合同订立新规则的评析与构建》,载《法学杂志》2018年第4期。

作者:上海交通大学法学院副教授　付　荣

93. 公共场所经营者的安全保障义务
——高某与南京地铁集团有限公司人身损害赔偿纠纷案①

【事实概要】

2012年6月29日,高某携带一名免票儿童在南京地铁集团有限公司(以下简称"南京地铁公司")所属新街口地铁站乘车,高某刷卡进站时腹部与进站闸机扇门接触后受伤。当日监控录像记录了高某与其携带的儿童刷卡进站的过程:高某刷卡后,其同行的儿童先跑步通过闸机,高某跟随该儿童身后欲通过闸机,但与闸机扇门接触被阻挡后随即后退,未能通过闸机。经诊断,高某系腹部闭合伤、急性弥漫性腹膜炎、回肠穿孔等,施行回肠双造口等住院治疗。经司法鉴定,高某小肠切除小于1/2构成九级伤残。

另外,南京地铁公司在售票窗口侧面张贴了票务通告,其中载明:一张车票只限一人使用;一名成年乘客只可免费携带一名身高不足1.3米的儿童进站。此外,固力保安全系统(中国)有限公司还出具了扇门安全性声明,主要内容为:该公司为南京地铁一号线、二号线提供的闸机扇门安全、可靠,不会夹伤乘客。

高某向江苏省南京市玄武区人民法院起诉,要求南京地铁公司赔偿因伤而支付的各项费用。

【判决要旨】

一审法院认为,根据《侵权责任法》第37条第1款的规定,宾馆、商场、银行、车站、娱乐场所等公共场所的管理人未尽到安全保障义务,造成他人损害的,应当承担侵权责任。本案中,被告地铁公司作为地铁站和检票闸机的管理人,应当在乘客进站乘车过程中履行相应的安全保障义务,其不仅要保证闸机的正常运行,还要对乘客进站时安全通过闸机的方式进行必要的引导,并配备相应的设施使免票乘客能够正常通行。若被告因未履行上述义务而导致乘客受

---

① 江苏省南京市玄武区人民法院(2012)玄民初字第1817号民事判决书。

伤,则应当承担相应的侵权责任。本案被告仅在票务通告中告知乘客车票使用等票务问题,但未对免票乘客及其随行人员如何安全进站进行合理的安排和管理,导致原告高某携带免票儿童刷卡进站时,在无法得知安全进站方式的情况下与闸机接触后受伤,故原告的受伤与被告未尽到安全保障义务存在因果关系,被告应当对原告的受伤承担相应的侵权责任。地铁闸机扇门的开合是其正常的工作原理,原告在刷卡验票后其同行儿童已经通过闸机的情况下,欲通过闸机时未仔细观察扇门的闭合情况,未尽到必要的观察和注意义务,故对其自身的损伤存在过失,也应当承担一定的责任。

一审法院判决被告对原告的损伤承担70%的责任,酌定赔偿原告各项损失84 473.67元,原告自担30%的责任。

一审法院判决后,双方当事人均未提起上诉,该判决已发生法律效力。

【解　　析】

一、评析要点

车站等公共场所的管理人应对旅客负有安全保障义务,当其未尽安全保障义务并造成他人损害的,应承担侵权责任。因此,结合本案需要思考的问题是:(1) 南京地铁公司作为公共场所管理者对旅客承担安全保障义务责任的根据为何? 并以何种标准和方法确认其责任根据? (2) 该责任性质为直接责任还是补充责任? 其责任承担范围为何?

二、学理评析

我国《侵权责任法》第37条第1款规定,"宾馆、商场、银行、车站、娱乐场所等公共场所的管理人未尽到安全保障义务,造成他人损害的,应当承担侵权责任"。因此,在本案中,被告南京地铁公司作为公共场所地铁站和检票闸机的管理人,应当在乘客进站乘车过程中履行相应的安全保障义务,当其违反安全保障义务并因此造成旅客损害时,应当对旅客承担赔偿责任。但如何确定被告南京地铁公司安全保障义务责任,则需要具体分析以下两方面的内容:

1. 南京地铁公司在本案中对旅客损害承担安全保障义务责任的根据

在我国侵权责任法上,公共场所安全保障义务的侵权责任适用过错责任原则,即有过错承担责任,无过错不承担责任,因此,过错是公共场所安全保障义务人承担责任的理由和根据。所以,在本案中,南京地铁公司是否应对旅客损害承担安全保障义务责任的关键在于,南京地铁公司在该起事故中是否存在过错,并进而求证该过错行为与损害结果的因果关系和损害事实等过错责任构成要件。

但应当注意的是,公共场所安全保障义务责任的过错认定标准与一般过错的认定标准有所不同,其认定均以客观化标准为依据,一般可归类为以下几种:(1) 行为人是否达到了法律直接规定的安全保障注意义务;(2) 是否达到了合同约定的安全保障注意义务;(3) 是否达到了同类诚信、善良的公共场所管理人或者群众性活动组织者所应当达到的注意程度等(张新宝,158页;杨立新,655页)。基于上述标准,从内容上,可将安全保障义务划分为以下两个方面:第一,在硬件方面,保证场所内的设施、设备达到使用的标准。存在国家标准的,要符合国家标准的需求;没有国家强制标准的,应当符合行业标准或者达到进行此等经营所需要达到的安全标准。同时,经营者对于可能出现的危险应当采取必要的安全防范措施,配备数量足够的、合格的安全保障人员;第二,在软件方面,经营者应当消除内部的不安全因素,制止来自第三方对消费者的侵害,具体包括提示、说明、劝告、协助义务(张新宝,唐青林,84—85页;张新宝,154—155页)。在本案中,法院认为南京地铁公司在其管理的地铁站闸机口区域场所的安全保障义务内容是,"其不仅要保证闸机的正常运行,还要(在软件上)对乘客进站时安全通过闸机的方式进行必要的引导,并(在硬件上)配备相应的设施使免票乘客能够正常通行"。然而,"本案被告仅在票务通告中告知乘客车票使用等票务问题,但未对免票乘客及其随行人员如何安全进站进行合理的安排和管理,导致原告携带免票儿童刷卡进站时,无法得知安全进站方式",且没有配备使免票乘客能够正常通行的相应设施,并进而导致原告"与闸机接触后受伤"。由此可见,南京地铁公司在乘客安全进站的履行告知义务和硬件实施配备上,均未尽善良的公共场所管理人的义务,对原告受伤存有过错;并且"原告的受伤与被告未尽到安全保障义务存在因果关系",由此,法院最终认定被告承担原告损害的安全保障责任成立。

2. 南京地铁公司承担安全保障义务责任的性质与范围

根据我国《侵权责任法》第 37 条第 1 款和第 2 款的规定,违反安全保障义务责任包括对自己过错承担的直接责任和对第三人致害承担的补充责任。在本案中,南京地铁公司的责任属于因违反公共场所安全保障义务的自己过错而承担的直接责任。

在安全保障义务人应当承担直接责任的情况下,与其他侵权案件一样,需综合考虑安全保障义务人和受害人的过错程度、是否存在减免责任的事由等来确定安全保障义务责任人的赔偿责任范围。对此,法院在本案中认为,"结合本案原、被告的过错程度等因素,认定被告对原告的损伤承担 70% 的责任,原告自担 30% 的责任"。

参考文献

1. 杨立新:《类型侵权行为法研究》,人民法院出版社 2006 年版。
2. 张新宝、唐青林:《经营者对服务场所的安全保障义务》,载《法学研究》2003 年第 3 期。
3. 张新宝:《侵权责任法》(第三版),中国人民大学出版社 2013 年版。

作者:上海交通大学法学院副教授 付 荣

94. 产品责任
——陈金梅、林德鑫与日本三菱汽车工业株式会社产品责任纠纷案①

【事 实 概 要】

1996 年 9 月 13 日晨,林志圻乘坐的三菱越野吉普车在前往福州市途中,车辆前挡风玻

---

① 北京市朝阳区人民法院(1999)朝民初字第 4706 号民事判决书;北京市第二中级人民法院(2000)二中民终字第 1952 号民事判决书。

璃突然爆破,坐于副驾驶座位的林志坼因爆震伤经医院抢救无效死亡。交通管理部门经现场勘查后认定,此次事故不属于交通事故。事故发生后,为查明玻璃爆破的原因,三菱公司委托玻璃生产厂日本旭硝子株式会社对破碎玻璃进行鉴定,鉴定结论为,本次发生挡风玻璃破碎的原因,并非玻璃本身有质量问题,而确属外部因素造成。销售商又委托国家质检中心进行鉴定,得出的结论为,前挡风玻璃为夹层玻璃,在不受外力作用下,夹层玻璃自身不会爆裂。林志坼的妻子陈梅金及儿子林德鑫不同意上述鉴定结论,遂起诉至一审法院,请求判令被告三菱公司对林志坼之死承担50万元的赔偿责任。

【判决要旨】

1. 一审判决

一审法院依据《民法通则》第106条第2款规定的过错责任原则认为,"本案查明的事实不能证明被告三菱公司在林志坼死亡问题上有过错,林志坼的死亡与三菱公司无必然的因果关系。原告陈梅金、林德鑫要求三菱公司赔偿因林志坼死亡所遭受的损失,没有事实根据和法律依据"。一审判决驳回原告的诉讼请求。

2. 二审判决

二审法院认为,"《产品质量法》第29条,就是《民法通则》第106条第3款所指的法律规定的无过错责任,这是一种特殊的民事侵权责任。实践证明,通常情况下,产品缺陷在产品生产过程中就已经存在。而在产品生产过程中,生产者一直处于主动、积极的地位,只有他们才能及时认识到产品存在的缺陷并能设法避免。大多数消费者由于缺乏专业知识和对整个生产过程的了解,不可能及时发现产品的缺陷并以自己的行为防止其造成的危险。正是由于生产者在产品生产过程中所处的这种特殊地位,才使法律将产品责任规定为无过错责任。产品责任的无过错归责表现在:只要发生了与产品缺陷有关的人身或者其他财产损害,生产者就应当承担赔偿责任;生产者只有在能够证明产品具有未投入流通三种法定情形时,才能够免除这种赔偿责任。上诉人陈梅金、林德鑫主张林志坼是在乘坐被上诉人三菱公司生产的三菱吉普车时,因前挡风玻璃在行驶途中突然爆裂而被震伤致猝死。为此,陈梅金、林德鑫提交了医院诊断、尸表检查结论、事故通知书等证据。这些证据排除了钝器击伤或汽车追尾等外力因素,证实林志坼是在前挡风玻璃突然爆破后因爆震伤死亡,满足产品产生了问题、造成人身伤害、损害事实与产品发生的问题之间存在必然因果关系等三个要件,足以支持陈梅金、林德鑫的主张。生产者不能证明前挡风玻璃没有缺陷,应承担举证不能的败诉责任。在三菱公司必须承担举证不能责任的情况下,对陈梅金、林德鑫的主张应予支持。"

二审法院判决,撤销一审民事判决;被上诉人三菱公司赔偿上诉人陈梅金、林德鑫各项损失费用及死亡赔偿金共计人民币496 901.9元。一、二审诉讼费各10 010元,均由被上诉人三菱公司负担。

【解析】

一、评析要点

生产者产品责任适用何种归责原则,是适用过错责任原则还是无过错责任原则?尤其作为生产者产品责任核心构成要件的产品存在缺陷的举证责任如何分配？到底由消费者还是由生产者证明？以及证明到何种程度？

二、学理评析

1. 事故汽车生产者三菱公司的侵权责任归责原则

产品责任的归责原则是过错责任原则还是无过错责任原则，对此，一审法院认为应适用过错责任原则，法律依据为《民法通则》第106条第2款；二审法院认为适用无过错责任原则，法律依据为《产品质量法》第29条和《民法通则》第106条第3款。笔者赞成二审法院观点，理由如下：首先，从产品责任比较法的发展上看，各国（地区）大抵经历了从过错责任到无过错责任的演变（高圣平，9页）。正如本案二审法院所阐述的理由，"实践证明，通常情况下，产品缺陷在产品生产过程中就已经存在。而在产品生产过程中，生产者一直处于主动、积极的地位，只有他们才能及时认识到产品存在的缺陷并能设法避免。大多数消费者由于缺乏专业知识和对整个生产过程的了解，不可能及时发现产品的缺陷并以自己的行为防止其造成的危险。正是由于生产者在产品生产过程中所处的这种特殊地位，才使法律将产品责任规定为无过错责任"。其次，从我国生产者产品责任相关立法上看，我国调整产品责任的法律包括《民法通则》第122条、《侵权责任法》第五章第41—47条以及《产品质量法》的相关规定。其中，《侵权责任法》第41条规定，"因产品存在缺陷造成他人损害的，生产者应当承担侵权责任"；《产品质量法》第41条第1款规定，"因产品存在缺陷造成人身、缺陷产品以外的其他财产损害的，生产者应当承担赔偿责任"。从上述立法看，生产者在承担产品责任时无须具备过错要件。故按照我国现有法律体系，生产者在产品缺陷致人损害时应当承担无过错责任。因此，本案二审法院确认本案产品责任适用《民法通则》第106条第3款规定的无过错责任原则是恰当的。

2. 事故汽车是否存在缺陷的举证责任分配

但如何实现生产者产品责任适用无过错责任原则的立法目的，使受有损害的消费者得到赔偿，使生产有缺陷产品的生产者支付其经营活动中应当支付的代价，并非易事。从本案纠纷即可看出，除一、二审法院就适用过错责任原则和无过错责任原则方面的认识差异外，事实上，本案争议和核心焦点问题是：涉案产品——挡风玻璃是否存在缺陷，且该事实到底由消费者还是由生产者证明以及证明到何种程度？这也是此类案件的共性问题。但就此问题，无论司法实践还是学界均存在不同的观点和主张。

在司法实践中，一种裁判观点认为，应严格适用"谁主张、谁举证"的证明规则。即将产品具有缺陷作为消费者必须证明的事实之一，若当事人未举证证明产品具有缺陷，或者所举证据不能直接证明产品缺陷，则判决消费者承担举证不能的后果，以至于与适用过错责任原则无异，本案一审判决即采用了这种裁判方法；另一种裁判观点认为，仅由生产者举证证明自己的产品不存在缺陷。这种裁判方式似乎是减轻了消费者的举证负担，但事实上剥夺了其对存在产品缺陷的基本证明并获得基本证明效果的权利，尤其在面对掌握技术话语权的汽车现代工业集团时完全失去了抵抗的能力，这与无过错责任原则的创立意旨是相悖的（宁韬文）。学界对此也存在不同观点。有学者认为，因普通消费者缺乏对产品生产过程或质量标准的认识，举证能力较弱，故产品缺陷的认定应采取推定的原则，由生产者证明产品不存在缺陷，实行缺陷推定可以真正贯彻产品责任的无过错责任原则；如果原告需要证明缺陷，不仅使得产品责任实际成为过错责任,也使得广大消费者难以得到法律保护(刘建民、刘言浩,342页)。但也有学者认为,考虑到我国《产品质量法》未进行具体规定,按照一般法律原则及借鉴欧盟法律的相关规定,应由受害人举证(曹胜亮,234页)。

但与上述裁判方法和学者观点不完全相同,本案二审法院对此采取分步骤的裁判方法值得借鉴。第一步,由消费者举证。二审法院认为"陈梅金、林德鑫提交了医院诊断、尸表检查结论、事故通知书等证据。这些证据排除了钝器击伤或汽车追尾等外力因素,证实林志圻是在前挡风玻璃突然爆破后因爆震伤死亡,满足产品产生了问题、造成人身伤害、损害事实与产品发生的问题之间存在必然因果关系等三个要件,足以支持陈梅金、林德鑫的主张"。从该步骤看,其第一步证明有三个特点。一是,采谁主张谁举证的证明规则,由作为原告的消费者证明诉争产品存在缺陷;二是,据以确认消费者完成举证责任的证据为其作为普通消费者通常可以获得的证明材料;三是,并不要求消费者直接证明产品存在缺陷,而采用排除法推定产品存在缺陷。第二步,由生产者举证。二审法院认为,"前挡风玻璃突然爆破是否属于该产品的缺陷,是本案双方当事人诉争的焦点。根据《产品质量法》第29条的立法原意,对这一问题的举证责任,应当由生产者承担。生产者如不能证明前挡风玻璃没有缺陷,而是受某一其他特定原因的作用发生爆破,就要承担产品责任",并进一步基于一系列事实,如"旭硝子株式会社不是《民事诉讼法》第72条所指的法定鉴定部门,且该单位与鉴定结果存在着利害关系,因此这两份鉴定报告不予采信";"国家质检中心仅凭照片和相当破碎的玻璃实物得出的推断性分析结论,并且没有说明致前挡风玻璃突然爆破的外力是什么,对本案事实没有证明力,故也不予采信";对于"本案唯一证明产品是否存在缺陷的物证——爆破后的前挡风玻璃,三菱公司无法证明运回的是原物,且玻璃此时已破碎得无法检验",最终认定本案"生产者不能证明前挡风玻璃没有缺陷,应承担举证不能的败诉责任"。该步骤的特点是,一是,实行举证责任倒置的规则,由生产者举证证明产品不存在缺陷;二是,就证明程度而言,不承认产品不存在缺陷的推断性证明、有利害关系的证明等;三是,就证明对象而言,须为诉争产品的特定物而非种类物。

从比较法的角度看,德国《产品质量法》对产品存在缺陷的举证责任的规定比较明确,其第1条第4款规定,"应当由受害人举证证明产品的缺陷"(马克西米利安·福克斯,310页)。《欧共体产品责任指令》也规定,"受害人有义务证明损害和缺陷的存在,以及损害和缺陷之间的因果关系"(孟国碧,111页)。亦即,前述立法均将产品存在缺陷的证明责任交由消费者承担。但在我国目前鉴定机构尚待成熟、产品责任赔偿基金尚待发展等现实情况下,无论采"谁主张、谁举证"还是"举证责任倒置",如果过于绝对,都会对消费者产生不利后果,亦难实现生产者产品责任适用无过错归责原则的目的。因此,笔者认为,以本案二审法院采取的分步骤证明的方式对于目前的司法裁判具有指导意义。即在第一阶段,由原告就产品存在缺陷举证,但应考虑其作为一般消费者的举证能力以及与此相适应且能够推定证明产品存在缺陷的证明程度;在第二阶段,由被告举证证明产品不存在缺陷,并且是直接的、针对诉争特定物的而非推断的、针对同类产品的证明。也有观点与本案二审判决思路有相似之处,认为在产品缺陷举证责任分配问题上应引进"举证责任缓和"概念,即"在证明规则规定由原告承担举证责任,在原告举证困难或者举证不能的情况下,为了保护弱势一方当事人的合法权益,缓和举证责任由原告承担的严峻形势,而确定由原告承担一定的举证责任,证明达到一定程度时,实行有条件的事实推定,转由被告承担举证责任,能够证明的,推翻其推定;不能证明的,推定的事实成立"(宁韬文)。

综上,本案二审法院对于消费者和生产者就产品存在缺陷与否的举证责任分配是公正的,也达到了生产者产品责任适用无过错责任原则的立法目的。

参考文献

1. 高圣平:《产品责任归责原则研究——以〈侵权责任法〉第41条、第42条和第43条为分析对象》,载《法学杂志》2010年第6期。
2. 刘建民、刘言浩主编:《商事侵权责任法》,复旦大学出版社2012年版。
3. 曹胜亮编著:《经济法》(第二版),华中科技大学出版社2012年版。
4. [德]马克西米利安·福克斯:《侵权行为法》,齐晓琨译,法律出版社2006年版。
5. 孟国碧主编:《国际商法》,厦门大学出版社2014年版。
6. 宁韬:《浅析产品缺陷举证责任之重构》,载法制网,www.legaldaily.com.cn/fxjy/content/2016-11/30/content_6900483.htm,2016-11-30发布。

作者:上海交通大学凯原法学院副教授　付　荣

95. 医疗损害责任
——李继莲、牛彤等与蚌埠市第一人民医院医疗责任纠纷案①

【事实概要】

2003年6月26日,患者牛某某到蚌埠市第一人民医院(以下简称"第一人民医院")就诊,经诊断为慢支伴咯血,该院医生孙某某随即开出处方,牛某某当日在该院门诊进行治疗。6月30日,牛某某到该院复诊,孙某某又为其开出治疗处方。同年7月2日,牛某某在第一人民医院住院治疗,住院后的第3日,即7月5日牛某某死亡。此后医患双方发生纠纷,第一人民医院在医患双方没有同时在场的情况下对牛某某的病历讨论记录、会诊意见、病程记录等病历资料进行封存。7月8日,牛某某之子牛彤向第一人民医院提出申请,要求复印牛某某的病历资料,但该院没有给其复印。后牛某某的配偶、子女、母亲等近亲属向安徽省蚌埠市中级人民法院提起诉讼,请求判决第一人民医院承担死亡赔偿金、精神损害赔偿金以及其他损失费用。

【判决要旨】

一审法院认为,"病历资料是医护人员对患者进行医疗活动全过程的记录和总结,真实性和完整性是其本质要求"。而牛某某在第一人民医院住院治疗期间死亡,双方发生纠纷时,第一人民医院没有在医患双方在场的情况下封存病历资料,同时在原告方要求复印病历资料时未给其复印,且经过鉴定第一人民医院提供的牛某某的病历存在部分伪造的情况"。"该伪造

---

① 安徽省蚌埠市中级人民法院(2004)蚌民一初字第24号民事判决书。

行为违反了《医疗事故处理条例》第9条'严禁涂改、伪造、隐匿、销毁或者抢夺病历资料'的规定。因此,被告第一人民医院向本院提供的牛某某的病历资料的真实性不能确认,导致对其医疗行为是否存在过错进行鉴定没有依据,故被告向本院申请对其医疗行为是否存在过错进行鉴定的意见,本院不予采纳"。"鉴于第一人民医院不能证明其医疗行为不存在过错,其对患者牛某某的死亡应当承担相应的责任"。"经评议,第一人民医院对牛某某的死亡酌情承担50%的过错责任为宜,即赔偿五原告上述款项中的50%,为107 367.26元。"一审法院判决,被告第一人民医院赔偿原告人民币107 367.26元。

一审法院判决后,原被告双方均未上诉。

【解　　析】

一、评析要点

根据《侵权责任法》第58条第3款的规定,"伪造病历是推定医疗机构存在过错的法定理由之一"。然而,其适用是否与一般过错推定原则的适用相同?即医疗机构得否基于过错推定原则,在伪造病历情形下可反证其无过错并因此免责?

二、学理评析

本案法院认为,"鉴于第一人民医院不能证明其医疗行为不存在过错,其对患者牛某某的死亡应当承担相应的责任",即第一人民医院因伪造部分病历应承担过错推定责任。其裁判思路如下:首先,医疗机构伪造病历的行为是违反《医疗事故处理条例》的行为,可以推定第一人民医院对医疗侵权具有过错。其次,该伪造行为导致第一人民医院向法院提供的牛某某病历资料的真实性不能确认,并导致对其医疗行为是否存在过错进行鉴定没有依据,故医院向法院申请对其医疗行为是否存在过错进行鉴定的意见,法院不予采纳。

从学说角度来看,本案的判决结果具有合理性,但其中对于适用"过错推定原则"认定第一人民医院在医疗事故中责任的分析存有疑问。

1. 在伪造病历情况下,医疗机构可否提出反证证明自己没有过错?

关于伪造病历情况下的医疗责任,现行法依据是《侵权责任法》第58条第3款:"患者有损害,因下列情形之一的,推定医疗机构有过错:(一)违反法律、行政法规、规章以及其他有关诊疗规范的规定;(二)隐匿或者拒绝提供与纠纷有关的病历资料;(三)伪造、篡改或者销毁病历资料"。

但包含伪造病历的三种情况下的医疗责任基于过错推定原则,应适用何种证据规则,学界存在三种观点,即推定说、认定说和不得反证的推定说。持推定说的以《侵权责任法草案》起草机关为代表,其认为医疗机构可以提出反证以证明自己没有过错(王胜明,290页)。持该学说的学者认为,过错推定不同于过错认定,因此此种推定的结论不具有终局性;被告可以提出反证,证明自己没有过错,以推翻前一过程得出的推定结论(王利明,410页)。持认定说的学者认为,包含伪造病历在内的《侵权责任法》第58条规定的三种情况,属于据以认定医疗过错的事实而非推定过错的基础事实,应当直接认定特定情况下医方的过错责任(艾尔肯、张榆,51—53页)。不得反证的推定说认为,《侵权责任法》第58条所规定的不是过错推定的归责原则,这种推定原则上不得举证证明推翻,是强制性规定(杨立新,458 页),即医疗机构不可以通过其他方式证明自己没有过错来推翻这样的推定(张新宝,237 页)。

笔者赞成伪造病历情况下的医疗机构责任认定应适用不得反证的推定说,即医疗机构确需承担过错推定责任,但该过错推定不同于一般意义上的过错推定,而是不可推翻的过错推定。民法上的一般的过错推定,是指若原告能证明其所受的损害是由被告所致,而被告不能证明自己没有过失,法律上就应推定被告有过失,应负民事责任(王利明,30 页)。亦即,在一般的过错推定责任中,被告可通过证明自己没有过失而免责。但根据《侵权责任法》第 58 条第 3 款,医疗机构在伪造病历等情况下,无法通过证明自己不存在过失而免责。此观点与卫生部《关于医疗机构不配合医疗事故技术鉴定所应承担的责任的批复》中指出的医疗机构违反《医疗事故处理条例》的有关规定相一致。其规定,"不如实提供相关材料或不配合相关调查,导致医疗事故技术鉴定不能进行的,应当承担医疗事故责任"。从学理上看,此观点具有合理性。从法律语言的多义性角度来看,现代法律中有两种"推定":第一种是许可被推定人以反证予以推翻的推定;第二种是不允许被推定人以反证予以推翻的推定。严格来说,第二种过错推定不是真正的推定,实际上是立法者预先作出的"直接认定"而非"假定",其法律效力等同于另一个技术性概念"视为"。立法者在《侵权责任法》第 58 条的规定中之所以不直接使用"视为"而使用"推定",是因为在民法立法习惯上,"视为"用于"客观事实"的认定,即基于某种"客观事实"之存在而直接认定另一种"客观事实"之存在;"推定"用于"主观事实(状态)"之认定,即基于某种"客观事实"之存在而假定某种"主观事实(状态)"之存在。《侵权责任法》第七章虽然采用了"过错客观化"的判断方法,但并不改变"过错"仍然属于"主观心理状态"的本质(梁慧星,38 页)。因此,根据《侵权责任法》第 58 条的规定,医疗机构一旦伪造病历等情况发生,就可直接"推定"其存在主观过错,这里的"推定"与通常所谓"推定"允许以反证加以推翻存在不同。但"不得反证的推定说"解决的只是医疗机构在伪造病历等情况下是否存在过错及是否应归责的问题,至于应承担多少责任,还需考虑其他因素,如患者或家属在医疗事故中是否同样存在过错或其他与损害结果有关的因素等。

2. 医疗事故中医疗机构因伪造病历承担"不得反证"的"过错推定责任"的正当性

对于医疗机构在伪造病历时应对医疗事故承担"不得反证"的"过错推定责任"的正当性,理论界存在恶意说和举证妨害说两种观点。草案起草机关持恶意说,认为医疗机构伪造、销毁或篡改病历资料,一方面反映了医疗机构的恶意,另一方面使患者难于取得与医疗纠纷有关的证据资料,这时再让患者举证已不合理。因此推定医疗机构有过错(王胜明,284 页)。举证妨害说认为,立法将伪造病历纳入医疗机构需承担过错推定责任的情况主要是基于举证妨害来考虑的。所谓举证妨害,是指因不负有举证责任的当事人一方的行为致使其持有的对证明待证事实具有相当证明意义的证据未能在诉讼中提供、损毁灭失或者丧失证明价值,使得待证事实处于真伪不明的状态时,在事实认定上,法律就负有举证责任的当事人的事实主张,作出对其有利的调整(沈德咏,370 页)。医疗机构伪造病历将使得医疗鉴定无法进行,阻碍了法庭审理中对医疗过程的还原和医疗过失的认定,大大降低了患者获得医疗损害赔偿的可能性,故医疗机构应对伪造病历的行为承担不利后果。

综上,医疗事故中医疗机构在伪造病历时的责任认定应适用不得反证的推定说,即伪造病历的医疗机构无法通过证明自身不存在医疗过错得以免责,该证据规则的正当性可通过举证妨害说来进行解释。

需要指出的是,本案判决中,法院认为"第一人民医院不能证明其医疗行为不存在过错,其对患者牛某某的死亡应当承担相应的责任",所依据的是《民事诉讼证据规定》第4条第8项关于医疗事故中举证责任倒置的规定,即"由医疗机构就医疗行为与损害结果之间不存在因果关系及不存在医疗过错承担举证责任"。但笔者认为,《侵权责任法》第58条规定的三种情形是前述"医疗事故"的特别规定情形,以本案为例,在认定伪造病历的前提下,第一人民医院不得反证证明自己没有过错,即使其证明自身不存在过错也无法免于承担侵权责任,因为在举证妨害说的正当性基础上,医疗机构在伪造病历时的责任认定应适用不得反证的推定说,而不同于一般意义上的过错推定,也不同于适用于《民事诉讼证据规定》第4条第8项所规定的举证责任倒置的情形。

参考文献

1. 王胜明:《中华人民共和国侵权责任法解读》,中国法制出版社2010年版。
2. 王利明:《侵权责任法研究》(下卷),中国人民大学出版社2011年版。
3. 艾尔肯、张榆:《论医疗损害责任的完善——以〈侵权责任法〉第七章的规定为视角》,载《法学杂志》2010年第12期。
4. 杨立新:《侵权法论》(第四版),人民法院出版社2011年版。
5. 张新宝:《侵权责任法》(第二版),中国人民大学出版社2010年版。
6. 王利明:《侵权行为法归责原则研究》,中国政法大学出版社1991年版。
7. 梁彗星:《论〈侵权责任法〉中的医疗损害责任》,载《法商研究》2010年第6期。
8. 沈德咏主编:《最高人民法院民事诉讼法司法解释理解与适用》(上),法律出版社2015年版。

作者:上海交通大学凯原法学院副教授　付　荣

96. 饲养动物责任
——吴兵与李睿等动物致害人身损害赔偿纠纷案[①]

【事实概要】

2007年1月6日晚22时30分许,原告吴兵(女,系云南大学教师)在云南大学东二院球场上跑步锻炼时,遇到被告李睿等人带着其饲养的一只金毛犬在球场上玩耍(该犬未系绳索)。原告以为该金毛犬要向自己追扑过来,并由此产生恐惧心理,惊慌之中在躲避倒退跑的时候不慎摔倒,造成身体受到损伤。嗣后,在场目击证人证实,该金毛犬未曾直接与吴兵发生肢体接

[①] 云南省昆明市五华区人民法院(2007)五法北民初字第307号民事判决书;云南省昆明市中级人民法院(2008)昆民三终字第2号民事判决书。

触,也未发生追扑吴兵的迹象。2007 年 7 月 13 日,吴兵以李睿、赵秀英、李寿成饲养的动物致其身体遭受损害为由,向一审法院提起本案诉讼,请求法院判令三被告向原告支付医疗费等各项费用及精神损害赔偿金共计 59 272.57 元。

【判决要旨】

1. 一审判决

一审法院认为,"被告李睿饲养的金毛犬在事发时未直接接触并造成原告吴兵身体受到伤害,相关证据也不能证实该金毛犬曾追扑过原告吴兵,导致原告吴兵身体受到损害的原因是其对该金毛犬产生了一定的恐惧心理,在惊慌退避该金毛犬时不慎跌倒造成自身伤害。根据公平原则,由原告吴兵承担 80% 的民事责任,由被告李睿承担 20% 的民事责任"。

一审法院判决,由被告李睿赔偿原告吴兵各项损失人民币 8 078.67 元;驳回原告的其他诉讼请求。一审判决后,原告吴兵、被告李睿均提起上诉。

2. 二审判决

二审法院认为,"尽管本案所涉的金毛犬并未直接接触并攻击上诉人吴兵,但该金毛犬属大型犬类,当该金毛犬在未被拴养并被放置于公共场所之中,其潜在的危险性必然可能会给不特定的社会公众造成一定的危害,当对狗具有心理恐惧的上诉人吴兵出现并靠近这一危险源后,这一危险源随即对即时特定化的主体——上诉人吴兵——产生能动性的作用,造成上诉人吴兵在惊慌奔逃中不慎摔倒受伤,因此,本案同时具备构成动物致人损害的侵权行为的三个构成要件:一是上诉人李睿饲养的金毛犬有加害行为;二是上诉人吴兵有受损害的事实;三是该金毛犬的加害行为与上诉人吴兵受损害的事实之间具有法律上的因果关系。故上诉人李睿主张其饲养的金毛犬未直接接触并攻击上诉人吴兵,本案不属动物致人损害的侵权行为的诉求不成立,本院不予支持。上诉人李睿应在本案中承担主要的民事赔偿责任;与此同时,作为完全民事行为能人的上诉人吴兵对自身遭受的损害亦存有一定的过错。因此,由上诉人吴兵就自身过错承担 40% 的责任份额,由上诉人李睿就其饲养和管理的金毛犬致人损害造成的损失承担 60% 的责任份额"。

二审法院判决,撤销一审法院部分判决,由上诉人李睿赔偿上诉人吴兵各项经济损失人民币 25 172.02 元。

【解　析】

一、评析要点

饲养动物致人损害赔偿责任是侵权责任法上适用无过错责任原则的特殊侵权责任,但在饲养动物并未主动攻击而是因"人的惊吓反应"致使损害发生情况下,饲养动物"加害行为"的认定标准是该饲养动物实际接触和攻击,还是存在潜在危险性即可证成?因果关系之肯定或否定的依据是单一必然原因,还是潜在危险性与惊吓反应共同作用的结果?

二、学理评析

本案二审法院最终认定金毛犬的饲养人李睿对受害人吴京的人身损害承担饲养动物致人

损害赔偿责任。从学理角度来看,该案虽然在我国法律关于饲养动物致人损害责任规定相对不完善情况下做出的裁判,但二审法院对责任性质的认定值得肯定,同时也有值得商榷之处。

我国《民法通则》第 127 条规定,"饲养的动物造成他人损害的,动物饲养人或者管理人应当承担民事责任;由于受害人的过错造成损害的,动物饲养人或者管理人不承担民事责任",确立了我国饲养动物致人损害赔偿责任。作为特殊侵权责任,其一般构成要件包括加害行为、损害事实和因果关系。就本案而言,在受害人吴兵"惊吓反应"情况下,能否认定动物饲养人李睿承担饲养动物致人损害赔偿责任的关键在于,饲养动物金毛犬"加害行为"的认定标准是该饲养动物实际接触和攻击,还是存在潜在危险性即可证成?以及因果关系之肯定或否定的依据是单一必然原因,还是潜在危险性与惊吓反应共同作用的结果?结合《侵权责任法》相关规定,分述如下:

1. 如何认定本案"加害行为"

饲养的动物本身对他人具有一定的内在危险性,在某种特定的条件下这种内在危险性得以爆发,其通过动物实施某种加害举动实现。这种举动可以是某种积极的作为,也可以是某种消极的不作为(张新宝,281 页)。可见,饲养动物的"加害行为"亦可称为"危险行为",可分为其实际接触和攻击受害人的"积极危险行为"和不实际接触和攻击但对他人构成危险性的"消极危险行为"。有学者将动物的危险行为区分为四种情形:(1)动物的纯粹机械作用而导致的危险行为;(2)单纯看见动物而致损害的动物危险行为;(3)在人驱使下的动物危险行为;(4)动物的自然危险行为(叶锋,96—99 页)。其中,"单纯看见动物而致损害的动物危险行为"即为本案情形,其属于饲养动物的消极危险行为。如何认定饲养动物的某种不作为是危险行为,其标准一般有两种:一是依据一般标准,即人们通常对于其自身或财产安全性的期望;二是法定标准,即法律规定的情况发生,动物饲养人即应为损害发生承担赔偿责任。本案二审法院采用了一般标准的认定方法,认为"尽管本案所涉的金毛犬并未直接接触并攻击上诉人吴兵,但该金毛犬属大型犬类,当该金毛犬在未被拴养并被放置于公共场所之中,其潜在的危险性必然可能会给不特定的社会公众造成一定的危害",故当受害人吴兵与其相遇且"在半米至一米距离内"时,足可以认定该动物危险行为存在。由此可见,在该案中,法院认定李睿饲养的动物在当时情形下存在通常可能导致对不特定他人损害的危险行为并且表现为"消极不作为"的状态。

但值得商榷的是,本案一、二审法院均未考虑动物饲养人是否存在违反法定标准的行为。该案饲养犬被带入"云南大学东二院球场"和"该饲养犬未拴犬链"的事实已违反当时仍在效力期间的《昆明市限制养犬的规定》(1995 年云南省人大常委会通过,2008 年 5 月废止)第 10 条第 5 项的规定,即"大型犬应当实行拴养或者圈养"。其后于 2008 年 5 月实施的《昆明市养犬管理条例》没有区分小型犬和大型犬,但其第 22 条第 2 项规定,"携犬外出,为犬只束犬链、挂犬牌,并由具有完全民事行为能力的人牵引,约束好犬只,主动避让他人";第 23 条第 2 项规定,"禁止携犬进入学校教学区"。我国《侵权责任法》关于动物致人损害责任的规定较《民法通则》第 127 条的规定有很大的发展,该法第 79 条规定了动物致人损害的绝对责任,其规定"违反管理规定,未对动物采取安全措施造成他人损害的,动物饲养人或者管理人应当承担侵权责任"。即在绝对责任情形下,动物饲养人没有任何免责或减轻责任的法定事由。因此,就本案而言,动物饲养人李睿违反昆明市相关管理规定,携带未束犬链的大型犬进入昆明大学教学区,致受害人惊吓受伤,其应承担受害人吴兵全部损害赔偿的责任。当然,该案发生于我国《侵权责任法》实施之前,《民法通则》第127条关于动物致人损害责任并未区分不同类型,因此,该案以此为法律依据并无不当,但忽略了该案动物饲养人携带未束犬链的大型犬进入功能相对固定、场所相对封闭的大学校区,系违反相关管理规定的违法行为,具有重大过错,其过错程度应高于受害人的致害原因力,因此,二审法院在损害分配比例上的裁量亦值得商榷。

2. 如何认定本案因果关系

认定动物致害责任的因果关系有一种争议较大的类型,即动物引起人的惊吓反应情形,易言之,人看到动物并受到惊吓而导致损害,即本案情形。对于因果关系采不同判断方法也是本案一、二审法院的判决存在差异的原因所在。一审法院认为,"导致原告吴兵身体受到损害的原因是其对该金毛犬产生了一定的恐惧心理,在惊慌退避该金毛犬时不慎跌倒造成自身伤害"。而二审法院认为,"该金毛犬属大型犬类,当该金毛犬在未被拴养并被放置于公共场所之中,其潜在的危险性必然可能会给不特定的社会公众造成一定的危害,当对狗具有心理恐惧的上诉人吴兵出现并靠近这一危险源后,这一危险源随即对特定化的主体——上诉人吴兵——产生能动性的作用,造成上诉人吴兵在惊慌奔逃中不慎摔倒受伤"。从两审法院就该案因果关系证明过程看,一审法院对于该案因果关系的证明仅以受害人内在恐惧心理为原因,而排除饲养的动物危险性表现的外在条件,采必然因果关系判断方式,认为李睿饲养动物的出现与吴兵的人身损害没有因果关系;而二审法院考虑了饲养动物当时情况和受害人本身心理状态等多种因素的相互能动作用,认为通常情况下可致损害发生,采相当因果关系判断,其对受害人的损益保障范围显然是扩大的,体现了动物致害责任立法目的以及司法对于社会秩序管理的价值判断。

在"人的惊吓反应"动物致害案件中,应将受害人群的反应作为判断惊吓反应是否正常的标准(叶锋,101页),属于正常反应则在动物行为与损害之间不存在因果关系,反之即存在因果关系。检审本案二审法院考量的条件包括动物大小、公共场所、束缚与否等,但笔者认为,还应包括场所的特殊性,其与判断受害人惊吓反应是否正常殊为重要。校园操场与一般公共场所不同,其具有专门性特点,在一般人的认知中其功能皆与教学、体育运动有关,因此,当受害人或其他通常利用此操场活动的人在这样的场所遇到本案情形下的大型饲养动物而产生恐惧心理的可能性加大,并进而造成本案损害后果。但在类似的案件中,受害人年龄大小或体弱等则是通常对所属人群反应进行考量的重要参考因素。如德国实务在以下案例均肯定存在因果关系:一位老妇面对在吠叫体积硕大的狗,因惧怕其可能的咬人行为,仓皇逃离而致损伤;一位老妇上台阶正准备进入商店,一只被长绳拴着的狗向她走来,老妇受惊吓摔倒。在我国也存在类似案例(叶锋,101页)。因此,本案二审法院对于受害人群的考量范围过大,应限定在通常利用校园操场活动并按常识理应知道校园操场用途的人群范围之内考虑比较妥当。

由此可见,在"人的惊吓反应"情形下,认定动物饲养人承担饲养动物致人损害赔偿责任存在"加害行为""因果关系"等,须充分考虑相关管理规定、各种客观情况,综合判断和分析。

参考文献

1. 张新宝:《侵权责任法》(第三版),中国人民大学出版社2013年版。
2. 叶锋:《动物致害责任研究——以〈侵权责任法〉第78条的解释适用为中心》,载《华东政法大学学报》2014年第6期。

作者:上海交通大学凯原法学院副教授　付　荣

97. 紧 急 避 险
——黄某与徐某紧急避险损害责任纠纷案[①]

【事实概要】

原告黄某驾驶机动车在马路上正常行驶时,突然遭遇到被告徐某的非法拦截,致使黄某突遇险情而采取右转弯措施,造成第三人杨荟怡、苏衿尼、苏衿红受伤及两车不同程度损坏的交通事故。2017年7月11日,原告黄某与杨荟怡达成和解协议,黄某自愿承担全部赔偿责任12 573.15元,且已当庭付清。保险公司在交强险的赔付范围内赔付11 701元给原告。原告认为:由于被告故意在机动车道上拦截原告的车辆,原告紧急避险采取措施受到经济损失,被告应承担赔偿责任。鉴于被告拒绝赔偿,2017年8月1日,原告黄某诉至法院,请求判令被告徐某赔偿原告经济损失12 573.15元,且由被告承担本案诉讼费用。

【判决要旨】

法院认为,原告因被告的突然拦截而采取的行为符合紧急避险的构成要件。本案是一起因轻微交通事故而引发的紧急避险损害而要求追偿的纠纷,双方争议焦点在于原告能否向被告追偿因紧急避险造成他人损害而赔付经济损失的问题。紧急避险是指为了社会公共利益、本人或者他人的人身或其他合法权益免受正在发生的危险,不得已而采取的损害他人一定利益的救险行为。通过庭审和询问笔录可知,原告驾驶车辆以20公里/小时的速度经过路口被被告突然拦截,为避免撞到被告,原告采取紧急避险措施,右转弯撞到第三人,导致第三人受伤,该事实经过交通事故认定书的认定,符合紧急避险的构成要件,根据《民法总则》第182条和《侵权责任法》第31条"因紧急避险造成损害的,由引起险情发生的人承担民事责任。危险由自然原因引起的,紧急避险人不承担民事责任,可以给予适当补偿。紧急避险采取措施不当或者超过必要限度,造成不应有的损害的,紧急避险人应当承担适当的责任"的规定,本案中,原告属于紧急避险而造成第三人损害的直接当事人,其驾驶的车辆在经路口速度不快,而其为避免撞到被告在被告从路口突然拦截原告车辆相距仅有一米多的情况下,右打方向盘而撞到第三人,是正常人遇险后在合理限度内作出的第一反应,可知原告并不存在过错,被告系引起

[①] 广西壮族自治区南宁市武鸣区人民法院(2017)桂0122民初2527号民事判决书。

本案险情发生的责任人,故应当由其承担全部的民事赔偿责任,被告辩称该事故与其无关并无相关证据予以证明,法院不予支持。

【解　析】

一、评析要点

在道路交通行驶过程中,原告因被告对其驾驶的机动车突然拦截而采取的躲避行为所导致第三人损害是否构成紧急避险,以及双方的民事赔偿责任如何据此划分。

二、学理评析

紧急避险,是指为了使公共利益、本人或他人的合法权益免受现实和紧急的损害危险,不得已而采取的致他人或本人损害的行为(马俊驹、余延满,1041页)。我国《民法通则》第129条规定:"因紧急避险造成损害的,由引起险情发生的人承担民事责任。如果危险是由自然原因引起的,紧急避险人不承担民事责任或者承担适当的民事责任。因紧急避险采取措施不当或者超过必要的限度,造成不应有的损害的,紧急避险人应当承担适当的民事责任。"民法理论关于紧急避险概念的分歧主要在于,如何区分紧急避险的行为特征以及紧急避险的构成要件中是否考虑权益之间的价值衡量问题。源自《德国民法典》中把紧急避险分为防御性紧急避险与攻击性紧急避险的做法(迪特尔·梅迪库斯,130页),这一理念广泛被国内外所采用和认可。紧急避险特征通常包含这两方面内容:一是从行为人主观方面进行描述,以"加害"等词汇突出采取紧急避险措施行为人的主动性;二是对采取紧急避险措施行为人的行为进行概括性描述,即"不得已而采取的致他人和本人的损害行为"。紧急避险不只包含避险的目的性属性,也同时也蕴含着损害性结果发生,紧急避险应当同时体现出避险的目的性与损害性结果。

在紧急避险案件审判实践中,确定险情引起人的主要责任时,"没有必要证明这一特定损害的发生都要有盖然性;只要这一事故作为这种不当行为合理的和盖然的一种结果,属于完全能够有预期的那种类型就够了"(H.L.A 哈特、托尼·奥诺尔,232页)。紧急避险中的危险行为与损害结果之间通常存在明确的因果联系,这一危险行为引起的损害结果往往具有盖然性,这种明确的因果联系通常以严格责任判定险情引起人所承担的主要责任。本案中,造成杨荟怡、苏衿尼、苏衿红损害的紧急避险行为,是由徐某的非法拦截行为直接引起的,黄某的避险行为因此具有一定的责任阻却事由,且无论黄某的避险行为是否过当,都无法因此影响险情引起人徐某造成杨荟怡、苏衿尼、苏衿红交通事故损害之间的因果关系,所以险情引起人徐某应当在因果关系范围内承担自己行为所导致的损害结果之主要责任。主要责任中包含的内容,可参照避险行为损害限度的"必要说""法益均衡说""轻于说"(王有刚,53页)中关于紧急避险"权益衡量"的共同理念。虽然具体权益之间的权衡难以取得一个具体的认定标准,但根据社会一般观念,生命的等价性、财产的可计量性、生命的价值无法用财产或数字衡量等观念,要求险情引起人至少承担其因紧急避险所受益的等价部分,包括如若未采取紧急避险措施所导致的险情引起人自己本身可能遭受到的经济损失和生命健康权。因此,险情引起人徐某的赔偿责任范围应当包括针对同位阶的生命健康权及相关费用、直接经济损失及相关费用,如黄某与第三人杨某民事调解书中所认可的生命健康权及相关费用中的医疗费、住院期间误工费、住院伙食补助费、住院期间护理误工费、出院后全休误工费等,直接经济损失则包括车辆修理等费用。

险情引起人的非法行为与其自身合法权益之间的关系问题,虽然表面上多是针对险情引起人的行为分析,但另一方面却是以"期待可能性"作为判定采取紧急避险措施行为人承担相应责任的依据。在本案中,当紧急危险来临时,机动车驾驶人黄某此时面临一定的选择:及时刹车减速以尽可能减少对险情引起人徐某造成的损失或采取车辆右转从而转移风险的行为。这种选择使紧急避险措施行为人面临是否具有"期待可能性"问题,也即紧采取急避险措施行为人是否因"注意义务""及时刹车减速"等缘由承担相应责任的问题。

根据因果关系学说中"危险学说"的相关理念,"处于危险范围内"(H.L.A 哈特、托尼·奥诺尔,227页)采取紧急避险措施的行为人黄某,是否具有期待可能性？能够期待黄某采取其他损害更小、更适当的紧急避险措施吗？这个问题产生的根源是基于无过错原则在我国交通法及处理交通事故实践中的广泛应用。但对于侵权法中的损害赔偿请求,是否应当考虑采取紧急避险措施的行为人主观上没有过错但因其未能采取更适当的避险措施,而要求其按照无过错原则承担损害结果的赔偿责任,需要根据案件的诸多要素综合判断。本案中影响对黄某期待可能性的判断要素至少包括以下内容:应激反应速度,包括行为人黄某应激反应速度与社会一般人的应急反应速度;道路交通情形,包括当时道路周边环境和道路交通标志的设置以及道路行驶速度要求;机动车性能评估,包括黄某所驾驶机动车的类型特征以及刹车速度。对于这些要素的综合判断,是一个复杂的过程,尤其是其中包含着对行为人主观能力的判断,更是难以进行标准衡量,实践中更多的是需要法官依据经验进行综合判断。

除了案件事实中的因果关系,对于机动车道路交通事故中的紧急避险类案件,还有两个需要考虑的问题,即"注意义务"与"及时刹车减速"的要求能否成为采取紧急避险行为的行为人承担责任的依据。

作为影响案件责任划分的要素之一,"当正式渊源完全不能为案件的解决提供审判规则时,依赖非正式渊源也就理所当然地成为一种强制性的途径"(博登海默,415页)。"注意义务"能否成为责任来源在司法实践中则更多地需要考虑到社会现状。机动车驾驶本身是具有一定危险性的行为,"对机动车驾驶人的注意义务要求,是'被允许的危险'活动从事者实施其行为时,业务上必然性的要求"(刘士国,230页)。单独从黄某采取的紧急避险措施来看,黄某的避险行为本身是一种注意义务的体现。问题是,黄某是否应当预见到险情引起人徐某的危险行为而及时做好刹车制动的准备？本案中,徐某作为具有完全民事行为能力的成年人,应当对自己的行为负责,机动车驾驶人对成年人的注意义务,也只是一种合理注意,除非有证据证明机动车驾驶人有重大故意或过失,否则不能因此强调机动车驾驶人的注意义务而要求机动车驾驶人承担相应责任。另一方面,徐某的突然非法拦截客观上阻却了这种注意义务所导致的责任承担。因此,"注意义务"不能成为黄某承担过错责任的依据。

"未及时刹车减速"能否作为黄某承担责任的依据,同样需要根据案件事实综合判断。在因果关系存疑领域,责任归属通常更多的是涉及证明责任的问题。我国法律实践中,"未及时刹车减速"的判定一般由交警作出,但针对民事诉讼中的侵权损害赔偿案件的处理,"未及时刹车减速"作为一种假想的因果关系,对采取紧急避险措施行为人黄某是否有其他更适当的避险选择的问题,其证明责任更多的应由引起险情发生的徐某来承担。如普维庭教授在《现代证明责任问题》中论述"危险增加原则"所举例子:"在著名的载重汽车司机一案(联邦法院刑事判决 11,1)中,司机将一骑自行车的人撞倒,因为司机的刹车距离太近,因此在损害行为与损害结果之间存在真实的因果关系。如果没有额外的主张,那么法律是能够得出满意的结果的。但如果加害人主张,他及时在合理的距离之外踩了刹车但由于骑车的人骑车方式(不对)还是以同样的方式将骑车人撞倒,那么这就是另一方面的问题,他是以真实的因果关系存在为前提条件的,并因此使得责任问题'细化'"(普维庭,341 页)。此时,"对假象因果关系以及合法选择性行为的证明责任要由受害人即请求权人承担"(普维庭,341 页)。本案中,被告不认可原告所提出的请求,即主张自己责任豁免,但由于其未能对此提出相关证据,所以被告的"请求"法院未予支持。

根据上述分析,结合本案案情,原告黄某在道路规定速度内正常行驶,因突发情况的紧急性,加之相距一米的较短制动距离,极大地缩小了原告黄某做出更优选择的可能性。因此,可以认定原告的紧急避险行为是善意且无过错的,被告徐某作为险情引起人与紧急避险受益人应当因此承担主要损害责任,其中包括对杨荟怡、苏衿尼、苏衿红的损害赔偿。但是从整个案件来看,徐某的危险行为引起了两车相撞,受损失的不仅包括杨荟怡、苏衿尼、苏衿红,还包括采取紧急避险的行为人黄某的相关损失,如判决书中提到了"两车不同程度受损"的情形中黄某车辆的修理费用,但黄某并未针对此内容提出赔偿请求。对于原告请求被告赔偿经济损失 12 573.15 元,其中 11 701 元已由保险公司向原告赔付,原告实际损失 872.15 元,则应由被告徐某承担。

参考文献

1. 马俊驹、余延满:《民法原论》,法律出版社 2007 年版。
2. [德]迪特尔·梅迪库斯:《德国民法总论》,邵建东译,法律出版社 2001 年版。
3. H.L.A 哈特、托尼·奥诺尔:《法律中的因果关系》(第二版),张绍谦、孙战国译,中国政法大学出版社 2005 年版。
4. [德]普维庭:《现代证明责任问题》,吴越译,法律出版社 2006 年版。
5. [美]E.博登海默:《法理学:法律哲学与法律方法》,邓正来译,中国政法大学出版社 2001 年版。
6. 刘士国等:《侵权责任法重大疑难问题研究》,中国法制出版社 2009 年版。

作者:四川省高级人民法院　王政义

98. "赔礼道歉"的适用
——陈某某与莫某等名誉权纠纷案①

【事实概要】

2011年12月4日10时许,原告陈某某(某小学学生)到某超市内拿了两个发夹及三盒糖果藏于身后而未经超市收银台计价收费便走到超市门口,被超市两名员工发现。超市员工用绳子将其绑在超市门前的电线杆上,并在原告身上悬挂一块写有"小偷"的字牌,引起在场群众围观。随后,原告家属报警,公安局对该两名员工莫某某、邱某某做出拘留10天、罚款500元的行政处罚决定,对原告不予处罚,责令其监护人严加管教。事发后,原告家属将原告送医院住院治疗11天,诊断为急性支气管炎。后经司法鉴定,原告被诊断为创伤后应激障碍,遭受人身损害是其患创伤性应激障碍的直接原因。其后,陈某某起诉到法院,请求超市经营者莫某兰及实施加害行为的两名员工承担连带损害赔偿责任,并要求赔礼道歉、恢复名誉、消除影响。

【判决要旨】

1. 一审判决

一审法院认为,"被告莫某某、邹某某把原告陈某某捆绑在公众场合并在其身上悬挂'小偷'字牌,引发在场群众围观,致使其引发急性支气管炎和突发创伤后应激障碍心理疾病,两被告的行为侵犯了原告的名誉权,同时也侵犯原告的健康权,两被告应该承担全部民事责任"。"被告对原告的名誉构成侵权,应当在影响范围内向原告赔礼道歉,故对原告的该项请求,予以支持"。

一审法院判决,被告莫某兰赔偿医疗费护理费等损失共计2万余元,两员工承担连带责任,且三被告应以书面形式向陈某某赔礼道歉,并将经过法院审查的道歉声明张贴于超市和某小学门口,张贴时间为7天。一审判决后,三被告均不服,提出上诉。

2. 二审判决

二审法院认为,"被上诉人的行为是否构成偷窃应由相关行政部门做出认定处罚,莫某某、邱某某不是行政机关工作人员,如其发现被上诉人行为违法,应移交相关行政部门依法处理,而不能采用将被上诉人捆绑示众的方法惩罚。被上诉人的行为不能成为莫某某、邱某某的违法阻却事由。莫某某、邱某某虽主张引起创伤性应激障碍的因素有多种,但其一、二审都未提出重新鉴定,也未对被上诉人在事后至申请鉴定之日期间遭受过其他人身损害进行举证,莫某某、邱某某的上述侮辱行为对被上诉人的名誉造成一定程度的影响,依法应构成名誉侵权行为。""莫某某、邱某某是在超市上班期间,怀疑被上诉人陈某某偷窃,主张为了维护超市权益而将被上诉人捆绑示众的,两人的行为虽然未经雇主莫某兰的授权,但与履行职务行为有着密切

---

① 广西壮族自治区合浦县人民法院(2012)合民初字第400号民事判决书;广西壮族自治区北海市中级人民法院(2013)北民一终字第14号民事判决书。

的联系,应认定为从事雇佣活动。""被上诉人陈某某请求上诉人莫某兰、莫某某、邱某某赔偿相关损失以及在影响范围内向被上诉人赔礼道歉合法有据,予以支持。一审计算被上诉人相关经济损失的标准正确,予以维持。因事发地点为某超市,另被上诉人事发时为某小学学生,为消除莫某某、邱某某将被上诉人捆绑示众行为引发的不良影响,一审判决三上诉人将道歉声明张贴于上述两个地方与侵权所造成不良影响的范围相当,予以维持。"

二审法院判决,驳回上诉,维持原判。

【解　析】

一、评析要点

赔礼道歉是民事责任承担方式之一,但其与损害赔偿等物质承担方式不同,是道德层面的精神修复和救济方式的法律化表达。因此,结合本案需要思考的问题是,在名誉权侵权案件中,如何适用赔礼道歉的民事责任承担方式,包括如何理解其内涵,其适用案件范围以及适用方式等。

二、学理评析

法院判决超市两员工的侮辱行为侵犯了原告的名誉权和健康权,由其雇主承担赔偿责任,两员工承担连带赔偿责任。在判决上述当事人承担人身损害赔偿责任的同时,一审法院判决三被告还应以赔礼道歉的方式承担相应的民事责任,二审法院就此阐释道,"因事发地点为某超市,另被上诉人事发时为某小学学生,为消除莫某某、邱某某将被上诉人捆绑示众行为引发的不良影响,一审判决三上诉人将道歉声明张贴于上述两个地方与侵权所造成不良影响的范围相当,予以维持"。

从学说角度,本案一、二审法院的判决值得肯定,特别是关于被告承担赔礼道歉的责任方式的适用比较恰当,就此评述如下:

令侵权人承担侵权责任的目的在于消除侵权行为给被侵权人造成的损害以及不利影响,使被侵权人回到"倘若损害没有发生时应处的状态"。因此,以何种方式使被侵权人权益得以恢复,是审理侵权案件的终极目标,赔礼道歉即是民事责任承担方式之一。赔礼道歉是指侵权人当庭以口头的方式或者在报刊上以书面的方式向被侵权人承认错误、表示歉意。这种侵权责任的承担方式,往往是在侵害人格权以及被侵权人遭受了精神损害后适用,具有填补精神损害的作用。法院在侵害名誉权的案件中判决适用赔礼道歉的民事责任承担方式最为常见。《民法通则》第120条、《精神损害赔偿司法解释》第8条都明确提到了侵害姓名权、肖像权、名誉权、荣誉权的民事责任及停止侵害、恢复名誉、消除影响、赔礼道歉民事责任承担方式在侵权导致精神损害时的适用。"对受害人来说,赔礼道歉具有心理补偿功能;对侵害人来说,赔礼道歉具有自我补偿和道德恢复功能;对于社会来说,赔礼道歉具有道德整合、法律权威再建功能,具有惩罚和教育功能"(王立峰,102页)。更重要的是,赔礼道歉体现了法院对于侵权行为的否定评价,同时能够直接并在最大限度上修补被侵权人的精神创伤。

赔礼道歉来源于人的内疚感,其前提在于行为人认识到自己的错误或不当,承认自己的错误,并主动进行补救,减少内心的内疚感和负罪感。赔礼道歉应是一种自发的行为,它源于人内在的良心,在人际交往中经常作为道德层面的一种修复和救济。而上升到法律层面并作为一种侵权责任的承担方式,其"承认错误、表示歉意"的内核并没有发生改变。在很多侵权案件中,被侵权人不要求金钱赔偿,而是强烈要求侵权人赔礼道歉、恢复名誉。赔礼道歉在保护公民、法人的合法权益、缓解冲突、安抚被侵权人方面都有着不可替代的作用,有时甚至是经济赔偿所替代不了的。

在比较法上,赔礼道歉作为一项法律责任在救济和恢复人格损害上也有较为广泛的适用。《日本民法典》第 723 条规定,"侵害他人名誉者,法院得因被害人的请求命令加害人赔偿损失,或者判令赔偿损失的同时,命令加害人为回复原状之适当处分"。在解释上,这种处分通常是指在报纸上登载"谢罪广告"。类似的规定,如我国台湾地区的"民法典"第 195 条第 1 项:"不法侵害他人之身体、健康、名誉、自由、信用、隐私、贞操或不法侵害其他人格法益而情节重大者,被害人虽非财产上之损害,亦得请求恢复名誉之适当处分。"登报道歉启事系恢复名誉的适当处分,对于保护名誉权至属重要,而"登报谢罪"或"登报道歉"作为金钱赔偿之外的救济名誉破损的方式后来也被我国台湾地区"最高法院"的判例所确认。2006 年加拿大不列颠哥伦比亚省通过《道歉法案》(Apology Act of 2006 British Columbia, S. B. C. 2006, C19),此后各省、各地区相继通过类似法案,立法者还在酝酿通过一部《统一道歉法案》,以期适用全加的民事法领域(王泽鉴,111 页)。

"赔礼道歉"在我国司法实践中的具体适用方式也是多样的,法院经常采取的方式包括让侵权人当庭赔礼道歉、写书面的道歉声明、公开赔礼道歉、登报道歉等。"在我国司法实践中,对于采取登报道歉的方式往往比较慎重,即只有当侵权人的侵权行为在不特定的人中间给受害人造成了不良影响,倘不采取登报道歉的方式不足以消除此种不良影响时,法院才认可受害人提出的登报道歉的要求。否则,只要由侵权人向被侵权人扣头道歉即可。"(程啸,676 页)

"赔礼道歉"的执行在实践中有时可能会存在困难。如果侵权人拒不承担赔礼道歉的民事责任,法院也无法强制其向被侵权人道歉,实践中采取的方式主要是由法院将案件侵权事实及生效判决予以公示,如公告或登报。有学者(佟柔、杨荣新)认为:"赔礼道歉只有当事人主动才有意义,作为承担民事责任的方式不当"。法院判决赔礼道歉之后,一般可以采取以下措施:(1)加害人扣头道歉,书写道歉信或者道歉声明,法院对其内容进行审查,然后公开发布;(2)法院登报公布判决书或相关内容,登报费用由侵权人承担;(3)将其转化成惩罚性损害赔偿的形式强制执行(崔建远,40 页)。

参见相关的新闻报道,法院曾对本案原、被告双方进行调解,但是在调解过程中,原告和被告双方在道歉方式和道歉信内容上存在争议,原告要求被告在案发超市和被侵权女孩就读的学校门口张贴道歉声明 7 天,遭到了被告的拒绝,原告亦不同意被告当庭书写的道歉内容,故调解失败。因此,虽然法院经过两审对于原告赔礼道歉的要求予以认可并细致阐述该民事责任的承担方式及理由,但是在实际执行中,被告是否会配合执行法院判决可能又要另当别论。

总之,赔礼道歉作为一种民事责任的承担方式一般适用于侵权之诉,最为典型的是适用于侵害名誉权、荣誉权、肖像权、隐私权等案件中。本案作为侵犯名誉权的典型案件,被侵权人受到的精神损害以及身体上的损害与侵权行为因果关系较为明确,且被侵权人明确要求赔礼道歉;本案法院在衡量侵权行为造成不良影响的范围后支持被侵权人请求,是对侵权行为的否定。同时,也是给侵权人提供一个表达悔意、歉意和同情的机会,其对于化解人际纠纷、润滑社会关系能起到至关重要的作用,但是在具体适用方式、司法执行等细节方面仍然需要慎重处理,否则可能会起到相反的效果。

参考文献

1. 王泽鉴:《侵权行为》,北京大学出版社 2009 年版。
2. 程啸:《侵权责任法》(第二版),法律出版社 2015 年版。
3. 崔建远:《绝对权请求权抑或侵权责任方式》,载《法学》2002 年第 11 期。
4. 王立峰:《民事赔礼道歉的哲学分析》,载《判解研究》2005 年第 2 期,人民法院出版社 2005 年版。

作者:上海交通大学法学院副教授　付　荣

99. 惩罚性赔偿
——孙银山与南京欧尚超市有限公司江宁店买卖合同纠纷案①

【事实概要】

2012 年 5 月 1 日,原告孙银山在被告南京欧尚超市有限公司江宁店(以下简称"欧尚超市江宁店")购买"玉兔牌"香肠 15 包,其中价值 558.6 元的 14 包香肠已过保质期。孙银山到收银台结账后,即径直到服务台索赔,后因协商未果诉至法院,要求欧尚超市江宁店支付 14 包香肠售价十倍的赔偿金 5 586 元。法院支持了原告的诉讼请求。宣判后,双方当事人均未上诉,判决已发生法律效力。

【判决要旨】

法院认为,关于原告孙银山是否属于消费者的问题,我国《消费者权益保护法》第 2 条规定:"消费者为生活消费需要购买、使用商品或者接受服务,其权益受本法保护;本法未作规定的,受其他有关法律、法规保护。"消费者是相对于销售者和生产者的概念。只要在市场交易中购买、使用商品或者接受服务是为了个人、家庭生活需要,而不是为了生产经营活动或者职业活动需要,就应当认定为"为生活消费需要"的消费者,属于消费者权益保护法调整的范围。本案中,原、被告双方对孙银山从欧尚超市江宁店购买香肠这一事实不持异议,据此可以认定孙银山实施了购买商品的行为,且孙银山并未将所购香肠用于再次销售经营,欧尚超市江宁店也未提供证据证明其购买商品是为了生产经营。孙银山因购买到超过保质期的食品而索赔,属于行使法定权利。因此,欧尚超市江宁店认为孙银山"买假索赔"不是消费者的抗辩理由不能成立。

---

① 江苏省南京市江宁区人民法院(2012)江宁开民初字第 646 号民事判决书。

关于被告欧尚超市江宁店是否属于销售明知是不符合食品安全标准食品的问题。《食品安全法》第3条规定:"食品生产经营者应当依照法律、法规和食品安全标准从事生产经营活动,对社会和公众负责,保证食品安全,接受社会监督,承担社会责任。"该法第28条第8项规定,超过保质期的食品属于禁止生产经营的食品。食品销售者负有保证食品安全的法定义务,应当对不符合安全标准的食品自行及时清理。欧尚超市江宁店作为食品销售者,应当按照保障食品安全的要求储存食品、及时检查待售食品、清理超过保质期的食品,但欧尚超市江宁店仍然摆放并销售货架上超过保质期的"玉兔牌"香肠,未履行法定义务,可以认定为销售明知是不符合食品安全标准的食品。

关于被告欧尚超市江宁店的责任承担问题。《食品安全法》第96条第1款规定:"违反本法规定,造成人身、财产或者其他损害的,依法承担赔偿责任。"第2款规定:"生产不符合食品安全标准的食品或者销售明知是不符合食品安全标准的食品,消费者除要求赔偿损失外,还可以向生产者或者销售者要求支付价款十倍的赔偿金。"当销售者销售明知是不符合安全标准的食品时,消费者可以同时主张赔偿损失和支付价款十倍的赔偿金,也可以只主张支付价款十倍的赔偿金。本案中,原告孙银山仅要求欧尚超市江宁店支付售价十倍的赔偿金,属于当事人自行处分权利的行为,应予支持。关于被告欧尚超市江宁店提出原告明知食品过期而购买,希望利用其错误谋求利益,不应予以十倍赔偿的主张,因前述法律规定消费者有权获得支付价款十倍的赔偿金,因该赔偿获得的利益属于法律应当保护的利益,且法律并未对消费者的主观购物动机作出限制性规定,故对其该项主张不予支持。

【解 析】

一、评析要点

惩罚性赔偿的规范性质和规范竞合。

二、学理评析

1. 惩罚性赔偿的规范性质

"孙银山案"的裁判依据是《食品安全法》第96条的规定:"违反本法规定,造成人身、财产或者其他损害的,依法承担赔偿责任。生产不符合食品安全标准的食品或者销售明知是不符合食品安全标准的食品,消费者除要求赔偿损失外,还可以向生产者或者销售者要求支付价款十倍的赔偿金。"该条俗称"十倍赔偿"条款,当属惩罚性赔偿规范,这在学界没有分歧。但就其规范性质问题而言,《食品安全法》第96条第1款与第2款之间究竟是何种逻辑关系,目前学界还没有形成共识,仍存有讨论空间。

笔者认为,法律解释不可随意超越文义,亦不可割裂条款之间的逻辑关联。依文义解释及体系解释,《食品安全法》第96条不是特殊侵权规范,而是请求权聚合规范,它确立了一种法定的加重责任制度。所谓请求权聚合,是指一个行为产生了并列的复数请求权,权利人可以同时主张,而不需要择一行使。就《食品安全法》第96条而言,它同时赋予权利人填补性赔偿责任和惩罚性赔偿责任两项请求权,两者并行不悖,具体理由如下:其一,《食品安全法》第96条第1款是不完全法条,确立了填补性赔偿责任;其二,《食品安全法》第96条第2款是完全

法条,确立了惩罚性赔偿责任;其三,《食品安全法》第 96 条第 1、2 款之间是逻辑上的包容关系。如图7-1所示:

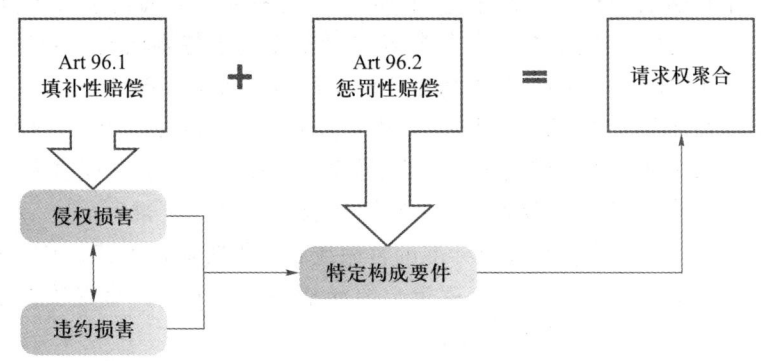

图 7-1

综上,《食品安全法》第 96 条是一种请求权聚合规范,即当事人在承担填补性赔偿责任的基础上,于符合特定要件时亦承担惩罚性赔偿责任。2013 年年底发布的《食品药品适用法律规定》第 15 条规定:"生产不符合安全标准的食品或者销售明知是不符合安全标准的食品,消费者除要求赔偿损失外,向生产者、销售者主张支付价款十倍赔偿金或者依照法律规定的其他赔偿标准要求赔偿的,人民法院应予支持。"显然,该司法解释是对《食品安全法》第 96 条之请求权聚合规范性质的合理表述,它用清晰的语言明确了消费者同时享有填补性赔偿责任和惩罚性赔偿责任两项请求权,消除了司法适用中的歧义。

2. 惩罚性赔偿的规范竞合

食品安全纠纷往往横跨公法与私法,在私法领域又同时受到《合同法》《侵权责任法》《消费者权益保护法》《食品安全法》等多部法律的调整。这些法律在功能上平行分工,所规范的法律事实可能发生重叠,当在空间、时间与逻辑上处于相同位阶时,就会引发法律规范的同位阶冲突或者竞合问题,需要裁判者予以辨识。

(1)"十倍赔偿"与"知假买假"

所谓"知假买假",即消费者在明知商品缺陷或者食品不安全时仍然购买。作为最高人民法院指导性案例第 23 号的"孙银山案",其所蕴含的标杆意义就在于支持"知假买假"的消费者依据《食品安全法》第 96 条主张"十倍赔偿"。换言之,"知假买假"不可以成为"十倍赔偿"的抗辩事由。但与此同时,"十倍赔偿"与"知假买假"的关系问题有待进一步探讨,即"知假买假"者究竟能不能视为消费者?《食品安全法》与《消费者权益保护法》之间是否存在竞合?倘若本案原告不是依据《食品安全法》而是依据《消费者权益保护法》主张惩罚性赔偿,法院应否支持?上述问题在理论界与实务界讨论已久,有必要结合"孙银山案"加以厘清。笔者认为,不安全食品的"知假买假"者应受《食品安全法》保护,但不属于《消费者权益保护法》的调整范围。理由如下:首先,《消费者权益保护法》与《食品安全法》是平行的同位阶规范,分别赋予消费者"三倍赔偿"和"十倍赔偿"两个请求权;其次,"知假买假"不属于《消费者权益保护法》的调整范围,不能适用"三倍赔偿"规则;最后,"知假买假"并未被《食品安全法》第 96 条排除,基于惩罚性赔偿的法定性原则,应适用"十倍赔偿"规则。

(2)"十倍赔偿"与"产品缺陷惩罚性赔偿"

笔者认为,"十倍赔偿"与"产品缺陷惩罚性赔偿"是两种竞合的请求权规范,当事人具有选择权。在相竞合的同位阶规范之间,如何判断二者是否属于特别法与一般法?法技术标准只能是构成要件。在逻辑上,若甲法条的构成要件要素为乙法条全部具备,而乙法条具有甲法条无法具有的构成要件要素,则乙法条相对于甲法条便具有特殊性。申言之,就"产品缺陷惩罚性赔偿"规范而言,其适用以造成受害人死亡、健康严重损害为前提,"受害人的生命、健康损害必须是已经实际发生的,而不能仅是一种危险";但就"十倍赔偿"规范而言,无须以实际损害发生为前提,仅以"生产不符合食品安全标准的食品或者销售明知是不符合食品安全标准的食品"为要件,二者的构成要件要素不具有逻辑上的涵括关系。因此,《食品安全法》第96条是《侵权责任法》第47条特别规范的观点难以成立。

就法律特性而论,缺陷产品与不安全食品之间是一种交叉、重叠关系。一方面,不符合安全标准的食品未必会致人损害,另一方面,符合安全标准食品也有可能致人损害。当然,"十倍赔偿"与"产品缺陷惩罚性赔偿"存在竞合的可能性很大,毕竟致人损害的食品绝大多数都是不符合法定标准的不安全食品。那么,当不安全食品致人死亡、健康严重损害时,《食品安全法》第96条与《侵权责任法》第47条出现规范竞合,应该如何适用法律?应该明确的是,此时的规范竞合是请求权规范竞合,在没有"特别规范排除一般规范"时,当事人有权选择请求权规范,既可以依据"十倍赔偿"规则提出诉讼请求,也可以依据"产品缺陷惩罚性赔偿"规则提出诉讼请求。对于法院而言,应当在当事人起诉时将诉讼请求予以固定,按照不同构成要件予以审理。

3. 惩罚性赔偿的规范适用

就"十倍赔偿"规则而言,它在构成要件、责任范围诸多方面较填补性赔偿责任规范具有明显的差异,再加上《食品安全法》第96条的语义宽泛,无疑会增加案件审理的难度,产生一系列具体的法律适用问题。

(1)如何辨识"十倍"

笔者赞同"孙银山案"法官对"十倍赔偿"的理解。填补性赔偿责任与惩罚性赔偿责任是两个独立的请求权规范,分别有独立的构成要件。其中,填补性赔偿责任是基础法律关系,按照契约之债或侵权之债的规则予以处理。惩罚性赔偿作为一种法定责任,决定了其只能"赔"不能"退",这是因为退货或者退款都是合同解除效力的体现,只应该发生在合同之债的语境之中。在适用《食品安全法》第96条第2款时,是否退还价款不影响"十倍赔偿"责任的成立。

(2)如何辨识"明知"

"明知"只应限定为故意,不包括重大过失。将"明知"限定为故意范畴,以此排除重大过失的适用,亦可凸显惩罚性赔偿规则赖以存在的制度正当性。辨识故意与重大过失,区别点在于"欲"而非"知",即前者是有意为之,后者是无意为之。

违反法定义务不等于"明知"。在"孙银山案"中,法院将"违反法定义务"等同于明知,此裁判立场并不恰当。"孙银山案"及类似判决蕴含着如下逻辑链条:违反法定义务→具有主观过错→认定为明知→判令承担惩罚性赔偿责任。在此逻辑链条中存在如下错漏:将违反法定义务等同于"明知",混淆了过错形态的区分。问题接踵而至,如何证明当事人的"明知"?行为人的意志因素无法直接被感知,只能通过外在的行为加以测判。在司法实践中,需要运用作为法技术工具的推定加以判断,尤其需要借鉴来自刑法的较为成熟的既有方法。具体包括:第一,《食品安全法》第 96 条所言的"明知"包含"确知"与"应知"两种情形。第二,"确知"通过直接证据加以证明,"应知"通过推定加以证明。第三,对《食品安全法》第 96 条中"明知"要件的证明,是可以反驳的事实推定,而非不可反驳的结论性推定,应以《民事诉讼证据规定》第 9 条第 3 款的经验规则为标准,只需达到民事诉讼上的"如果 A,则大多数情况下是 B"的盖然性证明标准,而无须达到刑事诉讼上的"排除合理怀疑"标准。

（3）如何辨识"损失"

"十倍赔偿"规范是否以实际损害的发生为前提,学说上存在分歧。全国人大法工委在《侵权责任法》的释义中认为:"惩罚性赔偿不是独立的请求权,必须依附于赔偿性的一般损害赔偿。"反之,有学者认为,为体现惩罚性赔偿的威慑功能,宜将惩罚性赔偿请求权作为一项单独的请求权,无须作为填补性赔偿请求权的附属请求权。

按照解释论的方法,笔者赞同"孙银山案"的裁判立场,反对以实际损害作为适用《食品安全法》第 96 条的客观要件,依据正是前文所作的论证:在《食品安全法》第 96 条的逻辑结构中,惩罚性赔偿责任与填补性赔偿责任并行不悖,各自赋予当事人独立的请求权。因此,"十倍赔偿"的适用无须以实际损害为前提。所谓的"客观要件说"脱离了法律文本,没有遵循法条之逻辑结构,尤其混淆了《食品安全法》第 96 条与《侵权责任法》第 47 条之间的适用关系,将"十倍赔偿"规范片面理解为侵权责任规范。

综上,"孙银山案"被最高人民法院遴选为指导性案例,是最高人民法院对"知假买假"等热议话题的回应,但该案例的研究意义远非止于"知假买假"本身,而是涉及惩罚性赔偿制度的一系列重大法律问题。通过以该案研究为基础的规范分析,初步得出如下结论:

其一,依文义解释及体系解释,《食品安全法》第 96 条不是特殊侵权规范,而是请求权聚合规范,它确立了一种法定的加重责任制度。

其二,惩罚性赔偿制度存在于《侵权责任法》《消费者权益保护法》《食品安全法》等多部法律中。这些法律在功能上平行分工,在空间、时间与逻辑上处于相同位阶,在所规范的法律事实发生重叠时,当事人有权选择请求权规范。

其三,在解释论的立场上,笔者赞同"孙银山案"的裁判立场,反对以实际损害作为适用《食品安全法》第 96 条的客观要件,同时主张将重大过失排除于惩罚性赔偿的适用范围。

参考文献

1. 税兵:《超越民法的民法解释学》,北京大学出版社 2018 年版。
2. ［德］迪特尔·梅迪库斯:《德国民法总论》,邵建东译,法律出版社 2000 年版。
3. ［德］卡尔·拉伦茨:《法学方法论》,陈爱娥译,商务印书馆 2003 年版。
4. 黄茂荣:《法学方法与现代民法》,法律出版社 2007 年版。
5. Christian von Bar & Ulrich Drobnig, *The Interaction of Contract Law and Tort and Property Law in Europe: A Comparative Study*, Sellier, European Law Publishers, 2004。
6. Guenter Treitel, *The Law of Contract*, eleventh edition, Sweet & Maxwell, 2003。

7. Victor E. Schwartz, Kathryn Kelly, David F. Partlett, *Torts: Cases and Materials*, twelfth edition, Foundation Press, 2010。

作者:澳门大学法学院副教授　税　兵

100. 纯粹经济损失
——王保富与三信律所财产损害赔偿纠纷案①

【事 实 概 要】

2001年,王守智与三信律师所签订了《非诉讼委托代理协议》书一份,约定:三信律师所接受王守智的委托,指派张合律师作为王守智的代理人;代理事项及权限为:代为见证。同年9月10日,王守智又与三信律师所指派的律师张合签订了一份《代理非诉讼委托书》。内容为:因见证事由,需经律师协助办理,特委托三信律师所律师张合为代理人,代理权限为:代为见证。9月17日,三信律师所出具一份《见证书》,附王守智的遗嘱和三信律师所的见证各一份。王守智遗嘱的第一项为:将位于北京市海淀区北太平庄钟表眼镜公司宿舍11门1141号单元楼房中我的个人部分和我继承我妻遗产部分给我大儿子王保富继承。见证的内容为:兹有北京市海淀区北太平庄钟表眼镜公司宿舍3楼4门2号的王守智老人于我们面前在前面的遗嘱上亲自签字,该签字系其真实意思表示。

2002年12月9日,王守智去世。王保富于2003年1月起诉至北京市海淀区人民法院,要求按照王守智的遗嘱继承遗产。2003年6月30日,北京市第一中级人民法院的终审判决确认王守智所立遗嘱不符合遗嘱继承法定形式要件,判决王守智的遗产按法定继承处理。王保富因此提起诉讼请求法院判决被告赔偿房屋折价款、遗嘱见证代理费、两审继承诉讼的代理费、诉讼费等经济损失共计134 893.75元。

【判 决 要 旨】

1. 一审判决

根据《民法通则》第106条第2款"公民、法人由于过错侵害国家的、集体的财产,侵害他人财产、人身的,应当承担民事责任"的规定,一审法院认为三信律师所在履行与王守智签订的《非诉讼委托代理协议》时,未尽代理人应尽的职责,给委托人及遗嘱受益人造成损失,应当承担赔偿责任,但赔偿范围仅限于原告王保富因遗嘱无效而被减少的继承份额。

2. 二审判决

二审法院认为,根据《律师法》第49条第1款"律师违法执业或者因过错给当事人造成损失的,由其所在的律师事务所承担赔偿责任。律师事务所赔偿后,可以向有故意或者重大过失行为的律师追偿"的规定,由于上诉人三信律师所接受王守智的委托后,在"代为见证"王守智

---

① 参见《中华人民共和国最高人民法院公报》2005年第10期,第32—35页。

立遗嘱的过程中,没有给王守智提供完善的法律服务,以致王守智所立的遗嘱被人民法院生效判决确认为无效,进而侵害了王保富依遗嘱继承王守智遗产的权利,因此给王保富造成损失,应当承担赔偿责任。二审法院据此判决驳回上诉,维持原判。

【解　析】

一、评析要点

本案中涉及的要点包括:继承人对被继承人遗嘱中列明的应当继承的遗产,如果因第三人过失的原因丧失获得的可能时,是否可以提出赔偿;如果可以,具体的赔偿范围又该如何确定。

本案中,因律师在执业过程中的过失导致原告的损失并不是因原告人身权或财产权遭受侵害而产生的损失,而仅仅是一种财产上的不利益,学界将其称为纯粹经济损失。关于纯粹经济损失,可以理解为非因人身或物受侵害而发生的财产上的损害。纯粹经济损失能否获得侵权法的救济是本案牵涉的重要理论问题,有必要深入探讨。

二、学理评析

1. 各国立法模式

从各国立法模式来看,基本的倾向是没有哪个国家对所有的纯粹经济损失提供法律救济,也没有哪个国家对纯粹经济损失完全不提供法律救济(葛云松,695页)。具体来说,基本体现为三种模式,即法国法的概括保护模式、德国法的概括保护辅之以特别法保护的模式、英美法的特别法保护模式。

《法国民法典》第1382条规定:"任何人因其行为致人损害,如果对其发生有过错,应承担赔偿义务。"通说认为,根据该条款,加害人因过错导致的他人任何类型的损害,不论是绝对权还是纯粹经济损失,都应进行保护。由于该条款涵盖范围相当广泛,因此,法国法主要是通过司法实务中对过错、损害以及因果关系等要件的判断对纯粹经济损失保护范围进行限缩。

德国法认为纯粹经济损失的保护要弱于对绝对权受损害时的保护,具体的条文体现在《德国民法典》第823条第2款和第826条,分别对纯粹经济损失赔偿设立了概括性的条文。即当违反保护他人的法律导致纯粹经济损失时,受损一方可以依第823条第2款请求保护;当以违背善良风俗的方式故意造成他人损害时,受损一方可以依第826条请求保护。这两项条文与第823条第1款的重要区别就在于,第823条第1款将保护范围限制在绝对权受损害的领域,因此可以认为第823条第2款和第826条为纯粹经济损失赔偿提供了概括性的规范基础。除概括保护外,还存在各种特别法,对认为有必要进行赔偿的纯粹经济损失的情形进行了规定。比如,第844条规定了侵害他人导致死亡时,加害人应当对有义务支付丧葬费的人以及死者的被扶养人赔偿损失。

英美法的特别法保护模式主要是基于各种法院的判例而发展起来的。对纯粹经济损失的救济主要包括三个方面:各类故意侵权行为、违反制定法上的义务的行为以及过失侵权。其中,过失侵权领域法院的态度是基本不保护,只是随着判例的发展,出现了各种例外保护的情形,比如过失虚假陈述、过失提供服务等少数情形下造成的纯粹经济损失可以得到赔偿。我国现行法对纯粹经济损失的一般规定经历了从《民法通则》到《民法总则》的变化。《民法通则》

第106条第2款规定:"公民、法人由于过错侵害国家的、集体的财产,侵害他人财产、人身的,应当承担民事责任。"这一条款中是否包含纯粹经济损失,一直存在争议。有观点认为,该处的"财产"不应包括债权或纯粹经济损失,仅仅是绝对权性质的财产权(张谷,19页)。也有观点认为,该处的"财产"可以包括纯粹经济损失,但是对纯粹经济损失的保护不能与绝对权的保护等同,必须满足其他的条件时才能赔偿(王利明,368页;朱广新,117页)。从本案法院的裁判意见来看,采纳的是第二种观点。一、二审法院在规范依据的选择上都引用了《民法通则》第106条第2款,同时,二审法院特别提到《律师法》中的特别规定,作为判断该情形下纯粹经济损失是否应受赔偿进一步的依据。《民法总则》第120条规定:"民事权益受到侵害的,被侵权人有权请求侵权人承担侵权责任。"从文本解释的角度分析,"权益"应当包括人身权、物权等绝对权,也应当包括债权和纯粹经济损失。因此,该条文与《民法通则》相比,更加明确了纯粹经济损失保护的一般规范基础。

2. 纯粹经济损失的类型

法院在判断某种纯粹经济损失应当或不应当赔偿时,各项特别法规定具有重要作用。我国存在很多特别法规定了纯粹经济损失应当赔偿的情形。具体包括《产品质量法》《消费者权益保护法》《证券法》《注册会计师法》《律师法》等。本案中,二审法院就是依据《律师法》第49条第1款的规定认为被告在进行法律服务过程中因过失导致当事人遭受损失,因此应当赔偿其经济损失。在纯粹经济损失赔偿的案件中,专业服务机构因过错而对当事人承担责任已经成为重要的一类案例。在我国目前的司法实践中,纯粹经济损失可以赔偿的类型基本被确定为以下几类:缔约过程中因一方过失导致的损失,不履行债务导致的第三人订约机会减少造成的损失,侵害他人财产权导致的第三人订约机会减少造成的损失,侵害他人人身权导致的受害人亲属的财产损失,专业服务领域出现的因过失导致第三人财产损失,证券市场上操纵市场、散布虚假信息导致的投资者的财产损失,环境污染导致的社会公众财产损失,产品缺陷导致的消费者的额外支出和损失,不正当经营行为或垄断行为导致的他人财产损失,某种行为导致的公用事业领域业务受阻从而造成第三人财产损失等。

3. 纯粹经济损失的范围

确定纯粹经济损失保护的范围是一个法律政策选择的问题。在法律对各种应当赔偿的情形做了具体的规定的同时,是否有必要对未尽的类型进行兜底性的规定?现有的《民法通则》或《民法总则》的一般规定都较为抽象,当法院面对缺少具体法律规定的场合时,如何判断纯粹经济损失是否应该纳入一般保护的范围内,就需要法官的裁量。在纯粹经济损失保护范围的确定过程中,涉及了伦理观念和经济分析的不同视角。从伦理观念上讲,法律上的损害原则上只是一种坏运气,遭受损害的人只能自己默默忍受(小奥利弗·温德尔·霍姆斯,83页)。这是维护人们普遍的行动自由和促进社会整体福祉的需要。只有当加害人的过错造成受害人固有的绝对权受侵害时,才将损害转移至加害人承担。而纯粹经济损失的保护程度显然要更低一些,因此,其保护的范围就更小了。从经济分析的视角来看,只有当行为人给他人造成的损失在社会的整体收益上来看产生了负外部性时,才有要求行为人对受害人进行赔偿的必要。如果受害人遭受损害,但是社会上第三人因此而获益使得社会整体收益并未减损时,就不存在损害救济的需要。一般情况下,纯粹经济损失并不会造成社会总体收益的减损,因此原则上不应予以救济。即使在产生负外部性的场合,消除社会整体收益减损的方式也不仅仅只有要求加害人进行赔偿一条路,政府干预和行政执法也许是更好的方式。

参考文献

1. 葛云松:《纯粹经济损失的赔偿与一般侵权行为条款》,载《中外法学》2009年第5期。

2. 张谷:《作为救济法的侵权法,也是自由保障法——对〈中华人民共和国侵权责任法(草案)〉的几点意见》,载《暨南学报(哲学社会科学版)》2009年第2期。

3. 王利明:《侵权行为法研究》(上卷),中国人民大学出版社2004年版。

4. 朱广新:《论纯粹经济上损失的规范模式——我国侵权行为法对纯粹经济上损失的规范样式》,载《当代法学》2006年第5期。

5. [美]小奥利弗·温德尔·霍姆斯:《普通法》,冉昊、姚中秋译,中国政法大学出版社2006年版。

作者:上海大学法学院讲师　陈吉栋
上海交通大学凯原法学院博士生　史晓宇

附录：拓展案例

为顾及读者阅读的广度和深度，我们精选了如下 30 个案例，感兴趣的读者可扫码付费阅读。

第一章　民法总论

1. 胎儿利益保护
   ——保险公司与马某甲、马某乙等机动车交通事故责任纠纷案
2. 限制民事行为能力人所为法律行为的效力
   ——张经纬与刘丹买卖合同纠纷案
3. 正当防卫的构成要件与认定
   ——车生与车小花生命权、健康权、身体权纠纷案
4. 夫妻一方将共有财产赠与情人的效力
   ——李某与郎某赠与合同纠纷案
5. 除斥期间的计算
   ——王桃志与奇品天下（北京）国际投资管理有限公司买卖合同纠纷案

第二章　人格权法

6. 人身自由权
   ——某商场与张某人身自由权纠纷案

第三章　物权法

7. 不动产登记的公信力
   ——丁福如与石磊房屋买卖合同纠纷案
8. "住改商"行为的认定
   ——张一与郑中伟、中国联合网络通信有限公司武汉市分公司建筑物区分所有权纠纷案
9. 准占有
   ——王永胜与中国银行股份有限公司南京河西支行储蓄存款合同纠纷案

第四章　债与合同

10. 合同变更的判断
    ——上海信立制冷设备工程有限公司与上海吴淞口开发有限公司买卖合同纠纷
11. 合同解除权法定条件的成就
    ——北京龙泽百旺销售服务有限公司与李杨买卖合同纠纷案

12. 减损规则的运用
    ——双龙公司与民生银行房屋租赁合同纠纷案
13. 违约金约定过低的调整
    ——史春兰、刘俊杰与扬州揽月房地产开发有限公司商品房销售合同纠纷案
14. 管辖权条款的成立与效力
    ——舒某与浙江天猫网络有限公司、神农金康（湖南）原生态茶业有限责任公司管辖纠纷案

第五章 婚姻家庭法

15. 婚约解除后财产的返还
    ——杨某某与张某某婚约财产纠纷案
16. 子女的赡养义务
    ——张某某与施甲、施乙、施丙赡养纠纷案
17. 祖父母、外祖父母的探望权
    ——徐某、李某与倪某隔代探望权纠纷案

第六章 继承法

18. 死亡赔偿金是否属于遗产
    ——陈某等与冯某甲等遗产纠纷案
19. 未尽赡养义务子女的继承权问题
    ——丁某1与丁某2法定继承纠纷案
20. 存在多份不同形式、相互矛盾遗嘱情况下的遗产继承
    ——陈一与陈二、陈三、陈四及第三人李一、陈五、陈六继承纠纷案
21. 必留份制度
    ——于某甲等与于某丙继承纠纷案
22. 遗产酌情分配请求权问题
    ——庄×1与庄×2继承权纠纷案

第七章 侵权责任法

23. 不可抗力的认定
    ——罗倩与奥士达工贸有限公司人身损害赔偿案
24. 监护人责任与教育机构的侵权责任
    ——王某某与俞甲、俞乙、静安二体校人身损害赔偿纠纷案
25. 机动车交通事故责任
    ——陈小林、张洪梅与太平洋财险涪陵支公司、李庆发等交通事故人身、财产损害赔偿纠纷案
26. 环境污染责任
    ——张长建等1721人与福建省（屏南）榕屏化工有限公司环境污染损害赔偿纠纷案

27. 高度危险责任
    ——陈维纲与苏向阳、苏向星、东兴农场等人身损害赔偿纠纷案
28. 物件损害责任
    ——吴某某与钟某某等林木折断损害责任纠纷案
29. 惩罚性赔偿
    ——黎钊源与广州百佳超市富景花园分店、广州百佳超级市场有限公司损害赔偿纠纷案
30. 精神损害赔偿数额的确定
    ——焦建军与江苏省中山国际旅行社有限公司、第三人中国康辉南京国际旅行社有限责任公司旅游侵权纠纷案

后　　记

　　在本书的民法总论、人格权法、物权法、债与合同、婚姻家庭法、继承法、侵权责任法七章内容中，共包含100个案例评析。全书结构基本按照马工程《民法学》教材编排，并参照了正在编纂的《民法典分编（草案）》的体例。民法知识包罗万千，所谓"案例百选"指本书所集案例覆盖的民法知识点"精"，即争取通过案例评析来阐明民法中的要点知识；二是指本书所选案例"精"，这些案例多是本书作者多年积累遴选所得，且多为最高人民法院指导案例、公报案例或者其他具有典型意义的案例。在全书100个案例之外，我们还特别选取30个案例供读者扫码阅读，相信这些案例可以顾及读者阅读的广度和深度。

　　本书旨在以典型案例的评析，帮助读者掌握我国民法的知识体系、民事规范的具体运作以及法学方法的实践运用。案例教学一直是法学教育的重要手段以及研习法律的重要路径。哈佛大学法学院克里斯托弗·哥伦布·兰代尔（Christopher Columbus Langdell）教授所提出的案例教学法在美国长盛不衰，而案例教学在大陆法系也渐成法学教学的重要内容。本书希冀借助案例评析，培养学生提炼法律事实、归纳裁判要点、围绕核心问题找法、释法之能力。可能存在多种多样的案例分析写法，在本书中，每则案例评析分为事实概要、判决要旨、解析和参考文献四部分。"事实概要"主要是归纳简要案情；"判决要旨"意在抽取法院判决的裁判要旨；"解析"则旨在结合判决要旨中的核心说理，并参阅学说和案例，来检讨法院判决的优劣，探究司法实践法律续造的路径；为方便读者查阅，本书设置了"参考文献"部分，并在解析正文中增加了夹注，引导读者参阅相关文献，进行更为深入的研习。

　　在实现上述教学目的之外，本书若可补充我国案例整理与研究的不足，并通过案例评析增强我国民法理论研究与法典编纂的本土化、体系化，则属"意外之喜"。法制先进的国家，多有案例的整理和编辑。如邻国日本，"判例研究方面的作品，以《案例百选》为代表，多得不胜枚举"。[①] 一个世纪以来，我国数代民法学者持续移植域外法，创造了根植于大陆法系民法并具有自身特点的理论体系。理论进步首先推动了立法的完善，目前我国正在进行的民法典编撰即是明证。然而，相对于我国学者对民事立法以及学理研究的积极关注与倾情投入，案例整理工作素来"贫弱"。本书对此深怀忧惕，在以实践案例揭示法律规范运作与续造的基础上，试图将民法的精神主线贯穿于相关案例的体系化整理与研究中，最终通过案例的分析与解读来构筑实际运行的民法体系，推动民法学理论研究的更新与进步。

　　本书每一编均有负责体系架构与案例选择的老师，具体分工是："民法总论"部分由彭诚信教授（上海交通大学凯原法学院）、陈吉栋博士（上海大学法学院）负责；"人格权法"部分由刘海安副教授（中国民航大学法学院）负责；"物权法"部分由其木提副教授（上海交通大学凯原法学院）负责；"债与合同"部分由孙良国教授（吉林大学法学院）负责；"婚姻家庭法"和"继承法"部分由张晓梅副教授与尚立娜博士（上海交通大学凯原法学院）负责；"侵权责任法"部分

---

① 加藤雅信语，摘自［日］加藤雅信等编：《民法学说百年史：日本民法施行100年纪念》，牟宪魁等译，商务印书馆2017年版，第1页。

由付荣副教授(上海交通大学凯原法学院)负责。

令本书大为增色的是,我们根据撰写需要,收集了已在学术期刊上发表的相关案例评析文章,并邀请这些文章的作者根据本书体例对其原作进行了改编,在此谨对诸位专家的参与协助和无私辛劳表示感谢!他们是:中国社科院法学所谢鸿飞研究员、北京大学法学院王成教授、南京大学法学院叶金强教授、华东政法大学经济法学院钱玉林教授、西南政法大学黄忠教授、武汉大学法学院冉克平教授、厦门大学法学院何丽新教授、澳门大学法学院税兵副教授、暨南大学法学院汤文平教授、中央财经大学法学院阳平副教授、华南师范大学法学院李斯特副教授等。同时,我们也谨对首先刊发前述专家文章的期刊表达由衷谢意!

民法在适用中孕育并获得新的生命。在此意义上,本书未来势须采新剔旧。我们也深知,包含如此"体量"案例的"百选"需要持续不断地补充、调整,才能更趋于完善与成熟,并及时跟上学理与立法的进步。为此,我们愿付出不懈的努力将本书做"精",并衷心期望得到广大读者、方家的批评指正与宝贵建议。

本书整体协调工作主要由上海大学法学院的陈吉栋博士完成,对其组织工作的有效与辛劳表示感谢!四川省高级人民法院的王政义法官、上海市浦东新区人民法院法官助理苏昊博士、上海交通大学凯原法学院的博士后李贝以及博士生畅冰蕾、云晋升、纪闻、向秦、史晓宇、王冉冉、赵诗文等同学,参与了部分案例的整理撰写以及相关书稿的校对工作;上海大学法学院的李康佳、龚思涵等同学也全程参与书稿校对,对他们的认真及辛劳也一并致谢!

《民法案例百选》编写组
上海交通大学凯原法学院
2019 年 7 月 1 日

郑重声明

高等教育出版社依法对本书享有专有出版权。任何未经许可的复制、销售行为均违反《中华人民共和国著作权法》，其行为人将承担相应的民事责任和行政责任；构成犯罪的，将被依法追究刑事责任。为了维护市场秩序，保护读者的合法权益，避免读者误用盗版书造成不良后果，我社将配合行政执法部门和司法机关对违法犯罪的单位和个人进行严厉打击。社会各界人士如发现上述侵权行为，希望及时举报，本社将奖励举报有功人员。

反盗版举报电话　（010）58581999　58582371　58582488
反盗版举报传真　（010）82086060
反盗版举报邮箱　dd@hep.com.cn
通信地址　　　　北京市西城区德外大街4号
　　　　　　　　高等教育出版社法律事务与版权管理部
邮政编码　　　　100120